KB061775

남극대륙
A biography

남극의 오로라

남극대륙의 약 98%는 평균 두께 2,160m의 얼음으로 덮여 있다.

빙산과 새끼 황제펭귄들

고래 (촬영;김현태)

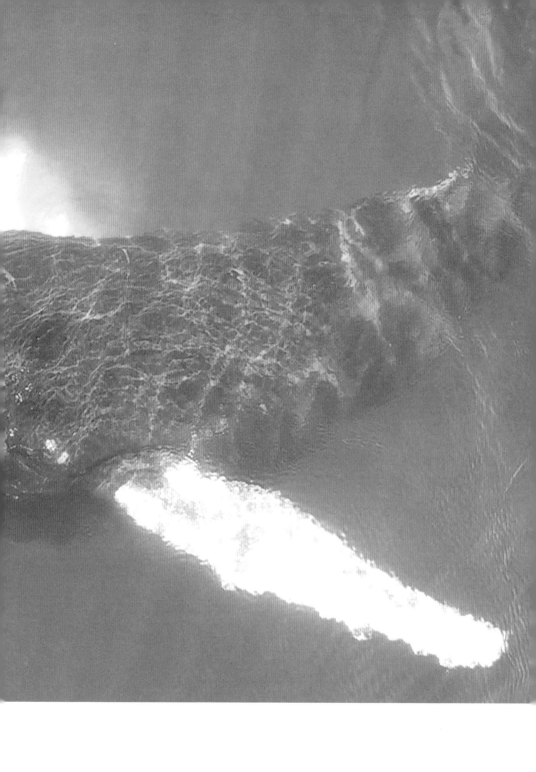

깨지기 시작하는 해빙

아이스 텅 위의 에오스(새벽)

제임스 쿡이 새겨진 메달(뉴질랜드 왕립 화폐학회)
제임스 쿡은 항해 끝에 전설적인 거대한 남쪽 땅이 존재하지 않는다는 것을 증명했다.

남극대륙을 목격한 최초의 탐험가
고트리프 폰 벨링스하우젠 선장(브리지맨 미술관).

로알 아문센.
아문센은 남극점을
최초로 정복했다.

1912년 3월, 태즈메이니아 호바트항의 아문센 남극 탐험대.

리처드 버드가 새겨진 청동 명판(1929년 미국 지리학회).
리처드 버드는 비행기로 최초로 남극점을 정복했다.

남극 맥머도 기지의 리처드 버드 기념물

남극점의 로버트 스콧과 실망한 동료들.
아문센에게 패배했지만 영국 정부는 극고원에 대한 소유권을 주장하였다.

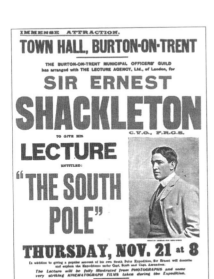

연이은 실패에도 불구하고 명성을 찾았던 어니스트 섀클턴.
수지맞는 강연 여행이 비용 지불을 도왔으나, 섀클턴과 다른 탐험가들은 종종 그들의 탐험으로 큰 빚을 졌다.
(미해군 해상수송사령부)

미지의 얼음대륙에 대한 탐험과 쟁탈의 역사 1775~2012

남극대륙
A biography

데이비드 데이 지음 | 김용수 옮김

"인류의 치열함을 만나고 싶다면 남극대륙의 역사를 보라!"

1775년 첫 발견부터 200년간 이어진
모든 개척자들의 도전의 기록!

미다스북스

제임스 쿡 선장과 마찬가지로 나는 남극을 천천히 선회하고 있었다. 다른 책들을 쓰느라 애를 쓰는 동안 얼음에 덮인 그 대륙이 사람을 유혹하는 신기루처럼 끊임없이 시야에 아련히 떠올라 그 자체가 보다 면밀히 조사할 가치가 있는 주제임을 암시하였다. 내가 *정복: 사회가 어떻게 하여 다른 사회를 압도하는가(Conquest: how societies overwhelm others)*라는 책의 저술을 마친 후 그렇게 할 기회가 찾아왔는데 그 책은 사람들이 소위 말하는 '대체 사회(supplanting societies)'가 어떻게 영토에 대한 권리를 주장하고 장기간에 걸쳐 그 영토를 자기네 소유로 만드는가를 조사한 것이었다. 그것은 세계사를 바라보는 한 가지 새로운 방식이었다.

그 책의 서장은 쥘 세바스띠앙 뒤몽 뒤르빌(Jules-Sebastien Dumont d'Urvill)이 프랑스의 남극 영토에 대한 권리를 주장하는 것으로 시작되었다. 오직 펭귄들만이 지켜보고 있는 가운데, 프랑스 선원들은 연안의 작은 섬에 기어올라 인접한 해안선에 대한 권리를 주장하기 위해 그들의 국기를 게양했다. 하지만 선원들의 보고서를 보면, 장교들은 그러한 의식으로 권리를 주장한 영토가 지금부터 프랑스의 소유가 될 것을 자신 있게 기대한 것이 분명하다. 뒤르빌의 이야기는 나를 남극대륙으로 이끌었다. 어떻게 이런 간단한 의식으로 그다음 세기 동안 그곳을 방문한 프랑스 시민 하나 없이 남극대륙의 거대한 지역에 대한 권리를 주장할 수 있었는가? 영국과 영연방 자치국들이 후일 그 대륙의 약 3분의 2에 대한 권리를 주장했으나 결국 그들의 권리를 대부분 인정받지 못했던 것은 무슨 이유 때문인가? 어떻게 해서 남극대륙이 그것에 대한 권리를 주장하는 국가는 많으나 그것을 소유한 국가는 하나도 없는 대륙이 되었는가? 한 가지 의문이 또 다른 의문을 낳았고, 남극대륙에 대한 권리 주장에 관한 책이 그것보다 훨씬 많아졌다.

이 책에 관한 연구를 하고 그것을 저술하는 것은 많은 개인과 기관들의 도움 없이는 마칠 수 없는 긴 여정이었다. 내 본국의 기관인 멜버른의 리트로브대학교(La Trobe University)에서 상당한 연구비를 제공해주었는데 그 돈이 영국과 미합중국, 노르웨이, 오스트레일리아와 뉴질랜드에 있는 기록보관소로 가는 여행 자금을 대는 데 도움을 주었다. 에버딘대학교(University of Aberdeen)가 가장 후한 도움을 베풀어 내게 다른 장소의 기록보관소를 방문하기 위한 방문직과 자금을 제공하였다. 나는 당시 에버딘대학교 총장이었던 교수 던컨 라이스 경(Sir Duncan Rice)과 부총장 브라이언 맥그리거(Bryan MacGregor) 교수의 지원에 특별한 감사를 드리고 싶다. 이 책에 있는 아이디어의 일부는 에버딘과 멜버른에서 개최된 세미나에서 논의되었으며 나는 그 세미나 참석자들의 의견에 감사를 드린다.

나는 케임브리지 소재 스콧 극지 연구소(Scott Polar Research Institute)에서 연구를 시작하고 끝냈다. 그 곳의 도서관 및 기록보관소 직원들은 한결같은 도움을 주었으며 나는 거기서 점심시간에 맥주 한두 파인트를 마시면서 봅 헤드랜드(Bob Headland)와 함께 남극 역사에 관해 논의할 수 있었다. 스콧 극지 연구소의 힐러리 시바타(Hilary Shibata)에게 많은 감사를 드려 마땅한데 그녀는 친절하게도 출판에 앞서 자기가 번역한 시라세(Shirase)의 탐험 보고서를 접할 기회를 내게 제공해주었다.

뉴욕에서 아주 멋진 여러 주를 보냈는데 거기서 도로시아 사르텐(Dorothea Sartain)이 탐험가 클럽(Explores Club)이 보유한 파일에 접근하는 것을 도와주었으며 메리 린 버드(Mary Lynne Bird)와 피터 루이스(Peter Lewis)는 미국 지리학회(American Geographical Society)가 보유한 많은 흥미로운 기록물로 나를 인도해주었다. 오슬로를 방문하는 동안 남극유산신탁(Antarctic Heritage Trust)의 폴 채플린(Paul Chaplin)이 시간을 넉넉하게 할애해주었으며 문화유산 이사회(Directorate for Cultural Heritage)의 사학자 수전 바(Susan Barr)도 마찬가지였다. 산네피오르(Sandefjord)의 포경 박물관에서 안에릭 링슈타트(Jan Erik Ringstad)가 소중한 도움을 주었는데 그렇지 않았더라면 언어 장벽으로 인해 연구가 어려워졌을 것이다.

호바트에서는 오스트레일리아 남극과(Australian Antarctic Division)의 사서 앤디 스미시즈(Andie Smithies)가 그 과의 소중한 컬렉션을 내게 안내해주었다. 오하이오주 컬럼버스시 소재 버드 극지 연구센터(Byrd Polar Research Center)의 극지 사서(Polar Curator) 로라 키셀(Laura Kissel)이 파일에 대한 많은 요청을 기꺼이 처리해주었다. 워싱턴에서는 남극 및 남빙양 연합회(Antarctic and Souhtern Ocean Coalition)의 클레어 크리스티안(Claire Christian)이 그 사무실과 관련된 많은 것을 내게 알려주었으며 짐 반스(Jim Barnes)는 남극대륙을 대신하여 자신이 다년간 옹호했던 것을 숙고하였다.

또한 다음의 여러 기관들의 기록보관 담당자들과 도서관 사서들에게도 감사드린다; 웰링턴의 알렉산더 턴불 도서관, 웰링턴과 크라이스트처치 소재 뉴질랜드 기록보관소, 캔버라와 호바트 소재 오스트레일리아 국립 기록보관소, 런던의 국립 기록보관소, 메릴랜드의 국립 기록보관소, 오클랜드 전쟁기념 박물관, 케임브리지의 처칠기록보관센터, 크라이스트처치의 캔터베리 박물관, 오스트레일리아 국립 도서관, 뉴햄프셔주의 다트머스대학 박물관, 미의회도서관, 런던의 왕립 지리학회, 하이드파크의 루스벨트 도서관, 워싱턴의 스미스소니언 협회 기록보관소, 사우스오스트레일리아 주립 도서관.

다시 한번 얘기하자면, 런던에 있는 나의 저작권 대리인 앤드류 로우니(Andrew Lownie)가 이 책이 아이디어에 불과할 때 열정적으로 지원해주는 출판사를 찾아내었다. 랜덤하우스 출판사에서는 매러디스 커나우(Meredith Curnow)와 엘레나 고메즈(Elena Gomez)가 참을성 있고 쾌활하게 원고를 인도하여 인쇄될 수 있게 했으며 한편 스웨덴의 웁살라에 멀리 떨어져서 근무 중인 나의 편집인 줄리안 웰치(Julian Welch)는 자신이 이제껏 남극에 관해 알고 있다고 생각했던 이상의 지식을 가지고 있다.

그 과정에서 친구들도 또한 마음의 부담을 덜어주는 것을 도와주었는데 오슬로의 하콘 리(Håkon Lie)와 카렌 모스만(Karen Mosman), 에버딘의 클로드와 아이린 위스칙(Claude and Irene Wischik), 지방에 있는 리처드와 다니엘르 와이너(Richard and Danielle Weiner) 등이다. 나의 자녀들인 마이클(Michael), 에밀리(Emily) 그리고 켈리(Kelly)도 똑같이 영감과 자극을 주었으며 아내 치라(Tsila)는 그 여정에 나와 함께한 한결같은 존재이자 무수한 기록보관소에서의 연구에 헤아릴 수 없이 많은 도움을 주었다. 애정 어린 마음으로 아내 치라에게 이 책을 헌정하는 바이다.

데이비드 데이(David Day)
라트로브대학교(La Trobe University)

목차

일러두기

1. 주석 번호와 연결된 주석은 원서의 것이며, 미다스북스 블로그에서 확인하실 수 있습니다. 위의 QR코드를 스캔하시면 해당 웹페이지로 이동합니다.
2. 주석 중 읽는 데 도움이 될 만한 것은 따로 번역하여 *로 표시하고 해당 페이지 하단에 삽입했습니다.
3. 참고문헌은 원서의 것을 그대로 실었습니다.
4. 색인은 한국어판을 편집하며 새로 구성해 넣었습니다
5. 원어의 발음을 따라가는 표기가 읽기에 편하고 생동감 있는 경우에는 한글표기법에 맞지 않더라도 그대로 진행하였음을 밝힙니다.

ANTARCTICA
ANTARKTISCHES FESTLAND

CHAPTER 1

1770년대

이전의 그 누구보다도 더 멀리 나아가다

1775년 8월, 제임스 쿡 선장(Captain James Cook)은 자신이 작성한 해도와 일지를 가지고 실망한 표정으로 런던의 해군성 건물 계단을 올라갔다. 요크셔의 농장 일꾼의 아들이었던 그는 세계의 위대한 탐험가들 중 한 사람이 되었다. 하지만 그는 18세기의 위대한 탐색 여행을 완수하지 못했다.

쿡은 잃어버린 대륙을 발견하라는 지시를 받았다. 고대 그리스인이 남반구를 지배한다고 말했던 땅이었다. 사람들은 소위 말하는 '거대한 남쪽 땅(Great South Land)'이 아메리카 대륙보다 더 풍요롭다고 생각했다. 그러나 그 대륙은 지도 제작자들이 상상으로 지어낸 허구였다. 쿡은 존재하지도 않는 거대한 대륙을 찾아 남쪽 바다를 샅샅이 뒤졌다.

끊임없는 쿡의 수색에서 단지 보이지 않고 남아 있던 것은 최후의 미발견 대륙인 남극대륙(Antarctica)이었다. 쿡은 남극에 상당한 육지가 있지 않을까 생각했지만 그는 해군 대신들에게 장담하였다. '얼음으로 꽉 막힌 바다는 영국을 위해 그 대륙을 발견하고 그것에 대한 권리를 주장하는 것에 따르는 위험을 무릅쓸 만한 가치가 없음을 의미한다.' 쿡은 자신의 남극해 항해가 그 얼어붙은 불모지의 지배권을 차지하기 위한 두 세기에 걸친 다툼을 촉발시키리라고는 상상도 하지 못했다.

1768년에서 1777년 사이의 역사적인 1차 항해에서 쿡 선장은 지구를 선회했다. 작은 바켄틴선(barquentine, 돛대가 셋 있는 범선−역자 주)인 영국 군함 *엔데버호(HMS Endeavour)*에 조셉 뱅크스(Joseph Banks)와 다니엘 솔랜더(Daniel Solander)가 이끄는 과학자와 화가들 일행이 빽빽하게 승선했다. 그들의 탐험은 타히티(Tahiti)로 향했는데 거기서 그들은 금성이 태양을 가로질러 통과하는 것을 관찰할 예정이었다. 그것은 항해의 목적을 위한 하나의 중요한 계산이었고, 프랑스와 영국 과학자들에 의해 세계 각지에서 관측되고 있었다.

그것은 *엔데버호*의 오랜 항해의 표면적 이유였으며, 공공연한 목적은 프랑스와 다른 유럽 열강들을 따돌리기 위한 것이었다. 실제로 일단 과학자들이 타히티에서 연구를 완수했을 때 쿡은 남태평양을 수색해 신비의 거대한 남쪽 땅을 찾고 영국을 위하여 그 땅에 대한 권리를 주장하라는 비밀 지시를 받았다. *엔데버호* 탐험대를 손수 지휘하고 싶어 했던, 태평양상의 발견에 영향력이 있는 지지자 알렉산더 다림플(Alexander Dalrymple)은 그 대륙은 폭이 약 8천 킬로미터이며 아마도 5천만 명 이상의 주민이 있을 것이라고 말했다.[1] 다림플의 말이 맞다면 그것은 정말로 엄청난 횡재일 것이었다.

쿡은 자신이 1766년 찾기 힘든 그 대륙을 찾으려고 프랑스를 떠났던 프랑스 탐험가 루이 드 부갱빌(Louis de Bougainville, 1729-1811. 프랑스의 군인, 항해가. 프랑스 최초의 세계일주 항해자(1766-1769), 태평양의 사모아, 솔로몬, 비스마르크 제도를 발견하였음—역자 주)의 뒤를 좇아 항해하고 있음을 알았다.[*2] 1768년 영국 항해가 사무엘 월리스(Samuel Wallis)와 필립 카터렛(Philip Carteret)이 출항했으나 역시 그 대륙을 찾는 데 실패했다.

의무에 충실한 쿡은 지시받은 대로 행동하였다. 8개월 동안 타히티로 항해한 후 그는 그 열대 천국의 즐거움을 누리고 필요한 관측을 하면서 3개월을 더 보냈다. 월리스와 부갱빌 두 사람 모두 거기서 그에 앞서 실제로 각

---

* 부갱빌의 항해 보고서 번역본은 1772년, 같은 해에 쿡의 2차 세계 일주 항해에 동행했던 포스터(J. R. Forster)에 의해 런던에서 출판되었다.

자의 국왕을 위해 그 섬에 대한 권리를 주장한 바 있었다. 쿡은 인근에 있는 다수의 더 작은 섬을 발견하고 그에 대한 권리를 주장한 최초의 유럽인이라는 것에 만족해야 했다. 1769년 7월 그는 세계의 마지막 남은 대륙을 발견하기를 기대한 지역을 향해 남쪽으로 *엔데버*호를 몰고 갔다. 월리스도 항해 동안 그렇게 하라는 지시를 받았으나 남극해(Southern Ocean)의 동계 상황에서 배를 운에 맡기는 것에 반대되는 결정을 하였다. 쿡은 곧 자기도 똑같이 했으면 좋았을 것이라고 생각했다.

여러 주일 동안 쿡은 태평양의 강한 너울과 싸웠으며 유럽의 지도 위에 오랫동안 표시되어 있었던 땅의 조짐을 찾아서 거품투성이의 파도를 유심히 살폈다. 그는 점점 더 춥고 거센 폭풍이 몰아치는 바다 외에는 아무것도 보지 못했다. *그가 남극권(Antarctic Circle)을 향해 계속 항해할 수도 있었으나 그랬다면 거친 바다와 낮은 기온이 선원들의 온화한 성질뿐 아니라 닳아 빠진 돛과 앞머리가 뭉툭한 배의 삭구를 몹시 시험했을 것이다. 게다가 그 거대한 남쪽 땅은 온대 지방 속으로 멀리 뻗어나가 있다고 생각되었다.*

쿡은 *엔데버*호를 몰아 기후가 더 따뜻하고 온화한 지역의 품속으로 도로 들어갔다. 남쪽으로 향한 짧은 여행에서 쿡은 거대한 남쪽 땅을 찾는 데 실패했으며 그에게는 귀환했을 때 보여줄 위대한 승리는 아무것도 남아 있지 않았다. 쿡은 중요한 결정을 내렸다. 혼곶(Cape Horn)을 돌아 집으로 향해 사실상 빈손으로 영국에 상륙하는 대신 그는 서쪽으로 향함으로써 수색을 계속하기로 결심하였다.**3

쿡은 네덜란드 탐험가 아벨 타스만(Abel Tasman)이 거대한 남쪽 땅을 찾아 나섰다가 1642년 오늘날 우리가 뉴질랜드라고 알고 있는 땅의 서쪽 해안을 우연히 발견했다는 것을 알고 있었다. 타스만은 오스트레일리아 본토

** 비글홀(J. C. Beaglehole)이 편집한 쿡의 항해 일지는 권위 있는 그의 전기와 함께 그 탐험가의 생애와 항해에 관한 표준적인 저작으로 남아 있다.

와 태즈메이니아(Tasmania) 남쪽 해안을 경유하여 그곳에 도착했다. 네덜란드인들이 이전에 동인도 제도에 있는 자기네 교역소에서 오스트레일리아 해안선의 북쪽과 서쪽으로 펼쳐진 지역의 지도를 만들고는 그 땅을 '뉴홀랜드(New Holland)'라고 불렀다. 그러나 그들은 그 땅을 대수롭지 않게 생각하여 그곳에 자국 식민지 주민을 정착시켜 그 땅을 자기들 소유로 만들려는 진지한 시도는 하지 않았다. 그들의 주의는 계속 더 동쪽을 향했으며 타스만은 거기서 유럽인이 상상해온 거대한 남쪽 땅을 만날 것을 기대하였다. 사람들은 기후가 건조한 오스트레일리아와는 달리 거대한 남쪽 땅은 온대성 기후와 문명화된 거대한 인구와 풍부한 금은 광산과 동인도 제도의 향신료 식물이 이미 네덜란드인들에게 그랬던 것처럼 그것을 발견하는 사람들에게 부를 낳아줄 새로운 식물이 있을 거라고 상상하였다. 뉴질랜드를 발견했을 때 타스만은 자신이 그런 무한한 부의 장소를 발견했는지도 모르겠다고 생각했다.

언뜻 보기에 뉴질랜드는 확실히 지도 제작자들이 꿈에 그리던 장소처럼 보였다. 그곳의 기후는 온화했으며 토양은 풍부한 비옥함을 누렸고 조직화된 집단이 살고 있었다. 비록 타스만은 스페인 사람들이 신대륙에서 우연히 마주쳤던 웅장한 도시에 필적하는 그 어떤 것도 보지 못했고, 원주민의 장신구 중에 금이나 은의 증거는 없지만 그래도 여전히 뉴질랜드가 거대한 남쪽 땅일 가능성은 있어 보였다. 타스만은 이를 매우 확신했기 때문에 그곳을 스테이튼 랜드(Staten's Land)라고 이름 짓고 그곳이 남아메리카 끝에서 멀리 떨어진 곳에 보였던 동일한 이름을 가진 땅과 합쳐진다고 믿었다. 사실이라면 이는 그가 거대한 남쪽 대륙의 서쪽 해안에 있다는 의미가 될 것이다.

다수의 유럽 지리학자들은 한 세기 넘게 타스만의 견해를 받아들였다. 실제로 각각의 '스테이튼 랜드'는 하나의 섬이었으며 그 섬들은 수천 킬로미터나 되는 태평양에 의해 따로 떨어져 있었다. 타스만이 이러한 사실을 발견했을지 모르나 뉴질랜드에 대한 그의 조사는 마오리(Maori) 주민들의 적의에 의해 갑자기 중단되었는데, 그들은 타스만 탐험대가 담수를 얻기 위해 상륙을 감행했을 때 그의 부하들 중 4명을 살해했다. 자신이 '살해자들의 만(Murderers' Bay)'이라고 부른 곳에서 서둘러 물러났지만 타스만은 여전히 자신의 항해를 성공이라고 기꺼이 공표하고 자신이 거대한 남쪽 땅을 발견했다고 선언하였다. 하지만 그는 네덜란드 동인도 회사(Dutch East India Company)가 그의 발견을 추적하도록 고무시킬 가치가 있는 것은 아무것도 가져오지 못했다.

그럼에도 불구하고 뉴질랜드 서해안은 유럽 지도 위에 표시되었으나 그 신비의 땅이 다른 방향으로 얼마나 멀리 뻗어 있는가는 알 수 없었다. 쿡이 타히티에서 남쪽으로 항해했으나 거기에 있어야 할 땅을 발견하지 못했을 때 그는 그 질문에 부분적인 답을 한 셈이 되었다. 서쪽으로 향하면서 쿡은 타스만이 발견했던 땅의 동쪽 해안과 마주치기를 기대하였다. 부하들의 건강을 지키고 자신의 비밀 임무가 성공하려면 스테이튼 랜드를 발견해야 할 것이다. 그곳을 발견한다면 그는 배를 신선한 식품과 물과 화목으로 다시 채워서 무서운 괴혈병의 발생을 막고, 또한 타스만이 부분적으로 만들었던 해안 지도에 담긴 땅의 실체를 결정할 수 있을 것이다. 그러나 다시 한번 쿡은 실망할 운명이었다.

계속 서쪽으로 항해했으나 육지와 마주치지 못했을 때 쿡은 뉴질랜드가 더 큰 하나의 대륙의 일부라는 자신의 가정을 포기할 수밖에 없었다. 마침내 뉴질랜드 동해안에 도달하여 2개의 섬을 조심스럽게 일주한 뒤 그는 찾기 힘든 그 대륙이 딴 곳에 있음에 틀림없다고 결론지었다. 지구상의 남아 있는 빈 공간을 참을성 있게 계속 조사해야 할 것이었다.

쿡은 해도가 만들어지지 않았던 오스트레일리아 동해안으로 향함으로써 조사를 시작하였는데, 거기서 그는 18세기 지도의 또 다른 빈 공간을 채워 넣어 다시 한번 네덜란드 전임자들의 작업을 완수하였다. 그는 또한 영국을 위해 그 두 장소에 대한 권리를 선포하고 당시의 관례적 의식을 거행하였는데, 국기를 게양하고 예포를 발사하고 나무에 표시를 하거나 돌무더기를 세워 그가 발견자이며 이제 영국이 그 장소의 가상의 소유자임을 증명하였다. 금방 철수했던 외국 방문객들이 거행했던 이러한 기이한 의식들을 원주민들이 어떻게 생각했는가 하는 것은 기록되지 않았다. 쿡은 자신들의 가능한 불법 점유에 그들을 연루시키려는 시도는 거의 하지 않았다.

오스트레일리아 동해안의 해도를 완성한 뒤 쿡은 뉴기니(New Guinea) 동쪽 바다로 계속 항해하려고 생각하였다. 그곳에서 1606년 스페인 탐험가 페드로 페르난데스 데 퀴로스(Pedro Fernandes de Quiros)가 뉴헤브리디스 제도(New Hebrides)의 섬들을 우연히 발견하였는데 그는 그것을 잃어버린 대륙의 일부라고 생각하였다. 뉴질랜드에 관한 타스만의 가정이 틀렸음을 입증했기 때문에 쿡은 퀴로스의 주장을 시험해보려고 작정하였다.

그 스페인인의 망상을 추구하려는 쿡의 계획은 1770년 6월 대보초(Great Barrier Reef, 오스트레일리아 북동부의 퀸즐랜드 해안과 나란히 있는 큰 산호초–역자 주)상에서 *엔데버호*가 좌초하여 배에 큰 구멍이 났을 때 돌연히 그리고 거의 비참하게 끝장이 나버렸다. 쿡은 구멍을 때우고 만조 때 암초에서 배를 끌어당겨 인근 오스트레일리아 해안에 있는 감조 하천(tidal river, 큰 조차로 밀물 시 바닷물이 역류하는 하천–역자 주)의 진흙투성이 둑 위로 끌어올려 가까스로 재난을 모면하였다. 구사일생의 위기를 겪고 선체를 수리하는 데 수 주일이 걸렸기 때문에 쿡은 그 스페인인의 보고를 확인하려는 계획을 포기하고 대신 인근의 네덜란드 항구 바타비아(Batavia, 현재의 자카르타)를 거쳐 바로 집으로 향하였다.

근 3년을 바다에서 지낸 뒤 1771년 7월 쿡은 런던에 다시 돌아왔다. *엔데버호*에는 수천 종의 이상한 식물, 곤충, 새와 동물이 실려 있었으며 뱅크스와 솔랜더는 동료 과학자들에게 그것들을 보여주는 한편 왕에게 이전에 알려지지 않았던 섬과 사람들에 관한 얘기를 말해주었다. 쿡도 보고할 것이 많이 있었다. 그는 *엔데버호*를 몰고 노련하게 세계 일주 항해를 하였으며 오래 끌던 뉴질랜드의 신비를 풀고 오스트레일리아 동해안의 해도를 만들었다. 그는 성장하는 대영 제국에 오스트레일리아 동부를 추가했으며 그 지방이 지닌 농업 및 목축의 가능성을 강조하기 위해 뉴사우스웨일스(New South Wales)라는 이름을 붙였다. 그러나 그는 실효적 지배 행위와 함께 공식적 소유권의 주장을 실제로 강화하는 데 영국이 네덜란드보다 더 관심을 가질 납득할 만한 이유는 거의 발견할 수 없었다. 쿡에게 더 중요한 것은 이것들이 새로운 발견이 아니었다는 것이다. 그의 주요한 발견은 부정적인 것이었는데 즉, 거대한 남쪽 땅은 수 세기 동안 지도 제작자들이 배치했던 장소에 존재하지 않는다는 것이었다. 그가 다소 하소연하듯 해군 대신들에게 알린 것처럼, 그는 '그렇게 많이 회자되었던 남쪽 대륙을 발견하는 데 실패'했으며 그 대륙이 '아마도 존재하지 않는다'고 인정하였다.[4]

쿡의 한탄에도 불구하고 남태평양의 대부분은 미탐험 상태로 남아 있었다. 영국은 거대한 남쪽 땅을 발견하는 상이 제국의 경쟁자들 중 하나, 특히 프랑스로 돌아가는 것을 허용할 수 없었다. 쿡에게 알려지지 않은 프랑스 탐험가 장 프랑수아 마리(Jean Francois Marie)가 1769년 쿡과 동시에 뉴질랜드 해안을 탐사하고 있었으나 그는 이듬해 페루 해안에서 떨어진 곳에서 익사하여 자신의 항해에 대해 보여줄 것이 별로 없었다. 그리고 쿡이 런던으로 귀환하기 직전, 프랑스 탐험가 케르겔렌(Yves-Joseph de Kerguelen-Tremarec)이 그 전설적인 대륙의 정확한 위치를 찾아내라는 국왕 루이 15세의 명을 받고 남쪽으로 파견되었다.

실제로 케르겔렌은 1772년 2월 남인도양에서 수목이 없고 산이 많은 하나의 군도와 우연히 마주쳤을 때 그 대륙을 발견했다고 생각했는데 그는 그 군도가 크기가 대륙만 하다고 잘못 생각하였다. 너무나 확신한 나머지 그는 그 황량한 땅덩어리를 일주 항해 해보려고 하지도 않고 자신의 발견을 왕에게 보고하기 위해 서둘러 돌아왔다. 그 땅을 '남프랑스(South France)'라고 명명하고는 그는 그곳이 '남극대륙의 중심부'이며 '모국의 모든 농작물'을 생산할 능력이 있다고 보고하였다.[5] 극구 칭찬받던 그곳의 가치를 확인하고 식민지화를 시작하기 위해 3척의 배로 두 번째 탐험에 착수하라는 명을 받았던 케르겔렌은 애처롭게도 자기의 주장이 틀렸다는 실망스러운 소식과 함께 귀환하였다. 그의 이름을 지니게 된 그 고립된 군도는 대륙의 일부가 아니고 별 가치도 없었다. 그는 자신의 기만적 보고 때문에 즉시 투옥되었다.[6]

연이은 탐험가들이 실망한 채 자신들의 나라로 귀환했지만 모든 항해의 결과 세계에 관한 유럽인의 지식이 엄청나게 확장되었다. 일종의 제거 과정에 의해 이제 대양의 광범한 지역이 남쪽 대륙을 포함하지 않는다고 알려졌다. 쿡의 1차 항해는 그에게 심지어 그 대륙이 존재하는지에 대한 약간의 의심을 남겨주었다. 그러나 영국 해군성은 프랑스 탐험가가 쿡의 의심이 틀렸다는 것을 입증하도록 내버려둘 여유가 없었다. 그래서 또 다른 영국 탐험대가 계획되었다.

1772년 7월 쿡은 남극해의 광막한 바다에서 더 집중적인 수색을 하기 위해 2척의 배와 함께 다시 파견되었다. 이번에는 성미 급한 프러시아 태생의 과학자 요한 포스터(Johann Forster)와 그의 아들 조지(George)가 그와 동행할 것이었다. 만약 거기에 대륙이 있다면 쿡은 영국을 위해 그것에 대한 권리를 주장할 작정이었다. 그리고 연줄이 좋고 세간의 이목을 끄는 뱅크스(Banks)가 없다면 발견에 대한 갈채는 그의 독차지가 될 것이었다. 2척의 개조한 휘트비항(Whitby)의 석탄 운반선 *레졸루션호(Resolution)*와 *어드벤처호(Adventure)*와 함께 쿡은 다시 세계 일주 항해를 할 것이며 이번에는 배와 선원들이 견딜 수 있는 만큼 멀리 남쪽으로 가서 이전의 그 어떤 탐험가가 감행했던 것보다 더 멀리 갈 것이다.

1772년 11월 쿡은 1739년 프랑스 동인도 회사의 항해사였던 부베(Jean-Baptiste Bouvet de Lozier)가 목격했던 육지를 찾아서 케이프타운(Cape Town)에서 남쪽으로 항해해 바람이 몰아치고 점점 더 추워지는 바다로 들어갔다. 부베는 자신이 보았던 육지를 시르콩시지웅곶(Cape Circoncision)이라고 명명하고는 그것이 거대한 남쪽 땅(Great South Land)의 일부라고 생각했으나 그 사이 수십 년 동안 그가 목격한 것을 확인한 사람은 아무도 없었다.

쿡과 그의 항해사들이 시르콩시지웅곶의 흔적을 찾아 수평선을 유심히 살폈으나 허사였던 11월과 12월의 대부분 동안 2척의 배는 한 항해사가 기술한 '끊임없이 불어대는 모진 광풍과 폭풍우가 몰아치는 몹시 사나운 날씨'와 씨름을 했다.[7] 육지에 관해서는 보고할 것이 아무것도 없었다. 그럼에도 불구하고 2척의 배는 점점 더 남쪽으로 내려갔다. 남극 여름의 끊임없는 햇살이 이전에는 텅 비었던 바다를 가득 메우기 시작한 움직이는 '얼음의 섬들'로부터 그들을 보호하는 것을 도와주었다. 12월 10일 빙산들 사이에서 2마리의 펭귄이 목격되었을 때 배가 육지에 가까운 것에 틀림없다고 생각되었으나 여전히 아무것도 보이지 않았다.

1773년 1월 17일 2척의 배가 얼음 속에 가뿐히 가려지고 혹독한 추위로 선원들의 코트가 뻣뻣해진 가운데 쿡은 마침내 남극권(남반구에서 보았을 때 위도 66.5도에서 극까지의 지역—역자 주)내로 건너 간 최초의 탐험가가 되었다.[8] 그러나 그러한 역사적 노력도 아무런 소용이 없었다. 바라던 대륙 대신 쿡은 더 이상의 전진을 가로막고 배를 위태롭게 하는 얼음으로 덮인 바다와 마주쳤다. 위험을 통감하였기 때문에 남위 67도에 도달한 후 쿡은 배를 돌리라는 명령을 내렸다.[9] 부베의 '대륙'에 관해서는 그는 그 프랑스인이 눈 덮인 광대한 빙산을 육지로 착각했다고 생각하였다.

부베가 보고했던 육지를 끈질기게 수색하는 과정에서 쿡은 자신도 모르게 남극 해안선에서 120킬로미터 이내에 들어와버렸다. 그 대륙은 수평선 바로 너머에 있었지만 그것은 너무나 멀리 떨어져 있어 심지어 *레졸루션호*의 가장 높은 유리한 위치에서도 볼 수가 없었다. 북쪽으로 후퇴하는 대신 쿡이 동쪽으로 돌았더라면 그와 그의 부하들은 충분히 멀리 항해하여 엔더비 랜드(Enderby Land)라고 알려지게 될 남극대륙의 돌출한 가장자리에 있는 산맥을 볼 수 있었을 것이다.

시르콩시지옹곶을 발견하지 못한 데 대한 실망에도 불구하고 쿡은 여전히 지도 제작자들이 오랫동안 그려온 온대 지방의 거대한 남쪽 땅을 기필코 발견할 작정이었다. 그는 남쪽의 고위도 지역에서 수색해보았자 영국에 전혀 쓸모가 없을 얼음에 덮인 고립된 육지를 발견할 가능성밖에 없다는 것을 염두에 두고 있었다. 그가 해군성에서 받은 지시는 그에게 '항해에 편리한 지대와 무역에 유용한 상품 생산에 적합한 기후대에 위치한' '광범한 육지나 제도'를 발견하고 국왕을 위하여 그것에 대한 권리를 주장할 것을 요구하였다.[10] 세계의 남아 있는 대륙이 거의 전적으로 극지방에 한정되어 있으리라는 것을 믿은 사람은 아무도 없었다.

그래서 쿡은 다시 인도양, 태평양 및 대서양의 남쪽 해역을 가로질러 동쪽으로 향하기 전에 북쪽으로 가서 혹시라도 대륙 크기의 육지가 배 위의 관측자들의 시야에 확실하게 들어오도록 롤러코스터 방식으로 북쪽과 남쪽으로 지그재그로 침로를 자주 바꾸며 나아갔다. 어떻게든 거대한 남쪽 땅의 해안을 발견하려는 필사적인 시도로 그는 두 번이나 더 남극을 향하여 내려갔다. 마지막으로 내려갔을 때 그는 이전의 그 누가 감행했던 것보다 더 남쪽으로 항해하여 1774년 1월 30일 아침 일찍 남위 71도 10분, 서경 106도 54분에 다다랐다.

뉴질랜드에 있는 *어드벤처호*와 연락이 두절되었기 때문에, *레졸루션호*의 선원들만이 두려움과 함께 남쪽으로 멀리 펼쳐져 있는 얼어붙은 바다를 쳐다보았다. 일찍이 쿡은 자신이 잘못 알고 어떤 대륙의 눈 덮인 산맥을 응시하고 있다고 믿은 적이 있었는데, 그것은 수평선 위의 구름으로 밝혀진 바 있었다. 지금도 총빙과 갇힌 빙산들만 있을 뿐 그가 발견하기를 기대했던 대륙의 징후는 전혀 없었다. 마침내 쿡은 만약 거대한 남쪽 땅이 존재한다면 그것은 대부분 남극권 남쪽에 놓여있음이 틀림없다는 것을 확신하였다.

포스터 부자는 그 실종된 대륙이 심지어 그곳에도 존재하지 않을 것이라고 생각하였으며 '그 빙설대(frigid zone, 북극권과 남극권 안 지역-역자 주)에 상당한 범위의 육지가 실제로 있다고 생각할 이유가 거의 없다'고 주장하였다.[11]

문제의 진실이 어떻든 간에 광범한 항해에도 불구하고 전적으로 새로운 발견은 거의 하지 못했던 쿡에게 극대륙의 발견은 약간의 위안이 되었을 것이다. 그럼에도 불구하고 그는 또다시 대륙을 보호하는 얼음의 벨트에 의해 격퇴되었으나 다른 어떤 항해가보다 더 남쪽으로 항해했다고 주장하는 훨씬 더 작은 상으로 자신을 위로해야만 했다. 지리학적 탐험보다는 과학적 발견에 더 관심이 있었던 젊은 조지 포스터는 '더 이상 전진하는 것이 불가능했기 때문에 우리는 위험한 탐험에 상당히 만족한 채 배의 항로를 변경하였으며, 우리의 뒤를 잇고 싶어 하는 항해가는 아무도 없을 것이고, 하물며 우리를 초월하려고 시도할 항해가는 더더욱 없을 것이라고 거의 확신하였다'[12]라고 상당히 만족하여 써놓았다.

쿡은 뚫고 들어갈 수 없는 얼음이 방해하는 탐험에 관해 별로 낙관할 수 없었다. 더욱이 그가 배를 돌렸을 때 항해사 중 1명이 얼음에 덮인 이물의 기움 돛대(앞 돛대의 밧줄을 묶도록 배의 앞부분으로 돌출시킨 장대-역자 주) 끝을 향해 조심스럽게 나아가 거기에서 차가운 공중에 모자를 휘두르며 의기양양하게 *Ne plus ultra(이 이상은 불가)!*[13]라고 선언함으로써 건방지게도 그를 능가하여 남쪽으로 가장 멀리 나아간 사람이 되어버렸다. 이제 얼음을 뒤로 한 채, 선원들은 다가오는 겨울을 좀 더 쾌적한 기후에서 보낼 수 있는 중앙 태평양에서의 신선한 음식을 기대할 수 있었다.

아마도 장폐쇄증의 극심한 고통으로 고생하고 있던 쿡으로서는 다시 한번 패배한다는 것은 실망스러운 일이었다. 비록 그것이 너무 먼 남쪽에 있어서 별 가치는 없다 하더라도 거대한 남쪽 땅을 발견했더라면 그것이 그의 2차 항해에 성공의 겉모습을 씌워주었을 것이다. 그러나 지금 그는 수년간의 항해에 대해 보여줄 것이 거의 없는 것처럼 보였다. 실패로 보이지 않으려고 초조한 나머지 쿡은 일기에 얼음을 통과하는 통로를 발견하려고 시도했다면 그것은 '매우 위험한 사업'이 되었을 것이라고 설명하였다. 사실 그는 제정신인 선장이라면 아무도 그렇게 하지 않을 것이라고 믿었다. 그는 '내 이전의 어떤 사람보다도 더 멀리 갔을 뿐 아니라 내 생각에 사람이 갈 수 있는 것만큼 멀리 갔던' 것에 만족하려고 애를 썼다.[14]

수색을 포기한 그의 결정에 의문을 제기할지도 모르는 비판자들을 피하기 위해 쿡은 이 대륙이 더 남쪽에 위치해 있다면 그것은 어떤 가치도 없을 것이라고 일축했다. 감히 자신보다 더 멀리 가는 탐험가가 있다면 그는 '발견의 영예'는 얻을 것이나 '세상이 그것으로 혜택을 받지는 않을 것이라고 나는 감히 말할 것이다'라고 쿡은 기록하였다.[15] 그런 대륙을 개발하는 것은 '짙은 안개와 눈보라, 극심한 추위, 그리고 항해를 위협하는 모든 다른 것'을 헤치고 나아갈 수 있는 선박을 필요로 할 것이다. 그런 선박이 있다면 그 배들은 '이루 말할 수 없는 끔찍한 모습의 지역, 태양 광선의 온기를 한 번도 느끼지 못하고 영원한 눈과 얼음 아래에 파묻혀 있도록 자연이 운명지은 지역'과 맞닥뜨리게 될 것이다. 그런 해안에 있는 어떤 항구도 모두 '엄청난 두께의 얼어붙은 눈으로 완전히 가득 차' 있을 것이다. 쿡은 자신이 그런 해안을 발견하지 못하게 막은 것은 비겁함이 아니라 '어떤 목적에도 부합하지 않을' 해안을 발견하는 것의 무익함이었다고 주장하였다.[16]

_레졸루션호_가 다시 태평양의 제도를 향해 나아가고 있는 가운데 쿡은 선실로 물러나 자신이 그곳에 결코 없었던 것을 찾는 데 실패한 것을 알았다. 1774년 2월 6일 깃펜을 든 쿡은 '남태평양에 미발견 대륙이 있다고 제안한 모든 저자들의 주장과 추측은 이제 완전히 부인되었다'라고 적었다. 비록 그것도 일종의 성과였지만, 런던의 여러 응접실에서 그가 영웅으로 환영받을 가능성은 없었다.

그 부지런한 항해가는 열대 지방에서 겨울을 보내며 특정한 제도의 위치에 관한 의문점을 해소했고 일기에 '가치 있는 발견을 할 것을 거의 기대하지 않는다'라고 적었다.[17] 이는 선원들에게는 한 해 더 항해하는 것을 의미했는데, 그동안 그들은 건강을 회복하였으며 과학자들은 뉴질랜드에서 더 체류하는 것을 포함해 일련의 태평양 제도에서 자연계를 연구하였다. 마침내 1774년 12월, 쿡은 태평양을 건너 혼곶을 향해 다시 항해를 했다. 그는 마음속에 한 가지 마지막 희망을 품고 있었다.

이 항해 동안 그는 이전의 탐험가들이 그 지역에 있다고 보고한 육지를 찾아볼 것인데 그것이 거대한 남쪽 땅의 일부라고 밝혀질지도 모를 일이었다.[18] 그러나 쿡은 먼저 스테이튼 랜드에 기항했다. 그곳은 티에라 델 푸에고(Tierra del Fuego) 동남단에서 떨어져 있는 작은 섬으로 이전에는 남쪽 대륙의 일부로 여겨졌으나 현재는 로스에스타도스 섬(Isla de los Estados)이라고 알려져 있다. 이 부근의 바다에는 고래가 너무도 많아 한 항해사는 고래들이 '내뿜는 물'이 '상상 이상의 불쾌한 악취로 자주 우리를 둘러싼 대기 전체를 더럽힐 것'이라고 불평하였다.[19]

해안에 상륙했을 때 그들은 바위투성이 만을 발견했는데 만의 입구는 물개와 바다사자, 펭귄과 수많은 종류의 새들로 붐볐다. 큰 바다사자들은 사살하여 기름을 얻기 위해 지방을 졸이고 더 작은 바다사자와 물개와 펭귄들과 아직 깃털이 다 나지 않은 새끼 새들은 곤봉으로 때려죽여 선상의 잔치를 위해 가져갔다.[20] 해군 장교 후보생 존 엘리엇(John Elliot)은 거느린 암컷 무리를 방어하려고 시도하는 상당히 큰 바다사자 수컷 1마리와 맞닥뜨린 경위를 회상했다. 엘리엇은 '침착하게 그에게 다가가 그가 전진해 올 때 2, 3야드 거리에서 가슴에 머스켓 소총을 발사하고 그것의 아가리에 내 총검을 찔러 넣었다.' 그다음에 엘리엇은 동료들과 함께 암컷 바다사자들 가운데로 들어가 '일부는 그들을 쏘고 일부는 곤봉으로 머리를 내리쳤으며 다른 선원들은 다른 종류의 새들을 쏘고 일부는 펭귄을 때려눕혔는데' 그는 펭귄들을 '작은 병사들의 연대'에 비유하였다.[21]

풍부한 해양생물에 관한 보고는 훗날 수백 명의 물개 사냥꾼들을 끌어들여 축 늘어져 있는 그 동물을 쉽게 잡을 수 있게 할 것이었다. 그 당시로는 쿡은 선원들을 위한 고기와 과학자들을 위한 표본으로서만 야생동물에 관심이 있었다. 그의 주된 관심사는 여전히 있을지 모르는 남쪽 대륙을 목격하는 것이었다. 옛날 보고들 중 어느 것이라도 정확하다면 이곳이 진정한 부가 발견될 가능성이 있는 장소였다.

1756년 어떤 스페인 선장이 혼곶 동쪽으로 그러한 장소 한 군데를 목격하여 그곳을 '날카롭고 험한 바위투성이 산들로 가득 찬… 육지의 대륙'이라고 보고한 적이 있었다. 1775년 1월 14일 *레졸루션호*가 그 대륙으로 추정되는 지역에 도달했을 때 쿡은 자기가 마침내 고된 항해의 목표를 발견했다고 믿었다. '그 산들의 어마어마한 높이'에 현혹된 나머지 쿡은 그것이 거대한 땅덩어리의 일부가 틀림없다고 생각하였다. 크기가 대륙만 한 땅덩이의 발견에 걸맞게 그는 국왕에게 경의를 표하여 그곳을 조지아(Georgia)라고 명명했으며 그 해안선을 면밀하게 해도에 기입하고 보다 두드러진 지형에 영국식 이름을 부여하였다.[22]

이 장소를 제국의 전초 기지로 추천하는 것도 지나치지 않은 것 같았다. 그곳은 거주민이 전혀 없고 나무도 없고 빙하와 바위투성이가 고지로 에워싸여 있으며 얼음과 눈으로 덮여 있었다. 그것은 쿡이 찾으려고 시도했던 기후가 온화하고 풍요로운 거대한 남쪽 땅이 전혀 아니었다. 그럼에도 불구하고 1월 17일, 적당한 만을 하나 만난 뒤 쿡은 그 새로운 땅을 조사하기 위해 요한과 조지 포스터 부자와 함께 보트를 저어나갔다.

아마도 거대한 얼음덩어리를 쪼개내고 있는 빙하 때문에, 아니면 바람이 몰아치는 만의 깊은 바다에서 닻을 내릴 안전한 장소를 발견하기 어려웠기 때문에 쿡은 *레졸루션호*를 외해에 남겨두기로 결정했다. 그는 또한 내륙 지역을 탐사하지 않기로 결정했는데 그 이유는 '어느 누구도 발견의 혜택을 볼 것 같지 않았기' 때문이었다. 자신의 일기에 그는 그 풍경을 '야만적이고 무시무시하다'고 묘사했는데 '거친 바위들의 꼭대기가 구름 속에 자취를 감출 때까지 우뚝 솟아 있었고 계곡은 천고의 눈에 파묻혀 있었다.' 그러나 그곳에서 펭귄과 오리, 그리고 다른 새들과 함께 물개와 바다코끼리는 더 많이 잡았다.[23]

그곳을 경멸했음에도 불구하고 쿡은 자신이 마침내 항해의 목적을 달성했다고 믿었다. 그는 나중에 '우리들이 거대한 대륙에 속한다고 판단했던… 해안을 발견했을 때'의 최초의 흥분을 해군성에 보고했다.[24] 그리하여 여름 기온이 거의 영상으로 올라가지 않는 가운데 그는 계속해서 한 항해사가 '이 새로운 나라'(내 바람으로는 남쪽 대륙인)라고 묘사했던 땅을 공식적으로 점유하였다.[25]

해안에 머물렀던 시간에 대한 보고에서, 요한 포스터는 아무도 손대지 않은 야생 생물의 엄청난 다양성에 더 관심이 많았다. 그는 권리 선포 의식을 다음과 같이 가장 피상적인 방식으로 기술하였다. '선장은 항구를 바라보고는 *영국 국왕 폐하와 왕위 계승자들의 이름으로 영원히 그곳을 점유하고 그 땅* 위에 국기를 게양한 뒤 세 차례 일제 사격을 가한 다음 배 위로 돌아 왔다.' 젊은 조지 포스터는 세 차례 일제 사격이 그 의식에 '더 큰 중요성'을 부여했다고 생각하였지만 그는 더 나아가 '그 소리가 황량한 바위에 메아리쳐 새로 발견된 영토의 주민인 물개와 펭귄이 얼마나 깜짝 놀랐는지'를 다소 조롱하는 투로 기술하였다.[26]

그 의식에 대한 쿡의 기술도 또한 다소 비약적이었다. 그는 그 땅을 점유하기 위해 자신이 분명히 읽었던 성명서의 세부사항을 생략하였다. 쿡은 자신이 '세 군데 상이한 장소에 상륙해 국기를 게양했고 소화기를 발사하는 가운데 국왕 폐하의 이름으로 그 땅을 점유했다'라고만 보고했다.[27] 그리고는 다시 *레졸루션호*에 승선하여 쿡은 계속해서 해안선의 지도를 작성하고 그가 방금 떠났던 만을 포제션만(Possession Bay)이라고 명명하였다. 그리하여 그 만은 전 세계에 걸쳐 그가 그렇게 이름을 붙였던 긴 행렬의 장소들 중의 또 하나가 되었다.

쿡의 흥분은 곧 실망으로 바뀌었다. 북쪽 해안선을 따라 160킬로미터 남짓 더 항해한 후 그는 한 지점을 돌았는데 해안이 돌연히 그가 항해를 시작했던 지점을 향해 북쪽으로 구부러지는 것을 알았다. 이제 그에게 그 '대륙'은 실제로 길이가 약 190킬로미터, 폭이 32킬로미터에 이르는 제한된 범위의 섬이라는 것이 분명해졌다.

그 지점을 디스어포인트먼트곶(Cape Disappointment)이라고 명명하고, 조지아를 나중에 사우스조지아(South Georgia)가 되는 조지아 섬(Isle of Georgia)으로 재명명했을 때, '우리가 거대한 대륙의 일부로 생각했던 이 땅은 범위가 70리그(거리의 단위; 영국, 미국에서는 약 3마일―역자 주)에 이르는 일개 섬에 불과하였다'라는 것이 쿡에게 분명해졌다. 가까이 가기 어려운 그 해안선을 따라 그가 고귀한 왕과 정치가들의 이름을 흩뿌린 것은 현재는 거의 모욕적인 것처럼 보인다.

쿡의 항해사들도 함께 실망했는데 그들 중 하나는 자신이 속아서 '우리가 남쪽 대륙을 손에 넣었다고 믿었다가' '이런 유쾌한 꿈이 일개 작은 섬, 그것도 역시 매우 보잘것없는 섬으로 줄어든' 것을 알게 된 경위를 기록하였다. 정말이지 그곳은 그들이 여태까지 보아왔던 것만큼 형편없는 장소였으며 심지어 티에라 델 푸에고보다도 더 황폐하고 황량하였다. 아이로니컬하게도 이러한 사실이 쿡에게는 다소 위안이 되었고 그의 실망을 크게 누그러뜨렸는데 그 이유는 그런 음산한 황무지 대륙은 '발견의 가치가 없을 것'이기 때문이었다.[28] 실제로 19년 전 어떤 스페인 상선이 그 섬을 발견했는데 그 배의 선장은 그 섬을 산 페드로(San Pedro)라고 명명하였다.[29]

남쪽 대양(Southern Ocean)에 대한 3년간의 순항이 거의 끝났음에도 불구하고 쿡은 여전히 의미 있는 육지를 발견할지 모른다고 믿고 있었다. 그는 이전에 아프리카 남쪽에서 부베가 보았다는 눈 덮인 땅을 빙산이었다고 일축한 바 있으며 그 위도에 있는 육지는 여름에 눈에 덮일 수 없다고 믿었다.

그러나 이제 자신이 눈 덮인 조지아 섬을 경험해 보니 그 프랑스인의 말이 옳았는지도 모른다는 생각이 들었다. 쿡은 '얼음과 짙은 안개 외에는 아무것도 발견할 수 없는 남쪽 고위도 지역'에 신물이 났음에도 불구하고 두 번째로 찾아볼 시도를 하기로 결정하였다.

그는 배를 다시 남극권 쪽으로 조금씩 나아가게 할 남동 항로로 *레졸루션호*를 조종하였으며, 일주 항해의 이 마지막 부분에서 자신이 마침내 성공하리라고 확신하였다. 실제로 그는 '자신이 탐험할 시간보다 더 많은 육지를 발견할 것'을 두려워하였다.[30] 조지아 섬을 떠난 지 불과 11일 만인 1775년 1월 31일, 쿡의 예언은 들어맞았던 것처럼 보였다.

*레졸루션호*가 안개에 갇히고 얼음으로 뒤덮인 바다를 헤치고 길을 찾아 나갔을 때, 주변 상황은 쿡이 겨우 5,6킬로미터 전방의 육지를 볼 수 있을 정도로 맑아졌다. 다시 한번 쿡은 거대한 남쪽 땅의 일부를 우연히 발견했을지 모른다고 생각했으나 안개와 얼음 때문에 그것을 확인하기 어려웠다. 높이 솟은 산 하나를 본 뒤 쿡은 방심하지 않고 그 황량한 해안으로부터 일정한 거리를 유지하였는데, 그 해안에는 거대한 빙산들이 좌초해 있었다.

그는 한동안 남쪽으로 항해한 다음 북쪽으로 방향을 돌려 눈 덮인 산맥이 산재한 연속적인 해안선이라고 상상했던 곳을 따라 조심스럽게 나아갔다. 한 줄로 늘어선 섬들을 보고 있음을 알아채지 못한 채 그는 그것들에 곶의 이름을 붙이고 최남단의 섬에 서던 슐리(Southern Thule, Thule는 고대인들이 세계의 북쪽 끝에 있다고 믿었던 나라로 여기서 서던 슐리는 세상의 남단이라는 의미이다—역자 주)라는 명칭을 부여했는데, 왜냐하면 남위 60도 부근에 있는 지점에서 그 섬은 '최남단의 땅'이었기 때문이었다.[31] 조지아 섬에서 했던 것과 같이 해안의 해도를 작성하고 그것이 대륙의 일부인지를 밝히는 대신 쿡은 자주 모호해지는 해안선으로부터 거리를 유지하였다. 그는 또 하나의 괴물이 될지도 모르는 것을 쫓기 위해 자신의 항해를 위태롭게 할 의향이 없었다.

남극에서 뻗어 나온 대륙의 곶이라고 추측한 곳의 해도를 작성하기 위해 남쪽으로 향하는 대신, 쿡은 배를 돌려 그 곳의 최북단의 지도를 작성하기 위해 북쪽으로 나아갔다. 어쨌든 영국 정부는 그가 얼어붙은 황무지가 아닌 온대 대륙을 찾아내기를 원했던 것이다. 그렇게 하는 편이 그에게도 부베의 시르콩시지옹곶으로 향하는 보편적인 방향으로, 그다음에는 편안한 케이프 타운으로, 그리고 집을 향해 잉글랜드로 되돌아오는 것을 허용할 것이었다.

그 육지가 사라질 때까지 북쪽으로 항해한 후에도 쿡은 여전히 '일단의 섬들을 발견했는지 아니면 대륙의 한 지점을 발견했는지' 확신하지 못했다. 비록 자신의 주인들이 원했던 온대 대륙은 아니었지만 그것이 어떤 대륙의 일부라고 생각하고 쿡은 자신의 정치적 후견인인 해군 장관(First Lord of Admiralty) 샌드위치 경(Lord Sandwich)을 기념하여 그것을 샌드위치 랜드(Sandwich Land)라고 이름 지었다. 그 명칭은 또한 그것이 영국 소유라는 느낌을 불러일으켰다.

쿡은 조지아 섬에서 그랬던 것처럼 그 육지의 소유권을 주장하기 위해 해안으로 노를 저어 갈 시도는 하지 않았다. 쿡의 견해로는 그 장소는 제국의 자산이 되지 않을 것이며 정식으로 권리를 주장하는 데 따르는 위험을 무릅쓸 가치가 없었다. 항해사들 중 1명이 관찰했듯이 '해안은 높은 바위 절벽으로 이루어져 있고 만은 얼음으로 메워져 있어서… 한 발짝이라도 뭍에 오르는 것은 전적으로 실행 불가능하였다.'[32]

미래의 탐험가들은 샌드위치 랜드가 실제로는 수 킬로미터에 이르는 바다에 의해 분리되어 있는 여러 개의 섬들이라는 것을 알 것이지만 그럼에도 불구하고 쿡의 착오는 이해할 만하였다. 시계가 불량하고 섬들 중 2개는 수천 피트 높이의 산이 있었기 때문에 쿡은 그 섬들을 연결하는 해빙을 눈 덮인 육지로 잘못 알았다. 그 결과 그는 자신이 남극을 향해 줄곧 펼쳐져 있는 대륙의 한 지점을 보고 있다고 믿었는데 이제 그가 올바로 추측해보니 그것은 '이 광대한 남쪽 대양에 걸쳐 퍼져 있는 대부분의 얼음의 원천'이었다.[33]

지금까지 쿡은 기후가 온화한 거대한 남쪽 땅을 발견하라는 지시에 부지런히 따랐다. 그는 그것이 있어야 할 곳에 없는 그 대륙의 일부가 아니라는 것에 만족하기 전까지 그럴싸한 모든 가능성을 추구해왔다. 그러나 그는 단지 자신과 부하들만을 그렇게 밀어붙일 수 있을 뿐이었다. 케이프타운이 손짓해 부르고 식량이 떨어져가고 사우스조지아의 실망감이 생생한 가운데, 그는 역사적인 탐색 여행에 더 이상의 시간을 소비할 마음의 준비가 되어 있지 않았다. 이러한 결정에 대한 선원들의 만족이 노래에 나타나 있는데 그것은 다음과 같이 기쁨을 노래하였다.

추위를 벗어났으니 용감한 친구들이여 두려워 말라
유쾌한 심정으로 희망봉을 향해 배를 몬다네
고맙게도 우리는 지구를 한 바퀴 빙 돌았고
게다가 남쪽 대륙을 발견했으나
사람들이 말하듯 한 해 중에 때가 너무 늦어
더 이상 탐사하기 위해 그 땅에 머무를 수 없다네[34]

이 마지막 물길을 끝까지 따라가지 못한 데에 대한 비난을 받지 않으려고 초조한 나머지 쿡은 대부분의 대륙이 '얼음이 바다를 아주 방해하여 육지에 접근하기 어려운 극권(Polar Circle) 이내에 놓여 있음에 틀림없다'고 주장하였다. '아무도 감히 내가 감행했던 것보다 더 멀리 가지 않을 것이며 남쪽에 놓여 있을지 모르는 육지를 결코 탐험하지 않을 것이다'라고 예언하면서 쿡은 '어떤 목적에도 부합하지 않을 해안을 찾아내고 조사하는 것에 항해의 모든 것을 걸었다면' 그것은 분별없는 것이 되었을 것이라고 지적하였다.[35]

쿡은 눈으로 뒤덮이고 안개에 갇힌 샌드위치 랜드의 바다를 떠나서 기뻤으며 그곳을 '세상에서 가장 끔찍한 해안'이라고 기술했으며, 이때의 항해사들 중 1명은 그곳이 '자연이 만들 수 있는 가장 형편없는 지역'이라고 적었다.[36] 쿡은 케이프타운 쪽으로 *레졸루션호*를 몰고 갔으나 그는 먼저 부베가 육지를 보고했던 장소를 목격하기를 바랐다. 또다시 그 신비에 싸인 '시르 콩시지옹곶'을 찾는 데 실패한 쿡은 한 번 더 그것이 빙산임에 틀림없었다고 결론을 내렸다. 실제로 부베는 지금은 부베 섬(Bouvet Island)으로 알려져 있는 작은 화산섬의 위치를 잘못 판단했던 것이다. 잉글랜드로 돌아가는 긴 항해의 마지막 노정에 오르기 위해 배와 선원들을 준비시켜 케이프타운을 향해 나가는 것 이외에는 쿡에게 남은 할 일은 없었다.

쿡은 자기 항해의 업적을 곰곰이 생각해보았다. 그는 남극을 일주하고 '남극 근처와 항해의 범위를 벗어난 경우를 제외하고는 대륙이 있을 가능성에 대한 최소한의 여지도 남기지 않는 방식으로' 남극해를 횡단했다는 것에서 다소 위안을 받을 수 있었다. 자신이 보기에 그의 항해는 '남쪽 대륙 탐색에 종지부를 찍었는데… 그 대륙은 때로 과거 근 두 세기 동안 일부 해상 강국과 모든 시대의 지리학자들의 주의를 끌었다.'[37]

그럼에도 불구하고 그것은 그가 바랐거나 해군성이 그를 보냈을 때 기대했던 긍정적 업적은 아니었다. 해군성 비서에게 편지를 쓰면서 쿡은 자신이 대륙을 찾아내지 못한 것은 '그것이 항해 가능한 바다에는 존재하지 않기 때문이지, 주의 깊게 살피지 않았기 때문이 아니라'고 설명하였다. 어쨌든 자신은 찾기 힘든 대륙을 찾는 것 이상을 했노라고 쿡은 계속 적었다. 그는 남반구 탐험을 끝내기 위해 할 수 있는 모든 것을 다했다.[38] 그것이 그의 영원한 업적이 되어야 할 것이다.

케이프타운에서 쿡은 프랑스와 스페인 양국의 다른 항해가들이 자신이 놓쳤던 작은 섬들을 발견했다는 소식을 들었다. 당시의 신사적 문화에서는 탐험가들은 특정한 장소에 최초로 도달한 사람들의 발견을 기꺼이 인정하였다. 그러나 그들은 그럼에도 자신들의 특정한 항해의 결과가 최초로 출판되기를 원했다. 쿡의 경우도 그랬는데 그는 경쟁자들의 소식에 자극을 받아 자신의 업적이 프랑스인들과 스페인인들의 업적에 앞서 출판되도록 재빨리 유럽의 청중을 위해 최근의 발견에 관한 광범위한 지도를 편찬하였다. 그는 또한 세상 사람들이 자신의 업적에 관해 하등의 의심을 가지지 않도록 그 항해에 관한 대중적 보고서를 저술하기도 했다. 조셉 뱅크스가 대중이 보낸 갈채의 대부분을 받을 때 쿡은 자신의 초기 항해 때문에 여전히 마음이 쓰렸다.

1777년 5월 자신의 *남극을 향한 세계 일주 항해기*가 출판되어 큰 갈채를 받았을 때 쿡의 소망은 실현되었다. 빙산에 의해 왜소해진 *레졸루션호*의 장엄한 동판화와 항해의 남쪽 한계를 보여주는 지도와 함께 풍부한 도해를 넣은 그 책은 대중의 주의를 사로잡았다. 그는 남극을 선회했으며 온대 지방으로 뻗어 있는 대륙의 존재에 대한 만연된 믿음을 잠재워버렸다.

만약 아직도 발견해야 할 대륙이 있다면 그것은 훨씬 더 남쪽에 있음에 틀림없으며 혹시 목격되었던 샌드위치 랜드의 일부일지 모른다고 쿡은 추측하였다. 그로 하여금 그것들이 바다에서 생성되기보다는 육지에서 비롯되었다고 주장하게 한 빙산 관찰 소견으로부터 쿡은 꽤나 큰 남극 땅덩이의 존재가 가능하다고 추론하였다. 그러나 그는 그것의 발견을 입증할 수는 없었다.

쿡은 남쪽으로 그렇게 멀리 안전하게 배를 몰고 가는 것은 불가능하며 거기에 위치한 어느 대륙도 그것에 대한 권리를 주장할 가치가 없다는 것을 확신하였다. 비록 그는 조지아 섬을 대륙의 일부라고 생각하고 정식으로 권리를 선포했지만, 가까이 가기 어려운 그 장소가 하나의 섬에 불과하다는 것을 알았을 때 그는 크게 실망하지 않았다. 얼음에 갇힌 대륙은 결코 영국에 자산이 될 수 없을 것이라고 그는 주장하였다. 시간은 그가 틀렸음을 증명할 것이고, 그렇게 하는 데 오래 걸리지 않을 것이었다.

CHAPTER 2

1780–1820

나는 이 남쪽 땅이 하나의 대륙이라고 생각한다

1779년 하와이의 어느 해변에서 쿡 선장이 야만적으로 살해되고 수족을 절단당한 사건이 그를 유럽의 지식층 가운데서 하나의 숭배 대상으로 만드는 데 도움을 주었다. 런던에서 모스크바에 이르기까지 회화와 발표된 대중 보고서에서 그는 아무런 사심 없이 세계의 여러 가지 신비에 대한 해답을 찾았던 계몽운동의 한 본보기로 찬양받았다. 영국에서 그는 또한 제국의 영토를 더하고 그 위신을 드높인 제국의 기수로서 찬양을 받았다. 이러한 겉치레들이 비록 사후이긴 하지만 그에게 광범한 갈채를 가져다주었다.

멀리 떨어져 있던 쿡의 숭배자들 중 1명이 러시아 해군 장교인 고틀리프 폰 벨링스하우젠 선장(Captain Gottlieb von Bellingshausen)이었다. 그는 지구의 가장 남쪽 지역까지 쿡 선장의 항해를 되풀이하여 실제로 남극대륙이 보이는 곳까지 배를 몰아감으로써 쿡이 실패했던 곳에서 성공을 이룰 것이었다. 이상하게도 이 러시아 항해가의 여러 가지 위업은 더 넓은 세상에 많이 알려져 있지 않다.

남쪽으로 향한 쿡의 항해는 거대한 빙산들에 에워싸이고 뚫고 들어갈 수 없는 총빙(pack ice, 바다의 부빙이 모여 얼어붙어 생긴 얼음덩어리–해양과학용어사전)에 의해 막힌, 폭풍우에 휩쓸리는 광막한 대양을 보여주었다. 설사 얼음 너머에 대륙이 있었다 하더라도 쿡은 그것이 어느 유럽 제국에게도 아무런 가치가 없는 얼어붙은 황무지일 것이라는 것을 확신하였다. 그러나 추위에 제지당하지 않고 극북의 비슷한 위도 지대에서 많은 부를 발견했던 유럽의 제국이 하나 있었다.

러시아의 범위는 유럽으로부터 동쪽으로 시베리아의 얼어붙은 툰드라까지, 그리고 베링해를 가로질러 알류샨 열도(Aleutian Islands)와 알래스카까지 펼쳐져 있었다. 그런 멀리 떨어진 곳에서도 벌 돈이 있었으니, 러시아 무역상들은 현지의 알류트인(Aleut)들을 노예로 삼아 해달과 물개를 사냥하여 중국 상인들에게 팔기 위해 그 가죽을 배에 실었다. 1812년쯤에는 풍요로운 초승달 모양의 러시아의 태평양 제국이 캄차카 반도(Kamchatka Peninsula)에서 캘리포니아 북부까지 확대되었다. 같은 해 나폴레옹에 대한 군사적 승리로 인해 러시아 제국의 지위가 높아짐에 따라 차르 알렉산더 1세(Tsar Alexander I)는 영국, 프랑스와 스페인 제국뿐 아니라 팽창하는 아메리카 공화국의 경쟁에도 아랑곳없이 태평양에서 러시아의 존재를 신장시키려고 노력하였다.

1819년 러시아 황제는 쿡의 2차 및 3차 항해의 전철을 밟을 2개의 탐험대를 파견하였다. 하나는 북태평양을 탐사하기 위해 그리고 나머지는 쿡의 2차 항해의 초점이 되었던 남쪽의 고위도 지대를 탐험하기 위해 보내졌다. 차르는 남쪽 탐험대가 대담성과 발견 양자에서 쿡을 능가하고 쿡이 영국에 가져다주었던 것보다 훨씬 더 큰 영광을 러시아에 가져오기를 원했다. 41세 된 남쪽 탐험대장은 벨링스하우젠이었다. 그는 '가능한 남극에 가까이 접근하여 아직 알려져 있지 않은 육지를 찾고 도저히 넘을 수 없는 장애물에 직면한 경우에만 임무를 포기하라'는 지시를 받았다.[1] 그 러시아인들은 남극 바다에서 자신들이 홀로가 아님을 알게 될 것이었다.

쿡이 쓴 일기의 출간이 세인들에게 거기에 있는 포획의 대상인 풍부한 해양생물에 대한 주의를 환기시켰고 미국과 영국 및 아르헨티나의 바다표범잡이들이 그 소식에 재빨리 반응하였다. 물개와 코끼리바다표범 둘 다 진취적인 선원들이 남미의 남단에서 떨어진 섬의 바위투성이 해안에서 한꺼번에 수확하기 쉬웠다. 물개 가죽은 중국에 기존 시장이 있는 반면 코끼리바다표범에서 짜낸 기름은 램프 연료이자 여명기 산업 시대의 기계류에 대한 윤활제로서 유럽에서 큰 수요가 있었다.

또한 쿡의 일기와 뉴사우스웨일즈에 유형지를 설립하려는 차후 영국의 결정은 라이벌인 유럽 제국들에게 태평양에서 영국의 영토적 야심의 범위에 대한 주의를 불러일으켰다. 아르헨티나가 1816년에, 칠레가 1818년에 독립을 선포한 가운데 독립운동이 스페인 지배하의 남미에 혼란을 야기했기 때문에 영국은 스페인이 남겨준 권력의 공백을 메우고 태평양과 대서양을 잇는 지극히 중요한 마젤란 해협을 장악할 것을 간절히 바라고 있었다.

마젤란 해협은 또한 러시아의 계산에도 등장하였다. 1803년 차르는 2척의 선박으로 구성된 탐험대를 남미를 경유하여 북태평양으로 파견한 바 있었다. 알렉산더 1세는 모스크바로부터 태평양에 있는 러시아 교역소에 물자를 공급하기에 구불구불한 육로보다는 바다를 통한, 보다 경제적인 방법을 발견하고 싶어 했다. 이로 인해 마젤란 해협에 관한 지식이 러시아 제국에 하나의 중요한 자산이 되었다.

벨링스하우젠은 그 초기 항해의 장교였는데 그것은 러시아가 동쪽에서 서쪽으로 세계를 일주한 최초의 탐험이었다. 도중에 그 선박들은 하와이를 방문하여 물자를 보충하고 전략적으로 위치한 섬들을 성장하는 러시아의 태평양 제국의 세력 범위 내로 가져올 수 있는 가능성을 조사하였다. 그곳에 머무르는 동안 장교들은 쿡이 살해된 장소를 방문하고 해변의 나무 둥치에서 영국인들이 보복 사격을 했던 탄환의 일부를 기념으로 수집하였다. 그 경험이 러시아인들의 마음속에 그 영국 항해가의 영웅적 이미지를 강화하는 데 도움이 되었다. 16년 뒤인 지금 벨링스하우젠은 장비를 잘 갖춘 2척의 선박 *보스톡호(Vostok)*와 *미르니호(Mirny)*를 쿡이 감행했던 것보다 더 남쪽으로 몰아감으로써 쿡의 업적을 능가하려는 시도를 하고 있었다.

북방 탐험이 북태평양에서 자국 영토에 대한 러시아의 권리를 강화해주었던 반면 벨링스하우젠의 남방 탐험은 정찰의 성격이 더 컸다. 그 탐험은 성장하는 러시아 해군의 존재를 드러내주고 태평양에서 러시아 경쟁국들의 힘을 확인할 것이며 러시아의 무역을 위한 안전한 해상 루트를 확립하려고 시도할 것이다. 아마도 차르는 뻗어가는 러시아 제국이 언젠가 양극을 모두 지배하기를 바랐을 것이다. 쿡이 제안했던 땅덩이의 위치를 알아내려면 여전히 그가 가장 멀리 항해했던 것보다 남쪽으로 가야 할 것이었다.

러시아 정부는 쿡이 2차 태평양 항해 동안 그랬던 것처럼, 벨링스하우젠이 발견할지 모르는 '어떤 섬이나 해안'에 주민이 거주하는 경우 벨링스하우젠이 그들에게 나누어주기 위한 특별한 메달을 주조한 바 있었다. 그 러시아 메달의 한 면은 알렉산더 1세의 초상이 새겨져 있는 반면 나머지 면에는 선박의 명칭과 그 출항 날짜를 기록한 명문이 새겨져 있었다.[2] 은메달과 동메달은 그것을 받은 원주민들이 그것을 소중히 여겨 차후의 탐험가들에게 보여줄 수 있도록 하기 위함이었다. 그러면 그 탐험가들은 러시아인들이 그들보다 앞섰으며 따라서 벨링스하우젠이 쿡이 항해하는 동안 행했던 종류의 의례적인 권리 선포 의식을 거행하라는 특별 지시를 받은 적이 없었음에도 불구하고 러시아인들이 그 특정 장소에 대한 더 강력한 소유권을 보유하고 있음을 알게 될 것이다.

이러한 탐험은 또한 신흥 러시아 제국의 성장하는 위신을 미화하기 위하여 계획되었다. 벨링스하우젠은 나중에 더 넓은 세상을 교화하기 위해 출간될지도 모르는 일기를 작성하고 항해에 관련해서 뿐 아니라 모든 분야에서 인간 지식의 전파에 널리 도움이 되는 '새롭고 유용하거나 흥미로운' 모든 것을 자세히 기술하라는 지시를 받았다.[3] 그를 돕기 위해 두 명의 독일 박물학자를 모집하였으나 그들은 그런 위험한 항해에 2년을 보내는 것에 대해 재고한 것이 분명하였으며 그들을 데리러 벨링스하우젠의 배가 코펜하겐에 도착했을 때 그를 만나지 않았다. '자연사 분야의 발견을 하려는 희망이 무너진' 것에 실망한 그는 런던으로 가서 서적과 지도와 과학 장비를 구입하

고 영국 박물학자 1명을 모집하려 했으나 허사였다.[4]

과학은 그 탐험의 극히 중요한 측면의 하나였다. 식물과 동물 표본은 동인도 제도의 향료가 네덜란드인에게, 그리고 북태평양의 해달이 러시아인과 영국인에게 그랬던 것처럼 러시아 제국에 상업적으로 소중하다고 판명될 수 있을 것이다. 게다가 암석 표본은 구리, 금 또는 은과 같은 금전적 가치가 있는 광물의 증거를 제공할 수 있을 것이다. 멀리 떨어진 땅에서 온 이상한 표본들은 그 자체로도 또한 중요하였다. 계몽시대의 남녀들은 개인적 수집을 위해 그런 표본들을 귀하게 여기거나 웅대한 공공 박물관의 진열장 속에 있는 그것들을 경탄과 함께 응시하였다. 그들은 또한 풍부한 도해가 곁들여진 탐험 일지 간행본들과 자연계에 질서를 부여하려고 시도하는 조류학 서적과 기타 서적들을 구입하였다. 인간 지식의 총화를 더하는 것은 그 자체와 제국의 위신을 위해 중요하다고 간주되었다. 영토에 대한 야심이 있는 국가는 자기네가 경쟁국보다 원하는 영토에 관한 지식이 더 많다는 것을 보여줄 능력이 있어야 했다. 두 명의 박물학자 없이 이를 달성하려면 벨링스하우젠은 탐험대 화가와 천문학자의 작업으로 보완한 자신의 관찰 소견에 의존해야만 했을 것이다.

벨링스하우젠은 박물학자가 없다면 자신이 쿡의 대중적 성공을 능가하기 위해 애를 써야 한다는 것을 알고 있었는데, 널리 읽혔던 쿡의 항해 일지는 뱅크스와 포스터 및 다른 과학자들의 과학 출판물에 의해 보충되었던 것이다. *보스톡호*의 선실에서 편히 앉아 있었지만 벨링스하우젠은 이제 어떻게 하면 황제의 기대를 충족시킬 수 있을까를 걱정하고 있었을 것이다. 그는 쿡의 제2차 항해 항로를 따라간 다음 훨씬 더 남쪽으로 나아가려고 시도할 계획을 세웠다. 그의 탐험에 대한 세평은 그의 일지의 통찰력과 그가 작성한 해도의 정확성과 그가 발견할지 모르는 것의 가치에 달려 있을 것이다. 그럼에도 불구하고 그는 이미 쿡이 그렇게 철저하게 탐사했던 바다에서 어떤 위대한 발견을 하는 것을 기대할 수 없었을 것이다.

더구나 그런 외딴 지역에서 혹시 발견을 한들 그것이 무슨 소용이 있을 것인가? 기대할 수 있는 최상의 것은 새로이 권리가 주장된, 해달과 물개와 같은 귀중한 자원을 가진 북태평양의 영토와 비슷한 육지나, 남쪽의 무역거래소 역할과 러시아와 북태평양 사이의 항로를 오르내리는 선박을 위한 중간 역 역할을 할 수 있는 항구를 하나 발견하는 것이었다.

　벨링스하우젠은 남쪽으로 가기 2척의 배를 리우데자네이루(Rio de Ja-neiro)로 몬 다음 먼저 사우스조지아 섬으로 가서 2척의 영국 바다표범잡이 배를 만났다. 러시아인들은 쿡 시대의 바다표범 군서지가 이미 바다표범잡이들의 약탈로 몰살되었다는 경위를 알고 있었다. 영국인의 존재와 쿡이 먼저 권리를 선포했음에도 불구하고 벨링스하우젠은 쿡이 간과했던 그 섬 남쪽 해안의 해도를 작성하였다. 이제 벨링스하우젠은 그 해안에 '많은 러시아식 명칭들을 흩뿌렸다.'[5] 그리고 나서 그는 쿡이 남극점까지 줄곧 뻗어 있는 대륙의 일부일 가능성이 있다고 생각했던 샌드위치 랜드의 위치와 범위를 명확하게 밝히기 위해 동쪽으로 항해하였다. 시간을 들여 그 해안의 해도를 더 면밀하게 작성함으로써 벨링스하우젠은 그것이 육지가 아니라 멀리 떨어진 일단의 섬들에 불과하다는 것을 증명하였다. 온화한 거대한 남쪽 땅이 아직도 존재할지 모른다는 오래 끌고 있던 믿음이 비로소 소멸되었다. 남쪽 대륙이 만약 있다면 그것은 훨씬 더 남쪽에 있음에 틀림없었다.

　그 대륙을 찾아 남으로 나아갔던 러시아 선박들은 1820년 1월 27일, 남극권을 건넌 두 번째로 유일한 탐험대가 되었다. 다음 날 벨링스하우젠은 '동쪽에서 남쪽을 통과하여 서쪽까지 단단하게 펼쳐진 얼음'을 볼 수 있다고 보고하였다.[6] 아마도 그 얼음이 남극대륙에 붙어 있는 빙붕이었을지 모르고 그가 그것으로부터 불과 30킬로미터밖에 떨어져 있지 않았더라도, 일부 20세기 역사학자들은 벨링스하우젠이 필시 짙게 내리는 눈으로 인한 불량한 시계 때문에 자신이 대륙이 보이는 곳에 있음을 알지 못했다고 결론을 내리고 있다. 이러한 가정의 결과 벨링스하우젠은 남극 해안선의 일부를 목격한 최초의 탐험가였다는 영예를 오랫동안 거부당해왔다. 그가 쓴 일기의 서투른 편집과 그것을 영어로 번역하는 도중에 만들어진 나중의 착오로 인해 역사가들이 이러한 오류를 범하기 쉬웠을 것이다. 1950년대에 원래의 일기를 재조사하고 추가 증거 서류를 출간한 뒤에야 비로소 벨링스하우젠과 그의 항해사들이 자신들이 대륙이라고 생각한 육지를 인식하고 있었음이 명백해졌다.

한 가지 증거는 1820년 4월 8일 벨링스하우젠이 러시아 해군 대신에게 쓴 편지인데 그 편지에서 그는 자신이 1월 28일 경험한 것을 기술하였다. 그는 자신이 남위 69도 25분, 서경 2도 10분의 지점에 도달한 경위와 거기서 자신이 '남쪽 방향으로 여러 다른 장소에서 보이는 빙산과 함께 가장자리에 얼음조각들이 차곡차곡 쌓여진 끊임없이 이어진 얼음'을 볼 수 있었다고 보고했다. *미르니*호의 선장인 숙련된 탐험가 미하일 라자레프(Mikhail Lazarev)로부터 증거가 더 나왔는데 그는 그 어마어마한 광경을 보기 위하여 배의 돛대를 올라갔다. 러시아로 돌아오자마자 그는 자신들이 '엄청난 높이의 얼음 해안을 만나게 된' 경위와 '날씨가 매우 좋았던 그날 저녁 돛대의 가로장에서 바라보았을 때 그 얼음 해안이 우리들 앞에 눈으로 볼 수 있는 만큼 멀리 펼쳐져 있었다'고 기술하였다.

남극은 육지라기보다는 대양이라고 기대하면서 그 탐험대는 동쪽으로 계속 나아갔으며 얼음 장벽을 지나 남쪽으로 가는 길을 발견하기 위해 되풀이하여 애를 썼다. 그러나 라자레프가 나중에 보고했듯이 '우리가 남위 70도에 도달할 때마다 우리는 계속해서 얼음 대륙을 만났다.[7] 2월 중순의 그런 만남 중의 하나에서 벨링스하우젠은 해빙이 어떻게 '굳게 서 있는 절벽 같은 얼음'에 붙어 있는가를 기술했으며 그 얼음 절벽의 가장자리가 '수직이고 소만을 형성하고 있는' 반면 얼음의 표면은 '우리가 그 끝을 볼 수 없는 거리에 걸쳐 남쪽을 향하여 경사를 이루어 솟아 있었다'라고 기술하였다.[8]

나중에 러시아 혁명 동안 그의 항해 일지가 파괴되어 절대적인 확인은 불가능하게 되었지만, 벨링스하우젠과 그의 동료들은 1820년 1월 28일 남극 대륙의 해안을 목격했고, 자신들이 그 범위를 정확히 가늠할 수 없는 하나의 대륙을 쳐다보고 있다고 생각했던 것이 분명하다. 그들이 대륙을 목격한 최초의 사람들이었다. 그러나 그것은 단지 날짜의 문제였다.

벨링스하우젠이 항해하고 있을 때 칠레와 아르헨티나 남쪽 바다에는 영국과 미국의 선박도 있었다. 1819년 2월 19일 영국 선박 *윌리엄스호 (Williams)*의 선장 윌리엄 스미스(William Smith)가 몬테비데오(Montevideo, 남미 우루과이 공화국의 수도-역자 주)에서 칠레의 발파라이소(Valparaiso, 칠레 중부의 항구 도시-역자 주)까지 가는 도중 혼곶에서 약 450해리 남쪽에서 이전에 알려지지 않았던 육지를 우연히 만났다. 스미스는 일찍이 그린란드의 고래잡이 어장에서 일한 적이 있어 총빙과 빙산과 얼음에 덮인 육지를 구분할 수 있었다. 그가 발파라이소 주재 영국 해군 사령관 윌리엄 쉬레프 선장(Captain William Shireff)에게 자신이 발견한 것을 보고했을 때 그는 불신을 받았다. 쉬레프는 스미스가 십중팔구 육지라기보다는 얼음을 보았을 것이라고 생각하였다.

스미스는 이에 굴하지 않고 1819년 5월 항해를 되풀이했으나 날씨가 사나워 그렇게 멀리 남쪽으로 도달하지 못하였다. 그가 몬테비데오와 부에노스아이레스(Buenos Aires)까지 항해를 계속했을 때 그런 항구의 미국 고래잡이들과 바다표범잡이들 사이에 그의 발견에 관한 얘기들이 돌아다녔다. 스미스의 후일 보고에 의하면 그들은 그가 발견한 곳의 위치를 들추어내기 위해 그에게 '많은 금액의 돈'을 제공하였다. 들리는 바로는 '조국의 이익을 위해' 그렇게 하기를 거절한 스미스는 이번에는 기필코 그 육지의 존재를 확인하려고 마음먹고 배를 다시 발파라이소 쪽으로 몰았다. 더 좋은 날씨의 축복을 받아 그는 그 육지의 위치를 알아낼 수 있었을 뿐 아니라 그 해안선을 따라 상당한 거리를 항해하고 마침내 일등 항해사를 해안으로 보낼 수 있었다. 상륙 팀은 '유니언 잭과 적절한 명문이 있는 판자 하나를 땅에 박고 만

세 삼창을 하고 대영 제국 국왕 폐하의 이름으로 그 땅을 점유하였다.'[9]

스미스는 현재 사우스셰틀랜드 제도(South Shetland Islands)라고 알려져 있는 곳을 발견하였다. 그것이 일렬로 늘어선 섬들이라는 것을 알지 못했기 때문에 그는 처음에는 자신이 발견한 곳을 뉴사우스브리튼(New South Britain)이라고 불러 그곳이 뉴사우스웨일즈보다 범위가 크고, 따라서 쿡이 찾을 수 없었던 그 남쪽 대륙의 일부일지 모른다고 주장하였다. 1819년 11월 24일 스미스가 발파라이소에 도착하여 자신의 발견을 쉐레프에게 보고했을 때 이번에는 그의 말이 신뢰를 받았다.

육지와 수많은 연안 도서의 존재를 확인했던 스미스는 또한 '바다표범이 풍부하게' 있다는 것도 보고했는데 그로 인해 그 영토는 대영 제국에게 귀중한 획득물이 되었다. 그리하여 그는 영국 해군으로부터 *윌리엄스호*를 지휘하는 해군 장교 에드워드 브랜스필드(Edward Bransfield)와 함께 거기로 돌아가라는 임무를 받았다. 스미스가 그에게 길을 가리켜주는 가운데 브랜스필드는 '뉴사우스브리튼'의 해안선 해도를 작성하고 정식으로 대영 제국을 위해 그 장소에 대한 권리를 선포하였다.

스미스의 발견 소식이 칠레에 있던 영국 기술자 존 마이어스(John Miers)의 보고서와 함께 영국의 신문과 잡지에 등장했는데 마이어스는 스미스가 많은 수의 고래와 물개를 관찰했으며 향유고래(sperm whale)는 '자신이 상상하건대 지금까지 알려진 다른 어떤 곳보다도 더 풍부하다'고 보고하였다. 마이어스는 또한 스미스가 해달도 풍부하게 목격했다고 주장하였다. 그러나 실제로 그런 동물은 그곳에 존재하지 않았다. 스미스는 또한 '노르웨이 적송'과 같은 나무를 보았다고 주장하였으나 그 또한 없었다. 그럼에도 불구하고 마이어스는 스미스가 '육지의 전체적 외관과 산의 구조와 모양을 그가 지금까지 보았던 어떤 땅보다도 노르웨이 해안과 더 비슷하다'고 기술했다고 주장하였다. 마이어스는 더 나아가 새로 발견된 그 육지는 아마도 남대서양에 있는 쿡의 샌드위치 랜드와 연결되어 있으며 넓게 분리된 2개의

육지가 '하나의 큰 대륙의 두 지점'을 이루고 있을지 모른다고 주장하였다.[10]

마이어는 스코틀랜드 북부와 비슷한 기후를 가진 가능성 있는 하나의 영국 정착지로서 뉴사우스브리튼의 가치를 찬미하였다. 따라서 그곳은 소란스러운 남미의 정치적 환경에서 영국의 사업 관계자가 기업을 설립할 수 있는 하나의 안전한 피난처가 될 수 있을 것이다. 그곳은 또한 태평양에서 조업하는 30 내지 40척의 영국 포경선을 위한 기지를 제공하여 그들에게 200척 남짓한 태평양의 미국 포경선에 비해 약간의 이점을 부여할 수 있을 것이다. 그리고 그곳은 영국 상품과 자본이 인도와 중국뿐 아니라 남미의 개발도상국으로 전달될 수 있는 중계무역항을 하나 제공해줄 것이다. 그런 정착지가 희망봉(Cape of Good Hope)과 뉴사우스웨일즈에 있는 영국 식민지들과 결합하여 '남반구의 등거리 창고'를 제공할 수 있으며 그로 인해 '전 세계의 그 전 어떤 시기의 어떤 상업국가에 제공되었던 것보다 더 광범한 시장을 가진' 거대한 무역을 방어하고 장악할 수 있을 것이다.[11]

그러나 그것은 결코 다가오지 않을 미래에 대한 하나의 웅대한 환상이었다. 이는 부분적으로는 뉴사우스브리튼이 마이어스가 묘사했던 아르카디아(arcadia, 옛 그리스 신속의 이상향─역자 주)가 아니기 때문이었다. 그의 보고서가 *에든버러 철학 저널(Edinburgh Philosophical Journal)*에 발표될 즈음, 스미스와 브랜스필드는 조사를 끝내고 그 장소가 마이어스가 상상했던 곳과는 매우 다르다는 것을 알았다. 후일의 방문객들이 증명하겠지만 그 제도에는 '나무 한 그루, 덤불 하나, 꽃 한 송이, 관목 한 그루'도 없었다.[12]

브랜스필드는 스미스가 발견한 것이 '단순히 1개의 섬인지 대륙의 일부'인지 조사해보라는 명령을 받았는데 쉬레프는 후자가 '참말일지 모른다'고 제안하였다. 만약에 그것이 대륙의 일부처럼 보인다면 브랜스필드는 그것이 쿡의 샌드위치 랜드와 연결되어 있는지 여부를 결정하기 위해 동쪽으로 해안을 따라 가야 했다. 그는 '중요한 큰 목표'는 '해안과 항구'를 조사하는 것이라고 들었다. 그는 또한 '보기 드물게 풍부한 향유고래, 해달, 물개 등'에 관한 스미스의 보고를 확인하고 어떤 것이든 동식물의 표본을 모두 수집하고 식민지를 지원하기 위한 그 장소의 잠재력을 평가해야 했다. 만약 그곳에 이미 주민이 거주하고 있다면 그는 '거주민의 특성, 기질, 의복, 관습과 문명 상태'에 관한 보고를 해야 했다. 그가 어떤 외국 선박을 만나는 경우 브랜스필드는 그 배의 선장에게 '그 지역은 이미 점유되었음'을 알려야만 했다.

그 점과 관련하여 영국의 권리를 강화하기 위해 브랜스필드는 여러 장소에 상륙하여 국왕의 이름으로 그곳을 점유하고 '유니언 잭이 그려져 있고 위에 말한 목적에 맞는 말이 적혀있는 판자를 박으라'는 명령을 받은 바 있었다. 만약 조사가 6개월 이상 걸리는 경우 그는 발파라이소로 돌아가지 말고 곧바로 런던으로 가 조사 결과를 해군성에 보고하라는 지시를 받았다. 그는 도중의 어떤 항구에서도 '귀관의 항해 동안 귀관이 발견한 모든 것을 비밀로 하라'는 조언을 받았다. 아무도 이러한 발견에 관해 알거나 그것의 자원을 개발하거나 그것들을 소유하기 위한 경쟁적 권리를 주장하는 것이 허용될 수 없었다.

사실 스미스의 발견에 관한 이야기는 이미 멀리 워싱턴까지 도달하였다. 미국 국무장관 존 퀸시 애덤스(John Quincy Adams)는 발파라이소 주재 사절인 제레미 로빈슨(Jeremy Robinson)으로부터 스미스의 발견과 브랜스필드의 탐험에 관한 서면 보고를 받았다. 로빈슨은 애덤스에게 그 섬들에 대한 독자적 탐사를 하고 아마도 미국을 위해 그것들에 대한 권리를 주장하기 위해 미해군 함정 1척을 파견할 것을 촉구하였다.

그 발견에 관한 더 자세한 내용을 입수할 수 있게 됨에 따라 미국 정부에 자국의 바다표범잡이배를 보호하라는 추가적인 압력이 가해졌다. 뉴욕의 상인이자 선주인 제임스 바이어스(James Byers)는 1820년 8월, 사우스조지아에서 영국인들이 '다수의 바다표범과 다량의 바다코끼리 기름'을 포획하고 있으며 영국의 소유권 주장으로 인해 그곳에서 미국인의 바다표범 조업이 금지된 경위를 워싱턴에 알렸다. 바이어스는 이 새로운 땅에서 동일한 일이 일어나지 않기를 간절히 바랐으며 미국의 영구 정착지가 확립될 수 있도록 자신의 바다표범잡이배와 함께 건축 자재를 보냄으로써 그 장소에 대한 미국의 권리를 확립할 계획을 세웠다. 바이어스는 실질적 점유만이 미국에 그 장소에 대한 법적 권리를 부여할 것이라고 주장하였다. 그러나 영국 해군이나 영국의 바다표범잡이들이 무력으로 미국인들을 쉽게 내쫓을 수 없도록 하기 위해서는 미해군 선박 또한 필요할 것이었다. 그런 선박을 파견해줄 것을 간청하면서 바이어스는 '만약 우리 정부가 최초로 그 신세계를 조사하고 그것에 이름을 붙인다면 그것이 모든 미국인들에게 큰 만족을 제공할 것이다'라고 선언하였다.[14] 물론 영국인들은 이미 그런 일을 하고 있었다.

애덤스는 바이어스의 호소에 공감을 표했으며 그에게 미국 정착지 하나를 확립하고 '*그곳을 점유하기 위해* 프리깃함을 파견하는 것'의 가능성에 관해 해군 장관과 협의하라고 조언해주었다. 애덤스는 제임스 먼로 대통령 (President James Monroe)에게 로빈슨과 바이어스에게서 온 서신에 관한 얘기를 하고 실제 목적은 '바다표범과 고래를 잡는 것을 보호하기 위한 정말 매우 훌륭한 수단'이라고 말했다. 미국과 영국의 바다표범잡이들이 다가오는 여름 사냥철을 위해 제일 먼저 도착하려고 경쟁하고 있는 가운데 낭비할 시간이 없었다. 먼로는 이 새로운 '광대한' 육지의 '점유를 목표로 삼는 것'이 미국을 위해서 중요하다는 것에 동의하였다.[15] 그러나 소규모의 미해군은 파견할 적절한 선박이 없어서 정착은 결코 성사되지 못했다. 당분간 미국의 영토적 야심이 해군의 능력 범위를 초과하였다. 워싱턴은 영국이 그 분명한 대륙에 대한 영향력을 굳게 다질 때 그저 멀리서 바라볼 수밖에 없었다.

한편, 스미스는 벨링스하우젠이 멀리 동쪽으로 샌드위치 랜드의 해도를 작성하고 있을 바로 그때 전혀 힘들이지 않고 브랜스필드를 뉴사우스브리튼으로 인도하여 1820년 1월 16일 북쪽 해안에서 떨어진 곳에 도착하였다.

러시아인들이 쿡의 샌드위치 랜드가 남쪽 대륙의 일부가 아니라 실제로는 일단의 섬들이라는 것을 증명하고 있는 동안 브랜스필드와 스미스는 뉴사우스브리튼의 본래의 모습을 밝히려고 애를 쓰고 있었다.

그 제도의 북쪽 해안을 따라 더 이상 육지가 보이지 않을 때까지 북동쪽으로 항해하면서 잦은 안개와 때로는 역풍과 역류에도 불구하고 브랜스필드는 할 수 있는 만큼 최대한 면밀하게 그 해안의 해도를 작성하였다. 자신이 대륙 해안을 따라 항해하고 있는지 여부를 여전히 확신하지 못하는 가운데 그 육지의 동쪽 끝을 돌았을 때 그는 1월 22일 뜻밖에 넓은 만을 만났다. 그는 높은 절벽으로 둘러싸인 조약돌이 깔린 좁은 해변에 상륙할 수 있었다. 이때 승선한 해군 군의관은 *에든버러 철학 저널*에 기고한 한 논문에서 그 탐험대원들이 담수를 모으기를 바라며 앨버트로스와 갈매기와 다른 새들과 바다표범과 바다사자와 함께 새끼들을 방어하는 소란스러운 펭귄 무리를 어떻게 뚫고 나가야 했던가를 기술하였다.

하급 장교인 찰스 포인터(Charles Poynter)는 '펭귄들이 어떻게 우리의 상륙을 저지했는가'를 적고 '엄청난 살육을 감행하여 펭귄들을 뚫고 한 줄기 통로를 만든 후에야 비로소 우리는 나아갈 수 있었다'라고 기록하였다. 남극을 찾는 다수의 방문객들과 마찬가지로, 그리고 아마도 원주민들을 쫓아낸 제국의 정복자들을 무의식적으로 흉내낸 듯, 포인터는 펭귄에게 인간의 특성을 부여하여 그들을 '이중인격을 가진 섬사람들'이라 부르고 그들이 죽이고자 하는 바다표범 몇 마리에 다가가기 위해 어떻게 '그 섬사람들을 뚫고' 길을 헤쳐 나가야 했던가를 기술하였다.

내륙으로 조금 들어가자 그들은 동물이나 사람 어느 쪽도 발견하지 못했으며 식물은 더 이상 자라지 않는 풀밭과 이끼로 제한되었다. 그러나 바위투성이 해안에 있는 활기찬 생명체로 인하여 그 장소는 하나의 귀중한 취득물이 되었다. 포인터는 다수의 바다코끼리와 만나게 된 경위를 보고하였다. 방해를 받았을 때에도 '그들은 전혀 무관심한 표정으로 우리를 쳐다보았으나 우리가 작살 등으로 그들을 공격했을 때는 숨막히는 울부짖음 속에 놀라움을 드러내었다.' 30분도 채 못 되어 바다표범 몇 마리와 펭귄들을 비롯해 총 21마리를 죽였다.[16] 풍부한 사냥감이 그 항해에 목적과 이익을 제공해 주었다.

자신이 받은 지시에 따라 브랜스필드는 '합당한 의식과 함께' 국왕을 위해 그 장소에 대한 권리를 선포하고 그곳을 뉴사우스브리튼(New South Britain), 그리고 상륙 지점을 조지만(George's Bay)으로 정식 명명하였다. 스미스가 개인 자격으로 그 전 해에 이미 그렇게 했던 것은 물론이다. 안개와 섬 사이의 부분적으로 얼음에 덮인 해협이 연속적인 땅덩어리의 인상을 주었으나 브랜스필드는 여전히 자신이 섬 하나를 점유했는지 아니면 더 큰 땅덩어리를 점유했는지 확신이 서지 않았다. *윌리엄스*호 위에서 망원경으로 지켜보던 장교 1명이 브랜스필드가 유니언 잭이 그려진 판자를 들어 올리는 것을 보았다. 그 배는 '함기와 삼각기'를 게양함으로써 그에 답하고 대포를 발사하여 그 의식에 경의를 표하였다. 잔존하는 공식 항해 일지는 없지만 포인터에 의한 목격자 보고서는 브랜스필드가 또한 '그 목적을 위해 다른 사람들이 제공한 왕국의 주화 몇 개를 담은 병을 땅에 묻었다'고 보고하였다. 그러고 나서 선원들에게 여러 잔의 그로그주를 제공했으며 그것으로 그들은 국왕 조지의 건강을 위해 축배를 들었다.

쿡은 태평양 탐험 항해 동안 이러한 동일한 의식을 몇 차례 거행하였다. 쿡과 다른 사람들이 그랬던 것처럼 이제 브랜스필드가 지리학적으로 두드러진 지형에 이름을 붙였는데 그것은 자기 다음에 오는 선박의 항해에 도움을 주기 위해서, 그리고 그 장소의 소유권을 보다 확실하게 영국의 것으로 만드는 한 가지 방법으로 그리하였다.[17] 브랜스필드는 당시에 자신이 어떤 대륙에 대한 권리를 주장하고 있을지도 모른다고 상상했으나 그 의식은 실제로 하나의 섬에서 거행되었고 그 섬은 후일 킹 조지 섬(King George Island)으로 명명되었다.

남극대륙은 여전히 *윌리엄스*호에 승선한 관측자들에게 목격되지 않았다. 다음 주 동안 그 배는 남서 방향으로 항해했으며 뉴사우스브리튼은 북쪽 방향으로 안개를 뚫고 간헐적으로 출현하였다. 당시에는 몰랐지만 그들은 사우스셰틀랜드 제도의 행렬을 남극 반도와 분리시키는 해협을 따라 항해하고 있었다. 1820년 1월 30일 북쪽 방향으로 더 이상 육지가 보이지 않자 비로소 브랜스필드는 배를 남쪽으로 돌려 '수많은 고래'로 붐비는 바다를 뚫고 사우스셰틀랜드 제도로부터 멀리 나아갔다. 그때 브랜스필드는 자신의 앞에 산더미 같은 땅덩어리가 나타나는 것을 보았다.

그 당시 동쪽으로 수천 킬로미터를 남극 해안을 둘러가고 있었던 벨링스하우젠과 마찬가지로 지금 브랜스필드는 자신이 과거에 목격되지 않았던 육지를 보고 있다고 확신하였다. 포인터는 '3개의 거대한 빙산에 그들의 주의가 끌리고 안개가 걷힌 뒤 전혀 뜻밖에도 남서쪽으로 육지를 보았던' 그날 오후의 그 순간을 기술하였다. 사방에 해도에도 없는 해안과 바위투성이 여울목과 빙산뿐인 낯선 바다에 갇힌다는 것은 항해하는 선박이 있기에는 어색한 위치였다. '그 풍경이 제공하는 유일한 환호는 이것이 오랫동안 찾던 남쪽 대륙일지 모른다는 생각에 있었다.'[18] 한 세기 이상이 지나서야 비로소 세계는 이것이 실제로 남극대륙의 일부라는 것을 확실히 알게 될 것이다.

그 해안 지역을 트리니티 랜드(Trinity Land)라고 명명하고 자신이 열린 해협 속에 있다기보다는 폐쇄된 좁은 지협의 끝에 도달했다고 잘못 생각한 브랜스필드는 북동쪽 방향으로 도로 나아가기로 결정하고 따라갈 수 있는 한 멀리 얼음으로 덮인 해안의 해도를 면밀하게 작성하였다. 그는 상륙 시도는 하지 않았는데 그로 인해 뜻하지 않게 남극대륙을 밟은 최초의 사람이 될 역사적 기회를 놓쳐버렸다. 그는 또한 유니언 잭을 보여주는 판자를 하나 세울 기회도 피했는데 그랬더라면 그것이 대영 제국을 위해 적어도 대륙의 그 지역에 대한 권리를 주장했을 것이다.

그의 신중함은 이해할 수 있었다. 어쨌든 트리니티 랜드는 또 하나의 섬에 불과했고 종종 안개가 끼는 상황과 소용돌이치는 해류와 거대한 빙산과 반쯤 감추어진 모래톱으로 인해 면밀한 조사가 위험한 작업이 되었다. 포인터가 설명한 대로 '전방에는 판빙이 가득 했고 한꺼번에 적어도 31개의 빙산을 셀 수 있었다. 날씨는 매우 험악했으며 장교와 선원들의 피로가 매우 심했다.'[19] 상륙을 시도하거나 해안선 전체 범위의 해도를 작성하는 대신 브랜스필드는 스미스의 '뉴사우스브리튼'과 쿡의 '샌드위치 랜드' 사이에 어떤 연관이 있는지에 관한 더 큰 질문에 답을 하기로 결정하였다. 결국에는 이것이 그가 받은 주요한 지시였다.

트리니티 랜드의 해안선을 따라 북동쪽으로 나아가면서 브랜스필드는 해안이 끝날 때까지 가능한 최선을 다해 해빙이 배를 더 북쪽으로 몰아낼 때까지 그곳의 해도를 작성하였다. 그가 두 번째 상륙을 한 것은 그때였으며 이번에는 클래런스 섬(Clarence Island)에서 그는 또 한 차례의 권리 선포 의식을 거행하고 평소와 같이 유니언 잭이 그려진 판자를 세웠다. 스미스는 자신의 해군 동료에게 지지 않으려 했으며 기회를 잡아 또 다른 작은 섬에 상륙했는데 그는 그 섬을 바다표범 섬(Seal Island)이라고 명명하였다. 그곳은 바다표범이 너무나 많아서 그는 재빨리 300마리 이상을 죽였으며 그동안 내내 습격하는 갈매기들이 귀중한 모피를 망치지 못하도록 필사적으로 애를 썼다. 마침내 스미스는 작은 보트에 간신히 90장의 가죽을 가져갔으며 나머지 귀중한 시체들은 새들이 강탈하거나 조수가 삼켜버리도록 내버려두었다.

그 다음에 브랜스필드는 *윌리엄스*호를 동쪽으로 몬 다음 남쪽으로 돌아서 갈 수 있는 한 멀리 항해했으며 여전히 이 새로 발견된 육지가 쿡의 샌드위치 랜드에 연결되어 있는지 여부를 결정하려고 애를 썼다. 그 배는 결국 남쪽으로 가는 길을 막고 있는 빙산과 총빙에 의해 저지당했다. 여름이 끝났기 때문에 그렇게 멀리 남쪽에서 꾸물거리는 것이 너무 위험해졌다. 그는 영국까지 쭉 항해하여 발견한 것들을 보고하도록 재가를 받았지만 브랜스필드는 뉴사우스브리튼의 북쪽 가장자리를 거쳐 다시 발파라이소로 향했다. 세 번째 권리 선포 의식을 거행할 시도를 하였으나 바위투성이의 파도가 몰아치는 해안으로 인해 상륙을 시도하는 것이 너무 위험하였다. 그래서 브랜스필드는 자신이 발견한 것의 중요성을 확신하면서 집으로 향했다. 해군 군의관은 그 발견의 큰 가치를 '우리나라의 상업적 이해에 맞아 떨어지는' 것이라고 적었다.[20] 그리고 그들은 그것을 증명하는 바다표범 가죽을 가지고 있었다.

그러나 영국인들만 있던 것은 아니었다. 미국의 바다표범잡이 제임스 셰필드 선장(Captain James Sheffield)과 그의 일등 항해사 너대니얼 파머(Nathaniel Palmer)도 사우스셰틀랜드에서 불과 15일 만에 약 9천 장의 가죽을 수집하였다. 그 어획량이 이 새로운 바다표범 어장에서 모을 수 있는 재산을 강조하였다. 스미스의 발견에 관한 이야기를 들은 후 셰필드는 코네티컷주 스토닝턴항(Stonington)에 기반을 둔 부유한 바다표범잡이이고 상인이자 탐험가인 에드먼드 페닝(Edmund Fanning) 소유의 새로 건조한 *헤르실리아호(Hersilia)*를 타고 미국에서 그곳으로 급히 달려갔다.

페닝은 중국에서 물개 가죽을 차와 다른 상품과 교환하여 그것을 뉴욕에 되가져와 팔아서 작은 재산을 이루었다. 1797년에 이미 페닝은 남미의 끝에서 떨어진 곳에서 바다표범잡이를 해오고 있는 터였다. 1812년, 알려져 있던 섬에서 바다표범이 멸종된 후 그는 제임스 메디슨 대통령(President James Madison)을 설득하여 새로운 섬을 찾는 탐험에 자신을 보내도록 하였다. 영국과의 전쟁이 발발했을 때 그 탐험은 취소되었으나 페닝은 여전히 혼곳 남쪽에서 돈벌이가 되는 발견을 할 수 있다고 확신하고 있었다.

셰필드가 포획한 바다표범 가죽이 그가 옳다는 것을 증명해주었다. 그것은 또한 미국으로 하여금 그 섬들에 대한 영국의 권리 주장에 도전하라는 요구를 불러일으켰으며 미국의 여러 신문은 미국의 바다표범잡이들이 스미스와 브랜스필드가 그 섬들을 '발견'하고 그곳에 대한 권리를 주장하기 전

수 년 동안 몰래 그 섬들을 방문해 왔다고 주장하였다.[21] 그러나 그런 방문을 확인해줄 증거 서류가 제시된 적은 없었다.

약탈을 기다리는 수십만 마리의 바다표범이 있다는 보고가 뉴욕에 도달함에 따라 제임스 바이어는 자신과 동업자들을 위해 바다표범을 확보하려고 3척의 배로 구성된 선단을 보내는 계획을 추진하였다. 자신의 미국 선박들을 1820년 10월까지는 그곳에 도착시키겠다는 약속을 하고 바이어스는 다시 미국 정부에 바다표범잡이들을 지원하고 그 섬들에 대한 미국의 권리를 확립하는 것을 도울 해군 함정 1척을 파견해줄 것을 청원하였다. 바이어스가 '영국인들이 그 섬들로부터 우리의 선박을 몰아내려고 시도할 것은⋯ 의심의 여지가 없다'고 경고하고 미국 바다표범잡이배들이 '자신을 방어하기 위한 무장'을 하고 있는 가운데 심각한 충돌이 발생할 모든 가능성이 있었다. 국무장관 애덤스는 그러한 위협을 감지하고 '혼곶 남쪽의 새로 발견된 육지 위에 있는 바다표범 조업과 포경 조업을 위한 정착지를 보호하기 위해' 무장 함정 1척을 파견해줄 것을 해군 장관에게 재차 촉구하였다. 그러나 해군은 여전히 그런 위험한 미탐사 해안에 함정을 파견하는 것에 반대하고 있었으며 미해군이 남극 바다에서 전쟁을 치를 입장에 놓여 있지 않은 상황에서 그 섬들을 차지하기 위한 실랑이가 '영국인들과의 충돌'로 이어질 것을 염려하고 있었다.[22]

영국인들이 그 섬들에 대해 경쟁국이 권리를 주장하는 것을 경계하고 있는 것은 확실하였다. 1820년 4월 14일 브랜스필드와 스미스가 발파라이소로 귀환했을 때 그들은 자신들이 작성한 해도와 일기와 항해 일지를 그곳에 새로 도착한 영국 해군 장교 토마스 설 선장(Captain Thomas Searle)에게 제출했는데 그는 발견의 소식을 비밀로 하고 새로 독립한 칠레인들이 경쟁적 권리를 주장할 수 있는 가능성을 막기 위한 시도로 선원들이 상륙하는 것을 금하였으나 허사였다. 그는 또한 그들이 발견한 장소의 이름을 뉴사우스브리튼에서 뉴사우스셰틀랜드(New South Shetland)로 변경했는데 이는 '다른 장소에 대한 혼동'을 막기 위함이 분명하였다.

이제 자신의 공무가 끝났기 때문에 스미스는 사적 이익을 추구하는 데 안달하여 즉각 자신의 배를 뉴사우스셰틀랜드로 도로 몰고 갔는데 이번에는 '고래와 바다표범을 잡는 것'이 그 목적이었다. 그러나 도착하자마자 그는 수없이 많은 바다표범이 있다는 셰필드의 보고에 반응했던 최대 20척의 영국 배와 훨씬 더 많은 미국 배들과 합류하였다. 모두들 피비린내 나는 그 해양 생물의 수확에 열중하고 있었다. 스미스는 나중에 해군성에 '양국 선원들 간에' 평화를 유지하기가 '매우 어려웠음'에 관한 보고를 했는데 그들은 뭍에서는 이전에는 방해받은 적이 없었던 야생동물을 파멸시키고 있었다.[23]

풍부한 수확의 소식이 발파라이소에서 부에노스아이레스, 뉴욕 그리고 런던까지, 그리고 서쪽으로 태평양을 건너 영국의 유형 식민지 포트 잭슨(Port Jackson, 지금의 시드니)에 이르기까지 전 세계에 걸쳐 바다표범잡이와 고래잡이들에게 퍼짐에 따라 더 많은 배가 도착할 예정이었다. 1821년 10월쯤에는 뉴사우스셰틀랜드의 지도와 해도가 '런던의 모든 주요 상점에서 팔리고 있다'고 보고되었으며 한편 영국의 어느 잡지는 스미스와 브랜스필드의 발견에 관해 들떠서 보고하면서 '그 바다에는 틀림없이 크기가 크고 기름이 가득하며 최상품 모피를 가진 이런 생물이 득실거리기 때문에 매우 수지맞는 바다표범 무역이 계속 이루어질 수 있을 것'이라고 예측하였다.[24] 이러한 발표가 있을 즈음에는 이미 바다표범잡이 선단이 그 섬들로 내려가 많은 운 나쁜 물개의 가죽을 벗기고 코끼리바다표범의 지방을 졸였다.

브랜스필드와 스미스의 활동과 바위투성이 해변에서 최고조에 달해가는 도살을 의식하지 못한 채 벨링스하우젠은 대담한 일주 항해를 계속했으며 쿡이 했던 것보다 훨씬 더 남쪽으로 나아가고 있었다. 배를 거의 침몰시킬 뻔 했던 사나운 강풍에서 헤어난 뒤 겨울이 다가와 날이 어두워지고 총빙이 확대됨에 따라 마침내 벨링스하우젠은 1820년 3월 중순에 이런 위험한 지역을 떠나 포트 잭슨으로 향하였다. 1788년에 확립된 이래 그 식민지는 부와 중요성이 점점 더 커졌으며 내륙이 점차 개발됨에 따라 바다표범 조업과 근해 포경업에 기반을 둔 활발한 수출 무역에서 양모에 토대를 둔 무역으로 대체되었다. 선박을 수리하고 선원들의 건강을 회복시키면서 벨링스하우젠은 그곳에서 한 달을 보냈다. 그런 다음 그는 *보스토크호*와 *미르니호*를 몰아 4개월 동안의 남태평양 탐험에 나섰으며 멀리 타히티에 도착한 다음 1820년 9월 포트 잭슨으로 귀환하였다.[25]

남쪽으로 항해를 시작하기 위해 포트 잭슨에서 더 따뜻한 날씨를 기다리고 있는 동안 벨링스하우젠은 리우데자네이루 주재 러시아 공사로부터 한 통의 편지를 받았다. 그는 벨링스하우젠에게 스미스가 어느 장소를 발견한 것을 알려주었는데 그 공사는 그것을 '뉴셰틀랜드'라고 불렀다. 그것은 러시아인들이 무시할 수 없는 보고였다. 발견된 그곳은 태평양과 티에라 델 푸에고(Tierra del Fuego) 남쪽의 대서양을 잇는 전략적으로 중요한 해협의 한 지점에 위치해 있었다. '뉴셰틀랜드'라는 이름은 벨링스하우젠에게 그것이 몹시 찾고 있던 남쪽 대륙의 일부일 수도 있음을 암시하였다.[26]

그 소식을 듣고 벨링스하우젠은 떠나지 못해 안달했을 것이다. 11월 12일 포트 잭슨을 출발한 그는 또다시 쿡보다 더 남쪽으로 나갔다. 로스해를 충분히 지났을 때까지도 해빙 때문에 러시아 배들은 남극권 밖에 머물러 있었지만 벨링스하우젠은 간신히 두 번이나 잠깐 동안 남극권 내로 건너가 그 안에서 쿡이 했던 것보다 훨씬 더 연장된 항해를 했다.

그의 용기와 끈기가 마침내 결실을 맺었다. 수 주일 동안 동쪽으로 항해한 뒤 벨링스하우젠은 갑자기 망원경을 통해 부분적으로 눈에 덮인 육지를 언뜻 목격하였다. 남극권 내에서 눈과 얼음이 없는 육지가 발견된 것은 최초였다. '얼음과 눈과 비와 진눈깨비, 안개로부터의 끊임없는 위험 속에 오랫동안 단조롭게 항해'한 뒤에 찾아온 "육지다! 육지다!"라는 외침 소리를 들었을 때 '우리 모두의 얼굴에 나타난 기쁨을 말로는 묘사할 수 없다'라고 벨링스하우젠은 일기에 적었다.[27] 그러나 흐릿한 주위 상황 때문에 그는 자신이 발견한 것을 확신할 수 없었다. 그것은 쿡이 그렇게도 열심히 찾았던 남쪽 대륙인가 아니면 별로 중요하지도 않은 해도에 없는 일개 섬에 불과한 것인가?

다음 날까지 그 2척의 배가 얼음이 덮인 해안으로 그들이 감행할 수 있는 만큼 가까이 나아갔을 때 그들이 대륙이라기보다는 높이가 상당한 섬을 우연히 발견한 것이 분명해졌다. 얼음으로 인해 해안에서 근 20킬로미터 떨어져 있었기 때문에 벨링스하우젠은 '그 육지를 더 정확하게 조사하거나 해군성 박물관에 전시해둘 수 있는 무엇이든 흥미 있는 것을 가져가려는' 계획을 포기하였다. 그것이 대륙의 일부였다면 자신은 '틀림없이 그곳을 더 자세하게 조사했을' 것이라고 벨링스하우젠은 적었다. 그 대신 그 2척의 배의 선원들은 만세 삼창을 부르고 여러 잔의 펀치로 차르의 건강을 위해 축배를 들었다. 주위를 에워싸고 있는 얼음과 가파른 화산섬 위에 분명한 상륙 장소가 없었기 때문에 벨링스하우젠은 부하들을 해안으로 보내 러시아 국기를 게양하고 차르를 위해 그 장소에 대한 권리를 선포할 시도는 하지 않았다. 그는 아마도 그 발견물을 러시아 것으로 하기에는 그 이름만으로도 충분하기를 바라면서 그 섬을 그저 피터 1세 섬(Peter I island)라고 불렀다.[28] 그러나 벨링스하우젠은 몰랐지만 남극대륙은 뚫고 들어갈 수 없는 해빙을 지나서 남쪽으로 약 400킬로미터 떨어진 곳에 실제로 놓여 있었다.

근처에 더 많은 육지가 있음에 틀림없다고 확신한 벨링스하우젠은 2척의 선박에 자신들을 멀리 남미 남쪽으로 데려다 줄 것으로 계획되었던 동쪽 항로에서 벗어나지 않고 얼음 가장자리를 따라 계속 항해하라는 명령을 내렸다. 그것은 위험한 작업이었는데 왜냐하면 그들은 안개를 뚫고, 어렴풋이 보이는 빙산과 이동하는 얼음을 지나 조심스럽게 나아갔기 때문이었다. 짙은 소낙눈으로 인해 항해사들의 시야는 불분명했으며 혹독한 찬바람이 돛대 꼭대기에서 일하는 선원들의 작업을 어렵게 만들었다.

마침내 1월 29일, 벨링스하우젠이 몹시 추운 기온과 빛나는 햇살과 함께

'가장 아름다운 날'을 즐기고 있을 때 또 다시 육지가 목격되었다. 이번에는 곶이 하나 있었는데 그것은 '북쪽으로 펼쳐져 지협에 의해 남서쪽으로 뻗어 있는 또 다른 산맥과 분리되어 있는 높은 산으로' 끝이 났다. 피터 1세 섬은 길이가 고작 25킬로미터밖에 되지 않았으나 새로 발견된 이곳은 얼마나 멀리 뻗어 있는지 알 수가 없었다. 부빙 때문에 벨링스하우젠은 해안으로부터 약 60킬로미터 이상 더 가까이 다가갈 수 없었다. 크기는 확신할 수 없지만 그것이 '광범하다'고 생각했기 때문에 벨링스하우젠은 그 땅에 매우 중요한 이름을 부여하였다. 쿡이 그것을 거대한 남쪽 땅의 일부라고 생각하고 국왕에게 경의를 표하여 사우스조지아를 명명한 것과 꼭 같이 벨링스하우젠은 이 새 영토를 '알렉산더 1세 랜드(Alexander I Land)'라고 불렀다.[29]

차르에 대한 청동 기념비는 시간이 지나면 사라질지 모르나 벨링스하우젠은 피터 1세 랜드와 알렉산더 1세 랜드는 '불멸의 기념비'로 남아 있을 것이며 '가장 먼 후손에 이르기까지 우리 황제들의 존함을 기념할 것'이라고 확신하였다.[30] 아마도 그는 그 위엄 있는 러시아식 이름이 매우 오랫동안 그 영토를 확실히 러시아의 것으로 유지시킬 것이며 그것들의 메마르고 가까이 하기 어려운 특성으로 인해 공식적인 권리 선포 의식은 필요하지 않다고 믿었을 것이다. 그러나 어떤 장소에 단지 이름을 붙이는 것만으로는 그렇게 행한 국가에 소유권이 부여되지 않았다. 다른 나라들이 소유권을 인정하기 전에 계속적인 점유 행위가 필요한데 러시아는 벨링스하우젠의 업적에 대한 후속조치를 취하지 않았다. 한 세기 이상이 지나서야 비로소 또 다른 러시아 탐험대가 남극해로 들어갔는데 그때에는 이미 노르웨이가 피터 1세 랜드에 대한 권리를 주장한 상태였다. 마찬가지로 알렉산더 1세 랜드는 섬으로 밝혀졌다. 알렉산더 1세 섬(Alexander I Island)으로 개명된 그 섬의 소유권은 영국과 칠레 양국이 모두 주장하였다.

그 러시아인들은 알렉산더 1세 랜드의 실체를 확인할 만큼 충분히 머무르지 않았다. 벨링스하우젠은 스미스가 발견한 뉴셰틀랜드를 확인하는 데 더 관심이 많았다. 남쪽으로부터 밀집한 섬들의 행렬에 접근해 가면서 그 러시아인은 '최근에 발견된 이 땅이 가상의 남쪽 대륙에 속하는지' 또는 쿡이 샌드위치 랜드에 대해 그랬던 것처럼 스미스가 다수의 섬을 하나의 커다란 땅덩이로 착각했는지 여부를 밝히고 싶어 했다.[31] 만약 벨링스하우젠이 보고된 '뉴셰틀랜드'가 어떤 미발견 대륙의 일부라는 것을 확인할 수 있다면 러시아는 그 소유권을 주장할 수 있을 것이다.

이것이 차르가 벨링스하우젠이 했으면 하고 바랐던 종류의 발견이었다. 실제로 차르는 벨링스하우젠에게 '매우 중요한 발견이 이루어진 경우', '그것을 보고하기 위해 그가 지휘하는 선박들 중 1척을 즉각 러시아로 급파하라'는 지시를 내린 바 있었다.[32] 차르는 그런 중대한 발견을 최초로 보고하는 것이 자신의 제국의 위신을 드높이고 소유권을 주장하는 타국에 비해 러시아에게 소유의 우선권을 부여할 것이라는 것을 알고 있었다. 그러나 벨링스하우젠은 너무 늦었다. 브랜스필드가 이미 여러 가지 권리 선포 의식을 거행함으로써 그 섬들의 소유권을 의론의 여지가 없도록 만들려고 애를 썼던 것이다.

남서쪽으로부터 접근해 감으로써 벨링스하우젠은 전해에 브랜스필드가 발견했던 것을 확인하였다. 또 하나의 가상의 대륙이 그 발견자의 기대에 부응하는 데 실패하였다. 그러나 침착한 벨링스하우젠의 일기에는 실망한 느낌이 전혀 보이지 않는데 그는 자신이 마주친 최초의 두 섬에 애써 상륙하려고 하지 않았다. 또한 그 섬에 러시아식 이름을 부여하는 것 외에는 그것들에 대한 권리를 주장하려고 애쓰지도 않았다. 영국인들이 이미 그렇게 했다는 것을—그 섬들을 스미스 섬(Smith Isalnd)과 스노 섬(Snow Island)이라고 명명함—몰랐던 벨링스하우젠은 나폴레옹에 대한 최근의 군사적 승리를 기념하여 그 두 섬에 이름을 붙였다. 첫 번째 섬은 길이가 약 30킬로미터였고 보로디노 섬(Borodino Island)이라고 명명되었으며 한편 두 번째 섬은 크기가 약 반이었으며 리틀 야로슬라베츠(Little Yaroslavetz)라는 별명이 붙여

졌다.³³

실제로 벨링스하우젠이 도착할 때 즈음 그 섬들은 이미 여러 가지 이름이 있었다. 1819년의 스미스의 발견에 관한 보고들이 미국과 아르헨티나 양국의 바다표범잡이배들을 고무하여 그를 좇아 남쪽으로 나가게 하였다. 1819년에서 1820년의 여름에 불과 몇 척의 배들이 그 섬들의 바다표범 조업 가능성을 조사했으나 그들이 모항으로 가져온 풍부한 바다표범 가죽은 다수의 다른 상인과 선장들을 자극하여 그들과 겨루도록 하였다. 1개의 작은 바다표범잡이 선단이면 수 주일 이내에 약 10,000마리의 바다표범을 잡아 가죽을 벗길 수 있었는데 그것은 꽤 많은 재산을 거두기에 충분하였다.

그렇다면 벨링스하우젠이 1820년 말 남서쪽으로부터 사우스셰틀랜드 제도에 접근했을 때 잉글랜드와 스코틀랜드에서 온 비슷한 숫자의 바다표범잡이배들과 함께 뉴잉글랜드의 여러 항구에서 온 약 20척의 미국 바다표범잡이배들이 그 섬들에 접근하고 있었다는 것은 놀라운 일이 아니었다. 심지어 포트 잭슨에서 온 배도 1척 있었는데 그 배는 태평양을 건너 벨링스하우젠을 따라 왔던 것이다. 미국 배들 가운데에는 스토닝턴항(Stonington)에서 온 슬루프형 범선인 *히어로호(Hero)*도 있었는데 그것은 길이가 14미터 남짓이었고 스무 살 먹은 너대니얼 파머가 선장이었는데 그는 전해 여름 동안 9,000장의 바다표범 가죽을 수집했던 또 다른 미국 배의 일등항해사였다. 또한 존 데이비스(John Davis)가 선장인 뉴헤이븐(New Haven)에서 온 배인 *휴런호(Huron)*도 있었고 한편 영국 선박 중에는 제임스 웨델(James Weddell)이 선장인 리스(Leith)에 기지를 둔 쌍돛대 범선인 *제인호(Jane)*가 있었다. 일부 동료들의 이름과 함께 그 이름들은 영원히 남극과 관련이 있을 것이다.³⁴

벨링스하우젠은 옅고 짙은 안개를 헤치고 해안선의 해도를 만들면서 빙산과 바위투성이 여울목을 피해 일련의 섬들을 따라 조심스럽게 앞으로 나아갔다. 리틀 야로슬라베츠 섬의 동쪽 한계에 도달한 뒤 그는 우연히 수중에 가라앉아 있는 바위들과 거칠게 몰아치는 바닷물로 가득 찬 좁은 해협을 하나 만났지만 그곳으로 들어가지 않기로 결정하였다. 그 대신 과거에 영국인들이 리빙스턴 섬(Livingston Island)이라고 명명하였고 지금은 벨링스하우젠이 스몰렌스크 섬(Smolensk Island)이라고 이름 붙인, 인접해 있는 훨씬 더 큰 섬 쪽으로 계속 항해하던 러시아 선박들은 자신들이 폭이 약 15킬로미터인 해협 속에 들어 있다는 것을 알았다. 스몰렌스크 섬이 북쪽에 놓여 있었고 반면에 남쪽으로는 '가파른 절벽이 있고 고지가 구름으로 덮여 있는 높은 섬'이 있는 장관이 목격되었다.[35] 벨링스하우젠은 자신에게 스미스의 발견을 알려주었던 리우데자네이루 주재 러시아 사절의 이름을 따서 그 섬을 타일레 섬(Teille Island)이라고 불렀다. 영국인에 의해 디셉션 섬(Deception Island)이라고 명명된 그 섬은 실제로는 하나의 휴화산이었는데 한쪽이 붕괴되어 그로 인해 움푹 꺼진 화구 위로 바다가 일종의 보호된 항구를 이루고 있었다. 그 항구를 발견하자 벨링스하우젠은 격노한 화산 활동 지역으로 비틀거리며 들어갔다.

리빙스턴 섬의 서쪽 끝에는 8척의 영국과 미국의 바다표범잡이배가 정박해 있었는데 그중 일부는 근 석 달 동안 그 섬에 있었으며 과거에는 오염되지 않았던 해안 위에 썩어가는 사체들이 퇴적된 황무지를 만들었다. 다수의 바위투성이 소만에서 사실상 바다표범들이 사라졌으며 남아 있는 해변을 장악하려는 경쟁이 넘쳐서 폭력이 될 조짐을 보이고 있었다.

벨링스하우젠이 도착하기 불과 며칠 전 9척의 미국 선박 선원들이 데이비스 선장의 통솔하에 함께 모였다. 그것은 사람들이 바다표범이 많이 있다고 말한 어느 해변에 그들이 상륙하지 못하게 막은, 리빙스턴 섬에 있던 영국 바다표범잡이 집단에 대항하기 위함이었다. 미국인들은 '상황이 어쨌든 바다표범을 잡기 위해 우리가 할 수 있는 공정한 수단에 의해 바다표범을 잡기로' 결정한 바 있었다. 100명 남짓한 미국인들과 60명 남짓한 잘 무장된 영국의 바다표범잡이들이 해변을 방어할 태세가 된 가운데 대학살을 위한 장면이 마련되었다. 이 전투는 접근 중이던 미국인들이 호언장담하던 해변에 바다표범이 크게 없다는 것을 알았을 때에야 포기되었다. 대결로 치달을 문제점이 없는 것이 명백했기 때문에 미국인들은 현명하게 철수했다.[36]

벨링스하우젠의 2척의 배는 이러한 긴박한 상황 속에 항해했으며 고립된 위험한 바다를 횡단하면서 석 달을 보냈으나 또 다른 배는 목격하지 못했다. 벨링스하우젠은 남쪽 대륙의 존재를 확인한 최초의 항해가가 되기를 바랐으나 지금 미국의 소형 선박 *히어로호*와 그 배의 젊은 선장 파머를 만났다. 초대를 받아 *보스톡호*에 승선한 파머는 러시아인들에게 *그가* 3척의 미국 선박과 제휴하여 오게 된 경위와 지난 4개월 동안 어떻게 해서 수천 마리의 바다표범을 잡았는가를 설명하였다. 벨링스하우젠은 그러한 규모의 도살이 사우스조지아에서 일어났던 것처럼 틀림없이 바다표범 수의 '급격한 감소'를 야기한다는 것에 주목하였다. 벨링스하우젠이 사우스셰틀랜드 제도로 물러났을 뿐 아니라 사람들이 그곳에 남아 있는 바다표범을 무제한 도살함으로써 그 섬들도 급속히 가치가 없어지고 있었다. 벨링스하우젠은 일기에 남극 반도(Antarctic Peninsula)에 관해 파머와 얘기를 했다는 언급은 하지 않았는데 그것은 남쪽으로 약 100킬로미터 떨어진 곳에 놓여 있었다. 실제로 그 두 항해가 간의 논의는 1시간이 채 걸리지 않았고 그 후 벨링스하우젠은 사우스셰틀랜드 제도의 남쪽 해안들을 따라 항해를 계속하였다.[37]

그 만남에 관한 매우 다른 보고가 1833년 스토닝턴 출신의 바다표범잡이이자 새 영토에 대한 권리를 열렬히 주장하는 에드먼드 페닝(Edmund Fanning) 선장에 의해 발표되었다. 대중을 위해 마련된 뒤늦은 보고에서 페닝은 파머가 디셉션 섬의 한 높은 지점에서 산이 많은 거대한 땅덩이를 보았다고 벨링스하우젠에게 말했다고 주장하였다. 조사하기 위해 *히어로호*를 타고 출항했던 파머는 바다표범 군서지의 흔적이 없는 것을 보고 실망한 나머지 해도를 작성하거나 해안에 상륙하지도 않고 돌아와버렸다. 만약 그 보고가 정확하다면 파머는 남극 반도의 일부를 목격하고 조사했을 것이다.

소문에 의하면 그 당시 벨링스하우젠은 파머의 항해 일지와 해도를 보기를 요청했다고 한다. 페닝의 말에 따르면 파머가 노로 젓는 보트로 서류를 가져왔을 때 벨링스하우젠은 파머가 작은 선박을 타고 '존엄한 주군의 뜻에 따라 최상의 설비를 갖춘 함대 중 하나를 지휘하는 내가 3년이라는 길고 피곤하고 조마조마한 시간 동안 밤낮으로 찾았던 것'을 달성할 수 있었다는 것에 놀라움을 표시하였다고 말했다. 그리고는 벨링스하우젠은 다음과 같이 충고하였다. "주군에게 내가 무슨 말을 할 것인가? 그분이 나를 어떻게 생각하실 것인가? 그럼에도 불구하고 나의 비통함은 당신의 환희이다. 당신의 행복을 비는 나의 진심 어린 기도와 함께 당신의 월계관을 쓰시오. 고귀한 청년이여, 나는 당신이 발견한 땅을 파머 랜드(Palmer's Land)라 명명하노라."[39]

이것이 파머를 인정된 남쪽 대륙 발견자로 제안하기 위해 페닝이 최선을 다해 꾸며낸 하나의 상상의 대화였다.

아마도 파머가 새로운 바다표범 어장을 찾다가 남극 반도가 보이는 곳에 왔는지는 몰라도 그의 항해 일지는 벨링스하우젠과의 짧은 만남을 언급조차 하고 있지 않으며 따라서 페닝의 보고에 대한 아무런 지지도 제공하지 않는다. 벨링스하우젠은 페닝의 주장을 더 의심하고 있는데 그는 파머와 만난 후 며칠이 지나도 파머가 한 이야기의 진실을 확인해보기 위해 남쪽으로 항해할 시도를 전혀 하지 않았다.[40] 그 대신 그는 계속해서 사우스셰틀랜드 제도의 해도를 작성한 뒤 다시 러시아로 향했다. 가까이에 대륙이 있다는 기미가 조금이라도 있었다면 벨링스하우젠은 반드시 그것을 확인했을 것이다.

다른 바다표범잡이들도 또한 남극 반도를 목격했고 심지어 그중 일부는 그 해안선을 탐사했을 가능성이 있다. 그러나 그들의 위업은 역사에 기록되어 있지 않다. 잔존하는 항해 일지는 거의 없으며 다수의 바다표범잡이들이 수지맞는 항해의 자세한 사항을 세상 사람들에게 말하기를 꺼린 것은 당연하였다. 파머의 이야기에 관한 풀리지 않은 의문도 후일의 여러 미국 지리학자들이 미국이 남극대륙의 전부 또는 일부에 대한 정당한 권리 주장자로 간주되도록 하기 위한 자신들의 캠페인을 지지하기 위해 페닝의 보고를 이용하는 것을 막지는 못하였다.[*41]

실제로는, 잔존하는 한 권의 항해 일지가 미국의 소형 스쿠너(2개 이상의 마스트를 가진 세로 돛 범선—역자 주)인 *셀리아호(Celia)*의 선원들이 남극대륙을 목격한 것을 기록하고 해안선의 일부를 따라 항해하고 해변에 발을 내딛은 최초의 사람들이었다고 밝힌 바 있는데 그들은 1821년 2월 데이비스 선장의 지휘하에 바다표범 군서지를 찾기 위해 남쪽으로 향했다. 데이비스는 전해에 브랜스필드가 목격했던 것을 발견했는데 그것은 '높고 눈으로 완전히 덮여 있는' '하나의 거대한 땅덩어리'였다. 거친 바다와 눈보라에 맞서기 위해 선원들이 돛을 말아 올렸을 때 '나는 이 남쪽의 육지(Southern Land)가 하나의 대륙(Continent)이라고 생각한다'라고 데이비스는 일지에 적었다.[42]

쿡과 다른 탐험가들의 비슷한 가정이 그들이 실제로 보고 조사했던 것에 의해 지지를 받지 못했던 것처럼 데이비스의 단시간의 목격은 그러한 판단을 정당화하지 못하였다.[**43] 남극대륙에 관한 점점 증가하는 의혹들이 최종적으로 확인되기 위해서는 한 세기 이상이 걸릴 것이었다.

---

* 미국의 지리학자 윌리엄 홉스 교수는 20세기 중반 파머의 주요한 지지자로, 여러 가지 기사와 학회 논문 및 저서에서 그 논의에 대한 페닝의 보고가 벨링스하우젠의 보고보다 '더 완전하다'고 주장하였다.

** 데이비스가 '단지 작은 섬보다 큰 땅덩어리를 지적하기 위해 대륙이란 용어를 사용했다'는 미테를링(Mitterling)의 주장은 아마도 옳을지 모른다.

CHAPTER 3

1821-1838

우리들의 주권자, 국민의 이름으로

1820년 피비린내를 풍기는 뉴잉글랜드의 바다표범잡이들이 혼잡한 뉴욕 항 안으로 작은 배들을 천천히 몰고 들어갔을 때 그들은 자신들의 행운을 축하할 충분한 이유가 있었다. 안개에 덮여 있고 폭풍우가 몰아치는 사우스 셰틀랜드의 바다에서 목숨을 건 끝에 그들은 수백 배럴의 바다표범 가죽과 기름을 싣고 돌아왔다. 그들은 남극을 수익성 없는 황무지라고 일축했던 제임스 쿡의 말이 틀렸다는 것을 증명했다.

쾅하고 내려치는 경매인의 망치 소리와 함께 뱃짐이 열렬한 입찰자들에게 팔리면서 그들은 큰 재산을 모았다. 엄청난 노다지 소식이 퍼져나감에 따라 모험심에 불타는 미국과 영국, 아르헨티나의 선원들이 물밀듯이 몰려와 다음 해 여름 아남극 제도의 바위투성이 해안에 혹시라도 손대지 않은 바다표범 어장이 있는지 찾아서 남쪽으로 달려갔다. 내일을 전혀 생각지 않은 대량 학살 때문에 번성하는 바다표범 군서지들이 절멸되는 데는 불과 두해 여름밖에 걸리지 않았다. 더 많은 사냥감을 발견하려고 초조한 나머지 일부 바다표범잡이들은 눈과 얼음밖에 없는 것처럼 보이는 남쪽으로 계속 항해하는 것은 아무런 의미가 없다고 주장했던 쿡이 틀렸음을 증명하고 싶어 했다.

사우스셰틀랜드에서의 광란의 바다표범잡이 활동과 쿡과 벨링스하우젠의 항해에도 불구하고 남극권 이내의 대부분의 지역은 지도가 만들어지지 않은 상태로 남아 있었다. 존 데이비스가 항해 일지에 '이 남쪽 땅이 하나의 대륙'이라고 생각한다고 적었을지 모르나 그는 자신의 가정이 옳은지 여부를 알 수 있는 방법이 없었다.[1] 많은 사람들이 달리 생각하였다. 심지어 20세기의 남쪽 극지방 지도의 일부는 그곳을 얼음과 섬들로 이루어진 북극 같은 대양으로 묘사하였다.[2]

새로운 바다표범 군서지를 감추고 있는 그런 섬들에 대한 기대 때문에 뉴잉글랜드와 영국의 탐욕스러운 바다표법잡이와 상인들은 그 섬들을 발견하고 싶어 안달하였다. 그러나 그것은 쉬운 작업이 아닐 것이다. 어느 바다표범잡이배 선장이 1821년 1월 미국의 한 신문에 기고했듯이 그 섬들 남쪽의 '거대한 땅덩이'는 '거의 알려져 있지 않으며 그것을 둘러싸고 있는 엄청난 양의 부빙으로 인해 그 해안에 접근하는 위험과 어려움 때문에 아마도 계속 그렇게 남아 있을 것이다.[3] 그럼에도 불구하고 지도 제작자들은 자기 집에 있는 아마추어 지리학자들과 그 지역으로 가는 항해를 위해 신뢰할 만한 지도를 원하는 상인과 선원들 모두를 위해 새로운 발견물을 이해하려고 애를 썼다.

섬과 다른 땅덩이의 지도를 제작하고 그것들을 명명하는 것은 안전한 항해뿐 아니라 새로운 영토에 대한 권리를 주장하는 국가들을 위해서도 중요하였다. 어떤 영토에 이름을 확실하게 붙이는 것은 그것의 획득을 향한 하나의 중요한 단계였다. 그렇기에 영국과 미국의 지도 제작자들이 새로 발견된 영토를 각기 다른 방식으로 묘사한 것도 그리 놀라운 일이 아니다. 1822년 11월의 어느 미국 지도에는 남극 반도의 일부가 '파머 랜드'로 되어 있는[4] 반면 같은 해의 영국 지도에는 그 해안선이 '뉴사우스셰틀랜드'라고 불리는 훨씬 더 큰 땅덩이의 일부로 되어 있는데, 그 이름은 우리가 지금 사우스셰틀랜드 제도라고 알고 있는 것으로부터 남극 반도로 남하된 것이었다.

런던의 그 지도 제작자는 파머의 친구인 영국 바다표범잡이 조지 파월(George Powell)로부터 정보를 받는데 파월은 디셉션 섬 남쪽의 약 65킬로미터의 '뉴사우스세틀랜드' 해안선을 '파머 랜드'라고 명명함으로써 미국의 발견을 인정하였던 것이다. 브랜스필드의 '트리니티 랜드'는 리빙스턴 섬 동남쪽으로 비슷한 거리에 달했다. 그로 인해 런던 지도상에서는 파머와 브랜스필드 둘 다 인정되지만 그때까지 발견되었던 해안선 전부를 기술하기 위해 사용된 것은 '뉴사우스세틀랜드'라는 영국식 명칭이었다.[5]

지도에도 불구하고 다른 발견들이 결국에는 그렇게 판명되었듯이 아무도 그러한 해안선이 또 다른 섬에 불과한지 여부는 확신할 수 없었다. 벨링스하우젠이 남극의 다른 쪽에서 '얼음 대륙'을 목격한 그의 일기와 해도의 출판이 아마도 브랜스필드와 파머가 대륙의 일부를 목격했다고 믿는 사람들의 이유를 강화해주었을는지 모른다. 그러나 1821년 벨링스하우젠이 러시아로 귀환한 것은 런던의 신문에 짤막하게만 보도되었는데, 그 보도들은 벨링스하우젠이 브랜스필드의 '뉴사우스세틀랜드'–사우스세틀랜드 제도–와 쿡의 '샌드위치 랜드'–샌드위치 제도–들이 남쪽 대륙의 일부가 아니라는 것을 증명한 것을 언급했을 뿐이었다.[6]

저자의 조언이 없는 것이 분명한 벨링스하우젠이 쓴 일기의 서투른 편집본이 러시아어로 출판되는 데 10년이 걸렸다. 또, 출판된 일기에는 '얼음 대륙'에 관한 아무런 언급이 없었다.[7] 80년이 더 지난 후에야 비로소 독일어 요약판이 출현했으며 1945년에 와서야 극지 탐험가인 프랭크 데번햄(Frank Debenham)에 의해 영국어판이 편집되었다. 심지어 그때에도 결정적인 구절들의 잘못된 번역과 그때까지 드러난 다른 기록의 부재로 인해 데번햄은 벨링스하우젠이 자신이 하나의 새 대륙을 바라보고 있다는 것을 몰랐다고 결론을 내렸다.[8] 그 결과 한 세기 이상이 걸려서야 비로소 지리학자들이 남극에 정말로 대륙이 있다는 것을 확신하고 벨링스하우젠 탐험대가 그것을 최초로 목격했음이 명백해졌다.

브랜스필드와 파머 그리고 그의 동료 바다표범잡이들에 관해 말하자면, 남극대륙의 광범한 해안선의 일부분 이상을 본 사람은 아무도 없었으며 불과 몇 명만이 그 해안에 발을 디뎠을 뿐이다. 더욱이 심지어 브랜스필드조차 대륙 자체에서는 한 번도 권리 선포 의식을 거행하지 못했다. 대부분의 바다표범잡이들은 자신들이 이미 그 경제적 가치를 파괴해버린 약탈된 섬들의 소유권을 주장하는 것에 관심이 거의 없었지만 영국인들의 일부는 그렇게 하기 위한 상징적 시도를 하였다. 남미의 신생 독립국에 영국 해군 함대가 있었다면, 영국의 바다표범잡이들은 상대자인 미국 선원들보다 더 자신만만하게 정부로 하여금 영토에 대한 자신들의 권리를 지지하게 했을 것이다.

이러한 상이한 태도는 파머가 파월과 함께 새로운 섬을 찾기 위해 각자의 배를 타고 출발했을 때 명백하게 드러났다. 1821년 12월 그들이 남극 반도의 북동쪽으로 약 600킬로미터 떨어진 곳에서 섬들을 발견했을 때 파머는 바다표범이 없는 것이 분명한 것을 알고는 뭍에 오르는 것을 거부하였다. 그에 반해 파월은 구명보트를 타고 노를 저어 해변으로 가서 영국을 위해 그 섬들에 대한 권리를 선포하고 영국식 이름을 부여하였는데 그 섬들 전체를 파월 군도(Powell's Group)라고 명명하였다.[9] 1954년 미 국무부 지리학자 새뮤얼 보그스(Samuel Boggs)는 초기의 미국 바다표범잡이들이 신생 미합중국의 이름으로 영토에 대한 권리를 주장하는 경향이 없었다는 것을 관찰하고는 상당히 격노하였다.[10] 당시의 미국 정부는 동물 자원이 이미 대부분 절멸해버린 사람이 살기 힘든 아남극 영토를 차지하는 것보다는 태평양 쪽으로 대륙을 가로질러 기존 영토를 확장하는 데 더 관심이 많았다.

파월과 파머가 방문한 지 두 달 후, 애국심 강한 또 다른 영국의 바다표범잡이배 선장 제임스 웨델(James Weddell)이 파월 군도를 우연히 발견하고는 그것을 사우스오크니 제도(South Orkneys)라고 명명하여 그 섬들을 인근에 있는 사우스셰틀랜드 제도와 북반구에 있는 영국 소유의 오크니 제도(Orkneys)와 셰틀랜드 제도(Shetlands)와 관련시켰다. 웨델은 8년 동안 영국 해군에 복무했으며 그 후 160톤의 쌍돛대 범선 *제인호(Jane)*의 지휘를 맡았는데 그 배의 선원들은 1819년부터 1821년까지 사우스셰틀랜드 제도에서 바다표범을 사냥했다. 그 섬들의 바다표범이 고갈되었을 때, 웨델은 *제인호* 와 65톤의 커터(cutter, 소형 쾌속정, 대형 선박에 딸린 소형 보트로 선박에서 육지 사이를 왕래하는 데 쓰임-역자 주) *뷰포이호(Beaufoy)*의 선주로부터 새로운 바다표범 어장을 찾아 남쪽 멀리 수색하라는 의뢰를 받았다. 벨링스하우젠이 쿡의 '샌드위치 랜드'가 남쪽 대륙의 일부가 아님을 밝혔지만 1822년 9월 웨델이 영국을 떠날 때까지는 그 소식이 웨델과 그의 후원자들에게 도달하지 않았다.

그 결과 웨델은 자신이 샌드위치 랜드가 아마도 '남쪽 대륙의 돌출한 지점의 하나이거나 사우스셰틀랜드 제도 뒤에서 동과 서쪽으로 놓여 있는 줄지어 있는 땅'일지 모른다는 믿음 속에 출발했던 경위를 써놓았다.[11] 그러므로 그곳은 광범위한 해안에 풍부한 바다표범 어장이 있을 가능성이 있을 것이다. 따라서 웨델은 그 찾기 힘든 대륙과 마주칠 것을 확신하고 샌드위치 랜드와 사우스셰틀랜드 사이의 바다로 진로를 정하였다. 남쪽 대륙을 찾고 있는 그렇게도 많은 다른 탐험가들과 마찬가지로 웨델도 바다밖에 발견하지 못했다.

그 2척의 배는 남으로 점점 더 멀리 나아가 마침내 1823년 2월 20일 웨델은 남위 74도 서경 34도에 도달하였다. 이것은 쿡과 모든 다른 항해가들이 간신히 도달했던 것보다 320킬로미터 더 남쪽이었는데, 웨델은 발견하리라 예상했던 얼음에 저지당하는 일 없이 사우스셰틀랜드 주변의 훨씬 더 북쪽에서 그 얼음을 발견하였다. 웨델로 하여금 그렇게 멀리 남쪽으로 나아갈 수 있게 해준 얼음이 없는 상황은 매우 드물어 한 세기 넘게 어떤 항해가도 그의 위업을 따라갈 수 없었다.[*12]

---

* 다혈질의 미국 지리학자 윌리엄 허버트 홉스는 평소에 얼음으로 꽉 막힌 바닷속으로 항해했다는 웨델의 보고를 매우 의심한 나머지 웨델을 '가짜 탐험가'라고 기술하였다. 그 주장은 영국의 지리학자 아서 힝크스와의 격렬한 논쟁을 유발하였다.

웨델은 자신의 성공이 오직 행운이 허락해주었던 것임을 결코 깨닫지 못했다. 실제로 그와 그의 선원들은 그렇게 먼 남쪽에서 비교적 트인 바다를 발견한 것을 성공이라고 생각하지 않았다. 그들이 뒤쫓아간 것은 바다표범이었으며 망망대해에서 잡을 바다표범은 1마리도 없었다. 선원들이 '남쪽 땅을 발견하지 못한 우리의 실패에 매우 실망한' 가운데 웨델은 배를 도로 북쪽으로 향하라고 명령했다. 그는 다른 어떤 배보다 남쪽으로 더욱 멀리 항해한 자신들의 역사적 위업을 발표함으로써 선원들의 원망을 누그러뜨렸다. 그런 다음 선원들의 환호에 답하여 깃발을 게양하고 대포를 발사한 뒤 '자신들의 우울한 기분'을 쫓아버리기 위해 그로그주를 나누어 주었다. 권리를 주장할 새로운 땅이 없었기 때문에 웨델은 국왕 조지 4세의 이름을 따서 그 텅 빈 바다를 명명하는 것에 만족해야 했으나 그 바다는 나중에 자신의 이름을 지니게 될 것이었다.[13]

그 계절에 웨델해에 또 한 사람이 있었으니 그는 스토닝턴 출신의 젊은 바다표범잡이 벤자민 모렐(Benjamin Morrell)이었다. 모렐은 웨델을 흉내 내어 바다표범과 쿡의 샌드위치 랜드 남쪽에 혹시 있을지 모르는 대륙을 찾아 뉴욕 상인 제임스 바이어스(James Byers) 소유의 스쿠너 *와스프호(Wasp)*를 몰고 왔다. 남극권 이남으로 나아간 최초의 미국인이 되었던 그는 웨델이 그와 비슷하게 북쪽으로 배를 돌린 지 한 달 뒤인 1823년 3월 15일 마침내 남쪽 수색을 포기했다. 모렐은 웨델만큼 남쪽으로 멀리 도달하지 못하고 단지 남위 70도 14분 지점에 도달했으나, 날은 짧아지고 겨울이 다가오고 있었으며 식량이 심하게 고갈되었고 눈에 보이는 바다표범 어장도 없었다.

모렐은 기후 조건이 온화하고 앞에 탁 트인 바다가 있는 가운데 '항해 기구와 수학적 계산 기구'가 결핍되지 않고 '탐험선이 항상 필요로 하는 과학자들'이 있었다면 자신이 남극까지 줄곧 계속 항해할 수 있었을 것이라고 여전히 확신하였다. 비록 그가 그 후 자신의 위업과 '남극을 향하여 여전히 더 멀리 뚫고 들어갈 수 있는 미래의 가능성' 양자를 기념하여 *앤탁틱호*

(Antarctic)라고 명명된 특수 임무를 띤 배를 타고 세계를 떠돌아다녔지만 모렐은 두 번 다시 남극권 아래로 들어가지 않았다. 대부분의 역사가들은 대필한 그의 항해 보고서가 사실보다는 허구라는 데 더 의견을 같이 해왔다.[14]

바다표범을 찾는 데 실패했음에도 불구하고 웨델이 남극권 너머에서 얼음이 대부분 없는 공해를 발견한 것은 중요한 결과를 낳았다. 그가 남쪽 항해의 한계에서 빙산을 거의 보지 못했고 또 빙산은 육지에서 생성된다고 믿었기 때문에, 웨델은 그레이엄 랜드(Graham Land)와 파머 랜드를 포함하여 사우스셰틀랜드 제도 너머에 있는 육지는 남위 73도 이상 더 남쪽으로 연장되지 않는다고 결론을 내렸다. 웨델이 말한 바에 의하면 이는 남극해가 '상상하는 것보다 얼음이 적으며 따라서 심지어 남극에까지 분명한 발견의 장을 기대할 수 있음'을 의미하였다.[15] 그 말은 남극이 얼어붙은 남쪽 대륙의 중심이라기보다는 얼지 않은 바다의 중심에 있다고 주장하는 사람들에게 신빙성을 부여하였다.

미국의 어느 작가는 심지어 더 나아가 지구가 '지름이 수천 킬로미터에 달하는 극지방의 구멍을 가진 여러 개의 동심구(concentric sphere)들'로 구성된 편평 타원체(oblate spheroid)라고 주장하기까지 했다. 아메리카 원주민은 바로 이 구멍 속으로부터 유래했다고 주장되었으며 한편 북아메리카의 일부 동물은 매년 겨울 거의 영구적인 햇빛에 잠겨 있는 상상의 온화한 내구 속으로 이동한다고들 하였다.[16] 이러한 터무니없는 상상들이 남극에 대한 미국인의 관심의 쇄도를 고무하였고 그 이론의 진실을 시험하기 위한 공식 탐험대에 대한 대중의 요구를 야기하였다.

속이 비어 있어 그 속에 거주할 수 있는 지구에 관한 그 환상적 이론은 1818년 전직 미국 육군 장교 존 클리브즈 시머스(John Cleves Symmes)의 착상이었는데, 그는 100명의 일행과 순록 썰매를 타고 시베리아에서 북쪽으로 트래킹하여 북극의 구멍을 발견하고 온화한 내부 세계로 들어갈 것을 제안하였다. 그 탐험대는 결코 성사되지 않았으나 수줍음을 많이 타고 갈수록 더 노쇠해진 시머스는 수천 명의 호기심 많은 미국인들에게 자신의 이론에 관한 강의를 하였다. 다수의 사람들이 여전히 믿지 않았으나 일부 과학자들이 그 이론에 신빙성을 부여하는 가운데 젊고 논리 정연한 신문 편집인인 제러마이어 레이놀즈(Jeremiah Reynolds)가 미국 동부 연안 지방을 따라 그 소식을 퍼뜨리기 위해 시머스와 합류하였다.

그 두 사람은 1825년 9월 자신들의 강의 여행을 시작했는데, 레이놀즈의 웅변술은 입장료로 50센트씩 지불한 회의적인 청중들에게 시머스 이론의 기초가 되는 '사실들'이 '너무나 자연스럽고 너무나 도리에 맞다는 것을 확신시켰기 때문에⋯ 그들은 거의 저항할 수 없을 만큼 마음에 확신을 강요당하였다.' 다수의 현지 명사들은 너무나 확신한 나머지 워싱턴으로 몰려들어 시머스의 이론을 시험하고 어떤 것이든 남극권 너머에 놓여 있을지 모르는 육지들을 점유하기 위한 탐험대를 요구하였다.[17]

이것이 레이놀즈가 시머스보다 더 원하는 것이었는데 시머스의 관심의 중심은 여전히 북극에 머물러 있었다. 레이놀즈는 남극 탐험대가 대중의 흥미를 환기시키고 공적 및 사적 자금을 끌어들이기 위한 잠재력이 더 크다는 것을 확신하게 되었다.[18] 1826년 그 두 사람은 각자의 길을 갔으며 레이놀즈는 국가적 긍지와 과학적 호기심 및 상업적 신장을 자신을 필두로 하는 남극 탐험대를 결성하기 위한 대중적인 십자군 운동 속으로 결합시킬 수 있는 하나의 가능성을 보았다.

그 해 8월 그는 변호사이자 전직 상원 의원이며 미국 해군을 확장하고 자신이 회원으로 있는 워싱턴의 콜롬비아 예술 과학 진흥 연구소(Columbian Institute for the Promotion of Arts and Sciences)를 통하여 실제적인 과학적 노력을 후원하기 위해 많은 일을 해왔던 해군 장관 새뮤얼 사우다드(Samuel Southard)에게 접근함으로써 정부에 대한 자신의 로비 활동을 시작하였다. 사우다드는 당시 주민이 10,000명에 불과한 소읍이었던 워싱턴에서 레이놀즈의 강의를 들은 바 있었다. 비록 자신이 시머스의 이론을 믿지 않는다는 것을 천명했지만 그 해군 장관은 '반드시 과학에 이득이 될 수 있는' 남극을 향한 탐험대'를 위한 지원을 레이놀즈가 받아야 한다고 '초조해'했다. 사우다드는 그 신생국이 인류의 보편적 지식에 대해서 공헌한 바가 거의 없었다고 믿었다.[19] 그 자신 또한 콜럼비아 연구소의 회원이며 미국이 '위대한 해군 강국'이 되기를 원했던 존 퀸시 애덤스(John Quincy Adams) 대통령도 역시 레이놀즈에 대해 호의적이었으며 그의 강의를 '천재와 과학의 전시회'라고 기술하였다.[20]

레이놀즈가 시머스의 이론을 포기하는 대신 웨델의 항해를 감안하여 획득 가능한 목표로서 새로운 바다표범 군서지와 남극에 관한 얘기를 하자 그에게 정치적 지원을 얻을 기회가 늘어났다. 1828년 초에 그는 뉴욕(New York)주, 메릴랜드(Maryland)주, 버지니아(Virginia)주, 노스캐롤라이나(North Carolina)주와 사우스캐롤라이나(South Carolina)주 출신 정치인들을 설득하여 '남반구에 있는 광대한 미지의 지역을 탐사하기 위한 소규모 탐험대'를 파견하기 위한 자금을 의회에 청원하도록 하였다. 그들은 그런 탐험대가 새로운 섬들을 발견하고 미국 선원들이 '빈번히 난파하는' 해안의 해도를 작성할 것이며, 정부를 위한 '거대한 소득'을 산출하는 동물 모피 무역의 새로운 길을 열어주고 '가장 유능한 선원들 수를 증가시킴으로써 우리의 국력을 크게 증대시킬' 수 있을 것이라고 주장하였다. 메릴랜드주 의회는 극지 탐험에서 생길 수 있는 국위를 지적하였는데 그러한 탐험이 '국가의 부와 지식의 총 저장량을 늘리고 미합중국의 명예와 영광을 증가시킬' 것이다.[21]

의회는 국가적 영광이라는 개념이나 인간 지식의 축적을 늘이는 것에는 관심이 적었다. 의회는 레이놀즈에게 탐험이 국가의 무역에 어떻게 이득이 될 수 있는지를 설명하라고 요청했다. 말문이 막혀본 적 한 번 없는, 게다가 자신의 목적을 달성하는 방법을 알고 있던 사람인 레이놀즈는 태평양에서의 미국의 상업 활동, 특히 포경업의 증대하는 중요성을 강조했는데, 대서양의 고래 수가 사냥으로 크게 감소하자 포경업이 그곳으로 확대되었다. 그는 또한 미국 바다표범잡이배들이 잡았던 7백만 마리 이상의 바다표범 가죽을 지적하였다.

그러나 이제 바다표범은 발견하기 더 어려워서 레이놀즈는 바다표범들이 '더 외딴 지역'으로 물러갔다고 주장하였다. 만약 탐험대를 남쪽으로 더 멀리 보낸다면 바다표범이 '매우 풍부하게' 발견될 것이라고 그는 예측하였다. 또한 백단향과 바다코끼리 엄니와 참돌고래에서 짠 기름과 바다새 깃털, 그밖에 훨씬 더 많은 것들과 함께 수익성이 매우 높은 북태평양의 해달이 '아직도 남반구에서 발견될 수 있는' 가능성도 있었다. 또한 권리를 주장할 소중한 영토도 있을지 모르는데 왜냐하면 남쪽의 극지방은 실제로 '라플란드(Lapland, 유럽 최북부 지역−역자 주), 노르웨이, 스웨덴 일부와 시베리아 북부 지역'에 해당하는 나라들을 감출 수 있는 약 4백만 평방킬로미터의 면적을 가지고 있기 때문이었다.[22]

고려할 다른 요인들도 있었다. 레이놀즈는 의원들에게 미국 선원들이 타국가의 지도와 해도에 의존해야만 할 때 느끼는 수치감을 상기시켰다. 레이놀즈는 미국이 '자국의 영토를 부분적으로 탐사하는 데 쓴 것을 제외하고는 축적된 상업적 및 지리학적 지식을 더하는 데' 1달러도 쓰지 않았던 유일한 주요 무역국이라고 적었다. 세계의 미지의 지역으로 가는 탐험대가 이러한 당혹스러운 국가적 결점을 시정하는 데 도움이 될 것이었다.

또한 그 탐험대는 해상 무역을 보호하고 증진시킴으로써 그동안 계급에 적합한 숙련된 수병을 공급하기 위해 포경업과 상업적 해운에 의존했던 팽창하는 미합중국 해군을 간접적으로 도와줄 것이다. 결과적으로 현대의 무역은 번창하기 위해 점점 더 세상에 대한 자세한 지식을 가지고 있는 상인들에게, 그리고 미국의 상선들을 약탈당하는 것으로부터 보호해줄 능력이 있는 미해군에 의존하였다. 레이놀즈는 미국의 무역이 '도처에서 확장일로에 있으나 아무 곳에서도 보호받지 못하고 있으며' '국가의 정신'이 더 이상 그것을 옹호하지 않는다고 불평하였다.[23]

의회가 미국 탐험대의 상업적 이득을 계산하고 있을 동안 영국 해군성은 부지런히 사우스셰틀랜드에서 가상 대륙의 본토에 이르기까지 영국의 소유권을 확대하고 있었다. 지구의 여러 지점에서 진자를 이용한 관측을 시행함으로써 지구의 진정한 크기를 확인하기 위하여 왕립 협회(Royal Society, 영국 학술원, 1662년 인가; 정식명 the Royal Society of London for Improving Natural Knowledge—역자 주)의 요청으로 탐험대가 준비되었는데, 먼 남쪽에서 가장 중요한 지점은 '뉴사우스셰틀랜드' 또는 '남쪽으로 훨씬 더 고위도에 있는 다른 육지'였다. 영토 획득보다는 과학적인 조사가 탐험에 대한 근거였으며 위원회는 그러한 조사가 '세계의 문명국 가운데 현재 영국이 차지하고 있는 높은 지위를 유지하는 데' 도움이 될 것이라고 언급하였다. 그 점을 강조하기 위해 이 권위 있는 탐험대를 지휘하기로 선택된 사람은 숙련된 해군 장교이자 과학자인 헨리 포스터 선장(Captain Henry Foster)이었는데 그는 두 차례의 북극 탐험 동안 천문학자로 봉사했으며 자신의 과학적 업적으로 왕립 협회가 주는 메달을 수여받았다.[24]

1828년 4월 21일 포스터는 세대박이 돛대가 달린 영국 군함 챈터클리어호(HMS Chanticleer)를 타고 포츠머스항을 빠져나와 혼곶에서 멀리 떨어진 바다로 향했다. 1828년 10월 그곳에 도착하여 관측을 시행한 뒤 포스터는 작업을 계속하기 위해 사우스셰틀랜드로 항해하였다. 그러나 그의 임무는 관측에만 관련된 것은 아니었다. 1829년 1월 7일 포스터는 클래런스 공작(Duke of Clarence)의 이름을 따 자신이 클래런스 랜드(Clarence Land)라고 이름붙인 광대한 해안에 상륙하기 위해 수많은 빙산과 고래를 헤치고 나아갔다. 자신이 적절하게 포제션곶(Cape Possession)이라고 부른 한 장소에서 포스터와 또 다른 장교가 국왕 조지 4세의 이름으로 그 땅을 점유하는, 라틴어로 기록된 서류가 들어 있는 둥근 구리 통을 뭍으로 가져갔다.

그 배의 선의 윌리엄 웹스터(William Webster)는 일기에 상륙 팀이 간단한 의식을 거행하고 몇 개의 꽃양산조개와 암석 표본을 가지고 곧 돌아온 경위를 기술했는데, 그 표본들은 그들의 방문과 탐험의 진지한 과학적 의도에 대한 증거를 제공하였다. 나중에 영국과 미국의 지리학자들 간에 정확한 상륙 장소를 주제로 격렬한 논쟁이 일어날 것인데 그들 중 일부는 탐험대의 지도 중 하나가 암시하듯이 포스터가 실제로는 남극 반도 자체라기보다는 파머 열도(Palmer Archipelago)의 호시즌 섬(Hoseason Island)에 상륙했다고 주장하고 있다. 포스터가 자신의 항해 보고서를 발표함으로써 그 문제를 명확하게 설명할 수 있었을지 모르지만 그는 고향으로 오는 도중 파나마에서 카누에서 추락하여 익사하고 말았다. 그 정확한 위치가 어디였든 간에 웹스터는 영국이 가장 최근에 획득한 것에 감명을 받지 않았으며 그곳은 '인간에게 별로 중요하지 않을 운명이며' '영원히 눈에 덮여 있다'고 믿었다.[25]

탐험대가 관측을 하며 몇 주를 보냈던 인근의 디셉션 섬은 더 나은 점이 거의 없었다. 귀중한 물개도 거의 보이지 않았고 그 곳의 음울한 화산은 얼음의 갈라진 틈으로부터 쉿 소리를 내며 새어 나오는 증기와 가스를 내뿜었다. 선원들은 다양한 종류의 바다새와 함께 도살할 수많은 펭귄과 약간의 표범 물개들을 발견하였다.[26] 물개가 없었음에도 불구하고 비바람이 들이치지 않는 항구만으로도 그 섬은 권리를 주장할 만한 가치가 있었으며 그래서 1829년 2월 26일 두 명의 수습 장교가 바로 600미터 높이의 봉우리 꼭대기에 깃발을 꽂았다.[27]

포스터가 남쪽으로 항해하고 있을 때 미 하원은 마침내 1828년 5월 '그 지역의 바다의 해안과 섬과 항구와 모래톱과 암초를 조사하기 위해' 해군 함정 1척을 파견할 것을 결의하였다.[28] 그 비용은 기존 해군 예산에서 부담해야 할 것인데 왜냐하면 상원이 탐험대를 위한 특별한 자금을 승인할 가능성이 없었기 때문이었다. 특별한 자금이 없어서 탐험대의 규모가 제한되었음에도 불구하고 애덤스 대통령과 해군 장관은 당황하지 않고 그 사안을 밀어붙이기 위해 하원의 동의를 활용하였다. 애덤스는 자신의 후계자가 될 가능성이 있는 탐험의 반대자 앤드류 잭슨 장군(General Andrew Jackson)이 당선되기 전에 탐험대를 파견해야 할 것이라고 초조해하였다.[29]

대중에게 탐험이 가치가 있음을 확신시키기 위해 그 탐험이 나라의 고래잡이와 바다표범잡이들을 위한 정확한 해도를 제공하며 축적된 국가의 과학적 지식을 추가할 것이라고 주장되었다. 1812년 이래 그러한 탐험대를 진척시켜온 에드먼드 페닝으로부터 후원이 있었다. 과학적 지식에 대한 무관심한 추구와 미국 국위의 선양이 대중과 정부에게는 더 매력적이었으나 페닝으로서는 무역과 탐사는 주목하지 않을 수 없는 조합이었다. 그리하여 선택된 명칭은 '제1차 미합중국 탐사 탐험대(The First United States Exploring Expedition)'였다. *뉴욕 미러지(New York Mirror)*는 그 프로젝트가 '시대정신'과 일치한다고 생각하였다. 재건조된 전함 *피콕호(Peacock)*가 준비되었으며 토마스 존스 선장(Captain Thomas Jones)이 탐험대장으로, 찰스 윌크스 중위(Lieutenant Charles Wilkes)가 천문학자로 임명되었다.[30]

해군이 태평양에서의 제한된 경험밖에 없었으므로 사우다드는 레이놀즈를 뉴잉글랜드로 보내 포경선 및 바다표범잡이배 선장들로부터 정보를 수집하도록 하였다. 1828년 9월 귀환 보고를 할 때 레이놀즈는 사우다드에게 포경업 및 바다표범 조업이 생각했던 것보다 규모가 훨씬 더 컸으며 적어도 200척의 미국 선박들이 포함되어 있다고 말했다. 수가 감소하고 있는 고래와 바다표범을 발견하기 위해서는 훨씬 더 긴 항해가 요구되었고, 이에 대처하기 위해 선박의 평균 크기가 증가하고 있었다. 비교적 천천히 이동하고 기름을 산출하는 지방이 풍부해 고래잡이들이 선호하는 종인 이른바 '참고래(right whale)'를 찾기 위해 남극 지역을 탐사함으로써 계획된 탐험이 이러한 부족을 다룰 수 있을 것이라고 레이놀즈는 적었다. 그는 탐험대가 큰 어려움 없이 고위도 지방으로, 그리고 심지어 남극 자체로도 진출할 수 있을 것이라고 주장하였다.[31]

단 1척의 배로는 탐험의 목적을 달성할 수 없음이 이내 명백해졌다. 그래서 계획이 확대되어 2척을 더 포함하게 되었다. 사우다드는 *피콕호*와 동행할 보급선으로 구입할 목적으로 200톤 급의 포경선 1척을 조사했다. 그러나 그는 이러한 추가 지출에 대한 상원의 재가를 필요로 하였다.[32] 얼음으로부터 보호하기 위해 *피콕호* 뱃머리를 쇠판으로 싸는 작업을 막 착수할 무렵[33], 그리고 1829년 회기 초 애덤스 대통령이 의회에 탐험대가 '출발할 준비가 거의 다 되었다'고 말했을 즈음[34], 상원 해군 위원회 위원장 로버트 헤인 (Robert Hayne) 상원 의원이 사우다드에게 그 탐험의 목적에 대한 더 많은 정보를 제공할 것을 요구하였다.

그는 그 탐험의 의도가 단지 알려져 있는 해안과 섬과 모래톱의 진짜 위치를 발견하기 위한 것인지 아니면 '미지의 지역을 발견하는 것'인지 알고 싶어 했다. 헤인은 아마도 지금은 사람들이 믿지 않는 시머스의 이론을 염두에 두고 그 탐험의 진짜 목적이 남극에 접근하는 것이 아닌가 의심하였다. 그 의심은 사우다드가 그 탐험의 의도가 기지 및 미지의 육지 둘 다 탐험하는 것이며 그 배들이 '남쪽 고위도 지역'까지 항해해 '상황이 허락하여 그들이 안전하고 신중하게 갈 수 있는 한 남쪽으로 가라'는 지시를 받았음을 시인했을 때야 비로소 확인되었다.[35]

미국 본토의 해안과 항구들의 해도도 아직 제대로 작성되지 않았기 때문에 '미지의 육지를 발견하려고 시도하는 것은 전혀 필요하지 않다'고 헤인은 선언하였다. 그 탐험이 북아메리카의 점유를 확고히 하는 것으로부터 미국의 에너지를 전환할 뿐 아니라 새로운 육지의 발견은 불가피하게 미국 식민지의 확립을 야기할 것이고 그 식민지는 상당한 비용을 들여 방어해야 할 것이며 미합중국으로부터 사람과 자원을 유출시킬 것이다. 해외 제국을 하나 창설하는 것은 또한 유럽의 오래된 탐욕스러운 군주 제국과 반대되는 자유 민주국가로서의 미국 이미지 자체에도 위배될 것이다. 결과적으로 상원 위원회는 '남극에 있는 구멍 내에 있든지 또는 다른 어느 곳에 있든지' 간에 새로운 육지를 발견하기 위한 탐험대 대신 '남쪽 바다에서 포경과 기타 어업에 종사하는 우리나라 선박의 항로에 놓여 있는' 이미 알려져 있는 섬과 모래톱들을 조사할 하나의 소규모 탐험대만 승인할 것이었다.[36] 이것은 레이놀즈와 페닝 또는 애덤스와 사우다드가 마음속에 그렸던 종류의 웅대한 탐험이 결코 아니었다.

잭슨 대통령의 당선과 신임 해군 장관의 임명은 심지어 이렇게 규모가 축소된 탐험에도 파멸을 가져왔다. 레이놀즈와 페닝은 숙련된 바다표범잡이배 선장인 벤자민 팬들턴(Benjamin Pendleton)과 너대니얼 파머와 그의 동생 알렉산더(Alexander)를 이용한 사설 탐험대를 강행할 수밖에 없었다. 공식적 후원을 잃었기 때문에 탐험대의 명칭도 '남빙양 모피 회사 탐사 탐험대(the South Sea Fur Company and Exploring Expedition)'로 바뀌었다. 그 비용은 3척의 바다표범잡이배의 선창을 바다표범 가죽과 기름으로 가득 채움으로써 벌충될 것이다. 레이놀즈는 알바니 자연사학회(Albany Lyceum of Natural History) 창립 회원인, 아편을 맞고 때로 알코올 중독에 빠지는 박물학자 제임스 에이츠 박사(Dr. James Eights)와 필라델피아인인 존 프램튼 왓슨(John Frampton Watson)과 두 명의 조수로 구성된 '과학 군단'과 함께 그 탐험대에 동행할 것이다.**[37] '과학 군단'을 포함시킨 것은 단순한 바다표범잡이 항해만으로는 기대할 수 없는 공식적 및 대중의 관심을 불러일으키기 위한 계획이었으나, 에이츠는 나중에 '자연사에 관한 대상을 수집하고 보존하기 위한 편의 설비'는 거의 공급받지 못했다고 불평했다. 실제로 그 탐험대는 자금이 매우 궁했기 때문에 뉴욕의 어떤 신문은 독자들에게 '아주 낡은 것이라도 서적과 항해기, 해도와 시계 및 항해용 계기'를 탐험대에 빌려줄 것을 호소하였다.[38]

** 맥킨리(McKinley)는 에이츠의 약물 관련 주장과 후에 그가 동성애자였기 때문에 윌크스 탐험대에서 제외되었다는 주장을 의심해왔다.

1829년 10월 16일에 출발하기 전에 *뉴욕 인콰이어러지(New York En-quirer)*는 레이놀즈가 '미합중국의 재산이 될' '미발견 도서들'을 찾을 것이라고 보고하였는데 그가 새로운 육지에 대한 권리 주장에 관해 직접 언급한 것은 아니었다. 그는 단지 어떤 기자에게 자신이 '얼음이 뒤덮인 원 주위를 항해하고 자신이 발견하는 첫 구멍 속을 헤치고 나아갈' 계획이라고 말했을 뿐이었다. 그것은 시머스가 상상했던 지구 속의 구멍이 아니라 웨델이 마음 속으로 그렸던 얼음 속의 구멍인데 그것이 뒤에 있는 탁 트인 바다와 섬들로 들어가는 것을 허용해줄 것이었다. 레이놀즈가 가죽 보존용 소금을 선적하기 위해 카보베르데 군도(Cape Verde Islands)에 도착했을 즈음, 그의 야심은 축소되었다. 남극에 도달하려고 노력하는 대신 이제 그 탐험은 그렇게 할지도 모르는 차후의 '더 효율적인 탐험'을 위한 충분한 '실용적 지식'을 얻는 데 그칠 것이다.[39]

레이놀즈의 소망은 실현되지 않았다. 잡을 것이 거의 남아 있지 않지만 바다표범 사냥이 탐험에 우선하였다. 수년 동안의 개발로 사우스셰틀랜드 제도의 바다표범 수가 심하게 감소하였으며 반복되는 눈보라와 꽁꽁 얼만큼 추운 날씨가 새로운 군서지가 발견될 수 있는 미발견 도서의 수색을 방해하였다. 출발하기 전 팬들턴은 레이놀즈에게 '많은 소중한 발견이 성사될 것'을 자신 있게 보장하였으나 머지않아 그 바다표범잡이는 사우스셰틀랜드 제도의 남서쪽에서 바다표범이 풍부한 섬을 찾는 것은 무익하다는 것을 인정할 수밖에 없었다.

선박과 대원들이 다가오는 겨울의 악화되는 날씨에 노출됨에 따라 수색은 더 필사적으로 되었다.[40] 에이츠는 여전히 그들이 존재하지 않는 섬들의 발견에 감질날 정도로 가까워졌음을 확신하고 있었다. 그는 또한 웨델의 경험에 의하면 남극은 바다로도 접근할 수 있다고 확신하였다. 그러나 동료 탐험대원들이 한마음으로 바다표범 가죽을 사냥하고 있는 동안 에이츠나 레이놀즈가 이러한 가정들을 확인하기 위해 할 수 있는 것은 거의 없었다.[41]

지리학적 발견을 하지 못했기 때문에 탐험대의 발견물은 에이츠가 주로 사우스셰틀랜드 제도에서 수집한 과학 표본으로 한정되었다. 이러한 표본들 중에는 처음 발견된 화석들이 있었는데 그것들은 그 메마른 섬들이 한때 풍부한 식생을 자랑했음을 보여주었다. 괴혈병이 선원들의 건강에 영향을 미치기 시작했기 때문에 팬들턴과 파머는 칠레의 발파라이소항에서 회복에 도움이 되는 구호물자를 얻기 위해 마침내 소낙눈이 그칠 새 없이 내리는 얼음으로 뒤덮인 바다를 떠났다.

대원들의 건강이 회복되었을 때 선원들은 자신들이 견뎌냈던 위험과 고난의 결과를 보여줄 무언가로서 더 많은 바다표범 가죽을 모으기 위해 칠레 남해안으로 갔다. 팬들턴은 남극에 도달하려는 또 다른 시도를 하기 전에 가죽을 미국으로 돌려보내고 북태평양에서 가능성 있는 바다표범 어장과 무역의 기회를 조사할 계획을 세웠다. 그러나 선원들의 일부는 거의 목숨을 잃을 뻔하기도 하고 소득도 적은 그 항해를 계속하는 것을 거부하였다.

선원들의 탈함에 직면한 팬들턴은 미국으로 돌아가기로 결정하였으나 배를 운전할 선원은 아직도 충분하였다. 그러나 모험의 결과를 보여줄 것이 거의 없었다. 미국의 어느 식물학자가 신랄하게 말했듯이 그 탐험대는 '별로 성취한 것 없이 귀환했는데 왜냐하면 우리들 중 여러 사람들이 의심했던 것과 꼭 같이 그 탐험은 발견과 과학적 목적을 위해서가 아니라 바다표범을 잡기 위한 운명이었던 것이 밝혀졌기 때문이다!' 1831년 9월 뉴욕에 도착한 팬들턴은 페닝에게 바다표범 조업의 부를 보호하기 위해 새로운 바다표범 어장을 발견하려면 정부 차원의 탐험대가 필요할 것이라고 보고하였다.[42]

레이놀즈는 배들이 서둘러 출발해야 했을 때 발파라이소 뭍에 남겨졌다. 그는 결국 1832년 10월 미해군 쌍돛대 범선인 *포토맥호(Potomac)*에 승선했는데 그 배는 수마트라에 대한 토벌 항해로부터 귀환 중이었으며 수마트라에서 그 배는 미국 상선 1척을 나포하여 선원들의 일부를 살해했던 현지 통치자에게 보복을 가했다. 레이놀즈는 그 배의 함장 비서로 임명되었으며 집으로 가는 항해 도중 탐험에 관한 대중 보고서를 쓰는 데 자신의 시간을 소비했다. 그 보고서에서 그는 '우리가 가진 힘'을 전 세계에 보여주기 위해 미국 국기를 '지구의 모든 부분으로 가져갈 것'을 요구하였다. 그는 그 책의 일부를 많은 논란의 대상이 되었던 포클랜드 제도의 주권에 할애했는데, 그곳에서는 신생 아르헨티나 공화국이 미점유 도서에 대한 영국의 권리에 도전하고 있었으며 양국 모두 미국 고래잡이들과 바다표범잡이들의 접근을 차단하려는 시도를 하고 있었다. 고조되고 있는 시대의 민족주의에 호소하여 레이놀즈는 포클랜드 제도에 대한 미국인의 자유로운 접근을 보장할 것을 미국 정부에 요청하였다.[43]

*포토맥*호의 항해와 차후의 레이놀즈의 대중 보고서가 출판되면서, 태평양과 혼곶 주위 바다의 경제적 기회와 전략적 중요성에 대한 공식적인 주의와 대중적인 관심이 다시 집중되었다. 또한 레이놀즈와 같은 홍보 담당자와 페닝처럼 이기적인 고래잡이와 바다표범잡이들이 이끄는 대양 탐사 지지자들이 늘어나고 있었는데, 1833년에 발간된 페닝의 책 *세계일주 항해기(Voyages Round the World)*가 많은 미국 독자들에게 태평양과 남쪽 대양에서의 모험과 거기서 얻을 부를 깨닫게 해주었다.

1830년대 동안의 영국의 북극 탐험은 또한 남극의 숨겨진 신비에 관한 계속적인 추측을 야기하였다. 영국 해군 장교 제임스 클라크 로스 선장(Captain James Clark Ross)이 1831년 자북극(North Magnetic Pole)을 발견하였으며 영국 탐험대들은 태평양으로 향하는 북서 항로를 찾아서 계속해서 북극을 수색하였다. 런던과 파리, 프랑크푸르트와 베를린에서 최근에 결성된 지리학회들이 세계의 보이지 않는 깊숙한 구석으로 가는 이러한 탐험의 다수에 자금을 대는 것을 도왔다.[44]

페닝은 여전히 남쪽으로 또 다른 탐험대를 파견해야 한다고 확신하고 있었다. 팬들턴이 남미의 남서쪽에서 아무것도 발견하지 못했기 때문에 페닝은 대륙의 남동쪽 바다에서 웨델의 접근 경로를 따르는 탐험대가 더 운이 좋을지 모른다고 주장하였다. 실제로 그는 그러한 탐험대는 '남극에 도달하거나 또는 새로운 육지를 발견하는 데' 실패할 수 없으며 그것의 가치는 '우리의 상상을 훨씬 능가할 수 있다'라고 생각하였다. 페닝은 성공을 너무나 확신한 나머지 경쟁국들이 '그것을 낚아채지 않도록' 그 탐험에 자금을 대는 것을 돕겠다고 제의했다.[45]

그의 캠페인은 1832년 12월 웨델이 발견한 바다에서 했던 남극 항해에 관한 벤자민 모렐(Benjamin Morrell)의 오래 지체되었던 보고서가 출판되어 지원을 받았다. 웨델과 마찬가지로 그도 경험과 논리 양자가 '심지어 남극까지도 발견의 항해를 위한 맑은 바다가 열려 있음'을 암시한다고 주장하였다. 그 책의 진실성에 대한 근거 있는 의심에도 불구하고, 그 책의 출판은 '남극을 탐험하는 영예'가 '어떤 옹졸한 전제 군주의 봉신들'이 아니라 '지구상의 유일한 자유국가'에 돌아가도록 워싱턴이 남극으로 가는 공식 탐험대를 후원할 것을 요구하는 새로워진 군중의 외침을 뒷받침하는 데 도움이 되었다.[46]

1834년 11월 레이놀즈와 다른 사람들은 '남쪽 바다로 가는 발견과 조사 항해단'을 파견하도록 로드아일랜드주 의회에 청원하여 성공하였다. 그 요청은 목숨을 걸고 세계를 항해하며 험난한 바다의 수많은 위험으로부터 보호받기를 원했던 선장들로 구성된 살렘 동인도 해양 협회(Salem East India Marine Society)에 의해 울려 퍼졌다.

1835년 2월 그 문제는 하원 통상 위원회 앞으로 왔는데, 위원회는 레이놀즈로부터 대규모 바다표범 조업 및 포경 무역에 관해 들은 뒤라서 그런지 그 청원에 호의적이었다. 위원회는 세계를 돌아다니는 이 고래잡이들을 위한 피난처와 원기회복 장소 역할을 할 수 있는 섬의 위치를 알아내는 것은 탐험 비용의 가치가 있다는 것을 인정하였다. 또한 '계몽된 사람들이 그렇게 높이 평가하는, 매우 유용한 지식의 획득에서 파생되는 여러 가지 부수적 이점들'도 있었다. 그 위원회는 *포토맥호*에 레이놀즈를 고용했던 해군

준장 존 다운스(John Downs)의 조언을 받았는데 그는 '그러한 탐험대의 주의를 받아 마땅한, 남극권에 접해 있는 광대한 지역의 남쪽 바다'가 있다고 말했다. 다운스는 '남쪽 바다의 이 지역, 특히 파머 랜드 인근 지역에 대한 신속한 조사가 '동물 모피에서 풍부한 수익을 산출하고' '그런 사업을 촉진시키는 데' 대한 미국의 공적에 보탬이 될 가능성이 있다고 예측하였다.[47]

그 위원회는 만약 의회가 즉각 행동을 취하지 않으면 미합중국은 영국에 패배할지 모른다는 경고를 받았다. 강력한 포경 및 바다표범 조업 회사인 런던의 엔더비브라더스(Enderby Brothers of London)사는 새로운 바다표범 어장을 찾기 위한 웨델의 수색을 계속하기 위해 전직 영국 해군 장교의 한 사람인 존 비스코 선장(Captain John Biscoe)을 파견했었다. 비스코는 2척의 바다표범잡이배를 지휘하여 2년 반의 항해 동안 간신히 30장의 바다표범 가죽을 수집했을 뿐이었다. 그러나 1831년 2월, 그가 아프리카 남쪽에서 멀리 떨어진 곳에서 눈이 없는 산봉우리들을 모두 갖춘 해안선을 목격한 것은 남극에서 대륙이 발견될 수 있다는 것을 더 확인해주었다.

비스코는 그곳을 엔더비 랜드라고 명명했으며 엔더비 형제의 이름을 따서 각각의 산봉우리에 이름을 붙였다. 그는 그곳에 상륙하여 영국을 위해 그 장소에 대한 권리를 주장하려 했으나 얼음이 그렇게 하는 것을 방해하였다. 남극을 일주 항해한 세 번째 선원이 될 그는 사우스셰틀랜드 제도를 향하여 벨링스하우젠의 항로를 따라갔다. 벨링스하우젠의 알렉산더 1세 섬 부근에서 더 많은 육지를 발견했을 때 그는 여왕의 이름을 따 그곳을 애덜레이드 랜드(Aderlaide land)라고 명명하였다. 더 많은 섬을 통과하고 적절한 이름을 붙인 뒤 비로소 1832년 2월 21일 비스코는 인근에 있는 남극 반도에 상륙했으며 그곳을 해군 대신을 기념하여 그레이엄 랜드라고 명명하였다. '이곳이 본토이다', '본인은 국왕 윌리엄 4세 폐하(His Majesty King William the Fourth)의 이름으로 이곳을 점유하였다'라고 비스코는 적었다.[48] 그것이 남극대륙 위에서 행한 최초의 영토관할권 주장이었다.

500킬로미터에 달하는 육지를 보았기 때문에 비스코는 왕립 지리학회에 자신은 '이것이 하나의 거대한 대륙'이라는 것을 확신한다고 알렸다. 학회 잡지 편집자는 이에 동의해 남극권의 반대쪽에 있는 육지의 발견이 '거대한 남쪽 땅이 존재할 가능성'을 부활시켰다고 언급하였다. 학회는 비스코에게 발견에 대한 포상을 했으며 한편 해군성은 후속 항해에서 그와 동행할 장교 1명을 임명하였다. 학회는 또한 엔더비사에 '새로운 육지나 대륙을 계속해서 더 정확하게 조사하기' 위한 새 선박에 조달할 자금을 공급하였다.[49]

미국의 일부 인사들은 영국이 미국의 발견을 가로챌 위험에 대한 경계를 게을리하지 않았다. 파머나 미국 정부가 그 소유권을 공식적으로 주장한 적은 결코 없지만 그들은 비스코의 '그레이엄 랜드'가 미국의 '파머 랜드'라는 것을 알고 있었다. 그럼에도 불구하고 의회는 영국인들이 '의심할 나위 없이 전적으로 미국의 발견물'인 일련의 도서들을 침범하고 있으며, 이제 미국인들은 '그 섬들을 명명하는 영예'와 함께 그러한 영예가 '우리들로부터 가로채일' 위험에 직면해 있다는 경고를 받았다.[50]

레이놀즈가 정부 탐험대를 보내기 위한 캠페인을 시작한 지 10년 후, 의회 내 여론의 흐름은 마침내 그에게 유리하게 돌아섰다. 1836년 2월 코네티컷주의 고래잡이들은 그들이 조업을 확대하고 있던 대양에 대한 '보다 완벽한 지식'을 얻을 수 있는 남쪽 바다로 가는 탐사 탐험을 청원하였다. 그들은 또한 정부가 적대적인 섬 주민들의 공격으로부터 자신들을 보호해줄 규모가 더 큰 해군을 지원해줄 것을 원하였다.

수백 척의 선박들이 이제 그 산업에 관련되어 있고 뉴잉글랜드의 번영이 그것에 달려 있기 때문에 그들의 요청은 쉽사리 무시할 수 없었다. 그 요청은 전직 해군 장관 새뮤얼 사우다드의 지원을 받았는데 그는 이제 해군 위원회(Naval Affairs Committee)의 유력한 상원 의원의 한 사람이었다. 1836년 3월 코네티컷주의 청원에 대한 한 보고서에서 사우다드는 상원 의원들에게 포경업의 경제적 중요성, 태평양에서의 성장하는 미국 무역의 잠재성,

그리고 무역과 미국 시민들을 공격으로부터 보호할 필요성을 상기시켰다. 또한 '정부와 국가의 특성이 가지는 의무와 모든 문명국의 공통의 대의—우리가 거주하고 있는 지구에 관한 유용한 지식의 확대'—가 있었다. 더욱이 사우다드는 태평양과 남쪽 바다는 '특히 우리의 것'이라고 주장하였다.[51] 미국 지도자들의 마음속에 초기 단계의 미국 제국이 형태를 갖추기 시작하고 있었다.

사우다드가 이제 상원에서 지지를 얻은 가운데, 그 법안은 승인을 받기 위해 하원으로 반송되었다. 그 법안이 성공할 기회를 북돋기 위해 레이놀즈는 의회 의원들과 내빈들을 향한 '발견의 항해'에 관한 연설을 제안했고, 1836년 4월 3일 토요일 밤 하원 의사당을 사용할 허락을 받았다. 그의 광범위한 강연은 위대한 해상 강국으로서의 미합중국의 비전을 개략적으로 설명하였으며 미국인들은 '지구의 농부'로 남아서 '무역과 제조업의 가상의 오염 효과'를 피해야 한다고 믿고 있는 사람들에 대한 강력한 반대론을 주장하였다. 미국인들은 언제나 외부 지향적이었으며, 수많은 미국인들의 출신지인 영국의 본보기를 그들이 모방하는 것을 막을 수 없을 것이라고 레이놀즈는 말했다. 영국인들이 북쪽에 집중하여 북서 항로를 찾고 있는 동안 레이놀즈는 '더 넓은 범위와 더 웅장한 지역과 보다 포괄적인 약속의 가능성이 남쪽에 열려 있다'고 선언하였다. 그리고 전 세계에 걸쳐 자비로운 영향력을 확장하는 것은 미합중국의 '국위와 영예'에 지워진 의무였다. 한 군데라도 인간에게 접근 가능한 인적미답의 땅이 있는 한 '개화된 사람들, 그리고 특히 무역에 종사하는 자유 시민들이라면 그 누구라도 그곳을 탐험하는 데 대한 그들의 기여를 보류해서는 안 된다'라고 레이놀즈는 선언하였다.[52]

상업적 마인드를 가진 의원들의 지원을 끌어내기 위해 레이놀즈는 정확한 해도를 제공하는 것, 그리고 이제 전 세계에 걸쳐 급속히 증가하는 미국 상선대를 보호하기 위한 실제적 필요성을 강조하였다. 그는 북동쪽 해안을 따라 있는 40개의 항구 밖에서 조업하고 있는 약 460척의 배들이 고래잡이와 바다표범잡이에 관련이 있다고 추정하였다. 그들은 바다의 여러 가지 위험과 태평양 섬 주민들의 적개심 양자 모두에 직면해야 하는 반면 미국 정부는 그들을 보호하기 위해 한 일이 거의 없었다. 바다의 해도를 만들고 미국의 힘으로 섬 주민들을 위압하기 위해서, 국가의 영예와 국가적 관심은 의회가 잘 무장된 해군 함정이 이끄는 탐사 탐험대를 파견해야 한다고 요구하였다. 그리고 어떤 미국 탐험대라도 '다른 어떤 나라가 시도했던' 것보다 규모가 더 커야 한다고 레이놀즈는 주장하였다. 그 이하의 것은 어느 것도 '자신들의 명성을 자랑스러워하고 자신들의 힘을 기뻐하는 국민을 결코 만족시킬 수 없을 것이다!'[53]

의회의 민족주의자들과 해군 지상주의자들의 지원을 보장하기 위해 레이놀즈는 그들에게 미국이 파머 랜드에 가진 권리에 대한 비스코의 도전을 상기시켰다. '단 한 군데 지점'에 닿았을 뿐임에도 불구하고 비스코는 그곳의 미국식 이름을 제거하고 그곳에 '영국식 이름'을 붙였다. 그것은 하나의 불법행위라고 레이놀즈는 그들에게 간언을 했는데 그 이유는 미국의 바다표범잡이들이 약 15년 전에 *우리들의 주권자인 국민*의 이름으로 파머 랜드를 상징적으로 점유했기 때문이었다.

파머 랜드 발견의 우선권은 분명히 미국에 있었지만, 파머나 미국 정부 중 어느 쪽도 그에 대한 권리를 공식적으로 주장하지 않았음을 생각하면 레이놀즈가 파머 랜드를 미국의 소유라고 주장하기에는 법적 근거가 애매하였다.[54] 어떤 장소를 방문하거나 그곳의 야생동물을 도살한다고 해서 한 나라에 그 영토의 소유권이 주어지는 것은 아니었다. 그러나 이는 법정이라기보다는 정치적 관중들이었으며 따라서 레이놀즈의 미사여구는 공감을 불러일으켰다.

레이놀즈는 남극에 관한 환상적 이론의 전파자로서의 과거의 삶에 대한 언급은 피했으며 탐험이 주로 남극을 탐사하는 것에 관한 것이라는 어떤 주장도 삼갔다. 이번 탐험은 더 폭넓은 목적을 가진 탐험이었다. 그것은 남아메리카에서 아시아까지 태평양을 탐사할 것이며 따라서 적어도 6척의 배를 필요로 할 것이다. 자신의 강의를 마칠 때쯤에야 비로소 그는 '그 탐사선들이 남쪽 지방 여름의 가장 좋은 계절 동안 수개월을 보내야 할' 남극에 관한 문제를 제기하였다.

상업적 필요가 별로 분명치 않은 지역에서 탐사한다는 생각에 대한 정치적 반대를 예상한 레이놀즈는 청중들에게 미국인들은 '달러나 센트와 관련이 없는 것은 아무것도 할 수도 없고, 생각할 수도 없고, 그것에 관해 말할 수도 없다'는 비난을 항상 받기를 원하는지 물었다. 그리고 '과학과 자유의 추구에 대한 상당한 헌신'을 보여주는 것만으로 미합중국이 '진정으로 위대해질 수 있다'고 주장하였다. 어쨌든 발견의 가능성이 가장 많은 곳은 '인간의 발자국에 밟힌 적도, 모험심 강한 항해가의 배에 의해 그 바다가 갈라진 적도 결코 없는' 광대한 지역을 가진 이러한 남쪽 고위도 지역이었다.[55]

웨델의 경험에 비추어 레이놀즈는 1척의 배로도 얼음의 방해를 받지 않고 곧바로 남극까지 충분히 항해할 수 있다고 믿었다. 그가 사람들이 믿지 않는 시머스 이론의 희미한 반향을 가진 그 제안을 시험하는 목적만을 위해 미국 탐험대를 파견해야 한다고 생각한 것은 아니었다. '다른 위대한 목적을 가진 사업'과 함께 행해진다면 그런 시도를 하는 것도 좋을 것이라고 그는 주장하였다. 그는 배로 남극에 도달하여 '모든 경선이 끝나는 바로 그 지점에 닻을 내리고 거기서 우리 국기를 펴서 게양하여 지구 자체의 축 위에서 나부끼게 내버려둔다면' 그것은 얼마나 큰 업적이 될 것인가 하며 의기양양해했다.

남극에서 휘날리는 미국 국기는 하나의 강력한 이미지였으며 레이놀즈는 그것이 어떻게 '우리나라 항해의 영예 위에 새로운 불멸의 화환을 씌워줄 것인가'를 역설하였다.[56] 그것은 미국이 되려고 갈망하는 위대한 국가에 어울리는 발견이 될 것이다. 그리하여 레이놀즈는 그 위대한 공화국이 제국의 속박을 벗어난 뒤 자신의 제국을 획득하는 것을 점차로 보게 될 경로를 지적하였다.

레이놀즈의 연설이 있은 뒤 의회는 대규모 탐험대를 위한 자금을 공급하는 것에 동의하였으며, 5척의 소형 함정의 지원을 받고 1척의 프리깃함이 이끄는 소함대를 위한 그의 계획을 채택하였다. 10년 동안 여론을 환기한 끝에 그것은 한 용기 있는 선동가를 위한 승리가 되어야 마땅하였다. 그러나 결정하는 날 밤, 의기양양한 레이놀즈는 워싱턴의 어느 극장에서 신임해군 장관 말론 디커슨(Mahlon Dickerson)을 우연히 만났는데 그가 그 탐험대를 조직하는 데 12개월이 걸릴 것이라고 발표하는 것을 듣고는 경악하였다.[57] 디커슨은 오랫동안 의회에서 그 탐험에 반대해왔으며 여전히 그것을 방해하는 데 여념이 없었다. 그는 또한 레이놀즈가 그 과학 군단의 지도자가 되는 것을 기어코 막을 작정이었다.

이러한 점에서 그는 에드먼드 페닝의 도움을 받았는데 페닝은 이전의 협력자들과 사이가 틀어진 상태였다. 반대편에는 그 탐험을 위해 임명된 과학자들이 있었는데 그들 중 다수는 레이놀즈가 탐험대에서 '눈에 띄는 지위를 차지할 것'이라는 '국가 전체'의 광범한 기대에 주목하여 그에 대한 강력한 지지 편지에 서명했다.[58] 레이놀즈는 앤드류 잭슨 대통령으로부터 상당한 지지를 받고 있었기에 대통령은 이제 그 탐험을 지지하였다. 잭슨 대통령은 디커슨에게 레이놀즈를 과학 보고서를 요약하는 책임을 맡은 '사령관의 교신 비서'로 임명하라고 지시하였다. 그러나 이는 레이놀즈가 원했던 종류의 직책이 아니었다. 10년 동안의 캠페인 후 그가 원한 것은 탐험대의 잡역부가 아니라 지도자였다.[59]

탐험을 방해하는 디커슨에 관한 염려를 누그러뜨리기 위해 잭슨은 해군 장관에게 의회의 의지를 이행할 '즉각적인 조치들'을 취하라는 지시를 내렸다. 장관은 과학 기구와 서적을 구입하기 위해 윌크스 중위를 유럽에 파견하고 그 나라의 과학 협회에 탐험에 동행해야 할 과학자들과 그들의 임무에 관해 조언해줄 것을 요청함으로써 대통령의 지시를 이행하였다.***[60] 이 모든 일에 시간이 걸렸다. 디커슨은 소함대 지휘자 존스 선장(Captain Jones)과 협의도 하지 않은 채 젊고 야심찬 윌크스를 배 1척의 함장에 임명함으로써 탐험을 추가로 지연시키고 사람들의 주의를 딴 데로 돌렸다. 이것은 대중의 열띤 논쟁을 야기해 디커슨을 강제로 물러나게 만들었다. 선박들이 추가적인 개조를 요하게 되면서 탐험은 더 연기되었다.[61]

1837년 초까지 항해 준비를 마치는 대신 선원과 과학자의 더딘 모집과 선박의 느린 정비로 인해 탐험은 6월에도 아직 준비가 되지 않았다. 그때 디커슨이 후임 대통령 마틴 밴 뷰런(Martin Van Buren)을 설득하여 탐험이 그렇게 대규모일 필요가 있는지 여부에 대한 조사를 명하게 함으로써 추가적으로 지연되게 했다.

레이놀즈는 이제 격노하였다. 노포크 해군 기지에서 그 소식을 들었던 그는 워싱턴으로 달려가 밴 뷰런 대통령에게 청원하여 그에게 디커슨의 '배신행위'를 경고하였다. 밴 뷰런이 해군 장관에게 내린 명령을 철회할 마음이 없는 것을 알았을 때, 그는 그 탐험이 앞선 탐험과 같은 운명에 처해질까 두려웠다. 그런 결과를 막기로 결심한 레이놀즈는 *뉴욕 타임스지(New York Times)*의 여러 페이지에 67세 된 디커슨에 반대하는 장기적이고 지속적인 캠페인을 시작하였다.[62]

1837년 6월 말에 '시민(Citizen)'이란 필명으로 발표되었던 레이놀즈의 많은 공격 중 최초의 공격은 무능함과 미국의 경쟁국들이 자국 탐험대를 갖춤으로써 미합중국을 선제하도록 허용한 혐의로 디커슨을 고소하였다. 레이놀즈의 말에 의하면 디커슨은 탐험의 목적이 '가능한 남극에 가까이 가는 것'이라고 주장하고 태평양에서의 미국의 무역과 포경 산업의 이익을 보호

***흥미롭게도, 해군 학회(Naval Lyceum)는 그 탐험이 남극대륙의 존재 여부를 결정해야 한다고 주장하고, 그것의 발견이 '기후에 관한 일반적 이론'을 밝히고 '지구상의 열의 분포'에 관한 정보를 제공할 수 있다고 예측한 유일한 기구였다.

하고 증진하려는 탐험의 위대한 목적에 관한 언급을 생략함으로써 그 탐험에 대한 반대를 야기하려고 애를 쓰고 있었다. 레이놀즈는 그 탐험의 성공은 그것의 원래 규모와 광범한 목표들을 유지하는 데 좌우될 것임을 알고 있었다. 만약 그 탐험이 단지 남극에 가기 위한 것이라면 36문의 대포를 장착한 프리깃함이 이끄는 그런 상당한 규모의 탐험이 타당하지 않다는 조사 결론이 나와야 할 것이다. 그러나 적대적인 원주민들을 위압하기 위해 잘 무장된 프리깃함이 필요한 태평양에서, 규모가 축소된 탐험대가 그 목적을 달성하려면 애를 써야만 할 것이다. 비록 레이놀즈가 개인적으로는 여전히 배로 남극에 도달하는 데 열성적이었지만 그는 계속해서 자신을 주로 과학적 충동보다는 상업적 충동이 동기가 된 태평양 탐험의 옹호자로 묘사하였다.[63]

한 달이 지나서야 디커슨이 대답하였다. '해군의 친구'라는 필명으로 *뉴욕타임스지*에 기고한 여러 통의 장문 편지들 중 첫 번째에서 그는 '국가를 통해 이 탐험이 자기의 탐험이라는 인상을 야기하고 있다'고 레이놀즈를 공격하였다. 그리고 이러한 인상이 너무나 널리 퍼져 있어 일부 해군 장교들은 그 탐험을 '국가의 탐험이라기보다는 한 개인의 탐험'이라고 생각하기 때문에 그 탐험대에 근무하는 것을 싫어한다고 썼다. 디커슨은 독자들에게 레이놀즈가 시머스의 '동심상 지구 이론'과 관련이 있음을 상기시키며 계속해서 그에게 비난을 퍼부었다. 그는 해군 장교들이 레이놀즈가 극지방의 상상의 구멍에 접근하도록 배에 명령을 내리거나 '자신의 이상한 이론의 진실을 시험하기 위해 어떤 다른 행동을 취할까' 두려워하고 있다고 주장하였다. 비록 레이놀즈가 '과거의 이론을 포기'했다 하더라도 그는 지금 탐험대가 남극에 닻을 내리고 그것이 마치 '하나의 거대한 깃대'인 양 '지구 자체의 축 위에서 성조기가 나부끼게 할 수 있다'고 상상하는 바보 같은 생각을 품고 있다고 디커슨은 썼다.[64]

레이놀즈를 '편집증 환자'라고 비난하면서 디커슨은 독자들에게 그 탐험대는 빙산이 어수선하게 들어차 있는 남극에 너무 가까이 접근해 위험해지는 일이 생기지 않도록 지시받을 것이라고 알렸다. 그는 탐험대 장교들에게 '오랫동안 대중 앞에 존재해왔던 어떤 터무니없는 이론들을 시험하기 위해… 그들의 생명이 불필요하게 노출되지' 않을 것이라고 장담하였다. 그럼에도 불구하고 그들은 이전의 탐험대보다 더 남쪽으로 나아감으로써 '남쪽의 고위도 미탐사 지역'을 조사한다는 대중의 기대를 충족시킬 것이다.

레이놀즈의 남극 이론을 비난하고 그를 정신 나간 사람으로 묘사하기 위해 애를 썼지만, 디커슨은 남극에 대한 대중의 큰 관심뿐만 아니라 자신의 반대자에 대한 대중의 지지를 알고 있었다. '항해 전체의 다른 어떤 성과들보다 남극으로부터의 여러 가지 성과들이 더 강력한 관심과 함께 기대될' 것을 인정한 디커슨은 남극에서의 여러 가지 발견에 대한 문제를 진지하게 받아들임으로써 레이놀즈의 공격을 피할 수 있기를 분명히 바랐다.[65] 그러나 레이놀즈는 펜을 놓을 생각이 없었다.

레이놀즈가 지속한 공격의 아홉 번째이자 마지막 편지가 1837년 9월 23일 *뉴욕 타임스지*에 의해 발표되었다. 신문은 그 토론을 충분히 다루었으며 이제 그것을 끝냈지만 '대의에 대한 그의 무한한 열정'을 칭찬하였다. 레이놀즈는 그 불운한 해군 장관에 대한 테리어 같은 끈질긴 공격을 계속하면서, 최근에 프랑스 국왕이 자국 탐험대에게 남극에 가능한 가까이 접근하라고 지시해 자신의 비전을 승인한 것을 언급하였다. 프랑스 선원들은 남위 75도에 도달하면 포상을 받을 것이며 그 포상은 그들이 그 지점 너머 더 남쪽에 도달할수록 점진적으로 증가할 것이다. 왕은 그들이 만약 남극 자체에 도달한다면 '그들이 요구하는 모든 것을 주겠다'고 약속하였다. 레이놀즈는 건방지게도 디커슨이 의회를 설득하여 미국 선원들에게 비슷한 포상을 하게 함으로써 그의 명성을 되찾아야 한다고 주장하였다.[66]

프랑스와 영국 탐험대는 지금 남극을 향해 나아가고 있는데도 미국 탐험대는 새로운 지연에 직면하였기 때문에 레이놀즈는 1837년 12월 말 뉴욕의 또 다른 신문에 도움을 청해 디커슨에 대한 새로운 공격을 재개하며 '그 사업에 대한 적'이라고 그를 다시 비난하였다. 디커슨은 곤경에 처했다. 의회가 가결한 자금은 선박에 모두 소비되었기 때문에 이제 추가 자금조달이 필요하였다. 비용을 억제하기 위해 디커슨은 탐험대 규모를 축소시킬 수 있는 방안에 대한 또 다른 조사를 발표하였다. 동시에 그는 다른 어느 나라 탐험대보다 더 사치스러운 규모로 그 탐험대를 조직하였다고 레이놀즈를 맹비난하였다.[67]

그 탐험대가 점점 더 정치적 골칫거리가 되어감에 따라 1838년 1월 밴 뷰런 대통령은 그 책임을 디커슨으로부터 육군 장관 조엘 포인세트(Joel Poinsett)에게 전가해버렸다. 포인세트는 레이놀즈에 대해 결코 디커슨보다 더 호의적이지 않았다. 실제로 그는 너무나 적대적이었던 것처럼 여겨지는데, 존스 선장이 함대 사령관직을 사임했을 때 그는 연줄이 좋은 찰스 윌크스 중위가 탐험대에서 레이놀즈를 확실하게 배제하기를 기대하면서 비교적 하급 장교인 그에게 지휘권을 부여해 선임 장교들을 격분하게 만들었다. 과학 군단 또한 크게 축소되었으며 제임스 에이츠는 더 이상 자신들에게 고급 선실이 없는 것을 발견하고 고통받은 사람들 중 하나였다.[68]

의원들의 청원과 대중이 보낸 편지의 후원을 받은 레이놀즈는 자신도 탐험대와 함께 가도록 허용해달라고 거듭 간청하였다. 그러나 포인세트는 심지어 레이놀즈가 자비로 갈 것을 제안한 후에도 꿈쩍도 하지 않았다.[69] 한편 프랑스와 영국의 탐험대가 남극을 향하여 순조롭게 나아가고 있을 때, 6척의 걸맞지 않는 미국 선박들로 구성된 소함대가 긴 항해를 위해 선원들을 태우고 짐을 실었다. 1838년 7월 26일 포인세트와 밴 뷰런 대통령이 특별히 장식된 배들을 방문하여 윌크스와 그의 부하들을 축복해주었다. 3주 후 원통해 마지않는 레이놀즈가 해변에서 바라보는 가운데 제1차 미합중국 탐사 탐험대가 마침내 닻을 올리고 남쪽 대양을 향해 출항하였다.

레이놀즈는 후일 그 탐험대의 출발은 자신의 '승리가 완전함'을 의미한다고 단언할 것이다.[70] 그러나 그가 탐험대에서 제외됨으로 인해 그 승리가 크게 축소되었으며 그 후 그는 대중의 시야에서 사라져버렸다. 미국 역시 희망했던 승리가 기대했던 것보다 실속이 적다는 것을 알게 될 것이다. 수년 동안의 정치적 논쟁과 반복된 지연으로 인하여 유럽 경쟁국들이 남극에 권리를 주장할 가치가 있는 대륙이 실제로 있는지 찾기 위한 경쟁에서 유리한 출발을 하게 되었다.

CHAPTER 4

1839–1843

산꼭대기 높이 성조기를 꽂고

1830년대 말이 되면서 남극에 접근하는 것이 미국, 영국 그리고 프랑스 탐험대들 사이에 열띤 경쟁의 장면이 되었다. 빙산을 지나 조심스럽게 이동하는 총빙의 가장자리로 밀고 나아가면서, 진취적인 탐험가들은 세계 지도 위의 남아 있는 빈 공간을 채우고 숨겨진 부의 원천을 감추고 있을지 모르는 육지를 찾으려고 애를 썼다. 탐험가들은 탐욕스러운 바다표범잡이와 고래잡이들에 의해 그들의 수색에 합류하였으며 그들은 사라져가는 사냥감을 찾아서 남쪽으로 점점 더 멀리 이끌려갔다.

다양한 항해 결과 남극권 안팎 모두 폭넓게 떨어진 위치에서 육지가 발견되었다. 이러한 육지가 이어져 하나의 대륙을 구성하는지 아니면 그것이 거대한 남극해 속의 큰 섬인지가 여전히 선원과 지리학자들 사이에 끊임없는 추측의 주제였다. 각국 정부가 자국 선원을 남극으로 파견하기로 결정한 것은 부분적으로는 이러한 문제를 해결하기 위함이었다.

프랑스 탐험대는 대혁명 동안 가까스로 단두대 처형을 면했던 노르망디의 어떤 뇌졸중에 걸린 빈곤한 귀족의 아들인 쥘 세바스띠앙 뒤몽 뒤르빌 (Jules Sebastien Dumont d'Urville)에 의해 인솔되었다. 탐험 보고서의 열렬한 독자이자 유명해지고 싶은 충동에 이끌린 젊은 뒤르빌은 쇠퇴한 프랑스 해군에 입대했는데, 프랑스 해군 함정들은 영국의 봉쇄로 인해 대부분 항구에 갇혀 있었다. 전투에서 명성을 얻을 기회는 거의 없었으나 어쨌든 전투는 뒤르빌의 흥미를 끌지 못했는데 그는 '사물이나 말에 대한 견해차 때문에 동료인 인간들을 죽이는' 것에서 아무런 영예를 볼 수 없었다. 그 대신 그는 자신의 삶을 '지식의 진보'에 바쳤으며 해군 지위를 이용하여 탐험가가 되었다. 1821년 동지중해를 순항하는 동안 그는 약간의 명성을 얻었는데 그는 밀로의 비너스(Vinus de Milo)라고 알려지게 된 아름다운 대리석 상을 우연히 만났으며 프랑스를 위해 그것을 확보하는 것을 도왔다.[1] 머지않아 그는 명성을 얻을 훨씬 더 큰 자격을 가질 것이었다.

1822년 태평양으로 가는 프랑스 탐험대의 행정 장교로서 뒤르빌은 포클랜드 제도로, 그리고 타히티와 뉴기니아까지 여행하고 오스트레일리아 서해안을 돌아 시드니까지 여행하였다. 그의 지휘관인 루이 이시도어 뒤퍼레이(Louis-Isidore Duperrey)는 프랑스 유형 식민지로 가능한 장소로 현재의 퍼스(Perth, 오스트레일리아 Western Australia주의 주도-역자 주)에 있는 스완 리버(Swan River)와 오스트레일리아 남서부의 킹 조지 지협(King George Sound)에 있는 넓은 항구를 조사하라는 지시를 받았다. 그러나 뒤퍼레이는 맞바람과 식량 부족으로 인해 그렇게 할 수가 없었다.

식민지 장소를 찾기 위해 파견되는 다른 새 탐험대의 지휘자가 되고 싶어 초조해진 뒤르빌은 킹 조지 지협으로 가는 또 다른 항해 계획과 함께 파리에 편지를 썼다. 지휘관으로 임명된 뒤르빌은 1826년과 1829년 사이의 항해에서 코르벳함 *아스트롤라베호(Astrolabe)*를 몰아 오스트레일리아, 뉴질랜드, 그리고 남태평양의 여러 섬을 방문하였다. 그 항해에서 킹 조지 지협과 뉴질랜드 북섬의 식민지화 가능성이 입증되었지만 프랑스 정부는 프랑스의 의도를 알아챈 영국이 두 장소 모두에서 기선을 제압하는 것을 허락하였다.[2]

프랑스로 귀환하자마자 새로이 들어선 왕당파 정권에 의해 발이 묶인 독실한 공화주의자 뒤르빌은 지도책과 과학에 관한 권을 완비한 여러 권의 항해 보고서를 출간하는 데 5년을 보냈다. 그는 또한 자신의 항해를 포함하여 대중을 위한 두 권짜리 위대한 탐험 항해사를 저술하였다. 그의 명예욕은 자신의 저술로써 만족시켜야 하는 것처럼 보였다.

파리에서 그리고 후일 툴롱의 항구에서 때를 기다리는 동안 뒤르빌은 유럽 너머의 세상에 관한 호기심을 결코 잃지 않았으며 또한 또 다른 위대한 항해를 지휘하고 싶은 자신의 바람도 포기하지 않았다. '쿡의 본보기가 뇌리에 박혀' '나는 종종 그 위대한 항해가의 세 차례 항해에 관한 생각을 하곤 했으며 거의 매일 밤 나 자신이 세 번째 세계 일주 항해를 하는 것을 보는 꿈에 시달렸다'라고 그는 적었다. 흥미롭게도 그가 좋아하는 것은 '불타는 적도의 하늘' 아래에서 항해하는 것과 오세아니아 언어를 계속 연구하는 것이었지만 꿈속에서 그는 언제나 남극의 얼어붙은 바다를 향해 가고 있었다. 마침내 정부가 바뀌어 1837년 또 다른 세계 일주 항해를 이끌 44세의 항해가가 선택되었다.[3]

국왕 루이 필립 1세(King Louis-Philippe I)는 탐험대가 가능한 멀리 남쪽으로 가기를 원했다. 왕은 남극 가까이 접근할 수 있었던 어떤 미국 바다표범잡이-아마도 신뢰할 수 없는 모렐(Morrell)이었겠지만-의 보고서를 읽은 적이 있었다. 왕은 남극을 향한 대규모 일류 탐험대를 파견하는 미국의 결정을 알고 있었을 것이며 그래서 그는 미국인들이 실패한 곳에서 프랑스인들이 성공의 영예를 차지할 것을 간절히 바랐다. 런던에서도 마찬가지로 탐험대를 파견한다는 얘기가 있었다. 뒤르빌의 파견으로 프랑스가 그곳에 최초로 도착하여 어떤 것이든 성사될 발견의 월계관을 차지할 것이었다.

'전혀 기대하지 않았던 이러한 제안에' '말문이 막히고 결단을 내리지 못했음'을 고백했지만 뒤르빌은 이내 '남극에 도달하려는 시도는 대중이 보기에 신기함과 위대함 그리고 심지어 경이로운 특징이 있을 것'임을 인정하였다.[4] 그가 만약 그렇게 많은 다른 프랑스 탐험대들이 이전에 그리로 갔던 남태평양의 섬 사이를 그저 방황하는 대신 빙산 사이에서 쿡의 업적을 능가할 수 있다면, 이는 그가 유명해질 훨씬 더 좋은 기회가 될 것이다. 이렇게 하여 그는 남극에 도달한 다음 남쪽의 겨울 동안 남태평양의 섬을 탐사함으로써 왕을 만족시킬 수 있을 것이다.

뒤르빌이 받은 지시를 보면 남극으로 가는 항해가 프랑스 탐험대의 임무 중 비교적 중요하지 않은 부분임을 분명히 알 수 있는데, 프랑스 탐험대는 프랑스 포경선이 보급품을 얻고 프랑스 상품이 거래될 수 있는 장소를 확인 하기 위해 남태평양과 뉴질랜드의 많은 섬을 방문하는 데 주로 전념할 것이 었다. 프랑스의 목적은 프랑스 국기를 보여주고 현지인들에게 특별히 돋을 새김을 한 은메달과 동메달을 남겨줌으로써 자신들의 존재를 홍보하는 것이 었다. 뒤르빌은 또한 프랑스가 그러한 장소들 중 어느 한 곳에 식민지를 확립할 수 있는가를 알아보기 위해 오스트레일리아와 뉴질랜드 내에 있는 영국 정착지의 확산을 확인하라는 지시를 받았다.

프랑스가 극지 바다에서의 경험이 거의 없었기 때문에 뒤르빌은 최신 해 도를 찾기 위해 런던으로 가지 않을 수 없었다. 뒤르빌은 따뜻한 환대를 받 았지만 그는 영국인들이 '영국인이 아닌 누군가가 자신들이 자국의 독점 적 영토라고 생각하는 곳으로 항해를 시도하는 것'을 허용한 것을 후회하고 있다는 느낌을 받았다. 서둘러 프랑스로 돌아온 뒤르빌은 2척의 코르벳함 (corvette, 옛날의 평갑판, 1단 포장의 목조 범장을 갖춘 전함−역자 주) *아스 트롤라베호(Astrolabe)*와 *젤레호(Zelee)*의 재정비를 강행하였다. 뜨거운 열 기가 발산되는 지중해의 여름 내내 통풍으로 고생한 그 탐험가는 힘든 일정 을 맞추기 위해 장교와 목수들을 달래고 조르면서 매일 툴롱의 조선소에 있 었다. 1837년 9월 7일 뒤르빌은 배를 바다로 향하게 했는데 갑판은 아직도 집어넣지 않은 물자와 장비들로 수라장이었다. 탐험이 가능해지는 짧은 막 간의 기간인 남쪽의 여름철에 때맞추어 남극해에 탐험대가 도달하려면 허 비할 시간이 없었다.[5]

뒤르빌은 국왕을 설득하여 만약 그 배들이 웨델이 용케 도달했던 것만큼 먼 남위 75도에 도달하면 선원들을 포상하도록 하였다. 그 후 위도 1도마다 선원들에게 추가 포상을 할 것이었다. 이는 그들이 겪을 고난에 대한 약간의 보상이자 그들을 훨씬 더 남쪽으로, 아마도 남극 자체로 이끌기 위함이었다. 그러한 포상이 또한 '우리 탐험의 진척에 대중의 주의를 집중시켜줄 것이다'라고 그는 적었다.[6] 매스컴이 주도하는 20세기 탐험보다 한 세기 전에, 야심만만한 뒤르빌은 남극 탐험이라는 비즈니스에 놀랄 만큼 현대적인 감각을 제공하고 있었다.

웨델이 얼음이 없는 웨델해를 경유하여 남극으로 가는 통행이 가능하다는 것을 보여주었기 때문에 뒤르빌은 먼저 파타고니아(Patagonia)를 방문한 후 그곳으로 향했는데, 파타고니아에서 그는 지나가는 모든 배들에게 자신이 남극으로 갔다는 것을 알리는 명판을 남겨두었다.[7] 뒤르빌은 특히 미국 탐험대에게 남극으로 가는 경주에서 자신이 이기고 있음을 보여주려고 애를 썼다. 그가 예상한 대로 지나가던 어느 미국 포경선이 그 소식을 들었으며 그 배는 윌크스가 버지니아에서 출발하기 전에 때맞추어 그에게 알리기 위해 돌아갔다.[8]

자기 항해의 선례를 확립한 뒤르빌은 웨델이 개척해놓은 항로를 따라 혼 곶에서 동남쪽으로 항해하여 그를 남쪽으로 인도해주리라고 웨델이 제안했던 통로를 찾았으나 허사였다. 줄지어 있는 단단한 얼음만 있었는데 그 배들은 그것을 뚫고 나갈 가망이 없었다. 1838년 1월 25일 가까스로 남극 반도의 끝 너머에 도착하였으나 얼음이 갈라질 기미가 없었기 때문에 프랑스인들은 인근의 사우스오크니 제도를 향해 북동쪽으로 나아갔는데, 뒤르빌은 거기서 선원들을 먹일 바다표범과 펭귄을 모을 것을 기대하였다.

안개와 눈보라 때문에 그렇게 할 수가 없던 그는 웨델의 전철을 밟을 두 번째 시도를 하였으나 결국 또다시 얼음에 의해 갑자기 중단되었다. 얼음은 '더 말할 나위 없이 준엄하고 장엄하였으며 우리는 자신도 모르게 두려움으로 가득 찬 느낌을 받았다'라고 뒤르빌은 적었다. 장교와 선원들이 포상을 받으려고 계속 나아가기를 간절히 바라는 가운데 뒤르빌은 폭이 약 3킬로미터 되는 물이 비교적 깨끗한 한 내만 안으로 배들을 조금씩 밀어 넣었다. 배가 얼음에 묶이자 선원들은 펀치로 '남극 얼음 속으로 대담하게 항해한 것'을 축하하였다. 뒤르빌 혼자만이 그들이 처한 위험을 인식했던 것처럼 생각된다. 얼음이 그들 뒤에서 닫히고 있었기 때문에 뒤르빌은 선원들을 곡괭이와 쇠지렛대로 무장시켜 얼음 위로 보냈다. 그들은 가까스로 얼음에서 배를 풀어 급속하게 얼어붙는 바다의 손아귀에서 벗어났다.[9]

뒤르빌은 남극 반도의 끝을 거의 통과하지 못하였으나—그는 심지어 남극권 내에도 들어가지 못하였다—그해 여름 더 이상 할 일이 없었다. 괴혈병 징후를 보이기 시작하는 선원들의 건강은 뒤르빌이 칠레로 향할 것을 요구하였다. 때가 너무 이른 것은 결코 아니었다. 비타민 C 결핍으로 인해 발생하는 무서운 질병으로 점점 더 많은 선원들이 쓰러짐에 따라 폭풍이 몰아치는 마젤란 해협의 바다를 뚫고 배를 조종하는 것이 점점 위험해졌다.

그럼에도 불구하고 뒤르빌은 시간을 약간 내어 남극 반도의 끝과 사우스 셰틀랜드 제도를 조사해 국왕 루이 필립 1세의 이름을 따서 반도를 명명하고 그 끝에서 떨어져 있는 거대한 섬에 국왕의 아들 중 조인빌 왕자(Prince of Joinville)의 이름을 따서 조인빌 랜드(Joinville Land)라는 별명을 붙였다. 이 덕분에 그는 항해의 첫 부분에서 약간의 작은 업적을 보고하고 기존의 영국과 미국 및 러시아 지명에 여러 개의 프랑스 지명을 추가할 수 있었다. 그 밖에는 의기양양해 할 것이 거의 없었다. 항해 보고서에서 뒤르빌은 남극에 접근하려는 자신의 첫 번째 시도는 '완전한 실패였음'을 시인하였다. 그로 인하여 그는 웨델이 자신의 보고서에 얼음을 뚫고 트인 바다로 항해할 수 있다고 적은 것이 날조가 아닐까 하고 생각하였다.[10]

자신의 실패에도 불구하고 뒤르빌은 미국인들도 마찬가지로 저지당했다는 사실에서 약간의 위안을 얻을 수 있었다. 그러나 그는 자신의 탐험이 미국인들에 의해 무색해지는 것을 계속 걱정하였다. 1838년 4월 6일 그의 2척의 배들이 칠레의 어느 항구로 느릿느릿 들어가 영국의 프리깃함 가까이에 닻을 내렸을 때, 뒤르빌은 영국의 한 장교에게 미국 탐험대에 관해 물어보았다. 그리고 미국 탐험대에 관해 들리는 소식이 아무것도 없다는 것을 알고는 안심했다. 그 탐험대가 그때까지 칠레에서 목격되지 않았다면 그것은 아마 그 탐험대가 남극 탐험을 하기 위한 그해 여름의 기회를 놓쳐버렸음을 의미할 것이다. 그것이 약간의 위안이 되었으나 뒤르빌은 자신이 얻었던 이 점에 대해 보여줄 것이 거의 없음을 알았다. 실제로 그는 '얼음을 목격하자 마자 우리의 코르벳함들이 달아났다'라는 발파라이소에 떠도는 악의에 찬 이야기들을 막아야 하였다. 영국 장교들과의 한 모임에서 뒤르빌은 그 주 장의 그릇됨을 입증하기 위해 자신이 만든 모든 해도와 도해들을 보여주었 다.[11]

뒤르빌은 다른 것을 염두에 두고 있었다. 발파라이소에서 그를 기다리고 있던 편지 가운데는 그의 아내에게서 온 두 통의 편지가 있었다. 그것들은 그에게 젖먹이 아들의 병과 분명한 회복, 그 후 콜레라로 맞은 끔찍한 죽음 에 대해 말해주었다. 그 아이는 그들이 잃어버린 세 번째 자식이었으며 그 들에게는 아들 하나밖에 남지 않았다. 뒤르빌의 심란한 아내는 '당신은 얼 음에서 일을 마친 뒤에야 그 소식을 듣겠지요'라고 썼으며 그리고는 그가 그녀를 위로하기 위해 귀가할 수 있을 것이라고 추측하였다. '그것이 내 유 일한 바람이에요', '영광, 명예, 부, 난 당신을 저주해요… 그 대가는 내게 너 무 값비싸요'라고 그녀는 적었다. 그녀는 혼자서 그 고통을 겪어야 한다면 자신은 아마 살 수 없을 것이라고 경고하였다.

눈물로 얼룩진 이런 편지와 함께 열한 살 된 그의 아들에게서 온 편지가 있었는데 아들도 역시 그에게 돌아오기를 간청했으며 그가 왜 그렇게 오랜 항해를 해야 하는지 그 이유를 물었다. 그 소식에 마음이 상했지만 뒤르빌 은 거의 확실한 영광을 얻을 자신의 마지막 기회를 포기할 수는 없었다. 아 내에게 위로와 설명의 편지를 쓴 뒤 그는 긴 항해의 나머지를 계획하는 데 주의를 기울였다.[12] 그는 그다음 1년 반을 남태평양의 많은 섬을 방문하여 그 항구들을 조사하고, 프랑스 국기를 보여주고, 방문하는 프랑스 선박을 공격했던 일부 섬 주민들을 처벌하는 데 보냈다. 그의 장교와 선원들이 섬의 여러 가지 기쁨을 즐기고 있는 동안 뒤르빌은 쿡이 그랬던 것처럼 변함없이 초연했으며 매일 밤 정박된 배 위로 올라가는 것이 허용되었던 섬 소녀들에 대해 자신의 선실 문을 굳게 닫아놓았다.[13]

1839년 1월까지에는 뒤르빌은 태평양에서의 자신의 업무를 완수하고 호바트(Hobart)의 유형수 정착지에 도착하여 거기서 집으로 향하기 전 마지막 연구를 하기 위해 뉴질랜드로 가서 다시 남태평양으로 항해할 예정이었다. 그러나 여러 차례의 지연으로 인해 그는 1839년 3월까지 오스트레일리아 북부조차도 도달하지 못했으며 그때 그는 최근에 버려졌던 영국의 전진기지 장소를 조사하였다.[14] 뒤르빌은 계속해서 네덜란드 동인도 회사 교역소와 싱가포르의 영국 정착지와 필리핀 남부의 스페인 소재지를 조사하고 마침내 호바트를 향해 남쪽으로 나아갔다.

이때쯤 선원들 사이에 이질이 유행하여 수마트라에서부터 2개월간 항해하는 동안 16명의 장교와 선원들의 시신을 수장하였다. 다른 이들은 1839년 12월, 마침내 그들이 호바트에 도착했을 때 입원했으며 그중 여러 명이 사망했다. 항해하는 동안 뒤르빌의 절망이 너무나 컸기 때문에 그는 유서를 써 자신의 심장을 보존하여 아내에게 줄 것을 당부하였다.

일단 호바트에 안전하게 돌아오자 안심한 뒤르빌은 서둘러 *아스트롤라베* 호를 재정비하였다. 그가 받은 지시에는 두 번째 남쪽 항해에 대한 조항이 없었지만 그는 '다시 한번 남쪽 극지방에서 다소의 발견을 위한 시도를 하는' 중대한 결정을 내렸다. 그러나 호바트에 있는 그에게 프랑스에 있는 친구들이 보낸 편지가 도착해 '얼음 위에서의 그의 첫 번째 시도'가 프랑스에서 사람들 사이에 '별다른 동요를 일으키지 않았다'고 경고하였다. 뒤르빌은 그 편지들이 '극지방으로 돌아가려는 결심을 굳건히 감내해야 한다는 것을 그 어느 때보다 내게 강하게 입증해주었다'라고 썼다. 그는 남극으로 가는 또 다른 길을 찾을 수 있기를 바라면서 겨울이 되기 전에 남쪽을 향해 돌진

하기로 마음먹었다.[15]

1839년 크리스마스 날 그가 받은 소식은 최근의 시련에서 가까스로 회복된 선원들과 함께 자신의 배를 위험한 바다로 몰고 가는 데 관해 뒤르빌이 품었던 모든 의구심을 잠재워주었다. 어느 영국 장교가 그에게 윌크스의 미국 탐험대가 시드니에 도착했으며 거기서 그들은 '얼음으로 돌아가려는' 준비를 하고 있다고 말했다. 실제로 윌크스와 그의 배들은 바로 다음 날 시드니를 떠나 거기서 근 한 달을 보냈다. 시드니로 오는 도중 윌크스가 어떤 중요한 발견을 했는지 여부나 그가 다음번에 정확하게 어디로 갈 것인지는 알 수 없었다. 뒤르빌은 미국 장교들이 '그 탐험대가 발견한 것과 그 임무에 관해 아무것도 새나가지 않도록 절대 함구하라'는 지시를 받았다는 것을 알았다.

최근에 도착한 영국의 바다표범잡이이자 남극 탐험가인 존 비스코가 *아스트롤라베호* 선상으로 뒤르빌을 방문했을 때 비스코는 윌크스와 얘기를 했으나 마찬가지로 아무 소식도 듣지 못했다고 하였다. 그러나 비스코는 뉴질랜드 남쪽을 탐험하려는 자신의 최근의 시도에 관해 뒤르빌에게 말할 수 있었는데, 거기서 그는 남위 63도에서 뚫고 나갈 수 없는 얼음을 만났으며 비스코는 그에게 '여러 선원들이 맥쿼리 섬(Macquarie Island) 남쪽 방향에 육지가 실제로 존재한다고 상상하고 있음'을 확신시켰다. 뒤르빌은 즉시 그곳으로 향하기로 결심하였다. 그가 혹시 이루어질 수 있는 발견에 대해 윌크스를 이기려면 지체할 시간이 없었다.[16]

호바트의 영국 부총독은 북극 탐험가 존 프랭클린 경(Sir John Franklin)이었는데 그는 섣달그믐날 총독 관저에서 무도회를 열어 프랑스인들이 온 것을 축하해주었다. 다음날 뒤르빌은 더웬트강(Derwent River) 아래로 *아스트롤라베호*를 몰아 선원들에게 신선한 육류를 제공하기 위한 양과 돼지와 괴혈병에서 보호하기 위한 대량의 라임 주스를 배에 실었다. 얼음이 덮인 남극대륙 깊숙한 곳으로 또 다른 항해를 견뎌야 할 가망에 대한 선원들의 항의는 없었다. *젤레호*에 승선한 어느 장교는 '모든 이들이 첫 번째는 실패했기 때문에 다시 한번 시도하는 것이 우리의 영예를 위해 꼭 필요하다고 느꼈다'라고 단언하였다.[17]

뒤르빌은 자신이 '어떤 항해가도 탐험한 적이 없는' 지역을 향하고 있다고 믿었다. 나중에야 비로소 그는 찰스 엔더비(Charles Enderby)의 포경선 중 2척인 존 발레니(John Balleny)가 지휘하는 스쿠너인 *엘리자 스콧호(Eliza Scott)*와 커터선인 *사브리나호(Sabrina)*가 그를 1년 앞섰음을 알게 되었다. 발레니는 1838년 7월 런던을 떠났는데 '남쪽 고위도 지역에서 육지를 발견하리라는 희망을 품고 가능한 남쪽으로 멀리 가라'는 지시를 받았다. 1839년 2월 뉴질랜드 남쪽을 항해했을 때 그는 쿡보다 몇 킬로미터 더 남쪽으로 가 5개의 화산섬과 인근에 펼쳐져 있는 해안선을 발견하였다. 나중에 그 섬들은 그의 이름을 따서 명명되었고 한편 그 해안선은 폭풍우 속에서 행방불명되었던 커터선의 선원들을 기리기 위해 '사브리나 랜드(Sabrina Land)'라고 이름지어졌다.

발레니는 그 섬들 중 한 곳에 상륙하여 빙산에서 돌멩이 1개를 가져왔는데 이로 인해 그는 남극권 아래에서 뭍에 발을 디딘 최초의 사람이 되었다. 그러나 그는 엔더비가 찾고 있던 새로운 바다표범 어장은 발견하지 못했으며 작은 해안선 하나를 보았을 따름이었다. 왕립 지리학회지 편집자가 견해를 피력했듯이 그 항해는 남극에 '거대한 남쪽의 땅이나 광대한 섬들의 집단'이 있다는 가정을 건재하게 만들었다. 뒤르빌이 발견할 것이 많이 남아 있었다.[18]

자신의 2척의 배가 얼음을 향해 항해할 때 뒤르빌이 가장 염두에 둔 사람은 쿡이었다. 그는 선실에 편히 앉아 자기가 탐험하려고 계획하는 지역의 해도 위에 알려진 다른 탐험가들의 항해를 표시해두었는데 쿡이 동일한 지역을 횡단한 유일한 사람이었음을 알았다. 그러나 그는 '그 위대한 영국 항해가는 여전히 그 지역 속으로 깊숙이 들어가려고 하지 않았으며 60도 선

아래에서 머물렀음'을 주목하였다. 뒤르빌은 더 멀리 나아갈 계획을 세웠다. 실제로 그는 '갈 수 있는 한 남쪽으로 멀리 나아가길 바랐다'고 나중에 적었다.

1840년 1월 16일쯤 배들이 겨우 남위 60도에 있었을 때 *아스트롤라베호*의 망루 파수꾼이 작은 부빙을 처음 목격한 것을 보고하였다. 2척의 배가 계속 나아가자 거대한 빙산들이 시야에 들어오기 시작했으며 태양이 떠다니는 얼음 섬의 수정 같은 벽 위에 '기막히게 아름다운 마법 같은 황홀한 효과'를 자아내었다. 사흘 뒤 빙산이 그들의 사방을 빙 둘러싸고 있는 가운데 두 배의 선원들은 비록 뒤르빌의 계산상으로는 약간 모자랐지만 남극권을 건넌 것을 축하하였다. 그럼에도 불구하고 한 선원은 남극의 하나님 의상을, 다른 이들은 펭귄과 바다표범 의상을 차려입고 그의 왕국으로 그들을 환영하였다. 적도를 지날 때 전통적 행사처럼 신참 선원들을 물통 속에 빠뜨리는 대신 뒤르빌은 포도주를 뿌리도록 허용하는 것이 더 합리적이라고 생각하였는데, 그는 얼음같이 찬 물이 갑판 주위로 쏟아지는 것을 원치 않았다.[19]

뒤르빌은 자신의 배 앞에 어렴풋이 보이는 것에 흥분되었다. 하루 남짓 동안 파수 망루꾼이 육지의 출현을 보고했으나 뒤르빌은 완전히 눈에 덮인 완만한 경사를 이루는 그 해안선이 구름이나 거대한 빙산 또는 남극 대기가 만들어내는 다른 어떤 속임수가 아닌지 확신할 수 없었다. 1월 20일에야 비로소 그는 그것이 해안선임을 확신하였으나 그들이 서로 밀치는 빙산 속을 비집고 더 가까이 나아갔을 때 그 해안이 높이가 엄청난 깎아지른 듯한 얼음 절벽이라는 것을 알았을 뿐이었다. 따라서 상륙은 불가능하였다.

그 해안은 동서로 펼쳐져 있었으며 겉으로 보기에는 끝이 없는 것 같았다. 그들이 범위가 거대한 육지를 만났음이 분명하였다. 그들은 이 지역에서 그렇게 했던 최초의 사람들이었다. 고려할 만한 원주민이나 권리를 주장할 경쟁국이 없었고 그는 그 육지에 대한 권리를 주장하기를 간절히 바랐으나 상륙할 방법을 알 수 없었다. 다음 날 여덟아홉 개의 바위투성이 작은 섬들이 목격되었을 때 상륙을 실행하기 위한 경주가 시작되었다. 각각의 배는 이물에서 프랑스 국기를 단 보트 1척을 내렸으며 선원들은 그 중 가장 큰 섬을 향하여 수 킬로미터를 맹렬하게 노를 저었다. *아스트롤라베호*의 해군 소위가 그들이 거대한 탁상형 빙산들의 보호벽을 뚫고 나아가는 그 경주를 '지진으로 막 황폐화된 고대 오리엔트의 저 큰 도시들의 폐허 사이에 있는 것'에 비유하였다.[20] 그러나 이러한 상상의 폐허에 주민은 아무도 없었으며 단지 뿔뿔이 흩어지는 어리벙벙한 펭귄들만이 2척의 프랑스 보트가 미친 듯이 다가오는 것을 지켜보고 있었다.

*젤레호*의 한 장교가 일기에 선원들이 어떻게 그 작은 섬의 바위투성이 해변에 기어올라 섬을 차지하고 있는 펭귄들을 밀치고 나갔는가를 기술하였으며, 한 선원이 '어떤 인간도 목격하거나 발을 들여놓은 적이 없는 이 육지에 삼색기를 꽂는 것'을 자세히 기술하였다. 은연중에 그들의 행동이 다소 부적절하다는 느낌이 있었다. 이 장교가 관찰했듯이 '이러한 영토 점유 행위에 가끔 동반되는 학대로 말미암아 그것은 가치 없고 약간 우스꽝스러운 것으로 비웃음을 받았다.' 따라서 그는 자신들이 프랑스의 이름으로 '그 영토뿐 아니라 얼음 때문에 상륙할 수 없는 인접한 해안을 점유할 때' 그들이 단순히 '애정을 기울여 보존해온 오래된 영국의 관습'을 따르고 있음을 자신의 일기에 분명히 밝혔다. 그들의 '평화적 정복'은 자신들이 '프랑스에 주 하나를 단순히 추가했음'을 의미했는데, 그 장교는 자신들이 아무도 내쫓지 않았기 때문에 그렇게 할 '충분한 합법적 권리'가 있다고 믿었다.

보르도산 환영 와인으로 축하를 한 뒤, 그들은 상륙의 증거로 쓰일 적은 양의 수집 가능한 표본들을 모으기 위해 곡괭이와 망치를 들고 바위를 공격하기 시작했으며 그것과 함께 여러 마리의 꽥꽥거리는 펭귄도 잡아서 보트 속으로 마구 던져 넣었다. 뒤르빌은 *아스트롤라베호* 위에 남아 있었는데, 이제 그는 멀리 떨어져 있는 심란한 자신의 아내를 기념하고 혹시라도 달랠

수 있을까 하여 그들이 발견한 육지를 '아델리 랜드(Adelie Land)'라고 명명하기로 결정하였다.²¹

프랑스 배들이 안개와 이따금씩 몰아치는 눈보라를 견디며 장벽을 따라 서쪽으로 힘들게 천천히 나아갔을 때, 뒤르빌은 돛을 모두 단 군함 1척이 안개 속에서 어렴풋이 나타나 프랑스 코르벳함들을 향해 질주해 오는 것을 보고 당황하였다. 1849년 1월 29일 지구상에서 가장 고립된 이곳에서 미국 전함 *포퍼스호(Porpoise)*의 링골드 중위(Lieutent Cadwallader Ringgold)는 프랑스 경쟁자를 우연히 만났다. 그러나 그들 사이에 만남은 없었으며 물 건너 고함쳐 인사하는 것조차 없었다.

뒤르빌은 *아스트롤라베호*의 주돛을 다시 달고 있는 중이었는데 미국 함선이 가까이 다가올 수 있도록 그 행위를 중지하라는 명령을 내렸다. 그러나 *포퍼스호*가 돛을 접거나 달리 속도를 줄이는 기미가 보이지 않자 뒤르빌은 잠시라도 더 빨리 달리는 배와 적어도 나란히 할 수 있도록 *아스트롤라베호*의 주돛을 달라고 명령했다. 미국인들은 이러한 움직임을 프랑스인들이 교신하기를 원치 않고 그들의 발견을 비밀에 부치고 싶어 함을 나타내는 것으로 해석하였다고 나중에 윌크스가 자신의 항해 보고서에 적었다. 실제로 윌크스는 '발견에 관련된 어떤 정보나 귀관의 사업 진척과 관련된 어떤 상황'도 모두 엄격하게 비밀에 부치라는 해군장관의 지시를 받은 바 있었다.

*포퍼스호*가 감속을 분명하게 거부한 것은 뒤르빌이 시드니에서 미국인들의 행동에 관해 받았던 보고들과 일치하였다. 그는 나중에 '무역을 위해 항해가들이 경쟁국들의 경쟁을 피할 목적으로 자신들의 항로와 발견물들을 신중하게 숨겨야 한다고 스스로 믿었던' 시대는 지난 지 오래되었음을 언급하면서, 비밀스럽게 행동한 것은 프랑스인들이었다는 주장을 물리쳤다. 프랑스인들은 단순히 새 영토에 대해 경쟁국을 이기기 위해서라기보다는 '축적된 지리학적 지식의 범위를 확대하려는' 욕망에 의해 동기부여를 받았다

고 그는 말했다.[22] 그러나 프랑스인들이 의식적인 아델리 랜드의 권리 주장으로 보여주었듯이 새로운 영토의 발견과 가능한 권리 주장은 당연히 그들의 안건 위에 남아 있었다.

미국인들의 경우 과학적 조사는 보다 실제적인 관심사였던 무역에 굴복하고 말았다. 남극 탐험에 대한 정치적 지원을 확보하기 위해 레이놀즈는 미국의 포경선원과 상인들이 선박을 위태롭게 할 수 있는 모래톱과 암초의 정확한 위치를 아는 것의 이득을 강조하지 않을 수 없었다. 윌크스가 받은 지시에는 '탐험의 주목적은 무역과 항해의 이익을 크게 증진하는 것'이라고 언급되어 있었다. '과학의 경계를 확대하고 지식 획득을 증진시키려는' 의도는 이차적이었다.

그럼에도 불구하고 뒤르빌이 받은 지시가 남극에서의 오직 한 번의 시도만을 예견하고 있는 반면, 미국은 두 번의 시도를 예상하고 있었다. 뒤르빌과 마찬가지로 윌크스도 작은 배들을 몰아 웨델이 밟았던 길을 따라가 '남극 남부를 조사함으로써' 탐험을 시작하라는 명령을 받았다. 그런 다음 그는 태평양 안으로 향해 나아가 피지와 다른 섬들을 방문하고 시드니에 도착하여 거기에서 반 디멘즈 랜드(Van Diemen's Land) 남쪽, 그리고 서쪽으로 멀리 동경 45도까지 아니면 엔더비 랜드까지 남극 지역 안으로 뚫고 들어가는 2차 시도를 하기로 되어 있었다. 그 후 그는 미국의 북태평양 해안을 향해 나아간 다음 일본까지 가서 싱가포르를 거쳐 귀국할 예정이었다. 그것은 공식적인 영토상의 제국보다는 하나의 비공식적 경제 제국을 창설하는 데 주로 관련된 탐험이었다. 윌크스는 그가 방문하는 곳마다 만날지 모르는 주민들의 권리를 존중하라는 명령을 받았는데, 그 이유는 그 탐험이 '정복이 아니라 발견을 위한 것'이기 때문이었다.[23]

1838년 8월 중순 탐험대는 버지니아주 노포크(Norfolk)를 떠났는데 이는 그 탐험대가 티에라 델 푸에고의 오렌지 하버(Orange Harbor)에 도착할 시간이 충분함을 의미했으며 거기서부터 윌크스는 남극을 향한 항해를 시작할 것이었다. 그는 1839년 2월 후반까지에는 이러한 남방 진출에서 돌아옴으로써 준비가 덜 된 그의 배들이 얼음에 갇히는 위험을 피할 예정이었다. 그러나 그 6척의 배는 2월 중순까지 오렌지 하버에 도달하지 못했는데, 이는 웨델의 항로를 따라간다는 생각이 전혀 불가능함을 의미하였다. 그 대신 윌크스는 오렌지 하버를 조사하기 위한 크기가 더 큰 선박 *빈센즈호(Vincennes)*를 떠나 스쿠너선인 *시걸호(Sea Gull)*와 동반하여 파머 랜드 동남 해안을 조사하기 위해 비교적 작은 *포퍼스호*에 승선하였다.

동시에 그는 윌리엄 허드슨 중위(Lieutent William Hudson)에게 다른 소형 함정인 *피콕호(Peacock)*와 플라잉 *피쉬호(Flying-Fish)*를 이끌고 남서쪽으로 항해하여 쿡이 도달했던 최남단-대략 남위 71도, 서경 195도-까지 갔다가 그레이엄 랜드, 즉 파머 랜드(그레이엄 랜드의 올바른 미국식 이름) 서단을 거쳐 돌아오라는 지시를 내렸다. 파머 랜드가 대륙의 반도라기보다는 1개의 큰 섬이라고 가정한 윌크스는 2척의 함선이 파머 랜드의 남해안을 따라가라는 명령을 내렸다. 만약 자신의 가정이 옳다면 이것은 '하나의 대단히 중요한 발견'이 될 것이라고 그는 적었다.[24]

허드슨의 2척의 배는 쿡이 남쪽 항해를 포기했던 지점에 간신히 도달하였으나 계절이 늦었기 때문에 얼어붙은 바다를 만나 거의 갇힐 뻔하였다. 동남쪽으로 계속 항해하는 대신 허드슨은 원정을 중지하고 발파라이소로 향했다. 그는 그렇게 하지 않았으면 부하들의 생명이 큰 위험에 처할 뻔했다고 언급함으로써 자신의 포기를 정당화했는데, 그들 중 한 사람은 벌써 얼음으로 덮인 높은 활대 끝에서 미끄러져 추락사하였다.

윌크스 또한 파머 랜드의 동남 해안을 조사하고 그 해변에 상륙하려고 시도하는 동안 적대적인 폭풍우에 직면하였다. *포퍼스호*의 갑판이 얼음에 덮이고 선원들의 의복이 한심할 정도로 상황에 부적절한 가운데, 윌크스는 뚫고 나갈 수 없는 안개, 눈을 뜰 수 없을 정도의 눈보라와 어렴풋이 나타나는 빙산, 부빙 덩어리들뿐 아니라 이따금씩 불어오는 사나운 강풍에 갇혀버렸다. 불과 9일 후 윌크스는 배들을 돌려 뒤로 나아갔다.[25] 그들의 실패는 뒤르빌의 실패보다는 일시적이었으나 훨씬 더 비참하였다.

그 위험들은 가상이 아니었으며 나중에 *시걸호*는 발파라이소로 항해하는 도중 강풍 속에 흔적도 없이 사라져버렸다. *시걸호*의 운명을 확신하지 못한 채 윌크스는 4척의 함선들로 구성된 감소된 함대로 탐험을 계속했으며 한편 물자 수송선 *릴리프호(Relief)*는 귀향하였다. 그 배는 성질 나쁘고 불안정한 윌크스와 사이가 틀어져 반감을 품은 여러 장교들을 태우고 있었는데 윌크스는 항해가 더 오래 계속될수록 더 독재적이 되고 점점 더 고립되었다.

상대적으로 지위가 낮은 윌크스 중위를 승진 명부에서 그보다 상위였던 장교들의 지휘관으로 임명함으로써 정부는 배들이 일단 출항했을 때 갑판 위의 골칫거리를 보장한 셈이었다. 장교들 사이에서 복종을 강요하기 위해 윌크스는 중위 깃발 대신 함장의 삼각기를 자기 배에 게양하고 마치 그가 실제로 함장인 것처럼 자신의 제복 위에 함장의 견장을 추가하는 무모한 결정을 내렸다. 그러한 속임수는 장교들 사이에 당혹감을 유발하였는데 그들은 승진에 관한 어떤 공식적 통보도 받은 바 없었다. 그것은 무익한 계략임이 판명될 것이다. 탐험대의 거의 모든 수병과 장교와 선원과 과학자들이 계속해서 윌크스에게 존경을 표하지 않았다.[26]

태평양의 여러 섬들을 방문하는 데 6개월 이상을 보낸 뒤 그 탐험대는 1839년 11월 29일 시드니에 입항하였다. 얼음 가운데서 할 일이 거의 없었을 과학자들을 내린 뒤 서로 어울리지 않는 그 배들은 *빈센즈호*의 선창 속에 3명의 죄수 밀항자가 숨어 있는 가운데 자신들의 위험한 운명을 아마도 모른 채 12월 26일 시드니를 떠났다.[27] 배들이 남극해를 헤치고 나아갈 동안 *피콕호*의 젊은 장교 윌리엄 레이놀즈(William Reynolds)는 '그 존재가 그렇게 많은 논란의 대상이 되었던 대륙'을 발견한다는 생각을 즐겼는데, 그러한 발견이 미합중국으로 하여금 '세계의 보편적 지식에 마침내 무언가를 기여했다는 명성을 얻도록' 허용해줄 것이었다. 단단한 얼음 장벽에 도달해 그 너머에 있는 가상의 남극해로 가는 통로가 발견되지 않았을 때, 그의 소망은 좌절될 것 같이 보였다.

1839년 1월 16일 동료 장교 헨리 엘드(Henry Eld)와 함께 레이놀즈는 더 나은 시야를 얻기 위해 돛대 머리 위로 올라갔다. 자신들이 단지 얼음 이상의 것을 보고 있음을 확신한 그 둘은 쌍안경을 가지고 돛대 꼭대기로 돌아왔다. 그들은 자신들이 멀리 있는 산맥이라고 생각한 것을 보고 놀랐으나 그 봉우리들은 구름 속으로 사라졌다. 엘드는 일기에 그 두 사람이 '거의 일제히… 그것이 남쪽 대륙(Southern Continent)이라고 선언했던' 경위를 기술하였다. 그러나 차후에 사실이 아닌 것으로 밝혀졌던 육지를 목격했다는 다수의 보고가 있었고, 그들의 흥분된 보고는 조심스럽게 배를 몰아 나아가던 그 배의 지휘관 윌리엄 허드슨에 의해 무시당했다.

사흘 후 다시 얼음 가운데서 레이놀즈는 '험준한 바위투성이의 높은 육지와 흡사한' 것을 보았다. 허드슨조차도 확신하는 듯하였으나 더 가까이 도달하려는 시도는 무익했으며 여러 가지 의문이 떠오르기 시작하였는데, 그 '육지'는 1개의 빙산이라고 묵살되어 버렸다.[28] 여러 개의 더 목격된 것들이 묵살되는 가운데 그렇게 상황은 계속되었다.

1월 23일 빙산에서 잡아 *피콕호*로 데려온 펭귄 1마리를 포함하여 더 많은 육지의 징후가 나타났다. 모든 사람들이 그 새를 '가장 아름다운 창조물'이라고 간주했다. 선원들이 그것의 익살맞은 행동을 보고 재미있어 했고, 그 펭귄은 도살되어 가죽은 과학을 위해, 살은 장교들의 즐거움을 위해 마련되었다. 조리사는 펭귄의 위 속에서 발견된 작은 자갈들을 선원들 중 '남극의 돌멩이들'을 간절히 갖고 싶어 하는 열렬한 구매자들에게 팔았다. 허드슨은 그 자갈의 존재를 육지가 가까이 있다는 확고한 증거로 파악하였다. 이제 그는 얼음 장벽이 대륙에 붙어 있다는 것을 확신하였다. *피콕호*의 키가 얼음과 충돌하여 심한 손상을 입지 않았더라면 그는 자신의 의심을 확인할 수 있었을 것이다. 임시변통으로 수리를 했으나 그들이 항해를 계속하는 것은 너무 위험하였다. 그 대신 허드슨은 대체 키를 설치하기 위해 시드니로 향했다. '그렇게 남쪽을 향한 우리의 시도는 끝이 났다!'라고 레이놀즈는 적었다.[29]

윌크스는 허드슨보다 자질이 더 나쁜 항해사였으나 조심성은 더 있었다. *포퍼스*호에 잠깐 탔다가 다시 *빈센즈*호에 승선한 윌크스는 크기가 더 큰 그 배로 하여금 얼음 장벽으로부터 충분한 거리를 유지하게 하였다. 장교들이 수평선 위에서 육지의 출현을 볼 수 있다고 돛대 꼭대기에서 보고했으나 윌크스를 설득하여 배와 장벽 사이에 놓여 있는 유빙과 빙산들 속에서 그의 배를 위태롭게 할 수는 없었다. 1월 후반기 동안 계속 육지가 목격되었으나 장교들이 본 것에 관한 의견의 일치는 결코 없었다. 빈번한 강풍과 눈보라가 장벽이 보이는 곳에 머물려는 그들의 시도를 가로 막았다.

1월 중순부터 미국 함선들은 바람과 날씨 때문에 얼음 장벽을 따라 갈짓자로 항해하였다. 처음에 대략 동경 160도에서 대륙에 도달했던 그들은 약 1,300킬로미터를 항해하여 1839년 2월 12일쯤에는 동경 112도에 다다랐는데, 그때 윌크스는 큰 돛대 위로 올라가 멀리 얼음 장벽 위로 눈 덮인 산맥이 떠오르는 것을 보았다. 2주일에 걸쳐 육지를 그렇게나 많이 목격한 후에야 윌크스는 일기에 그 산맥의 목격이 '우리가 *남극대륙*을 발견했다는 의문을 해결한' 경위를 적었다. 이제야 비로소 윌크스와 장교들은 그의 선실에서 샴페인으로 축하를 하였다. 9일 후 자신의 원래 목표인 동경 105도를 통과한 뒤 윌크스는 모여든 선원들에게 시드니로 돌아간다고 발표하였다.[30]

윌크스가 북으로 향하고 있을 때 링골드와 *포퍼*스호는 여전히 그의 뒤에서 며칠 처져서 항해하고 있었는데 사흘에 걸쳐 강풍이 부는 동안 서로 떨어지고 말았다. *포퍼*스호에 승선한 장교들은 그 대륙이 장벽 너머 어딘가에 숨겨져 있을 가능성이 있다고 믿었음에도 대륙을 목격할 운은 없었다. 그들은 약 200피트 높이의 그 얼음 장벽이 대륙에 부착되어 있고 대륙의 해안선을 이루고 있다는 것을 깨닫지 못하였다. 링골드와 장교들은 한 빙산에서 암석을 발견하고 가까이에 육지가 존재한다는 증거로 그것들을 가져갈 수 있었으나 그 빙산들은 멀리 떨어진 케르겔렌 제도로부터 여기까지 줄곧 표류한 것이라고 생각되었다.

1월 30일 동경 135도에서 *포퍼스호*는 뒤르빌의 2척의 함선과 우연히 만났는데 처음에는 그 배들을 *빈센즈호*와 *피콕호*라고 믿었다. 그다음에는 제임스 클라크 로스의 2척의 영국 함선이라고 생각되었다. 프랑스 국기가 게양되었을 때야 비로소 진실이 드러났다. 그다음에는 미국과 프랑스 선박들이 교신 시도 없이 서로 스쳐 지나가는 것이라는 오해가 뒤따랐다. 링골드는 2월 14일까지 서쪽 항로로 계속 항해하여 그가 지시했던 한계인 동경 105도 부근에 다다랐다. 그런 다음 그는 배를 뉴질랜드의 베이오브아일랜즈(Bay of Islands)에 있는 탐험대 집결지로 향하도록 명령을 내렸다. 링골드는 가상의 그 대륙을 발견하려면 장벽을 통과하는 길을 찾아야 한다고 생각했으며 그는 여태까지 그런 통로를 발견할 수 없었다. 그 결과 그와 장교들은 '우리 근처 어딘가에 그 육지가 존재한다는 믿음을 보장하는' 것은 아무것도 없다는 결론을 내렸다. 스쿠너선인 *플라잉 피쉬호(Flying-Fish)*의 장교들도 자신들의 단축된 항해가 동경 143도에서 돌연히 끝나자 동일한 결론에 도달하였다. 그 배의 병약한 선원들이 선장에게 그렇게 하기를 간청하면서 그렇지 않으면 그 여행이 '머지않아 죽음으로 끝날 것'이라고 주장하였다.[31]

*포퍼스호*와 *플라잉 피쉬호*가 과학자들이 그들을 기다리고 있는 베이오브아일랜즈로 향하는 동안 *피콕호*는 키와 선체를 수리하기 위해 시드니로 갔다. 윌크스도 *빈센즈호*를 시드니로 몰고 가 1840년 3월 11일 그곳에 도착하였다. 3명의 죄수 밀항자들은 인계되었으며 탈주 죄로 태형을 당했다. 가장 어린 죄수는 그 시련을 받는 동안 사망하였다.

윌크스는 뒤르빌이 호바트에 도착해 모든 사람들에게 프랑스인들이 1월 19일 저녁에 그 대륙을 발견했다고 말하고 다니는 것을 알았다. 비밀을 유지하라는 자신이 받은 지시를 제쳐놓고 그는 자신의 선실에서 미국 영사와 만나 시드니 언론을 위한 성명서를 한 통 작성했는데, 그 성명서는 남쪽 대륙에 대한 미국의 수색이 '완전히 성공적'이었으며 1월 19일 *아침*에 육지가 최초로 목격되었다고 발표하였다.

실제로는 이미 1월 16일에 *피콕호*의 한 장교에 의한 미확인 목격이 있었고 링골드가 나중에 같은 날 *포퍼스호*에서 멀리 떨어진 산봉우리 하나를 목격했다고 주장했지만 그 배들의 항해 일지 어디에도 1월 30일 이전에 육지가 분명하게 목격되었다는 기록은 없었다. 1월 30일 윌크스는 *빈센즈호*에서 몇 킬로미터 떨어진 고지대에서 바위들과 그 너머에서 산맥을 보았다. 그날 윌크스는 일기에 다음과 같이 선언하였다:

'남극의 육지(Antarctic Land)가 발견되었음은 트집 잡을 여지가 없을 만큼 확실하다.'[32]

'남극의 어느 대륙(an Antarctic Continent)'에 대한 그의 얘기에도 불구하고 윌크스가 남극대륙을 발견한 것은 아니었다. 그 영예는 20년 전에 이미 벨링스하우젠이 차지해 버렸다. 그러나 윌크스는 단순히 그 육지에 '남극대륙'이라는 이름을 부여하는 것보다 훨씬 더 많은 일을 하였다. 그 장벽을 따라 1,300킬로미터 이상을 항해함으로써 그는 아마도 극지방의 대륙의 일부일지 모르는 거대한 땅덩이의 존재를 밝혔던 것이다.

이제 과학자들 중 한 사람이 뉴욕에 있는 제러마이어 레이놀즈에게 '남쪽 대륙'에 관한 그의 예상이 실현되었음'을 확신시켰지만 그 탐험의 최초의 주창자는 그 소식에 전혀 감명 받지 않았다.[33] 육지를 발견하고 그것이 대륙의 일부라고 주장하는 것은 아주 좋지만 레이놀즈가 상상했던 것은 탐험대가 미합중국을 위해 그 대륙에 대한 권리를 주장하는 것이었다. 그는 윌크스가 남극 해안선을 따라 그렇게 멀리 항해하면서도 한 번도 '산꼭대기 높이 성조기를 꽂지' 않았던 것을 원통해하였다.[34] 레이놀즈는 얼음 장벽의 수직면에 직면했을 때 상륙하는 어려움을 이해할 수 없었다.

어쨌든 비록 작은 섬 위지만 프랑스인들은 남극의 단단한 육지를 밟았던 것이다. 더욱이 뒤르빌은 윌크스가 할 마음이 없는 듯이 생각되는 것을 행했다. 그는 전통적인 점유 의식을 거행함으로써 프랑스를 위해 가까운 해안에 대한 권리를 주장했고 자신의 아내 이름을 따 그 장소를 명명했던 것이다. 그 결과 전 세계에 프랑스의 소유권이 명백해질 것이며 그 장소에 대한 뒤르빌 자신의 관련이 영원히 기념될 것이다. 윌크스는 자신과 조국을 위해 그 장소 발견의 영예를 확보하는 데 더 관심이 있었다. 그것을 하나의 대륙이라고 불러 발견의 범위를 최대화함으로써 윌크스는 그 영예를 최대화하였다.

실제로 뒤르빌은 발견의 영예와 그 장소의 점유 둘 다를 원하였다. 1월 29일 그가 *포퍼스호*와 조우했을 때 그는 미국인들이 그들의 항해 소식과 함께 문명사회로 제일 먼저 돌아간다면 그 두 가지 사항 모두 위험해질 것임을 깨달았다. 그 우연한 만남 후 불과 사흘 뒤 '서쪽으로 더 밀고 나아가는 것과 더 길게 펼쳐진 장벽의 해도를 만드는 것과 아마도 심지어 거기서 육지를 만나는 것도 가능했을' 것임을 시인했음에도 불구하고 뒤르빌은 배들을 돌려 호바트로 향했다.[35]

1840년 2월 17일 호바트에 도착한 뒤르빌은 즉시 프랑스 해군 대신에게 장문의 보고서 한 통을 썼다. 그는 그것을 항해 해도와 함께 다음 날 유럽으로 떠나는 영국 배편으로 그가 보낸 급송 공문서 속에 동봉하였다. 그는 또한 현지 신문에 자신의 항해 보고서를 제공하였다. 그 보고서의 번역을 기다리는 동안 한 신문은 뒤르빌이 '남쪽에서 하나의 거대한 대륙을 발견한 것처럼 보이지만 우리는 그것이 비스코 선장이 목격했던 것과 같은 육지가 아닌가 생각한다'라고 언급하였다. 이에 대해 뒤르빌의 비서가 즉각적으로 반박했는데 그는 비스코가 발견한 엔더비 랜드는 뒤르빌의 아델리 랜드로부터 2,700킬로미터 떨어져 있음을 지적하였다. 그 프랑스 항해가는 자신의 발견의 영예를 영국의 일개 바다표범잡이에게 빼앗기지는 않을 것이다.

뒤르빌은 미국 선박들이 호바트까지 그를 뒤쫓아오지 않을까 의심했으나 그들의 돛이 더웬트강어귀에 모습을 나타낼 기미는 보이지 않았다. 미국 선박들이 아직 시드니에 도착하지 않았던 탓에 미국인들 소식에 대한 그의 문의는 아무런 성과가 없었다. 뉴질랜드에 도착한 뒤르빌에게는 더 큰 좌절이 다가올 것이었다. 뒤르빌은 *포퍼스호*가 그를 앞질렀으며 미국의 발견에 관한 아무런 언급을 하지 않은 기념 명판을 하나 남겼다는 것을 알았다. 뒤르빌은 자신의 방문을 보고하고 프랑스의 '아델리 랜드 발견'을 선언하는 자신의 기념 명판으로 그것에 대응하였다.[36]

한편 월크스는 2년 남짓 동안 태평양 일주 탐험을 하기 위해 사람들의 시야에서 사라지기 전에, 자신의 업적이 세상 사람들에게 확실하게 인정받도록 시드니에서 그가 할 수 있는 것을 다 했다.

월크스는 자신의 영예를 가로챌 수 있는 것은 프랑스인만이 아님을 알았다. 유명한 영국 탐험가 제임스 클라크 로스의 탐험대도 있었는데 그가 남극으로 가고 있는 중이라고 보고되었다. 1831년 자북극의 위치를 발견했던 로스는 남쪽에서 똑같은 일을 수행하라는 임무를 받았다. 월크스와 뒤르빌 두 사람 모두 항해 동안 자남극의 위치를 알아내기 위해 자기 판독을 가져갔으나 둘 다 그곳에 도달하지는 못하였다. 로스가 성공했다고 판명된다면 그의 탐험이 월크스의 탐험을 충분히 무색케 할 수 있을 것이다.

그러한 가능성을 미연에 방지하기 위해 *빈센즈호*가 뉴질랜드의 베이오브 아일랜즈에서 다른 미국 배들과 합류했을 때 월크스는 호바트에 있는 로스에게 편지를 써 미국의 발견 사실을 알리고 미국인들이 갔던 장소를 보여주는 해도를 동봉하였다. 그것은 지시를 위반하는 일이었지만 월크스는 로스에게 발견을 알림으로써 그가 나중에 그것들을 자기 자신의 발견이라고 선언하는 것을 막아야 한다는 것을 분명하게 느꼈다. 월크스는 또한 로스를 위해 남극의 그 지역의 바람과 조류 그리고 얼음 상황의 특성에 관한 많은 조언을 해주었고 자남극 위치가 발견될 가능성이 있는 장소에 관한 예측도 해주었다. [*37]

로스는 그 정보에 감사하였으나 그는 해도를 포함한 것을 자신을 동일한 해안 쪽으로 향하게 하려는 일종의 유인책으로 이해하였다. 그는 그 미끼를 삼키는 것을 거부하였다. 그가 나중에 설명한 바와 같이 '다른 나라 탐험대의 발자국을 따라간다는 것은… 북쪽 지역뿐 아니라 남쪽 지역에서 발견의 길을 항상 *인도해왔던* 영국과 같은 나라 출신의 탐험가에게는 모욕적인 것이었다. 그 대신 그는 2척의 배의 항로를 윌크스나 뒤르빌이 보지 못했던 남극의 해안 지역에 그를 데려다줄 곳으로 잡기로 결심하였다.

호바트에서 남쪽으로 향하는 대신 로스는 태즈먼 해를 가로질러 뉴질랜드 남쪽 엔더비 랜드로 가서 자기 관측 결과를 기록했으며 뒤르빌과 링골드가 남겨둔 기념 명판과 함께 병을 발견했는데, 그 속에는 *포퍼스호*의 운행을 더 상세하게 알려주었으나 대륙 발견에 관한 언급은 없는 링골드가 쓴 물에 얼룩진 쪽지가 담겨 있었다. 로스는 이러한 발견의 생략을 비밀유지에 대한 미국 측의 강박적 집착이거나 링골드가 윌크스보다 더 북쪽 항로를 취했기 때문이라고 생각하였다.[38]

영국 탐험대가 보유한 2척의 해군 함선 *에레버스호(Erebus)*와 *테러호(Terror)*는 남극으로 나아갔던 최고의 의장을 갖춘 선박들이었다. 각 함선의 크기는 *빈센즈호*의 반밖에 되지 않았으나 그 배들은 해안 요새를 포격하기 위해 특별히 설계된 포함들이었는데, 이는 그 배의 늑재가 대포의 반동을 이겨내기 위해 구조가 강화되었음을 의미하였다. 그 함선들은 극지 항해를 위해 구조가 한층 더 강화되었다. 이제 그 배들이 강풍이 불기 쉬운 아주 힘든 상황의 남극 바다를 향해 나아갔다.

---

* 윌크스는 자신의 지시 위반을 해명하면서, 해군 장관에게 그것은 그가 전에 런던에서 탐험 기구를 구매할 때 그를 도왔던 로스에 대한 예의상 행해진 것이라고 말했다.

런던을 출발하기 전 로스는 발레니와 만나 윌크스와 뒤르빌이 발견한 장소 바로 동쪽에 있는 발레니 랜드(Balleny Land)의 발견에 관해 들었다. 발레니는 그 섬들 가까이에 있는 트인 바다를 발견한 것도 알려주었는데 그로 인해 로스는 윌크스와 뒤르빌보다 남쪽으로 훨씬 더 멀리 항해할 수 있을 것이다. 그 탐험은 지자기를 조사하기 위해 영국 과학진흥협회(British Society for the Advancement of Science)와 왕립 협회(Royal Society)에 의해 제안되었으나 해군성은 지리학적 발견에 관련된 지시사항을 포함시켰다. 만약 로스가 '어떤 거대한 크기의 육지'를 발견한다면 그는 그 해안선의 해도를 작성해야 하며 또한 그는 이미 발견된 그레이엄 랜드와 엔더비 랜드의 위치를 확인해야 했다.[39]

윌크스는 로스에게 자남극이 아마도 대략 남위 70도, 동경 140도에 위치하며 자신은 얼음 장벽에 막혀 그곳에 도달할 수 없었다고 알려주었다. 발레니가 대략 동경 170도에서 트인 바다를 발견한 것은 아마도 로스가 더 동쪽 경선으로부터 자남극에 접근할 수 있다는 가능성을 제기하였다. 그곳이 1840년 12월 로스가 향했던 장소이며 그는 170도 경선을 대충 따라서 남쪽으로 갔으나 광대한 산맥이 있는 해안선을 만났을 뿐이었다. 그곳은 나중에 로스해(Ross Sea)의 서쪽 입구로 판명될 것이었다.

자신의 남쪽 항해에 대한 이러한 분명한 차질에 실망하였으나 로스는 '알려진 최남단 육지를 발견한 영광을 영국에 되찾아준' 것에서 위안을 얻었는데 지금까지 그 영예는 더 북쪽의 육지를 발견했던 벨링스하우젠이 쥐고 있었다. 그 육지의 가장 가까운 지점을 자신의 귀족 후원자들 중 한 사람을 기념하여 '아데어곶(Cape Adare)'으로, 그리고 그 산맥을 '애드미럴티 산맥(Admiralty Range)'이라 명명한 로스는 젊은 영국 여왕의 이름을 따서 그가 '빅토리아 랜드(Victoria Land)'라고 불렀던 곳의 해안에 상륙할 시도를 하였다. 상륙이 불가능하다고 판명되자 로스는 그 대신 인접한 섬의 돌투성이 해변에 상륙하였다.

날씨가 더 악화되고 펭귄 무리들이 그들의 침범에 항의하고 있는 가운데 로스는 '이 새로이 발견된 육지를 우리의 가장 자비로우신 주권자(our Most Gracious Sovereign) 빅토리아 여왕(Queen Victoria) 폐하의 이름으로' 점유하기 위해 성급한 의식을 거행할 것을 명령하였다. 선원들의 환호에 맞추어 영국 국기가 게양되고 그런 다음 그들은 여왕의 '건강과 장수와 행복'을 위해 건배하였다. 보트에 들어갈 수 있을 만한 것이면 무엇이든 암석과 펭귄들을 수집한 다음 로스는 배의 안전을 위해 돌아왔다. 제임스 쿡과 다른 많은 영국 탐험가들을 뒤쫓아서 로스는 그 장소를 '포제션 섬(Possession Island)'이라고 명명하였다.[40]

자신이 여전히 남쪽으로 나갈 수 있음을 발견한 로스는 배들을 그의 앞에 열려 있는 부분적으로 얼어붙은 바닷속으로 신중하게 몰아들어갔는데 그 바다는 나중에 그의 이름을 지니게 될 것이었다. 아직도 자남극으로 향하는 길을 발견하기를 기대하면서도 그는 자남극이 배로는 도달할 수 없음을 서서히 깨달았다. 그는 또 다른 섬의 소유를 주장하는 것에 만족해야 했는데 그는 그 섬을 존 프랭클린 경의 이름을 따서 명명하였다. 그 섬에서 그는 2개의 거대한 화산을 발견했는데 그중 하나는 '엄청나게 많은 양의 불꽃과 연기를 내뿜고 있었다.' 로스는 자신의 2척의 배 이름을 따서 명명한 그 화산들이 얼음에 의해 본토에 부착되어 있는 섬 위에 있음을 깨닫지 못했다.

눈 덮인 다른 지리학적 지형 위에 더 많은 영국식 이름을 흩뿌렸으나 로스는 마침내 로스해의 남쪽 지역을 가로질러 펼쳐진 약 200피트 높이의 빙붕에 의해 정지당했다. 그는 웨델이나 다른 탐험가들이 간신히 나갔던 것보다 훨씬 더 남쪽인 남위 78도까지 도달했다. 선원들에게 상으로 배급량 두 배 분량의 럼주를 주었으며 한편 *에레버스호*의 대장장이는 거기서부터 남극까지는 '얼음과 눈으로 된 하나의 단단한 대륙임에 틀림없다'고 정확하게 추측하였다.

로스는 보급이 잘 된 선박들이라면 비바람이 들이치지 않는 어느 지점에서 겨울을 나고 다음 해 여름에 그가 북극에서 했던 것과 꼭 같이 영국 국기를 꽂기를 기대한 자남극까지 육상으로 접근이 가능한지 여부를 고려해보았다. 그러나 적절히 보호된 정박지가 없었기 때문에 그는 밀려오는 겨울의 얼음을 헤치고 호바트로 돌아갈 수밖에 없었다. 그가 자존심도 팽개치고 윌크스의 항로를 따라가는 것은 오직 지금뿐이었다. 발레니 제도(Balleny Islands)를 지나 서쪽으로 향하던 로스는 배들이 윌크스가 해도 상에 대륙의 해안선이라고 표시해 두었던 것 위로 항해했을 때 어안이 벙벙해졌다. 로스는 '할 수 없이' 윌크스가 목격하였다고 주장하는 육지가 실제로 존재하지 않는다고 추정하였다.'41

나중에 로스의 탐험 보고서가 발표되었을 때 그것은 윌크스와의 격렬한 논쟁을 촉발시켰는데 그때쯤이면 이미 윌크스의 명성은 부하 장교들에 의해 공격당하고 있었다. 발레니가 육지를 목격했기 때문에 자신은 로스에게 보냈던 남극 해안선의 해도를 동쪽으로 더 멀리 확장했는데, 윌크스는 그것이 로스에게 자신이 해안선 전체를 목격했다는 잘못된 인상을 주었다고 주장하였다. 이러한 주장도 로스를 설득시키지 못했는데 로스는 윌크스의 나머지 가상의 발견에 대해 의문을 표시함으로써 그것에 대응하였다.

그러한 의문점들을 강조하기 위해 로스는 자신이 발견한 곳의 해도를 출판할 때 윌크스가 남극에서 발견했다고 주장한 지리학적 지형의 어느 것도 포함시키기를 거부하였다. 오직 뒤르빌과 발레니와 비스코가 발견한 것들만 새 지도 위에 포함된 반면 호바트에서 윌크스가 로스에게 보냈던 오해의 소지가 있는 그 해도는 부록에만 포함되었다. 자신의 '남극 해도(South Polar Chart)'에서 윌크스가 발견한 장소들을 생략함으로써 로스는 자신이 발견했던 해안선이 지금까지 기술된 가장 큰 발견이라는 것을 보장하였다.42

호바트와 시드니에서 겨울의 대부분을 보낸 뒤 로스는 1841년 12월 남극으로 돌아와 자신이 떠났던 로스 해에서 탐험을 다시 계속해 포클랜드 제도로 향했다. 다음 해 여름, 그는 남극으로 향하는 통로를 보장하는 얼음이 없는 남쪽 바다로 항해한 웨델의 업적을 되풀이하려고 시도하였다. 그러나 로스가 시도했을 때는 1843년 3월 초였으며 남쪽으로 그렇게 멀리 나가기에는 계절적으로 때가 너무 늦었다.

40킬로미터에 달하는 흐트러진 총빙을 헤치고 배들을 조금씩 몰고 들어가 남위 71도 30분, 서경 14도 51분에 도달한 뒤 두꺼워지는 총빙과 다가오는 강풍으로 인해 로스는 할 수 없이 정지를 명했다. 북쪽으로 배를 돌리기 전 그와 장교들은 자신들의 업적을 자세히 기록한 한 통의 서류에 서명을 한 뒤, 설령 자신의 배들이 재난을 만날지라도 그들의 행위가 여전히 알려질 수 있도록 그것을 나무통에 넣어 배 밖으로 던져버렸다.[43]

그것이 그의 마지막 남쪽 항해가 되었다. 바다에서 4년을 보낸 뒤 로스는 1843년 9월, 자남극에 도달하려는 자신의 야망을 이루지 못한 채 런던으로 돌아왔다. 그러나 그는 미래의 항해가들에게 도움이 될 자기 관측에 성공했으며 그들이 대륙 내부로 용이하게 접근할 수 있게 해줄 해안선을 가진 얼음이 없는 바다를 하나 발견했다.

또한 로스는 남극에 관한 새로운 이해와 함께 귀환하였다. 쿡이 '그 지역의 이루 말할 수 없이 끔찍한 측면'을 잊을 수 없게 기술한 반면, 로스는 자신의 탐험대원들이 '자신들이 지금까지 보았거나 상상할 수 있었던 그 어떤 것보다 더 장엄하고 웅대한 장면을 말로 다 할 수 없는 기쁜 느낌을 가지고 바라보았던' 경위를 기술하였다.[44]

뒤르빌과 윌크스와 로스가 함께 남쪽 극지방의 지도에 수천 킬로미터의 해안선을 추가했으나 그 펼쳐진 해안선이 연결되어 하나의 거대한 대륙이 되는지에 대해서는 여전히 합의가 이루어지지 않았다.

윌크스는 자신들이 실제로 그렇게 했고 그 대륙에 '남극대륙'이라는 이름을 부여했노라고 주장한 바 있었다. 그는 자신의 항해가 '일련의 떨어진 섬들이 아니라 하나의 광대한 남극대륙'을 발견했다고 칭찬할 것이었다.[45] 뒤르빌은 더 신중하였다. 그는 비록 '육지가 실제로 남극권의 대부분을 둘러

싸고' 있을 가능성은 있으나 이는 어떤 탐험가가 '대개의 경우 남극권을 에워싸고 있는 빽빽이 들어찬 총빙을 헤치고 나갈 만큼 운 좋고 대담할 때' 확인될 수 있을 것이라고 생각하였다.[46] 로스는 윌크스가 옳다고 믿고 싶은 것은 더더욱 아니었다. 그는 자신이 발견했던 해안선이 발레니와 윌크스와 뒤르빌이 발견한 인접 해안선과 연결되어 있음을 확신했으나 그 해안선들이 훨씬 더 멀리 있는 캠프 랜드(Kemp Land)와 엔더비 랜드의 해안선들과 연결되어 있음은 확신하지 못했다. 로스는 넓게 떨어져 있는 그 해안선들이 '하나의 거대한 남쪽 대륙'이라기보다는 '일련의 섬들'을 이루고 있을 가능성이 더 크다고 생각하였다.

이러한 믿음은 그 지역의 소유권에 대한 중요한 의미를 내포하고 있었다. 만약 그 육지가 큰 섬으로 구성되어 있다면 그것이 영국인이건 프랑스인이건 또는 미국인이건 별개의 발견자들에게 속하는 것이 적절할 것이다. 만약 그것이 단일 대륙이라면 미국인이나 프랑스인들이 자기네가 발견했던 어떤 육지에 대한 권리도 없다고 로스는 주장했는데, 그 이유는 그 대륙의 발견은 당연히 윌크스나 뒤르빌보다는 영국의 바다표범잡이들—1831년의 비스코와 1839년의 발레니—에게 속할 것이기 때문이었다.[47] 남쪽 대륙의 존재가 의심할 나위 없이 증명되기까지는 한 세기가 더 걸릴 것이었다.

CHAPTER 5

1843–1895

처녀지와 다름없는 곳으로

바다에서 3년을 보내고 통풍으로 쇠약해진 뒤몽 뒤르빌은 1840년 11월 프랑스로 귀환했을 때 기진맥진해 있었다. 두 달 동안 그는 툴롱에 있는 자신의 집, 줄어든 가족 품에서 지냈으며 원기를 회복하고 어린 자식의 죽음에 대해 아내 아델리를 위로하였다. 노쇠한 그에게 국가의 여러 가지 영예가 쏟아졌으며 마침내 그는 파리로 가게 되었다. 그는 해군 소장으로 승진되었으며 *레종 도뇌르(Légion d'Honneur)* 훈장을 수여받고 *지리학회(Société de Géographie)*로부터 금메달을 수여받았다.

그의 여러 가지 업적 가운데 뒤르빌은 남극의 새로운 해안선을 발견했는데 그는 국왕을 위해 그곳에 대한 권리를 선포하고 아내 이름을 따 명명하였다. 정부의 지원을 받아 뒤르빌은 여러 권으로 된 자신의 탐험 보고서에 관한 작업을 시작했는데, 그것은 그의 업적을 소중히 간직하고 그가 주장했던 영토관할권을 강화해줄 것이었다. 1842년 5월 어느 일요일, 이런 거대한 작업을 수행하던 그는 베르사이유 궁에서의 왕의 축제를 보기 위해 아내와 아들을 데리고 소풍을 가고 있었다. 그들이 탄 혼잡한 증기 기차가 탈선해 맨 앞의 세 량의 객차가 뒤집힌 기관차의 불타는 석탄 더미 속으로 내려앉았고, 그날은 재앙으로 끝이 났다. 50명 이상의 다른 사람들과 함께 뒤르빌과 그의 가족은 사고의 잔해 속에 갇혀 불에 타 사망하였다.[1]

뒤르빌의 끔찍한 죽음 한 달 뒤, 찰스 윌크스는 *빈센즈호*를 버지니아의 해군 공창 안으로 다시 인도하여 뒤르빌보다 훨씬 더 길고 극적으로 항해를 끝마쳤다. 그 미국 탐험가가 홀로 뭍에 올랐을 때 그를 기다리고 있는 공식 환영회는 없었다. 윌크스는 단지 존 타일러 대통령(President John Tyler) 행정부의 '차가운 모욕적인 침묵'만 있었다고 말한 반면, 주요 과학자들 중 하나인 티티안 펄(Titian Peale)은 그들이 어떻게 *무시/받았는지*'를 상기하였다. 펄은 탐험에 관한 자신의 연구가 그에게 탐험대의 과학 자료를 전시해온 워싱턴의 새로 개관한 스미스소니언 박물관(Smithsonian Museum)의 직위 하나를 보장해줄 것을 기대해왔으나 그는 그 직책에서 제외되었다.

장교와 과학자들은 그들이 받을 자격이 있다고 믿었던 여러 가지 영예와 승진을 기다렸으나 허사였다. 펄은 자신과 동료 과학자들이 '우리는 출발했을 때보다도 더 가난하게 돌아왔으며 바라던 영예를 박탈당하고 보고서가 출판되지 않은 데 대해 심한 굴욕감을 느꼈는데, 이는 우리와 우리나라에 대한 부당한 처사이다'라고 불평하였다. 의회도 마찬가지로 관심이 없었는데 하원은 훈장에 대한 동의를 통과시키는 것을 거부했으며 상원도 윌크스와 그의 부하 장교들을 상원 회의장으로 초청하여 그들에게 영광을 베푸는 것을 거절하였다. 의회는 뒤르빌의 여러 권의 저작에 필적하는 규모의 값비싼 도해를 곁들여 윌크스의 탐험 보고서를 출판하도록 명했으나 단지 100부의 인쇄만을 인가했다. 다른 150부는 윌크스의 자비로 인쇄하도록 승낙받았다.[2]

그 당시 대통령과 의회는 사이가 좋지 않았으며 대부분 과학적이었던 그 탐험대의 귀환은 정치적 또는 일반 대중의 주의를 끌 수가 없었다. 더욱이 남극에서 성취할 영예가 있었는데도 윌크스는 그렇게 하지 않았던 것이다. 남극을 향해 웨델의 항로를 따라가려는 그의 시도는 계절적으로 너무 늦게 시작되어 끝내 포기되었으며, 한편 남극에 대한 나중의 시도는 그가 따라 항해했지만 그 위로는 상륙하지 않았던 얼음 장벽에 의해 좌절되었다. 그는 가상의 대륙에 대해 '남극대륙'이라는 이름을 부여했으나 미국 국민을 대신하여 영토에 대한 권리를 전혀 주장하지 않았다.

그 결과 일반 대중들의 애국적 감정을 자극했을지 모르는 성조기가 나부끼는 광경은 없었다. 그의 괴팍한 지휘에 관한 소식이 그의 귀환에 앞섰으며 불만을 품은 그의 장교들이 해군성에 불평하면서 그의 거만한 머리 위에 더 많은 비난을 퍼부을 것이다. 그의 장교들에 의한 고소와 그들에 대한 그의 반소가 일련의 군법 회의에서 펼쳐졌다. 윌크스에 대한 가장 중대한 혐의 중 하나는 1840년 1월 19일 저녁 뒤르빌이 육지를 발견한 것을 능가하기 위해 자신이 같은 날 몇 시간 더 일찍 그렇게 했다는 거짓말을 한 것이었다.

부하 장교들에 대한 윌크스의 고소를 먼저 다룬 결과 여러 건의 무죄 선고와 가벼운 처벌이 함께 내려졌다. 윌크스에 대한 고소는 더 심각했으며 탐험 전체 위에 어두운 그림자를 드리웠다. 일부 고소건에 대해서는 무죄가 입증되었고 다른 건들은 절차상 이유로 기각된 반면, 부하들에 대한 과도한 태형에 대해서는 유죄로 밝혀져 견책을 받았다. 남극 영토의 발견에 관해 거짓말을 했다는 중대한 혐의에 대해, 그 고압적인 중위는 부하들 중 아무도 자신이 1월 19일 *빈센즈호*에서 육지를 목격했다는 것을 기꺼이 증언하려 하지 않는다는 것을 알았다(사실 윌크스가 육지를 보았다고 주장하는 위치에는 육지가 전혀 없다는 것이 나중에 밝혀질 것이다). 한 항해사만이 윌크스가 그날 갑판 위에서 그런 선언을 하는 것을 들은 적이 있다고 주장하였다.

레이놀즈와 엘드(Eld)가 1월 16일 *피콕호*의 중간 돛대에서 육지를 보았다고 증언해 국가의 명예는 다소 회복되었으나, 윌크스의 명성은 갈가리 찢긴 상태였다. 그 목격을 묵살하고 그것을 하나의 빙산으로 항해 일지에 기록할 것을 명했던 *피콕호* 선장 윌리엄 허드슨은 이제 와서 자신이 오인했으며 그들이 본 것은 육지라고 믿는다고 증언하였다. 이러한 증언으로도 윌크스가 며칠 뒤 자신이 거기서 목격한 것에 관해 거짓말을 한 혐의를 벗기지는 못했으나 법원은 그에게 유죄 판결을 내릴 수 없었다. 그가 자신이 육지를 보았다고 맹세하는데 그들이 무슨 수로 반대되는 판결을 내릴 수 있을 것인가?[3] 그럼에도 그 유감스러운 전설에 대한 해피 엔딩은 없었으며 그 탐험의 평판은 그 후로 쭉 훼손되었다. 그러나 군법 회의에서의 증언으로 인해 미국은 *피콕호*에서 육지를 목격한 것이 프랑스인들에 의한 육지의 목격보다 사흘 앞섰다고 주장할 수 있었다.

미국인들과 프랑스인들보다 영국 탐험가들이 탁월함을 주장할 작정이었던 제임스 클라크 로스에게는 이것들 중 어느 것도 중요하지 않았다. 자신의 항해 보고서에서 로스는 영국의 바다표범잡이 비스코와 발레니가 윌크스와 뒤르빌보다 훨씬 앞서 남극의 해안선을 발견했다고 주장했으며, 따라서 나중에 도착한 사람들은 그들의 어떠한 권리로도 오스트레일리아 남쪽에 놓여 있는 땅덩어리의 발견자로 간주되지 않았다.

더욱이 로스는 자신의 항해 전 윌크스에게 받은 오해의 소지가 있는 해도를 이용한 결과 그 미국 항해가의 가상의 업적을 의심하기에 이르렀다. 그는 해군성 수로학자 프란시스 뷰포트(Francis Beaufort)에게 윌크스가 부주의한 해도 작성으로 '큰 실수'를 저질렀으며 그것이 그의 모든 업적을 크게 의심하기에… 충분하며 따라서 '얼음으로 뒤덮인 지역에서는 그가 발견한 다른 산맥의 다수가 미경험자의 눈으로는 속을 가능성이 아주 큰 기만적 모습일 것임을 전혀 의심치 않는다'라고 말했다.

1841년 8월 뉴질랜드의 베이오브아일랜즈를 방문했을 때 로스는 윌크스의 해도를 미국 해군 함정 1척의 함장에게 보여주면서 윌크스가 산악지로 표시한 지역들을 항해한 경위를 설명하였다. 그 미국 장교는 윌크스의 편이 아니었으며 그래서 그는 호놀룰루를 통과할 때 주위에 그 얘기를 퍼뜨렸다. 그 소식은 미국의 여러 신문들에 전달되었으며 그로 인해 윌크스와 그의 탐험대는 그들이 집에 도착하기도 훨씬 전에 비아냥을 받았다.[4]

윌크스는 그 혐의를 반박하려고 애를 썼으며 1847년 영국의 왕립 지리학회가 그에게 학회 창립자의 메달을 수여했음에도 불구하고 그의 명성 위에 묻은 얼룩은 그대로 남아 있었다. 그는 그 대륙에 이름을 부여했으나 세상 사람들은 여전히 대부분 거기에 실제로 대륙이 있는지를 확신하지 못하였다. 1928년 영국의 선두적 남극 역사학자인 헤이스(J. Gordon Hayes)는 그 미국인의 업적을 다음과 같이 묵살해버렸다:

월크스가 발견했다고 주장하는 적어도 8개의 새로운 육지 가운데 6개는 존재하지 않고 7번째는 사실일 가능성이 없으며 오직 하나만이 가능성이 있다… 그 유일한 육지는 월크스가 그것을 목격하기 9일 전 뒤르빌에 의해 발견되었다.[5]

로스의 명성은 남극 탐험으로 크게 높아지지는 않았다. 비록 그가 기사 작위를 수여받고 런던과 파리의 지리학회 둘 다로부터 메달을 받았지만 그는 자신의 자북극 발견을 환영하는 대중의 갈채를 받지 못했다. 그의 항해 보고서는 발행하는 데 4년이 걸린 데다 인쇄 부수도 적었으며 대중의 관심을 자극하지 않는 방식으로 저술되었다. 그럼에도 불구하고 그는 자신이 중요한 발견을 했으며 머지않아 다른 사람들이 따라올 항적을 환히 비추었다고 확신하였다.[6]

중요한 것은 그의 착오로 극지방의 바다에 있는 여러 큰 섬들 중 하나에 불과하다고 간주했던 새로운 육지가 아니라 그가 주위 바다에서 목격했던 풍부한 해양생물이었다. 뉴질랜드에서 남쪽으로 향한 항해에서 로스는 '엄청나게 많은 수의 고래가 목격되었으며' 자신과 부하들은 '우리가 원하는 수대로 잡을 수 있었다'고 보고하였다. 고래의 대부분은 '크기가 몹시 컸고, 의심할 나위 없이 다량의 기름을 생산할 것이며, 아주 온순하여 우리 배가 가까이 지나가도 그들을 방해하지 않는 것 같았다'라고 기술하였다. 그가 로스해에 다다랐을 때 그는 훨씬 더 많은 것을 보았다. 로스는 '두 눈을 어디로 돌리든 간에 그들이 내뿜는 공기를 볼 수 있었다'라고 보고하였다. 그는 대부분이 혹등고래라고 생각했으며 수요가 많은 향유고래는 수가 더 적었다. 고래들은 '평온하고 안전한 삶을 즐겨왔지만' 로스는 그들이 이제 '우리의 국부에 기여하게 될 것'이라고 예측하였다.[7]

나중에 포클랜드 제도 남쪽의 섬을 조사하는 동안 로스는 엄청나게 많은 수의 거대한 흑고래들을 보았는데, 그들은 너무나 온순하여 때로 그들이 비켜 나가기 전에 배가 거의 그들에게 닿을 뻔하였으며 그래서 어떤 배로도 단시간에 기름 한 짐을 획득할 수 있었다.[8] 로스는 이것이 언제나 새로운 포경 어장을 찾는 고래잡이들에게는 매혹적인 환상이 될 것이라고 분명하게 예상했다.

로스의 생각이 옳다면 영국은 그 이득을 거둘 수 있는 좋은 위치에 있었다. 영국 항해가들은 이전에 광범한 바다표범 군서지의 주인 역할을 해왔다면 이제는 포경 선단을 위한 해안 기지 장소가 될 수 있는 아남극 제도 다수의 섬에 대한 소유권을 주장했다. 최근에 로스가 영국을 위해 권리를 주장했던 새로 발견된 빅토리아 랜드가 그랬던 것처럼 사우스셰틀랜드 제도, 사우스오크니 제도, 사우스조지아 그리고 포클랜드 제도가 이런 점에서 모두 가능성을 제공하였다.

그러나 그러한 발전은 일어나지 않았다. 반세기의 공백이 있은 후에야 비로소 남극의 야생동물이 또다시 중대한 인간의 침범에 의해 방해를 받았다. 로스가 남극 바다에 풍부한 고래가 살고 있다고 보고했지만 북대서양과 북태평양에도 아직 충분한 고래가 있었다. 게다가 북반구에 있는 고래는 천천히 이동해 잡기가 쉬운 수염고래들이었는데, 그것들은 북극에 한정되어 있었고 20미터 길이까지 성장하였다. 다른 많은 종의 고래들은 도살되었을 때 바다 밑으로 가라앉는 반면, 수염고래는 두꺼운 지방층이 있어 물 위에 떠 있었다. 졸여서 기름을 얻을 수 있는 높은 비율의 지방은 먹이를 걸러내고, 매트리스에서 드레스의 둥근 속 테에 이르기까지 매우 다양한 제품 생산에 이용된 긴 수염처럼 포경업자들에게 특히 이익을 가져다주었다.

수염고래는 이른바 '참고래'과의 일부였는데 남반구의 주요 종은 남대서양 참고래(southern right whale)였다. 로스와 다른 탐험가들이 목격했던 고래의 다수가 남대서양 참고래였음은 의심할 바 없었다. 그들은 여름에는 크릴새우를 먹고 살기 위해 남극 바다에 의지하고 겨울 동안 번식하기 위해 적도를 향해 나아갔다. 수염고래들은 온대 기후 지역의 얕은 만에서 번식하려는 습성이 있어 비교적 잡기 쉬운 데다 뭍으로 끌어올려 처리하기에도 용이했다. 이는 포경업자들이 남극 바다에서 그들을 사냥하고 죽이는 더 큰 어려움과 위험에 직면할 유인이 거의 없음을 의미하였다.

일부 고래잡이와 바다표범잡이들은 19세기 중반과 후반 동안 남극까지 용감하게 나아갔으나 언제나 실망한 채 돌아왔다. 그런 항해가들 중 하나가 1851년 8월 남극해를 향해 뉴욕을 떠났던 미국인 메르카토르 쿠퍼(Mercator Cooper)였다. 빅토리아 랜드에 대한 로스의 기술에 매혹되었던 그는 1853년 1월 그곳에 도달하여 1월 26일 그 빙붕 위로 발을 들여놓음으로써 대륙의 그 지역에 문서화된 최초의 상륙을 감행하였다. 펭귄은 많이 있었으나 값나가는 물개는 1마리도 없어서 그는 지체 없이 떠났다.[9]

극지방 탐험가들도 또한 로스의 전철을 밟는 데 실패하였다. 그들의 초점은 북극, 그리고 북대서양과 북태평양 사이의 얼음이 없는 쉬운 통로를 통해 아시아 소비자들을 유럽 공장들과 연결시켜줄 수 있는 북서항로를 발견하려는 강박관념에 맞추어져 있었다. 영국은 그렇게 할 최초의 국가가 될 작정이었다.

남극에서 그 가치를 증명한 바 있는 로스의 2척의 함선 *에레버스호*와 *테러호*가 1845년 영국 정부에 의해 그 탐험에 파견되었다. 로스는 지휘권을 제공받았으나 정중히 사양하였다. 그는 남극에서 몇 년을 보냈기 때문에 기진맥진해 있었고 써야 할 탐험 보고서와 달래야 할 아내가 있었다. 대신 그 지휘권은 나이든 북극 탐험가이자 뒤르빌과 로스 두 사람의 방문을 주최했던 호바트의 부총독 존 프랭클린 경에게 돌아갔다. 그것은 하나의 불행한 임명이었다. 그 배들은 1845년 5월 템즈 강을 떠났으나 결코 돌아오지 않았다.

프랭클린은 4년을 버틸 충분한 비축 물자가 있었으며 그래서 1848년까지는 아무런 경보가 울리지 않았다. 그해 수색을 시작하기 위해 2척의 배와 함께 로스가 파견되었으나 수색은 무익한 것으로 판명되었다. 프랭클린 실종의 미스터리가 깊어짐에 따라 영국과 미국 양국의 더 많은 탐험대들이 그 다음 수십 년에 걸쳐 뒤를 이었다. 연이은 수색과 비통해하는 프랭클린 미망인의 슬픈 이야기가 세인의 주의를 사로잡았다. 마침내 실종된 선원들의 몇 가지 유해가 발견되었고 비극에 관한 보고서가 짜맞추어졌다. 그 보고서는 얼음에 갇힌 배들의 함상의 굶주림과 질병으로 인한 죽음에 관한 끔찍한 이야기를 들려주었다. 현지의 이누이트 주민들은 얼음으로 뒤덮인 감옥에서 탈출을 시도했던 생존자들이 인육을 먹는 지경에까지 몰렸었다고 주장했다.[10]

미해결 상태였던 북극 지리의 세부사항이 비교적 가까운 곳으로부터 극지방 탐험가를 손짓해 불렀기 때문에, 남극 지리에 대해 남아 있던 많은 질문에 답할 자극은 많지 않았다. 또한 19세기에는 아시아와 아프리카에서 영국과 프랑스, 독일과 기타 유럽 제국이 그 대륙들을 분할하고, 탐험과 지리적 발견의 새로운 영역과 과학적 연구를 위한 새로운 분야들을 열면서 많은 식민지 활동이 있었다. 뒤르빌과 윌크스와 로스에 의해 남극에서 발견된 해안선들은 명백히 생명이 없었고 대부분 접근 가능한 지질구조가 결여되었기 때문에 이러한 다른 장소들에서 발견되는 생물 형태와 지질구조와 경쟁할 수가 없었다.

해양과학이 발전되었을 때에야 비로소 약간의 과학적 주의가 다시 먼 남쪽을 향했다. 1860년대 말 어떤 생명도 존재하지 않는다고 생각되었던 스코틀랜드 해안에서 멀리 떨어진 심해에서 풍부한 해양생물이 발견되자, 영국 왕립 협회는 영국 해군과 결합하여 세계의 대양의 해저를 탐사하기 위한 과학 탐험대를 파견하였다. 1872년, 6명의 과학자들이 코르벳함 *챌린저호(Challenger)*를 타고 320킬로미터 항해할 때마다 조류와 수온을 자세하게 관찰하고 암석과 새로운 형태의 생물을 찾기 위해 해저를 준설하라는 임무를 받았다.

돛을 동력으로 이용하면서 얼음 가운데서 작업하기 위한 보조 증기엔진을 갖춘 *챌린저호*는 윌크스가 자신의 탐험을 그만두었던 장소의 서쪽과 케르겔렌 제도 남쪽의 남극에 도달하였다. 박물학자 존 머레이(John Murray)는 녹고 있는 빙산에서 그곳에 떨어진 암석을 찾기 위해 해저를 준설하여 그 암석들이 다른 대륙의 암석과 비슷하다는 것을 알았는데, 그로 인해 그는 '구조상 다른 대륙과 흡사한 대륙과 같은 땅덩이'의 존재 가능성을 가정하였다.[11] 물론 윌크스가 주장했듯이 그것이 거대한 단일 대륙인지 아니면 로스의 주장처럼 여러 개의 거대한 섬들인지는 여전히 확인할 수 없었다.

그와 동시에 독일 극지 항해 협회(German Polar Navigation Society)는 독일 포경선장 에두아르트 달만(Eduard Dallmann)에게 증기 추진 포경선 *그뢴란트호(Grönland)*를 몰고 가 그레이엄 랜드 주위 바다에서 참고래와 바다표범을 찾아보고 기존의 그 지역 해도의 정확성을 확인하라는 임무를 부여했다. 그 협회는 부유한 독일 선주 알베르트 로젠탈(Albert Rosenthal)로부터 자금을 지원받고 있었는데, 목표는 극지 바다에서의 고래잡이와 바다표범잡이와 탐사에 독일의 참여를 증대시키는 것이었다.

1873년 11월 달만이 사우스셰틀랜드 제도에 도착했을 때, 그 해안가에는 바다표범들이 다시 서식하고 있을 것이었으나 그는 거기에 바다표범을 잡고 있는 영국 팀이 이미 있다는 것을 알았다. 자신의 방문을 기록하기 위해 킹 조지 섬에 명판을 하나 남긴 뒤 그는 남극 반도를 따라 서쪽으로 가서 앤버스 섬(Anverse Island)의 해도를 작성했으며, 그 섬의 동남 해안을 따라 나 있는 해협 하나를 발견하고는 독일 수상의 이름을 따서 그것을 비스마르크 해협(Bismarck Strait)이라고 명명하였다. 달만의 발견으로 기존의 해도가 수정되고 자세한 사항이 추가됐으나 크게 중요하지는 않았기 때문에 독일어로만 출판되었다.

상업적 결과는 훨씬 덜 중요하였다. 달만은 그것을 잡기 위해 그가 파견되었던 천천히 이동하는 참고래는 1마리도 발견하지 못했으며 단지 긴수염고래, 보리고래와 흰긴수염고래와 같은 더 빨리 이동하는 긴수염고래 무리만 보았을 따름이었다. 그는 사우스오크니 제도의 해변에서 바다표범을 사냥함으로써 자신의 손실을 만회하려고 애를 썼으며 간신히 바다표범 가죽과 기름으로 구성된 상당한 양의 화물을 획득했으나 값나가는-그리고 지금은 귀한-물개는 조금밖에 없었다. 그것은 로젠탈에게는 실망스러운 결과였으며 그래서 그 뒤로 달만은 자신의 활동을 북극과 뉴기니에 집중했다.[12] 남극은 또다시 위험으로부터 일시적 구원을 얻었으나 그것은 그리 오래가지 않았다.

유럽의 여러 과학 단체들이 1882-83년을 '제1회 국제 극지의 해(First International Polar Year)'로 지정하였으며 지구의 양 끝에 설립되어 있는 여러 기지에서 1년에 걸친 관측을 시행하였다. 대부분의 기지는 북극에 있었으나 2개는 먼 남쪽에 설립되었는데 티에라 델 푸에고에 있는 프랑스 기지와 사우스조지아 섬에 있는 독일 기지였다.[13] 그 두 기지 모두 남극권 밖에 있었으나 그들의 활동이 남극에 대한 국제적 관심을 새롭게 하였다.

이러한 관심의 일부는 오스트레일리아에서 비롯되었는데 그곳의 독일 태생 과학자 페르디난드 폰 뮐러 남작(Baron Ferdinand von Mueller)은 빅토리아(호주 남동부의 주, 주도는 멜버른-역자 주)주 정부 식물학자였다. 오스트레일리아 지리에 관련된 대부분의 큰 질문들이 이제 답을 찾은 가운데, 뮐러는 1884년 4월 빅토리아 지리학회(Victorian Geographical Society) 모임에서 이제 남극이 '지리학에 대한 가장 웅대한 결과의 일부'를 제공할 것이라고 말했다. 오스트레일리아는 외부로 눈길을 돌리고 있었으며 머지않아 뉴기니 일부를 식민지화할 예정이었는데, 한편 뮐러는 오스트레일리아가 오클랜드 제도(Auckland Islands)뿐 아니라 뉴질랜드 남쪽의 맥쿼리 제도(Macquarie Islands)와 캠벨 제도(Campbell Islands)까지 합병할 것을 원했으며 이 섬들은 '당연히 오스트레일리아 소유'라고 주장하였다. 학회는 머지않아 '자신이 지휘하는 증기선을 타고 처녀지와 거의 다름없는 영토가 제공되는 우리의 남극 지역으로 여름의 질주를 시도하는 모험심 강한 탐험가'를 볼 것을 기대하였다.[14]

오스트레일리아에서는 즉각적인 반응이 없었으나 뮐러의 도전은 영국과 독일 양국 과학자들로 하여금 그의 외침에 반향을 보일 것을 촉구하였다. 그중 하나가 독일 과학자 게오르크 폰 노이마이어(Georg von Neumayer)였다. 그는 1850년대 말 빅토리아주 정부 천문학자로 있었는데 1864년 독일로 귀환하였다. 독일 해군의 수리학자로 임명된 바 있는 노이마이어는 1885년 10월, 이제까지 남극에서 겨울 한철을 보낸 사람이 아무도 없다는 것에 주목하였다. 그는 '주위 상황이나 현상을 북극에 관한 우리의 지식과 비교하기 위해서는 한 탐험대가 거기에서 겨울 한철을 날' 필요가 절실하다고 주장하였다. 그는 심지어 썰매 팀 하나로도 남극까지 줄곧 갈 수 있을 것이라고 믿었다. 영국에서는 1885년 9월, 과학 진흥 협회(Association for the Advancement of Science)가 남극에서의 연구를 권장하기 위한 소위원회를 설립하였다. 이번에는 이것이 오스트레일리아의 남극 탐험 지지자들에게 신선한 자극을 주었다.[15]

1886년 6월 빅토리아주 왕립 협회는 현지 지리학회와 협력하여 남극 탐사 위원회(Antarctic Exploration Committee)를 설립하였다. 그 위원회의 목표는 지리상의 발견뿐 아니라 '기후학, 지자기, 지질학 및 자연사와 지구의 그 지역의 접근가능성과 실용적 자원에 관한 확대된 조사'를 촉진시키는 것이었다. 비교적 최근에 만들어진 금이 풍부한 식민지에 걸맞게 실제적인 문제들이 표면화되었다. 고래와 바다표범으로부터 상업적 이득이 가능해졌으며, 남부 오스트레일리아 날씨의 대부분이 비롯되는 곳으로 여겨지는 남극을 연구하는 데서 오는 오스트레일리아 기상학에 대한 이득도 가능하였다. 심지어 이러한 남극 연구의 초기 단계에서도 '기후 변화가 진행 중인지'를 밝혀줄 것이라는 기대가 있었다.

또한 남극 탐험은 그 수도 멜버른이 크기와 부에서 유럽의 일부 대도시들에 필적할 만큼 성장한 일개 식민지에 가져다줄 위신도 있었다. 탐험 지지자들 중 한 사람이 1888년 주장했듯이 남극 탐험대는 '이 식민지에 전 문명 세계의 보편적 주의와 승인을 확보해줄 것이다.' 그리고 만약 오스트레일리아가 그것을 하지 않으면 그때는 부상하는 독일 제국이 분명히 그렇게 할 것이며 이는 '우리의 굴욕과 수치가 될 것이다.'

그러나 부유한 식민지였던 오스트레일리아조차도 할 수 있는 것에 대한 한계가 있었으며 영국이 탐험대를 조직하고 그 재원을 조달하는 데 주도권을 잡는 반면, 오스트레일리아는 과학자들의 일부를 제공할 것이라는 인식도 있었다. 영국이 오스트레일리아 탐험대의 자금을 조달하는 것을 돕거나 자국의 탐험대를 파견하는 것을 거절하자 오스트레일리아인들의 관심은 서서히 사라졌다.[16] 주도권을 잡는 것은 고래잡이들에게 남겨졌다.

포경 산업은 조명용 고래기름의 사용이 가스와 석유로 대체되고 기계류의 윤활제도 석유계 유분으로 대체됨에 따라 1860년대 이후로 쇠퇴 상태에 있었다. 고래잡이들은 고래수염에 대해 발견된 새로운 사용처에 의해 파산을 면하고 있었다. 예를 들면 여성 패션은 유연한 고래뼈를 사용한 몸에 딱 붙는 코르셋의 착용을 이끌었다. 고래수염 가격의 변동은 항해가 이익이 되었는지 여부를 결정하는 데 있어 고래기름 가격의 변화만큼, 때로는 그보다 더 중요하게 되었다.

그러나 고래수염에 대한 수요조차도 19세기 후반 동안 대부분의 영국 포경 선단과 함께 미국 포경 선단의 점차적인 절멸을 막을 수 없었다. 1873년 30척 이상의 미국 포경선들이 북극에서 실종되었으며 미국 내전 동안 다른 배들이 실종되었다. 그러나 스코틀랜드 동부의 던디(Dundee)에서 온 포경선들은 아직도 북극에서 조업을 하고 있었는데 그곳에서는 황마를 부드럽게 만들기 위해 고래기름을 사용하였다. 고래기름은 또한 싸구려 비누와 양초를 만들기 위해 사용되었다. 영국과 미국 자본이 대부분 다른 사업으로 이동하면서 훨씬 더 많은 양의 고래기름이 노르웨이 포경업자들로부터 던디로 수입되었고, 그들은 서서히 세계 포경업계의 지배 세력이 되었다. 1880년대에 고래기름 가격이 폭락함에 따라 그런 먼바다로 투기성 포경 항해를 시작할 이유가 훨씬 더 적어졌다.[17] 그러나 그것도 바야흐로 변하고 있었다.

19세기의 마지막 수십 년 동안 남극에 엄청난 영향을 미칠 여러 가지 중요한 발전이 일어났다. 한 가지는 노르웨이인 스벤드 포인(Svend Foyn)이 소개한, 1860년대 말의 폭약을 장착한 작살포의 발명이었다. 그것은 빨리 움직이는 긴수염고래를 신속하게 죽였으며, 증기로 가동되는 윈치를 사용하여 고래를 배에 고정시켜 고래가 해저로 잠수하거나 가라앉을 가능성을 줄였다. 그 다음에 고래가 물위에 뜨도록 증기로 가동되는 압축기를 사용하여 고래 뱃속을 공기로 채웠다. 미국 포경선들은 1850년대 이후로 대포나 로켓으로 발사되는 작살이나 긴 창을 실험해왔으나 결과가 썩 좋지는 않았다. 그들은 대개 잡는 것보다 더 많은 수의 고래를 잃어버렸다. 소형 증기선의 이물에 포인이 발명한 작살포를 장착하면서 긴수염고래 사냥이 훨씬 더 용이해졌다.

이것이 남극으로의 즉각적인 쇄도를 야기하지는 않았는데 왜냐하면 북대서양과 북극해에는 다량의 긴수염고래가 있었고 그 수가 심하게 감소된 후에야 비로소 포경선들이 멀리 떨어진 바다에서 사냥을 시작했기 때문이었다. 1880년대 말 그런 사태가 발생한 뒤에야 비로소 남극으로 다시 주의를 돌리기 시작했으나 그때에도 긴수염고래보다는 수익성이 좋고 쉽게 잡히는 참고래 사냥에 노력이 집중되었다.

1892년에서 1893년 남쪽의 여름 동안 스코틀랜드와 노르웨이에서 출항한 포경선들이 로스와 다른 탐험가들이 그곳에 풍부하게 있다고 보고했던 참 고래를 찾아서 남극으로 향했다. 1874년에 인쇄된 스코틀랜드의 팸플릿은 스코틀랜드인들에게 남극 포경 산업을 일으킬 것을 요청하고 있었으나 아 직도 북대서양에 고래가 비교적 풍부하게 있는 때에 그것은 거의 이치에 맞 지 않았다. 북극해의 고래 수가 감소한 1891년쯤에는 그 모든 것이 변하여 보다 이해가 빠른 청중을 위해 그 팸플릿이 다시 인쇄되었다.

그레이엄 랜드에서 떨어진 곳에 있는 고래에 관한 로스의 설명과 멜버른 의 남극 탐사 위원회의 제안에 이끌려, 던디의 한 포경 회사가 1892년 9월 서 웨델해로 포경선 4척을 파견하였다. 긴수염고래를 추적하여 잡을 수 있 는 속도가 빠른 현대적 증기선 대신 그 배들은 보조 엔진을 장착한 낡은 바 크형 범선(돛대가 3개 이상인 범선—역자 주)들이었다. 그 탐험대는 과학적 목적도 있었는데 왕립 지리학회와 기상청에서 모두 기상 관측과 지리학적 발견을 위한 기구를 제공해주었다. 이것을 담당한 사람은 젊은 의사이자 아 마추어 박물학자 윌리엄 브루스(William Bruce)였는데 그는 남극의 과학적 조사에 대한 열렬한 지지자가 될 것이었다.[18]

던디 탐험대 소식은 자신들의 탐험대를 시작하도록 노르웨이 포경업자들 을 자극하였다. 노르웨이인들은 북쪽의 포경 산업을 지배하게 되었으며 숙 련된 선원과 적절한 선박을 보유하고 있었다. 노르웨이 포경 중심지들 중 하나가 오슬로 근처의 산네피오르(Sandefjord)의 항구였는데, 그곳에 크리 스텐 크리스텐센(Christen Christensen)이 소유한 포경 회사가 위치해 있었 다. 그는 제안된 멜버른 탐험대를 위해 4척의 선박을 공급할 것을 제안했으 며 오스트레일리아인들이 자금 확보에 실패하자 대신 자신의 탐험대를 시 작하기로 결심하였다. 던디의 배들이 남으로 향했던 것과 같은 주에 크리스 텐센은 뒤따라 이중 돛대를 갖춘 바다표범잡이배 제이슨호(Jason)를 파견하 였다. 그것은 실제로는 독일-노르웨이 합동 탐험대였는데 왜냐하면 배와 선원들은 노르웨이 것이고 모회사는 주로 독일 자본의 자금을 받았기 때문이었다.

던디 탐험대가 더 느린 참고래를 잡기 위해 고안된 장비를 갖추고 남쪽으로 파견된 것과 꼭 같이 *제이슨호*도 마찬가지였다. 그 배의 책임자는 젊은 바다표범잡이 칼 라르센(Carl Larsen)이었는데 그는 북극해에서 많은 경험을 쌓았기 때문에 손쉽게 참고래를 수확하기를 기대하고 있었다. 그러나 그 스코틀랜드인과 노르웨이인들 모두 자신들이 잡을 장비가 없는 흰긴수염고래와 긴수염고래, 혹등고래가 다량으로 있을 뿐 참고래는 1마리도 없다는 것을 알게 되었다. 바다표범 기름과 가죽의 화물은 충분하였으나 그것들의 값어치는 9개월 동안의 항해 비용을 벌충할 만큼 충분하지는 않았다.

크리스텐센은 다음 해에 한 번 더 시도해보라는 권유를 받고 이번에는 바다표범만 잡기 위한 4척의 배들을 보냈으나 또다시 그 모험도 채산이 맞지 않는 것으로 판명되었다. 던디 탐험대도 이와 마찬가지로 실패하였으나 그 탐험대는 몇몇 과학 표본들과 관찰 결과와 함께 귀환하였으며 몇 가지 사소한 지리학적 발견을 하였다.[19]

당시에 존경받던 스벤드 포인은 자신이 남극에서 부를 발견할 수 있는 해답을 가지고 있다고 생각하였다. 그는 노르웨이인들과 스코틀랜드의 경쟁자들이 잘못된 장소에서 참고래를 찾고 있다고 주장하였다. 로스가 로스해에서 고래를 목격한 것을 지적하면서 포인은 고래잡이들이 참고래를 발견할 수 있는 곳은 거기라고 주장하였다.

멜버른에서 돌아온 노르웨이 친구 하나가 그에게 오스트레일리아가 남극 탐험을 제안한다는 소식을 전해주었다. 84세의 포인은 자신의 정보 제공자 헨리크 불(Henrik Bull)을 이전의 북극 바다표범잡이배였던 개명한 *앤탁틱호(Antartic)*에 승선시켜 명목상 그 탐험대를 맡도록 했다. 그 배는 레오나드 크리스텐센(Leonard Kristensen)을 선장으로 삼아 1893년 9월 노르웨이를 떠났다. 물을 얻기 위해 케르겔렌 제도에 멈춘 뒤, 불은 가죽과 기름을 얻기 위해 약 1,600마리의 코끼리바다표범을 죽일 만큼 오래 머물렀다. 그는 육중한 덩치로 느릿느릿 움직이는 그 거대한 동물들이 '호기심과 관심을 가진 채 자신들의 처형 준비를 어떻게 조용히 쳐다보는가'를 언급하였다.

그럼에도 불구하고 그 도살은 낭비였다. 95통의 기름은 멜버른에서 실망스러운 결과로 팔렸으며 가죽은 런던으로 보내져 훨씬 더 적은 수익을 올렸다. 게다가 그 사냥으로 야기된 지연은 이제 그 정처 없는 탐험대가 남극으로 전진 항해를 하기 위해서는 다음 해 여름까지 기다려야 함을 의미하였다. 뉴질랜드에서 떨어진 곳에서 고래를 잡느라고 시간의 일부를 소비하였으나 실제로 잡혀서 처리된 참고래는 1마리에 불과했고 여러 마리의 다른 고래는 작살을 맞았으나 놓쳐버렸다.

그 탐험대는 멜버른에서 환영을 받았으나, 당연히 영국 영토로 간주되고 있던 남극의 지역으로 가는 탐험을 노르웨이인들이 시작하는 것에 대해 약간의 불만이 표출되었다. 그 이유는 그 지역이 영국 식민지인 오스트레일리아와 뉴질랜드와 비교적 근접해 있고 로스가 그 지역의 소유권을 주장했기 때문이었다. 불은 그것에 개의치 않고 '스웨덴인, 덴마크인, 폴란드인 그리고 영국인들이 섞인' 다국적 선원들과 함께 밀어붙였다. 선원들 가운데는 멜버른에 거주하는 노르웨이 출신의 카르스텐 보르크그레빙크(Carsten Borchgrevink)도 있었는데 그는 앞으로 탁월한 남극 탐험의 기록을 보유하게 된다. 1895년 1월 중순 *앤탁틱호*는 마침내 로스해에 다다랐지만 거기서 참고래를 찾으려는 포인의 소망은 이루어지지 않았다. 빠르게 움직이는 다수의 흰긴수염고래와 긴수염고래들이 있었으나 선원들은 그들을 잡을 수 없었다.[20] 그 탐험은 다른 근거로 보면 성공적이었지만 재정적으로는 또 하나의 재난이었다.

아무런 성과도 없이 로스해의 일부를 탐사한 뒤, 불은 로스의 포제션 섬에 상륙한 뒤 대륙 자체에 상륙하는 것을 시도해보기로 결심하였다. 1895년 1월 24일 *앤탁틱호*가 빅토리아 랜드의 아데어곶에서 떨어진 잔잔한 바다에 닻을 내린 가운데 불과 크리스텐센, 보르크그레빙크와 4명의 선원들은 배에 있는 보트 중 1척에 기어올라가 깎아지른 듯한 해안선을 향해 나아갔다. 그것은 최초로 상륙한 사람이 누구인가에 관한 격렬한 논쟁거리가 될 것이다. 크리스텐센, 보르크그레빙크와 선원들 중 한 사람이 미국의 바다표범잡이 메르카토르 쿠퍼(Mercator Cooper)가 1853년에 그렇게 했다는 사실을 망각한 채 모두 그 영광을 주장하였다. 불은 자신을 위한 아무런 주장도 하지 않으며 '진짜 남극 본토에 발을 내딛은 최초의 사람들' 가운데 속한다는 '낯설지만 즐거운' 느낌을 기꺼이 관찰하였다.

그 해변은 거대한 아델리펭귄 군서지 장소였으며, 일부 펭귄은 그들이 좁은 해변에 상륙한 것에 대해 이의를 제기하듯 침입자들의 부츠를 '용감하게 공격하였다.' 그 장면을 그린 1장의 그림이 그들이 뭍에서 2시간 체류하는 동안 적어도 2마리의 바다표범을 죽였으며 펭귄들은 막대기로 쫓아버려야 했음을 보여준다.

불과 크리스텐센은 자신들이 로스해에서 보았던 섬들의 일부와 다른 지리학적 지형에 이름을 붙였지만 그들은 아마도 로스가 이미 그것들을 명명했을 것이라는 점을 알고 있었다. 자신들의 본토 상륙이 최초라고 믿은 그들은 장대를 하나 세우고 그 꼭대기에 자신들의 방문 날짜, 선박명과 함께 노르웨이 국기가 그려진 상자 하나를 고정시켰다. 그것은 로스가 오래전에 발견하고 영국을 위해 권리를 주장했던 땅에 대한 일종의 소유의 주장이라기보다는 자신들의 업적의 증거로 행해졌다.[21]

그 탐험대는 뒤르빌과 윌크스와 로스가 모두 할 수 없었던 것을 완수하였다. 그 7명의 남자들은 노력도 별로 하지 않고 본토에 상륙했으며 그렇게 함으로써 육로로 탐사하는 미래 탐험대의 가능성을 열어놓았다. 후일 불이 그 탐험에 관한 자신의 책에서 그들이 다음과 같이 했음을 주장했다.

…남극대륙 본토에 상륙하는 것은 지금까지 생각했던 것만큼 어렵지 않으며, 월동대는 썰매와 노르웨이 스키의 도움으로 자남극까지 또는 거의 그

곳까지 침투할 수 있는 상당한 가능성과 함께 아데어곶에서 안전하고 유쾌한 12개월을 보낼 수 있는 모든 가능성이 있다는 것을 증명하였다.[22]

육상 탐사에 대한 추가적 근거가 있었다. 보르크그레빙크는 포제션 섬에서 지의류의 존재를 발견했는데, 그것은 남극이 식물이 자라기에는 너무 춥다는 통념을 뒤집어버렸다. 그 발견은 남극에 대한 과학적 관심을 증가시켰고, 불은 '기후학자, 지질학자 그리고 지리학자 뿐 아니라 식물학자, 생물학자 및 동물학자들에게 가장 매력적인 특성을 가진 문제를 제공하는 수백만 평방마일의 미탐사 지역'을 지적함으로써 그러한 관심을 고무하는 것을 도왔다. 그것은 그 모험에서 재산 일부를 잃어버렸던 포인에게는 작은 위안이 되었다. 그는 불이 남극 해안에 상륙한 것에 기뻐했을 테지만 불이 그에게 전보로 그 소식을 전하기도 전에 사망하였다.[23]

그렇게나 많은 포경 항해의 실패는 다른 사람들이 위험을 무릅쓰고 그곳으로 가는 것을 만류할 것으로 예상되어 왔다. 그러나 고래가 없다고 그 항해들이 실패한 것은 아니었다. 문제는 단지 사람들이 남극에 더 이상 다량으로 존재하지 않는 종의 고래를 사냥하기 위해 갔다는 것이었다. 불은 남대서양 참고래의 결핍이 남극 포경업으로 수익을 올리는 것이 불가능함을 의미하지는 않는다고 주장하였다. 어쨌든 그들은 자신들의 탐험 동안 수많은 긴수염고래를 목격했던 것이다. 그들은 단지 그 고래들을 추격하여 잡는 데 필요한 속도가 빠른 증기선이나 효율적으로 그것들을 처리할 고래 가공선이나 육상 기지가 없었을 따름이었다.

노르웨이인들은 북극에서 그렇게 하는 수단을 개발했으며, 불은 이런 방법을 남극에 가져가 긴수염고래를 사냥하는 데 사용할 수 있다면 그것이 '누구든지 고래 포획에 착수하는 사람에게 엄청난 부를 가져다줄 것'이라고 자신 있게 예측하였다. 북극의 노르웨이인들은 대부분 그들의 어획물을 가까운 해안 기지로 견인해갔으나 로스해에는 그런 기지를 만들기 위한 적절한 장소가 없었다. 이러한 것조차도 극복할 수 없는 문제는 아니라고 불은 주장했으며, 장래의 포경 탐험에는 2척의 배―1척은 고래 사냥을 위한 작은 증기선이고 나머지 1척은 잡은 고래를 처리해 기름을 저장하고 연료와 보급품을 싣기 위한 더 큰 선박―를 보낼 것을 제안하였다.[24]

고래잡이들이 돌아올 무대가 마련되었으며 이번에는 대부분 빨리 움직이는 긴수염고래를 사냥하러 증기선을 타고 남쪽으로 갈 것이었다. 그리고 고래잡이들은 새로이 쇄도하는 탐험가들과 합류할 전망이었다.

CHAPTER 6

1895-1906

국가적 명예와 의무

1893년 던디의 포경선이 고향으로 돌아왔을 때, 상하로 동요하는 갑판 위에 서 있던 젊은 스코틀랜드 의사 윌리엄 브루스는 곰곰이 생각할 것이 많았다. 그는 자연사에 관한 자신의 관심을 추구할 수 있을 것이라는 기대를 품고 남극으로 갔으나 고래잡이들의 헛된 참고래 사냥이 과학에 우선하였고, 그래서 아쉬운 대로 무엇이든 자신이 바다에서 관찰할 수 있던 것으로 때울 수밖에 없었다. 그럼에도 불구하고 그는 그 환경에 매료되었으며 그곳에서 많은 과학적 발견을 할 수 있을 것이라고 확신하였다. 그는 한 친구에게 그가 남극에서 맛보았던 '그 맛'이 자신을 '탐욕스럽게' 만들었다고 말했다.

매우 열정적인 이 스코틀랜드 민족주의자는 과학적 연구를 최우선으로 하는, 정부가 자금을 대는 국립 탐험대를 파견할 것을 요청하였다. 그 탐험대는 '오늘의 영국이 우리 조상들의 영국에 뒤지지 않는다는 것을 보여줄' 것이며 그를 통해 영국이 부상하는 유럽의 제국들과 북아메리카에 추월당하고 있다고 두려워하는 사람들의 걱정을 덜어줄 것이다. 만약 영국 정부가 그렇게 하지 않는다면 브루스는 자신이 자신의 스코틀랜드 탐험대를 조직할 수 있을 것이라고 확신하였다. 위신이 수익에 앞설 것이다. 그것은 재정적인 성공이나 남극점을 향한 경주와 같은 남자다운 업적이라기보다는 과학적 발견에서 비롯되는 영예가 될 것이다.[1]

이러한 견해로 인해 그는 영국의 선두적인 남극 탐험 옹호자인 클레멘츠 마컴(Clements Markham)과 갈등을 빚었는데, 마컴은 남극점 정복을 확고하게 목표로 삼고 있었다. 마컴은 요크셔의 종교적 집안에 태어났으며 14세의 나이에 영국 해군에 입대하였다. 남아메리카에서 북극해까지 세계를 항해하면서 그는 자신이 만나는 모든 것을 이해하려고 노력하였다. 남아메리카에 있었을 때 그는 스페인어를 배워야겠다는 생각이 들었으며 잉카제국의 역사에 관해 탐독하였다. 1850년, 그는 오랫동안 실종되었던 존 프랭클린 경의 탐험대를 찾아서 북극으로 갔으나 허사로 돌아가자 젊은 마컴은 귀환하여 많은 비난을 받은 그 수색에 대해 해명하는 책을 한 권 저술하였다.

해군은 가만있지 못하고 직설적인 그런 모험가를 저지할 수 없었다. 그는 인도성(India Office) 내에 지질학 부서를 설립하였으나 1877년 허락 없이 북극으로 가는 탐험대에 참가한 후 사임을 강요받았다. 그때쯤 그는 탐사 탐험을 장려하는 왕립 지리학회(Royal Geographic Society)와 발견의 역사적 보고서를 출판하는 해클루트 협회(Hakluyt Society) 양자의 간사였는데, 그는 그 보고서의 다수를 스페인어에서 번역하였다. 1893년, 63세의 그 모험가는 양 협회의 회장이 되었는데 그로 인해 그는 남극 탐험을 위한 캠페인을 펼쳐나갈 완벽한 발판을 얻었다.[2]

마컴의 견해로는 남극 탐험의 '진짜 목표'는 새로운 육지를 발견하고 '젊은 해군 장교들에게 소중한 경험을 얻고 대담한 행동을 수행할' 기회를 제공하는 것이었다. 그리고 그는 젊은 해군 장교인 로버트 스콧(Robert Scott)을 그런 탐험대를 이끌 수 있는 여러 후보자들 중 하나라고 인정한 바 있었다.[3]

자신의 캠페인을 돕기 위해 마컴은 챌린저호 탐험대 출신의 존경받는 스코틀랜드 해양학자 존 머레이 경에게 의지했다. 마컴은 그에게 영국이 남극에 대한 관심을 새롭게 해야 할 필요성에 관해 왕립 지리학회에서 강연해 줄 것을 부탁하였다. 1893년 11월 그 덕망 있는 해양학자가 영국이 대양의 '그 많은 수수께끼들'을 풀어냄으로써 자신의 '힘과 진보'를 확보할 것을 요청하였을 때 윌리엄 브루스가 청중 가운데 있었다. 머레이는 발견되기를 기다리는 광대한 남극대륙이 있다고 주장하면서 '최후의 위대한 한 가지 해양 탐사'가 '영국인들에 의해 착수되어야 할지' 또는 '대양에서 우리를 계승하거나 대신할 운명인 사람들에 의해 착수되어야' 할지를 물었다. 그는 상업적인 이익이 있을 것이라고 약속할 수는 없었으나 '잘 조직된 탐험의 결과들에 영국의 과학에 으뜸가는 중요성이 있을 것'이라고 강력하게 주장하였다. 또한 다른 목적 없이 인간의 지식 증진만을 위해 탐험을 후원할 각오가 된 국가에 발생할 위신도 있었다. 영국은 *챌린저호* 탐험으로 그렇게 해왔으며 그 결과 지금 해양학에서 세계를 선도하고 있는 반면 과학의 타 분야에 대한 활기 없는 지원으로 인해 '외국인들에게 뒤졌다'고 머레이는 말했다.[4]

마컴에게는 과학은 단지 자신이 탐험을 시작할 수 있게 해주는 수단에 불과하였다. 그는 이미 왕립 지리학회를 설득하여 '남극 탐험의 제 목표들을 달성할' 최선의 방법을 계획하기 위한 위원회를 임명하게 한 바 있었다. 마컴이 머레이의 강연을 들으려고 모인 청중들에게 장담했듯이 그는 남극 탐험이라는 대의에 전념하고 있었으며 '그것이 완수될 때까지는 결코 그것에서 벗어나지 않을 것'이었다. 그것은 지리학 연구와 과학 때문만 아니라 자신이 그 탐험을 지금까지 '이 나라의 국민을 타 국민들과 구별지어온 저 해양 사업 정신'을 고취하기 위한 수단의 하나로 간주하는 '영국인의 한 사람'이기 때문이라고 마컴은 말했다.

그것은 사람들의 마음을 뒤흔드는 연설이었다. 과학적 도전만큼이나 변술에 분기된 청중들은 그를 지지하였다. 여러 명이 일어나 찬성의 뜻을 표하고 여러 가지 제안을 한 뒤 마컴은 브루스에게 포경 탐험에 관한 자신의 경험에 관해 얘기해달라고 요청하였다. 그 스코틀랜드인은 그 탐험이 상업적이거나 과학적 견지에서는 성공하지 못했다고 고백하였다. 그럼에도 불구하고 그는 이번에는 남극 연구에 있어 영국의 선도적 명성을 유지할 '국가적 성격'을 지닌 '또 다른 위대한 남극 탐험대'를 창설하기 위한 머레이의 제안에 완전히 동의하였다. 브루스는 그 탐험대에 합류하여 남극의 육지에서 한 해 겨울을 보낼 최초의 사람들 중 하나가 될 것을 제안했다.[5]

마컴의 캠페인은 여전히 영국 정부의 무관심에 직면했는데 영국 정부는 남극에서 이익을 거의 발견할 수 없었으며 따라서 그 얼어붙은 황무지를 자신들의 배부른 제국에 추가하고 싶은 바람이 전혀 없었다. 쿡으로부터 계속하여 일련의 영국 탐험가들이 남극 반도의 여러 지역과 그 인근의 섬들에 이름을 붙이고 권리를 주장해왔지만, 공식적인 소유권의 주장과 함께 그러한 권리 주장에 대한 후속 조치를 취했던 영국 정부는 지금까지 없었다. 그것이 다른 나라들이 권리를 주장하는 길을 터주었다.

1892년 부에노스아이레스의 어느 회사가 그레이엄 랜드와 사우스세틀랜드와 사우스오크니와 사우스샌드위치 제도에서 떨어진 지역의 조업권을 요청했을 때 아르헨티나 정부는 관심을 보이기 시작하였다. 그 회사는 '거기에서 주권 행위가 수행된 적은 없었다'고 주장하고 그 장소들의 지리학적 위치로 인해 그것들은 합법적인 아르헨티나 재산이며 아르헨티나는 '그 장소들을 점유하고 주권 행사와 점유 행위를 수행해야 한다'고 주장하였다.

영국에서 이러한 제안이 보고되었을 때 정부 관리들은 자신들의 권리에 대한 증거를 찾기 위해 먼지투성이 파일들을 뒤졌다. 탐험가들이 그 얼어붙고 안개가 끼기 쉬운 해안 위에 영국 국기를 게양한 보고들이 발견되었으나 관료들은 정부가 그러한 주장을 후원한 증거는 발견할 수 없었다. 이는 설혹 영국의 권리가 있다 하더라도 기껏해야 보잘것없음을 의미하였다. 식민성(Colonial Office)은 그 섬들이 바다표범이 풍부하다는 점에 주목하여 아르헨티나의 기선을 제압하는 데 약간의 관심을 보였으나 해군성은 그 섬들을 합병하는 데 대한 전략상의 이유를 전혀 볼 수 없었고 외무성은 그러한 행위가 '매우 바람직하지 못하다'고 생각하였다.[6] 아르헨티나도 또한 그 섬들에 대한 자국의 주권을 주장하기 위한 납득할 만한 이유를 발견하지 못했기 때문에 그 문제는 소멸되도록 허용되었다.

아남극 제도를 계속 보유하는 데 대한 영국의 공식적 관심의 결핍이 마컴의 캠페인에 대한 좋지 않은 조짐이 되었는데 그의 캠페인은 또한 1890년 대 중반의 침체된 경제 상황에 의해 방해를 받고 있었다. 자신의 남극 탐험을 정부 안건으로 올리려고 애쓰던 마컴은 지원을 받기 위해 국제 과학계에 의지하였다. 그는 헨리크 불의 남극 항해와 아데어곶 상륙 소식에 고무된 바 있는데 그것은 소규모 탐험대조차도 사람들을 상륙시킬 수 있음을 보여주었다. 만약 정부 재정 지원이 마련되지 않으면 아마도 규모가 더 작은 탐험대를 창설하기 위해 민간 자금을 조달할 수 있을 것이다. 로스해로부터 대원들을 상륙시킬 수 있다면 그들은 자남극을 향해 또는 심지어 남극점 자체를 향해 힘차게 전진할 수 있을 것이다.

노르웨이 태생인 카르스텐 보르크그레빙크는 아데어곶에 상륙했던 사람들 가운데 하나였고, 그는 자기 자신의 탐험대를 이끌기를 간절히 바라고 있었다. 오스트레일리아에서 자금을 조달할 수 없게 되자 그는 유럽으로 달려가 그 탐험대의 업적에 관한 개인적 보고서를 제공하고, 자기 자신의 탐험대를 창설하기 위한 영국의 지원을 구하기 위해 자신의 존재를 이용한 최초의 인물이 될 수 있었다. 보르크그레빙크는 1895년 7월 런던의 사우스켄싱턴(South Kensington)에 있는 최근에 건립된 제국 연구소(Imperial Institute)에서 개최된 국제 지리학회(International Geographical Congress)에서 연설하기 위해 때맞추어 도착했다. 마컴의 주재하에 각국 대표들은 남극이 탐험가들의 주의를 가장 많이 필요로 하는 장소라는 것에 의견이 일치하였다. 그들은 '세기가 끝나기 전에' 남극 탐험대를 파견할 것을 요청하였다.[7]

반응이 쇄도하였다. 마컴이 잘 알고 있듯이 독일에서는 이미 과학자들 사이에 지원이 있었는데, 그곳에서는 오랫동안 남극 탐험의 지지자인 게오르크 노이마이어(Georg Neumayer)가 1895년 4월 브레멘에 있는 지리학회에 독일 탐험대를 제안한 바 있었다. 북극 탐험가이자 베를린대학교 지리학교수인 에리히 폰 드리갈스키(Erich von Drygalski)의 지원을 받아 노이마이어를 의장으로 하는 위원회가 하나 설립되었다. 그 위원회의 보고서는 남극 지도의 빈 공간들을 더 많이 채우고 '기후학, 지자기, 지구 형태, 동물학, 식물학 및 지질학 그리고 마지막으로 남극 얼음에 관한 연구'에 착수하기 위해 독일 탐험대 하나를 파견할 것을 권고하였다. 부상하고 있는 제국에 걸맞게 독일인들은 타국에 의해 이미 지도가 만들어진 지역을 탐험하는 것은 원치 않았으며 그 대신 '아직 면밀하게 조사되지 않았고, 반드시 새로운 결과를 확보할 수 있는 곳'으로 향할 계획을 세웠다.[8] 그렇게 함으로써 과학자들과 황제의 관심이 일치할 수 있을 것이며 정부가 재원을 마련할 수 있을 것이었다.

드리갈스키와 마컴이 충분한 자금을 얻기 위해 애를 쓰고 있는 동안 벨기에는 자국 탐험대를 발표함으로써 더 큰 나라들이 체면을 잃게 만들었다. 그 탐험대는 젊은 해군 중위 아드리앵 드 제를라슈(Adrien de Gerlache)가 인솔하고 브뤼셀 지리학회(Brussels Geographical Society)와 한 부유한 후원자로부터 자금 지원을 받을 것이었다. 그러나 그 탐험대는 벨기에 정부 지원은 거의 받지 못했기 때문에 숙련된 선원들과 과학자들을 다른 나라들에 의존해야 했다. 이들 중 25세의 노르웨이인 로알 아문센(Roald Amundsen)과 1891년 미국 탐험가 로버트 피어리(Robert Peary)의 북극 탐험대 외과의였던 32세의 미국 의사 프레데릭 쿡(Frederick Cook) 같은 사람은 계속해서 출중한 극지 경력을 갖게 될 것이었다. 쿡은 그 후 남극으로 가는 미국 탐험대를 조직하려고 노력했으나 성공하지 못했다.[9] 폴란드와 루마니아 출신 과학자들도 또한 제를라슈의 다국적 탐험대에 참가하였다.

쿡의 경험에서 알 수 있듯이 이제 미국은 남극에 대한 관심이 거의 없었다. 미국의 북극 탐험가 아돌푸스 그릴리 장군(General Adolphus Greely)은 북극에서 항해하는 것이 상대적으로 용이하고 경제적이며 '남극권 탐험에서 얻어지는 결과가 비교적 적기' 때문에 북극에 대한 관심이 더 많다고 주장하였다. 게다가 남극은 '꽁꽁 얼어붙게 하는 영하의 기온'과 '눈을 뜰 수 없는 폭풍설'로 생물이 거의 생존할 수 없는 지역이며 그로 인해 탐험가들이 생존하기에 훨씬 더 혹독한 장소라고 그는 주장하였다.[10]

미국의 알래스카주는 부분적으로 북극권 내에 놓여 있었다. 알래스카는 열광적인 골드러시의 현장이 되었던 1890년대 말에 많은 사람들의 주의를 끌었다. 그와 동시에 태평양의 엄청난 교역 기회가 특히 1898년의 스페인과 미국의 전쟁으로 필리핀과 쿠바가 미국의 지배하에 들어온 뒤 상당히 많은 미국인들의 주의의 초점이 되었다.[11] 남극과 비교하면 그 두 곳 모두에 많은 이윤의 가능성과 미국의 장군들, 제독들과 외교관들의 주의를 사로잡을 것이 많이 있었다.

제를라슈가 남극 반도 동해안으로 가는 자신의 탐험대를 계획했을 때 이윤은 그의 심중에 있지 않았다. 1897년 8월 새로 이름을 붙인 이전의 노르웨이 포경선인 *벨지카호(Belgica)*를 타고 떠난 제를라슈는 여름이 끝나가고 있었지만 1898년 1월 말까지도 남극 반도에 도달하지 못하였다. 계절이 늦었기 때문에 그의 계획들은 혼란에 빠지고 말았다. 얼음으로 뒤덮인 동해안으로 향하는 대신 제를라슈는 남극 반도 서안을 탐사하기 시작하여 다수의 섬들과 나중에 그의 이름을 지니게 될 320킬로미터의 해협을 발견하였다. 프레데릭 쿡은 그 광경을 다음과 같이 기술하였다:

…처녀해 속에 점점이 흩어져 있는 수십 개의 새로운 섬에는 셀 수도 없는 수백만 마리의 펭귄과 가마우지들이 살고 있으며, 접근 가능한 바위나 얼음으로 덮인 절벽 바위 턱에는 모두 엄청나게 많은 수의 바다표범들이 눈에 띄었다. 바다에는 막대한 수의 긴수염고래들이 있는데 그것들은 바다표범과 함께 가까운 장래에 하나의 새로운 산업을 제공할 것이다.[12]

그 배가 벨링스하우젠해의 퍼져 나가는 얼음에 의해 무자비하게 휘어잡혀 갇히면서 그 탐험은 6주 이내에 돌연히 끝나버렸다. 그 배는 그 후 13개

월 동안 조류 속에서 표류하고 있었다.[13]

제를라슈의 부하들은 그런 장기 체류를 견디게 해줄 적절한 겨울옷이나 충분한 물자를 제공받지 못했다. 서서히 침입하는 어둠과 구석구석 스며드는 추위로 인해 그들의 심신의 건강이 차츰 나빠졌음에도 불구하고 불굴의 쿡은 여전히 '번쩍이는 남극광(aurora australis) 속에서, 얼음 산맥 위로 비치는 강렬한 은빛 월광의 연주 속에서, 그리고 끝없이 펼쳐진 눈보라 위로 비치는 매혹적으로 투명한 별빛 속에서 눈을 위한 무수한 즐거움과 지성'을 발견할 수 있었다.

보다 실용적 차원에서 쿡과 아문센은 겨울을 견디기 위한 식량으로 충분한 수의 펭귄과 바다표범을 도살하여 저장하였는데, 괴혈병의 원인이 여전히 논란의 대상이 되고 있는 때에 쿡이 그 질병의 발생을 막기 위해 신선한 고기가 필수적이라고 생각한 것은 정확하였다. 쿡의 괴혈병 치료법의 한 가지 참신한 측면은 선원들을 매일 1시간 동안 벌거벗은 채로 난로 가에 앉아 있게 하는 것이었다. 선원들 간에 어둠으로 초래되는 우울증이나 정신 이상의 상존하는 위협은 규칙적인 작업이나 오락에 의해 줄어들었다. 쿡의 주의에도 불구하고 생명을 주는 펭귄 고기를 먹기를 거부한 과학자 1명이 사망했으며 선원들 중 2명이 그들의 두려운 상황 때문에 미쳐버렸다.[14]

그 일행의 운명은 이듬해 여름, 얼음이 그 배를 놓아주기를 거부했을 때 거의 확정되었다. 1899년 3월 14일 해협이 우연히 바다로 열렸을 때, 얼음톱을 사용하여 열린 분지로 길을 뚫고 나가는 데 한 달 이상 보낸 뒤에야 비로소 그 배는 풀려났다. 자신이 계획했던 탐험을 진행하는 대신 제를라슈는 즉시 벨기에로 귀환하였다.[15]

그 항해는 아무리 마지못해 한 것이라 하더라도 남극권 아래에서 월동을 한 최초의 항해였으며, 그것은 미래의 탐험을 계획하는 사람들에게 자신감을 심어주었다. 또한 얼음 속에서 보낸 몇 달이 벨기에 과학자들에게 풍부한 과학적 수확을 가져다주었으며 그들의 연구 결과는 그 후 10권의 책으로 출판되었다.[16] 그러나 그 탐험이 모두 과학에 관한 것만은 아니었다. 쿡은 남극에서 벌어들일 돈이 있다고 결론을 내렸으며 흥분한 나머지 그것을 '펭귄 엘도라도'라고 기술하고 '펭귄 세상을 인간이 정복해야 할 분야에 포함시켜야 한다'고 촉구하였다. 그는 혈기 왕성한 사람들이 사우스셰틀랜드가 중심이 된 하나의 '새로운 제국'을 설립할 것을 요구하였는데 그곳에는 '모피 산업을 운영하는 몇몇 건강한 야생의 에스키모 부족에게 식량을 제공하는 펭귄과 바다표범들이 있고, 번식하는 흰곰과 개와 여우들과 기타 약간의 북극 모피동물들'이 있었다.[17]

이윤을 창출할 수 있는 가능성이 그에 따르는 불가피한 소유권 문제를 제기하였다. 쿡이 자신의 *벨지카호* 탐험 보고서에서 언급했듯이 남극에 투자하는 것을 고려하는 사람은 누구든지 먼저 '이 땅이 누구 소유인가'를 알아야 할 것이다. 쿡의 견해로는 얼음으로 뒤덮인 광대한 남극 지역은 '누구의 소유도 아니며 적어도 발견의 권리에서 생기는 것을 제외하고는 정당한 권리가 요구된 적도 없었다.' 그러나 그 발견의 권리는 미국, 영국, 프랑스, 러시아, 노르웨이 및 이제 벨기에를 포함하는 여러 나라들에 의해 주장될 수 있었다. 그러나 그 권리들은 대개 수십 년 전에 확립된 것으로 아무런 후속 조치가 취해지지 않았으며 따라서 시간이 경과함에 따라 약화되어왔다.

쿡은 '이제 누구든지 수고를 아끼지 않고 그 일부를 점유하는 사람은 상당한 법적 효력과 함께 의심할 여지없이 소유자가 될 것'이라고 주장하였다. 모피 동물 사육의 경제적 가능성을 격찬하면서 쿡은 '이러한 야생의 황무지'가 머지않아 '알뜰한 모피 동물 사육가들로 구성된 하나의 섬 제국을 형성할 것'이라고 예측하였다. 또한 어느 나라가 '다가오는 이러한 강인한 개척자들의 경쟁이 가져다줄 이익을 보호하기 위해 앞으로 나설 것인가?'라고 물었다. 그는 나중에 '신은 스스로 돕는 자의 편이므로' 미합중국이 이러한 미점유 영토의 소유권에 대한 주장을 강조할 것을 촉구하였다.[19]

실제로 쿡은 여러 개의 지리학적 지형에 미국식 이름을 부여해 그것들이 미국 소유이고 그 발견의 우선권이 미국에 있다는 분위기를 만들어냄으로써 장래의 미국 권리를 강화하기 위해 자신이 할 수 있는 바를 다하였다. 제 를라슈가 4개의 큰 섬들을 벨기에 소읍의 이름을 따 명명하는 동안 쿡은 '파머 열도(Palmer Archipelago)'의 관련된 섬 전체를 미국의 바다표범잡이 너 대니얼 파머의 이름을 따 명명하였다. 쿡은 또한 여러 개의 섬에 미국식 이름을 부여했으며 한편 그의 동료 장교들은 다른 지형에 자국의 명칭을 부여하였다.[20] 하지만 그러한 명명은 19세기 동안 행해져온 잠정적 소유권 주장의 어느 것도 진행시키는 데 거의 도움이 되지 않았다. 이러한 주장의 어느 것이라도 인정을 받기 위해서는 각국 정부가 훨씬 더 분명한 조치를 취해야 하지만 영국과 유럽의 정부들은 여전히 남극에 탐험대를 파견하는 것에 어물쩍거리고 있었다.

또 다른 개인 탐험대가 벨기에인들을 따랐는데 이번에는 영국 탐험대였다. 미국과 유럽의 신문사들이 모두 그들 신문의 판매를 신장시키기 위해 북극 탐험대에 자금을 지원하고 얼음에 뒤덮인 모험에 관한 극적인 보고서들을 발간하였다. 1898년 영국의 신문사 사주 조지 뉴스 경(Sir George Newnes, 1851-1910. 영국의 출판업자. 1891년 *Strand Magazine*을, 1893년 *Westminster Gazette*를 발간하였음. 전자에 Sherlock Homes 이야기가 게재되었음—역자 주)이 추진력이 대단한 보르크그레빙크가 이끄는 남극 탐험대에 자금을 조달하기로 동의하였다. 1895년 아데어곶에 상륙한 적이 있었던 그는 이제 그곳에 기지를 건설하고 그 후에 얼음을 가로질러 남쪽으로 나아가기를 원했다. 그것은 북극에 도달하려는 시도가 그랬던 것과 같은 식으로 대중의 상상력을 사로잡기 위해 고안된 계획이었다.

뉴스로부터 4만 파운드를 받은 서른넷의 보르크그레빙크는 이전의 노르웨이 포경선 1척을 사들여 그것을 *서던 크로스호(Southern Cross)*로 개명하고 숙련된 선원들과 여러 명의 과학자들을 모았다. 그들 중에는 벨기에에서 태어나 어릴 때 호바트로 이민을 온 물리학자 루이 베르나치(Louis

Bernacchi)가 있었다. 그는 원래 불운했던 *벨지카*호에 타기를 희망했으나 그 계획이 무산되자 보르크그레빙크를 돕기 위해 런던으로 갔다. 선원들의 다수와 과학자들 중 한 사람이 노르웨이 출신이었으나 그 탐험대는 뉴스에 의해 '영국 남극 탐험대(British Antartic Expedition)'라는 별명이 붙었다.[21] 그 탐험대는 이익을 창출하려는 그 목적에 필수적인, 대중의 눈부신 관심 속에 떠날 최초의 남극 탐험대가 될 것이었다.

1898년 8월 런던을 출발하기에 앞서 보르크그레빙크는 남극에서 원주민을 발견할 가능성을 제기함으로써 대중의 흥미를 자극하기 위해 최선을 다했다. 설사 사람이 전혀 없어도 수백만 마리의 펭귄들이 있을 것인데 그는 펭귄들이 '너무나 지방이 많아 그들의 목구멍 아래로 심지를 떨어뜨려 그것에 불을 붙이면 당신은 살아 있는 램프를 갖게 될 것'이라고 적었다. 과학적인 마인드를 가진 베르나치는 그런 말들을 듣고 부끄러워했을 것이다. 그는 자신의 아버지에게서 '싸구려 악평'을 추구하지 말고 멜버른에서 자신의 과학자 직위에 머물러 있으라는 충고를 받았다. 그러나 '과학적 연구와 지리학적 발견'에 대한 '막대한 가능성' 때문에 그는 아버지의 충고를 무시해버렸다.

70마리 이상의 썰매 개들이 *서던 크로스호* 갑판 위에서 짖어대고 똥을 싸는 가운데 뉴스는 작별 오찬을 베풀어 탐험대의 임박한 출발을 축하해주었다. 스코틀랜드 지리학자이자 왕립 지리학회 사서 휴 로버트 밀(Hugh Robert Mill)은 오찬 손님들에게 '터무니없이 작은 우리 지구 위에 지금까지 아무도 발을 들여놓은 적이 없는, 또는 심지어 밟아보려고 시도조차 한 적이 없는 지역이 존재해야 한다는 것은… 정말로 수치스러운 것'이기 때문에 그 모험은 '인류 전체에 대한 가장 위대한 영예를 반영한다'고 말했다.

마컴은 그 오찬에 참석지 않아 관심을 끌었다. 그는 보르크그레빙크가 자금을 조달하는 데 성공한 것에 화가 났으며 그 탐험대와 인솔자에게 비난을 퍼부었다. 그는 지식인 사회에 탐험에 초연하라고 설득한 바 있으나, 일반 대중은 당연히 흥분했다. 그 배가 템즈 강에 들어오자 수천 명의 사람들이 강둑에 열을 지어 환호하며 배웅했으며 유람선들이 하루까지 그 배와 동행하였다. 그것은 '그 탐험대의 인기에 대한 두드러진 증거'였다고 베르나치는 적었다.[22] 뉴스는 자신의 투자에 대한 멋진 보답을 약속하는 그 광경을 보고 기뻐했을 것이다.

지리학상의 발견이라 할 만한 것은 거의 없을 터인데 왜냐하면 보르크그레빙크는 낯익은 아데어곶으로 돌아가는 데 여념이 없었기 때문이었다. 그러나 항해 도중 *서던 크로스호*의 선장이 멀리서 새로운 육지를 보았다고 생각했을 때 약간의 흥분이 있었는데 그는 그 땅을 즉각 '뉴스 랜드(Newnes Land)'라고 명명하였다. 베르나치는 결국 그에게 그 육지는 발레니 제도의 하나라는 것을 확신시켜주었다. 실망한 선장은 특별히 구조를 보강한 그 배를 조종하여 계속해서 북적대는 부빙들을 헤치고 나아갔다. 부빙들 중 하나에서 황제펭귄 1마리를 잡아 나중에 도살하고 박제로 만들었다. 나중에 3마리의 다른 펭귄들이 또 다른 부빙 위에서 목격되었을 때 다른 펭귄들을 더 가까이 꾀기 위해 박제된 펭귄을 얼음 위에 두었으나 그들은 슬기롭게도 일정한 거리를 두고 '무한히 슬픈 표정으로' 쳐다보고는 마침내 부빙 가장자리로 천천히 뒤뚱뒤뚱 걸어가더니 물 아래로 사라졌다.[23]

1899년 2월 17일 그 배가 아데어곶에 도착했을 때 대원들은 보르크그레빙크가 '개척자 캠프'라고 기술한 노르웨이 적송으로 만든 두 동의 조립식 오두막을 세웠다. 그 오두막들이 남극대륙 위에 세워진 인간이 만든 최초의 구조물이자 최초의 인간 정착지였다. 그 오두막들은 다가오는 겨울 동안 대원 10명을 수용하도록 설계되었으며 한편 *서던 크로스호*는 뉴질랜드로 철수하였다.[24]

1899년 3월 2일 배가 떠날 준비를 하고 있었을 때 보르크그레빙크는 요크 공작이 준 거대한 영국 국기를 게양하고는 그곳에 모인 장교와 대원들에게 자신이 '위대한 남극대륙 위에 최초의 국기'를 게양했노라고 말했다.[25] 실은 5년 전 보르크그레빙크가 쳐다보고 있는 가운데 비록 조그만 상자 위에 칠한 것들이지만 노르웨이 국기가 동일한 장소에 게양되었던 것이다. 그러나 영국 국기에 관한 그의 보고서가 영국 독자들을 만족시킬 것이며 그것을 보여주는 가상의 우월성이 그 행사에 의미를 더해주었다. 베르나치는 그 광경을 사진 찍었는데 그것이 대륙에서 찍은 최초의 사진이었다. 그는 나중에 '사방이 거의 모두 암울한 높은 설산 봉우리로 둘러싸인 이 작은 좁고 긴 땅 위의 깃대 주위에 사람들이 무리 지어 모인' 그 '그림 같은 인상적인 광경'을 기술하였다. 배가 멀어져갔을 때 베르나치는 뭍에 있는 대원들이 '일제 사격을 하여 배에서 발사하는 대포에 답하는' 또 다른 사진을 찍으려고 카메라 초점을 맞추었다.

국기를 게양한 뒤 영국을 대신하여 권리를 선포하는 의식은 동반되지 않았다. 영국, 노르웨이 그리고 핀란드 대원들이 섞인 무리임을 감안하면 그것은 부적절했을 것이다. 어쨌든 보르크그레빙크는 영국 정부로부터 그렇게 할 수 있는 권한을 받지 못했던 것이다. 일행이 뭍에서 보낸 그해 동안 거행된 의식은 없었지만 뉴스가 제공한 작은 영국 국기들이 그 경치를 가로질러 흩어져 있어 겉보기에 영국의 소유라는 인상을 주었다. 일행은 과학적 관찰에 열중하여 암석과 생물학적 표본들을 수집하고 개들과 썰매를 이용하여 내륙으로 짧은 여행을 하였다.

가까운 산꼭대기에서 자신들의 '개척자 정착지' 주위를 조사한 뒤 베르나치는 그곳이 얼마나 '이루 말할 수 없을 정도로 황량한'가를 자신의 일기에 기술하였다. '연이어 솟아오른 눈 덮인 봉우리들이 거리 때문에 점차 줄어들어 보이지 않게 되었다. 그 풍경의 정적과 부동성은 인상적이었다. 그 어느 곳에도 생기나 활력은 조금도 없었다.'[27] 베르나치에게는 이런 황량한 장소에 활용할 수 있는 경제적 용도는 전혀 없었다. 나중에 출판한 책에서 그는 남극을 '보편적인 죽음의 분위기에 싸여' 있다고 기술하였다.

많은 면으로 보아 그 탐험은 하나의 실망이었다. 큰 중요성을 가진 지리학적 발견도 하지 못했으며, 육상에서 겨울 한 철을 살아남은 최초의 팀이라는 것 이외에는 역사적 의미가 있는 다른 업적도 전혀 없었다. 보르크그레빙크는 무언가 더 많은 것을 이루고 싶었다. 1900년 2월 그들을 집으로데려가기 위해 *서던 크로스호*가 돌아갔을 때 그는 그 배를 남쪽으로 돌려로스해 안으로 몰았다. 배가 빙붕 가장자리에 도달했을 때 대원의 일부를상륙시켰다. 그들은 개 썰매를 타고 얼음을 가로질러 시늉에 불과한 거리를달려 남위 78도 50분에 도달한 최초의 인물들이 되었다. 이러한 짧은 상징적 여행을 한 뒤 보르크그레빙크는 로스가 도달했던 남위 78도보다 자신이남쪽으로 더 멀리 갔다고 선언할 수 있었으며 실제로 그때까지의 다른 누구보다도 더 남쪽으로 간 것이었다.

그러나 그것은 신문 헤드라인에 적합한 업적은 전혀 아니었다. 그곳은 사람들이 탐내는 남극점 근처 어딘가도, 로스가 도달하고 싶어 했던 자남극근처도 아니었으나 그것이 다른 탐험대가 그러한 목표를 달성하는 길을 열어놓은 것은 사실이었다. 그 탐험대는 대륙에 묻힌 최초의 인물이 있었다는것으로 주목할 만하였다. 그 불행한 사람은 노르웨이 동물학자 니콜라이 한센(Nicolai Hansen)이었다. 그는 티아민(thiamine) 결핍으로 인해 발생하는각기병(beriberi)으로 오랜 시간을 끌다 죽으면서, 자기 동료들에게 자신은아데어곶이 내려다보이는 황량한 능선 위에 묻히고 싶다고 말했다. 바위와얼음 속에 좁은 무덤을 하나 파는 데 이틀이 걸렸을 때, 그들은 그렇게 하겠다고 자신들이 선뜻 동의한 것을 후회하였다. 마침내 한센은 매장되었는데그의 시신을 노르웨이 국기로 싸고 무덤 위를 나무 십자가와 놋쇠 판으로덮었다.[29]

1900년 3월 31일 뉴질랜드에 도착했을 때 보르크그레빙크는 기자들에게남극에서 보낸 자신의 겨울에 관해 이야기했다. 그러나 대영 제국 전역에걸쳐 훨씬 더 극적인 사건들이 신문 헤드라인을 독차지하고 있었다. 1899년에 발발한 보어 전쟁(Boer War)으로 인해 대중의 응시는 남극에서 남아

프리카로 옮겨졌다. 나중에 보르크그레빙크는 자신들이 대중이 '트란스발 (Transvaal)과 위대한 보어 전쟁에 관한 책들만 원하는' 때에 런던에 돌아왔다고 불평하였다.[30]

게다가 남극대륙으로 다시 돌아간다 해도 이윤이 전혀 생길 것 같지 않았다. 심지어 베르나치는 포경업이 수익성이 있다는 생각을 떨쳐버리고 고래들이 거의 절멸했다는 그릇된 주장을 하였다. 비록 남극점 정복이 미래의 탐험대들을 끌어 모을 것이라는 점은 인정했으나 베르나치는 남극은 오직 과학만을 위해 중요하며 그것은 '모든 근면한 현대적 연구자들이 함께하는 남극 전역에 대한 꾸준하고 계속적이며 힘들고 체계적인 탐사'를 필요로 한다고 주장하였다.[31] 그러한 고결한 목적은 자신들의 돈을 또 다른 탐험에 투입하는 뉴스 같은 사람들을 끌어들일 가능성은 없었다. 그러나 제국의 경쟁과 영토 획득이라는 보다 저속한 정서에 내던져진 탐험들을 후원하기 위한 돈이 몰려왔으며 보르크그레빙크의 탐험 후 이내 4개의 탐험대들이 남쪽으로 갔다.

1901년 독일과 영국 탐험대들이 서로 며칠 이내에 떠났다. 독일인들은 전 세계에 걸쳐 제국의 영토를 획득하려는 경주에 늦게 참가한 선수였으며 건조한 서남아프리카에서 정글로 덮인 뉴기니 동북부에 이르기까지 다른 제국들이 자신들을 위해 애써 가로채려고 하지 않는 땅을 점령하는 것에 만족해야 했다. 그럼에도 불구하고 그들은 흩어져 있는 독일의 영토에 눈 덮인 남극을 추가하려고 달려들지도 않았을 뿐 아니라 베를린 정치가들의 관심을 동요시키기에 충분한 과학적 발견의 매력에도 관심이 없었다.

독일 탐험가 칼 프리커(Karl Fricker)는 계속되는 무관심에 너무나 좌절감을 느낀 나머지 1898년 한 권의 책을 출판하여 자신의 동료 시민들에게 독일이 남극에 대해 벨기에와 스웨덴에 패배할 위험이 있다고 경고하였다. 독일이 "남극대륙의 존재 또는 비존재"를 증명하는 데 다른 나라들이 앞장서도록 허용한다면 "사상가와 연구자들의 나라"라는 그 호칭을 어떻게 계속 유지할 수 있겠는가?'라고 프리커는 물었다. 그는 독일의 과학이 '지리학의 마지막이자 가장 큰 이 문제의 해결에서 자신의 몫을 차지할 것'을 원하였다. 그리고 만약 정부가 기여하지 못한다면 과학과 탐험에 관심이 있는 모든 독일인들이 '이러한 염원의 실현을 도와야' 한다고 그는 적었다.[32]

독일 신문들이 타국의 탐험 준비를 보도하는 가운데 1898년 2월 독일의 과학 단체들이 민간 자금을 댄 탐험대를 창설하기 위한 드리갈스키의 제안을 지지하는데 의견을 함께했다. 드리갈스키는 그것을 '국가적 명예와 의무'의 문제라고 주장하고 독일 정부에게 지원을 제공하도록 재촉하며 감정에 호소하였다. 1899년 1월 베를린 지리학회(Berlin Geographical Society)와 독일 식민 협회(German Colonial Society)의 연석 회의에 이어 정부는 마침내 탐험대에 자금을 댈 것을 동의하였다. 특히나 당시 부상하던 독일 해군이 그들이 지배하고 싶은 대양에 관해 더 많은 것을 배우기를 간절히 원했다. 충분한 자금 지원을 받아 5명의 해군 장교와 5명의 과학자들을 포함해 32명의 선원들을 위한, 선실이 딸린 돛대가 셋 있는 바켄틴선인 *가우스호(Gauss)*가 건조되었다. 지리학적 발견과 과학 연구가 탐험대의 공식 목표였으며 한편으로 급성장하는 독일 제국의 위신이 빌헬름 2세 황제(Kaiser Wilhelm II)와 제국의회(Reichstag) 내의 탐험 지지자들이 자신만만하게 기대한 보상이었다.[33]

이와 마찬가지로 영국 탐험대도 왕립 지리학회의 지원만으로 시작되었는데 그 학회는 5천 파운드를 대중의 호소에 위탁해야 한다는 1898년 6월 마컴이 한 제안에 동의하였다. 9개월이 더 지나 어느 개인 후원자가 2만 5천 파운드를 기부할 것에 동의했고, 그것이 계속적인 기부를 고무시켜 그 탐험대를 실행 가능한 제안으로 만들었다. 마컴의 오랜 캠페인이 마침내 성공을 거두었다.

마컴이 자신이 '남극의 영웅들'이라고 부른 사람이 될 운명인 대원들을 선택하는 가운데 장교들을 모집하기 시작하였다. 막대한 기부금을 손에 넣은 마컴은 정부를 압박할 수 있었는데 그때까지 정부는 과학 기구들만 기부할 것을 제안해왔다. 마컴은 자신의 비장의 카드를 사용하여 '과학 국가로서 영국과 독일 간에 결투-남극점을 향한 일종의 국제 경주-가 진행 중에 있다'고 선언하였다. 이리하여 점차 쇠퇴하는 제국과 부상하는 그의 경쟁국 사이에 경주의 개념이 생겨났다. 영국인의 기개가 독일인을 상대로 남극에서 거대한 제국 경쟁을 연출할 것이다.

경주의 개념이 탐험의 후원자가 되도록 영국 황태자를 설득하는 것을 도왔으며, 마침내 정부를 자극하여 4만 5천 파운드를 위탁하고 해군 장교들과 선원들을 제공하도록 하였다.[34] 정부의 지원은 마컴과 재무장관 아서 벨포(Arthur Balfour)간의 회합의 뒤를 이었는데 재무장관은 '과학 시대'의 국민이 남극에 관해 '완전한 무지'의 상태에 있다는 것은 용납할 수 없다는 점에 의견을 함께하였다. 마컴은 그에게 독일과의 과학적 협력이 '남극 탐험에 관여한 국가들 간에 하등의 영토상의 경쟁이 있을 수 없다'는 것을 보장할 것임을 확신시켰다.[35] 마컴 자신이 경주의 개념을 조장하고 있음을 감안한다면 이것은 하나의 헛된 희망이었다.

탐험 계획을 세울 때 마컴은 남극 지역을 자신이 영국식 이름을 붙였던 사분할 지역으로 나누어 그것들을 빅토리아(Victoria), 로스(Ross), 웨델(Weddell) 그리고 엔더비(Enderby) 사분할 지역으로 부름으로써 남극에서 영국의 우위를 인정받게 하려고 애를 썼다. 그들의 경계는 경도 90도 선을 따라 설정되었다. 그렇게 함으로써 마컴은 다른 나라들이 탐험에 들인 노고를 전혀 존중하지 않고 실질적으로 남극 전체에 걸쳐 영국 국기를 게양해버렸다. 그는 1899년 9월 베를린에서 개최된 국제 지리학회에서 어리벙벙한 관중들에게 그 명명법을 발표하였다.

그의 이야기는 또한 극지 탐험에서 개를 이용하는 것에 대한 하나의 통렬한 비난이었는데 그는 개를 이용하는 것은 '매우 잔인한' 것이며 개를 사용한 탐험의 성과는 '개 없이 인간이 달성한 업적과 비교될 수 없다'고 주장하였다. 영국 탐험가들은 북극에서 썰매를 끌었고, 그는 남극에서 그들이 똑같이 하지 말아야 하는 이유를 알 수 없었다. 그는 그 탐험이 영국인의 남자다움에 대한 시험이 되어주면서, 보어 전쟁에서 영국 병사들이 산만한 전투를 치른 뒤 나라를 안심시켜주기를 원했다.

베를린학회 이틀 후 마컴은 드리갈스키와 만나 독일인들은 케르겔렌 제도 남쪽의 엔더비 및 웨델 사분할 지역으로 가는 한편 영국인들은 오스트레일리아와 남아메리카 사이의 빅토리아 및 로스 사분할 지역을 탐험하는 데 합의하였다. 마컴은 독일인들에게 4개의 사분할 지역들이 모두 '미지의 장소로 뚫고 들어가 과학에 가장 가치 있는 발견을 하기 위한 동일한 기회를 제공한다'는 것을 확신시켜 주었다. 과학적 협력에도 불구하고 탐험대들 간에는 불가피한 경쟁이 있었는데 탐험대들은 그들 각자의 제국의 희망과 기대를 짊어지고 있었다.[36]

마컴은 로버트 스콧과 같은 젊은 장교들의 영웅적 행위를 입증할 근거를 제공함으로써 영국 해군의 우위를 보존하기를 바랐는데, 그들은 눈으로 뒤덮인 상황에서 시험을 받고 자신들의 지리적 발견만큼 용기와 인내로 달성한 업적에 의해 판단 받을 것이다.[37] 마컴은 자신의 젊은 조수에 대한 최상의 자신감을 갖고 있었으며 그를 '완벽한 신사의 본능'을 지닌 '감탄할 만한 조직자'이며 '타고난 사람들의 지도자'라고 칭찬하였다.

본데 있는 집안 출신이란 것이 마컴에게는 중요했는데 그는 자신이 선택한 장교들의 혈통을 개략적으로 설명하였다. 그는 또한 장교들의 썰매를 장식하고 그들이 멀리서도 쉽게 식별할 수 있는 깃발들을 고안하였다. 그 깃발들에 공통된 요소는 성 조지의 영국 십자가(English Cross of St George, 성 조지는 영국의 수호성인으로 4월 23일이 그 축일이다—역자 주)였는데, 그것은 많은 비용을 들여 목적에 맞게 특별히 건조한 탐험선인 *디스커버리호 (Discovery)*의 함기에서도 눈에 잘 띄었다. 마컴은 기사도 시대의 역사적 기사들의 전통을 따르고 있었는데 각 장교들의 깃발은 자신이 '다른 무엇보다도 먼저 영국인'임을 나타내도록 기도되었다.[38] 마컴에게 탐험대를 파견하는 것은 전투에 영국 기사들의 군대를 보내는 것에 가까웠으며 과학은 부차적인 고려 사항이었다. 왕립 협회가 지질학자이자 숙련된 탐험가인 존 그레고리(John Gregory)를 스콧에 우선하여 탐험대장으로 임명하려고 애를 썼을 때 마컴은 자신이 선택한 해군 장교가 반드시 함상에서나 육상에서 모두 대장이 되도록 하였다. 그것은 과학에 대한 모험의 승리였다. 부하 과학자들 가운데는 루이 베르나치가 있을 터인데 그는 자기 관찰의 책임을 맡기 위해 때맞추어 보르크그레빙크 탐험대에서 돌아와 도착하였으며 한편 생물학자 1명과 지질학자 1명이 소규모 과학 팀을 마무리하였다.

마컴은 윌리엄 브루스가 반드시 *디스커버리*호에 승선하지 못하도록 하였다. 1899년 초에 그 탐험이 발표되자마자 브루스는 자신의 도움을 제공하고 만남을 제안하는 편지 한 통을 급히 마컴에게 써 보냈다. 마컴은 한 달 이상 지나 답을 했기에 결국 그 만남은 결코 성사되지 못했다. 거의 1년이 지나서야 비로소 마컴은 브루스에게 전갈을 보내 그에게 보조 과학자로 지원할 것을 제안하였다. 이것은 아마 다른 어떤 지원자보다 경험이 많았을 브루스에게는 엄청난 모욕이었다. 그럼에도 불구하고 그는 그 제안에 따랐으며 동시에 마컴에게 그가 자기 자신의 탐험대를 출발시킬 만큼 충분한 자금을 거의 모았음을 알렸는데 그는 그 탐험대를 '제2의 영국 남극 지역 탐사선'이라고 기술하였다.

브루스는 영국의 국가적 공동 사업에서 마컴과 협력하기를 간절히 바라는 것처럼 보였으나 마컴은 그의 말을 자신의 재원조달에 대한 일종의 위협으로 간주하고 그 '심술궂은 경쟁'에 대해 욕을 퍼부었다. 이러한 비난을 받아들이기 전에 브루스는 마컴에게 '그 두 번째 탐험선을 보내는 것이 이제 확실하다'는 것과 그 탐험대는 '스코틀랜드 탐험대'가 될 것인데 자신은 그것이 웨델 사분할 지역에서 활동을 집중함으로써 '독일과 영국 탐험대를… 보완하기'를 원한다고 알렸다.[39] 그 싸움은 이제 잉글랜드인과 스코틀랜드인 간의 싸움이 되었으며 머레이와 다른 스코틀랜드 과학자들, 그리고 왕립 스코틀랜드 지리학회(Royal Scottish Geographical Society)가 브루스와 결속하였다.

자신의 자금 조달에 대한 마컴의 두려움은 부당한 것이었다. 정부의 후원이 있었기 때문에 그의 준비는 브루스의 활동에도 방해받지 않았다. 1901년 7월 말, 마컴의 오랜 캠페인이 마침내 결실을 맺었다. 그는 *디스커버리호*가 항해 준비가 되었을 때 런던의 이스트 인디아 도크(East India Dock)에 있는 그 배에 승선해 있었다. 열렬한 관중들과 눈물이 글썽한 친지들로 인한 혼란 속에서, 나중에 스콧을 하늘 높이 띄워줄 무거운 수소 풍선용 가스통들을 포함한 가방과 운송용 대형 나무상자들이 배에 실렸다. 2대의 피아노도 조심스럽게 배에 실렸는데 1대는 장교용이고 1대는 선원용이었다. 다가올 긴 겨울 동안의 여흥을 위한 설비는 거기서 끝나지 않았다. 마술 연습을 한 적 있던 하급 장교 어니스트 섀클턴(Ernest Shackleton)은 타자기 1대와 선상 연극용 분장 상자와 드레스들을 제공받았다. 자신의 예복을 입고 승선한 런던의 주교는 모인 대원들에게 '신이 언제나 그대들과 함께 계신다'는 것을 결코 잊지 말 것을 상기시켰다. 그러고 나서 그들은 떠났다. 마컴은 카우즈(Cowes, 영국 잉글랜드 남쪽 해안, 영국 해협에 있는 Wight 섬의 항구도시로 휴양지임—역자 주)까지 가는 짧은 항해 동안 승선해 있었는데 거기서 국왕 에드워드 7세가 그 배를 순시하고 스콧에게 그의 노력은 '그대의 조국뿐 아니라 문명 세계 전체에 소중할 것'이라고 말했다. 마컴이 배를 떠날 때 그는 자신이 그렇게도 신중하게 선발한 이 젊은 대원들이 '영예로운 사업을 수행하러 가는 길이며 불구대천의 적이 아니라 더 끔찍한 자연의 힘과 싸울 것이며… 진실로 그들이 영국 기사도의 선봉대를 구성한다.'고 말했다.[40]

탐험의 초점은 로스해가 될 것이며 거기서부터 스콧은 남극점이나 자남극을 향해 나아갈 작정이었다. 그 배는 가능한 멀리 남쪽으로 급히 가서, 뒤에 올 구조선을 위해 스콧이 자신의 통과 기록을 남길 해안을 따라 돌무더기를 놓아둘 것이다. *디스커버리호*가 더 이상 갈 수 없으면 일행은 상륙하여 그 속에서 대부분의 과학 관찰을 시행할 아스베스토스 컴퍼니(Asbestos Company)가 제공한 조립식 오두막을 세울 것이었다. 대원들은 얼음에 갇힌 자신들의 배에서 편안하게 겨울의 여러 달을 보내며 첫해 겨울이 끝날 무렵 그들은 내륙으로 썰매 여행을 할 것이었다. 마컴은 '탐험대의 모든 역량은 내륙 탐험이라는 위대한 계획에 집중되어야 한다'는 점을 분명히 하였다.[41] 나중에 밝혀진 것처럼 스콧의 경험으로는 그는 마컴이 그에게 맡긴 임무에 대한 준비가 거의 되어 있지 않았다.

시작은 매우 순조로웠고, 뉴질랜드로 항해하면서 그들은 맥쿼리 섬을 통과했는데 거기서 대원들이 그 맛에 익숙해지도록 펭귄들을 잡아서 먹었다.[42] 뉴질랜드에서 남쪽으로 향했을 때, 그들은 경험하게 될지도 모르는 것에 대한 두려운 느낌이 들었다. 스콧의 담당 하사관 레지널드 포드(Reginald Ford)는 그의 여동생에게 우리들 모두는 '우리가 그 성채에 침입하여 정복하기를 바라는 그 무서운 괴물(얼음)을 처음으로 접하는 것을 기대하고 있었다'라는 편지를 썼다.[43] 1902년 1월 9일쯤 *디스커버리호*는 아데어곶에 도착하여 남쪽으로 해안선을 따라가기 위해 앞으로 나아갔다.

*디스커버리호*가 마침내 로스 얼음 장벽(Ross Ice Barrier)에 다다랐을 때 그 배는 로스가 보았던 산맥을 찾아서 가까이하기 어려운 얼음 절벽을 따라 동쪽으로 둘러 갔다. 멀리서 산맥이 어렴풋이 보이는 빙붕의 동쪽 끝에서 스콧은 자신이 에드워드 7세 랜드(Edward VII Land)라고 부른 곳을 더 잘 보기 위해 밧줄로 매놓은 풍선을 타고 날아올라갔다. 섀클턴도 자기 풍선을 타고 뒤를 따랐으며 풍선이 근 200미터 길이의 로프의 한계에 다다랐을 때 사진을 찍었다. 그러나 보이는 것이라고는 멀리 펼쳐져 있는 얼음뿐이었다. 그러고 나서 스콧은 *디스커버리호*를 다시 빙붕의 서쪽 끝으로 몰아 인접한 땅덩이에 해빙으로 연결되어 있는 로스 섬 위의 허트 포인트(Hut Point)에 자신의 기지를 세웠다.

거기에서 그들은 아마추어 연극으로 즐거운 시간을 보내며 긴 겨울의 어둠을 견뎠다. 한 편의 희극 상연에서 스콧은 가정부 역을 맡았고, 12명의 선원들은 흑인으로 분장해 흑인 가곡을 부르고 춤을 추었다. 이런 모든 오락들은 섀클턴이 자신의 타자기로 만드는 일종의 월간 신문인 *사우스 폴라 타임스(South Polar Times)*에 보도되었다.[44] 다른 활동 가운데는 남극대륙이 과연 대륙인지에 관한 장교와 과학자들 간의 논의가 있었다. 그들은 6대 5의 찬성으로 그 문제를 해결하였다.[45]

마침내 태양이 모습을 드러냈을 때 성 조지 십자가를 휘날리는 썰매 팀들이 얼음을 가로질러 여러 방향을 향해 나아갔다. 스콧, 섀클턴과 탐험대 의사들 중 독실한 기독교도 에드워드 윌슨(Edward Wilson)은 1902년 11월 남극점까지 줄곧 도달하기를 바라며 남쪽으로 향했다. 19마리의 개들과 함께 출발하였으나 그들은 그 너머의 산악지대로 향하기 위해 거대한 로스 얼음장벽을 벗어나는 것조차 실패하였다. 그들은 약 440킬로미터를 이동하여 그전 어느 때보다 더 남쪽인 남위 82도를 막 지났으나 남극점으로부터 아직도 약 800킬로미터가 모자랐다.

개들이 부패한 먹이를 먹고 병이 들어 차례로 죽고 대원들이 굶주림으로 쇠약해지고 괴혈병에 걸리자 그러한 노력마저도 거의 재난으로 끝났다. 섀클턴은 너무 아파서 각혈을 하고 흉통으로 고생했으며 썰매를 끄는 것을 도울 수 없었다. 한편 개들은 너무 쇠약해지고 수가 줄어 썰매 뒤를 따라 걸어오게 하였으며 결국은 윌슨의 메스로 도살하여 식량으로 삼았다.

자신들의 절망적 상황에서 스콧과 섀클턴의 사이가 틀어져버렸는데 그것은 결코 회복되지 않았다. 그들이 자신들의 최남단인 남위 82도 15분 지점에 다다랐을 때 스콧은 노골적으로 섀클턴을 살아남은 개들과 함께 남겨두고 1킬로미터 남짓한 거리를 윌슨과 함께 밀어붙였기 때문에 섀클턴은 그 영예를 함께 나누지 못하였다. 괴혈병의 발생은 스콧의 리더십의 부족한 점을 반영했는데 그는 신선한 바다표범 고기의 보호 효과를 더디게 인정했던 것이다.

식량이 거의 사라진 가운데 그 세 사람은 간신히 살아서 허트 포인트로 돌아왔다. 1903년 1월 예정된 구조선이 도착했을 때 그 배는 스콧과 얼음에 갇힌 *디스커버리호*가 거기서 한 해 더 머물 수 있도록 할 보급 물자를 남겨주었으며, 한편 스콧에 의해 더 남아 있기 부적합하다고 생각한 대원들을 데려갔다. 섀클턴에게는 몹시 원통하게도 그는 귀환된 대원 중 하나였으나 런던에서 그는 영웅으로 맞아들여졌다.

둘째 해 동안 스콧은 남서쪽의 대륙 자체로 550킬로미터 이상 나아간 두 달간의 썰매 여행을 지휘하여 빅토리아 랜드의 중심부에 다다랐다. 스콧은 더 많은 것을 하고 싶었으나 그러려면 그가 3년을 머물러야 했고 그것은 선택할 수 있는 것이 아니었다.[46]

지금이 바다나고 *디스커버리호*가 얼음에서 벗어날 수 있을지 확실치 않은 가운데 마컴은 스콧 일행을 귀국시킬 2척의 배를 조직하였다. 1척은 *모닝호(Morning)*였고 나머지는 던디의 포경선 *테라노바호(Terra Nova)*였다. *디스커버리호*를 포기해야 될 경우 이 2척의 배들이 스콧과 그 일행과 함께 모든 과학적 수집품과 기구들과 구할 가치가 있는 물자들을 수용할 충분한 수용능력이 있을 것이다. 1904년 1월 5일 그 2척의 구조선이 도착했을 때 그들은 바로 그렇게 해야 할 것 같이 보였는데 왜냐하면 *디스커버리호*가 여전히 얼음 속에 단단히 갇혀 있었기 때문이었다. 6주가 더 걸리고 폭약을 사용한 뒤에야 비로소 얼음이 그 움켜쥐었던 손을 놓았다.[47]

떠나간 섀클턴으로부터 *사우스 폴라 타임스*의 편집을 인계받았던 베르나치는 두 번째로 남극과 작별하였다. 그는 영국과 독일 탐험대들이 남극에서 발견되었던 거대한 땅덩이가 '하나의 광대한 대륙을 구성하는지 아니면 지나치게 쌓인 얼어붙은 눈 아래에 질식해 있는 섬들로 구성된 하나의 열도인지' 여부를 최종적으로 확인할 수 있을 것이라는 큰 희망을 품어왔다. 그러나 그는 그들이 진실을 알 정도로 충분히 탐사하지 못했음을 인정하지 않을 수 없었다.[48] 빅토리아 랜드를 가로지른 그 모든 썰매 여행은 베르나치가 이미 알고 있는 것—그것이 거대하게 뻗어 있는 육지라는 것—을 확인했을 뿐이었다. 그것의 정확한 경계는 미지로 남아 있었다.

남극의 소유권에 대해서 말하자면, 스콧은 명확한 가치가 전혀 없는 영토에 대한 권리를 주장하는 것에 별로 주의를 기울이지 않았다. 그럼에도 불구하고 그의 *디스커버리*호 항해와 허트 포인트에서 보낸 두 해, 내륙 탐사들이 모두 영국이 할 수 있는 모든 주장에 무게를 더하였다. 마컴은 '여태까지 알려지지 않았던 새로운 세계'를 발견한 스콧의 '영웅적 인내의 이야기'를 극구 칭찬하였다. 마컴은 소유권이 이러한 발견들의 뒤를 이을 것임을 암시하며 다음과 같이 적었다:

···브리태니아의 깃발이 얼음 위에 그 그림자를 던졌으며
그리고는 환호성을 울리며 그 땅을 자신의 소유로 맞아들였다.[49]

그러나 다른 사람들에게 그 탐험은 막연한 크기의 아무 가치 없는 황무지를 대영 제국에 추가한 것이라기보다는 발견과 그로부터 생기는 영예에 관한 것이었다. *디스커버리*호 사무장인 레지널드 포드(Reginald Ford)는 나중에 유형의 이득이라고는 전혀 없는 사업에 그렇게 많은 돈을 낭비하는 것을 궁금해 하는 영국 사람들에게 과학과 국가적 영예가 충분한 대의명분이라고 말했다. '영국이 땅이나 부나 권력의 소유만 생각한다면 그것은 영국으로서는 기분 나쁜 날이 될 것이다'라고 포드는 말했다.[50]

값비싼 탐험의 한정된 성과와 그 조직에 대한 의문에도 불구하고 스콧이 영국에 돌아오자 사람들은 상당한 환호와 함께 그를 맞아들였다. 그는 발모랄(Balmoral, 스코틀랜드에 있는 영국 왕실의 별궁—역자 주) 성에서 군주를 알현해 2시간 동안 강의를 했으며 그런 다음 1904년 11월 7일 사람들로 꽉 들어찬 앨버트 홀(Albert Hall, 런던의 켄싱턴에 있는 앨버트 왕자를 기념하

여 1871년에 개관된 다목적 홀—역자 주)에서 일반 대중을 상대로 강연을 하기 위해 런던으로 돌아갔다. 스콧이 7천 명에 달하는 관중에게 남극에서 보낸 두 해에 관해 극적으로 예시된 150장의 슬라이드로 자신들의 업적에 관해 얘기를 했을 때, 대원들이 남극에 가져갔던 썰매 깃발들이 기사들의 훈장처럼 무대 위에 배열되었다.

주영 미국 대사는 그 행사를 이용하여 스콧에게 필라델피아 지리학회(Philadelphia Geographical Society)가 수여하는 메달을 선물하고 스콧이 '남극점에 유니언 잭을 꽂음으로써 세계지도를 완성하도록' 허용하는 한편 미국의 북극 탐험가인 로버트 피어리는 '북극점에 성조기를 꽂을' 것을 제안하였다. 이러한 발견의 공유로 인해 세상이 '앵글로 색슨족의 따뜻한 형제의 포옹 속에' 안길 것이라고 그 대사는 선언하였다.[51] 그러나 영국과 미국만 양극에 대한 도전자들은 아니었다.

독일 탐험대가 1901년 8월 스콧이 떠난 지 불과 닷새 후에 떠났던 것이다. 드리갈스키는 케르겔렌 제도 남쪽을 탐사하는 데 동의했는데 그 이유는 그곳이 지리학적 발견의 가능성이 더 좋을 것으로 예상했기 때문이었다. 동경 50도와 동경 110도 사이에 해안선이 있는지 여부와 남극을 가로질러 웨델까지 줄곧 트인 바다가 있는지 여부에 관한 진지한 논의가 여전히 남아 있었다. 드리갈스키는 어느 쪽이든 만일의 사태에 대한 준비가 되어 있었다.

1902년 2월 *가우스호*는 동경 약 90도에서 이전에 목격되지 않았던 얼음 장벽의 가장자리에 다다랐는데 이는 외해라기보다는 서쪽으로 쭉 엔더비 랜드까지 그러한 해안선이 있음을 암시해주었다. 그것을 확인하려면 *가우스호*가 수백 킬로미터만큼 그 장벽을 조사해야 할 것이다. 그러나 수주 이내에 그 배는 해안선으로부터 약 90킬로미터 떨어진 곳에서 얼음에 갇히게 되었으며 다음 해 여름까지는 탈출할 가망이 없었다.

과학자들은 기상 관찰과 다른 관찰을 하고 펭귄 기름 불빛에 비추어 글을 썼으며, 대략 동경 85도와 95도 사이에 위치한, 드리갈스키가 빌헬름 2세 랜드(Wilhelm II Land)라고 부른 곳으로 비교적 단기간의 개 썰매 여행을 준비하면서 그 다음 11개월을 보냈다. 거기에서 그는 사화산 하나를 발견하여 그것을 '가우스버그(Gaussberg)'라고 이름 지었다. 이러한 썰매 여행 중 한 차례 여행에서 드리갈스키는 돌무더기를 하나 만들고 그 속에 '지금까지의 탐험사를 자세히 기술한' 문서를 한 통 담은 병을 저장해두었다. 그런 다음 드리갈스키가 나중에 말했듯이 비록 그 문서는 '아마도 다시 볼 수 없겠지만' 그들의 업적을 알리고 그 장소에 대한 소유권을 주장하는 역할을 할 독일 국기를 그 돌무더기 옆에 게양하였다. 스콧과 마찬가지로 독일인들도 눈 덮인 육지를 상공에서 바라보기 위해서 배 위로 근 500미터 밧줄에 묶인 풍선을 사용했는데 그 육지는 얼음 장벽으로부터 거침없이 위쪽과 남쪽으로 경사를 이루고 있었다.[52]

나중에 20권의 책으로 발행되었던 독일 탐험대의 과학적 결과는 어떤 제국에 대해서도 충분한 위신을 세워주었을 것이다. 그럼에도 불구하고 독일 황제는 더 많은 것을 원했다. 그는 더 큰 넓이의 새 영토 위에 자신의 깃발을 게양하기를 원했다. 그러나 1903년 2월 가우스호가 마침내 풀려났을 때, 그 얼음은 그곳의 지도를 계속 작성하기 위해 그 배가 해안선에 충분히 가까이 다가가는 것을 막았다.

다가오는 겨울과 함께 주변 상황이 악화되기 시작하여 드리갈스키는 케이프타운으로 향하기로 결심하였다. 거기서 그는 다음 해 여름을 기다렸다가 빌헬름 2세 랜드의 영토 한계를 확장하려는 또 다른 시도를 하기 위한 허락을 요청하는 전보를 보냈다. 케이프타운에 있는 동안 드리갈스키는 자신이 '기록적인 고위도에 도달하지 못한' 것을 공격하는 비평가들의 글을 읽고 실망하였다. 드리갈스키에게 유감스럽게도 독일 황제도 이러한 비평가들 중 한 사람이었으며 다음 해 여름의 작업을 위해 남쪽으로 향하려는 그의 요청을 거부하였다. 집으로 향하면서 드리갈스키는 자신이 '성취할 수 있는 모든 것을 성취했으며 우리가 남극에 관한 확실한 지식을 풍부하게 지니고 간다'는 생각으로 자신을 위로하였다.[53]

드리갈스키의 동료 지리학자와 과학자들은 그의 업적에 더 감사했으며 그가 나중에 런던의 왕립 지리학회에서 연설했을 때 그를 따뜻이 축하해 주었다. 마컴이 불참한 가운데 그날 저녁은 남극에서의 국제적 협력에 대한 일종의 축하였다. 이 모임의 의장이었던 토마스 홀디치 경(Sir Thomas Hldich)은 그러한 협력을 환영했으며 그로 인해 남아 있는 남극의 미스터리가 '더 신속하게, 더 정확하게 그리고 더 만족스럽게' 밝혀질 것이라고 상상하였다.

드리갈스키는 남극은 '너무나 거대하기 때문에 일개 탐험대가 그것을 만족스럽게 다룰 수 없다'는데 의견을 같이 하였다. 더욱이 그의 팀의 과학적 관찰 결과는 다른 곳에서 관찰한 결과와 비교할 때 더 가치가 있을 것이다. 비록 존 머레이 경이 독일인들에게 '우리가 그것이 발견되리라고 예상했던 장소에 이 대륙이 존재한다는 것을 그들의 연구가 증명한' 데 대해 에둘러 칭찬을 했지만 홀디치는 아직도 남극이 '계속 이어지는 하나의 거대한 땅'인지 여부에 대한 약간의 의심이 존재한다고 생각하였다.[54] 드리갈스키가 그것이 하나의 단일 대륙이라는 증거를 추가한 것은 분명하였으나 그 역시 자신의 결론에 신중하였다. 그는 독일이 그것의 소유권에 대한 잠정적 주장을 확립할 수 있게 해준 비교적 작게 펼쳐진 해안선 하나를 발견하고 그것에 이름을 붙인 것에 만족했다. 만약 그러한 주장이 확실한 것이 되려면 훨씬 더 많은 발견을 해야 할 필요가 있을 것이다.

스웨덴 탐험대 하나가 영국과 독일 탐험대에 동행해 남쪽으로 갔다. 스웨덴은 오토 노르덴쇨드(Otto Nordenskiold)가 1880년 유럽의 북극 해안을 일주하여 태평양까지 항해하며 극지 탐험에 그 이름을 남겼다. 젊은 오토 노르덴쇨드는 자기 삼촌의 업적에 고무되어 1895년 티에라 델 푸에고로 가는 스웨덴 탐험대를 지휘하였다. 이제 그는 다시 남쪽으로 떠났는데 헨리크 불의 *앤탁틱호*의 도움을 얻어 고래잡이 칼 라르센을 선장으로 모셨다. 이 스웨덴 민간 탐험대의 초점은 남극 반도 동쪽 끝 근처에 있는 스노 힐 섬이었는데 그곳이 1902년 2월 노르덴쇨드가 5명의 동료들과 상륙했던 곳이었다. 그들은 겨울 내내 조립식 오두막에 머물렀으며 한편 *앤탁틱호*는 얼음이 없는 섬으로 물러갔다.

다음 해 여름 그 배가 노르덴쇨드 일행을 태우러 돌아왔을 때 얼음이 너무 두꺼워 뚫고 들어갈 수 없었다. 3명의 선원들이 상륙하여 스노 힐 섬으로 걸어갔으며 한편 라르센은 뚫고 들어갈 길을 찾았다. 두 팀 모두 불운하였다. 얼음을 가로질러 나아간 뒤 육상 팀은 자신들을 스노 힐 섬과 분리시키는 넓게 펼쳐진 트인 바다에 의해 방해를 받았다. 그들은 라르센이 자신들을 데려갈 수 있도록 상륙했던 곳으로 되돌아갔으나 라르센은 그 나름의 골칫거리가 있었다. *앤탁틱호*가 얼음에 갇혀 가라앉아 20명의 선원들과 그들의 고양이가 가까운 섬에 대피하였던 것이다.

따로 떨어진 세 팀들은 최선을 다해 생존하여 임시변통의 대피소에 살면서 주로 펭귄 고기로 된 단조로운 식사를 먹으면서 1903년 겨울을 보내야 했다. 여름이 다가오자 3명의 육상 팀은 스노 힐 섬에 도달하기 위한 두 번째 시도를 감행해 성공하여 수 주일 후 아르헨티나 코르벳함 상의 구조 팀이 그들을 발견하였다. 그때 라르센과 그의 부하 몇 명은 작은 보트를 타거나 걸어서 위험한 여행을 견뎌낸 뒤 비틀거리며 캠프로 들어왔다. 그런 다음에 나머지 선원들이 구조되어 일행 전부는 부에노스아이레스로 이송되었다.

그 탐험대의 제한된 과학적 결과들이 나중에 6권의 책으로 출판되었는데 그 중 가장 중요한 발견물은 고대에 거대한 대륙이 존재했음을 입증하는 화석들이었다.[55] 그 탐험대에 대한 스웨덴의 공식적 지원은 없었으며 근 50년 동안 남극에서 스웨덴인의 활동은 더 이상 없을 것이다.

국가적 위신을 얻기 위해서라면 프랑스도 또한 경주에 참가할 것이라고 생각할 수 있을 것이다. 마침내 프랑스 탐험대가 조직되어 1903년 8월 르 아브르(Le Havre, 프랑스 북부 센 강 어귀에 있는 항구 도시—역자 주)를 떠 났으나 그 탐험대는 간신히 유럽 경쟁자들의 뒤를 따라갔으며 그들 대부분 보다 더 규모가 작았다. 어쨌든 그 탐험대가 나갔다는 사실은 그 탐험대의 부유한 지휘관 장 밥티스트 샤르코(Jean Baptiste Charcot)의 열정 때문이었 는데 그는 물려받은 자신의 재산으로 탐험 자금의 대부분을 댔다. 유명한 의사의 아들이었던 샤르코는 극지 탐험가의 힘든 생활을 위해 자신의 의학 적 경력을 포기하였다. 그는 나중에 자신이 받았던 '극히 제한된' 공식적 지 원을 한탄했으며 프랑스가 언젠가는 '다른 큰 나라들과 함께 미지에 대한 평화적 투쟁에 참가할 것'이라는 희망을 피력하였다.[56]

프랑스의 주의는 다른 곳에 있었다. 탐험은 그 식민지, 특히 아프리카에 있는 식민지에 집중되었다. 1840년 뒤르빌이 아델리 랜드의 권리를 주장한 것은 프랑스인의 마음에 거의 인상을 남기지 못했다. 샤르코가 영국인들과 독일인들이 그랬던 것처럼 자신의 탐험을 국가적 경쟁이나 영예의 측면에 맞추었다면 더 많은 관심을 불러일으켰을지 모르나 그의 관심은 순수하게 과학적이었다. 그에게는 국가적 경쟁을 할 시간은 없었으며 양극에는 '프랑 스인도, 독일인도, 영국인도 덴마크인도 없으며 오직 극지인, 진정한 사람 들만 있다'라고 선언하였다.[57]

샤르코는 남극점으로 돌진하거나 거대하게 펼쳐진 새로운 해안선을 찾기 보다는 하나의 작은 지역에 대한 협조적인 과학적 조사를 통하여 자신의 이 름을 남기고 싶어 했다. 나중에 그가 적었듯이 '우리들의 허영심에는 더 만 족스러울지 모르나 과학에는 훨씬 덜 유용한 것이 틀림없는 무계획적인 연 구에 우리들의 노력을 다 소모하면서 열의 없이 위아래로 바다를 항해하는' 것보다는 '좁은 모퉁이 하나'를 철저하게 탐사하는 것이 더 나은 것이었다. 그는 남극 반도 북서 해안과 관련 도서들을 따라 벨기에와 스웨덴 탐험대의 작업을 계속함으로써 그렇게 할 것이었다.

목적에 맞게 건조된 그의 작은 탐험선인 *프랑세호(Francais)*는 20명의 장교와 선원들과 6명의 과학자들을 사우스셰틀랜드 제도와 그 인근의 남극 반도로 데려갔다. 그들은 선상과 웬델 섬(Wandel Island) 위의 조립식 오두막에서 편안하게 1904년 겨울을 보냈다. 겨울 동안 관측을 하고 육지와 바다에서 표본들을 수집했으나 그 배가 좌초되어 선원들이 죽었다는 이야기가 프랑스에서 나돌기 시작할 때까지는 일반 대중의 상상력을 사로잡을 것이 거의 없었다. 그들의 운명에 대한 두려움은 마침내 1905년 초 샤르코가 안전하고 건강하게 돌아왔을 때 대중의 관심을 북돋웠다. 그는 남극 영토 그 어느 것에 대해서도 소유권을 주장하는 시도를 하지 않았는데 왜냐하면 그것은 어쨌든 이미 타인들에 의해 발견되었기 때문이었다. 영광은 샤르코가 계속해서 출판했던 18권의 과학 보고서에서 비롯되어야 할 것이다.[58]

과학과 국가적 영예는 윌리엄 브루스의 스코틀랜드 탐험대에 동기를 부여하는 힘이었다. 그는 그 탐험대의 명칭을 '스코틀랜드 남극 탐험대(Scottish Antarctic Expedition)'에서 '스코틀랜드 국립 남극 탐험대(Scottish National Antarctic Expedition)'로 바꿈으로써 이 점을 분명하게 하였다. 부유한 스코틀랜드 직물제조공장주인 제임스와 앤드류 코우츠(James and Andrew Coats)의 지원과 영국 정부로부터 명목상의 도움을 받아 브루스는 증기 보조 엔진을 갖춘 노르웨이의 바크형(barque, 돛대가 3개 달린 범선-역자 주) 포경선 1척을 구입하여 그것을 수리하고 실험실을 갖추었다. 고대 스코틀랜드 국민 왕국의 이름을 따서 *스코시아호(Scotia)*로 개명된 그 400톤 급 선박은 27명의 선원들과 7명의 과학자 및 조수들을 수용하였다. 브루스는 '실현 가능한 한 최대한 남극에 가깝게' 뭍에서 3년 동안 겨울을 나면서 남아메리카 남쪽 대양에서 심해 연구를 수행할 계획을 세웠다. 1902년 10월 그 탐험대는 덕망 있는 존 머레이 경이 주최한 만찬에서 에든버러에 작별을 고했다. 그 탐험대의 스코틀랜드 기원과 비정부적 특성이 축하를 받았으며 그 *스코틀랜드인(Scotsman)*은 그 탐험대가 '하나의 훌륭한 국민적

투자'라고 주장하였다.[59]

킬트(kilt, 스코틀랜드 고지 지방에서 입는 짧은 남자용 스커트-역자 주)
와 백파이프를 싣고 *스코시아호*는 1903년 2월 사우스오크니 제도에 도착하
였다. 그 배는 사우스샌드위치 제도를 향해 동쪽으로 나아간 다음 남쪽으로
방향을 틀어 웨델해 동쪽 지역으로 들어갔다. 그 바다에서 외해와 남극점으
로 갈 수 있는 통로를 발견한 웨델의 업적을 흉내 내려고 애를 썼던 다른 탐
험가들과 마찬가지로, 브루스는 총빙을 뚫고 대략 남위 70도, 서경 15도까
지 밀어붙였으나 결국 그 너머의 뚫고 들어갈 수 없는 얼음만 발견했을 뿐
이었다. 그는 *스코시아호*가 겨울 동안 웨델해에 갇혀 그로 인해 가장 중요
한 해양 연구를 계속하지 못하게 되는 것을 허용하지는 않으리라고 오래전
에 결심했기 때문에, 북쪽으로 사우스오크니 제도로 물러나 로리 섬(Laurie
Island)의 비바람이 들이치지 않는 만에 정박하였다.

로리만(Laurie Bay)은 남위 60도에 위치해 남극권에서 밖으로 멀리 떨어져
있었지만 그곳이 브루스가 기후학적 관찰이나 다른 관찰을 하기 위한 육상
기지를 건설하기로 결심한 장소였다. 그것은 다른 어느 탐험대 기지보다 더
영구적인 구조물이었다. 조립식 목조 건물과 달리 브루스는 개 썰매를 이용
해 벽 두께가 최고 5피트나 되는 견고한 석조 건물을 짓기 위한 큰 바위들
을 모았다. 완공하는 데 6개월 이상 걸렸던 그 건물은 수백 년을 견디도록
설계되었다. 자신의 탐험대의 존재를 세상에 알리기 위해 브루스는 거대한
돌무더기를 세웠는데 그 꼭대기에 고대 스코틀랜드 국왕기(Royal Standard
of Scotland)와 성 안드레의 십자가(Cross of St Andrew)를 휘날리는 깃대를
얹어놓았다. 장기간의 건설 과정 동안 내내 브루스 일행은 그 배를 자신들
기지로 이용했는데 그 배는 머지않아 유난히 추웠던 그 해 겨울 동안 얼음
에 갇혀버렸다.[60]

만이 얼어붙어버려 이듬해 여름이 오기 전까지 자신의 해양학 연구를 계
속하려던 브루스의 소망은 끝이 났으나, 그는 얼음에 구멍을 파서 그 아래

해저까지 준설기를 떨어뜨리고 그물로 다양한 해양생물 표본을 잡는 등 그가 할 수 있는 연구는 다 했다. 그는 그 섬을 탐사하고 조사하여 눈에 띄는 지형에 스코틀랜드식 이름을 붙였는데 그중에는 심장병으로 사망하여 해안에 묻힌 그 배의 기관사 이름도 있었다. 언제든 날씨가 허용할 때는 과학자들과 그들의 조수들은 해안을 배회하면서 탐험대의 표본 수집뿐 아니라 요리 냄비에 넣을 고기와 지방을 얻기 위해 펭귄과 바다표범, 새들을 도살하였다. 1903년 10월의 어느 날 식물학자 로버트 루드모스 브라운(Robert Rudmose Brown)은 '펭귄 고기를 몹시 좋아하는' 선원들에 의해 펭귄 26마리가 도살되었다고 기록하였다. 브라운은 '대원들이 닥치는 대로 도살하는 것을 말리기가 매우 어려웠다'고 언급하였다. '잠시 외면하고 있다가 자신들이 붙잡을 수 있는 가장 가까운 곳에 있는 생물을 묵사발이 도우며 섬도록 두드리기만 하면 되었다.'

브루스는 도살할 수 있는 동물의 종류와 그들의 과학적 가치가 파괴되는 것을 막기 위한 최선의 도살 방법을 시행하려고 애를 썼다. 머리를 곤봉으로 때리는 것은 허용되지 않았는데 왜냐하면 브루스는 장기뿐 아니라 두개골과 골격도 수집하기를 원했기 때문이었다. 그는 펭귄을 교살하는 것을 선호했는데 '깃털에 피가 묻을 가능성이 거의 없고' '통증이 가장 적은 죽음'이기 때문에 그 방법이 가장 신속하고 가장 만족스러운 방법이라고 말했다. 브루스는 야생동물과 장관을 이루는 경치에 대한 열정적인 사진가였다. 그는 그 섬에 스틸 카메라와 영사기를 모두 가져갔는데 그것이 남극에 가져간 최초의 촬영기였다. 그는 새와 동물 소리를 녹음하기 위해 축음기도 가져갔다. 갓 태어난 웨델 바다표범 새끼들을 잡아서 도살하여 보존하기 전에, 브루스가 인간 젖먹이의 울음소리에 비유했던 애처로운 그 울음소리를 녹음할 수 있도록 새끼들을 배로 데려갔다.[61]

1903년 11월 27일, 브루스는 해안 기지에서 기상학자 로버트 모스만(Robert Mossman)과 5명의 다른 사람들을 떠나 부에노스아이레스로 항해했으며 스코시아호는 거기서 수리를 위해 건선거(dry dock)로 들어갈 것이었다. 그는 또한 한 해 더 남극에 머물 수 있도록 더 많은 자금을 찾고 있었다. 브루스는 대중의 주의와 자신의 후원자들의 만족은 그 탐험대가 남반구 고위도 지대에 도착하는 것에 달려있다는 것을 알았는데, 그는 해양학 연구와 그것을 결합시킬 수 있는 한 1904년에 그렇게 할 계획을 세웠다. 그는 영국 탐험대와 더 남쪽으로 가기 위한 경쟁을 하는 것을 원하지 않았으며 자신은 '다른 사람보다 1도 또는 1마일 더 멀리 가는 것을 위해 해양학과 다른 과학 연구를 희생시키지 않을 것'이라고 말했다.

그가 에든버러로 보낸 탄원서들이 이내 원하는 결과를 가져와 제임스 코우츠(James Coats)가 6,500파운드를 보내왔다. 또한 아르헨티나 회사들로부터 석탄과 기타 물자의 형식으로 지원이 답지했으며, 아르헨티나 정부는 영국이 그렇게 하기를 거절한 후 로리 섬에 있는 해안 기지를 인수하여 그것을 영구적인 기상학 기지로 존속시키는 것에 동의하였다. 그에 대한 보답으로 브루스는 기지 직원으로 일할 3명의 아르헨티나인들을 받아들이는 데 동의했으며 한편 모스만은 아르헨티나 정부 직원으로서 기지를 지휘하며 거기서 한 해 더 머물 것이었다.[62]

로리 섬으로 가는 물자를 싣고 아르헨티나인들을 내린 뒤 브루스는 스코시아호를 남쪽으로 몰았다. 모스만이 해안에서 그에게 작별을 고했는데 거기에는 그 섬의 소유권에 대한 잠정적 권리 외에 영국의 공식적 관련은 없었지만 깃대 위에 아르헨티나 국기가 유니언 잭과 함께 게양되어 있었다. 브루스는 웨델해 속으로 다시 들어가 이번에는 용케 전해보다 더 남쪽으로 가서 남위 74도에 도달하였다. 그보다 더 중요한 것은 그 배가 마침내 '뒤쪽에 점차 솟아오르는 빙상이 있는' '얼음 얼굴'이라고 브루스가 기술했던 것이 보이는 곳에 왔다는 것이었다. 그것은 실제로 남극대륙이었으나 브루스는 그것이 상당한 크기의 땅덩이라는 것 이상은 말할 수 없었는데, 그는 그것이 엔더비 랜드에 연결되어 있다고 가정하여 자신의 후원자를 기념해 그것을 '코우츠 랜드(Coats Land)'라고 명명하였다.

브루스와 그의 일행이 안전하게 얼음 위로 올라갈 수 있을 때마다 그와 보조를 맞추어 야생동물 도살과 표본 수집이 계속되었다. 1904년 3월 10일 브루스는 커다란 웨델 바다표범 1마리를 사살하여 가죽을 벗기고 해부하였다. 그러고 나서 저녁 식사 후 날씨가 화창했기 때문에 그는 '백파이프 연주자와 배와 황제펭귄 1마리를 사진 찍는 데 상당한 시간을 보냈다.' 실험실 조수인 길버트 커(Gilbert Kerr)는 펭귄 가죽을 능숙하게 벗길 수 있게 되었는데 브루스가 그의 옆에 조용히 서 있는 1마리의 펭귄 사진을 찍었을 때 그는 킬트를 입고 자신의 백파이프를 연주하였다. 사실 커는 그 운 나쁜 펭귄의 발에 묶인 밧줄을 밟고 서 있었고, 그런 다음 그 펭귄은 도살되어 해부되었다. 얼음 얼굴의 240킬로미터를 따라 시간도 그렇게 흘러가 마침내 1904년 3월 12일 브루스는 그 적막한 장소를 떠났다.[63]

스코틀랜드 탐험대는 남극대륙을 떠나는 날을 기념하기 위해 적절한 의식을 거행하였다. 그 당시 *스코시아*호는 얼음에 둘러싸여 있었다. 그래서 브루스는 배 앞에서 사진을 찍기 위해 선원들 전원을 얼음 위로 올라가게 했는데 그 배의 '선수와 바지선과 뒷돛대의 푸른 깃발은 스코틀랜드 왕기로 꾸미고 배 앞은 내 아내가 만든 유니언 잭과 성 안드레의 비단 십자가로 장식하였다.' 다시 승선하였을 때 그들은 얼음이 여전히 그들을 놓아주지 않을 것을 알았는데 그래서 브루스는 폭약을 사용하여 억지로 결말을 지으려고 애를 썼다. 그는 심지어 모든 대원들을 얼음 위로 올라가게 하여 '등으로 배 측면을 떠밀게' 했다. 마지막으로 그는 '선원들 전원이 주어진 신호에 따라 얼음의 한 쪽에서 다른 쪽으로 달려가게' 해보았으나 모두 아무런 효과도 없었다.

그날 늦게 얼음이 스스로 그 배를 풀어주었고 그들은 집으로 향할 수 있었다. 포획된 작은 무리의 황제펭귄들이 그들과 동행했으나 그들은 멀리 가지 못했다. 먹이로 줄 신선한 물고기가 없어 그들은 곧 병들었다. 그러나 그것은 브루스가 점점 더 거칠어지는 바닷속에서 그들을 갑판 위에 데리고 나가 억지로 걷게 하고 '그것들을 촬영하기' 전은 아니었다. 그들의 최후의 운명은 기록되지 않았다.[64]

브루스의 참석과 아르헨티나가 해안 기지를 인수하자는 제안은 아르헨티나가 사우스오크니 제도 전체에 대한 주권을 주장하라는 새로운 요청으로 이어졌다. 부에노스아이레스에 있는 영국 관리들이 런던에 경고했을 때 영국 정부는 사우스오크니 제도에 대해 1890년대보다 더 많은 관심을 보여주지 않았다. 해군성은 그 제도가 '황량하고 대부분 얼음에 갇혀 있으며', 그래서 영국이 정식으로 권리를 주장한 적은 결코 없고 '더욱이 그 섬들이 어떤 가치가 있을 것 같지도 않다'고 조언하였다. 식민성이 이에 동의했으며 외무성은 부에노스아이레스 대사에게 아르헨티나가 기상 관측소와 자기 관측소를 운영하는 것에 대해 어떤 반대도 제기하지 말라고 지시하였다.

외견상으로는 영국이 그 제도를 소유하는 데 무관심해 보였기 때문에 아르헨티나는 자신의 권리에 대한 근거를 제시하는 일에 착수하였다. 아르헨티나는 기상학 기지를 인수했을 뿐 아니라 아르헨티나 일행 중 한 사람을 우체국장으로, 그리고 그 석조 집을 아르헨티나 우체국으로 지정하였다.[65] 그리하여 언제든지 이 관리가 아르헨티나 우표가 붙은 편지 위에 쾅 하고 소인을 찍으면 그것이 이제 아르헨티나 영토로 간주되는 섬에 대한 아르헨티나 권한의 실질적 행사가 되었다. 뿐만 아니라 그러한 첫 번째 편지 묶음이 *스코시아*호에서 발송되어 케이프타운에 있는 영국 우편 당국에 전달되었고, 영국 우편 당국은 사우스오크니 제도에서의 아르헨티나의 권한을 암묵적으로 인정하였다.

그렇지 않으면 아르헨티나가 그렇게 주장하였을 것이다. 영국의 관심의 결여는 머지않아 남극에서 많은 부가 발견되었을 때 변할 것이다. 소유권 문제가 남극대륙의 역사를 지배하게 될 것이었다.

CHAPTER 7

1907-1912

신사답게 죽어라

1908년 12월 말 프랑스 탐험가 장 밥티스트 샤르코가 자신의 작은 배를 어렴풋이 보이기 시작하는 디셉션 섬 쪽으로 몰고 가자 극적으로 다른 세상이 그를 맞이하였다. 불과 4년 전 그가 이전의 탐험에서 항해했던 텅 빈 황무지가 이제는 광란의 피투성이 산업 현장이 되어 있었다.

그 섬의 깊은 항구를 제공하는 움푹 꺼진 칼데라 입구에서 샤르코는 2척의 포경선을 만났는데 1척이 갓 죽인 고래 1마리를 견인하고 있었다. 물속에서 뒹굴고 있는 고래 시체를 지나자 다른 보트가 은밀하게 *푸르쿠아파* (Pourquoi-Pas, 남극 반도 그레이엄 랜드 서부 앞바다에 있는 섬으로 1908-1910년 샤르코가 이끌던 프랑스 남극 탐험대가 발견하였다-역자 주)라는 이름이 붙은 샤르코의 새 배를 안전하게 인도하여 항구의 입구를 통과하였다. 샤르코는 고래잡이들의 존재에 관해 들은 바 있었지만-그는 그들의 비축 물자에서 석탄을 구매하도록 주선 받은 적도 있었다-고래잡이배를 따라 천천히 비바람이 들이치지 않는 정박지 안으로 들어가자 눈앞에 펼쳐진 광경에 깜짝 놀랐다.

샤르코는 '마치 어느 바쁜 노르웨이 항구에서처럼 모두 작업에 열중하고 있는 고래잡이배들로 편성된 진짜 소함대'를 발견하였다. 바다표범잡이들이 사우스셰틀랜드와 사우스조지아의 바다표범 군서지들을 처음으로 황폐하게 만들어버린 지 근 한 세기가 되었다. 이제 그 섬들이 다시 맹렬한 활동

무대가 되었다. 다시 한번 남극에서 큰돈을 벌어들일 수 있었다.[1] 이전에 바다표범잡이들이 그랬던 것처럼 일시적인 체류자들 대신 포경 기지들은 노르웨이의 마을과 같았으며 영구적인 분위기가 감돌았다. 정착지의 존재가 결국 소유권 문제를 표면화할 것이다. 새로운 시대가 시작된 것이었다.

남극 고래잡이들은 1903년 얼음에 의해 으깨져 가라앉을 때까지 노르덴쉘드의 스웨덴 탐험대가 이용했던 불운했던 *앤탁틱호* 선장 칼 라르센이 이끌고 있었다. 선원들을 구조하여 부에노스아이레스로 데려갔을 때, 라르센은 사우스조지아와 긴수염고래 사냥 기지로서 그 섬이 지닌 가능성에 관한 얘기들로 아르헨티나인들을 즐겁게 해주었다. 1904년 2월 바로 그 일을 할 회사가 하나 설립되었으며 라르센은 그해 12월 자신이 '그리트비켄 (Grytviken)'이라고 명명한 장소에 기지를 세우기 위해 3척의 배와 함께 사우스조지아로 돌아왔다. 그곳은 섬의 북쪽 해안에 있는 작은 보호된 소만에 위치해 있었고 그림 같은 파노라마의 눈 덮인 산들에 둘러싸여 있었다.

고래잡이들에게는 아주 중요하게도, 그 만에는 배를 대기 위한 안전한 정박지와 건물을 지을 평지와 고래를 뭍으로 끌어올려 해체할 수 있는 경사진 해변들이 있었다. 그들은 위험한 바다를 헤치고 많은 수의 고래가 발견되었던 장소로 자신들을 안내하기 위해 샤르코와 같은 탐험가들이 쓴 보고서와 지도를 이용하였다. 그 첫해 여름에 183마리의 고래가 도살되어 처리되었다. 라르센의 성공은 신속하게 다른 회사들을 그 섬뿐 아니라 인접한 사우스세틀랜드 제도로 끌어들였다. 1910년까지 사우스조지아에서 6,000마리 이상의 고래가 6개의 해안 기지와 7척의 가공선에 의해 도살되고 처리되었다. 돈과 배와 사람들은 대부분 노르웨이에서 왔지만 아르헨티나, 칠레 및 영국 회사들도 또한 관련이 있었으며 노르웨이인들이 종종 매니저와 직원 또는 공동 소유주로 참가하였다.[2]

개선된 작살과 기타 선상 장비들은 작살이 부러지거나 죽어가는 고래가 잠수하는 경우에도 고래를 잃어버리지 않을 것을 의미했다. 정박된 고래 가공선의 도입으로 고래잡이들이 더 큰 유연성을 갖게 되어 그들은 어디든지 고래가 가장 풍부한 곳으로, 그리고 가공선이 근거지를 둘 수 있는 항구가 있는 곳으로 이동하여 작업할 수 있게 되었다. 증기 기관으로 가동되는 더 작은 포경선들이 근해에서 고래를 사냥하여 죽은 고래를 가공선으로 견인해 오면 거기서 배 옆에 고래를 묶어 지방을 벗길 것이다. 그런 다음 밀폐된 용기 속에서 증기로 끓이는 새롭고 더 생산적인 방법으로 기름을 제거할 것이다.

고래잡이들은 고래를 죽이고 처리하는 새로운 방법을 보유했을 뿐 아니라 그들이 생산한 고래기름에 대한 새로운 용도가 있었다. 고래기름은 싸구려 비누와 양초 제조업자로부터 수요가 있었으며 폭약과 심장병 약을 만들기 위한 니트로글리세린을 제조하는 데 사용되기 시작했다.[3] 고래기름에 대한 수요는 강한 맛과 냄새 때문에 식품으로서의 용도가 방해받지 않았다면 훨씬 더 많았을 것이며, 고래 고기에 대한 시장은 북반구 시장으로 그것을 운송할 수 있게 해줄 더 좋은 선상 냉장 방법을 기다려야 했다. 그때까지는 아직도 비료 생산에서 고기와 뼈에서 얻을 수 있는 약간의 수익이 있었지만 이러한 처리과정을 위해 육상 기지들이 대개 필요하였다.[4]

일부 관심 있는 관찰자들은 북극에서 그랬던 것처럼 멸종 일보 직전까지 고래를 사냥하는 것을 우려하였다. 정부와 심지어 일부 포경 회사들까지도 남극의 포경업이 지속가능한 산업이 될 수 있도록 도살을 통제하기를 원했지만, 초기의 보존 운동이 그 종을 보호할 해양보호 구역을 강력히 주장하기 시작했다. 스위스 과학자 폴 사라신(Paul Sarasin)은 그 운동의 지도자 중 하나였는데, 그는 1909년 고래 가공선 사용에 반대하며 '지구상에서 가장 경이로운 포유동물'에 대해 그것이 야기할 수 있는 황폐화를 경고하였다. 그는 포경업자들에게 '두둑한 배당금'을 받으려고 '희귀하고 경이로운 동물을 파멸시키려는 낡은 생각'을 버리고, 대신 '자연과 그 창조물의 보호자'가 된다는 '새로운 생각'을 받아들일 것을 요구했다. 1910년 사라신은 지연 보호 임시 위원회(Provisional Commission for the Protection of Nature) 의장이 되었다. 그는 그 지위를 이용하여 해양 포유류를 대신하여 자신의 여론 환기 활동을 증가시켰는데, 1912년 독일 과학자 의사 협회(Society of German Scientists and Physicians)가 독일 정부에 '국제 협약을 통한 고래와 바다표범을 보존하기 위한 자연보호 구역의 창설'을 지지할 것을 요청하도록 하였다.[5] 그러나 고래 도살에서 얻을 수 있는 수익 때문에 보존에 대한 초기의 이러한 요청은 무시되었다. 정부로서는 남극을 통제하고 수익을 거두는 것이 억제할 수 없는 도살을 중지시키는 것보다 더 중요하였다.

사우스조지아와 디셉션 섬에 해안 기지들을 설립하는 것은 남극에 대한 영국의 관점을 변화시켰다. 식민성 관리들은 런던 당국이 이전에는 아무런 가치가 없다고 무시하였던 눈 덮인 영토를 재빨리 재평가하였는데 식민성은 인접한 포클랜드 제도를 관리하고 있었다. 라르센은 그 섬은 주인이 없다고 자신 있게 믿고 그리트비켄에 해안 기지를 하나 설립한 반면 영국 정부는 이제 그에게 다른 충고를 하였다. 실제로 포클랜드 제도 총독은 목양 사업을 하기 위해 그 섬을 사용하기를 바라는 포클랜드 제도의 한 회사에게 섬 전체에 대한 광업 및 목축 임대차 계약을 이미 제의한 바 있었다. 양치기들이 거기에 도착했을 때 그들은 라르센이 자신의 포경선들과 함께 이미 그곳에 와 있는 것을 보고 놀랐다. 포경선들은 작은 정착지에서 떨어진 곳에 정박되어 있었는데 그곳에는 부에노스아이레스에 근거지를 둔 라르센의 회사 때문에 아르헨티나 국기가 휘날리고 있었다.

자국의 소유권에 대한 이러한 도전에 놀란 영국은 주권을 주장하기 위해 1906년 2월 프리깃함 1척을 파견하였다. 그때까지도 영국은 그 섬에 대한 잠정적 권리의 후속 조치에 관해서 별로 한 것이 없었다. 이제 영국 대포의 위험에 직면한 라르센은 현명하게 사무적 해결을 모색하였다. 그는 자신의 기지가 위치해 있는 땅을 임대할 수 있다면 영국의 소유권에 이의를 제기하지 않을 것이었으며, 영국 총독도 이에 동의하여 연간 250파운드에 21년 동

안 500에이커를 라르센에게 임대해주었다.[6]

사업을 시작한 지 불과 2년밖에 되지 않았을 즈음에 이미 라르센은 자신의 후원자들과 자신을 위해 상당한 수익을 올리고 있었다. 노르웨이 회사들이 라르센의 성공에 관한 소식을 들었을 때 그들은 고개를 돌려 남쪽을 바라보았으나 영국이 권리를 주장하는 섬에 상륙하거나 바다에서 조업을 함으로써 영국 정부와 충돌하는 것을 경계하였다. 그래서 런던 주재 노르웨이 대사는 1906년 5월 사우스셰틀랜드 제도가 영국 소유인지 모든 나라에 개방되어 있는지 여부를 외무성에 문의하였다. 영국 관리들은 일부 기록을 조사하고 그리고 먼저 아르헨티나가 항의하지 않을 것을 보장한 후에 노르웨이인들에게 사우스셰틀랜드 제도와 사우스조지아와 사우스오크니 제도와 분명치 않은 '그레이엄 랜드'가 모두 영국 소유라고 알려주었다. 이는 포클랜드 제도 총독의 승인이 있어야만 그 바다에서 고래를 잡을 수 있음을 의미하였다.

영국은 자국의 소유권이 1829년 *챈터클리어호*의 포스터 선장(Captain Foster)과 1843년의 존 로스 경(Sir John Ross)이 거행한 점유 행위에 기초한다고 주장하였다.[7] 그들은 쿡 선장이 그보다 더 일찍 점유 행위를 했던 것을 잊어버린 듯하였다. 영국 관리들은 개인적으로는 자기네가 '정식으로 그 영토를 점유한 적이 한 번도 없기 때문에' 자신들의 소유권 주장은 비교적 설득력이 없다는 것을 인정하였다.[8] 즉 그들은 정부의 공식적 발표와 함께 역사적인 국기 게양의 후속 조치를 취하지 않았으며 또한 실제로 그 땅을 점유한 적도 없었다.

칠레와 아르헨티나 양국 모두 이 섬들을 자기네들 것이 되길 원하였다. 아르헨티나는 오랫동안 포클랜드 제도에 대한 영국의 소유권에 이의를 제기해왔으며 영국과의 영토 분쟁 목록에 사우스셰틀랜드 제도와 사우스오크니 제도 및 이들에 인접한 도서와 육지를 점차 추가해왔다. 로리 섬의 기상 연구 기지를 인수하면서 부에노스아이레스 당국은 자기네 주장을 강조할 기회를 얻었다. 그리하여 1906년 12월 아르헨티나 정부는 자기네가 '아르헨티나 남쪽 땅'이라고 부르는 곳에 있는 기상 관찰자들에게 급료를 지급하는 것을 승인하는 법령을 공표하였다.

영국은 재빨리 부에노스아이레스 당국에게 그곳이 영국 영토임을 상기시켰다. 소문으로는 런던 당국이 아르헨티나에 그 기지를 인수하도록 권유했다 하며 그들은 그 사실에서 위안을 받았고 그로 인해 '그 제도에 대한 영국의 권리가 더욱더 강화되었다.' 비록 그 기지 위에 아르헨티나 국기가 휘날리고 있었지만 영국 관리들은 로리 섬에서 아르헨티나인들이 권리를 선포하는 의식을 거행한 적이 없기 때문에 그것이 영국의 주권을 위협하지는 않는다고 주장하였다. 아르헨티나 외무장관은 특히 영국이 다른 나라에 그렇게 하도록 권유했기 때문에, 영국이 점유할 시도를 하지 않은 1개의 섬에 대한 권리를 주장하는 데 대해 놀라움을 표시할 뿐이었다.⁹ 1906년에는 양국 모두 그 문제를 더 이상 거론하기를 원하지 않았다. 영국은 그 제도가 그렇게 할 만한 충분한 가치가 있다고 생각하지 않았던 반면 아르헨티나는 아마 시간이 경과하고 그들의 지배가 점차 강화되면 결국 그 영토는 자기네들 것이 될 것이라고 믿었을 것이다.

자국에 관한 한 칠레는 국민들에게 인구가 희박한 자국의 최남단 지역에 정착하여 그곳을 개발하도록 장려해왔으며 새로운 포경 산업을 그렇게 하는 하나의 수단으로 보았다. 1903년 마젤란 해협 근처에서 칠레 선박 *마가야네스호(Magallanes)*의 노르웨이인 아돌프 안드레센(Adolf Andresen)이 작살로 혹등고래를 잡는 데 성공했을 때—그 바다에서 잡은 최초의 고래였다—그는 남극에 있는 다량의 고래 재고를 이용하기 위해 칠레 남부 소도시 푼타아레나스(Punta Arenas)에서 다른 국외 거주 유럽인들과 함께 재빨리 회사 하나를 차렸다. 그 칠레 남부 주(여기서는 마가야네스주—역자 주) 주지사는 1906년 정식으로 그 회사에 디셉션 섬에 해안 기지를 설립하고 그곳과 칠레가 자국 영토로 간주하는 남극의 다른 지역에서 가공선을 사용할 권한을 제공하였다.

1906년 노르웨이인 코르숄름(H.C. Korsholm)이 또 다른 칠레 포경 회사를 설립하였는데 그는 1908년 노르웨이 포경업자 라스 크리스텐센(Lars Christensen)과 한 팀이 되어 또 다른 회사를 차렸다. 그 회사는 여름철에는 사우스세틀랜드, 사우스조지아 및 남극 반도 주위의 바다에서 고래를 사냥하고 겨울에는 북쪽으로 칠레 해안을 따라 고래를 추적할 것이었다.[10]

증가하는 포경 활동은 마침내 영국 관리들이 아남극 제도에 대한 그들의 소유권을 확인하게 만들었다. 사우스조지아에 있는 라르센과 다른 포경업자들은-프리깃함 존재의 압력을 받아-임대료를 지불하는 데 동의함으로써 암암리에 영국의 주권을 인정했으나, 영국의 주권은 먼 과거에 거행되었던 적지 않은 횟수의 국기 게양 행위에 의존할 필요가 있다는 것이 분명해졌다. 노르웨이가 계속해서 사우스조지아와 다른 섬들에 대한 자국의 권리주장에 대한 법적 근거를 제공할 것을 영국에 요청하자 영국 관리들은 그문제를 의심할 여지가 없게 만들기로 결심하였다. 1908년 7월 21일 국왕은 '개봉 칙허(letters patent)'라고 알려져 있는 성명서를 발표하여 샌드위치 제도, 사우스오크니 제도, 사우스세틀랜드 제도, 사우스조지아 및 '그레이엄 랜드라고 알려져 있는 영토'에 대한 영국의 소유권을 선포하였다. 이들 영토는 '포클랜드 제도 보호령(Falkland Islands Dependency)'이라고 부르는 새로 창설된 자치령의 일부로서 모두 포클랜드 제도 총독의 통치를 받을 것이다.[11] 영국은 사우스조지아의 그리트비켄 바로 옆에 관리 초소를 세워 이성명서에 따랐다. 주로 노르웨이인들로 구성된 그리트비켄의 정착지가 약 160명의 주민이 거주하는 17동의 건물로 성장하였으나, 영국 관리들의 존재는 영국 소유권의 물리적 증거를 제공했으며 다른 나라들이 자신들의 공적 존재를 확립하는 것을 실질적으로 방지하였다.[12]

영국 관리들은 자국의 발견 행위에 근거하여 한 군데 이상의 관련 장소에 대해 더 우월한 권리를 주장할 수도 있었던 미국이나 유럽 국가들 중 어느 나라도 그 개봉 칙허에 대해 항의하지 않은 것에 안심하였다. 그러나 그 것은 부에노스아이레스에서 '신문을 통한 격렬한 여론 환기 운동'을 야기했 는데, 그 운동이 너무나 열띠게 되어 한 영국 외교관은 사우스오크니 제도 가 영국에 '쓸모없다'고 주장하면서 그 제도를 일종의 '선물'로 아르헨티나에 할양해야 한다고 주장하였다. 해군성은 그 제도에 대한 해군의 용도를 전혀 발견하지 못했기 때문에 그러한 생각에 개방적이었지만 식민성은 포경업으 로 소중해진 섬들에 대한 지배를 상실하는 것에 반대하였다. 부에노스아이 레스 주재 영국 외교관들은 그것이 양국 간의 관계를 손상시킬 것을 두려워 하여 계속 그 분쟁에 대한 해결책을 찾았다. 그들은 심지어 1911년 그 섬들 을 새로운 영국 공사관을 건립할 수 있는 부에노스아이레스에 있는 땅의 한 구획과 교환할 것을 제안하였다. 그 결과로 이루어진 것은 아무것도 없었 다. 계약서는 작성하였으나 새 아르헨티나 정부는 1914년 아르헨티나의 일 부라고 여겨지는 땅에 임대료를 지불하는 것을 불쾌하게 여겼다. 그리하여 주권 분쟁이 계속되었다.[13]

그 섬들 자체에서는 포경업자들과 탐험가들 사이에 상징적 관계가 신속 하게 발전되었다. 포경업자들이 석탄과 다른 물자뿐 아니라 건강의 회복과 수리 장소를 제공하는 동안, 새로운 탐험가들의 물결은 포경업자들에게 적 절한 정박지와 고래가 풍부한 장소들을 알려주었다. 최초의 이러한 탐험가 들 중 하나가 샤르코였는데 그는 1908년 남극 반도 서안을 더 집중적으로 살펴보기 위해 돌아왔다.

그는 과학자 겸 탐험가의 전형이었다. 자신의 첫 번째 탐험에 대한 정부 자금 지원을 거절당한 샤르코는 스스로 그 자금의 대부분을 대었다. 그의 탐험선 *프랑세*호는 얼음 속에서 가까스로 살아남아 부에노스아이레스로 느 릿느릿 돌아와 로리 섬에 있는 아르헨티나 기지에 물자를 공급하기 위해 아 르헨티나 정부에 매각되었다. 이제 프랑스 정부의 자금 지원을 받은 샤르코 는 호화로운 장비를 갖춘 *푸르쿠아파호(Pourquoi-Pas)*를 지휘했는데, 그 배에는 8명의 과학자와 3천 권의 장서를 가진 도서관과 넉넉하게 보급된 프랑스 와인이 있었다. 비록 그가 자신의 탐험을 '남극을 정복하기 위한… 위대한 노력'의 일환이라고 기술했지만 샤르코는 영토보다는 지식의 획득에 관심이 있었다. 자신의 2차 항해에서 그는 두 해 여름에 걸쳐 남극 해안선 2천 킬로미터의 해도를 작성하고 28권의 책을 가득 채울 충분한 자료와 표본들과 함께 집으로 돌아왔다. 그는 프랑스를 대신하여 여러 장소에 대한 권리를 주장하는 데는 관심이 없었으며 그의 주요 명명 행위는 자신의 국가보다 아내와 부친을 기념한 것이었다. 그는 단지 남극에서 프랑스가 다른 나라들만큼 잘 할 수 있음을 보여줌으로써 여전히 자신의 탐험이 프랑스에 이득이 되기를 바랐다. 그는 '남극점 자체에 대한 최종 공격'은 다른 사람들에게 맡기려고 할 것이었다.[14]

로버트 피어리와 프레데릭 쿡이 이끄는 경쟁적인 미국 탐험대를 포함한 여러 탐험대들이 북극점에 도달하려고 애쓰고 있는 가운데 남극점까지의 썰매 여행은 세인들의 주의를 사로잡고 그 탐험대의 리더를 부자로 만들어 줄 하나의 확실한 모험이었다. 스콧은 자신의 해군 경력을 재개해 기회가 없는 것처럼 보였으나 섀클턴은 탐험 이외의 수지맞는 경력을 찾는 데 실패한 뒤 아무 데도 매이지 않은 몸이었다. 1907년 2월 그는 자신이 남극으로 가는 새로운 영국 탐험대를 이끌 것이라고 발표하였다. 섀클턴은 벨기에 탐험대가 곧 발표될 것이라는 말을 들었을 때 서둘러 그 뉴스를 내보냈다. 그는 벨기에인들이 자신과 스콧이 1902년 기지를 두었던 로스해의 맥머도 지협(McMurdo Sound)으로 향할까 두려웠다. 실제로 벨기에 탐험대는 결국 성사되지 못했다.[15]

섀클턴은 허트 포인트에 있는 스콧의 옛 기지를 자신이 남극점과 자남극을 둘 다 정복할 수 있는 출발 장소로 이용하고 싶었다. 그는 1902년에 스콧과 윌슨과 함께 했던 자신의 썰매 여행이 그가 어떻게 이것을 할 수 있는지에 관한 소중한 지식을 제공했다고 믿었다. 비록 그 여행이 산맥에 의해 저지당하고 남극점까지의 중간쯤에 도달하기도 전에 대원들이 괴혈병에 시달렸지만, 섀클턴은 말이 얼음과 눈을 가로질러 썰매를 끄는 개보다 더 확실한 수단을 제공할 것이라고 확신하였다. 말은 또한 그들의 목적을 달성했을 때 개보다 더 많은 식량을 제공할 것이다. 섀클턴과 스콧은 둘 다 1902년에 자신들의 개를 도살해야 하는 것 때문에 넌더리를 쳤다. 이번에는 섀클턴은 자신들의 일을 마쳤을 때 말들을 처리하기 위한 피스톨을 가져갈 계획을 세웠으며, 또한 동물의 필요성을 완전히 없앨 수 있는지 여부를 보기 위해 최신식 자동차 1대를 가져갈 작정이었다.

스콧은 섀클턴의 계획을 읽었을 때 화가 났다. 섀클턴이 남극점에 먼저 도달함으로써 그에게 선수를 치려고 할 뿐 아니라 그는 스콧의 옛 기지를 이용할 작정이었다. 그때 스콧은 지중해에 있는 해군 함정에서 복무하고 있었지만 최초로 남극점에 도달하기 위해 조용히 자신의 계획을 진전시키고 있는 중이었다. 왕립 지리학회와 협의하여 그도 또한 버려진 자신의 오두막을 기지로 이용할 것을 제안하고 있었다.

섀클턴의 발표는 심각한 결례인 동시에 스콧이 남극의 그 지역을 자신의 소유라고 생각하고 있는 것에 대한 침해였다. 왜냐하면 그가 거기에서 최초의 탐험대를 이끌었으며 '탐험과 관련이 있었던 누구라도 그 지역을 본래 나의 것이라고 간주할 것'이기 때문이라고 스콧은 섀클턴에게 말했다. 그것이 신사 탐험가의 불문율이라고 그는 주장하였다.

스콧보다 더 하찮은 신사라고 여겨지는 것을 원치 않았고 이전의 상선 선원이었던 자신의 지위를 알고 있었던 섀클턴은 마지못해 에드워드 7세 랜드로 알려져 있는 로스해의 동쪽으로 옮기기로 동의했으며 그가 풍선을 타고 스콧을 따라갔던 소만에 기지를 설립할 수 있기를 바랐다. 자신은 무슨 일이 있어도 맥머도 지협에서 떨어져 있을 것이라고 섀클턴은 엄숙하게 맹세했지만 그는 스콧을 위해 로스해 전체를 떠나는 것은 거절했고, 스콧의 '권리'는 그가 요구한 기지에서, 아니면 그 기지에서 적절한 거리 이내에서 끝나며' 그는 '에드워드 7세 랜드에 대해서는 하등의 권리가 없다'고 주장하였다. 그리하여 그 문제는 두 사람이 로스해의 각각 반대쪽에서 극지에 대한 시도를 시작하기로 합의하는 것으로 잠잠해졌다.[16]

섀클턴은 성공에 필사적이었다. 1907년 8월 국왕과 왕비가 그를 배웅했으며 그에게 남극점에 도착했을 때 게양할 유니언 잭을 선물로 주었다. 그러나 자금이 매우 빠듯했기 때문에 그는 300톤에 불과한 40년 된 낡은 던디의 바다표범잡이배 님로드호(Nimrod)로 때워야 했는데 그 배의 한정된 석탄 적재 능력은 그의 선택을 심각하게 제한할 것이었다. 실제로 섀클턴은 돈에 매우 궁했기 때문에 채권자들이 갚지 않은 빚 때문에 그 배를 압류하기 전에 그가 님로드호를 출항시킨 것은 행운이었다.[17] 섀클턴은 왕립 지리학회에 자신은 '단지 기록을 깨는 여행을 위해 탐험대의 과학적 유용성을 희생시킬 의도는 없다'며 과학에 대한 입에 발린 말을 했으나 그와 동시에 '자신의 엄청난 노력의 하나는 남극점에 도달하는 것이 될 것'임을 시인하였다.[18]

과학에 관한 그의 이야기에도 불구하고 섀클턴은 생물학자와 지질학자 오직 두 명의 과학자들만 데려갔다. 님로드호가 오스트레일리아에 도착했을 때에야 비로소 오스트레일리아 정부로부터 크게 필요한 돈을 확보하기 위해 뒤늦게 탐험대를 위한 현지 과학자들을 모집하였다. 오스트레일리아 인들은 1880년대 이래로 남극 탐험에 관한 생각을 논의해왔으나 실제로 돈을 낸 적은 한 번도 없었다. 오스트레일리아는 미국과 마찬가지로 과거의 포경업과 연락을 끊어버렸으며 더 이상 실제적인 전문지식도 없었고 투기적 탐험 항해에 자금을 댈 준비가 된 자본가들도 없었다. 또한 그들은 유럽의 상대국들만큼 즉각적인 재정적 보답을 제공하지 않는 과학적 모험에 자금을 대는 데 관심이 없었다. 1897년 젊은 루이 베르나치는 '돈의 축적을 모든 것을 흡수하는 목적으로 여기는' 대부분의 오스트레일리아인들에게 과학의 추구는 '아무런 위신이 서지 않는다'고 불평한 바 있었다.[19]

새클턴의 도착이 그 모든 것을 바꾸어버렸다. 선원들에게 지불할 돈조차 없자 그가 자신의 변변찮은 예산을 보충하기 위해 오스트레일리아 정부에 호소했을 때 정부와 야당은 하나같이 일어나 5천 파운드의 보조금을 승인하였다. 시드니대학교의 연줄 좋은 지질학 교수인 데이비드 박사(Dr. T. W. Elgeworth David)가 알프레드 디킨(Alfred Deakin) 수상에게 오스트레일리아는 '우리의 가장 가까운 이웃, 우리의 백인 자매를 무시할 형편이 못된다'고 말함으로써 그 보조금을 확보하는 것을 도왔다.[20] 데이비드와 함께 애덜레이드대학교의 젊은 지질학 강사인 더글러스 모슨(Douglas Mawson)이 새클턴에 의해 물리학자로 모집되었다. 데이비드와 모슨의 존재가 단순히 극지로 돌진하는 데 그렇게 많은 돈을 쓰는 것에 이의를 제기한 반대론자들에게 답하는 것을 도울 것이다.

비록 새클턴이 디킨 수상에게 자기는 '과학적 자료'를 수집하기를 바란다고 장담했지만 그는 과학에 대해 거의 관심이 없었다. 그는 오스트레일리아 과학자들과 박물관들에게 과학적 결과를 집성하여 출판하도록 떠맡길 계획이었다. 그에게 가장 동기를 많이 부여한 것은 남극으로 돌진하는 것이었다. 그것의 성공에 그의 명성과 은행 잔고가 좌우될 것이다. 새클턴은 아내에게 남극점에 도달하는 것이 '우리가 원하는 대로 우리의 삶을 살 수 있는… 충분한 돈이 있는 것'을 보장할 것이라고 말했다.[21]

뉴질랜드는 1,000파운드의 정부 보조금과 다수의 양을 포함한 현물 선물로 무일푼의 그 탐험가를 도왔다. 그 돈이 그 배에 대한 막바지 변화에 자금을 대는 것을 도왔으며 앞으로의 항해를 위한 선원들의 급료 지급을 보장하였다.[22] 뉴질랜드 정부는 또한 새클턴에게 '에드워드 7세 랜드 우체국'이란 글자를 덧인쇄한 1페니짜리 우표 100세트를 제공하였다.[23] 이것은 오스트레일리아에서 약간의 우려를 야기했다.

한 상원 의원이 뉴질랜드는 불과 1,000파운드의 보조금으로 '그 나라와 아무 근거 없는 남극 소유권과 관련된 단어와 글자들이 찍혀 있는 뉴질랜드 우표를 판매해 그 나라에 대한 전 세계적 광고를 확보한' 반면 오스트레일리아 정부가 섀클턴의 '투기적 광고 사업'에 5,000파운드를 제공한 이유가 무엇인지 물었다.[24]

그 상원 의원이 우려한 것이 옳았다. 아르헨티나인들이 그 섬에 대한 자국의 권리를 확립하기 위해 우표를 사용하고 기상 관측소 대원을 우체국장으로 임명한 것과 꼭 같이, 섀클턴도 뉴질랜드 총독에 의해 에드워드 7세 랜드의 우체국장으로 엄숙하게 취임 선서를 하였다. 그는 또한 우표를 무효화하는 고무 스탬프도 가지고 갔는데 거기에는 '영국 남극 탐험대'라는 단어가 새겨져 있었다.[25] 섀클턴은 우표 수집가들에게 상당한 이익을 남기고 그 우표들을 판매할 수 있기를 바랐으며 한편으로 로스해의 우체국장으로서 자신의 권위를 행사하는 것이 이제 시작 단계인 그 지역에 대한 영국의 권리를 강화해줄 것이었다.[26]

뉴질랜드로부터의 항해는 순조롭게 시작되지 않았다. *님로드호*는 물자와 장비를 너무 과적했기 때문에 섀클턴이 데려가기로 작정했던 털이 긴 15마리의 만주산 조랑말 중 5마리를 남겨두어야 했다. 또한 배가 멀리 남극까지 항해하는데 필요한 석탄을 실을 공간이 너무 적었다. 뉴질랜드 정부와 한 호의적인 증기선 회사가 *님로드호*를 멀리 얼음 가장자리까지 예인할 증기선 1척을 제공해줌으로써 난국을 수습해주었다.

*님로드호*가 리틀턴(Lyttelton)항을 떠날 때 5만 명의 뉴질랜드인들이 신년 휴일을 이용해 부두를 가득 메워 구경을 했는데 항구 밖으로 2척의 배를 동반할 증기선에서 손을 흔들었다. 누구 할 것 없이 모두가 출발과 애국적 분위기에 관한 감상적인 노래를 불렀다. *님로드호*를 문명 사회에 묶어주는 로프가 떨어졌을 때 '영국인들의 목에서만 나올 수 있는 인상적인 응원'의 함성이 있었다. 그 배의 2등 항해사 아서 하보드(Arthur Harboard)는 유니언 잭이 이물에서 펄럭이는 것을 바라보았는데 그 광경이 그로 하여금 '이유가 뭔지 내가 말할 수는 없지만 우리들이 영국인이라는 것을 자랑스럽게' 느끼

게 만들었다.[27]

혼란스러운 탐험대의 출발은 폭풍우가 몰아치는 남극해와 엇비슷했는데 폭풍우는 *님로드호*를 향해 하보드가 한 번도 본 적 없던 '산더미 같은 바다'를 내던졌다. 파도가 혼잡한 갑판 위로 와르르 무너져내려 '자동차와 썰매와 보트와 마굿간을 뱃전 너머로 던질 것 같았다.' 폭풍우가 치는 동안 조랑말 1마리가 뒤로 자빠져 죽어버렸다.[28]

섀클턴이 로스해에 도착했을 때 새로운 장애물이 그의 계획을 복잡하게 만들어버렸다. 그는 스콧과 함께 그곳에 있었던 이후로 얼음 장벽의 상당 부분이 갈라지고 사라져 그가 그 속에서 겨울을 보내기로 계획하고 남극점을 향한 자신의 시도를 시작하기를 바랐던 이른바 '풍선만(Balloon Bight)'을 파괴해버린 것을 알았다. 그는 장벽 속에서 곧 또 다른 만을 발견하여 보호된 그 바닷속에 풍부하게 있는 그 포유동물 때문에 그곳을 '고래만(Bay of Whales)'이라고 이름을 붙였으나 얼음 위에 기지를 세운 뒤 그 장벽의 일부가 또 무너지지 않을까 두려워 그곳을 이용하지 않기로 결정하였다. *님로드호*의 한정된 석탄 비축량 때문에 그는 스콧에 대한 약속을 어기지 않으면 안 될 끔찍한 곤경에 빠졌는데, 지금 그에게는 맥머도 지협만이 남극점에 도전하기 위한 유일한 안전한 출발 장소였기 때문이었다.[29]

섀클턴은 로스 섬(Ross Island)과 얼음 장벽 사이의 로스해 남서쪽 모퉁이에 있는 비바람이 들이치지 않는 50킬로미터 길이의 수역인 맥머도 지협 안의 로이즈곶(Cape Royds)에 자신의 기지를 세웠다. 그 기지는 비록 로스 섬위에 있었으나 그것은 허트 포인트에 있는 스콧의 옛 기지로부터 약 32킬로미터 거리였다. 이것은 그가 비록 스콧과의 합의를 엄격하게 지킨 것은 아니었지만 그는 여전히 스콧의 버려진 기지로부터 멀리 떨어져 있다고 주장할 수 있음을 의미하였다. 그렇게 할 수밖에 없었던 것 때문에 마음이 괴로웠던 섀클턴은 자신이 '내가 배신할 수 없는 대중의 큰 신뢰와, 남극점에 게양할 국기를 받은 이래 조국과 국왕에 대한 의무'를 지니고 있다고 말하면

서 많은 고통을 받고 있는 아내에게 자신의 행동을 정당화하려고 애를 썼다.[30]

그러한 설명은 자신들에 합의에 대한 섀클턴의 명백한 배신에 관한 기사를 읽고 격노한 스콧을 만족시키지 못했을 것이다. 그는 노한 나머지 합의에 도달했던 섀클턴의 편지 여러 부를 타자기로 정서하여 그것들을 동료 탐험가들과 영향력 있는 인사들에게 우송하였다. 그는 베르나치에게 자신은 '섀클턴이 돌아오면 그가 무슨 짓을 하더라도 더 이상 그와 아무 관계가 없을 것'이라고 말했다. 게다가 스콧은 '그가 주장하는 어떤 결과도 의심하지 않을 수 없을 것'이며 '나는 그가 실패를 인정하기보다는 거짓말을 할 준비가 되어 있음을 확신하며 그가 멋들어지게 거짓말을 하리라고 생각한다. 모든 것이 구역질나게 천박하다'라고 단언하였다.[31] 비슷한 맥락에서 스콧은 장래의 아내 캐슬린 브루스(Kathleen Bruce)에게 그때까지 '너무나 깨끗하고 건전했던' 남쪽의 사업 분야에 섀클턴이 보여준 '끔찍한 비속함'에 관해 얘기하였다.[32]

그 배가 해안에 안전하게 묶여져 있는 동안 작은 아델리펭귄의 '정규 연대'가 그들 중 일부가 곧 죽거나 박제가 되거나 또는 인간과 개들에 의해 도살당하거나 잡아먹힐 것은 의심도 하지 않고 배 옆으로 다가왔다. 다수의 첫 만남과 마찬가지로 새로 온 사람들과 토착 주민들 사이에는 처음에 우정과 호기심이 특색을 이루었는데, 데이비드는 펭귄들이 '우리들에게 일종의 시민 환영회를 베풀어 주기 위해 왔었다'라고 주장하였다. 하보드는 자신의 일기에 '우리가 그들에게 어떻게 말을 걸었는지, 그리고 그들이 이해는 못하지만 마치 그렇게 하고 싶어 하는 것처럼 어떻게 꽥꽥거리며 우리에게 대꾸를 했는지'를 기술하였다.

다음 날 더 큰 황제펭귄 2마리가 배의 이물을 향해 얼음을 가로질러 뒤뚱뒤뚱 걸어와 마치 '보초를 서고 있는' 것처럼 우뚝 섰다. 한 대원이 얼음 위로 가서 '매우 정중하게 경례를 하였으며 펭귄들은 비록 매우 쌀쌀한 태도였지만 각각 답례를 하였다.' 과학과 생계를 위해 사무적인 도살이 시작되었기 때문에 이런 짧은 막간은 곧 끝날 것이었다.

바다표범 1마리의 소름 끼치는 최후가 하보드에 의해 다음과 같이 아주 생생하게 기술되었다. 한 장교가 '놈의 옆구리에 총검을 찔러 넣고 그것을 사방으로 흔들고는 거기에 그대로 남겨두었다. 그 불쌍한 불행한 동물은 15분 동안 고통으로 이리저리 몸부림치더니 그러고는 죽었다.' 펭귄들도 더 나을 바 없었는데 위엄 있게 보이는 황제펭귄 1마리를 배 위로 끌고 와 가죽을 벗기고 그런 다음 내장을 조사하고는 과학을 위해 그것을 병에 담았다. 펭귄의 호기심은 그들에게 불리하게 이용되었다. 한 선원은 펭귄들의 주의를 끌기 위해 덩실거리며 춤을 추어 그들을 더 가까이 꾄 다음 이상한 낌새를 못 채는 펭귄 1마리의 목을 움켜잡고는 배 위로 가져와 가죽을 벗기고 박제를 만들었다.[33]

이전에 스콧과 함께 있었던 동안 개를 도살한 뒤라서 그런지 새클턴은 개들을 더욱 보호하였다. 그는 썰매를 끄는 것을 개들에 의존하지 않기로 결정했으며 그 대신 조랑말과 자동차에 의존할 것인데 그는 그것들이 얼음을 가로질러 질주할 수 있기를 바랐다. 그러나 그 자동차를 뭍으로 들어 올려 크랭크로 돌려 시동을 걸자 그것은 '몇 피트를 가더니 갑자기 딱 멈추고는 정비사가 연달아 망치로 치고 나사를 조여 달랠 때까지 격렬하게 펄떡거렸다.'[34] 그것은 그 자동차가 머지않아 받게 될 더 큰 시험에 대한 좋은 조짐이 되지 못하였다.

조랑말들은 도중에 2마리가 죽고 난 뒤 숫자가 불과 8마리로 줄어버렸다. 말들은 그들의 기진맥진한 몸이 더 이상 썰매를 끌 수 없을 때 확실히 더 많은 식량을 제공하겠지만 그들을 계속 가게 하려면 또한 많은 양의 먹이가 필요하였다. 개들은 먹이가 덜 필요한 데다 그들의 먹이는 풍부한 바다표범과 펭귄에서 공급받을 수 있었다. 또한 말들과 달리 개들은 기꺼이 썰매를 끌었다. 그들의 시체는 심지어 다른 개들이나 탐험대원들을 먹이기 위해 이용할 수 있었다. 개들은 또한 새끼를 낳음으로써 수를 크게 늘릴 수 있었다. 조랑말들은 인근 화산에서 바람에 날려온 왕모래를 먹자 계속해서 죽었다. 1908년 8월쯤 섀클턴이 남극점까지의 여행을 위해 사용할 임시 식량 창고를 세우기 시작했을 때 남아 있는 조랑말은 4마리에 불과하였다. 그가 개를 데려왔지만 숙련된 개 조련사가 없어서 그 동물을 이용한 적은 한 번도 없었다. 인력으로 썰매를 끄는 것은 섀클턴의 불운한 선택의 불가피한 결과였다.

최초의 출발 팀은 데이비드(David), 모슨(Mawson) 그리고 탐험대 의사 중 하나이자 스코틀랜드 하이랜드 사람이자 전직 보어 전쟁 병사였던 알리스테어 멕케이(Alistair Mackay)로 구성되었다. 그 세 사람은 10월 초 그들 뒤에 있는 자신들의 썰매를 끌면서 자남극을 향해 서쪽으로 나아갔다. 그들이 목표 지점에 도달한다면, 그 업적은 섀클턴이 남극점에 도착하지 못하는 경우에 축하할 수 있는 거리를 제공할 것이다. 그들은 또한 가치가 큰 광상을 찾아보라는 명령을 받았다.

3주 후 섀클턴과 3명의 동료가 남극점을 향한 1,200킬로미터의 여행을 떠났으며 섀클턴의 귀환 여행에 사용하기 위한 식량 저장소를 설치할 6명의 다른 대원들이 그들과 동행하였다. 알렉산드라 왕비가 섀클턴에게 하사한 유니언 잭을 들고 있는 공식적인 단체 사진을 찍은 뒤, 그 국기는 그가 '도달하려고 애쓸 가치가 있다고 생각되는 세상의 마지막 장소에 그것을 꽂을 수 있을' 때까지 보관되었다. 그 일행은 백색의 남극 요새를 향해 출발하였다. 4대의 썰매는 살아남은 조랑말들이 끌었으며 한편 남은 1대는 자동차가 끌었는데 6명의 지원 팀이 그 속에 앉아 있었다. 차량이 바람에 날려 쌓인 눈 더미에 의해 정지되었을 때 그들은 간신히 진정되었다. 그들은 차에서 내려 줄로 자신들의 몸을 썰매에 매는 수밖에 없었다. 남쪽을 향한 기나긴 무거운 발걸음이 시작되었다.[35]

1902년 당시 스콧과 섀클턴은 로스 얼음 장벽에서 벗어나는 데 실패하였다. 그들의 진행은 고통스러울 만큼 느렸고 위압적인 크기의 남극 종단 산맥이 그들이 남쪽으로 통과하는 것을 저지하였다. 6년 후인 지금 섀클턴과 그의 3명의 동료들은 더 빨리 이동하였다. 그들은 산맥을 통과하는 길이가 약 160킬로미터, 폭이 약 50킬로미터인 일종의 거대한 빙하 형태의 길을 우연히 발견하였다. 그러나 그 길을 오르는 것은 결코 쉬운 일이 아니었다. 그들이 빙하를 오르기 시작했을 즈음에는 오직 1마리의 조랑말만이 살아 있었으며 그것마저 곧 수많은 크레바스 중 하나를 내려오다가 추락해 죽어버려 네 사람은 남극점까지 남아 있는 근 640킬로미터를 가기 위해 2대의 썰매를 끌어야만 하였다.

대륙의 내부를 덮고 남극점을 향해 위로 경사를 이루고 있는 극고원의 표면에 도달했을 때 남극점에 달하려는 그들의 희망이 한층 드높아졌다. 언제나 투기꾼이었던 섀클턴은 소지품 대부분을 버리고 자기의 먼 목표를 향해 돌진하기로 결심하였다. 그러나 그것은 그가 상상했던 것만큼 쉽지는 않았다. 변하는 빙원의 표면과 끊임없는 오르막길로 인해 그들의 기운과 용기가 서서히 마멸되어 대원들 중 한 사람인 요크셔 출신 술고래 프랭크 와일드(Frank Wild)가 '신에게 버림받은 그 음울한 장소'에 대해 욕을 퍼부을 정도였다. 게다가 그들의 음식 섭취량은 결빙 온도에서 그런 중노동을 하는 동안 그들을 지탱하는 데 필요한 양의 절반이었다.[36]

1908년 크리스마스는 섀클턴이 불과 한 달분의 식량으로는 두 달의 여행을 마칠 수 없다는 것을 인정한 결정의 날이 되어야 했다. 팀 텐트 속에 편안하게 자리 잡고 시가와 크렘 데 멘테(creme de menthe, 박하로 만든, 단맛이 나는 독한 술-역자 주)가 완비된 축하 음식을 즐기고 있었을 때 섀클턴은 그와 다른 확신을 했으며 위쪽으로 계속 나아갔다. 아직도 남극점으로부터 400킬로미터 떨어져 있었으나 그는 자신이 다른 탐험가가 완주할 코스를 개척하는 데에 그쳤다는 것을 용납할 수 없었다.

그러한 노력은 그 일행이 고산병이 효력을 발생하기 시작하는 고도인 해

발 3천 미터 이상을 통과했을 때 더 어렵게 될 뿐이었다. 체온이 위험할 정도로 떨어지고 굶주림으로 체력이 약해지자 섀클턴은 마침내 1909년 1월 4일 남극점은 자신의 손이 닿지 않는 곳에 있다는 결정을 내렸다. 그는 자신의 동료들과 함께 남극점으로부터 100마일(160킬로미터)이라는 상징적인 거리 내에 도달하기 위해 최후의 돌진을 감행하기로 합의하였다. 더 이상 간다면 그것이 그들의 운명을 결정할 것이다.

닷새 뒤 자신들이 남위 88도 23분에 다다랐다고 추정했을 때 섀클턴은 정지를 명하였다. 며칠 동안 하늘에 구름이 끼어 육분의나 세오돌라이트(경위의)로 자신들의 위치를 정확하게 확인할 기회는 없었으나 섀클턴은 자신들이 현재 남극점으로부터 불과 97마일(155킬로미터) 떨어져 있다는 것에 만족하였다.[37] 그 이후로 저술가들은 그의 계산에 이의를 제기하며 섀클턴이 그 마지막 며칠 동안 숫자를 조작했기 때문에 자신이 남극점에서 100마일 이내에 도착했다고 말할 수 있었던 것이라고 주장하였다.[38] 진실이 어떻든 간에 다른 일행보다 남극점이나 북극점에 더 가까이 간다는 것은 기념비적인 업적이었고, 그것은 강철 같은 결단력과 자진하여 엄청난 위험들을 감수하겠다는 각오에 의해 극복되어야 했던 그의 심각한 판단 착오에 의해 더 그렇게 되었다.

남극점 대신 섀클턴은 그가 '최남단(Furthest South)'이라고 부른 곳에 도착하였는데 그는 왕비가 자신에게 하사한 비단 유니언 잭을 게양함으로써 재빨리 그것을 기념하였고 4명이 각각 번갈아 그 국기 아래에 서 있는 동료들 사진을 찍었다. 로이즈곶으로 돌아가는 1,160킬로미터의 여행을 시작해야 하는 긴급함에도 불구하고 섀클턴은 시간을 내서 간단한 권리 선포 의식을 거행하였다. 대나무 깃대에서 국기가 휘날리는 가운데 섀클턴은 '국왕 폐하의 이름으로 그 고원을 점유하였다.' 그 권리는 섀클턴이 주변 지역을 에드워드 7세 고원(King Edward VII Plateau)이라고 명명함으로써 굳어졌다. 그는 한 개의 놋쇠 원통 속에 명시되지 않은 몇 장의 다른 서류들과 함께 특별히 인쇄된 탐험대 우표 한 세트를 남겨두었다. 왕비가 하사한 국기는 귀환 여행을 위해 챙겨 넣고 두 번째 유니언 잭 한 장을 '얼음같이 차가운 강풍' 속에 휘날리도록 남겨두었다. 대원들은 잠깐 시간을 내어 쌍안경으로 도달할 수 없는 자신들의 목표를 쓸쓸히 쳐다보았으나 '보이는 것이라고는 단지 완전히 하얀 설원'뿐이었다.[39]

이리하여 휴 로버트 밀이 섀클턴의 전기에서 말했듯이 '그 고원은 정식으로 대영 제국에 합병되었다.' 그 원통은 비록 눈 아래에서 상실되어 멀리 떨어진 해안을 향해 이동하는 얼음과 함께 아주 서서히 움직이겠지만, 그럼에도 불구하고 그것은 남극대륙의 일부에 대한 또 다른 영국의 권리를 표시하였다.[40] 1주일 뒤 데이비드와 모슨과 맥케이는 자신들이 자남극이라고 계산한 지점에서 똑같이 행동했는데 자남극은 거기서 약간 떨어진 것이 거의 확실하였다. 데이비드가 눈 더미 위에 대나무 깃대 하나를 세우고 한편으로 그 장면을 촬영하기 위해 카메라 1대를 설치하였다. '그런 다음 우리는 모자를 벗고' '오후 3시 30분에 유니언 잭을 게양하였다'라고 데이비드는 썼다. 그다음에 그는 다음과 같이 섀클턴이 그에게 준 문구를 억양을 붙여 읊조렸다. '본인은 지금 이로써 대영 제국을 위해 자남극을 포함하는 이 지역을 점유하는 바이다.'[41]

비록 그가 남극점에는 미치지 못하였지만 섀클턴은 영웅으로 환영받았다. 영국 정부는 '그 발견물들의 큰 가치'에 너무나 감동한 나머지 섀클턴에게 2만 파운드를 승인해 줌으로써 남아 있는 그의 부채를 덜어주었다. 섀클턴이 계약을 맺었던 신문과 서적 출판사들과 강연 대행사들은 뜻밖의 횡재를 더했다. 한 뉴질랜드 기자의 도움을 받아 그는 런던으로 돌아오는 항해 동안 책 한 권을 완성했으며 그것은 재빨리 *남극의 심장(The Heart of the Antarctic)*이라는 제목으로 두 권으로 출판되었는데 그 책은 물론 그가 실제로 그 대륙을 정복했음을 시사했다. 전 세계에 걸친 강연 여행이 뒤따랐으며 그동안 이제는 기사 작위를 받은 그 탐험가에게 여러 학회로부터 온갖 종류의 권위 있는 메달이 수여되었다.

　스콧은 섀클턴이 어긴 약속을 널리 알려서 이러한 축하행사들을 망쳐놓을 수 있었으나 그는 자신의 분노와 섀클턴의 업적에 관한 의구심을 남들에게 알리지 않았다. 그는 섀클턴이 1909년 6월 14일 런던에 도착했을 때 돌아오는 그 탐험가를 마중하기 위해 거기에 있었으며 자신의 전직 하급 장교를 환대하는 다양한 만찬회와 강연회에 참석하였다.[42] 스콧은 비록 이를 악물었지만 미소지을 여유가 있었다. 스콧의 탐험 계획은 잘 진행되어 마침내 9월 13일 대중들에게 발표되었다. 그의 탐험의 '주목적'은 '남극점에 도달하고 대영 제국을 위해 그 업적의 영예를 확보하는 것'이었지만 스콧은 과학에 충분히 관심을 기울여 섀클턴이 가지 못했던 97마일을 완주하기 위한 모험에 그렇게 많은 비용을 소비한다는 것에 이의를 제기한 사람들을 달래는 것을 유의하였다. 이제 과학은 모든 탐험대의 선두에 있었다.[43] 그 결과 남쪽으로 갔던 그전 어느 때보다 더 많은 10명의 과학자들이 스콧의 2차 탐험대와 계약을 맺었다.[44]

　이러한 것에도 불구하고 스콧과 대중의 생각으로는 그 탐험은 바로 남극점을 향한 일종의 경주였다. 그 장면은 스콧의 발표가 있기 불과 며칠 전에 마련되었는데 미국 탐험가 로버트 피어리와 프레데릭 쿡이 따로따로 북 노르웨이에 도착하여 각각 북극에 도달하였다고 주장하였다. 쿡과 피어리는 제각기 경쟁적인 신문들인 *뉴욕 헤럴드지*와 *뉴욕 타임스지(The New York Times)*의 후원을 받았기에 그들이 거의 동시에 도착한 것은 그 두 신문 간에 격렬한 논쟁을 유발했고, 각 탐험가는 상대방이 자기 업적을 날조했다고 비난하였다.

　쿡을 비난하는 사람들은 특히 쿡이 정확한 기록을 제공할 썰매 미터기가 없었기 때문에 그가 이동했다고 주장한 매일의 거리를 신뢰할 수 없다고 주장하였다. 쿡이 속임수를 저질렀다고 널리 여겨질 것이지만 나중에 여론은 피어리에게도 또한 등을 돌렸다. 그러나 당장은 신문사, 출판사 그리고 강연 대행사들의 대표가 경쟁적인 주장자들과 독점적인 거래에 서명하기 위해 노르웨이로 쇄도했기 때문에 대중의 관심이 뜨거웠다.[45]

영국의 어느 출판사에서 온 한 통의 긴급한 편지에서 쿡은 자신의 '위대한 업적이… 문명 세계 전체에 전율을 느끼게 하였으며' 그들은 '그 자세한 이야기를 들으려고 안달이었다'고 들었다. 런던의 한 저작권 대리업자는 쿡에게 그 이야기가 '인간적이고 대중적인 관심거리로 가득 차 있는' 한 그는 신문과 잡지와 판권을 얻기 위한 적어도 미화 4만 달러를 확보할 수 있으며, 강연권은 '거의 어림잡을 수 없는 금액'을 벌 가능성이 있다는 것을 보장하였다. 한 강연 대행사는 주당 2천 달러의 제안과 함께 쿡의 보드빌(vaudeville, 노래, 춤, 만담, 곡예 등을 섞은 쇼-역자 주) 출연을 타전해왔으며 한편 저지시티(Jersey City)의 한 남성복 전문점은 그가 북극에서 입었던 옷을 전시하는 대가로 쿡에게 원하는 가격을 부르라고 요청하였다.[46]

쿡과 피어리 이야기에 대한 그런 정신 나간 쟁탈전과 함께 남극점이 탐험의 마지막 주요 상품으로서 탐험가들을 손짓해 불렀다. 스콧은 그 상품을 타려고 작정하였으나 그는 모터구동식 썰매를 개발하려고 애쓰는 것 이외에는 또 다른 탐험에 대한 준비를 거의 하지 않았다. 그럼에도 불구하고 피어리와 쿡의 귀환은 그에게 자신의 계획을 발표하도록 재촉하였다. 스콧의 직감이 들어맞았는데 왜냐하면 비록 성사되지는 않았으나 피어리가 재빨리 자신이 남극점으로 갈 것이라고 발표했기 때문이었다. 독일 탐험가인 빌헬름 필히너 중위(Lieutenant Wilhelm Filchner)가 베를린에서 비슷한 선언을 했으며 한편 일본의 퇴역 육군 장교 노부 시라세 중위(Lieutenant Nobu Shirase)도 동경에서 똑같은 행동을 하였다.[47]

신중하게 침묵을 지키고 있던 유일한 탐험가는 노르웨이의 로알 아문센(Roald Amunsen)이었는데, 그는 1906년 북극에서 최초로 북서 항로를 발견하여 영국인보다 먼저 그들이 노리던 상을 차지함으로써 역사에 남을 만한 일을 하였다. 그는 이누이트(Inuit)족으로부터 얼음 위에서 이동하고 생활하는 것에 관해, 특히 개를 이용하는 것과 바다표범 고기가 지닌 영양의 이득에 관해 많은 것을 배운 바 있었다. 그는 북극점을 노린 시도로 그 성공의 뒤를 이을 작정이었으나 이제는 이미 다른 사람들이 주장한 목표에 대한 자금을 얻을 가망이 없다는 것을 알았다. 그는 먼저 북극 탐험에 대한 자금 지원을 보장해줄 눈부신 업적으로 '대중의 관심을 불러일으켜야' 할 것이다. 쿡은 후일 자신이 아문센에게 그가 신문, 출판업자 그리고 강연 대행사들로부터 받은 믿을 수 없는 제안을 보여줌으로써 자신이 남극점을 향해 스콧과 경주하도록 아문센을 고무시켰다고 주장하였다. 그런 큰 부가 제안되자 아문센은 자신의 주의를 그곳으로 돌렸으며 한편으로는 자신의 야망을 일반 세인들과 특히 스콧에게 비밀로 하였다.[48]

스콧은 로스해를 독점하기를 원했으며 그래서 필히너에게 남극의 반대쪽에 탐험대 기지를 두도록 설득하였는데 독일인들은 그쪽에서 웨델해로부터 남극점을 향해 나아갈 시도를 할 수 있었다. 영국 언론은 감히 스콧과 같은 시기에 탐험대를 조직한 것에 대해 마치 남극이 한 번에 한 탐험가의 활동만 수용할 수 있는 것처럼 필히너에게 아우성을 치고 항의를 제기하였다. 영국을 달래고 싶어 한 나머지 필히너는 런던으로 달려가 스콧을 만났으며 그 두 사람은 서로 반대 방향에서 남극점을 향해 나아갈 것과 과학적 관찰에서 서로 협력할 것을 합의하였다.

필히너는 또한 '이 사업이 남극점에 도달하는 데 관련된 것이 아니라 주로 동서 남극대륙 간의 관계에 관한 문제를 해결하는 것을 목표로 하고 있음'을 천명하기 위해 '남극점 탐험(South Pole Expedition)'이라는 명칭을 피하고 대신 '남극 탐험(Antarctic Expedition)'이라는 이름을 채택함으로써 영국의 우려를 가라앉히려고 노력하였다. 그는 '남극대륙이 웨델해로부터 로스해까지 남극 지역을 가로질러 뻗어 있는 얼어붙은 해협에 의해 나뉘어져 있는 2개의 섬으로 구성되어 있다는 이론을 입증하기'를 원했다.[49] 필히너가 자신은 대륙을 횡단할 계획이라고 발표한 후 스콧 역시 대륙 횡단과 웨델해상에서 그의 탐험선과 재결합하는 것에 관해 이야기하였다. 그렇게 해서 그는 필히너와 짝을 이룰 것이며 남극점까지 마지막 97마일을 완주함으로써 섀클턴의 발자취를 그냥 따라가지는 않을 것이다.

스코틀랜드의 탐험가 윌리엄 브루스도 또한 웨델해로부터 남극점을 경유하여 남극을 횡단하는 계획을 발표하였으나 이 탐험을 위한 자금을 얻을 수 없을 것이다. 스콧과 섀클턴은 정부 자금 지원을 받았으나 브루스의 스코틀랜드 탐험대는 거절당했고, 이에 자극받은 그 *스코틀랜드인*은 그것이 '스코틀랜드의 지리학 연구와 스코틀랜드 전체에 대한 하나의 모욕'이라고 기술하였다. *글래스고우 헤럴드지(Glasgow Herald)*는 브루스가 '자신의 1901년 탐험 동안 영국 영토를… 추가하지 못했을지 모르나' '그가 지식의 영역을 확장한 것은 틀림이 없었다'라고 썼다.[50] 그러나 국경을 가로질러 아무리 많은 불평을 해도 그것이 영국 재무성이 브루스를 위해 돈주머니 끈을 풀도록 설득하지는 못할 것이다.

과학이 스콧의 새 탐험에서 큰 역할을 담당할 것이다. 스콧의 가까운 친구 에드워드 윌슨을 과학 지도자로 임명하면서, 10명의 과학자 일행에는 저명한 기상과학자뿐 아니라 지질학자와 생물학자로서 4명의 다른 케임브리지 졸업생이 포함될 것이었다. 윌슨은 그의 부친에게 자신과 스콧은 '과학적 연구를 통해 남극점을 차지하는 것을 단지 결과의 한 항목으로 만들기를 원한다'는 것을 확신시켰다. 윌슨은 그 탐험은 '물론 그것은 하나의 *필수 조건(sine qua non)*이지만, 아무도 그 탐험이 일종의 남극점 사냥에 불과한 것이었다고 말할 수 없도록 고안되었다. *우리는 반드시* 남극점에 도착해야 한다'라고 적었다. 심지어 덕망 있고 아직도 영향력이 있는 클레멘츠 마컴 경마저도 이 탐험이 단순히 남극점을 향해 돌진하는 것보다는 탐사에 초점을 두기를 원했다.[51]

더글러스 모슨은 스콧이 자신과 함께 데려가고 싶었던 과학자들 중 한 사람이었으나 모슨은 스콧이 자신을 수석 과학자로 임명할 경우에만 가려고 했다. 스콧은 그 대신 수석 지질학자라는 직위로 그를 꾀려고 애를 썼으나 그 오스트레일리아인은 거절하였다. 어쨌든 모슨은 남극점 사냥 연습에 나가는 것보다 아데어곶 서쪽의 3,200킬로미터의 해안선을 탐사하기를 원했고 스콧은 그를 제멋대로 하게 내버려둠으로써 자신의 계획을 위험에 빠뜨리는 것은 꺼렸다. 그래서 모슨은 자신의 탐험대를 준비할 것이라고 발표하였으나 결과는 새클턴이 또 다른 탐험대를 인솔하고 모슨은 그의 수석 과학자가 될 수 있다고 제안했을 뿐이었다. 그것은 새클턴이 스콧의 신경을 건드리는 하나의 좋은 방법이었다. 그는 1910년 2월 자신의 전직 지휘관에게 자기가 아데어곶 서쪽의 해안을 탐사하기 위해 1911년 출발할 '순수 과학 탐험대를 하나 준비하고 있다'고 말했다.[52]

프랑스와 독일 탐험대에서 간행된 여러 권의 과학 출판물들이 영국이 무시할 수 없는 하나의 기준을 설정하였다. 게다가 스콧 탐험대가 얻을 것으로 예상되는 과학적 결과들은 정부가 기증하는 2만 파운드를 정당화하기 위해 사용될 수 있을 것이다. 대중지와 그들의 독자들이 관심을 가졌던 것은 아니었다. 그들은 남극점까지 경주를 하고 싶고 대륙의 경쟁자들에 대한 영국인의 용기와 인내의 승리에 관한 기사를 읽고 싶은 생각이 간절하였다. 과학에 관한 자신의 모든 얘기에도 불구하고 스콧은 기꺼이 대중이 원하는 바를 들어주었다. 결국 역사책 속에 그가 차지할 자리와 해군에서의 그의 승진을 보장해준 것은 남극점 정복의 달성이었다.

새로 결혼하여 막 어머니 집에서 분가해 나온 스콧으로서는 그 탐험은 또한 자신의 남자다움과 조국의 남자다움을 입증할 기회이기도 하였다. 1910년 5월 31일 이전의 던디 포경선이었던 스콧의 탐험선 *테라노바*호를 위한 환송 오찬회에서 왕립 지리학회 회장은 모인 내빈들에게 스콧이 '다시 한번 이 나라의 남성성이 죽지 않았다는 것과 이 위대한 제국을 쟁취한 우리 조상들의 특성이 여전히 우리 가운데서 번성할 것임을 입증할 것이다'라고 말했다.[53] 그것은 스콧이 짊어질 추가적 부담이었고 그것이 모든 것을 압도할 것이다.

스콧은 자신이 오직 독일인들과 일본인들과 경쟁하고 있다고 생각했으며 자신의 과거 경험과 맥머도 지협에 있는 기지가 그가 최초로 남극점에 도달할 것을 보장하리라고 믿었다. 그는 아문센을 예상하지 못했는데, 아문센은 심지어 계속 북극으로 향하는 척하면서 두 탐험대가 지구의 반대쪽 끝에서 자신들의 관찰을 협력할 수 있도록 스콧으로부터 기구들을 받아들일 정도였다. 그러나 아문센은 남극점에 대한 시도를 한 후에야 샌프란시스코를 거쳐 북극으로 향할 계획을 세우고 있었는데 남쪽에서의 자신의 성공이 북쪽 탐험에 부족한 자금을 제공해줄 것을 바라고 있었다. 자신의 업적이 신생 국가 노르웨이에게 영광을 가져다줄 것을 기대하면서 아문센은 1910년 6월 7일, 노르웨이가 스웨덴으로부터 독립한 지 5년째 되는 날의 긴 여름 황혼을 택하여 돛대가 3개 달린 유명한 스쿠너선 *프람호(Fram)*를 타고 자신의 조국에 작별 인사를 하였다.[54] 이 남극 임무에 관한 과학적 가식은 전혀 없었으며 스키와 개 썰매를 이용하는 신중하게 계획된 남극을 향한 돌진만 있을 뿐이었다.

아문센의 계획은 알아채지 못한 채 스콧은 1910년 7월 16일 기차로 런던을 떠나 *테라노바호*가 남아프리카에 닿을 때쯤 속도가 더 느린 그 배를 따라잡게 해줄 쾌속 우편선에 승선하였다. 섀클턴과 필히너가 역에서 그에게 작별 인사를 했으며 스콧은 필히너에게 '남극점에서 보세'라고 소리쳤다.[55] *테라노바호*를 타고 멜버른에 도착했을 때 스콧은 아문센으로부터 단지 '*프람호*가 남극을 향하고 있음을 귀하께 알려드리는 바입니다'라는 내용의 전보 한 통을 받고, 비로소 스콧은 아문센의 계획을 어렴풋이 알아차렸다. 이는 아문센이 예의상 하는 말에 불과했으며 아문센이 노르웨이 언론에 자신은 지금 '남극점을 차지하기 위한 싸움에 참가할 예정'이라고 알린 것은 물론이었다. 그 소식이 삽시간에 세상을 돌아 스콧에게 퍼질 것을 그가 예상한 것은 당연하였다. 그러나 영국 언론은 대부분 그 소식을 무시했는데 그것은 오스트레일리아 신문에는 스콧에게 더 자세한 내용을 제공할 것이 전혀 없다는 것을 의미하였다. 스콧이 10월 말 뉴질랜드에 도착한 후에야 비로소 그는 한 신문기자로부터 아문센이 남극의 다른 곳에서 탐사를 하기 보다는 남극점까지 그와 경쟁할 작정이라는 것을 들었다.[56]

또한 뉴질랜드에서 스콧은 섀클턴의 탐험이 진행되지 않을 것을 확인한 후 모슨으로부터 그가 자신의 과학적 탐험을 시작할 계획을 계속하고 있다는 소식을 들었다.[57] 스콧은 이제 남극점까지의 경주에서 아문센과 아마도 필히너의 경쟁에 직면했을 뿐 아니라 모슨이 이전에 발견되지 않았던 영토를 탐사하는 경우 자신의 업적이 줄어들 위험에 직면하게 되었다.

스콧은 자신이 승리보다는 비극으로 향하고 있다는 가능성을 더 이상 무시할 수 없었다. 과적된 그의 배는 남극해에서 폭풍우가 치는 동안 심각한 누수가 발생했으며 간신히 물에 잠기는 것을 면했다.[58] 1911년 1월 4일 스콧 일행이 맥머도 지협에 다다랐을 때 실패가 더 확실해졌다. 그는 에드워드 7세 랜드를 탐사하기 위해 대원 한 무리를 *테라노바*호에 태워 보냈으나 그들은 이내 고래만에 정박되어 있는 *프람*호와 마주쳤다. 아문센은 이미 '프람 하임(Framheim)'이라고 부르는 자신의 기지에 정착해 있었으며 그는 자신의 조립식 오두막을 떠나 예기치 않은 방문객들을 맞이하였다. 그들이 잠시 논의하는 동안 각각의 무리는 자신들의 계획에 관해 입을 다물었다.

영국인 일행은 자신들의 우려할 만한 발견을 스콧에게 보고하기 위해 서둘러 돌아갔다. 지질학자 레이몬드 프리슬리(Raymond Priestly)는 자신의 일기에 그 소식이 스콧을 '우리들만큼 불안하게 만들었으며 내년이면 전 세계가 관심을 갖고 남극점을 차지하기 위한 경주를 지켜볼 것이다'라고 적었다. 적은 대원 일행과 100마리 이상의 개를 보유한 아문센을 목격한 것이 스콧에게 통고되었다. 윌슨은 로스 얼음 장벽의 '단조로움과 단단한 이동 표면'이 아문센의 개들을 물리칠지 모른다고 생각했으나, 그는 여전히 개들과 스키와 함께 장비를 가볍게 갖춘 노르웨이인들이 조랑말과 함께 짐을 가

득 실은 영국인 일행에 앞서 남극점에 도달할까봐 두려워하였다.[59]

스콧은 그 소식을 듣고 낙심하였으며 자신의 일기에 노르웨이인들이 남극점에 거의 100킬로미터 더 가까우므로 '아문센의 계획은 우리의 계획에 매우 심각한 위험이다'라고 적었다. 그러나 스콧은 여전히 특유의 꿋꿋함을 보였으며 '마치 이러한 일이 일어나지 않았던 것처럼 정확하게 진행하고 두려움이나 극심한 공포 없이 조국의 명예를 위해 전진하고 우리의 최선을 다할 것'을 결심하였다.[60] 스콧이 보기에는 이제 무대는 마련되었고 자신은 끝까지 자신이 맡은 역할을 할 것이었다.

스콧에게 지지 않기를 간절히 바란 아문센은 1911년 9월 8일 남극점을 향해 출발함으로써 재난을 자초하였다. 때가 너무 일렀으며 노르웨이인들은 기온이 섭씨 영하 56도에 이르는 엄청난 추위에 의해 격퇴되었다. 그들은 10월 15일 다시 출발해 로스 얼음 장벽을 가로질러 자신들의 첫 번째 보급품 저장소까지 하루에 30킬로미터 이상 달려갔다. 아문센이 일단 얼음의 경계선에 다다랐을 때 그는 남극 종단 산맥의 골짜기를 헤치고 통로를 찾아서 크레바스 투성이 빙하 위로 10,000피트 높이의 극고원을 향해 가야만 하였다. 이것을 달성했을 즈음 그는 자신이 계획했던 대로 기진맥진한 개들의 대부분을 18마리의 살아남은 개들에게 먹였다. 그동안 내내 그는 자신의 노르웨이 후원자들과 동료 탐험가들의 이름으로 중요한 지리학적 지형에 이름을 붙였다.

극도의 객관적 정밀함과 함께 아문센과 그의 4명의 동료들은 남극점을 향해 계속 나아갔다. 그들이 섀클턴의 '최남단'에 다다랐을 때 이제부터는 남극점까지 그들이 자신들의 젊은 국가를 대표하여 새로운 길을 개척하고 있음을 보여주기 위해 선두에 있는 썰매에 부착된 스키 막대 위에 노르웨이 국기를 세웠다. '나도 모르게 두 눈에서 눈물이 줄줄 흘렀을 때 전체 여행 중 다른 어떤 순간도 이렇게 내게 충격을 준 적은 없었다. 어떠한 의지의 노력으로도 그것을 멈출 수가 없었다. 나와 나의 의지를 정복한 것은 저쪽에 있는 그 국기였다'라고 아문센은 썼다. 1911년 12월 15일 마침내 그들이 남극점에 다가갔을 때 그의 동료들 중 하나가 어떻게 그들이 '우리들이 바라던 목표를 달성했는가… 그리고 멋진 것은 우리가 남극점에 도달한 최초의 인간으로서 여기에 있으며 영국 국기가 휘날리지 않고 노르웨이 삼색기가 휘날린다는 것이다.' 라고 적었다.[61]

아문센은 후일 그와 4명의 동료들이 어떻게 상징적으로 임시변통으로 만든 그 깃대를 붙잡았으며 '펄럭이는 국기를 높이 들어 올려 남극점에 있는 최초의 국기로서 그것을 함께 꽂았는가'를 기술하였다. 그들이 그렇게 했을 때 아문센은 다음과 같이 선언하였다. '친애하는 국기여, 우리는 이렇게 그대를 남극점 위에 꽂는 바이며 그대가 놓인 평원에 하콘 7세 고원(King Haakon VII's Plateau)이란 이름을 부여하노라.' 그런 다음 그 역사적 장면의 사진을 찍고 기진맥진한 개 1마리를 동료 개들이 먹을 수 있도록 머리를 강타하여 도살하고는 끝으로 그 개의 이빨과 꼬리의 털을 남겨두었다. 그제야 비로소 아문센은 힘들게 자신들의 위치를 계산하여 자신들이 아직도 남극점에서 8킬로미터 이상 떨어져 있음을 알았다.

쿡과 피어리의 논란을 되풀이하고 싶지 않았기 때문에 아문센은 새 캠프를 세워 그것을 폴하임(Polheim)이라고 명명하고 그의 동료들을 각기 다른 방향으로 몇 킬로미터 보내 스콧에게 그들이 자신들의 스키 자국과 함께 정말로 남극점에 도달했음을 보여주는 표시를 남겼다. 그래도 만족하지 못한데다 날씨도 계속되었기 때문에 아문센은 자신이 남극점이 위치해 있다고 계산한 지점까지 마지막 8킬로미터를 이동하기로 결심하였다. 관측을 더 실시했으나 여전히 그들이 '절대적인 남극점 위에 있지 않다'는 것을 알았다.

아문센은 자신의 일행이 정확한 지점은 찾지 못한 채 며칠 동안 계속 뱅뱅 돌고 있을 수도 있다는 것을 알았다. 그래서 그는 정지를 명하고 자신들이 '우리들의 기기로 도달하기를 바랄 수 있을 만큼 가까이' 간 것에 만족하였다. 그리고 꼭대기에 노르웨이 국기가 휘날리고 있는 텐트 한 동을 남겨두었다. 아문센은 또한 노르웨이인들이 살아 돌아가지 못하는 경우에 대비하여 스콧이 하콘 국왕에게 전달하도록 자신들의 발견을 말해주는 편지 한 통도 남겨두었다. 그런 다음 그들은 최초로 자신들의 이야기를 말해주고 여러 가지 보상을 거둬들이기로 결심하고 떠났다. 아문센의 탐험대는 매우 축복받았고 그 인솔자가 매우 기민했기 때문에 그 일행은 탐험을 시작했을 때보다 살이 더 찐 상태로 프람하임으로 되돌아왔다. 그들의 개들 중 11마리가 여전히 생존하여 썰매를 끌었다.[62]

물론 섀클턴은 이미 영국 국왕의 이름을 따 그 고원에 이름을 붙여두었다. 노르웨이와 영국은 나중에 어느 나라가 그 소유권에 대한 더 많은 권리가 있는지에 관해 말다툼을 할 것이다. 스콧이 그곳에 먼저 도착함으로써 그 문제를 해결할 수 있었으나 그는 아문센이 남극점에 도착했을 때 480킬로미터 이상 떨어져 있었다. 케터필러 트렉(caterpillar track, 무한궤도식 바퀴)을 가진 스콧의 3대의 모터구동식 썰매들이 그의 탐험대의 구원자가 될 수 있었을 것이다. 그것들은 수 톤의 물자를 끌고 갈 수 있었고 스콧은 그 썰매들이 비교적 빨리 얼음을 가로질러 나아가기를 바랐다. 그러나 썰매 1대는 *테라노바호*에서 두께가 불충분한 얼음 위로 부주의하게 내려져 분실되었다. 그 육중한 기계는 깊은 바닷속으로 추락해버렸다.

스콧의 남은 2대의 썰매는 그와 조랑말들이 갈 루트를 따라 식량 저장소를 세우는 데 이용되었다. 동력을 갖춘 그 썰매들은 짐을 가볍게 실은 아문센 일행이 남극점을 향해 출발한 지 9일 후인 10월 24일 저장소를 부설하는 작업을 시작하였다. 또 한 주일이 지나서야 비로소 스콧과 나머지 5명의 일행이 출발했으며 또 다른 저장소 부설 팀과 조랑말이 끄는 8대의 썰매가 그들과 동행하였다. 그 불운한 탐험가는 이내 남극점에 전시하기 위해 황태후가 자신에게 하사했던 유니언 잭을 남겨두고 온 것을 알았다. 얄궂게도 그것을 가져오라는 지시를 받은 사람은 노르웨이인 대원이었는데, 그는 스키를 사용하여 27킬로미터의 거리를 재빨리 갔다. 스스로 스키를 일축했던 스콧은 조랑말과 함께 계속 터벅터벅 걸어갔는데 조랑말들은 부드러운 눈을 만날 때마다 허우적거렸다. 모터가 달린 썰매들 또한 실망스러운 것으로 판명되었으며 겨우 80킬로미터를 간 뒤 버려져야만 했다.[63] 조랑말들은 너무 기진맥진하여 계속 갈 수 없어졌을 때 계획했던 대로 차례로 사살하였다.

머지않아 스콧과 그의 동료들은 그들 스스로 썰매를 끌고 있었다. 그것은 마컴이 축하하고 스콧이 영국의 남자다움의 증거로 받아들였던 일종의 광기였다. 그 일행의 대원들 모두가 동의한 것은 아니었다. 복음주의 기독교도이자 철저한 인종차별주의자인 선원 헨리 바우어즈(Henry Bowers)는 '영국의 전통 썰매 방식'에 의해 남극점에 도착하는 것을 즐겼던 반면, 1,000파운드를 지불하고 탐험대에 합류해 말을 다루도록 선발되었던 기병 장교 로렌스 오우츠(Lawrence Oates)는 자신이 '끔찍한 인력 썰매 끌기'라고 불렀던 것에 부아가 났다.[64]

인력으로 썰매를 끄는 데 필요한 여분의 노력은 스콧과 그의 4명의 동료들이 서서히 굶주림에 시달리고 있음을 의미하였다. 부족한 식량으로 인해 그들은 생명 유지에 필수적인 비타민이 모자랐으며 여행 기간 때문에 그들은 괴혈병에 걸리기 쉽게 되었다. 스콧의 어설픈 계획과 그것의 수행으로 인해 그들은 여름이 끝나는 무렵에 남극점에 접근했으며, 아문센보다 훨씬 더 추운 기온과 더 나쁜 날씨를 견뎌야 했고 그로 인해 그들의 안전한 귀환이 훨씬 더 어렵게 되어버렸다.

아문센이 자신의 기지에 거의 돌아올 무렵인 1912년 1월 16일에야 비로소 스콧은 노르웨이인들이 남겨 둔 검은 표시 깃발과 마주쳤으며 눈 속에서 그들의 경쟁자들이 남긴 썰매와 스키와 개들의 자국을 보았다. 영국인들은 아직 남극점에 조금 못 미쳤으나 노르웨이인들이 그들을 앞선 것이 분명하였다. 경건한 윌슨의 일기는 자신들의 패배에 대한 감정을 거의 드러내지 않은 채 단지 아문센이 '남극점 자체에 대해서는 우선권을 주장할 수 있다. 그가 그것을 경쟁이라고 생각하는 한 그는 우리를 이겼다. 그래도 우리는 우리가 온 목적을 다 했으며 우리의 프로그램대로 행하였다'라고 말하였다.[65]

스콧의 말은 자제력이 모자랐다. '하나님 맙소사! 이곳은 끔찍한 곳이고 우선권이란 보상이 없어도 우리가 애써 올 만큼 지독한 곳이야.' 그의 모든 희망과 야망은 산산조각이 나버렸으나 그는 아직도 재빨리 돌아가 '그 소식을 먼저 알릴' 수 있다면 그래도 무언가 달성할 수 있을 것이라고 생각하였다. 떠나기 전에 그들은 아문센의 텐트를 발견했으며 자신들이 남극점이라고 생각한 곳에 서서 그곳에 눈더미를 만들고 유니언 잭을 게양하였다. 그들은 의무적으로 사진을 찍었으나 그것들은 이제 전 세계의 언론에게는 덜 소중할 것이다. 아이로니컬하게도 스콧과 아문센은 모두 남극점에 서지 못했다. 두 사람 모두 지구 꼭대기에서 정확한 관찰을 하는 어려움 때문에 1, 2킬로미터를 놓쳐버렸다.[66]

스콧과 그의 4명의 동료들이 괴혈병과 동상, 그리고 사람을 무능케 만드는 실패감에 짓눌린 채 고원을 가로질러 힘겹게 돌아올 때 스콧은 멈추어 근 14킬로그램이나 되는 암석을 수집하였다. 그것이 귀중한 시간을 잃게 하였으며 악화되는 날씨에도 불구하고 그들의 쇠약한 몸이 끌어야 할 썰매에 불필요한 무게를 추가하였다. 지질학 표본을 수집하는 것은 그들의 운명을 결정하는 것을 도왔으나 그것은 자신들의 과학 신임장을 장식하고 자신들의 탐험을 아문센의 탐험과 구별하기 위해 행해졌다. 스콧은 세인들에게 자신의 탐험과 생명의 희생은 단지 남극점까지의 경주로서 행해진 것이 아니라고 말하고 있었다. 만일 그들이 죽는다면 그것은 무의미한 모험의 추구가 아니라 과학이라는 대의 속에 죽는 것이 될 것이다.

그들은 차례로 죽어가기 시작하였다. 제일 먼저 간 사람은 에드가 에반스(Edgar Evans)였는데 그의 강한 골격은 그의 슬픈 최후를 착각하게 만들었다. 괴혈병으로 쇠약해지고 정신이 없었던 그는 눈 속에 양손과 무릎 깊이까지 빠져 더 이상 갈 수가 없었다. 1대의 썰매에 태워진 그는 2월 17일 그날 밤 텐트 속에서 십중팔구 괴혈병과 저체온증과 굶주림이 결합된 결과로 사망하였다. 한 달 뒤 이번에는 로렌스 오우츠의 차례였는데, 동상에 걸린 그의 두 발이 괴저로 변해 굶주림과 비타민 결핍이 그의 심신에 끼친 피해를 더하였다. 그는 자신의 침낭 속에 누운 채 눈 속에 남겨달라고 애원했으나 그들은 음식을 가득 실은 개 썰매와 함께 구조대를 만날 것을 바라며 서둘러 가자고 그를 격려하였다. 그러나 구조대 대신 있는 것이라고는 고요한 공허뿐이었으며, 그것은 오우츠에게 마지막 200킬로미터가량을 더 갈 수 있다는 희망을 주지 않았다. 이는 그들을 구원으로부터 분리시켜버렸다. 다음 날 아침 오우츠는 텐트를 떠나 다시 돌아오지 않았다. 아마도 후세를 위해 지어낸 스콧의 보고서에 의하면 오우츠는 그의 3명의 동료들이 침낭 속에서 몸을 웅크리고 있었을 때 그들에게 '잠시 동안 밖에 나갈 것'이라고 말했다 한다.

며칠 뒤 스콧은 자기 동료들에게 서둘러 가다가 길에서 죽기보다는 텐트 속에 남아서 자신들의 최후를 기다리자고 설득하였다. 텐트 속에 있으면 자신들의 시신과 기록들이 발견될 가망이 더 많았다. 스콧은 귀환하여 실패로 창피를 당하고 동상과 괴저로 불구가 되기보다는 비극적인 순교자로 최후를 마칠 것이었다. 그 세 사람이 사망하는 데는 적어도 9일이 걸렸다. 밖에서는 바람이 윙윙거리는 가운데 스콧은 연필로 갈겨써서 자신의 책임을 면함과 동시에 남의 이목을 의식하면서 자신과 대원들의 영웅적 자화상을 만들어낸 한 뭉치의 편지와 메시지를 썼다.

그중 한 통의 편지에서 스콧은 자신들의 죽음이 '영국인들은 여전히 용감한 정신으로 죽을 수 있으며 끝까지 싸울 수 있다'는 것을 보여줄 것이며 그것이 '미래의 영국인들을 위한 하나의 본보기가 될 것'이라고 주장하였다. 또 다른 편지에서 스콧은 자신들이 어떻게 '신사답게 죽을'것인가에 관해 썼으며 그것이 '용기 있는 정신과 인내력이 우리 민족에게 없어지지 않았음을 보여줄' 것이다. 몇 달 뒤 마침내 그들의 시신이 발견되었을 때 그들은 자신들이 누웠던 곳에 남겨졌으며 눈과 얼음덩어리만 그들 위에 세워졌다. 스콧의 기지에는 가까운 언덕에 십자가가 세워졌는데 거기에는 알프레드 테니슨(Alfred Tennyson)의 시 '율리시스(Ulysses)'에서 따온 다음과 같은 말이 새겨져 있었다:

'굴복하기 위해서가 아니라 찾고 발견하기 위해 노력하라(To strive, to seek, to find, and not to yield).'[67]

스콧의 점점 더 절망적인 여행이 비극적으로 끝이 난 반면 아문센은 기지의 짐을 꾸리고 남극해를 가로질러 호바트까지 폭풍이 몰아치는 통로를 항해하기 위해 개와 물자들을 *프람*호에 싣고 있었다. 한 달이 넘게 걸려서야 비로소 아문센은 태즈메이니아에 상륙할 수 있었으며 거기에서 그는 1912년 3월 7일 노르웨이에 있는 자기 동생에게 자신의 성공을 알리는 한 통의 암호 전보를 보냈다. 아문센은 나중에 세상 사람들의 갈채를 한껏 즐기기 위해 북반구로 향하면서 자신의 노르웨이 후원자들 중 한 사람에게 보낸 편지에 '남극점은 우리 것이 되었다'고 썼다.

섀클턴은 재빨리 신문기자들에게 극고원에 대해서는 자신이 아문센을 앞섰으며 따라서 그것에 대한 자신의 영국식 이름이 아문센의 노르웨이식 이름에 우선한다고 말했다. 아문센은 그것이 '터무니없는 말'이라고 대답했는데 그 이유는 섀클턴은 '자신이 한 번도 보지 못한 영토에 이름을 붙일 권한'이 없기 때문이었다. 영국과 미국의 일부 평자들도 마찬가지로 칭찬에 인색했으며 아무래도 스콧이 그의 상을 부당하게 강탈당했다고 생각하였다. 스콧이 없고 아직 그의 운명을 모르는 상태에서 이러한 무례한 반응들은 중얼거리는 불평에 지나지 않았다.[68] 그럼에도 불구하고 그들은 아문센이 받은 상을 긁어 광택을 벗겨버렸으며 이로 인해 아문센은 후일 영국인들을 '군소리 많은 패자들의 종족'이라고 혹평하였으며 그에 항의하여 왕립 지리학회

에서 사임해버렸다.[69]

영국인들이 아문센이 남극점에 최초로 도달했음을 인정해야만 하는 동안, 극고원의 소유권에 관한 문제가 이제 막 시작되었다. 꼼꼼한 영국 관리들은 나중에 노르웨이 관리들에게 아문센이 극고원을 명명하고 노르웨이를 위해 그것의 권리를 주장하기 오래전에 섀클턴이 그곳에 도달했었다는 것을 지적하였다. 보다 더 중요하게 영국인들에게 남극점에 대한 깊은 주인의식을 불어넣은 것은 비극적인 스콧의 죽음과 그의 최후의 메시지가 지닌 감동적인 특성이었다. 섀클턴과 아문센 두 사람 모두 유감스럽게도, 스콧의 죽음은 그들의 행위가 할 수 없는 식으로 대중의 주의를 사로잡아버렸다.

당시에 일부 사람들은 스콧과 그의 탐험대의 실수만 하는 무능함을 인식하고 있었다. 섀클턴은 어떻게 그렇게 장비를 잘 갖춘 탐험대가 일개 눈폭풍에 패할 수 있는가를 크게 궁금해한 사람 중 하나였는데, 이는 다른 실패의 이유가 있음을 넌지시 풍겼다. 이것들은 롤랑 헌트포드(Roland Huntford)가 1979년에 발간한 자신의 책 *스콧과 아문센(Scott and Amundsen)*에서 혹독하게 폭로할 때까지는 한 번도 완전하게 조사된 적이 없었다. 불안한 전쟁 전 시대에 대영 제국은 영웅으로 스콧을 필요로 하였다. 그 제국은 거의 종교적인 열정과 함께 그의 자작 신화를 받아들였다.[70] 그 실패한 탐험가는 자신의 죽음의 방식으로 영국인들의 상상 속에 남극을 주입했으며 그로 인해 영국 지도자들은 훨씬 더 쉽사리 남극을 대영 제국 내로 확실하게 가져올 수 있을 것이었다.

CHAPTER 8

1912–1918

국왕과 대영 제국의 이름으로

스콧과 아문센은 남극점에 이르는 크레바스투성이 길을 명성과 부에 이르는 길로 보았다. 스콧은 영국인들을 쇠퇴하는 민족이라고 하는 기죽이는 이야기를 자신이 떨쳐버릴 수 있도록 그곳에 최초로 도착하기를 원했다. 그는 또한 남편을 사별한 어머니와 새 아내와 아들을 부양할 부를 원했으며 그 업적으로 인해 영국 해군에서 제독으로 승진하기를 기대하였다. 아문센은 남극점까지의 경주에서 승리하는 것이 신생국가 노르웨이에게 영광을 가져다줄뿐더러 자신이 계획한 북극 횡단 항해에 매우 필요한 자금을 만들어주고 자신의 노르웨이 애인에게 남편을 떠나 자기에게 오도록 설득할 것이라고 생각하였다.

그 두 사람 모두에게 남극은 단지 그들이 다른 곳에 위치한 꿈과 야망을 달성할 수 있는 하나의 수단에 불과하였다. 그들이 얼음에 갇힌 대륙을 소유하는 데 관심이 없는 것은 달을 소유하는 데 관심이 없는 것과 마찬가지였다. 더글러스 모슨은 달랐다. 그는 신문이나 출판 계약을 통해 손에 넣을 수 있는 것보다 훨씬 더 큰 부가 남극과 그 주위 바다에 숨겨져 있을지 모른다는 것을 인식하였다. 그는 남극대륙에 대한 권리 주장을 자신의 주목적으로 삼은 최초의 탐험가가 되었다.

모슨은 1882년 요크셔에서 출생했으나 불과 2년 뒤 가족과 함께 오스트레일리아로 이주하였다. 그의 부친은 시드니 근교에서 토지를 경작하면서 번영을 추구한 농부였으나 자신의 모험이 실패한 것을 보았을 뿐이었다. 그는 시드니 시내에서 회계원으로 일하기 시작했으며 그의 아내는 하숙을 쳐서 자신들의 수입을 보충하였다. 재정적 불안정의 위협이 어린 모슨에게 깊이 새겨져 그의 생활에 스며들었다. 모슨은 훌륭한 대중 교육을 받고 애덜레이드대학교(Adelaide University) 지리학 강사가 되었지만 그는 언제나 재산을 모을 계획을 추구하고 있었다. 그의 부친 역시 자신을 오스트레일리아로 데려온 어렴풋한 희망을 결코 잃지 않았다. 그는 나중에 뉴기니에서 고무 농장을 개발해 자신의 부를 찾으려 했으나 실패하였다.

지질학자로서 모슨은 종종 금이나 다른 귀금속이 풍부하게 매장된 광상을 찾거나 새로운 선광법의 특허를 받으려고 애를 썼다. 1907년에서 1909년까지 섀클턴의 탐험대에서 일하는 동안 그는 남극에 풍부한 금속 광상이 있을 가능성을 알았으며 그래서 그것을 발견할 결심을 하게 되었다. 그가 네덜란드 태생의 부유한 광산 경영자의 딸과 사랑에 빠졌을 때 자신의 부를 찾겠다는 자극이 다시 찾아왔는데, 모슨은 어떻게든 그녀 아버지의 재정적 신분과 대등해야겠다는 생각이 들었다.[1]

섀클턴이 두 번째 남극 탐험대를 이끌 계획을 포기했을 때 모슨은 자신의 탐험대를 추진하였다. 1911년 1월 그는 시드니에 있는 오스트랄라시아 과학 진흥 협회(Australasian Association for the Advancement of Science) 모임에 자신의 계획을 가져가 동료 과학자들의 호기심과 애국심에 호소하였다. 강연대에 몸을 기댄 채 그 호리호리한 지질학자는 그들에게 '멀리 떨어진 나라들이 자신들이 물려받은 영역을 침범하는 것을 기꺼이 허용할' 것인지 여부를 물었으며, 그렇게 함으로써 오스트레일리아에 가장 가까운 남극의 해안선은 당연히 오스트레일리아에 속한다고 주장하였다. 그는 더 나아가 오스트레일리아인들이 어떻게 '우리들 문간에 놓여 있는 거대한 잠재력을 지닌 이 땅에 주의를 기울이지 않을 수 있는지' 물었다. 모슨은 사심 없이 인간 지식의 축적을 늘이는 것에 관해서는 거의 얘기하지 않았으며 자신의 이익을 위해 인간의 이익을 창출할 새 원천을 찾는 데 관한 얘기를 더 많이 하였다. 그는 또한 오스트레일리아의 젊은이들이 남극에서 위대함을 달성할 수 있는 경우의 국가 건설의 잠재력을 언급하였다. 그가 나중에 선언했듯이 그 탐험으로 인해 오스트레일리아는 세상의 주의를 끌게 될 것이며 '새로운 영토를 조사하고 그것에 대한 권리를 주장할 만큼 강력해지는(데서 비롯되는) 위신'에 싸일 것이다. 그래서 오스트레일리아는 '외국이… 개입하여 남극대륙의 가장 소중한 이 부분을 자기네들 것으로 확보하기 전에 행동을 취해야 하였다.'[2]

과학자들은 그의 계획에 갈채를 보내면서 탐험대를 지원하기 위해 1,000파운드를 가결했으며, 과학 프로그램을 감독하고 계속적인 자금을 찾기 위한 위원회를 설립하였다. 모슨의 탐험대가 성사되려면 훨씬 더 많은 돈─적어도 4만 파운드─이 필요하였다. 그는 부유한 오스트레일리아인들이 기부할 것을 희망했는데, 그러면 그것이 그 탐험대가 학회나 관료들이 통제하는 정부 탐험대라기보다는 그가 통제하는 민간 탐험대임을 보증할 것이다. 시드니의 *데일리 텔레그라프지(Daily Telegraph)*에 실린 만화가 부유한 독자들에게 '스포츠맨이 되어 외국인들에 대항하는 이 젊은이를 후원할 것'을 요청하였다. 담배 제조업자이자 신문사 사주인 휴 데니슨(Hugh Denison)을 포함한 여러 명의 부유한 오스트레일리아인들이 재빨리 그렇게 했는데 데니슨은 또한 독실한 제국주의자였다.

더 많은 개인 기부를 끌어내기 위해 모슨은 주요 기부자들에게 어떤 광물 자원이든 그 소유권의 지분을 약속하였다. 그러나 탐험대에 자금을 대기에는 나서는 개인 기부자 수나 제공하는 금액이 충분하지 않았다. 모슨은 예산의 대부분을 얻으려면 정부에 의존해야 한다는 것을 깨달았다. 그는 멜버른으로 가 국방장관 조지 피어스(George Pearce) 상원 의원을 만나 연방 정부의 자금 지원을 받기 위해 자신의 주장을 강조하였다.[3]

피어스는 후일 기자들에게 모슨이 '그 탐험의 큰 과학적 중요성'을 언급했으나 '그것의 상업적 측면을 더 강력하게 강조'했다고 말했다. 모슨은 피어스에게 '광물을 발견할 가능성이 충분하며 바다표범 조업과 어업의 분야에서 다른 상업적 가능성이 있다'고 말했다. 오스트레일리아에 대한 남극의 근접성과 영구 정착의 실행 가능성 또한 강조되었는데 그것은 적국이 그 장소를 점유할 경우 발생할지 모르는 위험한 결과를 제기하였다. 피어스는 오스트레일리아가 먼저 점유함으로써 그러한 가능성을 미연에 방지할 수 있다는 점을 확신시켰다.

오스트레일리아는 걱정해야 할 몇 가지 이유가 있었다. 영국과 독일 간의 증가하는 해군 경쟁이 전쟁에 대한 광범한 두려움을 불러일으켜왔다. 일본은 오스트레일리아에 대한 훨씬 더 큰 위협으로 간주되었다. 일본은 최근에 러시아의 유럽 함대를 패배시키고 영토 확장 정책에 착수했다. 일본 탐험대가 이미 남쪽을 향해 가고 있고 필히너의 독일 탐험대가 머지않아 떠날 예정인 가운데 모슨은 자신의 탐험대를 위한 공적 자금을 찾으면서 그 두 나라에 대한 오스트레일리아의 두려움을 강조하였다. 피어스는 그 요청을 수상인 앤드류 피셔(Andrew Fisher)에게 전하기로 약속하였다.[4]

공식적 반응을 받기 전인 1월 26일, 모슨은 런던에서 자금을 더 찾아보고 의류와 썰매와 다른 물자를 주문하고 적당한 배 1척을 찾기 위해 영국으로 출항하였다. 그는 왕립 지리학회에 1,000파운드를 요청했으며 그 회원들의 모임에서 그가 탐사하고 싶은 길게 펼쳐진 해안선은 연안에 있는 작은 섬에 있는 것임에도 불구하고 목격된 적이 거의 없고 70년도 더 전에 오직 뒤르빌이 한 번 상륙했을 뿐이라고 말했다. 따라서 자신의 탐험대는 '위대한 지리학적 성공을 달성하는 데 어려움이 전혀 없을 것'이라고 모슨은 선언하였다. 그는 또한 '수집되기를 기다리고 있는… 과학 자료'를 예민하게 인식하고 있었으며 '그러한 수확을 거둘 기회를 열심히 찾아왔다.'

그는 해안선을 탐사하고 표본과 관찰 결과를 수집할 뿐 아니라 또한 '유니언 잭을 게양하고 대영 제국을 위해 그 땅을 점유할 권한'을 찾고 있었다.

이러한 권한이 가장 중요한 것이었다. 모슨은 누구든지 국기를 게양할 수는 있으나 점유의 법적 효력은 그것이 공식적 승인을 받을 때 더욱더 커질 것이라는 것을 분명하게 알고 있었다. 그러한 승인은 오스트레일리아보다는 영국에서 비롯되어야 하는데, 왜냐하면 오스트레일리아는 아직 대영 제국 내의 일개 자치령에 불과하였기 때문이었다. 그러나 영국 정부는 모슨에게 축복을 베풀기를 거절하였다. 1911년 6월 21일 런던을 떠나면서 그는 그것이 사후에 승인받기를 바라며 자신의 계획을 밀고 나가 독단으로 행동하기로 결심하였다. 섀클턴은 분명히 이 탐험이 할 가치가 있다고 생각했다.

그는 왕립 지리학회의 관중 속에 있었으며, 모슨의 이야기가 끝난 뒤 그 제안은 '그 주위에 남극점이라는 매력은 없을지 모르나 만약 성공적으로 달성된다면 그것은 영원히 지속될 업적이다'라는 의견을 밝혔다.[5]

왕립 지리학회는 호의적이었으나 모슨에게 500파운드를 승인했을 뿐이었다. 영국의 개인 기부자들로부터 돈을 얻기 위한 호소는 대부분 무익한 것으로 드러났으나, 섀클턴의 도움을 받아 그는 영국의 어떤 유력한 신문사 사주를 설득하여 *데일리 메일지(Daily Mail)* 독자들의 기부를 호소하도록 하였다. 가격 12,000파운드 상당의 상품과 돈이 쇄도하여 모슨은 그것으로 또 다른 던디의 내빙 포경선인 다소 낡은 *오로라호(Aurora)*를 구입하고 숙련된 극지 항해가인 존 킹 데이비스를 그 배의 선장으로 뽑을 수 있었다.

모슨은 비행기 1대도 가져가기로 결심하였는데 그는 그렇게 한 최초의 탐험가였다. 이는 스콧의 아내 캐슬린의 제안이었는데 모슨은 그녀를 잠시 만난 적이 있었다. 그녀는 비행기가 대중의 흥미를 자극할 것이며 선전 비행을 함으로써 오스트레일리아에서 돈을 모으기 위해 사용될 수도 있을 것이라고 생각하였다.

개인 탐험대에 대한 그의 바람에도 불구하고 모슨의 자금의 대부분은 여러 정부로부터 나왔는데 영국 정부로부터 2,000파운드, 4개의 오스트레일리아 주 정부들로부터 18,500파운드 그리고 연방 정부로부터 5,000파운드였다. 후자의 기부는 그가 요청한 액수의 1/4이었다. 많은 탐험가들과 마찬가지로 모슨은 기부보다는 돈을 빌려준 사람들과 외상으로 그에게 물자를 제공해준 공급자들에게 큰 빚을 진 채 남극으로 향할 것이다.[6]

비행기는 적어도 온전한 형태로는 결코 남극으로 가지 못했다. 애덜레이드에서 선전 비행을 하는 동안 그것은 땅에 충돌해 수리할 수 없을 정도로 만신창이가 되었다. 모슨은 그 비행기가 동력을 갖춘 썰매 역할을 할 수 있기를 바라며 날개 없이 그것을 가져가기로 결정하였다.[7] 대충 수리한 그 사고 비행기는 그것의 사용이 여전히 대중의 흥미를 자극할 수 있도록 모슨에 의해 '에어 트랙터(air-tractor) 썰매'라는 별명을 얻었다.[8] 그로 하여금 거대한 면적의 육지를 신속하게 조사할 수 있게 해주었을 비행기는 거부되었으나 모슨은 여전히 그때는 운명이 알려지지 않았던, 남극점을 차지하려고 애를 쓰고 있는 스콧과 아문센 탐험대로부터 신문의 공간을 움켜잡기 위한 두 가지 다른 획기적인 것이 있었다.

하나는 무전기의 사용이었는데 그로 인해 수 시간 또는 기껏해야 하루 남짓 이내에 전 세계의 신문에 인쇄될 그의 활동과 업적에 관한 즉각적인 보고가 가능해질 것이다. 그의 주 기지에 1대의 무전기가 있을 것이고 또 1대는 그가 맥쿼리 섬에 세울 기지에 있을 것인데 그 섬은 남극해를 가로질러 오스트레일리아로 메시지들을 중계하기 위해 필요하였다. *오로라*호에도 무전기가 1대 있을 것이지만 그것은 메시지를 전송하기보다는 수신하기 위한 것이었다. 그렇게 해서 모슨은 남극으로부터 발신되는 모든 통신을 통제할 수 있을 것이다. *오로라*호 선원이 나중에 말했듯이 모슨은 '우리가 무엇을 하고 있는지, 우리가 어디에 있는지 또는 우리가 어디로 가고 있는지에 관한 어떤 정보도 우리가 문명사회로 다시 돌아가기 전에는 누설되지 않기를 원했다.' 아문센이 자신의 승리에 관한 소식을 호바트에 전하기 위해 한 달 넘게 폭풍우가 치는 남극해와 싸워야 했던 반면 모슨은 이론적으로는 그것을 한순간에 할 수 있었다. 두 번째 획기적인 것은 모슨이 새로 발명된 컬러 사진 촬영 수단을 사용하기로 결정한 것이었다. 젊은 오스트레일리아 사진가 프랭크 헐리(Frank Hurley)에게 멀리 떨어진 관중들을 위해 남극을 생생하게 살려내는 임무가 주어졌다.[9]

모슨 탐험대의 목적에 대한 오해는 없었다. 그가 남쪽을 향해 떠날 준비를 하는 동안 애덜레이드 *리지스터지(Register)*는 모슨이 '어떤 의미로는 오스트레일리아가 남극대륙의 광대한 지역의 종주국이 되는 것이 실행가능하고 바람직한지에 관해서 그 자신과 의견이 일치하도록' 의회와 과학 단체와 학회 그리고 일반 대중을 설득하였다고 말했다.[10]

1911년 12월 2일 *오로라*호는 호바트를 떠나자 바로 강풍 속으로 들어갔는데 갑판은 각종 운송용 대형 나무 상자들과 사슬에 묶인 개들로 혼잡하였다. 몇년 치 분량의 치즈를 선실 하나에 꾸려 넣었고 2톤의 버터를 갑판실 지붕에 단단히 묶어놓았다. 그 작은 배가 너무 혼잡하여 다른 배 1척을 전세 내어 대부분의 대원들과 보급품 일부를 기상학 기지와 무선 기지가 설립될 예정인 맥쿼리 섬까지 가져갔다. 거기서부터 모슨은 남극을 향해 남쪽으로 나아갔는데 그는 남극에서 3,200킬로미터의 해안선을 가로질러 산개될 3개의 기지를 설립하기로 작정하였다.

그는 가장 동쪽에 있는 기지가 사람들이 많이 방문하는 아데어곶에 있기를 바랐는데 거기에는 이미 오두막이 있고 얼음이 없는 해안선이 있었으며 거기서부터 자남극에 도달하려는 또 다른 시도를 할 것이다. 그러나 모슨은 스콧에게 자신의 계획을 알리는 실수를 범하였다. 스콧은 자기 일행의 일부를 보내 아데어곶을 점유함으로써 그 오스트레일리아인을 궁지에 몰아넣었다.[11] 모슨은 몹시 화가 났으나 자기만의 적당한 상륙 장소를 찾기 위해 조사되지 않은 해안선을 따라 서쪽으로 훨씬 더 멀리 항해할 수밖에 없었다.

모슨이 남극대륙을 발견했다는 윌크스의 주장에 대해 의문을 제기한 것은 이 연안 항해 동안이었다. 윌크스가 트인 바다 위를 항해했다고 주장한 곳에서 모슨은 대륙의 가장자리를 나타내는 얼음 장벽과 마주쳤다. 모슨과

_오로라호_의 선장인 존 킹 데이비스가 흥분한 나머지 자신들의 위치를 윌크스의 해도와 비교했을 때 그 배의 이등 항해사 퍼시벌 그레이(Percival Gray)가 지켜보고 있었다. 그것은 스콧이 이전에 주장한 것과 꼭 같았는데, 그레이는 윌크스가 이제 '실제로 거짓말쟁이로 판명되었다'라고 적었다. 그레이는 자신의 일기에 '이것은 분명 매우 중요한 발견이기 때문에 모슨과 데이비스는 기분이 매우 좋다.'고 그 경위를 적었다.[12] 만약 윌크스가 틀렸다고 판명될 수 있다면 윌크스가 발견하고 명명했다고 전해지는 그 대륙에 대한 미국의 권리는 약화되는 반면 대영 제국을 위해 그 해안선의 권리를 주장하는 데 있어 모슨의 영향력은 강화될 것이다. 그러나 이상하게도 모슨은 그가 권리를 주장하기를 열망하는 그 해안선의 대부분에 대해 윌크스 랜드(Wilkes' Land)라는 이름을 사용함으로써 윌크스의 항해를 인정하였다. 그 이름은 윌크스의 항해의 결과로서 미국 지도 제작자들에 의해 사용되어 왔으나 영국 관리들은 이제 그 명칭을 자신들의 지도에서 삭제하려고 애쓰고 있었다. 모슨이 그 이름을 사용하는 것은 그들에게 상당한 좌절의 근원이 될 것이었다.

광범한 해안선 위에서 권리를 주장하려면 모슨이 외견상 끝없이 계속되는 얼음 장벽을 따라 어딘가에 자신의 기지를 세우기 위한 한 군데의 상륙 장소를 찾아야만 할 것이다. 윌크스와 뒤르빌은 이렇게 할 수가 없었으나 모슨은 닷새간의 항해 후 1912년 1월 8일 간신히 상륙 장소를 찾았다. 그곳은 모슨이 최근에 연합한 오스트레일리아 연방(Commonwealth of Australia)의 이름을 따서 '커먼웰스만(Commonwealth Bay)'이라고 명명한 어떤 천연 항구의 곶 위에 있는 바위투성이 해안이었는데, 그는 그 곳을 자신의 영향력 있는 기부자인 휴 데니슨의 이름을 따 '데니슨곶(Cape Denison)'이라고 명명하였다. 그들이 도착한 그날은 잔잔했으나 그 장소는 종종 만년설을 날려버릴 수 있는 허리케인급의 바람에 시달리는 곳이었다. 이러한 것들이 모슨이 계획했던 활동을 복잡하게 만들 것이다.

2개의 기지를 더 세우는 대신 *오로라호*가 석탄이 부족했기 때문에 모슨은 1개의 기지만 더 세우기로 하였다. 그가 데니슨곶에서 바삐 보내는 동안 이제는 숙련된 탐험가인 프랭크 와일드가 이끄는 8명의 대원들은 *오로라*호를 타고 서쪽으로 2,400킬로미터 더 멀리 가서 또 다른 상륙 장소를 찾기 위해 해안을 자세히 살펴보았으나 헛수고였다. 결국 그들은 대륙으로부터 주위의 총빙 속으로 뻗어 나온 빙붕 위에 상륙하기로 결정하였다. 그들은 그 빙붕을 섀클턴 빙붕(Shackleton Shelf)이라고 명명하였다. 그것은 결코 이상적인 상황은 아니었으나 달리 택할 길이 없었다. 더욱이 그들은 카이저 빌헬름 랜드(Kaiser Wilhelm Land)의 동쪽 가장자리에 다다랐는데 그곳에는 필히너가 기지를 두고 있었으며 또한 그곳은 모슨이 영국을 위해 권리를 주장하고 싶은 영토의 서쪽 경계를 제공하였다. 와일드와 그의 동료들이 서쪽에서 안전하게 상륙한 가운데 이제 데니슨곶에는 18명의 대원들이 모슨의 지휘하에 있었다.[13]

이 두 기지와 함께 모슨은 오스트레일리아 남쪽에 놓여 있는 남극 해안선의 대부분을 커버하였다. 그것은 영국인들이 발견한 아데어곶과 독일인들이 발견한 가우스버그 사이에 위치한 대부분 조사되지 않은 해안선이었다. 1912년 2월 25일 일단 자신의 오두막들이 세워지고 과학 장비가 설치되자 모슨은 부근의 암석 노두 위로 대원들을 모으고 그들의 노고에 감사하였다.[14]

1840년대에 윌크스와 뒤르빌이 이 해안선의 일부를 따라 항해했으나 미국인들이나 프랑스인들 모두 실제로 대륙 자체에 상륙하지는 않았으며 그들의 정부도 자국 탐험가들의 주장을 굳히기 위해 차후에 아무것도 하지 않았다. 그럼에도 불구하고 모슨은 자신의 기지가 위치해 있는 해안지대를 '아델리 랜드'라고 부름으로써 뒤르빌의 업적을 인정하였다. 그러한 인정이 '윌크스 랜드'의 인정과 마찬가지로 훗날 그 영토에 대한 오스트레일리아의 권리를 복잡하게 만들 것이다.

그 지역의 해안선과 인접한 내륙에 대한 자신의 집중적인 탐사에 의해, 모슨은 이제 발견에 근거하여 대영 제국을 위해 권리를 확립할 작정이었는데 그것은 프랑스나 미합중국이 주장할 수 있는 어떤 권리보다 더 가치가 있을 것이다. 모슨은 데니슨곶에서 동쪽으로 멀리 오우츠 랜드(Oates Land)까지 썰매 여행을 계획했는데 그는 거기서 아데어곶에 있는 스콧 탐험대에서 온 일행을 만날 것을 알고 있었다. 모슨의 일행 중 다른 사람들은 데니슨곶에서 서쪽으로 나아가는 한편 섀클턴 빙붕 위에 있는 일행은 동쪽과 서쪽으로 향할 것이며 따라서 아데어곶과 가우스버그 사이의 긴 해안선의 대부분이 영국 탐험대에 의해 조사될 것이다.

모슨은 대체로 해안선을 벗어나지 않고 있었는데 왜냐하면 그곳이 그가 어떤 것이든 캐낼 수 있는 광상을 발견하기를 기대했던 곳이며 또한 포경업이나 바다표범 조업 기지가 될 수 있는 곳이었기 때문이었다. 그가 하고 싶어 했던 유일한 내륙 여행은 자남극을 향한 것이었다. 그는 자신이 섀클턴 탐험대와 함께 했던 시도가 이동하는 자남극의 정확한 위치를 발견하는데 실패했다는 것을 인정하였다. 그는 이번에도 운이 더 좋지는 않을 것인데 왜냐하면 자남극을 향한 썰매 여행이 식량 부족으로 인해 80킬로미터 모자랐기 때문이었다. 다른 일행들이 데니슨곶 동쪽의 빙붕과 빙하설(glacier tongue, 혀처럼 뻗은 빙하의 끝부분-역자 주)을 탐사하여 석탄 광상을 발견하였으나 다른 것은 거의 찾지 못하였다. 각각의 일행이 가장 멀리 다다른 곳과 한 군데 다른 주목할 만한 지점에 영국과 오스트레일리아 국기를 게양하고 국왕을 위해 만세 삼창을 하였다. 모슨은 동쪽으로 가장 멀리 나아간 사람이 될 작정으로 3대의 썰매와 16마리의 개들과 함께 2명의 동료를 데리고 갔다. 그 일행의 각자가 다양한 어려움과 위험에 직면할 것이지만 가장 큰 도전과 마주할 사람은 모슨이었다.

모슨의 고난에 찬 여행에는 560킬로미터의 구부러진 해안선을 가로질러 근 5주 동안 힘들게 걸어가는 것이 포함되어 있었는데, 그 해안선은 일행이 각각의 곳을 횡단할 때 한 번에 수천 피트를 오르내렸다. 1912년 12월 14일 모슨과 그의 두 동료인 스위스 스키 선수 자비에르 메르츠(Xavier Mertz)와 전직 영국 병사 벨그레이브 니니스(Belgrave Ninnis)가 눈 덮인 크레바스 지역과 맞닥뜨렸을 때 재난이 닥쳐왔다. 메르츠와 모슨이 경고를 했는데도 아무런 의심도 하지 않은 니니스가 갑자기 거대한 크레바스에 삼켜져버렸다. 또한 가장 튼튼한 개들의 팀이 크레바스 깊은 곳으로 추락했는데, 그들은 일행의 텐트와 그들의 식량 대부분과 개 먹이 전부를 운반하던 썰매를 끌고 있었다. 그 전부가 깎아지른 듯한 벽을 가진 크레바스 수백 피트 아래로 추락하였다. 설상화나 스키가 니니스가 눈다리를 붕괴시키는 것을 충분히 막았을 것이나 그 눈다리에는 개들과 썰매가 피할 길이 없는 구멍이 하나 열려있었다.

탐험은 이제 끝이었다. 바로 메르츠와 모슨의 생존이 위태로워졌다. 모슨이 자신의 일기에 적은 것처럼 그들은 자신들의 '침낭과 한 주일 반치 식량과 기둥이 없는 여분의 텐트와 그리고 우리들의 개인 가방과 취사도구와 등유'를 잃어버렸다. 그들의 유일한 희망은 480킬로미터 남짓을 지탱할 식량으로 개들에 의존하면서 즉시 돌아가는 것이었다. '하나님 저희를 도우소서'라고 모슨은 적었다. 개들이 아마도 그 두 사람 모두에게 가장 큰 위험이 되었는데 왜냐하면 그들은 개들의 간을 먹어서 발생하는 비타민 A 과량 섭취가 야기한 심각한 합병증으로 고생할 것이기 때문이었다.[15]

그 당시 식량이 바닥나고 있었기 때문에 그들은 어쨌든 거의 돌아갈 뻔하였다. 모슨은 '최동단' 지점에 유니언 잭을 게양함으로써 그것을 기념할 작정이었다. 그들이 30킬로미터 이상 돌아간 후에야 비로소 메르츠가 그에게 그가 거행하지 못했던 그 의식을 상기시켰다. 그래서 그 의식은 니니스가 죽은 다음 날 뒤늦게나마 그들이 있는 장소에서 거행되었다.

모슨은 해안선과 크레바스들과 위험한 지형으로부터 그들을 더 멀리 데려가줄 더 짧은 귀환 루트를 택했다. 그렇게 거리를 축소할 때의 단점은 그들의 식사를 보충할 펭귄이나 바다표범이 없다는 것이었다. 12월 23일 즈음 개 뼈 스튜로 만든 저녁 식사를 한 뒤 모슨은 배가 고파 잠을 잘 수 없다고 투덜거렸다. 이틀 후 크리스마스 만찬을 위한 저녁 식사는 개고기 스튜였고 또 다른 날에는 아침 식사로 마지막 개의 뇌를 먹었다. 심지어 족발도 이용 되었으나 그것들로는 입에 맞는 스튜를 만드는 데 훨씬 더 오래 걸렸다. 그래도 여전히 그것은 충분치 않았다.[16]

종종 부드러운 눈을 가로지르는 320킬로미터의 여행으로 식사를 빼앗긴 그들의 신체는 계속 쇠약해지고 동상으로 고생을 하였다. 메르츠의 최후는 1913년 1월 첫 주 동안 서서히 다가왔다. 그들은 그날의 대부분을 작은 텐트 속에서 보냈으며 몇 차례 단속적으로 진행하다 말다 하였으나 몇 킬로미터 이상 가지 못하였다. 메르츠는 굶주림으로 고통받고 있었으며 계속 갈 수가 없었다. 그의 옷은 부드러운 눈과 텐트 속의 응결된 물방울로 계속 젖어 있었고 피부는 과량의 비타민 A 때문에 얇게 벗겨지고 있었으며 그는 이질로 고생을 하고 있었다.

1월 6일, 불과 3킬로미터를 걸어간 뒤 메르츠는 '더 이상 가기를 거부하였다.' 그들은 매일 약 16킬로미터를 가야 했으며 그렇지 않으면 '우리는 죽을 것이다'라고 모슨은 적었다. 그는 혼자서 계속 밀어붙일 수 있었으나 메르츠를 남겨둘 수 없다는 생각이 들었다. 생명이 그에게 앞으로 오라고 손짓을 하는 반면 죽음의 유령이 그를 붙잡았다. '나아갈 수만 있다면'이라고 모슨은 적었다. '하지만 나는 자비에르와 함께 멈추어야만 한다. 그런데 그는 좋아질 기미가 보이지 않는다—우리 둘 다의 기회가 지금 사라지고 있다.' 다음 날 메르츠는 의식이 혼미해져 미친 듯이 날뛰고 몸부림쳐 모슨은 그를 제압하지 않을 수 없었다. 몇 시간 이내에 그는 죽었다.[17]

메르츠가 죽고 나자 모슨이 먹을 식량이 더 많아졌다. 실제로 그는 그 뒤로 죽을 때까지 메르츠의 시신이 남은 여행 동안 그를 지탱해줄 식량의 일부를 제공했다는 소문과 싸워야 할 것이다. 개가 더 이상 없는 가운데 그가 그렇게 할 유혹을 받았을지 모르나 실제로 그럴 필요는 없었는데, 그 이유는 남아 있는 식량을 더 이상 나누어 먹을 필요가 없었기 때문이다.[18] 눈폭풍이 가라앉기를 기다려 메르츠를 네모난 얼음덩어리로 만든 묘 속에 매장한 뒤 모슨은 자신의 이야기를 세상 사람들에게 전해야겠다는 새로운 결의와 함께 서둘러 나아갔다.

그리고 비극에 승리를 더하는 남아 있는 160킬로미터의 여행은 얼마나 대단한 이야기인가. 메르츠가 죽은 지 열흘 뒤 모슨은 자신의 일기에 그가 어떻게 해서 가파른 비탈의 부드러운 눈 속에 허벅지 깊이까지 빠졌는가를 기술하였다. 그가 더 단단한 표면을 찾으려고 애를 썼을 때 그는 자신이 '크레바스 속에서 로프의 한쪽 끝에 매달린' 것을 알았으며 오직 위에 있는 썰매의 무게만이 그가 확실한 죽음으로 떨어지는 것을 막고 있었다. '적절한 영양분의 결핍으로 썩어가고 있는 그의 전신—곪아 터진 동상에 걸린 손가락 끝과 망가져 버린 코의 점막과 할 일을 거부하는 입의 침샘과 온몸에서 벗겨지는 피부—'에도 불구하고 그가 어떻게 해서 엄청난 노력 끝에 '반은 빠져나왔으나 다시 여러 번 뒤로 미끄러진 뒤 마침내 빠져나왔는가'를 모슨은 기술하였다. 기진맥진한 모슨은 그날 밤을 보내기 위해 즉석에서 만든 텐트를 세웠다.

다음 날 그는 또 다른 크레바스 속으로 추락했으나 단지 무릎까지밖에 빠지지 않았다. 그 후로는 모든 것이 비교적 수월해져서 그는 대부분 아래쪽으로 내려가는 비탈길에서 순풍과 함께 비교적 빨리 앞으로 나아갔다. 1월 29일 구원이 다가왔다. 식량이 2파운드밖에 남지 않았을 때 모슨은 그가 그것을 발견하리라는 기대 속에 같은 날 아침 일찍이 구조대가 남겨두었던 식량과 보급품 더미를 우연히 발견하였다. 계속 비축되어 있는 식량과 40킬로미터 남짓 떨어진 거리가 그가 자신의 서사시적 여정에서 살아남을 것을 보장해주었다.[19]

2월 8일이 되어서야 비로소 모슨은 오두막의 안전지대에 다다랐으나 오

*로라*호가 기지를 소개시키기 위해 당도했으며 불과 몇 시간 전에 대부분의 대원들과 함께 떠나버렸다는 것을 알았을 뿐이었다. 그는 데이비스 선장에게 무전을 칠 수 있었으나 폭풍우가 치는 바다가 그 배가 해안에 가까이 가는 것을 막았다. 겨울이 시작되기 전에 서쪽 기지에 있는 8명의 대원들을 승선시키지 않으면 그들이 비참한 상황에 직면할 수 있기 때문에 데이비스는 그들을 구하기 위해 *오로라*호를 몰고 갔다. 부족한 석탄과 퍼져 나가는 총빙 때문에 그 배는 모슨을 태우기 위해 돌아올 수 없을 것이다.

데이비스는 모슨이 6명의 대원들과 충분한 보급품과 함께 다음해 여름까지 생존하리란 확신을 가지고 떠났다. 그것은 모슨에게는 끔찍한 상황이었는데 왜냐하면 그는 세상 사람들에게 자신의 업적을 얘기하지 못해 안달이 나 있었기 때문이었다. 그 대신 그는 데니슨곶에 발이 묶여 있었는데 거기서 그는 자신의 동료들로부터 아문센이 남극점을 정복했다는 것을 들었다. 모슨은 이 기념비적 소식에 대한 대중의 반응을 상상만 할 수 있을 뿐이었으며 어떻게 하면 자신의 소식으로 세상을 깜짝 놀라게 할까 걱정하였다. 스콧의 운명에 관한 즉각적인 소식은 없었는데 단지 그가 구조선과 함께 떠날 시기에 맞추어 돌아오지 못했다는 것과 또 다른 겨울을 남극에서 머무르고 있다는 소식뿐이었다. 이것은 모슨에게는 안심이 되는 소식이었는데 왜냐하면 그것은 그들이 거의 같은 시기에 얼음에서 벗어나리라는 것을 뜻했기 때문이었다. 한편으로 모슨은 스콧에 비해 한 가지 중요한 이점이 있었는데 그는 무전기를 사용하여 다가오는 한 해 내내 자신의 이름과 업적을 세상 사람들에게 알릴 수 있을 것이다. 모슨이 했던 첫 번째 일 중의 하나는 국왕에게 빅토리아 랜드와 아델리 랜드 사이의 '거대한 면적의 새로 발견된 육지'를 알리는 것이었는데, 지난해 여름 동안 데니슨곶에서 출발한 팀들이 그 위로 썰매를 타고 달렸으며 이제 모슨은 그 땅을 킹 조지 5세 랜드(King George V Land)라고 부를 것을 제안하였다. 그는 나중에 더 서쪽에 있는 와일드(Wild)의 기지 주위의 땅에 '퀸 메리 랜드(Queen Mary Land)'라는 이름을 붙였다. 그 이름은 인접한 카이저 빌헬름 랜드(Kaiser Wilhelm Land)라는 이름이 모슨이 대영 제국의 독점적 전유물이 되기를 바랐던 지역 내 동쪽으로 확대되는 것을 실질적으로 막아줄 것이다.

와일드의 기지에서 출발한 3명의 대원 일행은 서쪽으로 멀리 독일인들이 자신들의 존재를 표시하기 위해 2개의 돌무더기를 남겨두었던 사화산인 드리갈스키의 가우스버그까지 여행하였다. 1912년 성탄절 날 와일드의 대원들이 그와 똑같이 행하여 480킬로미터에 달하는 자신들의 여정을 기록한 돌무더기를 남겨두었다. 동쪽으로 수백 킬로미터 떨어진 곳에서, 와일드는 또 다른 팀을 이끌고 다른 방향으로 여행을 떠났다. 그들은 와일드가 '포제션 누나탁(Possession Nunataks)'—누나탁은 노출된 암석 노두를 말한다—이라고 명명한 장소에서 건포도를 넣은 푸딩과 몇 잔의 화주로 동일한 성탄절을 축하했다. 그 푸딩과 술이 '아주 축제적인 느낌'을 자아냈다고 와일드는 회상했다. 이러한 만찬 후의 분위기 속에서 와일드는 바위 위에 영국과 오스트레일리아 국기를 게양하고 '국왕 조지 5세와 오스트레일리아 연방을 위해 탐험대의 이름으로 그 땅을 정식으로 점유하였다.'[20]

돌무더기를 세우는 것은 가우스버그가 카이저 빌헬름 랜드의 동쪽 경계라는 느낌을 강화시킬 것이고, 국기 게양 행위와 퀸 메리 랜드와 킹 조지 7세 랜드의 지도를 작성하고 명명하는 것은 그들이 빅토리아 랜드와 킹 에드워드 7세 랜드에 대해 그랬던 것처럼 남극의 그 지역에 대한 영국의 권리를 강화시켜줄 것이다. 암석과 다른 과학 표본들을 가져오는 것과 후일의 국제적 소비를 위해 결과를 작성하는 것 또한 이러한 권리 주장 과정의 일부였는데 그것이 권리를 주장하는 국가가 그 경쟁국들보다 그 지역을 더 잘 알고 있음을 보여주었다.

야생동물의 사진을 찍거나 촬영하는 것은 충분하지 않은데 그들을 잡아서 죽이고 내장을 적출하고 박제로 만들어야 했다. *오로라호*의 한 선원이 박제사가 펭귄을 사로잡는 것을 어떻게 도와주었는가를 기술하였다. 대원들은 호기심에 찬 그 동물들이 그들의 다리 주위를 빙빙 돌 때까지 얼음 위에 가만히 있다가 각자가 펭귄의 지느러미발을 움켜잡곤 하였다. 그들은 다음과 같이 하곤 하였다:

…펭귄의 등 위에 앉아 펭귄이 지칠 때까지 타고 있다가 한 사람이 펭귄을 붙잡고 있는 동안 다른 사람이 골을 제거하는 바늘을 꺼내 펭귄의 부리를 눈 속에 처박고 두개골의 뒤에서 바늘을 찔러 넣어– 눈을 찌르면 눈알이 튀어나와 피부를 잡아당겨 못 쓰게 만들어버리므로 –그것을 찌르지 않도록 조심하면서 뇌 속에서 바늘 끝을 이리저리 돌린다.

11마리를 재빨리 잡아서 과학 연구를 하고 박물관 방문객들을 즐겁게 하기 위해 죽였다.[21]

지도상의 명칭, 권리 선포 의식의 사진과 필름, 그리고 포름알데히드 항아리 속의 펭귄 장기가 함께 그 지역에 대한 다중의 소유권을 만드는 데 도움을 주었다. 그러나 영국이나 오스트레일리아 정부가 모슨의 개인적 주장에 법적 권한을 부여한 다음 그 영토에 대한 관리 행위를 수행함으로써 그 주장을 지지할 때까지는 그것은 미확정 권리로 남아 있을 것이다. 만약 그 영토를 실제로 점유한다면 훨씬 더 나을 것이지만 남극에 영구 정착지를 설립할 수 있는 방법을 상상할 수 있는 사람은 아직 아무도 없었다. 데니슨곶에서 어두운 겨울철 여러 달 동안 모슨이 자신의 시련에서 서서히 회복하고 어떻게 하면 자신의 탐험으로부터 최고의 보상을 거둘 수 있을지 숙고하고 있었을 때, 그는 다른 것들을 염두에 두고 있었다.

맥쿼리 섬과의 무선 통신은 기껏해야 되다 말다 하였다. 서서히 미쳐가는 모슨의 무선 기사는 통신에 도움이 되지 않았다. 그러나 무전기는 1913년 2월 중순 모슨이 스콧의 슬픈 운명을 들어서 알 만큼 충분히 작동하고 있었다. 영어권의 갈채를 확보하기 위해 모슨과 스콧이 다시 경쟁하는 일은 없을 것이다. 그 대신 모슨은 그가 필적할 수 없는 비극적인 이야기와 용기와의 경쟁에 직면하였다.

최초의 무선 메시지가 모슨에게 스콧의 죽음에 관한 적나라한 사실만 전해준 반면, 추후의 메시지들은 서서히 모든 '비극적인 자세한 이야기'들을 그들의 고립된 오두막으로 가져다주었다. 자신의 이야기가 스콧의 이야기에 의해 파묻히지 않도록 하기 위해 초조한 나머지, 그리고 남극에서 자신의 장기 체류를 위한 자금을 얻을 필요가 있었기 때문에 모슨은 즉각 '우리 자신의 재난에 관한 더 완전한 보고서'를 전송했는데 그로 인해 전 세계로부터 '많은 친절한 동정과 축하의 메시지들'이 답지하였다.[22]

건강이 서서히 호전됨에 따라 모슨은 자신의 탐험 보고서를 계획하는 일에 착수하였다. 이렇게 하는 것은 자신의 기존 출판 계약을 이행할 뿐 아니라 자금에 대한 긴급한 필요를 돕고, 노르웨이와 영국 경쟁자들의 단지 '모험'에 불과한 탐험에 비해 자신의 과학적 탐험의 탁월함을 확립시키고 싶은 그의 소망을 만족시켜줄 것이다. 모슨은 자신의 탐험의 드라마 같은 느낌을 강조하기 위해 열심히 노력하였다. 예를 들면, 그의 일기에는 니니스와 메르츠가 죽은 뒤 그가 오두막으로 돌아와 최근에 떠난 *오로라호*의 흔적을 보지 못한 것으로 되어 있는 반면 그의 책에서는 그가 '멀리 떨어진 1척의 배와 같이 보이는' '북서쪽 수평선 위의 작은 점 하나'를 극적으로 보는데 '그것이 *오로라호*였을지 모른다'라고 되어 있다.[23]

이와 마찬가지로 그가 크레바스에 추락한 것에 관한 모슨의 책에 있는 보고는 몇 가지 중요한 측면에서 그의 일기 속의 보고와 그가 신문에 제공했던 최초의 보고들과 다르다. 일기에는 그가 명시되지 않은 로프 깊이로 추락하여 '엄청난 노력 끝에 반쯤 빠져나온 뒤 다시 몇 번이나 뒤로 미끄러졌다'고 되어 있다.[24] 그러나 1914년 2월 그가 애덜레이드로 귀환했을 때 신문 기자들에 말한 그의 최초의 설명에는 그가 크레바스에 추락한 것에 관한 언급이 없었다. 모슨은 그들에게 자신이 겪었던 시련에 관해 다음과 같이 보고하는 대신 그것에 관해 '별 것 아니었다고 말하겠다'고 했다.

… 나는 30일 동안 완전히 혼자였으며 매우 기적적으로 탈출하였다. 마침 내 나는 굶어 죽을 수밖에 없었다. 나는 깊은 눈을 헤치고 홀로 터벅터벅 걷고 있었는데 그때 내 앞에 무언가 검은 것이 보였다. 그것은 내 행방을 확인하기 위해 파견된 수색대가 떨어뜨려 놓았던 약간의 식량이었다. 내가 그것을 본 것은 최고의 행운이었다… 나는 그때 내가 늘 경험하고 싶었던 최고의 구사일생의 위기를 겪었다고 생각한다.

마찬가지로 그는 총독 덴먼 경(Lord Denman)이 참석한 애덜레이드 콘서바토리움 오브 뮤직(Adelaide's Conservatorium of Music)에서 열린 그를 위해 마련된 환영 연회 동안 썰매 여행에 관한 자세한 이야기를 하는 것을 꺼려하였다.[25] 멜버른에 도착하여 오리엔탈 호텔(Oriental Hotel)에서 열린 그의 기념 만찬에 참석했을 때에야 비로소 모슨은 좀 더 입을 열어 부유한 명사들로 구성된 관중에게 자신은 변변찮은 식량으로 생존하기를 기대하지 않았는데 '그래도 식량은 매일 줄어들었다'라고 말했다. 그는 계속해서 자신이 '크레바스에 추락한 적이 있으며… 비상한 한 조각 행운에 의해 그 크레바스가 그의 최후가 아니었으며, 그리 깊이 빠지지 않았기에 용케 그의 길을 빠져나온' 경위를 말했다.[26] 자신이 크레바스에 한 번 또는 여러 번 추락한 것보다는 굶주린 날들이 여전히 모슨이 들려준 이야기의 중심이었다.

모슨이 영국에서 크게 필요한 자금을 모으는 데 도움을 주었던 런던의 *데일리 메일지*에 전보로 보낸 독점적 보고에서 그는 메르츠의 사후에 그가 어떻게 느꼈는가를 아래와 같이 기술하였다:

내 자신의 상황이 희망을 거의 제공하지 않았으나 나는 밀어붙이기로 결심하였다… 나는 여러 번 썰매 기둥 길이만큼 크레바스에 깊이 빠져 거의 밖으로 기어 나올 수가 없었다. 내 피부와 손톱은 엄청난 추위로 인해 벗겨졌다. 식량 은닉처 한 군데를 발견했기 때문에 마침내 나는 오두막에 도착할 수 있었다.[27]

모슨이 서사시적인 단독 여행을 한 것은 분명하였으나—그것은 32일이나 걸렸다—그가 자신의 책이나 강연 계약으로부터 수익을 극대화해줄 극적인 클라이맥스는 여전히 하나도 없었다. 스콧 탐험대에 대한 대중의 반응을 이제 보았고 오스트레일리아에서 자신의 탐험에 대한 언론과 대중의 반응을 판단한 모슨은 1914년 4월 선편으로 런던으로 가서 출판업자에게 자기 책의 원고를 제공하고 강연 여행에 나섰다. 그는 이미 그 마지막 겨울 동안 데니슨곶에 억류되어 있었을 때 탐험대 의사 아치볼드 맥린(Archibald McLean)의 집필 도움을 받아 그 책의 몇 장의 개략을 썼다. 그는 이제 런던으로 향하는 항해에서 자신과 자신의 새 아내와 동행하는 맥린에게 비용을 지불하였다. 바다에서 보낸 이 몇 달 동안 맥린은 모슨이 탐험 이야기에 대한 보다 만족스럽고 의기양양한 클라이맥스를 고안하는 것을 도와주었다.[28]

그 결과로 나온 책은 모슨이 크레바스에 추락한 경위를 최초로 기술했으며 그가 썰매 기둥 길이만큼 빠진 것이 아니라 매듭이 있는 썰매 로프 길이만큼 빠졌다고 주장했는데 그는 그 로프의 길이가 14피트라고 말했다. 그의 일기는 그가 어떻게 해서 지면으로 기어 올라왔다가 다시 '여러 번' 아래로 미끄러졌는지를 기술하였다. 동상에 걸린 손가락과 출혈하는 잇몸과 벗겨진 발바닥 피부, 눈으로 짓눌린 의복과 함께 굶주리고 쇠약해진 그의 건강 상태로 지면까지 *14피트의* 로프를 기어 올라가 다시 '여러 번' 미끄러졌다는 것은 믿을 수 없을 것이다. 아마도 이 점을 알아차렸기 때문에 모슨은 그가 14피트를 기어 올라가 지면에 다다랐을 때 한 번만 로프 끝까지 다시 미끄러졌으나 마침내 성공적으로 밖으로 기어 올라온 경위를 기술하였다. 그럼에도 그 업적은 쉽사리 믿기 어렵다.[29]

모슨은 후일 시카고에서 강연 관중에게 자신이 크레바스에서 빠져나오는 데 '힘겨운 4시간 반'이 걸렸다고 말함으로써 그 이야기를 윤색하였다.[30] 현대의 모험가인 팀 자비스(Tim Jarvis)가 2007년 모슨이 크레바스 밖으로 기어오르는 것을 재현하려고 시도했을 때 그는 그렇게 할 수 없었다. 그는 지원조가 있고 신체적 조건이 더 나은 상태였으며 모슨의 여행과 그 가혹함으로는 상대가 되지 않았던 여행을 경험했음에도 불구하고 그랬다.[31]

얼음과 눈을 가로지른 모슨의 기념비적 여행 동안 일어났던 그 사건들의 진실이 어떻든 간에, 결국 영국과 오스트레일리아에서 대중의 상상을 사로잡았던 그 이야기의 힘은 대영 제국 국민들과 남극대륙 사이에 연결이 있다는 느낌을 지지해주었다. *데일리 메일지*는 '남극 탐험에 관한 모든 이야기에서 말로 표현할 수 없을 정도로 황량한 황무지를 가로지른 모슨의 단독 여행과 비교될 수 있는 것은 아무것도 없다'고 생각하였다.[32] 모슨은 그러한 연결을 만드는 데 재정적 관심이 있었으며 그것이 자신의 탐험에서 약 8,000파운드의 미납금을 덜어주기를 기대하였다. 그러나 그는 또한 그러한 연결이 오스트레일리아 남쪽에 놓여 있는 남극의 일부에 대해 영국이 할 수 있는 권리 주장을 강화시켜주기를 바랐다.

영국 정부는 그에게 그러한 주장을 할 수 있는 공식적 권한을 거부했으나 모슨은 7개 장소에서 형식적인 권리 선포 의식을 거행하였다. 그는 또한 자신의 오두막과 썰매와 텐트에 영국과 오스트레일리아 국기를 달았으며 새 영국 국왕과 왕비의 이름을 따서 자신의 팀이 '개척한' 영토를 명명하였다. 그가 자신의 탐험을 가급적 공식적으로 보이게 하려고 애를 썼다는 것은 분명하였다. 그리고 1914년 2월 그가 애덜레이드에 돌아왔을 때 그는 오스트레일리아 정부에게 다음과 같은 것을 요청하였다.

남극 지역에 대한 약간의 권리 주장을 할 것. 캐나다가 캐나다 북쪽에서 북극점까지의 모든 육지가 캐나다에 속한다는 포고령을 발표한 것과 꼭 같이 오스트레일리아도 연방 남쪽의 모든 육지가 자국에 속한다고 말할 수 있을 것이다. 적도에서 남극점까지 뻗어 있는 하나의 국가를 가진다는 것은 굉장한 것이 될 것이다.

그러나 오스트레일리아가 여전히 영국을 앞서고 있었으며 런던 당국은 모슨이 발견하고 권리를 주장했던 영토가 이제 공식적으로 합병되어야 한다는 그의 제안에 동의하는 것을 거부하고 있었다.[33]

1914년 8월 제1차 세계대전의 발발로 인해 모슨의 계획 중 다수가 틀어져버렸다. 그의 책의 출판이 무기한 연기되었고 영국 강연 여행과 탐험 영화의 상영도 마찬가지였다. 유럽 강연 여행은 전혀 불가능하였다. 스콧의 대원들 중 일부가 1913년에 이미 영국 순회 강연을 했는데 모슨은 그로 인해 자신이 받을 관심이 제한될 것임을 알았다. 탐험대의 빚을 갚고 탐험대 과학 보고서의 출판에 자금을 댈 돈을 제공하려는 그의 희망이 이제 누더기가 되어버렸다.

그는 1915년 초 자신의 책이 출판되고 있고 강연 여행이 준비되어 있는 미국으로 감으로써 이러한 엉망인 상황에서 무엇인가 되찾으려고 애를 썼다. 그러나 두 가지 모두 그가 바랐던 만큼 돈이 되지는 않았다. 실제로 사람을 기진맥진하게 만드는 미국과 캐나다 횡단 여행 후 모슨은 전혀 이윤이 나지 않는 적은 관중에게 강연하면서 뉴욕에서 한 달을 보냈다.

1915년 말 그 책의 영국판이 나왔을 때 그것은 천천히 팔리다 결국에는 할인가로 팔렸다. 탐험 영화에서 생기는 수익도 역시 실망스러웠다. 다양한 프로젝트들이 탐험대의 남아 있는 빚을 갚는 데는 도움이 되었으나 거액을 벌지는 못했다.[34] 이러한 여러 가지 실망스러운 일에도 불구하고 모슨은 포경업이나 바다표범 조업을 통하거나 거기서 발견되었던 석탄과 광물의 채굴을 통한 다른 방법으로 남극으로부터 거둘 수 있는 보상에 대해 여전히 낙관적이었다.

모슨에게는 유감스럽게도 스콧의 실패가 이전의 그 누구보다도 남극의 훨씬 더 광대한 지역을 탐사하는 데 성공한 그의 업적을 무색하게 만들어버렸다. 그는 또한 일본과 독일 탐험대들의 업적을 훨씬 능가하였다.

1911년 5월 독일을 떠난 후 썰매로 대륙을 횡단하려는 필히너의 희망은 그의 탐험선 *도이칠란트호(Deutchland)*가 1912년 2월 웨델해의 얼음 속에 갇혔을 때 꺾이고 말았다. 얼음 장벽에 연결된 빙산 위에 기지를 설립하려는 초기 시도는 얼음이 깨지면서 대원들과 개들과 오두막들이 바다로 밀려나 좌절되어버렸고, 그들은 어렵사리 구출되었다. 필히너가 계속 해안을 따라 보다 적절한 상륙 장소를 찾으려고 애를 썼을 때 *도이칠란트호*가 충빙에 갇혀버려 그는 과학자들의 시간을 차지하기 위해 해양학 및 기상학 연구 정도나 하면서 겨울이 끝나기를 기다리는 수밖에 없었다. 만주산 조랑말들과 그린란드 개들이 갑판 위에 아무런 쓸모없이 가두어져 있는 동안 펭귄과 바다표범 지방 조각들을 아래로 전달하여 탐험선의 보조 보일러 속으로 집어넣어 석탄을 아꼈다.

그것은 기분 좋은 배는 아니었다. 필히너는 선장인 리하르트 바젤(Richard Vahsel)과 사이가 틀어졌는데 그는 드리갈스키의 불운한 탐험대의 2등 항해사였으며 어디서나 필히너를 깎아내렸다. 필히너는 치질로 심한 고생을 하고 있었는데 후일 그는 바젤이 자신의 선실에 대변을 갖다 두고 그가 화장실에서 보낸 시간을 놀렸음을 넌지시 비추었다. 매독 환자임이 분명했던 바젤은 그 탐험에서 살아남지 못했는데 1912년 10월 그 배가 얼음에서 풀려나기 직전 자신의 병으로 죽었다. 웨델해 동쪽에 있는 만 하나가 그의 이름을 따 명명되었다.[35]

실망한 필히너는 부에노스아이레스를 거쳐 집으로 향했는데 그는 두 번째 해의 탐험을 위해 자금을 모으기를 기대하였다. 그러나 첫해 동안 그가 성취한 업적은 사람들에게 웨델해로부터의 두 번째 접근이 더 수익성이 있을 것이라는 신뢰를 제공하기에는 충분하지 않았다. 어쨌든 아문센의 업적과 스콧의 운명이 필히너가 할 수 없는 식으로 대중의 상상을 사로잡았다.

드리갈스키의 탐험과 마찬가지로 필히너의 탐험에서 독일 제국이 전 세계에 과시할 수 있는 것이 거의 없었다. 남극대륙 위에 잠시 동안만 상륙했기 때문에 필히너는 험악한 경치를 가로질러 독일식 이름들을 퍼뜨리거나 새 영토에 대한 권리를 주장할 기회가 전혀 없었다. 어쨌든 필히너는 그런 문제에는 관심이 거의 없는 것처럼 보였다. 그는 영토 경쟁보다는 과학적 협력에 더 관심이 많았다.

그러나 그의 후원자들은 만족시켜야 했다. 부에노스아이레스에 도착했을 때 그는 자신이 '새로운 나라를 발견했다'고 발표하고 그것을 '프린츠레겐트 루이트폴트 란트(Prinzregent Luitpold Land)'라고 명명하는 한편 얼음 장벽은 독일 황제 빌헬름 2세(Wilhelm II)를 기념하여 명명했다. 여러 개의 소소한 지리학적 지형에도 또한 독일식 이름이 붙여졌다. 독일인들은 두 번씩이나 영국인들이 자신들을 비교적 접근하기 쉬운 지역으로부터 밀어내도록 허용하는 실수를 범하여 결국 육지에서 멀리 떨어진 총빙 속에 얼어붙은 자신들을 발견했을 뿐이었다. 그런 실망스러운 결과를 겪고 난 뒤 독일 내에는 더 이상 멀리 남쪽으로 탐험하려는 욕구가 거의 없었다. 필히너는 결코 돌아가지 못할 것이며 그 대신 그가 처음으로 탐험가로서 이름을 날렸던 티베트에서 계속 일에 집중하는 것을 택했다.[36]

노부 시라세 중위의 일본 탐험대는 시작은 좋았으나 끝에 가서는 마찬가지로 불운이 뒤따랐다. 아문센과 마찬가지로 시라세도 북극점에 도착했다는 피어리의 주장으로 북쪽을 향한 자신의 야망이 끝날 때까지는 북극에 주력하였다. 남쪽으로 눈을 돌린 시라세는 남극점을 향해 나아갈 계획을 세웠으며 경쟁에 합류할지 모르는 스콧과 다른 유럽과 미국 탐험가들에 대항하여 자신을 내던졌다. 때는 일본이 수 세기 동안 스스로 자초한 고립에서 벗어나 유럽 제국들을 모방하고 싶어 하던 시기였다. 일본 해군은 최근에 러시아 제국의 최고의 함선들을 격퇴했으며 육군은 만주에서 러시아인들을 쫓아냈고 한국의 고대 왕국은 일본의 식민지가 되었다. 시라세가 '국가의 영토를 확장하고 부유한 강국이 되기 위해' 탐험대 지원 자금을 의회에 청원했을 때 급성장하는 일본 제국을 위한 국위의 추구가 그의 목표 중 맨 첫 번째였다. 의회는 자금을 승인했으나 정부는 의회의 결정을 재가하고 보조금을 지급하는 것을 거절하였다.

이에 좌절하지 않고 시라세는 탐험대의 후원자 역할을 하도록 전직 수상인 외다리의 시게노부 오쿠마 백작(Count Shigenobu Okuma)에게 의지하였다. 그것은 48세 된 탐험가가 보여준 일종의 고취된 행동이었는데, 그는 머지않아 후원자들로 구성된 영향력 있는 위원회와 *아사히(Asahi)* 신문 그룹의 지원을 받았으며 그 신문은 성공적인 대중 기부 운동을 조직하였다. 북극에서 약간의 훈련을 한 뒤 잡다하게 모은 과학자들과 홋카이도 출신 2명의 아이누(Ainu) 원주민과 함께 시라세와 그의 동료들은 1910년 11월 말 요코하마로부터 5만 군중의 작별 인사를 받았다.

시라세가 돛대가 3개인 냄새나는 어선 *카이난 마루호(Kainan-maru, 開南丸)*-남쪽 개척자-에 승선했을 때 그는 모든 기부자들의 명단이 들어 있는 작은 구리 상자 1개를 지니고 있었는데 그것은 시라세가 남극점에 도착했을 때 매장될 예정이었다. 그 탐험대는 일본에서도 이미 약간의 조롱을 받았기 때문에 시라세의 출발 소식은 그의 경쟁자들 사이에 별로 불안을 야기하지 않았다. 도쿄로부터의 한 보고서는 준비가 빈약한 그의 탐험대가 '실패하게 되어 있다'고 예측하였다.[37]

그 탐험대는 1911년 2월 8일 웰링턴에 도착했을 때 이미 곤경에 빠져 있었다. 26마리의 개들 중 14마리가 병사하였는데 그로 인해 남극점까지 계획된 행진에 이용할 개들이 불충분하게 되었다. 더 나쁜 일이 다가왔다. *카이난 마루호*가 3월 10일까지 로스해에 도착하지 못했던 것이다. 그때쯤 스콧과 아문센은 이미 상륙하여 자신들의 캠프를 세우고 이듬해 여름 극지에서 시도를 할 때 사용할 보급품을 내려놓고 있었다. 시라세는 적어도 독일인들과 오스트레일리아인들은 이겼는데 필히너는 아직도 독일을 떠날 준비를 하고 있었고 한편 모슨은 런던에서 자금을 모으고 있었다. 그러나 늦은 도착으로 인해 그는 스콧과 아문센과 경쟁하기에는 빈약한 위치에 있었다.

시라세의 입장은 악화되기만 했는데 왜냐하면 퍼져 나가는 겨울의 얼음이 로스해 남쪽 지역에 대한 접근을 봉쇄했으며 그의 개들이 계속 죽었기 때문이었다. 패배를 인정한 그는 자신의 배를 돌려 폭풍우가 치는 남극해를 건너 시드니로 항해하였다. 5월 1일 시드니 항의 물목을 통과한 후 일본인들은 처음에 세관 관리들로부터 쌀쌀맞은 환영을 받았는데 그들은 인종적으로 배타적인 '백호주의(white Australian policy)' 규정을 집행하는 책임을 지고 있었다. 일본이 러시아를 패배시킨 이래 오스트레일리아에는 일본의 침입에 대한 두려움이 널리 퍼져 있었다. 시라세가 멀리 떨어진 남극보다 시드니의 방어 시설을 조사하는 데 더 전념하고 있을지 모른다고 생각하는 사람들도 있었다. *케언즈 포스트지(Cairns Post)*는 '일본인들이 유치한 호기심에 이끌려 그리로 가는 경우 시드니 물목에 있는 요새들에 관해 아무것도 알지 못하도록 가장 면밀하게 대비하였다'고 언급하였다. 그러나 의심이 점차 누그러져 일본인들은 항구 기슭에 있는 숲 지대에 자리 잡도록 허락 받았다.[38]

일본인들은 자신들이 시드니에 머무르는 것을 이용하여 남극 탐험가이자 지질학 교수인 에지워스 데이비드(Edgeworth David)에게 조언을 구했다. 시라세와 그의 동료들은 나중에 그 교수의 귀빈 자격으로 모슨 탐험대의 자금을 모으기 위한 공청회에 참석하였다. 자신들의 돈이 급격히 고갈되고 있었기 때문에 *카이난 마루호*의 선장은 자금을 모으고 지시를 더 받기 위해 도쿄로 갔다. 오쿠마 백작과 위원회는 '일본 남자의 명예를 훼손하는 실패를 허용할 수 없다'고 결정하였으며 그리하여 더 많은 자금을 모으고 개를 사들이고 여분의 대원들을 파견해 탐험대에 합류시켰다. 오쿠마는 시라세에게 전보를 보냈다. '출발하라. 항해를 새로 시작하라. 그대가 시도하다가 죽는다 하더라도 목적을 달성할 때까지는 돌아오지 마라.'

선장은 11월 중순 또 다른 과학자 마사키치 이케다(Masakichi Ikeda)와 영화 촬영 기사 1명과 개 29마리와 함께 남극으로 돌아갔다. 그가 어떤 것을 달성하든지 시라세는 그 촬영 기사가 얼음 위에 욱일승천기(Rising Sun Flag)가 펄럭이는 감동적인 광경을 일본 관중과 아마도 더 넓은 세상에 보여줄 것이라고 자신하였다. 그 국기는 남극점에서는 펄럭이지 못할 것이며 지금 그럴 가망은 거의 없었다. 오스트레일리아 신문 보도들이 시라세와 그의 대원들이 남극점에 도착하거나 아니면 자신들의 목숨을 걸겠다는 맹세를 하였다고 주장했으나 시라세는 시드니의 호기심 많은 한 기자에게 자신은 '남극점으로 향할' 의사가 없다고 말했다. 그는 그 탐험대가 순수한 과학 탐험대라고 주장하였다. 이케다가 설명한 것처럼 그들이 남극에 다다랐을 즈음이면 아문센이나 스콧이 남극점을 정복하는 영예를 차지했을 것이며 따라서 일본인들이 '가까운 남극 지역보다 남쪽으로 더 멀리 가는 것'은 '아무 소용이 없을' 것이다. 결국 정확히 말하면 그것이 그들이 한 것이었다.[39]

1911년 11월 18일 성공을 비는 수많은 사람들이 모여 손을 흔들어 작별 인사를 하는 가운데 *카이난 마루호*는 닻을 올렸다. 배가 항구를 떠날 때 데이비드 교수는 시라세와 함께 승선해 있었다. 그가 작은 증기선을 타고 떠나기 전 그는 '많은 친절과 호의'에 대한 감사의 표시로 사무라이 검 한 자루를 받았다. 그동안에 스콧과 아문센은 각자 별도의 항로로 남극점을 향해 나아가고 있었으며 모슨은 *오로라호*를 타고 호바트를 떠날 준비를 하고 있었다.

시라세의 적시 출항은 이번에는 그의 배가 로스해에 다다랐을 때 얼음에 덜 시달릴 것을 보장하였다. 그는 1912년 1월 고래만에 있는 아문센의 기지 옆의 로스 얼음 장벽 위로 기지 팀을 상륙시킬 수 있었다. 그때쯤 아문센은 남극점까지의 성공적인 여행에서 돌아오고 있었다. 시라세는 에드워드 7세 랜드를 탐사하기 위해 *카이난 마루호*를 더 동쪽으로 몰았으며 한편 기지 팀은 고래만에 남아서 기상학 관측을 시행하였다. 시라세 자신은 2명의 아이누족 개 몰이꾼을 포함한 4명의 동료들과 함께 '최남단'에 일본 기지를 세우

기 위해 개 썰매를 타고 남쪽으로 돌진하였다.[40]

식량 저장소를 설치하지 않았기 때문에 시라세의 소위 '돌격대(Dash Patrol)'는 가벼운 썰매 위의 식량이 허용하는 만큼만 멀리 갈 수가 있었다. 8일 후인 1912년 1월 28일 그는 마침내 정지를 명했다. 그는 약 275킬로미터를 횡단하여 남위 80도 5분에 다다랐다. 남극점까지 가는 길의 1/4에 불과하였고 아직도 로스 얼음 장벽에서 멀리 떨어져 있지 않았지만 그것은 남극 탐험대가 달성한 가장 빠른 기록의 썰매 여행 중 하나였는데 이는 대부분 아이누족 개 몰이꾼들의 경험 때문이었다.

비록 나중에 시라세가 기자들에게 그들이 '과학적 탐사에 자신들의 주의를 국한시켰다'고 말하겠지만 그들은 필히너보다 영토 획득에 훨씬 더 많은 관심이 있었다. 그들이 자신들의 '최남단'에 도착했을 때 시라세는 가지고 왔던 작은 구리 상자를 묻고 '꼭대기에 일장기가 달려 있는 대나무 깃대를 세웠는데, 그 깃발은 주석으로 만든 빨간 페인트칠을 한 삼각형의 풍향계에 의해 빙글빙글 돌았다. 그런 다음 대원들은 일장기 앞에서 행진을 하고 황제를 위해 세 번 *반자이(Banzai*-만세)를 외쳤다.' 사진을 찍고 '야마토 세츠겐(Yamato Setsugen)'이란 이름으로 일본을 위해 주변 지역의 소유권을 주장하였다. 이 명칭은 일본에 대한 일종의 시적인 명칭(야마토)과 '설원(세츠겐)'을 나타내는 단어를 결합한 것이었으나, 그 지역은 다른 탐험가들 무리가 이미 그 위로 터벅터벅 걸어갔던 부유하는 빙붕의 하나였다. 탐험대 보고서에 의하면 '지구가 존속하는 한' 야마토 세츠겐은 이제 '일본 영토'였다. 그 대륙에는 현재 사람이 살지 않지만, 그 보고서는 '난로 불 연기가 확실하게 공중으로 피어오르고 이곳에 마차가 왕래하는 온전한 소도시 하나가 건설될' 때를 상상하였다.[41]

에드워드 7세 랜드 해안에 상륙했던 2명의 일본 팀도 또한 알렉산드라 산맥(Alexandra Range)을 향해 내륙으로 16킬로미터 나아가 '방문을 기록하는 기념판'을 세움으로써 그 장소에 대한 암묵적 권리를 주장하였으나 그들은 아문센 탐험대 대원들이 불과 6주 전에 똑같이 했다는 것을 알지 못하였다. 일본인들은 스콧을 염두에 두고 있었다. 그들은 그 영국 탐험가가 비록 그곳에 상륙할 수는 없었으나 에드워드 7세 랜드를 보았고 그것을 명명했다는 것을 의식하고 있었다. 에드워드 7세 랜드에 노르웨이 팀이 존재했다는 것을 몰랐기 때문에 일본인들은 자신들이 '태초 이래로 아무도 상륙할 수 없었던 지역을 탐험한' 최초의 팀이라고 믿었다.

고래만으로 돌아온 *카이난 마루호*는 시라세와 기지 팀을 다시 태우고 그들이 머물렀던 기념으로 자신들의 텐트를 남겨두었다. 그들은 날씨가 나빠 배가 서둘러 출발해야 했을 때 20마리의 개들도 버려야 했다. 남극점에 최초로 도착한다는 자신들의 원래 목적은 비록 달성하지 못했으나, 시라세와 그의 동료들은 자신들이 일본의 첫 탐사 탐험을 성공적으로 완수한 것에 만족한 채 일본으로 귀환할 수 있었는데 그들은 '일본이 세계사의 무대에서 한 국가로서의 지위를 차지할 수 있는 기회를 창조하였다.'

그들의 성공에 대한 공적 표시의 하나로 시라세와 그의 동료 여러 명은 도쿄에 있는 황궁에 초대되었는데 그들은 거기서 황족에게 15분짜리 탐험대 영화를 보여주었다. 그 후 스모 씨름 경기장에서 대중에게 그 영화를 보여주었다. 황제는 뒤늦게 탐험대 자금에 대한 명목상의 기부를 하였으나, 시라세는 여전히 탐험대 빚을 갚기 위해 강연을 하면서 그다음 5년을 보냈다. 그는 심지어 선원들의 급료를 지불하기 위해 자신의 집도 팔아야 했다.[42] 영국 외무성은 나중에 시라세 탐험대의 상징적 행위와 활동이 '영토에 대한 일본의 주장 가능성'을 위한 기초를 놓았음을 인정하였다. 외무성은 그러한 주장을 퇴짜 놓는 것이 성가실 것이라고 생각한 것은 아니었다.[43]

일본인들은 자신들의 업적이 일본 내에서만 인정받는 것은 충분하지 않다는 것을 알았는데, 제국의 위신을 세우고 영토에 대한 자신들의 권리를 보존하려면 그들의 업적이 다른 나라들의 인정을 받아야만 하였다. 일본으로 돌아온 뒤 이케다는 1912년 8월 18일 스콧에 의해 명명된 바 없는 얼음 장벽 내의 1개의 입구와 알렉산더 산맥의 두 봉우리에 관한 자세한 내용과 함께 왕립 지리학회에 편지를 썼다. 그에 맞춰 이케다는 그것들에게 일본식 이름을 붙였다. 그는 그 명칭들이 '보편적'이 되도록 앞으로 발행되는 모든 지도 위에 그 이름들을 사용할 것을 그 학회에 요청하였다. 이틀 후 이케다는 그것을 재고하고 왕립 지리학회에 그 탐험대의 업적을 알리기 전에 보다 완전한 보고를 기다려달라고 요청하는 엽서를 휘갈겨 썼다. 한 달 뒤 그는 다시 편지를 써서 '우리 과학 팀의 의견이 이제 정리되었으며' 서경 160도 이서의 바다에 대한 '와세다해(Waseda Sea)'라는 이름과 함께 그 3개의 명칭을 사용할 것을 확인하였다.

중년을 지난 마컴에게는 그런 가장 겸손한 요청마저도 너무 심한 것이었는데 그는 왕립 지리학회에 '일본 놈들(Japs)'이 에드워드 7세 랜드를 목격하였고 스콧 선장의 발자취를 따라 서경 150도에 다다랐음을 보고한다고 말하는 짧은 구절 하나'를 발표하는 것 이상은 하지 말 것을 촉구하였다. 그는 일본인들이 스콧 탐험대의 가치를 손상시키고 남극에서의 영국의 탁월함을 깎아내리고 있는 것을 우려하였다. '이런 지긋지긋한 쇠파리들(these cursed gad flies)'이 극지 탐험의 전체 수준을 자기선전을 위한 쟁탈전으로 격하시키고 있으며 원치 않는 장소에 이름을 온통 처바르고 있다'라고 마컴은 썼다. 그는 왕립 지리학회가 그들을 격려하는 것에 대해 경고했는데 그는 그것이 '가장 현명치 못하고 부적절하다'고 말했다.

마컴이 간섭한 결과 일본식 이름은 영국의 모든 지도에 나타나지 않았으며 그 탐험은 왕립 지리학회지에 가장 간단한 언급만 받았을 뿐이었다. 나중에 이케다가 영국에서 출판하기 위해 원고를 보냈을 때 왕립 지리학회 간사는 런던의 출판업자들이 그것을 확실하게 거부하는 것을 도왔다. 그 탐험대의 공식 보고서가 1913년 일본어로 출판되었으나 한 세기가 지나서야 비로소 그것이 영역되어 출판되었다. 시라세의 개인적 보고서는 아직도 영어 출판을 기다리고 있다.[44]

이러한 경쟁적인 탐험대들이 남극점에 최초로 도착하기 위해 또는 남극의 다른 지역에 대한 권리를 주장하기 위해 경쟁하는 동안, 대부분의 미국인들은 여전히 무관심했으며 1900년대 초 미국이 그 대륙에 대한 자국의 권리를 주장해야 한다는 프레데릭 쿡의 반복된 요청을 묵살해버렸다. 얄궂게도 공식적인 미국 탐험대에 대한 요청을 고취시킨 사람은 스콧이었는데, 그는 1902년 자신이 윌크스의 미국 탐험대가 육지라고 보고했던 지역 위로 항해했다고 보고하였다. 이러한 도발적 주장이 일부 영향력 있는 미국인들로 하여금 미국 해군이 함정 1척을 파견해 윌크스의 항해를 되풀이함으로써 그들의 명성에 대한 스콧의 모욕을 반박할 것을 요구하게 만들었다.

이들 가운데 두드러진 사람이 한 때 변호사이자 열렬한 등산가이며 아마추어 화가인 에드윈 스위프트 볼치(Edwin Swift Balch)였다. 1903년 미국이 윌크스 랜드의 해안을 재탐사하라는 그의 요청은 윌크스의 딸과 북극 탐험가 로버트 피어리 두 사람 모두로부터 지지를 받았다. 미국 지리학회가 1906년 이 캠페인에 동참했으나 해군으로부터 활용 가능한 적절한 선박이 없다는 말만 들었을 뿐이었다. 미국 철학학회(The American Philosophical Society)가 1909년 4월 모든 과학학회와 지리학회에 정부가 '윌크스 랜드의 해안선과 남극의 다른 지역을 철저하게 탐사하고 조사하기 위해' 선박 1척을 보내도록 압박할 것을 요청함으로써 그 운동을 확장하려고 노력하였다. 같은 달에 그 학회는 볼치가 쓴 논문 한 편을 발표했는데 그는 남극에서의 미국 바다표범잡이들의 초기 역사를 연구하였다. 그는 '남극에서 미국이 쓴 기록'은 '모든 나라 중에서 가장 훌륭하다'라고 결론을 내렸다. 그런 기록에도 불구하고 볼치는 미국인들이 현재 다른 나라들이 남극 탐험을 지배하고 그 결과로 초래된 영광을 거두어들이도록 허용하고 있으며 마컴과 스콧이 '지도에서 미국의 모든 발견물을 지우는 데 열심이다'라고 불평하였다.[45]

1908년 피어리가 '이 나라를 위해 그 영예의 몫과 그 지역에서 아직도 탐험가를 기다리고 있는 귀중한 과학 정보를 확보하기 위해 자신은 미국 국립

남극 탐험대(National American Antarctic Expedition)를 장려하고 조직할 것'
이라고 발표한 것은 볼치의 압박에 기인한 것이 분명하였다.[46] 미합중국이
윌크스 랜드를 재탐사해야 한다는 캠페인이 지지를 모음에 따라 미국 지리
학회 평의회 위원들은 윌크스 탐험대의 미발표 과학 결과의 일부를 취합하
고 공개하기 위해 각자 10달러씩 기부하는 것에 동의하였다.[47] 그것은 거의
다 잊혀진 윌크스를 대중의 스포트라이트 속으로 되돌리는 한 가지 방법이
었다. 그러나 그 학회가 해군 장관에게 '해군 장교들의 명성을 유지하기 위
해 해군이 무언가 하는 것이 그 의무'라고 말했을 때 그 학회는 부정적 반응
에 부닥쳤다.[48] 여전히 '적당한 함정과 얼음 작업에 숙련된 장교들이 없다'는
반응만 있었다. 게다가 피어리가 남극으로 가는 개인 탐험대를 이끌 가능성
은 해군이 자체적인 조치를 취할 필요가 없음을 의미하였다.[49]

  스콧의 2차 탐험대의 모든 활동과 모슨이 거대한 새 지역을 개척한 것에
도 불구하고, 대영 제국이 남극의 전역에서 주장하기 시작하는 권리에 대
응할 미국 정부 측의 압력은 아직도 전혀 없었다. 미국 정부가 자국 탐험대
를 파견하지 않았다 하더라도 볼치는 미국 지리학회가 남극 지도 위에서 미
국 명칭을 제거하여 그로 인해 '미국의 모든 발견물을… 지워버리려는' 영국
측의 압력에 대항하여 적어도 그 이름들을 방어할 것을 간절히 바랐다. 학
회 *회보(Bulletin)*를 위한 1편의 논문에서 볼치는 지리학적 지형에 이름을 붙
이는 것은 '인류와 과학에 대한 충성을 반영해야 하며 국가적 편견과 국가
적 탐욕에 대한 비굴한 복종에서 비롯되어서는 안 된다'고 주장하였다. 볼
치의 견해로는 이름을 붙이는 데 있어 우선권은 실제의 발견자들에게 주어
져야 하는데, 그것은 남극 해안선 위에 윌크스가 살포한 이름들은 '영원히
유효해야' 하는 반면 남극의 사분할 지역에 대한 마컴의 영국식 이름─웨델,
로스, 빅토리아 그리고 엔더비─은 정치적으로 중립적인 자신이 제안한 이
름─동남극대륙과 서남극대륙─으로 대체되어야 함을 의미하였다.[50]

  미국인들은 볼치의 동생인 법학자 토마스 윌링 볼치(Thomas Willing

Balch)가 주장한 법리 논쟁으로부터 다소 위안을 받을 수 있었다. 그는 영국이 1908년 개봉 칙허를 사용하여 사우스세틀랜드 제도, 사우스오크니 제도와 사우스샌드위치 제도 및 그레이엄 랜드를 아우르는 소위 포클랜드 제도 보호령(Falkland Islands Dependencies)을 만든 것에 대해 비난을 퍼부었다. 자기 형의 요청을 지지하면서 볼치는 그러한 조치가 '단지 그것들이 자기네들의 것'이라고 말하는 영국에 의해 법적으로 타당하게 될 수 없다고 주장하였다. 섀클턴 개인 탐험대의 활동도 또한 영토 점유가 없으면 영토에 대한 권리를 발생시킬 수 없었다. 그 권리는 영국 정부의 권한을 받은 누군가가 '정식으로 점유를 하고… 사정이 허락하는 만큼 그 장소를 많이 이용함으로써 그것에 대한 후속 조치를 취하기 위해 즉각적으로 무언가를 행한 경우에만 유지될 수 있을 것'이라고 볼치는 썼다.[51] 이러한 법적 주장은 남극에 대한 타국의 권리 주장에 대한 미국의 공식적 태도의 기초를 이루게 될 것인데 즉 실효적 지배가 뒤따르지 않는 한 그 주장은 무시될 수 있다는 것이다.

남극에 대한 일반적인 미국인들의 무관심이 미국 탐험대를 창설하기 위한 제안을 막지는 못하였다. 피어리는 자신의 탐험대를 조직한다는 생각은 버렸지만 북극점 항해 때의 그의 동료들 중 두 사람인 부유한 맹수 수렵가인 해리 휘트니(Harry Whitney)와 피어리의 탐험선 선장이었던 로버트 바틀렛(Robert Bartlett)이 웨델해로 가는 항해를 제안하였다. 그러나 이것도 또한 성사되지 못했다.[52] 스콧과 아문센이 남극점을 독점한 것처럼 보였으며 그것은 대중의 관심을 가장 많이 사로잡을 업적이었으나 그로 인해 다른 남극 탐험을 지원할 자금을 모으는 것이 더 어렵게 되어버렸다. 더욱이 모슨은 이른바 '윌크스 랜드'의 대부분을 탐사하여 보고된 윌크스의 발견에 의문을 제기했으나 그 또한 새 미국 탐험대가 탐사할 것은 거의 남기지 않았다.

미국 탐험대가 곧 출현할 것 같지 않은 가운데 1913년 초 섀클턴은 또 하나의 영국 탐험대를 준비하기 시작하였다. 그것은 대중의 주의를 사로잡을 업적이 되어야 하며 그에게 자신이 오랫동안 추구해온 부를 제공해야만 하였다. 섀클턴은 자신의 아내에게 남아 있는 유일한 그런 업적은 웨델해로부터 로스해까지 대륙을 횡단하는 것이라고 털어놓았다. 필히너와 스콧이 횡단하는 데 실패했기에 섀클턴은 그가 그것을 달성하리라고 결심하였다.[53]

스콧은 자신이 남극점까지 돌진하는 것에 대한 과학자들과 지리학자들의 반대에 부닥친 적이 있었다. 사람의 이목을 끌기 위한 그런 행위는 이제 끝이 나기를 기대하는 사람들도 있었다. 남극 탐사에 관한 자신의 1912년도 조사에서 스코틀랜드 지리학자 휴 로버트 밀은 남극점에 도착하는 것을 환영했으며 그것이 경쟁적인 권리 주장자들 간에 '더 이상 세상을 놀라게 하는 "돌진"과 신랄한 논쟁을 할 경우는 없다'는 것을 의미하기를 기대하였다. 이러한 모험들을 대신해서 '보다 과학적… 성향을 가진 탐험가들'이 갈 것이라고 밀은 적었다.[54]

밀이 염두에 둔 탐험가는 자신의 스코틀랜드 동료인 윌리엄 브루스였는데 그는 1911년 극지 탐험에 관한 자신의 조사를 기술한 바 있었다. 그도 또한 '어린애 같은 극점 사냥'을 추구하는 그런 사람들을 진지하지 않은 탐험가라고 일축했으나 대륙 횡단이 중요한 과학적 결과를 제공할 수 있다는 것은 인정하였다. 과학적 목표들이 이제 정부 자금 지원을 얻기 위한 하나의 요건이 된 반면 브루스는 대중이 아직도 과학보다는 '순수한 선정주의'를 원하고 있다는 사실을 개탄하였다.[55]

섀클턴은 대중이 원하는 바를 예리하게 알고 있었으며 그것을 제공하려고 안달하였다. 영국 정부로부터 1만 파운드의 약속을 확보한 섀클턴은 1913년 12월 말 자신의 계획을 공개하여 '제국 남극 횡단 탐험대(Imperial Transantarctic Expedition)'가 대륙을 횡단하고 '영국 국기를 위해 지금까지 시도된 것 중 가장 위대한 극지 여행을 수행할 것'이라고 발표하였다. 아문센이 스콧을 이긴 후라서 그런지 그는 이 탐험이 영국을 탁월한 남극 강국

으로, 그리고 자신을 탁월한 극지 탐험가로 재확립할 것을 기대하였다.[56]

재원 조달을 하기 위한 호소에서 섀클턴은 지리학적 및 과학적 발견 두 가지 모두의 가능성을 드러내 보였으며 그것으로 장관을 바라는 영국 대중의 요구와 자신들의 기부에 대한 실질적 보답을 요구하는 사람들을 만족시킬 보다 진지한 과학적 목적을 신중하게 결합시켰다. 그러나 대륙을 횡단하는 것이 그의 계획에서 맨 먼저였다. 그가 왕립 지리학회에서 말한 것처럼 그는 '대륙 횡단을 이 탐험의 위대한 목표로 여겼으며 영국 국기가 지금까지 얼어붙은 황무지를 가로질러 운반되었던 최초의 국기가 되기를 바라지 않는 사람은… 단 한 사람도 없다.' 그들은 무관심한 과학자로서가 아니라 '영국 국민의 대리인' 자격으로 갈 것이다.[57]

섀클턴은 잠재적 기부자들에게 국기를 휘날리는 것이 웨델해 서안을 포함하는 포클랜드 제도 보호령을 만듦으로써 제국 내로 들어온 거대한 남극 영토에 대한 영국의 권리를 굳게 해줄 것임을 상기시켰다. 필히너의 독일 탐험대가 그곳에 상륙하는 데 실패하자 섀클턴은 자신의 웨델해 팀이 '광대하게 펼쳐진 미지의 땅'을 공개할 가능성을 마음속에 떠올렸는데 '남극점 남쪽의 전 지역이 영국 영토가 될 것이다.'[58]

끔찍한 유럽 전쟁이 불과 몇 달 떨어져 있고 깃발을 휘날리는 애국심이 횡행하는 가운데 정부와 개인 기부자들의 지지를 계속 받기 위해서는 제국의 북을 두드리는 것보다 더 나은 것은 없었다. 영국 전함들이 어느 때보다 더 커진 것과 꼭 같이 섀클턴의 모험도 규모가 거창해질 것이다. 2척의 배가 있을 것인데 결코 성사되지 못한 북극 관광 여행을 위해 노르웨이 포경업자 라스 크리스텐센이 새로이 건조한 *인듀어런스호(Endurance)*와 모슨의 낡은 탐험선 *오로라호*였다.

섀클턴은 *인듀어런스호*로 필히너가 좌절을 맛보았던 웨델해 바젤만에 14명의 탐험대원을 상륙시킬 계획을 세웠다. 여기서부터 섀클턴은 5명의 동료와 함께 2,400킬로미터의 대륙 횡단 썰매 여행을 떠나고, 다른 8명의 대원들이 인접 지역을 탐사하기 위해 다른 방향으로 떠날 계획이었다.[*][59] 대륙의 다른 쪽에서는 *오로라호*가 6명의 대원들을 로스해 해안에 상륙시킬 것인데 그들은 새클턴의 계획된 루트의 마지막 부분을 따라 식량 저장소를 설치할 것이다. 새클턴은 자신이 1915년 4월 의기양양하게 영국으로 돌아오는 상상을 했으며 탐험대의 대부분은 1년 뒤 돌아올 것이다.[60]

영국은 그에게 출발 자금을 제공하기에 충분할 만큼 그 상상에 흥분하였다. 1914년 8월 5일 국왕은 그가 횡단할 모든 새 영토 위에 게양할 전통적인 유니언 잭을 그에게 하사하였다. 그러나 어떤 사람들은 엄청나게 야심적인 그 사업의 타당성을 심각하게 의심하였다. 한 기민한 관찰자는 '극지 대원 10명 중 아홉은 그 계획을 지금까지 착수된 것 중에서 비용이 가장 많이 들고, 쓸모없는(과학적 견지에서는) 천운에 맡긴 여행으로 간주한다'고 주장하였다. 나이 지긋한 마컴도 그 탐험을 묵살했으며 그것이 '오로지 자기 선전을 위해 고안되었다'라는 개인적 주장을 하였다.[61]

국왕이 새클턴에게 영국 국기를 하사했던 같은 날은 독일과의 전쟁이 발발한 뒤라서 그 미친 모험은 거의 시작되지 못할 뻔했다. 그 소식을 듣자 새클턴은 배와 그 선원들을 해군성에 인계하겠다고 말했으나 이전에 그 탐험을 '무익한 원정'이라고 말했던 전도유망한 해군 사령관 윈스턴 처칠(Winston Churchill)로부터 개의치 말고 진행하라는 명령을 받았다. 그의 해군에 새클턴을 위한 자리는 없었던 것이다.[62]

남극에도 역시 새클턴을 위한 자리는 없음이 판명되었다. 그가 자신의 '백색 전쟁'이라고 부른 것을 위해 출발했던 새클턴은 웨델해의 예측 불가능한 얼음 상황이 필히너와 다른 사람들에게 그랬던 것과 꼭 같이 자신의 계획을 망쳐버렸다는 것을 알았다.[63] 새클턴이 사우스조지아 북쪽 해안에 있

---

[*] 필히너 탐험대의 어느 오스트리아 대원이 도이칠란트호를 타고 바젤만으로 가는 탐험대를 지휘할 것이라고 발표하고 새클턴에게 다른 곳으로 갈 것을 요구했을 때 새클턴은 양보하기를 거절했다. 그 오스트리아 탐험대는 전쟁의 발발로 인해 결국 출항하지 못했다.

는 그리트비켄(Grytviken)의 포경 기지에 도착했을 때 그해 웨델해의 얼음이 특히 나쁘다는 것을 알았으나 그는 개의치 않고 밀고 나갔다. 수백 킬로미터의 총빙을 헤치고 배를 밀어붙인 뒤 그는 마침내 1915년 1월 말 바젤만이 보이는 곳에 왔으나 결국 얼음이 배 주위를 단단히 붙잡아 북쪽을 향해 서서히 표류하게 만들어버렸을 뿐이었다. 매일 그들은 자신들이 의도했던 목적지로부터 더 멀어졌다.

1915년 10월쯤 *인듀어런스호* 선체에 대한 압력이 너무나 커서 그 배는 비스듬히 넘어졌으며 선재가 쪼개지고 누수가 발생하였다. 섀클턴과 대원들은 그 배를 버리고 북쪽으로 떠다니는 얼음 위에서 텐트 생활을 한 다음, 1916년 4월 배가 침몰하고 얼음이 깨지기 시작한 후에는 3척의 작은 보트를 타고 남극 반도 끝에서 떨어져 있는 황량하고 고립된 엘리펀트 섬(Elephant Island)으로 항해해 갔다. 대부분의 대원들을 그 섬의 바위투성이 해안 위의 2척의 뒤집힌 보트 밑에 웅크리고 있게 내버려둔 채, 섀클턴과 5명의 동료들은 사우스조지아의 고래잡이들로부터 도움을 얻기 위해 1,300킬로미터의 필사적인 항해에 나섰다. 그들은 그 섬의 남쪽 해안에 상륙하여 자신들과 북쪽 해안에 있는 포경 기지들 사이에 놓여 있는 눈 덮인 산맥을 가로질러 나아갔다. 엘리펀트 섬 위에 있던 대원들의 구조는 겨울 얼음이 물러날 때까지 기다려야 했으며 그들은 마침내 1916년 8월 30일 구조되었다.

섀클턴의 곤경에 대해 아무것도 알지 못했던 로스해 팀 대원들은 그들만의 큰 어려움에 직면하였다. 섀클턴을 위해 식량 저장소를 설치한 뒤 대원 1명은 괴혈병으로 죽었고 다른 2명은 블리자드 속에서 얇은 해빙을 건너려고 하다가 죽었다. 섀클턴은 마침내 생존자들을 위한 구조대를 간신히 조직하였다.

섀클턴의 서사시적 여행과 자기 대원들의 구조가 그의 명성을 구하는 데 많은 기여를 하였으나 그 탐험대를 구할 수는 없었다. 그는 대륙을 가로질러 유니언 잭을 나르지도 않았고 포클랜드 제도 보호령의 미지의 땅에 대한 영국의 권리를 지지하겠다는 그의 계획도 이행되지 않았다. 그럼에도 불구하고 사우스조지아까지의 그의 항해와 그가 고래잡이들과 함께 보낸 몇 주일이 섀클턴에게 영국이 가상의 노다지 위에 앉아 있음을 확인시켜주었다. 남극 바다에는 고래가 풍부했으며 큰 수익을 올릴 수 있었다. 섀클턴은 포경 회사 하나가 연간 10내지 20퍼센트의 수익을 기대할 수 있을 것이라고 계산하였다.[64]

전쟁으로 인해 이러한 수익이 더욱더 커졌는데 왜냐하면 지방에 대한 세계의 증가하는 갈망이 충족되지 않았기 때문이었다. 고래 경화유의 개발로 그것이 썩은 맛이 없는 마가린을 만드는 데 사용될 수 있었다. 더 중요하게는 고래기름에서 생산한 글리세린이 폭약의 제조에 사용되었다. 이것은 남극에 영국 정부가 무시할 수 없는 새로운 경제적 및 전략적 중요성을 제공하였다. 전쟁이 끝날 즈음, 영국은 대륙 전체를 급성장하는 자신의 제국 내로 가져오기로 작정하였다.

CHAPTER 9

1919–1926

영국의 지배를 확대하고 주장하는

자그마한 체구의 레오 에머리(Leo Amery)는 모든 것을 탐내는 남자였다. 마흔다섯 살의 전직 기자인 그는 남극 전체를 영국의 정치 안건 위에 정면으로 올려놓은 정치인이었다. 식민성 차관이자 충성스럽고 열성적인 제국의 지지자인 에머리는 1919년 파리 강화 회의(Paris Peace Conference) 영국 대표단의 일원이었는데, 그 회의에서 패전 제국들의 식민지들이 승전국들 사이에 분할되었다.

거의 추가 안건의 하나로서 독일은 자국 탐험가들이 발견했던 남극의 지역에 대해 주장하려는 권리를 포기하도록 강요받았다. 그것은 수개월의 긴 긴장된 협상에서 이루어진 최소한의 양보였는데 독일은 제국과 국경 지방과 해군과 산업 시설의 대부분을 빼앗겼다. 멀리 떨어진 남극의 얼음에 뒤덮인 텅 빈 황무지들은 기가 죽은 독일 대표단에게는 의미하는 바가 거의 없었으나 에머리는 그것의 잠재적인 전략적, 경제적 가치를 알아보았다. 한 비밀 메모에서 그는 동료들에게 '그 대륙 전체에 대한 우리의 권리를 조용히 주장할' 순간과 움직임을 장악하라고 촉구하였다.[1]

전후 세계에서 남극의 고래 사냥이 새로운 강도를 띠게 되었다. 대서양은 잠수함으로부터 다시 안전해졌으며 고래기름 시장은 계속 좋은 수익을 약속하였다. 대부분이 노르웨이인 소유인 포경선들이 돌아와 사냥감의 흔적을 찾아 빙산이 우글거리는 대양을 샅샅이 뒤지고 있을 때, 에머리는 동료들을 설득하여 남극에서의 영토에 대한 영국의 권리를 크게 확장시킬 비밀 전략을 채택하게 하였다. 영국은 이미 포클랜드 제도를 지배했으며 남쪽으로 그 지배를 확장하여 아남극 제도와 남극 반도를 자국의 권한 범위 내로 가져왔다. 이제 에머리는 남아 있는 수백만 평방킬로미터의 얼음에 갇힌 요새를 차지하고 그것을 대영 제국의 범위 내로 가져오기를 원했는데 그것들의 대부분은 아직 인간에 의해 목격되지 않았다. 그것은 남극해에서 패권을 차지하기 위한 수십 년에 걸친 싸움의 시작이었다.

에머리에게 남극대륙의 매력은 여름철마다 기름이 풍부한 고래들이 모여드는 그 주변 바다의 부와, 석탄 광상이 이미 발견된 그 대륙의 광물 자원에 있었다. 이러한 점을 염두에 두고 그는 전쟁에 지친 세계가 유럽에서의 여러 가지 논의와 전후 복구 문제로 주의가 산만한 동안 영국이 행동을 취해야 한다고 주장하였다. 그는 1840년 뒤몽 뒤르빌이 아델리 랜드에서 떨어진 곳에 프랑스 삼색기를 게양한 것에 근거를 두고 있는 '모호한 프랑스의 주장'과, 같은 해 찰스 윌크스의 미합중국 탐사 탐험대에 근거한 자신이 '막연한' 미국의 주장이라고 부른 것을 유쾌하게 일축해버렸다. 윌크스가 남극대륙의 대륙적 크기를 최초로 인식했다고 했지만 영국 관리들은 오랫동안 그의 가상의 영토 발견을 폄하해왔다.

다른 탐험가들이 윌크스가 육지가 존재한다고 주장한 장소 위로 항해한 것을 보고했을 때 그들의 비난은 타당한 것처럼 보였다. 모슨도 이렇게 했던 한 사람이었으나 그럼에도 불구하고 그는 계속해서 오스트레일리아 남쪽의 거대한 면적의 남극 해안지역을 '윌크스 랜드'라고 불렀다. 그러나 이것은 그 땅에 대한 어떤 권리도 미국에 제공하지 않았는데 에머리는 그 이유를 '문제의 그 땅을 실제로 본 미국인이 아무도 없었고, 하물며 그 위에 발을 디딘 사람은 더더구나 없었기 때문이며 그래서 나는 우리의 상상 속을 제외하고는 미국인들이 그 땅에 대한 권리를 주장할 근거가 전혀 없다고 생각한다'라고 주장하였다.[2] 에머리는 노르웨이, 벨기에, 아르헨티나 그리고 칠레가 주장한 권리도 모조리 무시해버렸다.

영국은 자국 정부가 1919년 신속하고 단호한 행동을 취했더라면 남극대륙을 장악할 수 있었을 것이다. 그러나 영국도 또한 그 나라의 고갈된 자원을 차지하려고 다투던 다른 많은 긴급한 전후 문제들로 주의가 딴 곳에 가 있었다. 독일의 정복, 독일과 터키 식민지의 인수와 소비에트 러시아에서 진행 중인 전쟁, 그리고 국내에서 정치적 격변의 위험이 있었다. 남극은 영국의 전략적이고 경제적인 계산에서 크게 중요하다고 여겨지지 않았다.

이러한 현실을 인식한 에머리는 자신의 동료들이 원칙적으로는 전 대륙을 지배하는 데 전념하고 뉴질랜드 남쪽의 로스해 지역에 대한 '우리들의 실질적 권한'을 주장하기 위해 움직임으로써 시작하기를 원했다. 이곳은 고래가 풍부하게 있다고 보고된 곳이었다. 로스해의 입구 중 하나는 심지어 고래만이라고 불렸다. 에머리는 로스해가 '대륙에서 가장 잘 알려져 있고 어떤 면에서는 가장 접근하기 쉬운 지역'이라고 충고하였다. 그곳은 또한 섀클턴과 스콧 탐험대의 현장이었는데 그것이 그 지역에 대한 영국의 권리를 강화시켜줄 것이다.[3] 물론 그곳은 남극점에 대한 노르웨이의 의기양양한 도전 현장이기도 했는데 이는 에머리가 언급을 소홀히했던 하나의 불편한 사실이었다. 어쨌든 섀클턴이 남극 고원(South Pole Plateau)을 최초로 발견했으나 그는 남극점 자체에는 도달하지 못했던 것이다.

에머리가 자신의 야심찬 영토 확장 프로그램에 착수했을 때 섀클턴은 네 번째 탐험에서 남극대륙으로 돌아갈 계획을 세우고 있었는데, 그는 거기에서 해도가 만들어지지 않은 서남극대륙 해안선 3,200킬로미터를 탐사하기를 원했다. 여느 때처럼 큰 빚을 지고 있던 그 상습적 책략가는 캐나다가 미국이나 덴마크가 자국의 고립된 북극의 섬들에 대한 권리를 주장할 것을 우려하게 되면서 원래는 북극으로 가는 캐나다 탐험대를 이끌 계획을 세웠다. 캐나다 정부가 섀클턴의 계획을 느릿느릿 지원하자 그 성급한 탐험가는 어느 개인 후원가를 설득하여 그 탐험대에 자금을 대도록 하고 대신에 탐험대가 남쪽으로 가는 데 동의하게 하였다.

섀클턴은 북극 탐험을 위해 돛과 신뢰할 수 없는 보조 엔진으로 추진되는 소형 노르웨이 바다표범잡이배 1척을 구입한 바 있었다. 이제 그 배는 훨씬 더 멀리 가야 하고 항해하기 더 힘든 바다를 직면해야 했다. 섀클턴은 이동하는 얼음을 헤치고 안전한 통로를 정찰하고 잃어버린 섬들을 찾고 극적인 경치 사진을 찍기 위해 2인승 수상 비행기 1대를 가져갈 계획을 세웠다.[4] 스콧과 섀클턴은 1902년 밧줄에 고정된 풍선을 타고 공중에 올라갔으며 모슨은 1911년 남극에 날개 없는 비행기 1대를 가져간 적이 있었다. 이제 탐험가가 거대한 면적의 얼음에 갇힌 영토를 탐사하고 지도를 만들기 위해 비행기를 사용할 가망이 있었다. 그렇지 않으면 조사하는 데 몇 달 또는 몇 년이 걸릴 것이었다.

비행기의 이용 가능성은 새 영토에 대한 권리 주장에 있어 흥미로운 의문을 제기했는데, 그것은 전통적으로 새로 발견된 땅을 밟고 국기를 게양하고 돌무더기나 다른 표시를 남기거나 건물을 세움으로써 행해져왔다. 외교관들과 법률가들은 실제로 땅 위에 서서 점유 의식을 거행하는 사람이 없이도 영토의 소유권을 주장할 수 있는지 여부를 결정해야 할 것이다. 그들은 또한 그 탐험가가 자신의 비행기가 지나간 영토에 대해서만 권리를 주장할 수 있는지 또는 어떤 방향으로든지 자신이 볼 수 있었던 모든 영토에 대한 권리를 주장할 수 있는지 여부도 결정해야 할 것이다. 남극을 영국의 지배하에 가져오려는 에머리의 계획을 도와줄 항공기의 잠재력에도 불구하고, 무거운 빚을 지고 있던 술고래 섀클턴은 해군성으로부터 일부 장비를 대여받은 것을 제외하고는 정부 보조를 거절당했다. 그는 자신의 15명의 탐험대원들을 그 배의 승무원으로 근무할 뿐 아니라 과학적 업무와 다른 역할을 수행하게 함으로써 절약할 수밖에 없었다.[5]

1921년에서 1922년에는 존 라클란 코우프(John Lachlan Cope)가 이끄는 또 다른 영국 탐험대가 조직되고 있었다. 코우프는 섀클턴보다 훨씬 더 수상쩍은 평판을 가진 탐험가였으며 그의 계획도 훨씬 더 야심찼다. 그는 1914년 불운했던 새클턴 탐험대의 로스해 팀과 함께 선의 겸 생물학자로 고용되었는데 그동안 그는 '끊임없는 종기로 고생했으며' '어린애같이 짜증을 부렸다.' 끝 무렵에는 그는 '암염소 똥 같은 똥을 눈다'고 호소했으며 동료들은 그를 '아주 터무니없다'고 생각하였다.[6] 1920년 1월 그가 '남극대륙을 일주 항해'할 것이며 '비행기로 내륙을 탐사하고' 남극점을 거쳐 횡단 비행을 할 것이라고 발표했을 때 후자의 자질이 여전히 아주 많이 눈에 띄었다.

그것은 약 50명의 대원들로 구성된 공들인 탐험대였는데 비용도 10만 파운드 혹은 그 이상의 엄청난 비용이 들었고 탐험 기간도 최고 6년까지 걸릴 것이었다. 그 탐험대의 명칭—대영 제국 남극 탐험대(British Imperial Antarctic Expedition)—은 분명 엄청난 약속을 하였다. 코우프에 따르면 그 탐험대는 지금까지 남극에 파견되었던 탐험대 중 가장 규모가 크고 장기적이었으며 미지의 내륙 지도를 작성하고 사진 촬영을 할 12대의 비행기가 있었다. 그는 심지어 거기에 영구 기지를 설립하겠다는 얘기도 하였다. 최근에 어느 작가가 관찰한 바와 같이 코우프가 계획한 영구 기지가 설립되는 경우 '영국은 대륙 전체의 3/4을 합병하는 입장이 될 텐데 이는 역사상 최후이자 최대의 토지 횡령이 될 것'이다.[7] 그러나 그것은 모두 말도 안 되는 얘기였다.

새클턴과 코우프가 탐험을 계획하고 있는 동안 영국 해군 관리들은 영국이 대륙 전체에 대한 자국의 권리를 확대하도록 허용해줄 역사적인 항해 보고서들을 쏟아내고 있었다. 해군성 수로학자인 해군 제독 프레데릭 리어먼스(Sit Frederick Learmonth)는 각국이 남극의 상이한 지역에 대해 주장할 수 있는 모든 권리에 관한 장황한 보고서를 만들고, 그것들을 '반박의 여지가 없는' 것들과 도전에 개방되어 있는 것들로 구분하였다. 놀랄 것 없이 그 보고서는 주로 남극대륙 대부분에 대한 영국 권리의 우월성에 관한 에머리의 견해를 강화해주었다.

그 보고서는 영국 해군 함장 에드워드 브랜스필드가 비록 그것이 하나의 대륙이라는 것은 깨닫지 못했지만 1820년 남극대륙의 어느 지역을 최초로 발견했음을 지적하였다. 1840년의 미국 탐사 탐험대(United States Exploring Expedition)에 관해 말하자면 윌크스와 그의 대원들은 '극지 연구에 완전 초심자들'이라고 일축되었으며 그들의 발견은 대부분 존재하지 않는 것으로 판명되었다. 다른 모든 나라들 가운데 프랑스만이 여전히 '반박의 여지가 없는' 것으로 분류될 수 있는 권리를 가지고 있다고 생각되었는데, 그것은 단지 1840년 뒤르빌이 권리를 주장했던 오스트레일리아 남쪽에 있는 한 조각 좁은 땅인 아델리 랜드와 1909년 쟝 밥티스트 샤르코가 발견하고 해도를 만들었던 남극 반도 서쪽의 샤르코 랜드(Charcot Land)에 대한 것이었다.[8] 나중에 샤르코 랜드는 대륙의 일부라기보다 1개의 섬이라는 것이 알려질 것이었다.

그 해군성 보고는 에머리에게 위안을 주었으나 한편으로는 새로운 영토에 대한 권리를 주장하는 것에 관해 해군성이 답할 수 없는 몇 가지 중요한 문제를 제기하였다. 예를 들면 브랜스필드가 비록 남극 해안선의 일부를 발견한 최초의 인물로 인정된다 하더라도 브랜스필드가 그것이 하나의 대륙이라는 사실을 알아차리지 못했던 것을 감안하면 그것이 영국에 대륙 전체에 대한 권리를 주장할 권리를 주어야 하는가? 아니면 윌크스가 최초로 남극대륙이 하나의 대륙이라는 것을 알고 그것에 그 이름을 부여했기 때문에 미국이 그러한 권리를 가져야 하는가? 나중에 온 탐험가들이 실제로 대륙 자체에 기어올랐다는 것을 생각한다면 이들 초기 탐험가들 중 그들이 종종 해안에서 멀리 떨어진 자신들의 배에서 바라본 것에 불과한 영토에 대한 권리가 있는 사람은 아무도 없다고 주장할 수 있을 것이다. 후일의 탐험가들 중 일부는 훨씬 더 멀리 가서 내륙 지역을 탐험하고 그들의 국기를 게양하고 알아볼 수 있는 권리 선포 의식을 거행했던 것이다.

이러한 것들은 국가들 간에 협상하거나 국제 재판소에서 판결할 문제들이었다. 해군성은 경쟁국들의 어떠한 도전도 막아줄 수 있는 자료로 식민성을 기꺼이 무장시켰다. 동시에 해군성은 영국의 권리를 손상시킬 수 있는 어떠한 미심쩍은 발견과 외국 명칭도 삭제할 수 있도록 그들이 가지고 있는 남극의 해도를 재조사하였다.[9]

에머리는 대륙 전체에 대한 권리를 주장하려는 자신의 비밀 계획에 오스트레일리아와 뉴질랜드의 지원을 구하기 위해 해군성 보고서를 이용하였다. 2개의 영연방 자치령이 탐험과 관리에 소요되는 비용을 공동 부담하게 하는 데에는 명백한 이득이 있었다. 그들의 근접성과 그 지역에서의 탐험 역사에 근거하여 오스트레일리아와 뉴질랜드를 권리를 주장하는 동료로 가짐으로써 로스해 지역에 대한 영국의 권리가 또한 강화될 것이다. 그들의 남쪽 항구들이 또한 남극의 그 지역에 대한 최고의 출발점이었다. 그래서 에머리는 그들에게 '남극 전체를… 대영 제국 내로 가져오려는' 자신의 소망을 피력하였다. 그는 '궁극적으로는 그것을 완전하게 만든다는 목표와 함께 영국의 지배를 확대하고 주장하는… 일관된 정책'으로 이러한 소망을 달성하려고 했다. 에머리는 그 대륙의 여러 가지 경제적 가능성을 지적하고 심지어 남극해가 중요한 무역 항로가 될 수 있다고 예측하였다. 그는 또한 오스트레일리아와 뉴질랜드의 공포를 이용하여 남극대륙이 적의 항공기와 잠수함을 위한 비밀 기지를 제공할 수 있다고 경고하고 영국의 지배가 그 지역의 해양 자원을 개발하기를 원하는 회사들에 대한 더 나은 통제를 허용할 것이라고 조언하였다. 이 문제는 오스트레일리아에서 공감을 받을 가망이 있었는데, 거기서는 펭귄과 코끼리바다표범의 '무자비한 도살'에 반대하는 신문을 통한 여론 환기 운동이 있었다.[10]

그러나 오스트레일리아 수상 빌리 휴즈(Billy Hughes)는 오스트레일리아 대륙과 뉴기니에 있는 새 영토의 개발에 더 관심이 많았으며 남극대륙이 오스트레일리아에 경제적 이득을 제공하거나 위협을 제기할 수 있는 이유를 알 수 없었다.[11] 영국의 압력을 받고 난 후에야 비로소 휴즈는 마침내 오스트레일리아의 남극 탐험가들에게 자신들의 의견을 제시하라고 요청하였다.[12] 그들은 이구동성으로 오스트레일리아가 로스해 바로 서쪽에 놓여 있는 남극의 사분할 지역을 지배하기를 원했다. 데이비드 교수는 그 지역이 수십억 톤의 석탄을 산출할 수 있는 거대한 탄전이 있다고 주장한 반면 모슨은 포경업으로 얻을 수익을 강조하였다.[13] 휴즈가 자신들의 권고를 무시할 것을 두려워한 나머지 모슨은 1921년 1월 어느 신문기자에게 정부가 '오스트레일리아의 사분할 지역에 대한 책임을 받아들일 의무'를 소홀히 해서는 안 된다고 말했다. 모슨의 말에 의하면 오스트레일리아는 그 '탐험의 업적'과 '사람이 살지 않는 극지방은 가장 가까운 문명국에 의해 지배되어야 한다'는 '국제 원칙' 때문에 그 영토에 대한 권리가 있었다.[14]

모슨은 영연방 자치령 대표들이 런던에서 에머리와 회합을 가졌을 때 자신의 의견을 말했다. 그들은 무슨 이유로 제국이 남극을 서서히 장악하기 위해 에머리의 계획을 진행해야 하는지에 관해 동의할 수 없었다. 오스트레일리아와 뉴질랜드가 자신들의 지역을 지배하고 싶어 한 반면 에머리는 영국이 그 지역의 관리에 참여할 가능성을 열어두기를 원했다. 더욱 중요한 것은 그 회합이 '국기를 게양하기 위해 특별히 남극으로 선박을 파견할 필요가 있는지' 아니면 '이전의 국기 게양을 승인하는 것으로 충분할 것인지' 제국이 어떻게 그 권리를 주장해야 하는지를 결정할 수 없었다. 또한 어떤 적법 행위에 착수해야 로스해에서 영국의 권한이 존재할 수 있는가라는 미해결 문제가 있었다.[15] 보다 근본적으로 말하자면, 어떻게 한 국가가 사람 살기에 너무 부적당하여 겉보기에는 점유할 수 없는 영토에 대한 권리를 주장할 수 있겠는가? 수 세기 동안 각국은 '실효적 지배(effective occupation)'에 의해 사람이 살지 않는 장소에 대한 통치권을 획득해왔으나 남극에서는 일시적 정착마저도 여러 가지 어려움이 따랐다.

관리들은 '발견과 탐험' 행위에 의해 '실효적 권리'를 여전히 만들 수 있다고 결정하였다. 로스해 지역의 경우 그들은 영국의 권리를 즉각적으로 주장할 수 있다고 제안했는데 그 이유는 그 지역의 발견과 탐험이 주로 영국 탐험대에 의해 행해졌기 때문이었다.[16] 반면에 오스트레일리아 섹터는 거기에 프랑스가 주장하는 아델리 랜드가 포함되어 있기 때문에 더 복잡하였다. 1840년 뒤르빌이 잠깐 방문한 이래 비록 프랑스인들이 '권리가 소멸하지 않도록 하기 위한 아무런 조치도 취하지 않았으나' 식민성은 프랑스인들이 '그런 문제에 대해 매우 민감하다'고 경고하였다.

더욱이 영국 정부는 1911년 프랑스가 윌크스 랜드라고 알려져 있는 대륙의 지역에 대한 권리를 주장하는지 물음으로써 그 문제를 복잡하게 만들었는데, 그곳은 최근에 와서야 비로소 모슨에 의해 그 이름이 붙여졌으며 동경 51도에서 멀리 동경 160도까지 달했다. 윌크스는 뒤르빌과 동시에 그 해안선을 따라 항해했으나 그는 정식으로 미국을 위해 그곳에 대한 권리를 주장하지는 않았다. 뒤르빌이 실제로 연안의 한 작은 섬 위에 발을 디디고 프랑스 국기를 게양했기 때문에 영국은 경솔하게 뒤르빌의 주장이 그가 실제로 목격했던 훨씬 제한적인 해안선보다는 소문에 윌크스가 보았다는 모든 해안선 위로 잠재적으로 확대된다고 주장하였다. 당연히 프랑스 정부는 이 주장을 기회로 1912년 4월 영국 외무성에 '이 땅은 1840년 프랑스의 이름으로 점유되었고 프랑스는 그 땅에 대한 권리를 포기할 의향이 없다'는 것을 알렸다.[17]

프랑스의 대답으로 영국은 진퇴양난에 빠졌다. 프랑스는 1840년 뒤르빌의 발견을 보도했던 *시드니 헤럴드지(Sydney Herald)*의 기사 한 토막을 참고하여 자기네들이 아직도 스스로를 이른바 '이 땅'의 정당한 소유권자로 간주한다는 것을 확인해주었다. 그러나 프랑스는 권리를 주장하고 있는 영토의 정확한 지리학적 범위를 분명하게 밝힌 바 없었다. 영국 관리들이 재빨리 자기네들의 신문 기록보관소를 조사했을 때 그들은 *시드니 헤럴드지*가 뒤르빌의 발견이 동경 136도에서 동경 147도까지 연장된다고 보도한 것을 발견하였다. 이것은 비록 윌크스 랜드의 범위보다 훨씬 더 작았지만 영국이 믿기로 뒤르빌의 항해가 프랑스에게 주장할 권리를 준 그 지역보다는 여전히 더 컸다. 더욱 우려스럽게도 프랑스는 자국의 권리가 기사에 언급된 경선에 한정된다는 것을 명쾌하게 확인해주지 않았다.

1912년 영국은 그 문제를 미해결 상태로 두었다.[18] 1920년대 초 무렵에는, 이러한 불확실성은 로스해 지역에 대한 권리를 주장하고 싶은 영국의 소망에 중요한 장애가 되고 있었다. 실제로 영국인들은 로스해에 대한 자신들의 권리 주장에 대한 프랑스인들의 반응을 매우 경계했기 때문에 그들은 영연방 자치령 수상들이 1921년 6월의 제국 회의를 위해 런던에 모일 때까지 어떤 결정도 미루기로 하였다.[19] 그러나 그 회의도 새 식민장관 윈스턴 처칠의 압력에도 불구하고 어떤 결정에 도달하지 못했다.[20] 영일동맹(Anglo-Japanese Alliance)에서 계속되는 독일의 전쟁 배상금 문제까지 다른 긴급한 문제들이 논의를 지배하였던 것이다. 더욱이 1921년 4월 에머리가 해군 장관(First Lord Of Admiralty)이 된 뒤 남극에 대한 자신의 책임을 잃어버렸을 때 영국의 행동을 위한 자극의 일부가 없어져버렸다.

새클턴과 코우프 탐험대가 새 육지를 발견하거나 아니면 흥미진진한 신문 머리기사를 가져왔다면 남극에 대한 관심이 더 많아졌을 것이다. 그러나 두 탐험 모두 암울한 실패로 끝났다. 코우프 탐험대가 영국을 먼저 떠났으나 왕립 지리학회가 그 탐험 계획이나 코우프의 리더십을 승인하기를 거부했을 때 그 탐험대의 전망은 치명타를 맞았다.[21] 그러한 지지 없이는 코우프의 명분은 가망이 없었다. 그가 공들여 만든 50명의 대원들로 구성된 탐험대 대신 1920년 12월 사우스셰틀랜드 제도로 나아간 사람들은 단지 4명의 대원으로 구성된 서글픈 일행이었다. 그들은 노르웨이의 부유한 포경업자 라스 크리스텐센의 관대함 덕분에 간신히 거기에 도착했을 뿐이었는데, 그의 배가 멀리 디셉션 섬에 있는 포경 기지까지 그들을 데려다주었다. 그러나 교활한 코우프는 *뉴욕 타임스지*에 자신의 계획이 전보다 훨씬 더 엄청나며 5척의 배와 120명의 대원, 75만 달러의 예산과 쥘 베른의 소설에서 상상되는 어떤 것보다 '더 짜릿한' 모험을 포함하고 있다고 말했다.[22] 실제로는 이러한 보고를 발표한 날 코우프는 포경선을 타고 디셉션 섬에서 인근의 남극 반도까지 앞으로 나아가는 통로를 얻어내려고 애를 쓰고 있었다.[23]

코우프의 애처로운 일행은 숙련된 오스트레일리아 탐험가인 휴버트 윌킨스(Hubert Wilkins)와 19세의 지질학자 토마스 배그쇼우(Thomas Bagshawe)와 22세의 해군 예비역 출신 측량기사 마이클 레스터(Michael Lester)로 구성되어 있었다. 코우프는 몇 마리의 허스키 개도 있었으나 자랑하던 배나 비행기는 1대도 없었으며 남극 반도 동단에 있는 호프만(Hope Bay)까지 그들을 데려다줄 1척의 포경선의 호의에 의존해야만 하였다. 1921년 1월 12일 얼음 때문에 그곳에 상륙하는 것이 불가능하다고 판명되자 그들은 남극 반도 서안에 있는 파라다이스항(Paradise Harbour)에서 내버려졌는데 거기서 해변에 쓸려온 버려진 바지선 1척이 그들에게 피난처를 제공해주었다. 그들은 거기에서 자신들이 의도했던 목적지까지 남극 반도를 횡단하기를 희망하였다. 그러나 험난한 지형 때문에 그것마저 불가능하다고 밝혀졌을 때 옥신각신하는 그 일행은 바지선의 비좁은 숙사에서 살며 일 년을 보낼 가망에 직면하였다.

코우프와 윌킨스는 몰래 달아나 지나가던 포경선 1척을 타고 빠져나온 뒤 각자의 길을 갔다. 코우프는 자금을 더 모으려고 애를 썼으나 실패하였으며 한편 윌킨스는 미국으로 가 거기에서 자신의 탐험대를 조직하기를 희망하였다. 레스터와 배그쇼우는 파라다이스항에서 자신들의 숙소를 확장하고 기상학 자료와 다른 자료들을 모으며 다음 해를 보낸 뒤 어느 노르웨이 포경업자의 호의로 귀향하였다.[24] 그 탐험은 일종의 어릿광대극이었다. 그것은 남극에 대한 영국인들의 관심이나 활동을 자극할 아무런 머리기사도 제공하지 못했으며 대륙의 다른 지역에 대한 영국의 권리를 강화하는 데 실패하였다.

섀클턴은 더 잘할 것으로 기대되었다. 섀클턴이 보이스카우트를 탐험대에 합류하도록 초청하여 약 1,700명이 지원하자, 처음에는 분명히 많은 호의적인 언론의 관심이 있었다.[25] 그 탐험대는 도처에서 청소년들을 고무시키는 것으로 칭찬받았으며 섀클턴과 함께 한두 명의 성공적인 소년들의 사진 한 장이 잡지 *영 브리튼지(Young Britain)* 표지에 실렸다. 1921년 9월 17일 섀클턴의 탐험선 *퀘스트호(Quest)*가 출항 준비를 마쳤을 때 수많은 인파가 템즈 강을 따라 늘어서서 2명의 보이스카우트 단원이 섀클턴이 발견할지 모르는 영토 위에 게양할, 국왕이 하사한 또 다른 유니언 잭을 들어 올리는 것을 바라보았다.[26] 월킨스도 승선해 있었는데 그는 섀클턴의 초청을 받자 *퀘스트호*에 합류하기 위해 런던으로 달려왔었다.

그 항해는 엔진을 수리하기 위해 예정에도 없이 리스본에 정박하는 것을 시작으로 많은 어려움이 뒤따랐다. 리우데자네이루에서 한 달을 더 보내고서야 엔진을 완전히 점검할 수 있었다. 그러한 지체로 인해 섀클턴은 케이프타운에 들러 미리 보냈던 화물을 선적하려는 자신의 계획을 취소하지 않을 수 없었다. 대신 그 배는 여름 탐험 시즌이 끝나기 전에 남극을 향해 곧바로 나아갈 것이었다. 케이프타운에 남겨둔 물자가 없이는 비행기를 띄우는 것이 불가능할 것이다. 코우프와 섀클턴 둘 다 영토에 대한 권리를 주장하는 이러한 새로운 수단을 최초로 사용할 기회를 잃어버렸다.

섀클턴의 계획은 이제 완전히 엉망이 되어버렸다. 47세의 그 탐험가는 더 중요한 것들을 염두에 두고 있었는데 리우에서 스트레스를 많이 받은 몇 주 동안 심장 발작으로 고생하였다. 자신의 질환이 야기하는 통증을 샴페인으로 다스리면서 섀클턴은 사우스조지아에 있는 그리트비켄 포경 기지로 곧바로 나아가기로 결심하였다. 그는 여름으로부터 무언가 구하기 위해 필사적이었는데 그는 이미 증기선으로 월킨스를 사우스조지아에 먼저 보내 자연계의 표본이라고 할 만한 것은 무엇이든지 할 수 있는 대로 수집하게 하였다.

마침내 섀클턴은 세계 최남단 소읍 그리트비켄에 정박했는데, 구석구석

스며 있는 썩어가는 고래 악취가 그 장소의 자연미와 상충했다. 그곳에서 그는 두 번째 심장 발작을 겪었는데 이번에는 치명적이었다. 아직도 청색과 흰색 줄무늬 파자마를 입고 있는 그의 시신은 소박한 관 속에 안치되었으며 그것을 '타르로 덮고 얼룩진 유니언 잭을 씌운' 다음 정착지 노르웨이 교회로 가져갔다. 관은 그의 유품과 그의 사망 소식을 남아메리카와 영국에 전할 배 1척이 준비될 때까지 거기에 머물러 있었다. 엄청난 충격을 받은 섀클턴의 부대장 프랭크 와일드는 퀘스트호를 몰아 단축된 항해를 하면서 술에 빠졌다. 그 배는 총빙에 갇혔다가 1916년 섀클턴이 겪었던 큰 시련의 무대였던 엘리펀트 섬을 거쳐 다시 사우스조지아로 향했다. 한편 섀클턴의 시신은 멀리 우루과이까지 운송되었는데 그때야 비로소 오랜 고통을 겪은 그의 미망인이 런던에서 그의 시신을 그가 명성을 얻었던 그 지역으로 되돌려 매장할 것을 지시하였다.[27]

퀘스트호가 사우스조지아로 돌아오기 몇 주 전인 1922년 3월 5일 많은 여행을 했던 섀클턴의 유품들이 마침내 노르웨이 포경선들에 의해 그리트비켄의 공동묘지로 운반되었으며 간단한 의식과 함께 그는 거기에 묻혔다. 영국의 주권을 주장하기 위해 그곳에 배치된 몇 명의 현지 영국 관리들이 장례식에 참석하였다. 4월 6일 와일드와 그의 동료들이 다시 도착했을 때 그들은 작은 나무 십자가가 있는 그 소박한 무덤을 방문했으며 더 알아볼 수 있는 기념비를 남기기로 결정하고 꼭대기에 큰 십자가가 달린 돌무더기를 세워 '어니스트 섀클턴 경, 탐험가(Sir Ernest Shackleton, Explorer)'에게 바치는 청동 판으로 표시를 하였다. 그 돌무더기가 노르웨이 고래잡이들이 항구로 들어올 때마다 그들을 반길 것이다. 섀클턴의 무덤과 함께 그 돌무더기는 시비의 여지가 있는 포클랜드 제도 보호령의 일부인 그 지역에 대한 영국의 권리를 함축적이고도 지속적으로 강화시키는 역할을 할 것이다.[28]

코우프와 섀클턴 탐험대의 소동에도 불구하고 그 돌무더기는 실제로 그들의 유일한 유산이었다. 그것은 영국의 남극 열성주의자들과 그 대륙 위로 영국의 지배를 확대하려는 그들의 비밀스런 계획을 위해서는 큰 위안이 되지 않았다. 그럼에도 불구하고 1919년의 해군성 보고서는 남극의 얼마나 많은 부분에 대해 잠재적으로 영국이 권리를 주장해야 할 것인가를 보여주었다. 그러나 3년 후 실의에 빠진 와일드 일행이 영국에 다시 도착했을 때조차 아직도 영국은 어떻게 자국의 야심찬 계획을 달성해야 하는가에 대해 결정한 것이 아무것도 없었다. 1922년 6월 노르웨이의 한 포경 회사가 로스해에서 고래를 사냥하기 위해 런던 당국의 허가를 요청한 뒤에야 비로소 영국은 마침내 행동을 취하지 않을 수 없었다.

사우스조지아와 사우스셰틀랜드에서의 고래잡이는 해안 기지와 비바람이 들이치지 않는 입구에 계류된 가공선의 혼합을 포함하였다. 이들이 증기 동력을 갖춘 소형 포경선들과 협력하여 작업했는데, 이 배들이 주변의 바다를 샅샅이 뒤지고 뱃머리에 있는 예리한 눈을 가진 작살잡이가 수면 위로 떠오르는 고래들을 찾았다. 일단 그들의 사냥감을 잡아서 죽인 뒤 압축 공기로 고래를 팽창시켜 신속하게 부패하는 몸뚱어리를 꼬리를 묶어 해안 기지나 가공선으로 견인하였다. 가공선의 경우, 작은 고래들은 처리를 위해 갑판 위로 끌어올리고 큰 고래들은 뱃전에 나란히 묶고는 지방을 큰 조각으로 떼낸 다음 그것을 갑판 위로 들어올렸다. 갑판 위에서 지방을 더 작은 부분들로 잘라 거대한 보일러에 가득 채워 넣으면 거기서 증기가 그것을 졸여 기름으로 만들었다. 포경 회사들은 풍어 시즌과 강세의 가격을 즐겼다. 그들 중 하나가 로스해에서 동일한 방법을 사용하고 싶어 했는데 거기서는 고래만이 수지맞는 대량 살육 현장이 될 전망을 보여주었다. 그것이 남극 해안의 잠재력을 탐사하기 위한 포경 회사의 최초의 움직임이었다.

사우스조지아의 여러 포경 기지들을 운영하는 회사들 가운데 가장 유명한 회사는 칼 라르센이 이끌고 노르웨이, 영국 및 아르헨티나 투자자들이 자금을 대는 회사였다. 라르센은 1894년 이 바다들의 잠재력을 맨 처음 알아보았으며 영국 정부의 면허를 얻어 10년 후 그리트비켄에 육상 기지 1개를 설립하였다. 이제 그는 로스해의 잠재력을 이용하고 싶어 하였다. 영국은 진퇴양난에 빠졌는데 왜냐하면 라르센이 영국의 권한이 정식으로 주장된 적이 없는 지역에서 그러한 권한을 암암리에 인정하고 있었기 때문이었다. 그러나 그런 것에 기가 꺾이지 않는 처칠은 노르웨이가 '영국의 주권을 인정하는 것이 영국의 주장에 귀중한 뒷받침이 될 것'이라고 말하면서 면허를 즉시 교부해줄 것을 촉구하였다.[29] 뉴질랜드 정부는 정확한 면허 기간과 제국의 권한을 로스해까지 확장하는 방법에 관해 영국 관리들과 협의하는 것에 동의하였다.[30]

마침내 1923년 초 국왕은 포클랜드 제도 보호령의 사례에서 했던 것처럼 개봉 칙허를 발표하는 대신 '긴급 칙령(order in council)'을 발표해야 한다는 결정이 났다. 이것은 하나의 중요한 차이였다. 개봉 칙허는 일반적으로 새 영토를 합병할 때 사용되었다. 영국은 로스해의 사례에서는 이것을 사용하지 않도록 주의하였는데, 그것이 영국이 이전에 그 지역에 대한 권리가 없었음을 암시할 것이기 때문이었다. 그에 반해서 긴급 칙령은 영국이 발견에 근거하여 오랫동안 그 지역에 대해 '미확정 권리'를 향유해 왔다는 생각을 강화시켜 줄 '소유 행위'를 수행하는 것을 허용할 것이다. 환언하자면 그것이 로스해 지역에 대한 영국의 주권이 이미 존재했음을 전 세계에 보여줄 것이다. 영국은 단지 관리 행위에 착수함으로써 영국의 소유물의 하나로서 그 지역의 기존 자격을 강화시켜야만 하였다. 그리하여 1923년 7월 30일 긴급 칙령을 발표하여 '동경 160도와 서경 150도 사이의 로스해 해안 및 그것에 인접한 제도와 영토는… 영국 정착지의 하나이다'라고 선언하였다.[31]

포클랜드 제도 보호령을 따라 그 새 영토는 '로스 속령(Ross Dependency)'이라고 불렸으며 그곳의 행정은 제1차 세계대전 동안 영국 해군 사령관이었던 뉴질랜드 총독 젤리코 경(Lord Jellicoe)의 통제하에 두었다. 그러한 결과를 성사시키는 데 중요한 역할을 했던 뉴질랜드 법무상 프란시스 벨 경(Sir Francis Bell)은 기자들에게 젤리코가 식민성의 지시를 따르겠지만 자신은 그러한 지시는 어느 것이든 '특별히 자치령을 위해서가 아니고 제국 전체를 대표하여… 로스 영토'를 인수하는 뉴질랜드 정부와 협의하여 입안될 것을 기대한다고 말했다.[32] 이 말은 비록 그들 모두가 대영 제국의 일원이지만 여러 나라들 사이에 분할되고 있는, 보다 구미에 맞는 대륙의 모습을 나타낼 것이다.

영국의 선제적인 로스해 장악이 파리에서 분노를 야기하였다. 1912년 프랑스 정부는 그들이 경계가 모호한 '아델리 또는 윌크스 랜드'의 정당한 소유자로 간주한다는 것을 천명하였다.[33] 영국의 긴급 칙령에 대응하여 파리는 자신의 권리를 의심할 여지가 없는 상태로 두기 위해 움직였다. 뒤르빌이 아델리 랜드에 대한 권리를 주장하기 위해 프랑스 국기를 게양함으로써 의식적으로 영국의 선례를 따랐던 것과 꼭 같이, 프랑스 정부는 이제 일부러 탐험대를 보내 탐험, 지도 작성, 명명 또는 과학적 노력 등의 행위에 의해 프랑스의 지배를 증명하는 것보다는 1924년 3월 27일 단순히 프랑스의 지배를 주장하는 법령을 발표함으로써 최근의 영국의 선례를 따랐다.

1924년 11월 프랑스는 그 법령에 덧붙여 자국의 남극 영토가 마다가스카르 식민지의 일부로서 통치될 것이라는 발표를 하였다. 식민 장관 에두아르 달라디에(Edouard Daladier)는 프랑스 대통령에게 역대 프랑스 정부는 '사람이 살지 않는 이 땅의 경제적 가치'에 대한 지식이 없었기 때문에 '오래전에 프랑스가 획득했던 주권'에 관해 아무것도 하지 않았다고 설명하였다. 이제 프랑스는 거기서 얻을 수 있는 부에 관한 무지를 떨쳐버렸기 때문에 프랑스는 자국의 남극 영토를 유지하기로 작정하였으나 한편 자신들의 정확한 영토 범위를 규정짓는 것을 여전히 몹시 꺼려하였다.[34]

영국 정부는 곤경에 처했다. 영국은 노르웨이나 아르헨티나의 주장은 가볍게 일축할 수 있었으나 자기의 강력한 이웃이자 전시 동맹국의 주장을 거부할 수는 없었다. 그러나 영국은 프랑스의 권리를 뒤르빌이 실제로 항해했던 240킬로미터의 해안선으로 제한하기로 작정하였다. 영국은 프랑스가 훨씬 더 많이 차지하기를 원할까봐 두려웠다. 적어도 그것은 프랑스가 '아델리 랜드 또는 윌크스 랜드'라는 단어들을 사용한 것에 함축된 내용일 수도 있다. 리어먼스 제독이 경고했듯이 프랑스가 만약 '윌크스에 의해 *발견되었다고 주장되*는 영토 전체에 대한 권리를 주장하고 싶어 하는 경우 그러한 주장은… 상상컨대 남극대륙 전체의 소유권에 대한 주장으로 이어질 것이다.' 프랑스인들이 설사 '윌크스 랜드'라는 용어를 '아델리 랜드'에 대한 동의어의 하나로 사용할 뿐이라 하더라도 리어먼스는 이것이 '대륙 전체에 대한 주장을 내세우기 위한 일종의 지렛대'를 만들어 그것이 '남극 지역에 관해서 이 나라가 추구하는 일관된 정책'을 손상시킬 것을 두려워하였다.[35] 영국은 프랑스가 대륙의 작은 한 조각 이상 가지도록 허용할 의사가 없었다.

영국은 경계를 좁게 정한 아델리 랜드를 프랑스인들에게 양보할지 모르나 오스트레일리아 정부는 그렇게 낙관적이지 않았다. 왜냐하면 그렇게 하는 것은 오스트레일리아가 자기 것으로 원했던 오스트레일리아 사분할 지역에서 한 조각을 제거할 것이기 때문이었다. 이 사분할 지역은 영국이 로스해 다음으로 합병하고 싶어 한 곳이자 오스트레일리아가 대영 제국을 대신하여 통치할 계획이었던 지역이었다. 케임브리지에서 교육받은 오스트레일리아 수상 스탠리 브루스(Stanley Bruce)는 영국이 '가능한 한 빨리 이 지역에 대한 권리를 주장할' 것을 촉구하였으며 그는 나중에 '남극의 이 부분에 대한 오스트레일리아의 관심이 매우 크다'고 말했다.[36]

모슨은 프랑스의 주장을 완전히 일축하며 뒤르빌은 기자들에게 아델리 랜드에서 상륙하지 않고 단지 그것을 목격하고 이틀 동안 연안을 따라 항해했을 뿐이지만 [모슨의] 오스트레일리아 남극 탐험대는 아델리 랜드와 남극의 다른 육지를 탐험하는 데 3년을 보냈다고 말했다.[37] 이것은 런던에서는 흥미를 돋우는 주장이 아니었다. 에머리는 1924년 11월, 이번에는 식민 장관 자격으로 식민성에 복귀했는데 그는 포클랜드 제도 보호령 대부분에 대한 영국의 권리가 마찬가지로 잠깐 동안의 발견 행위에 근거한다는 것을 인식하고 있었다.[38] 곤경에서 벗어나는 한 가지 방법으로 해군성은 영국이 프랑스와 협상하여 아델리 랜드와 아남극의 허드 제도(Heard Islands)와 맥도날드 제도(MacDonald Islands)를 바꿀 것을 제안하였다.[39] 그렇게 하면 영국은 여전히 오스트레일리아 사분할 지역을 완전히 갖게 될 것이며 대륙 전체도 여전히 대영 제국에 속할 수 있을 것이다. 그러나 그 제안은 거절될 것으로 생각되었기 때문에 결코 프랑스에 제시되지 못했다.

프랑스가 영국이 고려해야 할 유일한 국가는 아니었다. 또한 미국이 있었는데 왜냐하면 일부 미국인들이 윌크스가 발견한 영토가 영국과 프랑스에 의해 강탈되려는 것을 우려했기 때문이었다. 그들은 모슨이 윌크스가 그 영토를 발견했거나 또는 심지어 목격했다는 것을 주장하기보다는 윌크스의 항해를 기념하기 위해 그 영토를 '윌크스 랜드'로 명명했다는 것을 알지 못했다. 미국 정부가 바야흐로 그것에 대한 권리를 주장하려 했던 것은 아니었다. 1924년 우려하는 한 미국 시민의 편지에 대한 회신에서 미국 국무장관 찰스 휴즈(Charles Hughes)는 윌크스의 탐험에 의해 '주권에 대한 정당한 권리'가 만들어졌다는 것을 부인하였다. 비록 윌크스가 그 남극 영토를 발견하고 정식으로 점유했다 하더라도 '발견된 지역의 실제적인 정착이 그 발견에 뒤따르는 경우에만' 그것이 미국 영토로 간주될 수 있다고 휴즈는 주장하였다.[40]

물론 이러한 주장은 또한 그 나라가 그 영토에 실제로 사람들을 정착시킬 때까지는 워싱턴 당국이 남극에서 어떤 나라의 주권도 인정하기를 거부한다는 것을 의미하였다. 미국이 비록 런던이나 오슬로나 다른 곳에서 이러한 견해를 조장하기 위해 한 것은 별로 없으나 그것은 후일 사용할 수 있도록 미국 국무성에 유보된 상태로 남아 있었다.

1920년대 중반 미국은 남극보다는 북극에 훨씬 더 관심이 많았다. 북극해에 접한 나라들이 북쪽으로 자기네 영역을 확장하려고 애를 쓰고 있었기 때문에 한바탕 광적인 탐험이 북극에서 행해지고 있었다. 탐험가들은 비행기와 비행선을 사용하여 북극권(Artic Circle)의 남아 있는 비밀을 발견하려고 경쟁하고 있었다. 그들 중 일부는 북극까지 비행한 최초의 인물이 됨으로써 생길 수 있는 부와 명성을 원했다. 그러나 많은 사람들이 더 큰 상을 가질 수 있다고 확신하고 있었다.

북극은 지구상에서 발견되지 않은 마지막 땅덩어리를 감추고 있다고 생각되었다. 여러 나라와 모험가들의 관심을 불러일으킨 것은 이것이었다.*[41] 만약 그런 대륙을 발견할 수 있다면 그것은 더 고립되어 있고 훨씬 더 추운 남극대륙보다는 경제적 및 전략적으로 훨씬 더 가치가 있을 것이다. 발견 가능한 광상은 제외하고서라도 그 가치의 대부분은 결국에는 북극을 횡단해 북유럽과 북미와 아시아 간에 최단 거리의 연결을 제공할 것으로 기대되는 항공 노선을 위한 착륙 장소를 제공하는 것에서 비롯될 것이다.

그 경쟁은 1925년 북쪽의 여름철에 막바지에 이르렀는데 *뉴욕 타임스지*에 실린 흥분된 한 가지 보고가 북극에서 바야흐로 시작되려고 하는 세 나라 탐험대들 간의 '항공 경쟁'을 기술하였다. 그것을 하나의 '경쟁'으로 기술하는 데 많은 양의 신문기자 면허가 있었는데 왜냐하면 그 탐험대들이 각각 별도의 출발 지점에서 떠나 각자 다른 목표를 가지고 있었기 때문이었다.

첫 번째는 미국 탐험대였는데 도널드 맥밀런(Donald MacMillan)이 인솔하고 미국 지리학 협회(National Geographic Society)가 후원하였다. 그 탐험대는 미해군의 지원도 받았는데 미해군은 3대의 수상 비행기 중 1대를 몰비행사로 머지않아 유명해질 리처드 버드(Richard E. Byrd)를 파견하였다. 미국 정부 정책에 따라서 맥밀런과 버드는 자신들이 발견할지 모르는 어떤 육지에 대해서도 정식으로 권리를 주장하지 말라는 지시를 받았다. 그러나 어쨌든 그들 둘 다 북극의 제도에 대한 캐나다의 기존 권리를 인정하지 않

---

* 뉴욕 타임스지에 의하면 그 미발견 대륙은 미합중국의 절반을 차지할 수 있다고 한다.

278 남극대륙 ANTARCTICA a biography

을 것이다. 두 번째 탐험대는 노르웨이의 베테랑 탐험가 로알 아문센이 인솔하였으며 거기에는 40세 된 부유한 미국 광산 소유주 아들인 링컨 엘스워드(Lincoln Ellsworth)와 노르웨이인 조종사 얄마르 리저 라르센(Hjalmar Riiser-Larsen)이 포함되어 있었다. 노르웨이 정부는 아문센에게 2대의 비행기 위에 노르웨이 국기를 달고 갈 것과 '노르웨이의 이름으로 새로운 육지에 대한 권리를 주장할 것'을 지시하였다. 세 번째 탐험대는 영국 북극 탐험대(British Arctic Expedition)였는데 젊은 아이슬란드인인 그레티어 앨거슨(Grettir Algasson)이 인솔하였다. 그 탐험대는 선박 1척과 소형 비행선 1대를 이용할 것이었다.

신문 머리기사들은 그 세 탐험대의 목표가 북극점 위로 비행하는 것이라고 주장했으나 맥밀런의 옛 동료들 중 하나인 미해군 장교 피츠휴 그린(Fitzhugh Green)은 흥분하여 잡지 *포퓰러 사이언스지(Popular Science)*에 북극은 *하나의 변명에 불과하다. 세 나라들은 지구 표면 위의 마지막 미발견 대륙을 찾기 위한 경쟁을 하고 있다!*라고 썼다. 그린은 그것을 '인류 역사상 가장 선정적인 스포츠 행사'라고 불렀다. 실제로 탐험대들 중 북극점에 도달한 것은 하나도 없었으며 그들 중 누구도 새로운 땅덩이를 발견하지 못했다.[42] 그러나 미발견 대륙이라는 유령이 계속해서 북반구 국가들을 현혹하고 극지 탐험가들의 자금과 에너지를 소모하는 한 영국은 여전히 남극대륙에 대한 자국의 지배를 확장할 수 있을 것이다.

그러나 포경업에서 얻어지는 거대한 부가 노르웨이가 프랑스를 따라 남극에 대한 영국의 야망에 도전할 것을 보장하였다. 오슬로가 로스해와 아마도 오스트레일리아 사분할 지역에 대한 영국의 권리를 인정한다면, 그 지역에서 조업하고자 하는 노르웨이 포경업자들은 자신들이 포클랜드 제도 보호령에서 강제로 내고 있는 것과 동일한 영국의 수수료와 세금 부담을 지게 될 것이다. 따라서 노르웨이는 로스해 전 지역에 대한 권리를 주장하는 영국의 권리를 논박하였다. 첫째로 영국은 어느 것이든 아직 발견되지 않은 로스해의 섬들에 대한 권리를 주장할 수 없을 것이라고 노르웨이는 주장하였다. 노르웨이는 또한 3마일 영토 경계 너머에 있는 로스해 해역에 대한 영국의 권리도 반박하였다. 남극에서는 이것이 한 가지 특별한 문제를 제기했는데 로스해에서는 해안선의 대부분이 두꺼운 얼음 층 아래에 놓여있어 실제의 해안선을 종종 구분할 수 없었기 때문이었다. 내륙 지역에 관해서는 노르웨이는 아문센이 로스해로부터 최초로 남극점에 도달했다는 것과 그가 '노르웨이 국왕의 이름으로' 정식으로 남극 고원에 대한 권리를 주장한 것을 지적하였다. 노르웨이는 또한 영국이 남극점까지 아문센의 루트 양쪽에 있는 영토를 제외할 것을 요구하였다.[43]

해마다 여름이면 자국의 포경 선단이 로스해에서 조업하기 때문에 노르웨이는 열망하는 모든 남극 국가들 가운데 해안 기지를 설립하고 아문센이 권리를 주장했던 영토를 실효적으로 지배할 수 있는 최선의 위치에 있었다. 그러나 영국은 그런 일이 일어나도록 허용하지는 않을 것이다. 영국은 이전의 아문센의 발견 행위의 타당성을 간단히 부인해버렸다. 해군성은 섀클턴이 비록 남극점에는 완전히 도달하지 못했지만 아문센보다 3년 더 일찍 남극 고원을 점유했다는 것을 지적하였다. 해군성은 계속해서 아문센의 역사적 업적을 비난하고 그가 단지 '섀클턴보다 몇 마일 더 침투했을' 뿐이라고 주장하였다. 이러한 주장에 대해서는 약간의 근거가 있었지만 로스해의 국제 해역과 어느 것이든 가능한 미발견 육지에 대한 권리를 주장하려는 시도에 관해서는 영국은 훨씬 더 약한 법적 근거 위에 있었다. 그러나 영국은 이러한 문제들에 관해서 오슬로와 협력하는 것을 거부하였다. 세계에서 가장 큰 제국을 지배하는 데서 비롯된 자신감과 함께 에머리는 영국은 단지 '로스 속령의… 어느 지역일지라도 그것에 대한 노르웨이 정부 측의 어떠한 주장에도 저항할 것'을 권고하였다.[44]

그와 동시에 오스트레일리아 정부는 아델리 랜드에 대한 프랑스의 권리 주장에 저항하도록 영국에 계속 압력을 가하였다.[45] 브루스 수상 자신도 오스트레일리아 국립 연구 위원회(Australian National Research Council)의 압력을 받고 있었는데 그 위원회는 오스트레일리아가 훨씬 더 폭넓은 자기주장을 하기를 원했다. 만약 프랑스의 주장이 허용되는 경우 그로 인해 미국이 아델리 랜드 서쪽에 놓여 있는 윌크스 랜드의 일부에 대해 똑같은 행동을 할 수 있을 것이라고 그 위원회는 경고하였다. 이렇게 되면 '그 지리학적 위치와 탐사 작업으로 당연히 오스트레일리아 것이 되어야 할 영토'가 더 줄어들 것이다.

노르웨이인들이 그랬듯이 그 위원회는 국제법하에서 인정할 수 있는 권리를 발생시키는 것은 '지속적인 지배나 개발'이라고 주장하였다. 이 점에 대해서는 모슨이 뒤르빌보다 훨씬 많은 것을 하였다. 그는 아델리 랜드를 그의 주 기지로 삼았으며 '지도에 천 마일의 해안선을 추가하였고 광범한 분야에 걸친 물리적 및 생물학적 과학 정보를 수집했으며' 영국 국기와 오스트레일리아 국기를 모두 게양함으로써 소유를 주장하였다. 후자의 행위는 그 당시의 상반되는 오스트레일리아의 정체성을 반영하였다. 여전히 대영 제국에 소속되어 있지만 오스트레일리아는 자기 나름의 제국의 열망을 품고 있었으며 그 위원회는 오스트레일리아가 '적도[뉴기니]에서 남극에 이르는' 영토를 지배하는 매혹적인 전망을 언급하였다.[46]

1925년 7월 모슨을 포함한 그 위원회 대표단이 자신들의 주장을 강조하기 위해 브루스 수상과 만나 '사람이 살지 않는 육지는 그것에 관심이 있는 가장 가까운 문명 강국이 관리해야 한다'는 그들의 소위 '대원칙'을 지적하였다. 영국이 정한 오스트레일리아 섹터(Australian Sector)를 '오스트레일리아의 생득권'이라고 설명하면서 모슨은 브루스 수상에게 자신이 가져왔던 '엄청난 양의 사실' 때문에 오스트레일리아는 다른 어느 나라보다 그 지역을 더 잘 알고 있다고 말했다. 이러한 것들은 그 책 1부를 그가 브루스에게 증정했던, 탐험에 관한 그의 인기 있는 기록인 *블리자드의 고향(Home of Blizzard)*뿐 아니라 머지않아 출판될 여러 권의 과학 보고서에서도 찾아볼 수 있을 것이다. 그러나 브루스는 그 대표단에게 '그 문제는 매우 신중하게 처리되어야 한다'고 말했는데 만약에 오스트레일리아가 아델리 랜드에 대한 그들의 권리에 도전한다면 프랑스인들은 '자칫 약간 히스테리를 부릴 수 있기' 때문이었다.[47]

이것이 영국이 아직까지 경계가 모호한 아델리 랜드를 합병하기를 여전히 꺼리는 이유였다. 영국은 또한 북극에서는 캐나다에 의해, 그리고 남극에서는 영국에 의해 사용되는 섹터주의(sector principle, 극지의 귀속을 결정하기 위한 기준으로서 제창된 원칙으로 극을 정점으로 하고 2개의 자오선과 1개의 위도선으로 둘러싸인 부채꼴 부분의 전역에 대한 영토권이 특정국가에 귀속한다는 주장-역자 주)의 방침을 따라 프랑스가 해안선에서 남극점까지 자국의 권리를 확장하는 것을 저지하려는 오스트레일리아의 제안을 받아들이지도 않을 것이었다. 영국은 또한 가장 가까운 문명국이 남극의 상이한 섹터를 지배해야 한다는 오스트레일리아의 주장을 지지하지도 않았는데 왜냐하면 아르헨티나가 포클랜드 제도와 남극 반도에 대한 자국의 권리를 강화하기 위해 그러한 주장을 이용할 수 있기 때문이었다. 발견과 탐험에 관한 오스트레일리아의 주장도 또한 런던에서 약간 냉담한 주시를 받았는데 다른 유럽 국가들이 포클랜드 제도 보호령뿐 아니라 영국이 자기 제국속으로 합병하기를 원한 남극의 다른 지역에서도 많은 탐험 활동을 하였기 때문이었다.[48] 영국이 오스트레일리아 사분할 지역의 지배를 확보하고 싶어한 것은 분명했으나 영국은 합병을 정당화하기 위해 자국이 다른 곳에서 사용했던 주장이 암시할 수 있는 내용에 관해서 신중해야 하였다.

에머리가 비록 아델리 랜드를 뺀 거대한 오스트레일리아 사분할 지역을 밀어붙여 합병하고 싶었지만 그는 프랑스가 아델리 랜드의 영토의 경계를 규정한 적이 없다는 사실 때문에 무력한 상태였다. 영국은 프랑스인들이 아델리 랜드의 경계를 매우 넓게 규정할까봐 두려워 그들에게 직접 물을 수도 없었다. 외무상 오스틴 쳄벌레인(Austen Chamberlain)은 영국이 단지 오스트레일리아 사분할 지역 전체를 합병하고 예상되는 프랑스의 항의를 기다려야 한다고 주장하였다. 그러면 영국은 프랑스에게 아델리 랜드의 경계를 규정하고 그것이 정당함을 증명할 것을 요청할 구실이 있게 될 것이며 그에 따라 영국은 오스트레일리아 사분할 지역의 경계를 조정할 수 있을 것이었다.

챔벌레인의 조언으로 무장한 에머리는 남극대륙에서 영국이 현재 '합리적으로' 합병할 수 있는 '최대 면적의 지리학적 경계'를 해군성에 요청하였다. 이에 대응하여 해군성은 영국은 '영국[제국] 탐험가들에 의해 발견된' 지역에 대해서만 권리를 주장해야 한다고 주의를 주었다. 이 지역들은 웨델해에서 시작하여 동쪽으로 이동하여 코우츠 랜드, 엔더비 랜드, 캠프 랜드, 퀸메리 랜드, 윌크스 랜드, 킹 조지 5세 랜드 및 오우츠 랜드를 포함하는 불연속적으로 펼쳐진 거대한 해안지대로 구성되어 있었다. 해군성의 견해로는 프랑스의 아델리 랜드는 동경 137도에서 동경 142도에 이르는 작은 영토 조각으로 제한되어야 하였다. 이러한 거대한 지역들이 로스 속령과 포클랜드 제도 보호령에 추가되어도 대륙의 절반 이상이 여전히 누구도 권리를 주장하지 않은 상태로 남을 것이다. 실제로 그것의 대부분은 아직 누구에게도 목격되지 않고 남아 있었다.[49]

이것은 에머리가 1919년에 상상했던 것과 거의 달랐으며, 그는 여전히 아델리 랜드를 제외한 대륙 전체를 차지하기로 결심하였다. 해군성의 조언을 받아들이는 대신 에머리는 영국이 로스 속령의 서쪽 경계로부터 코우츠 랜드의 서쪽 경계에 이르기까지, 즉 동경 160도에서 서경 20도까지 아델리 랜드 이외의 모든 영토를 합병할 것을 제안하였다. 이것은 오스트레일리아가 주장하고 싶어 하는 동경 160도에서 동경 90도까지 펼쳐져 있는 사분할 지역보다 훨씬 더 거대하였다. 에머리는 영국이 노르웨이, 아르헨티나, 칠레, 일본, 벨기에 그리고 미국 같은 다른 나라들이 주장할지 모르는 권리를 완전히 무시하라고 주장하고 있었다. 그가 보기에 문제 해결의 열쇠는 프랑스인들로 하여금 아델리 랜드의 범위를 뒤르빌이 실제로 보았던 해안지대로 제한하도록 하는 것이었다. 해군성은 만약 프랑스인들이 자신들의 권리를 제한한다면 그런 다음 영국이 그 지역의 나머지를 합병할 것을 권고하였다.[50]

1925년 11월 외무성은 미국 같은 나라가 윌크스 랜드에 관해서 하듯이 '다른 외국 정부가 그 지역의 일부에 이의를 제기하여 성공하는 경우에는… 그것을 수정할 수 있다'는 조건하에 에머리가 자신의 땅 차지 계획을 진행할 수 있다는 것에 동의하였다. 영국의 합병에 대한 법적 근거에 관해서 외무성은 그것은 영국의 발견 행위에서 비롯되며 주권은 '지배에 의해 획득되는 것'이라고 주장하였다. 런던 당국의 견해로는 지배는 실제로 사람들을 그곳에 살게 하는 것을 의미하는 것이 아니라 두 가지 상징적 행위의 수행에서 발생하는 것이었다. 그 첫 번째는 '공식적인 합병의 주장 또는 주권에 대한 명확한 주장을 의미하는 어떤 공적 행위'였다. 두 번째는 뉴질랜드가 로스 속령에 대해 했듯이 '영토에 대한 관리'를 확립하는 것이었다. 오스트레일리아가 오스트레일리아 사분할 지역에 마찬가지로 행동하게 하기 위해 국왕으로 하여금 긴급 칙령을 발표하도록 하기 전에, 외무성은 정부가 두 가지 행위가 함께 행해질 수 있도록 관리 방법에 대한 결정을 내려야 한다고 제안하였다.[51] 그러나 그들은 모든 영연방 자치령 수상들이 런던에 오는 1926년의 제국 회의 때까지 최종 결정을 미루었다.[52]

그동안 노르웨이 포경업자들이 포클랜드 제도 보호령에서 남극의 다른 지역에 이르기까지 자신들의 조업을 확장하려는 계획을 밀어붙이고 있었는데, 그것이 잠재적으로 그 지역에서의 영국의 영토적 야심을 위협하였다. 적어도 칼 라르센의 회사는 1922년 그곳에서 고래를 사냥하기 위한 면허를 요청했을 때 로스해에서 영국의 주권을 인정했었다. 라르센은 이제 이전에 영국-인도 항로를 정기적으로 운항했던 철제 증기 화물선 1척을 샀는데 그는 그 배를 고래 가공선으로 개조하여 영국 탐험가를 기념해 *서 제임스 클*

*라크 로스호(Sir james Clark Ross)*라고 개명하였다.

그 배는 독일에서 설계된 최신 보일러와 고래기름을 저장하기 위한 대량 저장 탱크를 갖추고 있었으며 뱃머리는 단단한 아프리카산 재목으로 싸서 보호하였다. 그 배는 변경된 많은 다른 구조물이 있었고 재난에서 보호해줄 물자와 장비를 갖추고 있었는데 여기에는 강력한 무선 송신기 1대와 얼음을 헤치고 길을 안내해줄 탐조등 1대, 배가 으깨져 침몰하여 선원들이 뭍에서 비바람을 피해야 할 경우 오두막을 짓기 위한 목재 등이 포함되었다. 오두막은 또한 그것이 세워지는 영토의 주권에 대한 노르웨이의 권리를 확립하기 위해 사용될 수 있을 것이다. 5척의 소형 포경선을 동반한 *서 제임스 클라크 로스호*는 지금까지 남극 바다에서 조업한 배들 중 가장 큰 선박이자 최초의 철제 선박이었다.[53] 일시적인 탐사 탐험대들의 독점적 전유물이었던 그 대륙이 마침내 비즈니스를 위해 열리고 있었다.

조지 후퍼(George Hooper)는 *서 제임스 클라크 로스호*가 1923년 11월 호바트에 도착했을 때 그 배 위로 올라갔던 사람들 중 하나였다. 뉴질랜드 정부의 항해 고문이었던 후퍼는 서둘러 로스 속령의 행정관, 치안 판사로 취임 선서를 하였다. 호바트로 달려가 노르웨이 선단에 합류하여 그 조업에 관한 보고를 함으로써 후퍼는 대영 제국이 그 지역에 대한 자국의 주권을 행사하는 것을 보여주었다. 후퍼에게 승선 통행권을 제공함으로써 그 노르웨이인들은 또다시 영국의 주권을 암암리에 인정하였다. 후퍼가 자기 선실에서 편안히 앉아 있는 가운데 *서 제임스 클라크 로스호*는 더웬트강(Derwent River, 오스트레일리아 남동부 태즈매니아 남부의 강, 태즈매니아섬 중앙의 세인트클레어호에서 발원하여 남동쪽으로 흘러 호바트 근처에서 스톰만으로 들어감–역자 주) 아래로 서서히 내려갔으며 그 뒤로 연료를 절약하기 위해 포경선들이 한 줄로 견인되고 있었다. 그 배가 남극해의 탁월풍인 편서풍에 의한 너울로 좌우로 동요하고 있었을 때 야심만만한 작가인 20세의 오스트레일리아인 알랑 빌리에(Alan Villiers)도 그 배에 승선해 있었다. 그는 호바트 *머큐리지(Mercury)* 편집장을 설득하여 자신의 보고서를 발간하게 한 뒤 서명을 하고 *서 제임스 클라크 로스호*에 승선하였다.

첫 번째 항해는 계획대로 되지 않았다. 이상하게도 고래만에는 고래가 없었으며 포경선들 중 1척이 선단에서 떨어져 실종된 것으로 여겨졌다. 이로 인해 라르센은 실종된 포경선을 찾아서 오랫동안 수색을 하지 않을 수 없었고 꼭대기에 노르웨이 국기가 있는 보급품 무더기 하나를 해변에 남겨두었다. 그 후 그들이 만났던 고래의 대부분은 거대한 흰긴수염고래들이었는데 그것들을 가공선 옆에 매달아 가죽을 벗기고 지방을 떼내었다. 이러한 작업은 외해에서는 위험하였는데 파도에 들린 고래 시체가 그 위에서 일하는 사람들을 얼어붙는 바닷속으로 던져버릴 수 있었다. 그래서 팽창시킨 고래들 중 3마리를 안개를 헤치고 디스커버리 인렛(Discovery Inlet)의 비교적 비바람이 치지 않는 대피처로 견인했는데 그곳은 얼음 장벽으로부터 밖으로 밀고 나온 동그랗게 말린 모양의 빙산에 의해 형성된 곳이었다.

빌리에는 '그것이 모두 얼마나 경외심을 불러일으키는가'라고 말했지만 디스커버리 인렛은 라르센이 찾고자 했던 종류의 보호된 정박지가 아니었다.[54] 그곳의 깊은 바다는 배가 정박하기 어려웠으며 한편으로 탁월풍인 편남풍은 블리자드로 돌변하여 대피 선박을 곡선 모양의 얼음 절벽으로 밀어낼 수 있었다. 유일한 탈출 방법은 외해로 향하는 것이었는데 그것은 한 번에 며칠 동안 묶여 있는 고래들에 대한 작업을 중단해야 함을 의미하였다. 바람이 비록 정상적이라 해도 그 입구는 고래 지방을 떼내는 작업을 진행하기에는 파도가 너무 사나웠다. 한 번은 빌리에가 처리되기를 기다리며 찬 바다에서 썩고 있는 32마리의 흰긴수염고래를 센 적도 있었다.[55]

이러한 문제점들 때문에 그 첫해는 아무런 수익도 올리지 못했다. 1924년 3월 그 배가 뉴질랜드를 향해 출발했을 때 고래기름 6만 배럴을 저장할 수 있는 저장 탱크는 1/3도 차지 못했다. 또한 뉴질랜드 정부의 수익도 별로 없었는데 왜냐하면 잡은 양이 2만 배럴을 초과해야만 세금을 낼 수 있었기 때문이었다. 그래서 그 자치령은 겨우 연간 200파운드의 보수를 지급받았는데 그것은 후퍼가 들인 시간과 비용에 비하면 별로 많지 않은 수익이었다. 그러나 라르센이 돌아올 것이었다.

포경선들이 뉴질랜드에서 겨울을 나는 동안 가공선은 개조를 더 하기 위해 노르웨이로 갔다.[56] 나이가 지긋한 라르센은 다음 해 여름 그 배를 타고 돌아왔으나 그 회사가 새로운 모험적 사업에서 막 첫 수익을 얻으려 할 때인 1924년 12월 남극에서 결국 심장 발작으로 사망하였다. 그 포경업의 개척자는 포경 조업 시즌이 끝났을 때 자신의 가공선이 31,500배럴의 고래기름을 싣고 돌아오는 것을 보지 못했지만 그 숫자는 로스해의 가능성을 조사하는 데 있어 그의 선견지명을 입증해주었다. 그 회사는 그가 없이도 계속되었으며 *서 제임스 클라크 로스호*는 다음 시즌에 오클랜드 동물원을 위해 수집한 황제펭귄 새끼들과 함께 25만 파운드의 가치가 있는 3만 8천 배럴의 고래기름을 가지고 돌아왔다. 뉴질랜드의 한 신문은 성장하는 수익으로 인해 틀림없이 다른 회사들이 '로스해를 자신들의 활동을 확장하기에 적합한 장소로 진지하게 고려할 것'이라고 예측하였다.[57] 대영 제국에 대해서는 불길하게도 포경 회사들이 이삼십 년 이내에 거대한 집단의 흰긴수염고래의 파멸을 가져올 혁신적 변화를 막 실행하려고 하였다.

1925년 말부터 새로운 형태의 가공선이 남극에 출현하였다.[58] 기존 가공선 후미에 경사진 램프가 설치되어 남극에서 수적 우위를 차지했던 육중한 흰긴수염고래들을 윈치로 바로 지방을 떼는 갑판 위로 들어 올릴 수 있었다. 로스 얼음 장벽을 따라 있는 2개의 입구 중 중 한 군데에 제한된 대신에, 개조된 그 가공선은 바다에 머물 수 있었고 심지어 비교적 거친 바다에서도 고래들을 처리할 수 있어 그로 인하여 배의 연료비용과 기름의 질에 악영향을 미쳤던 부패 문제를 둘 다 감소시킬 수 있었다. 더 중요한 것은 그 신형 가공선은 3마일 영토 경계 너머에 머물 수 있었고 따라서 면허 수수료와 세금을 지불하는 것을 잠재적으로 피할 수 있었다.

1926년 즈음에 한 노르웨이 회사가 완전히 공해상에서 조업한 가공선 1척을 이용하여 성공적으로 한 시즌을 마쳤다. 로스해에서 그렇게 하기 위해 두 번째 노르웨이 회사가 설립되는 과정에 있었다. 그리고 세 번째 노르웨이 포경 회사도 영국이 그 회사에 면허를 승인하지 않으면 똑같이 할 우려가 있었다. 이제 포경 회사들은 자신들의 소중한 선박과 화물이 어떤 구실로 영국 관리들에 의해 나포되는 것을 막고 싶은 경우에만 면허를 신청하였다.[59]

그 신형 가공선들은 남극 해안지대 전체가 포경업자들의 조업에 개방되어 있음을 의미하였다. 노르웨이 포경선단들이 머지않아 어느 탐험가도 보지 못했던 해안선의 해도를 작성하고 영토 관할권에 대한 근거를 노르웨이에 제공할 것이다. 에머리는 이러한 위험한 사태 발전이 남극대륙에 대한 영국의 성장하는 지배력과 포클랜드 제도 보호령의 수익을 위협하는 것을 막기 위한 필사적 시도로, 그곳의 영국 관리들에게 포경업자들이 공해상에서 조업하기 위해 그들이 필요로 하는 물자를 선적하는 것을 중지시키라고 지시하였다. 그는 또한 면허가 없는 어떤 노르웨이 포경 회사에게도 자국의 시설을 거부할 것을 뉴질랜드에 촉구하였다.[60]

에머리가 노르웨이 포경업자들의 파도를 저지하려고 애를 쓰는 동안 로스해에서의 수지맞는 조업 소식이 인접한 오스트레일리아 사분할 지역에 대한 오스트레일리아의 관심을 자극하였다.[61] 그러나 대륙의 나머지에 대한 권리를 어떻게 주장해야 하는가에 관해 영국 관료 사회 내에 여전히 심각한 의견의 불일치가 남아 있었다. 에머리는 그 해안선의 발견 여부에 관계없이 대륙의 대부분에 대한 권리를 주장하기를 원한 반면 외무성과 해군성은 어떤 권리도 그것을 영국과 오스트레일리아 탐험대가 발견한 지역에 제한하기를 원했다.[62] 결국 에머리의 더 야심찬 계획은 무효가 되었다. 1926년 제국 회의에서 영연방 자치령 수상들을 위해 영국 관리들이 준비한 조언은 영국 탐험가들에 의해 발견된 영토에 대해서만 권리를 주장해야 한다는 것이었다. 이는 오스트레일리아가 여전히 아델리 랜드를 제외한 자국의 사분할 지역에 대한 주권을 주장할 수 있다는 것을 의미했으나 에머리가 적어도 잠시 동안 대륙 전체를 제국 내로 합병하려는 자신의 더 원대한 계획을 제쳐 놓아야 함을 뜻했다.[63]

1926년 11월 런던에서 제국 회의가 개최되었을 때 에머리는 '대영 제국에 대한 [남극대륙]의 잠재적 중요성'을 논의하기 위한 영국 및 영연방 자치령 대표들로 구성된 위원회 의장직을 맡았다. 브루스는 남극 정책을 기꺼이 영국 정부에 맡겼는데 실제로 그는 세 번의 위원회 모임 중 마지막 모임에 참석하는 것만 신경을 썼다. 그의 부재하에 외무성 고문 변호사인 세실 허스트 경(Sir Cecil Hurst)이 두 번째 모임에서 연설을 했는데, 그는 영국은 '실제적인 점유나 실효적 지배'에 근거를 두는 것에 의해서만 남극에 대한 권리를 얻으려는 에머리의 계획을 추구할 수 있다고 경고하였다. 허스트 경은 장래의 주권 주장은 '현장에서의' 공식적 행위를 포함해야 한다고 권고하였다. 영국이 포클랜드 제도 보호령과 로스 속령에 대한 권리를 주장했을 때는 그렇게 하지 않았지만 허스트는 '그러한 사례들에서 반대가 없었다는 것이 다시 일어날 수 없는 행운이었다고 생각하였다.' 그는 오스트레일리아가 이른바 '오스트레일리아 사분할 지역'에 대한 지배를 확보하기를 원한다면 오스트레일리아는 그 지역으로 '정기 탐험대'를 파견해야 하며 그렇지 않은 경우 오스트레일리아는 그 지역에 대한 법적 권리가 불확실할 것이라고 경고하였다.[64]

논의 결과 그 회의에서 영국은 자국 탐험가들이 발견했던 모든 영토에 대한 권리를 주장할 수 있음을 확인하였다. 영국의 견해로는 이는 아델리 랜드를 제외한 알려진 남극 영토 모두로 구성되어 있었다. 그러나 제국은 그 주장을 서서히 진척시켜야 할 것이며 미탐사 지역에 대한 권리를 주장할 시도는 하지 말아야 하는데 그렇게 할 경우 자기네들의 잠재적 권리를 가진 나라들로부터 반대를 유발할 수 있을 것이다. 그런 나라들이 영국의 행위에 항의하거나 국제법에 호소하는 경우 대표단은 '남극 지역을 획득하려는 영국의 정책을 추구할 수 없게 될는지 모른다'는 경고를 받았다. 그러나 영국이 만약 '신중하게 진행하고 자신들이 현재 소유하고 있는 정당한 권리를 꾸준히 추적하고 발전시킨다면' '외국 강대국들이 묵인할 것과 실제적으로 완전한 영국의 지배가 조만간 확립될 것'을 기대할 수 있을 것이다.[65] 그것이 달성될지는 아직 의문점으로 남아 있지만 남극을 지배하려는 에머리의 계획이 여전히 제국의 안건 위에 남아 있다는 것은 분명하였다.

회의 보고서의 출판과 함께 영국의 권리를 확립하기 위한 첫 번째 조치가 취해졌는데 그 보고서는 영국이 권리를 가지고 있다고 생각하는 일곱 지역을 전 세계에 알렸다. 과거에 권리 선포 의식이 거행되지 않았던 영토를 공식적으로 점유할 탐험대의 파견과 함께 두 번째 조치가 취해질 것이다. 세 번째 조치는 '그 지역을 합병하고 그 정부를 준비하는 개봉 칙허를' 발표하는 것이 될 것이다. 현재 그 누구도 권리를 주장하지 않은 중간 지역을 포함시키기 위해 포클랜드 제도 보호령의 서쪽 경계와 로스 속령의 동쪽 경계 모두를 확장하려는 계획이 이미 마련돼 있었다. 이 지역은 진취적인 노르웨이 포경업자이자 탐험가인 라스 크리스텐센이 고래를 사냥하기 위해 영국의 승인을 구하고 있던 곳이었다. 로스해에서 라르센에게 했던 것처럼 그 회의는 크리스텐센이 면허를 받아야 한다고 결정하였는데 그렇게 함으로써 영국이 '이 지역에서 유용한 권한의 주장'을 시행할 수 있기 때문이었다.[66]

에머리가 영국이 남극을 인수하기 위한 계획을 처음 만든 지 칠 년 후 그것은 마침내 제국의 모든 대표들로부터 인가를 받았다. 영연방 자치령 지도자들이 런던을 떠날 때 에머리는 자신의 일기에 '대영 제국 속에 남극을 합병하는 과정이… 이제 실질적인 진전을 보려고 하는' 경위를 적었다. 동시에 그는 주위의 바다와는 반대로 얼음으로 덮인 그 대륙이 아마도 '종합 겨울 스포츠를 위한' 경우를 제외하고 정말 어떤 가치가 있을지 궁금해하였다.[67]

에머리의 자축하는 묵상들은 그가 자신의 야심찬 계획이 벌써 위협 받고 있다는 것을 전혀 모르고 있었다는 것을 보여준다. 그러나 그가 영연방 자치령 수상들에게 작별을 고한 바로 그때에도, 에머리가 그렇게 태평하게 무시했던 경쟁국들은 세계의 마지막 대륙과 그 풍요로운 바다에 대한 지배를 확보하기 위한 자기네들의 계획을 분주하게 준비하고 있었다.

CHAPTER 10

1926-1928

이 나라의 영토권을 보호하기 위해

1926년 제국 회의가 끝난 뒤 각국 수상들이 사진을 찍기 위해 포즈를 취했을 때 그들은 남극이 머지않아 영국 세계의 일부가 될 것을 확신하고 있었다. 그러나 대영 제국을 위해 남극 전체를 확보하려는 식민 장관 레오폴드 에머리(Leopold Amery)의 비밀 계획은 벌써 위협을 받고 있었다.

첫째로 프랑스인들은 영국이 아델리 랜드를 소유할 수 없다고 강경하게 주장하였다. 그로 인해 대륙의 대부분이 여전히 손에 넣을 수 있게 되었고 그것에 대해 대영 제국은 이미 2개의 꽤 큰 쐐기들, 즉 포클랜드 제도 보호령과 로스 속령에 대한 소유권을 주장한 바 있는데 그것들은 대륙 면적의 약 1/3에 해당하였다. 그러나 다른 두 가지 위협이 수평선 위로 어렴풋이 나타났다. 가장 즉각적인 위협은 전후의 포경 붐이었는데 그로 인해 남극 바다에서 사냥하기 위한 포경 선단들이 몰려왔다. 이것이 영국으로 하여금 남극을 지배하기에 바람직한 영토로 만들었으나 또한 그로 인해 다른 포경 국가들도 남극을 자기네들 것으로 원하였다. 에머리의 계획에 대한 나머지 위협은 비행기에서 비롯되었는데 그것이 어느 모로 보나 전전의 아문센과 스콧 간의 경쟁만큼 광적인 새로운 탐험의 쇄도를 야기하였다. 미국인들이 이러한 공수 집단의 선두에 있을 것인데 그것이 미국이 남극 영토를 장악하도록 촉진할 것이었다.

그것은 에머리에게 좌절감을 주는 것임에 틀림없었다. 그 열렬한 제국주의자가 자신의 동료들에게 남극대륙을 합병하여 대영 제국의 일부로 삼아야 한다고 제안한 지 7년이 되었다. 로스 속령을 만들어 그것을 뉴질랜드 관리하에 둔 것은 하나의 첫 단계에 불과했는데 그로 인해 고래들이 풍부한 바다 하나가 영국의 지배하에 들어왔다. 그것조차도 1926년의 제국 회의에 뒤이어 노르웨이 정부가 로스 얼음 장벽을 자국의 합병된 영토 내에 포함하려는 영국의 권리에 의문을 제기하자 논쟁을 초래할 것처럼 보였다. 결국 이 거대한 얼음덩어리는 이제 육지가 아니라 물 위에 놓여 있는 것으로 알려졌으며 따라서 눈과 얼음 한참 아래 어딘가에 놓여 있는 실제 해안선으로부터 대부분 3마일 이상 떨어져 있었다. 당시에는 육지로부터 3마일이 국제적으로 용인된 한 국가 영토의 바다 경계였다.

영국이 노르웨이 주장을 받아들인다면 고래만을 포함하여 실제적으로 로스해 전부는 국제 수역의 3마일 경계 너머에 있을 것이다. 더욱이 노르웨이인들은 에드워드 7세 랜드에 대한 권리를 주장하는 영국의 권리에 이의를 제기하면서 스콧은 1902년 단지 자신의 배 갑판에서 그것을 보았을 뿐이며 상륙하지도, 영국을 대신하여 그 땅에 대해 정식으로 권리를 주장하지도 않았음을 지적하였다. 노르웨이의 주장은 훨씬 더 강력하였는데 1911년 12월 아문센 탐험대의 3명의 대원들로 구성된 일행은 실제로 그 땅을 횡단하고 '노르웨이 국왕의 이름으로 정식으로 그것을 점유'하였으며 그와 동시에 아문센은 극고원 위에서 똑같이 하고 있었기 때문이었다.[1]

영국은 이러한 주장에 대답 없이 그냥 지나칠 수는 없었다. 영국 관리들은 에드워드 7세 랜드에 대한 노르웨이 일행의 탐사는 약 40킬로미터에 한정된 것이었으며 그 '점유'라는 것도 '텐트 속에서 하룻밤 캠핑한 것'에 불과하였다는 것을 지적하였다. 더욱이 그 노르웨이인들은 스콧을 자신들의 '존경하는 선구자'라고 불렀으며 실제로 자신들의 단기간의 횡단 여행 동안 그들이 목격했던 유일한 노출된 육지를 '스콧 누나탁(Scott's Nunataks)'이라고 이름 지었다. 그 탐험 보고서 영국 판에 그들이 에드워드 7세 랜드의 점유를 주장했거나 아문센에게서 그렇게 할 권한을 받았음을 보여주는 표시는 전혀 없었다. 이러한 요인들 때문에 외무성은 노르웨이인들의 활동이 스콧의 '이전의 발견'에 근거를 두고 있는 영국의 주장에 우선할 수 없다고 주장하였다.

로스해에 대한 영국의 주권 행사 여부는 해안선의 위치에 부분적으로 좌우될 것인데 남극에서는 해안선의 경계를 정하기가 쉽지 않았다. 1926년의 제국 회의를 위해 마련된 서류에서 관리들은 비록 그것이 육지가 아닌 물 위에 놓여 있다 하더라도 외견상 영구적인 얼음 장벽을 해안선으로 간주해야 한다고 주장한 바 있었다. 1927년 8월 런던은 이 주장을 오슬로로 가져가 지금은 로스 빙붕(Ross Ice Shelf)으로 알려져 있는 로스 얼음 장벽(Ross Ice Barrier) 같은 하나의 얼음 장벽이 '어느 모로 보아도 육지 그 자체의 영구적 확장인 곳에서는 그 장벽을 그것이 육지(terra firma)인 것처럼 취급할 충분한 이유가 있다'라고 언급하였다. 그러나 이것이 용인된 법적 견해가 아니었으므로 영국인들은 또한 적어도 일부 장소에서는 떠 있는 얼음 장벽이 육지 위에 놓여있다고 주장하였다.[2] 어떻게 해서든 노르웨이인들을 설득하여 로스 속령에 대한 영국의 주권에 도전하는 것을 단념시켜야 했다. 해안선을 모호한 상태로 남겨둠으로써 로스해에서 3마일 경계의 정확한 위치 또한 부정확한 상태로 유지되었는데 이는 노르웨이 포경업자들이 먼저 뉴질랜드로부터 면허를 획득하지 않고서는 로스해에서 조업하기가 어렵게 만들기 위한 의도였다.

뉴질랜드가 육상 기지를 보유하거나 고래잡이들이 활동적인 여름철 동안 함정으로 하여금 그 해역을 순시하게 하는 것으로 실제로 로스 속령을 '관리'하고 있었다면 사정이 어렵게 되었을지도 모른다. 대신 그 영토에 대한 뉴질랜드의 관리는 해양부 관리 1명을 파견하여 면허를 받은 노르웨이 가공선 중 1척인 *서 제임스 클라크 로스*호에 승선시키는 것으로만 구성되어 있었다. 지금까지 로스 속령에 상륙한 뉴질랜드 관리는 1명도 없었다. 더욱이

1926년 시즌이 끝날 무렵 그 해양부 관리는 *서 제임스 클라크 로스호*가 거의 전적으로 공해상에서 조업했으며 만약 얼음 장벽을 해안선으로 간주한다면 뉴질랜드 영해 내에 있는 로스 얼음 장벽의 디스커버리 인렛에 단 한 번 의존했을 뿐이라 보고하였다. 이는 그 포경 회사가 실제로 필요 없는 면허에 대한 비용을 지급하고 있었음을 의미하였는데 그 면허는 잡을 수 있는 고래의 종류를 제한하는 조건이 있었으며 포경 선원들로 하여금 지방만 벗기고 나머지는 버리는 것이 아니라 죽은 고래 전체를 처리할 것을 강요하였다.

노르웨이의 두 회사가 면허 비용을 지불하였으나 그 배의 선장들은 1926년에서 27년 여름철 동안 무면허 노르웨이 가공선인 *닐슨-알론소호(Nielson_Alonso)*가 그에 딸린 포경선들과 함께 로스해로 가서 고래를 죽이고 지방을 벗긴 다음 죽은 시체를 남겨두는 것을 보고 경악하였다. 그러한 행위는 그 침입자들에게 면허받은 경쟁자에 비해 실질적인 이익을 제공하였다. 무면허 포경업자들은 더 많은 고래를 죽이고 처리할 수 있었는데 그 이유는 그들이 값이 덜 나가는 부위를 처리하는 데 시간을 보낼 필요가 없었기 때문이었다.[3] 그것에 대해 뉴질랜드 관리들이 할 수 있는 것은 아무것도 없었다.

뉴질랜드는 로스해에서 조업하는 가공선 1척마다 면허 수수료뿐 아니라 그들이 처리한 기름 양에 근거한 로열티로서 2,500파운드를 징수하고 있었다. 그런 모든 수익이 이제 위험에 처했는데, 포경업자들이 자신들의 활동을 공해로 제한한다면 면허를 받을 필요가 거의 없는 데다 무면허 포경업자들의 무제한 출입으로 머지않아 고래를 '멸종할 정도까지' 사냥할 수 있기 때문이었다. *닐슨-알론소호*가 로스해에서 여름철 사냥을 끝낸 뒤 1927년 3월 호바트에 도착했을 때 그러한 사태가 일어날 가능성이 더 커 보였다. 게르센(R.N. Gjertsen) 선장은 기자들에게 고래 456마리를 죽여서 그 지방을 처리하여 36,700배럴의 기름을 생산했다고 자랑스럽게 말했다. 더욱이 그는 악천후에서도 작업을 계속할 수 있었고 무게가 100톤이나 되는 고래들을 배의 후미 선가 위로 끌어올릴 수 있었다. 그는 공해상에서만 조업했기 때문에 면허 비용을 지불할 필요가 없었다고 말했다.

게르센으로서는 남극의 소유권은 아무 의미가 없었는데 왜냐하면 그는 항상 영해 밖에서 조업할 것이기 때문이었다. 그래서 그는 아주 태연하게 오스트레일리아가 가능한 광물 자원 때문에 대륙 일부에 대한 권리를 주장하지만 그래도 권리를 주장할 땅이 여전히 일부 남아 있다고 주장하였다. 뉴질랜드 정부는 이러한 사태 발전을 매우 우려하여 영국에 북극 포경업의 전철을 밟지 않도록 남극 포경업을 조절하기 위한 국제 협약을 추구할 것을 촉구하였다. 그러나 남극 포경업의 대부분을 함께 지배하고 있는 영국이나 노르웨이 양국 중 어느 나라도 다른 나라들이 수익이 매우 좋은 산업의 한 조각을 요구할 뿐인 국제회의를 소집하는 것을 원치 않았다.[4]

게르센은 대륙의 어느 부분에 대해서도 권리를 주장하는 데 무관심했지만 그의 노르웨이 동료들 중 1명은 분명히 그것을 염두에 두고 있었다. 사우스조지아와 사우스셰틀랜드 제도 주위에서 고래를 찾기가 더 어려워진 뒤 라스 크리스텐센은 자신의 선박들을 더 멀리 떨어진 곳으로 보내기 시작했다. 만약 그가 영국이 지배하는 포클랜드 제도 보호령이나 로스 속령 밖에서 새로운 포경 어장을 발견하거나 기지를 세울 수 있다면 그는 영국인들에게 면허 수수료와 로열티를 지불하는 것을 피할 수 있을 것이다. 1927년 1월 그는 디셉션 섬에서 벨링스하우젠해(Bellingshausen Sea)까지 고래를 찾기 위해 포경선 오드 1호(Odd I)를 파견하였다. 벨링스하우젠이 발견했던 총빙 가장자리에 외로운 1개의 작은 점같이 있는 육지인 피터 1세 섬에 맞닥뜨렸을 때, 노르웨이인들은 인근에 고래가 전혀 없고 가공선이 정박할 수 있는 적절한 항구가 없는 것을 알고는 실망하였다. 실제로 한 노르웨이인은 '이 섬은 아주 죽은 것처럼 보인다'라고 적었다.

상륙할 수 없었음에도 불구하고 그들은 눈에 띄는 지형에 노르웨이식 이름을 뿌려 안개로 덮인 산봉우리를 '라스 크리스텐센봉(Lars Christensen Peak)'이라고 불렀으며 그의 아내 이름을 따 곳 하나를, 그리고 산네피오르의 포경 기지 이름을 따 만 하나를 명명하였다. 이러한 가망 없는 정찰에도 굴하지 않고 크리스텐센은 1927년 9월 산네피오르로부터 바다표범잡이 목선 노르베지아호(Norvegia)를 파견하여 1739년 프랑스인에 의해 처음으로 목격되었으며 후일 제임스 쿡 선장이 찾아보았으나 허사였던 부베 섬의 가능성을 탐사하게 했다. 영국의 바다표범잡이 조지 노리스(George Norris)가 1825년 그 섬에 상륙하였다. 그것이 부베 섬이라는 것을 알지 못했던 그는 영국을 위해 그 섬에 대한 권리를 선포하고 그 섬을 '리버풀 섬(Liverpool Island)'이라고 명명하였다. 그는 아마도 뒤집힌 빙산의 하나였을 인접한 섬 하나를 '톰슨 섬(Thomson Island)'이라고 명명하였다. 영국 정부는 노리스가 선포했던 권리의 후속 조치를 취하지 않았을 뿐 아니라 그 섬들을 영국 소유라고 지도상에 표시하지도 않았다. 노르웨이 포경업자들은 남아프리카공화국 남서쪽에서 사우스조지아와 비슷한 위도상에 위치한 49평방킬로미터의 부베 섬이 영국이 지배하는 훨씬 더 큰 사우스조지아가 그랬던 것처럼 노르웨이 포경업자들을 위한 귀중한 기지를 제공할 것으로 기대하였다.[5]

영국의 영토적 야심의 범위와 남극 포경업을 지배하려는 압력을 드러내었던 1926년, 제국 회의에 부아가 치밀어 활동을 개시한 크리스텐센은 노르웨이를 대신하여 영토관할권을 주장하고 포경업에 대한 노르웨이의 지배를 유지하기로 결심하였다. 크리스텐센에게 그것은 단지 자신의 수익을 보호하기 위한 것만은 아니었다. 그는 포경업을 노르웨이의 '고대의 유산'의 일부로 간주하였으며 그것이 '노르웨이 민족'을 위한 '정신적 자산'을 제공한다고 믿었다. 그는 또한 극지방이 노르웨이인들의 자연적 고향이며 수 세기에 걸쳐 자신들은 자신들의 지배하에 들어왔던 북극 지역의 얼음과 추위에 단련되어 왔다고 믿었다. 그래서 '지금까지 아무도 그렇게 오래 일한 적이 없었던' 훨씬 더 추운 남극의 경우도 또한 그렇게 생각되었다. 크리스텐센의 부친인 크리스텐 크리스텐센은 1892년 남극으로 *제이슨호*를 파견했던 현대의 한 개척자였다.[6] 라스는 노르웨이를 위하여 남극대륙의 일부를 확보하기 위해 노르웨이 외무성과 함께 일함으로써 자기 부친의 유산을 확보하기로 작정하였다. 최근 동그린란드(East Greenland)에 대한 잠정적 영향력을 덴마크에 빼앗겼기 때문에, 노르웨이인들은 이와 비슷하게 영국이 남극으로부터 자신들을 몰아내지 않을 것을 보장하기를 원했다.

은퇴한 노르웨이 선복중개인이자 포경 역사가인 아가드(Bjarne Aagaard)와 덕망 있는 북극 탐험가 프리드쇼프 난센(Fridtjof Nansen)의 조언으로 무장한 크리스텐센은 영토관할권에 대한 승인을 보장하기 위해 무엇을 해야 하는가를 잘 알고 있었다. 그 첫째는 자국 정부로부터 그런 주장을 할 수 있는 권한을 얻는 것이었고, 1927년 8월 31일에 그것을 정식으로 받았다. 그로 인해 *노르베지아호* 선장은 '노르웨이를 대신하여 이전에 다른 강대국들의 지배를 받은 적이 없는 모든 육지를 점유할' 권한을 받았다. 이것이 크리스텐센이 피터 1세 섬과 부베 섬에 중점을 둔 이유였는데 그 두 섬 모두 포클랜드 제도 보호령 밖에 놓여있었기 때문이었다. 그러나 그의 야망은 훨씬 더 컸다.

그가 자신의 1935년 보고서 *남극은 그런 것이다(Such is Antarctic)*'에서 설명했듯이 크리스텐센은 벌써부터 '동경 60도와 서경 20도 사이의 모든 육지를 노르웨이의 주권하에 가져오기로' 결심한 바 있었다. 이것은 웨델해 동안에서 엔더비 랜드의 동쪽 가장자리까지 펼쳐져 있는 남극대륙의 거대한 쐐기 모양의 땅을 나타내었다. 그것은 대륙의 거의 1/4이었다. 만약 그 주장이 성공한다면 대영 제국을 위해 땅덩이 전부에 대한 권리를 주장하려는 에머리의 계획은 끝이 날 것이다. 그 지역이 선택된 이유는 가장 최근에 발행된 영국의 남극 지도상에서 서경 20도와 동경 50도 사이의 어느 곳도 이름이 없었기 때문이었다. 따라서 노르웨이인들에게 그 땅에 자신들의 고유한 이름을 붙이는 것이 개방되어 있었다. 동시에 크리스텐센은 *노르베지아*

호 선장 하랄드 호른배트(Harald Horntvedt)에게 포클랜드 제도 보호령 내의 어떤 지리학적 지형에도 이름을 붙이는 것을 신중하게 삼가라고 지시했는데 왜냐하면 그것이 그 지역에 대한 영국의 영향력을 위협하는 것처럼 보일 수 있기 때문이었다.[7] 그는 그 대신 영국이 지금까지 다른 나라가 권리를 주장하지 않았던 남극의 그 지역에서 노르웨이가 무제한으로 자유롭게 행동하는 것을 허용해주기를 분명히 기대하고 있었다. 그것이 일개 포경 회사에 의한 이기적인 토지 횡령으로 보이지 않도록 크리스텐센은 외형상 그 항해가 과학 중심의 탐험으로 보이게 해줄 2명의 과학자들을 파견하였다.[8]

1927년 11월 그 탐험대의 출발 소식이 런던에 도착했을 때, 과학자들의 존재가 영국 해군성의 우려를 가라앉히지는 못했다. 해군 수로학자인 헨리 더글러스 제독(Admiral Henry Douglas)은 그 탐험대의 '표면상의 과학적' 목적을 일축하고 그 탐험대의 진짜 목표는 노르웨이 포경업자들을 영국이나 뉴질랜드로부터의 면허 획득에서 자유롭게 하기 위해 남극 해안지대 일부에 대해 권리를 주장하는 것이라고 경고하였다. 그는 '약 반은 알려져 있고 반은 알려져 있지 않은 남극대륙의 해안선'을 조사하려는 그 탐험대의 계획을 지적하면서, 발견되는 어떤 새로운 땅에 대해서도 노르웨이를 대신하는 권리가 주장될 가능성이 있다고 말하였다. 이것이 영국에 대한 문제를 야기할 것인데 왜냐하면 크리스텐센이 조사하려고 계획 중인 해안선의 대부분은 그 발견이 때로는 한 세기도 더 전에 바다표범잡이들에 의한 가장 불확실한 종류의 것이라 하더라도 '발견에 의한 영국의 것'이기 때문이라고 더글러스는 적었다. 그는 '이 나라의 영토권을 보호하기 위해' 외무성이 즉각적인 조치를 취할 것을 촉구하였다.[9]

런던에서 경종이 울리는 것을 인식하지 못한 가운데 *노르베지아호*는 1927년 12월 1일 부베 섬에 도착했으며 호른배트는 즉시 자국의 국기를 게양하고 국왕의 이름으로 필요한 선언을 함으로써 노르웨이를 위해 그 섬에 대한 권리를 선포하였다. 크리스텐센은 그 화산섬 위에 기상학 기지를 설립할 계획을 세웠는데 그것은 노르웨이 포경 선단에게 유용할 것이며 얼음으로 덮인 그 장소를 실제적으로 점유함으로써 의심의 여지없이 노르웨이가 자국의 권리를 주장하도록 허용할 것이었다. 그것이 불가능하다고 드러났을 때 그들은 식량과 의약 용품을 비축해둘 오두막 한 채를 지었는데 그것이 조난당한 선원들을 위한 피난처 역할을 할 것이었다. 오두막을 세우는 것은 새 땅의 소유권을 주장하는 전통적인 노르웨이 방법이었다. 가장 최근에 그것은 덴마크로부터 동그린란드의 소유권을 탈취하기 위한 실패한 노르웨이의 시도에 사용된 바 있었다. 그 오두막의 상징성과는 별개로, 노르웨이인들은 또한 그 섬을 조사하고 생명체와 암석 표본을 수집하고 바위투성이 해안에서 그들이 발견할 수 있었던 물개를 잡으면서 한 달을 보냈다. 호른배트는 엔더비 랜드에 상륙을 계획했으나 바위에 충돌한 뒤 수리를 위해 사우스조지아로 물러나지 않을 수 없었다. 그는 무선으로 오슬로에 자신의 권리 선포 소식을 보냈지만 정부는 그 소식을 발표하기 전에 그의 서면 보고를 기다리기로 결정하였다.[10]

아이로니컬하게도 또 다른 노르웨이 포경 회사가 부베 섬과 톰슨 섬 해역에서 바다표범과 고래를 사냥하기 위한 면허를 영국에 요청함으로써 크리스텐센의 면밀한 계획을 거의 좌절시켰다. 노리스가 대략 그 위치에 있는 한 섬에 상륙하여 그것을 '리버풀 섬'이라고 명명하고 영국을 위해 권리를 주장하였기 때문에 정부는 1928년 1월 17일 정식으로 면허를 교부하고 면허 수수료를 챙겼다. 이 소식이 알려지자 노르웨이인들은 즉시 그들이 이미 자신들을 위해 부베 섬에 대한 권리를 선포했으며 거기에서 고래와 바다표범 사냥을 시작했다고 발표하였다. 그 발표는 한 세기도 더 전에 어느 영국 선원이 잠깐 방문한 것에 근거한 그 섬에 대한 영국의 권리를 거부했다. 그들은 또한 가상의 그 '톰슨 섬'은 존재하지 않음을 지적하였다.[11]

영국 언론은 어떻게 반응할지 결정할 수 없었다. 일부 신문들은 자국 정부의 명백한 어리석음에 대해 가까스로 억눌린 웃음을 터뜨렸으며 반면 다른 신문들은 노르웨이의 침입에 당연한 분노를 표하였다. 식민성이 '존재하지도 않는 섬 1개와 누군가 다른 사람에게 속하는 또 다른 섬'을 임대한 것은 *데일리 뉴스지(Daily News)*가 짖궂게 논평한 것처럼 분명히 '일종의 약은 사업 수완'이었다.[12] 비록 외무상 오스틴 챔벌레인 경(Sir Austen Chamberlain)이 그 섬을 임대하기로 한 정부 결정을 방어하려고 애를 썼지만, 노르웨이의 탁월한 남극 역사가 아가드는 런던 *타임스*(London *Times*)에 보낸 한 통의 서신에서 노리스가 그 섬에 상륙도 하지 않았는데 영국이 어떻게 부베 섬의 소유권을 주장할 수 있는지 의아해하였다. 리버풀 섬과 부베 섬이 동일한 것이라 하더라도, 노르웨이인들은 영국이 리버풀 섬과 부베 섬에 대해 할 수 있는 어떠한 주장도 그들의 주권이 그 후 한 세기에 걸쳐 '실질적으로 유지된 적이 없었기' 때문에 오래전에 소멸되었다고 주장하였다.[13]

노르웨이는 이제 남대서양에 있는 가장 초라한 작은 땅이라도 거기서 수익을 올릴 전망이 있다면 그것에 대한 가상의 소유권을 방어하려는 영국의 결의를 알고 있었다. 크리스텐센도 그와 꼭 같이 수익과 애국심의 이유로 남극에 대한 노르웨이의 영향력을 확립하려고 결심하였다. 1928년 3월, 그는 기상학 및 무선 기지 하나를 세우기 위해 그해 말 *노르베지아*호를 부베 섬으로 다시 파견할 것이라고 정식으로 발표하였다.[14]

이것이 영국을 곤경에 빠뜨렸다. 영국이 노르웨이에게 부베 섬을 양보할지 모르나 크리스텐센은 자신의 주된 영토적 야심이 남극대륙 자체에 있음을 분명히 밝혔다. 이것이 남극 바다에 많은 포경선을 보유하고 있는 노르웨이가 영국이 아직 권리를 주장하지 않은 대륙의 2/3를 차지할 가능성을 제기하였다. 런던은 특히 오스트레일리아 사분할 지역을 염려하고 있었는데 그곳은 정식으로 권리가 주장될 다음 순위였다. 지난 1911년에서 1912년 모슨 탐험대가 그 지역 대부분을 탐사하고 권리를 주장했을 때는 영국의 허가 없이도 그렇게 할 수 있었다. 그 후 그가 수년에 걸쳐 국왕으로 하여금 남극의 그 지역을 합병하는 긴급 칙령을 발표하게 함으로써 영국이나 오스트레일리아가 그의 개인적 주장을 공식화할 것을 요청하였으나 대답이 없었다. 마침내 그 문제가 1926년 제국 회의에서 표면에 떠올랐을 때, 영국 측 고문 변호사는 영국이 오스트레일리아 사분할 지역을 합병할 수 있으려면 그 전에 해안선을 조사하고 가능한 많은 장소에 국기를 게양하기 위해 또 다른 탐험대를 보낼 필요가 있다고 경고하였다. 그 탐험대를 조직하려면 시간이 걸릴 것이었다.

그 사이에 노르웨이인들이 오스트레일리아 사분할 지역이나 로스 속령과 포클랜드 보호령 사이의 권리가 주장되지 않은 지역 내로 침입하는 것을 막아야 하였다. 만약 노르웨이가 그 장소들을 영국 소유라고 인정하는 데 동의한다면 훨씬 더 좋을 것이나 그럴 가능성은 없다고 생각되었다. 런던은 오슬로와 거래를 한다는 생각을 한번 해보았다. 아마도 런던은 아델리 랜드를 제외한 남극의 나머지에 대한 영국의 주권을 노르웨이가 인정하는 대가로 엔더비 랜드와 코우츠 랜드 사이의 권리가 주장되지 않은 대부분의 미탐사 지역을 교환할 수 있을 것이다. 이렇게 되면 노르웨이는 대륙의 약 30퍼센트를 얻을 것이나 아문센 탐험대가 횡단해 노르웨이를 대신하여 권리를 주장했던 지역은 제외될 것이다. 그 모든 지역들은 영국이 자기네들 것으로 원했던 대륙의 70퍼센트 남짓 되는 지역에 포함될 것이다. 그것은 에머리가 원래 원했던 대륙 전체보다는 적었으나 고래가 가장 잘 잡히는 해역과 해상으로 가장 접근하기 용이한 지점, 광상이 있을 가능성이 가장 높은 지역을 포함하고 있었다. 영국 관리들은 노르웨이가 나머지 30퍼센트를 탐사하고 그 지역에 대한 권리를 주장한다면 그것이 최근에 동그린란드를 덴마크에 빼앗긴 뒤 아직도 속상해하고 있는 '노르웨이 여론에 대한 충격을 완화시켜 줄 수 있을 것'으로 기대하였다.

그러나 이러한 접근 방식에는 여러 가지 문제점들이 있었다. 노르웨이인들은 캐나다가 멀리 북극까지 자국의 해안선 북쪽에 있는 모든 육지에 대한 권리를 주장할 수 있게 한 북극에서의 섹터 개념에 반대해왔다. 노르웨이는 이제 남극에서도 이런 방식에 거의 동의할 수 없었다. 동시에 섹터주의에 대한 영국의 애착은 영국이 노르웨이가 권리를 주장하고 싶어 하는 해안선과 인근의 내륙을 인정할 수 없음을 의미하였다. 오슬로와 거래를 할 자국의 능력에 한계가 있었기 때문에 영국 정부는 영국의 주장에 대한 노르웨이의 인정을 강요하지 않고 단지 그런 주장에 대한 '노르웨이의 적극적인 반대'를 미연에 방지하려고 노력해야 한다고 결정하였다.[15]

그 전략은 초기에는 약간 성공하였다. 1928년 11월 영국 정부는 부베 섬에 대한 노르웨이의 권리를 인정함과 동시에 노르웨이에게 1926년의 제국회의에서 그 발견권에 의해 영국 소유로 열거되었던 모든 지역을 상기시켰다. 영국이 한시름 놓게끔 노르웨이는 그 지역의 어느 곳도 점유하지 않기로 동의했다.[16] 노르웨이의 영토관할권이 그 30퍼센트 내에 포함된다는 것을 확실히 하기 위해 런던 주재 젊은 오스트레일리아 관리 리처드 케이시(Richard Casey)는 영국의 한 포경 회사에게 대략 동경 60도에서 동경 90도 사이, 엔더비 랜드와 퀸 메리 랜드 사이에서 가능한 많은 해안지대에 대한 권리를 주장할 것을 권장하였다. 그 영국 회사의 면허가 이미 그 회사로 하여금 '언급한 지역의 육지나 영해에서 그들이 세우고 관리할 수 있는 모든 시설물 위에 영국 국기를 게양하고 유지할' 것을 요구했고, 케이시는 한 걸음 더 나아가 그 회사에게 '엔더비 랜드와 퀸 메리 랜드 사이의 가능한 많은 지점에서' 영국 주권을 주장할 것을 요청하였다.[17] 그렇게 함으로써 오스트레일리아 사분할 지역을 대영 제국에 의한 합병에서 자유롭게 해줄 노르웨이의 침입에 대비해 동경 60도에 굳건한 동쪽 경계를 만들 수 있을 것이다.

영국의 인정 소식을 받았을 때 *노르베지아호*는 이미 부베 섬을 향해 2차 항해를 하고 있었다. 그 배는 이번에는 크리스텐센의 가공선 중 1척인 *토르샤머호(Thorshammer)*의 지원을 받고 있었으며 기상학 및 무선 기지를 짓기 위한 장비와 대원들을 운반했는데 적당한 장소가 없어 결국 또다시 실패하고 말았다. 그들은 전해에 세웠던 오두막이 강풍에 날아가버린 것을 알았다. 새로이 권리가 주장된 영토는 노르웨이에게 대단한 재산이 아닌 것으로 판명되었으며 존재하지 않는 '톰슨 섬'을 발견하려는 시도는 *노르베지아호*가 8일간 수색한 끝에 아무 성과 없이 끝나버렸다. 적어도 노르웨이인들은 피터 1세 랜드가 존재한다는 것은 알았다. 1929년 2월 그 배는 그곳으로 향해 국기를 게양하고 작은 오두막 한 채를 세움으로써 노르웨이를 위해 그 섬을 '점유'하였다.[18] 노르웨이는 이제 넓게 떨어져 있는 2개의 섬에 대한 소유권을 주장할 수 있었으나 대륙의 일부에 대한 노르웨이의 권리는 미래의 탐험을 기다려야 할 것이었다. 한편 영국은 남아 있는 남극에의 야심에 대한 훨씬 더 심각한 도전에 직면하고 있었다.

미국이 1840년 태평양으로 향한 연장된 항해에 윌크스 탐험대를 파견한지 거의 90년이 되었는데 그 항해 동안 미국은 논란이 많던 단기간의 남극진출 시도를 하였다. 그때 이후로 남극점에 대한 미국의 관심은 거의 존재하지 않았다. 1900년대 초부터 소수의 지리학자, 과학자 그리고 초기의 미국 바다표범잡이들과 탐험가들의 후손들로 구성된 소집단이 남극에서의 미국의 탁월한 역사적 지위에 대한 사실을 주장하고 또 다른 미국 탐험대에 대한 찬성 운동을 해오고 있었다. 그러나 그들은 일반 대중이나 공식적인 열정을 자극하지는 못하였다.

1920년대 말, 보다 신뢰할 수 있는 비행기와 극지 탐험에 대한 그것들의 가능성이 도래함에 따라 그 모든 것이 변하였다. 미국 정부는 여전히 탐험대를 후원하기를 꺼렸지만 개인 후원자들은 이제 꼭 그래야만 하는 이유를 갖게 되었다. 비행기 제작사들은 상상할 수 있는 가장 가혹한 조건에서 자신들이 만든 기계의 안전성과 신뢰성을 증명하기를 원했고 신문사 사주들은 신문 판매를 촉진하기 위해 미국 모험가들의 이야기를 이용하고 싶어 하였다. 그리고 그들이 그렇게 하기에 꼭 알맞은 미국 영웅이 한 사람 있었다.

리처드 버드(Richard Byrd)는 공공연히 성공을 추구하는 남자였다. 그는 연줄이 좋은 버지니아의 한 집안에 태어난 3명의 아들 중 둘째였는데 그 집안은 부분적으로는 그의 조상 중 1명이 도박과 술에 중독된 것과 독립전쟁에서 영국군을 후원한 것 때문에 비교적 불운한 나날을 겪어왔다. 어릴 때부터 버드는 유명해져서 자기 집안의 재산을 회복하는 것을 돕기로 결심하였다. 어릴 때 키가 작고 허약했던 그는 엄격한 규칙적인 운동으로 몸을 단련하고 자신의 형제들과 함께 위험을 무릅쓴 모험에 참가함으로써 아버지의 인정을 얻으려고 하였다. 알코올 중독자이자 정치에 관심이 많은 그의 아버지는 변호사와 공무원으로 근무했으며 무서운 그의 어머니는 '쇠덫처럼 날카로운 마음'을 지닌 버지니아의 '귀족 혈통 출신'이었다. 열네 살의 그를 필리핀으로 가는 항해에 보내 유럽을 거쳐 돌아오게 하여 모험과 위험으로 가득 찬 넓은 세상에 대해 눈을 뜨게 해주었던 사람은 그의 어머니—후일 그는 싱싱한 장미들로 둘러싸인 어머니의 사진을 서랍 위에 간직하곤 하였다—였던 것으로 보인다. 나중에 버드는 자기가 열한 살이나 열두 살에 불과했으며 아무도 동반하지 않았다고 말함으로써 그 이야기를 과장하였다. 아마도 이 여행이 버드로 하여금 그의 형제들이 선택했던 버지니아 정치나 사업의 경력을 피하고 다른 데서 성공의 길을 찾도록 했을 것이다. 열아홉 살의 나이에 그는 해군 장교 훈련을 받기 위해 애너폴리스에 있는 해군 사관학교에 입학하였다. 비록 체조를 하다가 다리에 영구적인 손상을 입었으나 머지않아 그는 카리브 해에서 전함에 승선 복무했으며 거기에서 그는 자신의 첫 비행을 하였다. 버드는 비행기에 푹 빠져버렸다.[19]

공중에서는 병약한 신체가 버드에게 그다지 방해가 되지 않았으며 뛰어난 비행 솜씨가 승진과 더불어 가능한 명성과 부를 약속하였다. 1916년 미국이 전쟁에 돌입했을 때 버드는 해군 조종사 훈련에 지원하여 성공하였다. 비록 유럽에서 복무하지는 않았지만 그는 워싱턴에서의 정치적 경험과 함께 많은 비행 경험을 쌓았다. 그의 형 해리(Harry)는 민주당의 떠오르는 실세였으며 미해군은 예산을 확보하기 위한 로비를 하기 위해 리처드를 이용하였다. 워싱턴에 있는 그의 가까운 친구들 중 1명이 젊은 프랭클린 루스벨트(Franklin D. Roosevelt)였는데 그는 그와 함께 캐나다로 무스 사냥을 갔다.

버드는 항공 탐사에서 자신의 이름을 날리려고 결심하였다. 1924년 그는 북극 횡단 비행을 하고 가능하면 북극점에 착륙할 계획인 비행선을 탈 예정이었다. 그러나 그 모험은 시작하기도 전에 비행선이 손상을 입어 포기되었다. 다음해 버드는 해군을 설득하여 알래스카와 북극점 사이의 북극을 탐사할 또 다른 탐험을 위해 자신에게 3대의 비행기를 빌려주도록 했는데, 그 탐험 동안 그는 미국을 위해 자신이 발견한 육지에 대한 권리를 선포할 예정이었다. 때는 북극에서 광적인 활동이 벌어지던 시기였다. 덴마크와 노르웨이는 동그린란드의 소유권을 차지하기 위해 여전히 경쟁을 벌이고 있었고 캐나다는 자국 해안선 북쪽의 발견되지 않은 모든 섬들에 대한 권리를 주장해왔다. 캐나다는 자국의 북쪽 동토에 경찰 초소들을 세웠으며 지배에 근거한 실효적 권리와 함께 법적 권리를 지지하기 위해 그곳에 이누이트족을 이주시켰다. 캐나다의 젊은 탐험가 스테판슨(Vilhjalmur Stefansson)이 '조용한 점유'로 러시아가 어떤 항의를 제기하기 전에 캐나다 소유권을 확립할 수 있기를 바라며 랭글 섬(Wrangle Island)에 이누이트 족과 유럽인 단체를 설립한 뒤 러시아도 시베리아 북쪽에서 똑같이 하고 있었다. 스테판슨은 그 섬을 미래의 북극 항공로를 위한 착륙 장소로 홍보하였다. 불운한 스테판슨 일행 중 생존자들은 곧 러시아인들에 의해 쫓겨났으며 러시아인들은 자국의 해안선에서 떨어져 있는 북극의 모든 섬들은 소비에트 소유라는 것을 천명하였다.[20]

또한 항공편으로 북극에 도달하려는 경쟁이 있었다. 그것은 이태리 비행선 1대가 2대의 대형 도르니에 월(Dornier Wal) 수상 비행기를 사용할 계획인 노르웨이 탐험대와 겨루면서 대중의 엄청난 관심을 끄는 경쟁이었다. 노르웨이 탐험대는 아문센이 인솔하고 부유한 미국 모험가 링컨 엘스워드가 자금을 대었다. 두 탐험대 모두 노르웨이 북쪽 해안에서 떨어진 스피츠베르겐(Spitsbergen)에서 북극점을 향해 출발할 계획이었으며 승자에게는 명성과 부가 보증되어 있었다.

버드도 경쟁에 참가하여 그린란드 또는 엘스미어 랜드(Ellsmere Land)에서 북쪽으로 비행할 기회가 있었으나 미해군은 버드에게 그의 3대의 소형 수상 비행기를 상업적인 미국 지리 협회 후원하에 도널드 맥밀런이 조직하고 있는 탐험대에 소속시키도록 강요하였다. 버드가 북극 횡단 비행을 하고 싶어 한 반면 맥밀런은 베핀 섬(Baffin Island) 북쪽의 북극에 존재한다고 믿어지는 거대한 땅덩어리를 발견할 작정이었다. 그 두 사람 모두 실망할 운명이었으나 그 탐험으로 인해 버드는 미국 대중의 눈에 띄게 되었다. 아문센과 엘스워드 탐험대에 관해 말하자면 그 탐험은 그들의 비행기 중 1대가 얼음 위에 착륙하여 손상되면서 거의 재난으로 끝나버렸으며, 나머지 비행기는 가까스로 모든 대원을 태우고 이륙하여 1925년 6월 무사히 스피츠베르겐으로 귀환하였다.[21]

1926년 여름, 북극에 한바탕 새로운 활동의 바람이 불었다. 아문센과 엘스워드는 이태리 비행선 1대와 함께 돌아왔는데 그 비행선은 아문센에 의해 *노르게호(Norge)*라고 명명되었으며 이태리인인 움베르토 노빌레(Umberto Nobile)가 조종하였다. 아문센과 엘스워드는 그 비행선이 자신들의 2대의 비행기가 이루지 못했던 것을 이룰 수 있기를 바랐다. 단순히 북극으로 향했다가 스피츠베르겐으로 돌아오는 대신 그 비행선은 북극을 가로질러 알래스카까지 비행하여 미발견 육지가 놓여있을지 모르는 이전에 목격되지 않았던 지역을 통과할 것이었다. 아문센은 노르웨이를 위해 어느 것이든 그런 땅을 원했다.

1926년 5월 그 비행선이 역사적 비행을 떠나기 불과 며칠 전, 미국 선박 1척이 2대의 비행기와 함께 버드와 50명으로 구성된 탐험대를 싣고 스피츠베르겐에 도착하였다. 버드는 규모가 커서 다루기 힘든 '아문센-엘스워드-

노빌레 북극 횡단 비행' 팀을 이겨서 그것으로 비행선에 대한 비행기의 우월성과 '그로 말미암은 비행기의 엄청난 가능성에 대한 대중의 자각'을 입증하려고 결심하였다. 한때 그의 계획에는 그린란드의 북쪽 끝에 기지 하나를 설립하고 스피츠베르겐에서 그리로 비행한 뒤 거기서 북극점까지 650킬로미터의 비행을 시작하는 것이 포함되어 있었다. 그렇게 접근함으로써 그는 육지가 위치해 있을지 모르는 거대한 미탐사 지역 위로 비행할 수 있을 것이다. 버드는 만약 육지를 발견한다면 자신은 '가능하다면 그 위에 내려 미국 국기를 게양할 것'이라고 *뉴욕 타임스* 독자들에게 말했는데 그 신문은 일요일판 제1면 전체를 그의 발표에 할애하였다.

그러나 반대 방향으로부터 오스트레일리아 탐험가 휴버트 윌킨스가 오고 있었는데 그는 최초로 북극점에 도착하고 '미국을 위해 발견될지 모르는 육지에 대한 권리를 최초로 주장할' 것을 기대하며 알래스카에서 북극점까지 비행할 계획을 세우고 있었다. 윌킨스는 디트로이트 항공 협회(Detroit Aviation Society)의 후원을 받았는데 그 협회는 번창하는 미국 자동차 산업의 본고장에 있는 공공심이 강한 사업가들의 단체였으며 그들은 또한 항공기 제작도 지배하고 싶어 하였다. 헨리 포드(Henry Ford)의 아들인 에드셀(Edsel)은 선두적인 항공 애호가였으며 윌킨스와 버드 두 사람 모두의 후원자였는데 그들이 힘을 합치기를 바랐다. 그러나 버드는 어떠한 영광도 자기 혼자만의 것이 되기를 원했다.[22]

1926년 늦은 봄 그들이 각자의 항공기를 준비시키고 있을 때, 윙하는 소리를 내며 돌아가는 언론계 대표들의 뉴스릴 카메라가 상대 진영들의 준비를 포착하였다. *노르게호*의 그림자가 윌킨스의 위로 어렴풋이 비치고 그가 멀리 알래스카에서 위협하는 가운데 버드는 북극점을 경유하여 북극을 횡단하는 자신의 야심찬 계획들을 축소하였다. 그는 단순히 스피츠베르겐으로부터 북극을 향해 돌진한 다음 돌아오기로 결정하였다. 비행기로 최초로 북극점에 도달하는 것도 그런대로 영예였다. 그리고 만약 그가 속내를 알 수 없는 아문센을 이기려고 한다면 한순간도 허비할 수 없었다.

노르게호가 스피츠베르겐의 최근에 세워진 계류탑을 향해 기수를 조금씩 움직이고 윌킨스가 알래스카를 떠나 북극으로 향할 준비가 되었음을 무전으로 알린 다음날인 5월 8일, 버드와 그의 조종사 플로이드 베넷(Floyd Bennett)은 짐을 가득 실은 자신들의 3발기 조세핀 포드호(Josephine Ford)로 기어 올라가 미국인 일행의 환호와 노르웨이인들의 걱정스러운 표정에 답하여 기체를 육중하게 하늘로 들어올렸다. 16시간도 채 못돼 그들은 돌아왔으며 버드는 의기양양하게 북극점에 도달했다고 주장하였다. 그는 호리호리한 아문센의 마중을 받았는데, 아문센은 잠자코 자신의 미국 경쟁자를 포옹했으며 한편 더 나은 비행을 할 것을 다짐하고 있었다.

5월 11일 아문센은 노르게호가 알래스카로 가는 서사시적 여행을 떠날 준비가 되었을 때 비행선의 곤돌라로 올라갔다. 그 비행선은 5월 12일 자정 직후 북극점 상공을 통과하였다. 그것을 기념하기 위해 아문센은 비행선이 알래스카로 향하기 전에 얼어붙은 대양 위로 노르웨이 국기 한 장을 떨어뜨렸으며 한편 엘스워드는 미국 국기 한 장을, 그리고 노빌레는 이태리 국기 한 장을 떨어뜨렸다.²³ 윌킨스로 말하자면 그는 안개 때문에 아직 알래스카를 떠나지 못하였다. 그는 자신의 경쟁자의 성공에 관한 소식을 들었을 때 자신의 계획을 포기해버렸다.

각자가 자신의 목표에 도달했다는 상대방 주장을 반박한 쿡과 피어리의 북극점 탐험이 논란을 야기했던 것과 같이, 흠을 잡는 유럽 신문들이 버드가 정말 북극점에 도달한 뒤 돌아왔는지 여부에 관해 즉시 의문을 제기하였다. 다른 신문들은 비행 시간이 북극점까지의 거리를 포함할 만큼 충분히 길었는지와 버드의 비행 솜씨가 그가 언제 그리고 실제로 자신이 북극점에 도달했는지를 알만큼 충분한지에 관해 이의를 제기하였다.

버드의 후원자들은 그가 옳다는 것을 강경하게 주장하였다. 미국 지리 협회는 썰매로 북극점에 도달했다는 피어리의 주장을 지지했던 것처럼 비행기로 북극점에 도달했다는 버드의 주장에 대한 충실한 지지자임이 판명되었다. 미국 지리학회(American Geographical Society)도 마찬가지로 버드의 명성을 보호했으며 있음직한 그의 비난자들 중 그 누구도 그의 비행 기록 가까이 오지 못하도록 신중하게 막았다.[24] 그러나 그 의문들은 결코 완전히 해결되지 않을 것이며 그의 평생 동안 그리고 그의 사후 오랫동안 버드의 명성에 붙어 다닐 것이었다. 그러나 당장은 버드는 1926년 6월 22일 그가 뉴욕에 돌아오자마자 찾아온 영예를 한껏 즐겼으며 브로드웨이를 따라 뉴욕의 전통적인 색종이 테이프 퍼레이드로 환영받고 워싱턴으로 가서 거기서 캘빈 쿨리지 대통령(President Calvin Coolidge)으로부터 의회 명예 훈장(Congressional Medal of Honor)을 수여받았다.[25]

다음 해 버드는 *아메리카호(America)*라는 이름의 또 다른 3발 포커기(Fokker)를 타고 3명의 동료들과 함께 대서양을 횡단 비행하였으나 구름에 덮인 파리에서 착륙장을 찾을 수 없어 결국 노르망디 해안에서 떨어진 곳에 착륙하였다. 버드와 그의 동료들이 물속을 힘겹게 헤치고 나와 뭍으로 올랐을 때 그 비행기는 불명예스럽게 밀물에 잠겨버렸다.[26] 몇 달 전 버드는 뉴욕에 있는 미국 지리학회 회장인 지리학자 이사야 바우먼(Isaiah Bowman)에게 자신은 성공적인 비행이 '국제 관계를 위해 무언가 할 것을 기대하며 나는 특히 영국과 프랑스를 생각하고 있다'고 털어놓았다.[27] 그는 또한 자신이 그가 말한 '영웅 사업'을 하고 있기 때문에 그 비행으로 자신이 대중의 시선을 계속 받을 것을 기대하였다.

그것은 확실히 그렇게 해주었다. 그 4명의 비행사들은 파리 거리에서 군중들의 환영을 받았으며 '프랑스 세 도시의 시민이 되었다.' 북극 비행과 달리 세울 기록이 없었다. 찰스 린드버그(Charles Lindhergh)는 버드를 한 달이상 앞서 유럽에 갔다. 파리까지 줄곧 단독 비행을 했던 린드버그는 버드가 얻고자 했던 월계관과 상을 받았다. 버드와 그의 동료들은 뉴욕에 돌아오자마자 또 다른 색종이 테이프 퍼레이드를 받고 백악관에서 오찬 대접도 받았으나 그는 자신의 영웅적 지위를 한층 더 올리기 위해 무언가 더 할 필요가 있었다.[28] 이제 남극이 그가 북극점과 남극점 상공을 모두 비행한 최초의 비행사라고 주장할 수 있게 될 때 얻을 영예와 부의 눈부신 약속과 함께 그에게 손짓을 하였다.

버드는 대서양을 횡단 비행하기 훨씬 전에 남극 비행이라는 생각을 숙고하고 있었다. 1926년 2월 그는 아직도 2년이나 남아 있는 남극 탐험을 위한 독점적 신문 계약을 협상한 바 있었다.[29] 그는 캘리포니아와 하와이 사이의 태평양 횡단이나 아라비아 사막 횡단도 한번 생각해보았지만 그의 관심의 초점은 계속 남극으로 돌아갔다. 그것은 현대의 비행기에 대한 대중의 신뢰를 증가시키고, 자신을 경쟁자들을 앞지르는 데만 열심인 단순한 카우보이 비행사라기보다는 위대한 과학적 탐험가로 확립시키는 하나의 극적인 방법이 될 것이었다. 버드는 1928년 '남극점과 그 주위의 광대한 미스테리가 비행기에 의해 공개될 때까지는 비행술이 지구를 지배했다고 주장할 수 없다'라고 적었다.[30]

버드의 진지한 의견은 이사야 바우먼의 격려를 받았는데 그는 반복하여 버드에게 남극을 가리켰다. 미국 지리학회는 자신들의 경험에 관해 보고하고 북극과 남극 두 곳 모두에서 아직 남아 있는 할 일이 무엇인가를 설명하는 선두적인 극지 탐험가들이 편집한 전집을 발행하고 있었다. 그것은 미국 대중에게 '부당하지 않게 "스포츠 행사"라고 말할 수 있는 탐험들과 인간 지식의 총계를 증가시키는 탐험 간의 판단을 하는… 수단'을 제공하기 위해 고안되었다. 바우먼은 영원히 지속할 것은 후자라고 버드에게 말했으며 그에게 극지 비행술에 관한 장 하나를 저술하여 그것에 의해 그의 이름이 '궁극적으로 극지 탐험이 명맥을 이어가게 하는 것들인… 실제적인 과학적 문제들에 관심이 있는 진지한 학자들과 관련을 갖게 할 것'을 재촉하였다.

학문적 신임장과 부유한 회원들을 가진 미국 지리학회의 지원을 받고 싶어 초조한 나머지 버드는 바우먼에게 자신이 '다른 어떤 것보다도 북극의 과학적 목적에 관심이 있으며 만약 내가 운 좋게도 남극대륙에 도착한다면 나는 우리들이 많은 과학적 자료를 수집할 수 있다고 생각하며 따라서 다수의 과학자들을 데려가기를 바란다'고 장담하였다.[31]

1927년 6월 초 버드가 자신의 대서양 비행을 떠나기를 기다리고 있을 때 바우먼은 그에게 전에 말했던 '그 남극 비행을 한 뒤 런던으로 날아가 그것에 대해 얘기를 하라는 제안을 염두에 둘 것을 상기시켰다. 영국인들은 섀클턴과 스콧의 전통을 계속 이어가려는 사람에게 열광할 것이다.' 버드는 그다지 납득이 가지 않았다. 그는 자신이 양극을 최초로 비행한 사람이라고 주장할 수 있도록 이미 남극점으로 갈 결심을 하고 있었다. 그러나 그것이 탐험의 유일한 목표는 아닐 것이다. 자신을 비난하는 이들이 그 모험을 단지 공적 자금을 받은 일종의 스포츠 경기라고 묘사하지 못하도록 버드는 일단의 과학자들을 데려갈 계획을 세웠다.

1928년에 발행된 자신의 비행 경험에 관한 그의 책 *하늘을 향하여 (Skyward)*에서 버드는 남극에 대한 자신의 계획을 자세하게 설명하였다. 그는 신중하게 '탐험의 주목적은 과학적인 것이며 우리가 데리고 갈 수십 명의 전문가들을 위한 많은 일거리가 있을 것이다'라고 강조하였다. 동시에 그는 '탐험의 주목적은 과학적이지만 만약 우리가 세상의 밑바닥인 남극점에 미국 국기를 꽂는 데 성공한다면 그것은 가장 만족스러운 일이 될 것'이라는 점을 인정하였다.[32] 그는 그것이 자신의 명성을 장식하고, 단지 상만 추구하는 자신의 동료들과 구별해줄 것임을 알고 있었다. 버드가 프랑스에 착륙한 직후 바우먼은 그에게 전보를 보내 그의 대서양 비행과 '남극에 관한 멋진 계획'을 축하하였다.[33]

다른 비행사들도 또한 남극점을 목표로 설정하였다. 그중 하나가 아르헨티나 엔지니어 안토니오 파울리(Antonio Pauly)였다. 남극점까지의 그의 비행 계획은 남극에 대한 아르헨티나의 영토관할권을 강화하기 위한 보다 더 큰 계획의 일부였는데, 그것은 칠레의 계획과 영국의 포클랜드 제도 보호령과 중복되어 있었다. 그러한 민족주의적 안건으로 그는 아르헨티나 지리학 연구소(Argentine Geographic Institute)와 아르헨티나 정부로부터 즉각적인 지원을 받았다. 그 탐험은 부에노스아이레스 신문 *라 프렌사지(La prensa)*의 후원을 받았는데 파울리의 보고와 장엄한 사진들이 그 신문의 판매를 신장 시키고 멀리 떨어져 있는 아르헨티나 영토관할권에 대한 대중의 더 큰 관심 을 불러일으킬 것으로 기대되었다.

파울리는 자신의 탐험 소식을 다른 신문 지면들에서도 대서특필할 수 있다면 그 권리가 훨씬 더 강력해질 것을 알고 있었다. 그렇게 하면 자신의 탐험 예산 또한 증가될 것이다. 그는 미국 신문들에게 출판권을 팔고 미국 지리학회의 지원을 얻으려고 애를 썼으며 1926년 9월 자신은 '남극점 자체에 착륙하여 아르헨티나 국기를 높이 게양하고, 불운했던 스콧 대장이 거기에 남겨두었던 그 문서들을 찾기'를 원한다고 바우먼에게 털어놓았다.[34] 비록 파울리가 1926년에서 1927년 여름을 위한 자신의 탐험 준비를 하지 못했으나 바우먼과 버드는 적어도 1명의 다른 비행사가 아마 버드와 동시에 남극점으로 향할 것임을 알고 있었다. 1927년 4월에 이미 장래 비행에 관한 미국 신문 기사들이 파울리와 버드 두 사람 모두 남극에서의 비행을 계획하고 있다고 언급하였다.[35]

1927년 7월 버드는 유럽에서 돌아와 즉시 자신의 남극 탐험을 계획하기 시작하였으며 더 많은 돈을 얻기 위해 자신의 후원자들을 찾아다니고 자신이 어느 과학자들을 데리고 가야 할지 그리고 '남극대륙의 미탐사 부분의 정확한 지역'에 관한 조언을 바우먼에게 부탁하였다. 바우먼은 미국 최고의 지도 제작 전문가들의 일부를 보유하고 있는 미국 지리학회의 직원과 자원을 버드의 재량에 맡겼으며 그에게 연구 작업용 사무실을 제공해주었다.[36] 그러한 도움에도 불구하고 버드가 25만 달러 이상의 비용이 들 것이라고 추정한 그 탐험의 규모 때문에 그는 재빨리 '매우 철저한 준비'를 보장하기 위해 1928년 여름까지 그 탐험을 미루었다. 그것은 잘된 일이다, 라고 바우먼은 또 다른 남극 지도를 동봉하면서 그와 같이 쓰고는 휴버트 윌킨스는 '항상 준비를 너무 서둘렀다'고 말했다. 1927년에는 탐험을 계획할 시간이 거의 없었는데 버드는 *하늘을 향하여*라는 책으로 출판될 자신의 대서양 및 북극점 비행 보고서를 쓰고 돈이 되는 강연 여행을 하느라 기차로 미국을 가로질러 돌아다니면서 몇 달을 보냈다. 그러한 정신없이 바쁜 '하룻밤 흥행' 스케줄 동안 모든 것을 준비하기 위해 그는 우편과 전보와 전화를 사용하지 않을 수 없었다.[37]

미국 지리학 협회도 버드에게 그들의 지원과 돈을 뿌렸지만 그가 계속 조언을 구했던 곳은 '인기 있는 목표보다는 과학적인 목표'에 전념하는 그 협회의 경쟁자인 미국 지리학회였다. 바우먼은 여전히 도우려고 애를 썼으며 풍향과 풍속과 비행사에게 결정적으로 중요한 자세한 사항들이 표시되어 있는 남극 지도 한 장을 만들어 주었다. 바우먼은 버드에게 그가 오늘날 '전 세계의 그 누구보다 거대한 남극 탐험을 성사시킬 최선의 기회를 가지고 있다'는 것과 자신은 '비행기 탐사의 견지에서 세계의 다른 어떤 지역보다 이 지역에 더 관심이 많다'는 것을 확신시켰다. 학회의 도움에 대한 보답으로 바우먼은 버드가 학회지에 기고한 논문과 함께 탐험의 결과로 제작된 지도들을 자신이 발행하도록 허락해주기를 바랐다. 1928년 4월 10일 엘스워드가 들러서 양극 지역의 최신 지도를 만들기 위해 바우먼에게 1,000달러를 지급했을 때, 바우먼은 버드에게 남극에서 곧 있을 그의 활동이 지도 위에 나타나도록 자신들이 그 작업을 천천히 할 것을 장담하였다. '환언하자면 우리가 지도 위에 구멍 1개를 남겨두고 당신이 그것을 채울 자료를 가져오기를 기대할 것이다!'라고 바우먼은 썼다.[38]

버드는 분명히 지도 위에 자신의 이름을 남기기를 간절히 바라고 있었다. *하늘을 향하여*에서 그는 '다가올 세대들을 위해 지도에서 세계의 밑바닥에 있는 그 거대한 공백의 일부를 제거할 기회'를 갖는 것에 관해 간절히 썼다.[39] 그러나 그는 자신이 그 분야에서 최초가 될지, 그리고 자신이 그 풍경에 부여한 이름들이 경쟁자가 붙인 이름들과 달리 오래 지속할 이름이 될 것인지 확신할 수 없었다. 2개의 주요 미국 지도 제작 단체인 미국 지리 협회와 미국 지리학회의 지원이 그 점에 관해 분명히 도움이 될 것이었다. 버드는 또한 파울리가 리우데자네이루로 가는 비행 도중 비행기가 파손되어 경쟁에서 탈락했다는 소식에서 위로를 받을 수 있었다. 그러나 그 현장에 새로운 경쟁자 한 사람이 도착했는데, 휴버트 윌킨스가 이제 북극에서 남극으로 자신의 주의를 전환하였던 것이다.

알래스카에서 북극을 가로질러 노르웨이까지 비행하려는 윌킨스의 시도는 1926년에는 북극 해안을 따라 피어 있는 안개에 의해, 그리고 1927년에는 기계적 문제로 인해 좌절되었다. 그러나 그는 1928년 여름에 돌아왔으며 이번에는 단발 엔진 단엽기를 타고 배로우(Barrow)에서 스피츠베르겐까지 횡단 비행에 성공하였다. 그는 영국과 캐나다 관리들이 질겁할 정도로 육지를 찾고 있었는데, 그들은 미국의 자금 지원을 받은 탐험가가 미국을 위해 어느 것이든 새로 발견된 육지에 대한 권리를 주장할까 두려워하였다. 그러나 남아 있는 발견할 땅은 없었으며 윌킨스는 단지 아문센과 엘스워드의 이전의 관찰 결과들을 확인할 수 있을 따름이었다.

그럼에도 불구하고 20시간 넘게 걸린 그의 비행은 아메리카에서 유럽까지의 최초의 북극 횡단 비행이었으며 윌킨스는 양 대륙 모두의 갈채를 받았다. 영국 국왕으로부터의 나이트 작위 서임과, 영국이 남극 전체에 대한 권리를 주장할 것을 밀어붙였던 정치가인 식민장관(Colonial Secretary) 레오 에머리가 주최하는 런던에서의 공식 만찬이 1928년 6월에 있었다. 에머리는 이제 윌킨스의 북극 비행을 1513년 바스코 발보아(Vasco Balboa, 에스파냐의 정복자 탐험가. 태평양 발견자 1475-1519-역자 주)가 태평양을 목격한 것에 비유하였다. 자신에 관한 한 윌킨스는 만찬 내빈들에게 북극에서의 자신의 임무가 끝났다고 말했다. 그는 이제 남극으로 가서 남쪽 대륙의 농부들에게 혜택을 줄 장기 일기예보를 할 수 있는 일단의 기상학 기지에 적

합한 장소들을 찾기를 원했다.[40]

그 오스트레일리아 비행사는 지난 4년 동안 이러한 계획을 짜고 있었으며 에드워드 7세 랜드에서 그레이엄 랜드까지 비행하는 것으로 시작하기를 원했다. 1926년 런던에서 리처드 케이시가 그를 해군성 관리들에게 소개해 그들이 도와줄 것을 기대했지만 그들은 그의 계획이 '미친 짓'이라고 생각하였다. 그럼에도 불구하고 케이시는 윌킨스의 친구이자 후원자가 되었으며 그를 '진지한 모험가, 약간은 신비주의자이며 매우 담대한 친구'로 생각하였다.

윌킨스가 자신의 북극 비행을 마쳤기 때문에 케이시는 그 오스트레일리아인이 자신의 남극 탐험을 위해 미국 돈에 의존할 필요가 없기를 바라며 그를 다시 영국 관리들과 부유한 후원자들에게 소개시켰다. 그가 영국이나 오스트레일리아의 자금 지원을 받을 수 있다면 그것이 '확대된 남극 종주권을 대한 우리의 주장에 무엇인가 보탬이 될 것이다'라고 케이시는 썼다. 그러나 윌킨스를 위한 영국 돈은 거의 없었는데 그 이유는 특히 모슨도 또한 런던에서 자신의 탐험대를 위한 자금을 구하는 중이었고 윌킨스의 과학적 초점 부족에 대해 폄하했기 때문이었다.[41] 윌킨스가 런던에서 에머리의 환대를 받고 있던 같은 날 섀클턴의 마지막 탐험대에 있었던 영국 극지 탐험가 더글러스 제프리(Commander Douglas Jeffery)가 뉴욕에서 그가 자신의 탐험대를 조직하고 있으며 또한 그레이엄 랜드에서 에드워드 7세 랜드까지 비행할 계획이라고 발표하였다. 윌킨스와 버드에게 다행스럽게도 제프리의 탐험대는 그가 조종사가 될 사람과 사이가 틀어지고 가짜 수표를 발행한 죄로 체포된 후 결코 성사되지 못했다.[42] 그 시합은 버드와 윌킨스 간의 시합이 될 것이었다.

미국은 윌킨스가 뉴욕으로 여행했을 때 브로드웨이를 따라 이어지는 색종이 테이프 퍼레이드와 시장이 주최한 환영회로 그를 따뜻이 환영하였다. 그리고 신문 및 라디오 방송 왕인 윌리엄 랜돌프 허스트(William Randolph

Hearst)가 남극점까지의 경주의 가능성을 감지하고 윌킨스가 그곳에 제일 먼저 도착한다면 두둑한 보너스를 지급한다는 약속과 함께 경주를 가능케 할 많은 자금을 후원했다.

바우먼은 '어쨌든 그들 사이에 남극점을 향한 경주가 있을 것이라는 어리석은 소문들'을 없애기 위해 최선을 다했으나 그것은 불가불 판매할 신문을 쥐고 있는 편집자들이 그것을 어떻게 묘사하느냐에 달려 있었다. '윌킨스-허스트 남극 탐험대(Wilkins-Hearst Antarctic Expedition)'는 버드와 그의 *뉴욕 타임스지* 후원자들에 비해 단지 5명의 대원들과 윌킨스가 자신의 북극 비행 동안 아주 성공적으로 사용했던 것과 동일한 비행기인 2대의 단발기로 이루어진 소규모의 민첩한 구성을 하고 있다는 장점이 있었다. 버드는 큰 비용을 들여 복원해야 할 2척의 선박을 사용하고 있었다. 그 배들은 3대의 비행기, 95마리의 개, 최고 2년까지 머물기 위한 건축자재와 물자 및 과학적 탐험 용품 일체와 함께 50명이나 되는 그의 일행을 남극대륙까지 데려갈 것이다. 윌킨스는 단지 그레이엄 랜드에서 로스해와 가능하면 남극점까지 비행하기를 원했으며 그러고 나서 그는 과거에 목격되지 않았던 육지의 사진과 지도와 함께 집으로 돌아갈 것이다. 그의 표면상의 목적은 여전히 자신의 기상학 기지에 적합한 장소를 발견하는 것이었다. 그는 또한 그레이엄 랜드가 나머지 남극대륙에 붙어 있는지 또는 일부 사람들이 생각하듯이 1개 이상의 얼어붙은 해협에 의해 분리되어 있는지 여부를 밝히기를 바랐다.[43]

영국인들은 이제 미국 자금을 받은 두 탐험대가 로스 속령과 포클랜드 제도 보호령 사이의 권리가 주장되지 않은 모든 지역을 포함하는, 에드워드 7세 랜드와 그레이엄 랜드 사이의 지역을 탐험할 가능성에 직면하였다. 이 지역은 영국이 자국의 것으로 원하는 영토였다. 그리고 미국 언론에 국무성이 바야흐로 오스트레일리아가 정당한 자국 소유라고 생각하는 윌크스 랜드와, 다른 말로는 그레이엄 랜드라고 알려져 있으며 영국의 포클랜드 제도 보호령의 일부인, 미국이 '파머 반도(the Palmer Peninsula)'라고 부르는 지역 양자에 대한 권리를 주장하려 한다는 보도가 있었다. 뉴질랜드도 또한 자국을 경유하여 로스해로 갈 예정인 버드 탐험대가 뉴질랜드가 대영 제국을 대신하여 관리하고 있는 로스 속령의 주권을 침해할 것을 우려하고 있었다.

그러나 영국은 버드가 영국이 자국 영토라고 주장한 곳에 기지를 세우려는 것을 막으려는 자기네 측의 어떤 움직임이 미국을 자극해서 윌크스나 초기의 미국 바다표범잡이들이 발견했던 남극의 지역들을 합병하게 할 것을 두려워하였다. 더욱이 영국이 만약 개봉칙허를 발표하여 오스트레일리아 사분할 지역이나 대륙의 다른 지역들을 합병함으로써 버드의 탐험을 미연에 방지하려고 노력할 경우 미국은 그것을 일종의 도전으로 받아들일 것이며, '다른 상황에서 그들이 취할 가능성이 없는 그 탐험대 측의 행동을 유발할' 것이다. 그래서 영국은 주권에 대한 자국의 침묵과 대륙의 지역들을 더 합병하는 것을 지연시키는 것이 미국으로 하여금 자신들의 어떠한 주권도 주장하지 못하게 할 것을 기대하면서 아무런 조치도 취하지 않았다.[44]

윌킨스가 비록 오스트레일리아인이긴 하지만, 영국은 그가 어디든지 상륙하는 곳에서 성조기를 게양하거나 엘스워드가 북극점에서 그랬던 것처럼 얼음 위로 미국 국기를 떨어뜨리지 않을 것이라 확신할 수 없었다. 심지어 그가 그것을 가로질러 비행하는 간단한 편법을 써서 미국을 위해 육지에 대한 권리를 선언할 수도 있을 것이다. 이러한 가능성이 흥미로운 법적 문제들을 제기하였다. 항공기에 의한 탐사의 여러 가지 법률상 문제들은 적절한 국제 재판소의 결정을 기다려야 할 것이지만 당황한 영국 관리들은 윌킨스를 자신들의 대의명분에 참여시키려고 노력함으로써 그가 야기할지 모르는 손상을 제한하기 위한 조치를 취했다.

윌킨스와 친해졌던 리처드 케이시는 1928년 8월 별생각 없이 그에게 '에드워드 7세 랜드에서 그레이엄 랜드까지 해안선을 따라 영국 국기나 오스트레일리아 국기를 떨어뜨릴' 계획이 있는지 여부를 물었다. 케이시는 그런 행동을 특히 월킨스가 '국기의 정확한 위치를 기록하고 가능하면 공중에서 그것들의 사진을 찍는 경우' 미래에 가치가 있다고 판명될 수 있는 '일종의 멋진 제스처'라고 설명하였다. 그는 버드가 그렇게 할 작정이라고는 생각지 않았는데 왜냐하면 그의 탐험은 분명히 과학에 치중한 것이었고 '미국인들은 남극에 대한 열망이 있는' 것처럼 보이지 않았기 때문이었다. 동시에 케이시는 그런 가능성을 배제할 수 없었으며 '만약 버드가 미국 국기를 여기저기 흩뿌린다면 그것이 남극 단지에 상당한 합병증을 추가할 것'을 염려하였다.[45]

1928년 10월 29일 노르웨이 가공선 1척의 호의로 월킨스가 포클랜드 제도에 도착했을 무렵, 케이시가 그에게 얼음 위로 유니언 잭을 떨어뜨리라고 무심코 제안한 것이 월킨스의 애국심에 대한 호소가 되었다. 월킨스가 포트 스탠리(Port Stanley)에 상륙했을 때 포클랜드 제도 총독 대리가 그에게 제국을 대신하여 어느 것이든 새로운 육지에 대한 권리를 주장할 것을 정식으로 요청하는 케이시가 보낸 전보를 건네주었다.

비록 경쟁적인 영토관할권이 남극대륙 주위에 협조적인 일단의 기상학 기지를 세우려는 월킨스의 목표를 복잡하게 만들겠지만, 그는 자신을 또한 '제안된 방식으로 영국 국기를 떨어뜨리거나 꽂아서 제국의 대의를' 기꺼이 도와주려고 하는 '영국인'이라고 선언하기 위해 자신의 국제주의자 성향을 제쳐놓았다. 그는 정식으로 유니언 잭 한 뭉치를 건네받고 총독 대리에 의해 어느 곳이든 자신이 그 상공을 비행한 '새로운' 육지에 대한 권리를 주장할 권한을 부여받았으며 한편으로 자신의 활동과 수권 승인을 세인들에게 비밀로 하였다.[46]

날씨는 월킨스를 잘 도와주지 않았다. 그는 자신의 2대의 비행기를 위한 일종의 활주로 역할을 할 수 있도록 두꺼운 얼음으로 덮여 있는 디셉션 섬의 둘러싸인 만에 의존해왔다. 그러나 그해 날씨가 예년과 달리 따뜻해서 그는 자신과 노르웨이 고래잡이 친구들이 땅 위에 간신히 만들어 놓은 거친 활주로에 의존할 수밖에 없었다. 이는 그가 자신의 비행기에 스키나 플로트 대신 바퀴를 사용해야 하며 그로 인해 의도했던 로스해의 목적지나 실제로 어느 곳에나 착륙하는 것이 불가능해졌으며 다시 디셉션 섬 위의 급조된 활주로에 착륙해야 함을 의미하였다. 탱크에 연료가 가득 찬 비행기가 공중에 뜨기에는 활주로가 너무 짧았기 때문에 그의 비행 또한 계획했던 것보다 더 짧아질 것이었다.

그럼에도 불구하고 그는 1928년 12월 20일 이륙할 수 있었고, 그것이 남극에서의 최초의 비행이 되었다. 자신이 바랐던 3,200킬로미터를 데려다줄 충분한 연료가 그의 비행기에 있는데도 윌킨스는 그레이엄 랜드가 나머지 남극대륙에 연결되어 있는지 여부를 조사하는 더 작은 목표로 만족하였다. 그럼에도 그것은 낯선 영토 위로 불확실한 기상 조건을 뚫고 20시간 넘게 걸린 매우 긴 비행이었다. 공중에서 보이는 전망으로 인해 윌킨스는 그레이엄 랜드를 남극대륙의 나머지로부터 분리시켜 그것을 대륙의 일부라기보다는 한 개의 열도로 만들어주는 적어도 1개 또는 아마 그 이상의 해협이 있다고 잘못 생각하게 되었다.

그는 지나가면서 지도를 대충 스케치하고 다수의 두드러진 지형에 이름을 붙이고 사진을 찍었다. 그러나 그가 착륙하여 자신의 위치를 적절히 확인할 수 없었기 때문에 그의 지도는 거의 쓸모가 없었다. 그럼에도 불구하고 1개의 분명한 해협은 케이시의 이름을 따 명명되었고 그가 해협이라고 잘못 생각했던 것은 스테판슨을 위해 명명되었다. 그의 주요 후원자 이름은 그의 비행의 경계 부위에 멀리 펼쳐져 있는 거대한 평원을 위해 따로 남겨두었는데, 후에 그 평원은 '허스트 랜드(Hearst Land)'라고 알려지게 되었다. 윌킨스가 대략 남위 71도 서경 64도 지점에서 반대쪽으로 방향을 바꿀 준비를 하였을 때 그는 비행기 밑바닥의 해치를 열고 '충실하게 유니언 잭 1개와 영국 주권에 대한 서면으로 된 권리를 떨어뜨렸다.'[47]

그 비행은 윌킨스나 허스트가 원했던 깃보다 훨씬 더 많은 제한을 받았다. 그것은 남극에서의 최초의 비행으로 역사적으로 중요하였으며 탐험을 위한 비행기의 유용성을 입증하였다. 그러나 윌킨스는 남극 반도 끝에 도달하지 못했으며 영국이 포클랜드 제도 보호령의 일부라고 이미 권리를 주장했던 영토 밖으로 감히 나가지 못했다. 그가 그렇게 했던 장소에서 유니언 잭을 떨어뜨리는 것은 영국의 기존 영토에 아무것도 보태지 못하였다. 윌킨스가 로스해까지 가려고 작정했던 항로를 따라 놓여 있는 광대한 지역의 영토는 여전히 목격되지 않았고 권리가 주장되지도 않았으며, 그는 남극점까지 비행한 최초의 인물이 되기 위한 아무런 시도도 하지 않았다. 허스트는 윌킨스의 비행 보고에 만족해야 할 것인데 왜냐하면 그것은 공중에서 찍은 장엄한 사진들이 곁들여 있던 데다 허스트 랜드가 명명되어 있었기 때문이다. 국기 투하에 관해서는 윌킨스는 영국 관리들에게 자신이 했던 바를 보고하는 한편 세인들에게는 비밀로 부쳤다. 그는 디셉션 섬에서의 겨울을 위해 자신의 비행기를 남겨 두었으며 이듬해 돌아와 로스해까지 비행하고 길을 따라 그가 통과할지 모를 모든 '새로운' 영토에 대한 권리를 주장함으로써 자신의 탐험을 완수할 작정이었다.

윌킨스가 영국을 대신하여 권리를 주장하는 가운데 런던과 캔버라와 웰링턴에서 계속 우려를 야기하는 사람은 버드뿐이었다. 버드는 로스 얼음 장벽 위에 자신의 근거지를 둘 작정을 하고 있었는데, 이는 그의 활동이 로스 속령에 대한 뉴질랜드의 영향력과 오스트레일리아 사분할 지역을 합병하려는 오스트레일리아의 소망, 그리고 로스 속령 동쪽 영토를 합병하려는 영국의 야심을 손상시킬 우려가 있음을 뜻하였다. 영국 관리들은 버드의 탐험이 '순수하게 과학적 성격을 띠고 있다'며 자신들과 영연방 자치령의 상대방들을 안심시키려고 애를 썼다. 그러나 그들은 확신할 수 없었다. 버드는 확실히 윌킨스보다 더 많은 탐험을 할 수 있는 능력이 있었다. 그 탐험대는 지금까지 남극에 파견되었던 것 중 가장 규모가 크고 가장 비용이 많이 든 탐험대였는데 그 예산은 약 70만 달러였으나 버드가 1928년 10월 남쪽을 향해

출발할 때까지 모두 마련되지는 않았다.[48]

버드의 2척의 작은 탐험선인 목재의 바크형 범선 *시티 오브 뉴욕호(City of New York)*와 강철 선체의 화물선 *엘레노어 볼링호(Eleanor Bolling)*가 2척의 훨씬 더 큰 노르웨이 가공선 *라르센호(C. L. Larsen)*와 서 제임스 클라크 로스호를 동반하고 뉴질랜드에 도착했을 때, 웰링턴과 런던 사이에 한바탕 우려의 전보들이 오갔다. 버드는 자신의 탐험대는 순수한 과학 탐험대이며 자신이 유니언 잭을 가지고 가 그것을 스콧과 섀클턴을 기념하여 남극점에 게양할 계획이라고 선언함으로써 뉴질랜드 기자들과 관리들의 우려를 가라앉히려고 노력하였다. 타인들의 야심을 늘 의심해 마지않는 에머리는 뉴질랜드 정부에 버드에게는 알리지 말고 그가 성조기도 가져가는지 여부를 알아볼 것을 요청하였다. 남극점이나 또는 영국이 권리를 주장한 대륙의 다른 지역에 만약 미국 국기가 게양된다면 그것은 일종의 미국 주권의 주장으로 해석될 수 있을 것이다.

그러나 뉴질랜드 관리들은 버드가 미국 국기를 은닉하고 있는지 여부를 밝힐 수 없었다. 그들은 단지 버드가 공개 석상에서 말했던 바 즉, 자신의 탐험대의 목적은 '순수하게 과학적'이며 그것을 증명할 과학자 일행이 있다는 것만 되풀이할 수 있을 뿐이었다.[49] 이 말은 초조해하는 영국과 뉴질랜드 정부를 충분히 안심시킬 수 없었다. 런던의 외무성은 다른 방침을 시도하여 미국 국무부에 표면적으로는 버드의 탐험대를 환영하는 메모를 보내는 한편 버드의 기지가 영국 영토 위에 위치할 것이라는 점을 미국인들에게 알렸다. 그 메모는 계속해서 발견과 탐험의 권리에 의해 영국이 자국 소유라고 믿고 있는 대륙의 모든 지역을 자세하게 설명한 1926년의 제국 회의의 결론들을 언급하였다. 영국은 이 메모가 영국 주권에 관한 워싱턴의 인정을 이끌어낼 것을 기대하였으나 침묵만 있을 뿐이었다.[50]

영국은 윌킨스가 그들이 이미 권리를 주장했거나 장래에 주장하기를 원하는 얼음에 덮인 영토를 가로질러 유니언 잭을 흩뿌릴 수 있을 것이라고 기대했었다. 그러나 윌킨스는 한 차례 장기 비행을 했을 뿐이며, 영국이 그가 권리를 주장하기를 바랐던 미탐사 육지 근처는 아무 데도 가지 않았다. 버드가 로스 얼음 장벽 위의 아문센의 옛 기지 프람하임 가까이에 '리틀 아메리카(Little America)'라고 부른 자신의 기지를 세우고 있었을 때 그 비행 소식이 버드에게 당도하였다. 버드는 윌킨스에게 만약 그가 거기에서 남극점으로 비행하기를 원한다면 자기의 시설들을 이용할 것을 제안하는 메시지를 보냈으나 그는 그 상이 윌킨스의 능력 밖이라는 것을 확신하고 있었다.

소식을 계속 받았을 때 윌킨스가 그 계절에 대한 자신의 비행을 끝냈다는 것이 드러났다. 다음 해 여름 윌킨스가 돌아올 때까지 그 현장은 버드를 위해 활짝 열려 있었다. 그는 대륙의 거대한 지역을 처음으로 인간의 두 눈에 드러내줄 일련의 비행과 썰매 여행을 위한 토대를 부지런히 닦고 있었다. 뉴질랜드에서 했던 장담에도 불구하고 버드는 반드시 어떠한 새 육지라도 미국을 위해 그것에 대한 권리를 주장할 작정이었다.

CHAPTER 11

1929–1930

이 빌어먹을 국기 게양 사업

1929년 말 즈음 남극대륙은 여러 방향에서 지속된 공격을 받고 있었다. 리처드 버드는 리틀 아메리카 기지에서 얼음 밑에 웅크린 채 겨울을 보내고 개 썰매와 비행기로 자신의 대원들을 대륙의 미지의 지역으로 데려다줄 탐험을 막 시작하려는 참이었다. 버드는 윌킨스가 다시 남쪽으로 가는 중이며 작년에 그만두었던 곳에서 탐험을 재개할 작정이라는 소식을 들었을 때 자신이 남극점이라는 상에 질지도 모를까 두려워하였다. 바깥 바다에서는 노르웨이 포경업자 라스 크리스텐센이 또한 시선을 남극대륙에 고정시켰다. 노르웨이를 위해 이미 부베 섬과 피터 1세 섬에 대한 권리를 주장했던 그는 대륙 자체의 일부 지역에 대한 권리를 주장하기 위해 *노르베지아*호를 파견하였다. 마지막으로 오스트레일리아 탐험가 더글러스 모슨이 있었는데 그는 이른바 '오스트레일리아 사분할 지역'의 해안선의 해도를 제작함으로써 미국인들과 노르웨이인들 모두를 격퇴하는 일에 몰두해 있었다. 일단 그 일이 끝나면 그곳은 대영 제국을 위해 정식으로 합병될 수 있을 것이다.

버드는 뉴질랜드인들에게 자신의 탐험이 순수하게 과학적인 것임을 확신시켰다. 그러나 과학적 활동이 그가 미국을 위해 영토에 대한 권리를 주장하는 것을 막지는 못하였다. 실제로 과학은 거의 영토에 대한 권리를 주장하기 위한 일종의 필요조건이 되어버렸다. 어쨌든 한 장소에 대한 권리를 주장하는 것은 단지 어떤 장소를 처음으로 목격하거나 그곳에 국기를 게양하는 것뿐 아니라 또한 지도를 제작하고 이름을 붙이는 것과 보다 일반적으로는 그 장소의 지리학적 및 자연적 특징을 아는 것에 관한 것이었다. 더욱이 과학으로 자신의 탐험을 가림으로써 버드는 그것에 윌킨스의 탐험이 크게 결여된 종류의 진지한 목적을 부여하여 그가 민간 후원자들이나 정부 재원 둘 다로부터 자신이 필요로 하는 더 많은 자금을 끌어오는 것을 가능케 하였다.

그에게 그 매력적인 방법과 더 높은 대중적 인지도는 또한 윌킨스보다 훨씬 더 높은 매스컴의 인지도와 더 큰돈이 되는 매스컴의 계약을 보장하였다. *뉴욕 타임스*는 그의 기사에 대한 신문 판매권을 사고 탐험대에 덧붙여 기자 1명을 파견했으며 한편 *내셔널 지오그래픽사(National Geographic)*는 잡지 판매권을 샀다. 파라마운트 영화사(Paramount Pictures)는 영화 제작권을, 풋냄(Putnam) 출판사는 서적 출판권을, 그리고 강연 대행사는 강연 대행권을 구입하였다. 또한 라디오 방송에 대한 제작권도 있었는데 그 방송은 최초로 남극대륙에서 직접 제작될 것이다.

이러한 모든 계약들이 적절하게 맺어진 가운데 버드의 '서커스'에 감동되지 않은 미국인들은 거의 없을 것이지만 일부는 그 버지니아 귀족의 성공과 바넘(Barnum, 1810–1891, 미국의 흥행사, 서커스왕: James Baily와 함께 Barnum and Baily Circus로 성공함–역자 주) 같은 방식에 분개할 것이었다. 그럼에도 불구하고 모든 미디어가 주목한 결과로 남극대륙이 미국의 대중 의식 속에 1820년대와 1830년대의 레이놀즈의 활동 이후 누리지 못했던 한 장소를 차지하게 되었다. 이러한 주의와 함께 버드와 그의 동료들이 탐험한 대륙의 그 지역들에 대한 미국의 권리에 대한 의식이 점점 증가할 것이다.

버드가 뉴욕을 떠나는 날 저녁 미국 지리학회 회장인 이사야 바우먼은 버드에게 탐험대가 돌아오면 그들은 '프란시스 드레이크 경(Sir Francis Drake)이 스페인 해안을 약탈한 뒤 노획품을 배에 가득 싣고 집으로 왔을 때 그를 기다리고 있던 것만큼 많은 축하'를 받을 것임을 확신시켜주었다.[1] 정치적 연줄이 있는 이 지리학자가 가장 염두에 두고 있는 '노획품'이란 지리적 발견과 미국을 위해 남극대륙의 여러 지역에 대한 권리를 주장할 수 있는 가능성이었다.[2]

버드는 언제나 개인적 영예를 얻기를 간절히 바랐으나 새로운 육지에 대한 권리를 주장하는 것에 관해서는 상반된 감정을 가지고 있었는데, 그는 그러한 주장이 단지 영토 경쟁을 촉진하거나 또 다른 끔찍한 전쟁을 촉구하는 상황을 만들까봐 두려워하였다. 윌킨스와 일부 다른 남극 탐험가들과 마찬가지로 그는 국제주의적 공감을 지니고 있었으며 자신의 생애의 일부를 국가 간의 평화적 관계를 조성하는 데 바치기를 원했다. 실제로 그가 항공의 발전을 고무하는 이유 중의 하나는 비행기가 나라들을 서로 더 친밀하게 만들어주고 전쟁을 야기할 수 있는 편견과 의심을 제거할 것이라는 자신의 믿음에 근거하고 있었다.

런던과 웰링턴의 우려에도 불구하고 버드는 동경 150도에서 서경 160도에 이르는 로스 속령의 어느 부분이라도 그것에 대한 권리를 주장함으로써 영국이나 뉴질랜드와의 분쟁을 유발하지는 않을 것이었다. 그는 또한 근 한 세기 전에 찰스 윌크스가 해안선 일부를 발견해 해도를 작성하였던 오스트레일리아 사분할 지역을 바라보지도 않았다. 버드의 시선은 로스 속령 동쪽의 '임자 없는 땅(no man's land)'을 향하고 있었는데 그곳은 영국이 소유하기를 열망했으나 아직 권리를 주장하지 않은 곳이었다. 그리고 버드는 그 지역에 대한 미국의 권리를 주장하는 데 시간을 낭비하지 않았다.

1928년 12월 자신이 도착한 지 수 주일 이내에 리틀 아메리카 기지에 오두막과 격납고와 이글루로 구성된 진정한 마을이 조성되고 있을 때 버드는 과거에 목격된 적이 없는 동쪽 땅으로 비행기를 보내 정찰 비행을 하게 했다. 대부분의 활동은 리틀 아메리카 기지가 위치해 있고 그곳을 가로질러 남극점까지의 비행이 일어날 로스 속령 내에서 이루어질 것이 마땅하지만 버드의 관심을 가장 많이 끈 것은 로스 속령 동쪽 경계 너머에 있는 지역이었다. 1929년 1월 27일 *성조기호(Stars and Stripes)*라는 이름의 비행기가 얼음 위로 어렴풋이 보이는 새로운 산맥 하나를 목격했는데 바위투성이의 그 봉우리들 위에는 눈만 흩어져 있을 뿐이었다. 버드는 그 산맥을 자신의 가장 후한 후원자들 중 하나인 석유 왕 존 록펠러(John D. Rockefeller)의 이름을 따 록펠러 산맥(Rockefeller Range)이라고 명명하고, 비행기를 타고 더 자세히 보도록 자신의 보좌관인 지질학자 로렌스 굴드(Laurence Gould)를 보냈다. 실제로는 록펠러 산맥은 한 줄의 산맥이 아니었으며 결국에는 록펠러 고원(Rockefeller Plateau)으로 개명될 것이었다.

굴드는 착륙하여 암석들을 조사한 뒤 적절한 지도를 제작할 수 있도록 자신의 경위의를 사용하여 비교적 낮은 언덕으로 판명된 그곳의 정확한 위치를 결정하였다. 해군 장관에 대한 보고서에서 버드는 그것이 '항공기가 새로운 육지를 발견하고 조사하고 과학 연구를 수행하기 위해 그곳에 착륙한' 최초의 경우가 된 경위를 언급하였다. 그들은 통틀어 '적어도 2만 평방마일의… 지금까지 알려지지 않은 남극 지역을 목격하였다.' 버드는 그곳이 로스 속령 밖에 있었기 때문에 자기 아내의 이름을 따서 그 지역을 마리 버드 랜드(Marie Byrd Land)라고 명명하고 미합중국을 대신하여 그 지역에 대한 권리를 선포하였다.[3]

그러나 얼음 위 1킬로미터 이상의 상공에서 시속 160킬로미터로 날고 있는 비행기에서 이 지역을 보는 것이 미국을 위해 그것에 대한 권리를 주장하기에 충분하였는가? 버드는 확신할 수가 없었다. 그래서 그는 '인간의 눈으로는 단지 시간이 걸려야 유심히 살필 수 있는 것을 영구적으로 정확하고 완전하게 기록할' 수 있도록 지도 제작을 위해 고안된 영사기를 장착한 비행기 1대를 하늘 높이 날려 보냈다.[4] 한편 버드의 대형 비행기들 중 1대가 폭풍우 속에서 파손되어 그와 대원들이 남극점까지의 역사적 비행을 준비하는 동안 남은 비행기들은 겨울에 대비해 안전하게 보호되었다.

신문사 사주들은 그의 남극까지의 비행을 윌킨스와의 경쟁이라고 홍보하였으나 버드는 그 오스트레일리아인을 심각한 위협으로 간주하지 않았다. 그가 바우먼에게 털어놓았듯이 윌킨스는 '고결한 유형의 신사'였으며 아문센이 스콧에게 그랬던 것처럼 그를 앞지르려고 하지 않을 것이다. 더욱이 그 오스트레일리아인은 엄청난 부당한 위험이 없어도… 남극점까지 결코 날아갈 수 없을 것인데 그 이유는 그가 비행기가 어쩔 수 없이 착륙해야 할 경우에 대비해 내려놓은 물자 저장소가 없을 것이기 때문이었다.[5] 윌킨스는 또한 구조대가 필요하게 될 경우 임무에 착수할 추가 항공기나 대원들도 없었다. 실제로 두 사람 사이의 진짜 경쟁은 남극점까지 경주하는 것에 관한 것이 아니라 로스 속령과 포클랜드 제도 보호령 사이의 영토에 대한 권리를 최초로 주장한 인물이 되는 것에 관한 것이었다. 버드가 자신의 남극점 비행을 준비하는 동안 윌킨스는 디셉션 섬에서 리틀 아메리카까지 비행함으로써 권리가 주장되지 않은 그 땅 모두를 바로 횡단 비행해 영국을 위해 그것을 낚아채 갈지도 모를 일이었다.

영국을 대신하여 육지에 대한 권리를 주장했던 1928년 여름의 첫 시도 후 윌킨스는 허스트의 신문에 그가 방금 했던 것의 타당성을 의심하는 기사를 한 편 썼다. 그의 친구 리처드 케이시에게는 유감스럽게도 그는 또한 자신의 미국 독자들에게 '누구든지 그 상공을 비행함으로써 영토에 대한 권리를 주장한다는 생각'을 비웃었다. 1929년 5월 다가오는 탐험 철에 대비하여 영국 정부로부터 추가 자금을 구하기 위해 윌킨스가 런던에 갔을 때, 케이시는 그를 돕기 전에 자신의 친구에게 전갈을 보냈다.[6] 정부 자금 외에도 케이시는 윌킨스를 위해 영국 연구선 *윌리엄 스코어즈비호(William Scoresby)*의 사용을 확보해 두었다. 그는 또한 정부를 설득하여 윌킨스에게 '그가 로스해와 포클랜드 제도 보호령 사이에서 발견할지 모르는 현재 알려져 있지 않은 어떤 영토라도 그것을 정식으로 점유하도록' 그에게 권한을 부여하는 국왕으로부터의 위임장을 수여하게 하였다.[7]

허스트와 달리 영국인들은 윌킨스가 남극점까지 버드와 경쟁하는 것에 관심이 없었다. 그의 탐험에 대한 그들의 기부는 로스 속령 동쪽의 권리가 주장되지 않은 영토에 대해 그가 반드시 버드를 이기도록 하기 위함이었다. 케이시가 1929년 4월 오스트레일리아 수상 스탠리 브루스에게 털어놓았듯이 '다가오는 남극 시즌에서 [윌킨스에게] 가장 유용한 역할은 그레이엄 랜드에서 로스해까지 그가 계획했던 비행을 시도하고 완수하는 것이며 버드가 반대 방향에서 하기 전에 그렇게 하는 것이다.' 윌킨스를 '통조림 따개'에 비유하면서 케이시는 과학적 결과를 기대하지 말고 '그를 단순히 순수한 발견에 관하여 우리의 소임을 다하기 위해 많은 일을 해줄 수 있는 한 개인으로 간주하라'고 브루스에게 말했다. *윌리엄 스코어즈비호*의 도움은 전 해에 윌킨스에게 결여되어 있던 안전 조치를 그에게 제공했고, 그가 디셉션 섬보다 훨씬 더 남쪽에 이륙 지점을 확립할 수 있게 하여 로스해까지 3,000킬로미터의 비행을 완수할 수 있는 그의 가능성을 늘리기 위해 고안되었다.[8]

버드와 윌킨스 둘 다 자신들의 계획을 서로에게 비밀에 부치려고 애를 썼으며 버드는 뉴욕에 있는 그의 매니저에게 윌킨스가 '우리를 이기려고 모든 노력을 다할 것'이므로 '우리가 비행을 시작하는 시기에 관해 어떤 정보도 제공해서는 안 된다'고 경고하였다. 동시에 그는 바우먼에게 윌킨스로부터 그가 남극점으로 비행할 계획인지 여부를 알아봐 달라고 졸랐다. 남극의 겨울 동안 고립된 상태로 벙커에 처박힌 버드는 윌킨스가 만약 자신이 여름 일찍 비행을 시작할 것이라고 생각한다면 그는 '당연히 그만큼 더 서두를 것이며 우리는 매우 힘들어질 것'이라고 걱정하였다.

버드는 걱정할 필요가 없었다. 다시 한번 윌킨스는 불운이 뒤따랐는데 왜냐하면 악천후로 인해 그는 몇 번의 짧은 비행 외에는 아무것도 할 수 없었기 때문이었다. *윌리엄 스코어즈비호*의 지원에도 불구하고 모든 것은 포클랜드 제도 보호령 경계 이내에 있는 남극 반도에 제한되어버렸다. 그 결과 윌킨스는 의미 있는 새로운 발견을 하지 못했으며 또다시 영국 영토에 대한 기존의 권리를 강화하는 것에 제한되었다. 그는 자신이 비행했던 가장 먼

한계 지점에서 국왕의 이름으로 주위 영토를 점유하는 한 장의 문서와 함께 낙하산으로 세 장의 유니언 잭을 떨어뜨림으로써 그렇게 하였다. 그를 남쪽으로 가장 멀리—남위 73도와 서경 101도—데려다준 비행에서 윌킨스는 '육지는 고사하고 총빙 위에' 자신의 깃발을 떨어뜨릴 수밖에 없었다.[9]

비록 시간이 지나면 버드가 아무것도 아닌 것에 당황했다는 것을 알게 될 것이지만 그는 1929년 11월 윌킨스의 작은 비행기가 동쪽 하늘로부터 갑자기 리틀 아메리카 기지에 나타나 재빨리 착륙하여 연료를 재급유하고 남극점을 향해 다시 이륙하지 않으리라는 것을 확신할 수 없었다. 그가 비록 개인적으로는 '미국의 위신을 지키기 위해 최선을 다하고 있다'[10]고 썼지만 버드는 여전히 자신의 비행을 주로 과학적 활동이라고 묘사하고 있었다. 그 비행의 목적은 극지를 향한 경쟁이 아니라 '우리 기지와 남극점 사이에서… 탐사와 항공 측량을 하는 것'이라고 그는 말했다.

버드는 남극점으로 가는 도중에 한쪽을, 그리고 자신들이 귀환할 때 반대쪽을 촬영하는 카메라로 길이가 대략 1250킬로미터, 폭이 300킬로미터 이상 되는 좁고 긴 땅의 지도를 제작할 계획을 세웠다. 지리학적 지형의 정확한 위치를 결정할 지상기준점이 없었기 때문에 버드는 자신이 '매우 정확한 측량을 기대할 수 없음'을 인정했으나 그럼에도 불구하고 그 조각 땅의 지도가 '과학적 가치가 클 것'이라고 주장하였다.[11] 그것은 노르웨이인들과 영국인들이 그 위를 걸어갔고 그 두 나라가 권리를 주장했던 영토였다. 그러나 버드는 공중에서 그 영토를 훨씬 더 많이 볼 수 있을 것이며 그 풍경의 지도와 항공 사진 둘 다를 가지고 귀환할 것이다. 그가 비록 미국을 대신해 권리를 주장함으로써 노르웨이와 영국의 주장에 명백하게 경쟁하지는 않겠지만 그는 미국 정부가 그렇게 바라는 경우 그런 권리를 유지하기 위해 사용할 수 있는 행위를 이행할 것이었다.

버드는 자신의 북극 비행에서 그를 비행시켜주었던 조종사가 그를 남극점에도 데려가주기를 바랐으나 플로이드 베넷은 1928년 4월 폐렴으로 사망하였다. 그의 대신으로 버드는 자신의 대서양 횡단 비행 시 프랑스 해변의 파도 위에 착륙했던 조종사인 노르웨이 태생의 베른트 발첸(Bernt Balchen)을 택했다. 양 극점 상공을 비행한 동일한 그 두 사람의 상징을 만들기 위해 버드는 그가 타고 시도를 할 3발기를 *플로이드 베넷*호라고 명명하고 그 비행에 베넷의 무덤에서 가져온 돌멩이 1개를 가지고 갔다.

그러나 실제로 그 비행기가 1,300킬로미터의 비행을 하기 위해 1929년 11월 28일 오후 늦게 리틀 아메리카에서 마침내 이륙했을 때는 2명 이상이 탑승해 있었다. 버드와 발첸을 제외하고 2명의 촬영 기사가 있었는데 한 사람은 영화 관객들을 위해 중요한 사건을 포착하기 위해 파라마운트 영화사에서 왔고 또 한 사람은 항공 측량 카메라를 조작하기 위해서였다. 추가된 촬영 기사와 그의 무거운 장비의 여분의 중량이 '실패의 가능성'을 증가시킬 것이나 '동서 양쪽으로 우리가 가는 항로의 1마일마다 사진을 확보하는 것은 위험을 무릅쓸 가치가 있다'라고 버드는 썼다. 촬영 기사들의 존재가 또한 그의 업적의 신빙성에 관해 제기될지 모르는 의문점들을 없애줄 것이다. 비행기 내부에는 또한 불시착했을 경우 사용할 식량 및 기타 보급품과 함께 개 썰매 팀 하나가 있었다.[12] 이 보급품 중 일부는 비행기가 산봉우리들 사이와 3,400미터 높이의 극고원 상공을 비행하기 위해 충분한 고도에 도달하려고 애를 쓸 때 비행기 밖으로 버려졌다.

비행사로서 자신들의 남극점 도착 시간을 계산하는 것은 버드가 할 일이었으며 그는 자정 직후 그 획기적 사건을 발표하였다. 그는 뉴질랜드에서 남극점에 착륙하는 것과 스콧을 기념하기 위해 영국 국기를 게양하는 것에 관한 얘기를 했으나 그렇게 하려고 시도하지 않았다. 2대의 대형 비행기 중 1대를 잃었기 때문에 착륙이 실패할 경우 그를 구조할 적당한 비행기가 없을 것이었다. 위협하는 구름들이 그들을 향해 밀려오는 가운데 버드는 다만 비행기 밑바닥의 문을 열고는 작은 미국 국기 한 장을 떨어뜨렸는데 그 속에는 베넷의 무덤에서 가져온 돌멩이가 싸여 있었다. 그 국기가 약 800미터

아래의 눈에 떨어졌을 때 그 네 사람은 '우리나라 국기와 우리의 용감한 동료의 영혼에 경의를 표했다.'

그런 다음 버드는 리틀 아메리카와 계속해서 듣고 있는 미국의 대중에게 무전으로 그 소식을 전하였다. 그 영국 국기는 아문센을 기념하여 가져갔던 노르웨이 국기와 버드와 함께 리틀 아메리카로 돌아왔다. 그것들을 미국 국기와 함께 떨어뜨리면 그로 인해 남극에 대한 영국과 노르웨이의 권리가 강화될 것이며 따라서 버드는 그렇게 하려고 하지 않았다. 그는 나중에 비행기에서 목격했던 영토의 크기에 관해 자신이 '16만 평방마일을 비행했다'고 언급하였다. 실제로 버드는 리틀 아메리카로 돌아올 때 자신이 '가능한 많은 새 영토'를 지도 제작용 카메라의 '촬영 범위 속에' 가져올 수 있도록 의도적으로 더 동쪽 루트를 택하였다. 그 모든 것이 끝났을 때 그는 크게 기뻐하였다. '자, 이제 끝났다. 우리는 남극점을 목격하였고 미국 국기가 남극점까지 전진하였다.'[13]

전 세계는 버드가 근 16시간에 달하는 자신의 비행을 마치기도 전에 버드의 업적에 대해 알고 있었다. 타임스 스퀘어(Times Square)에 있는 *뉴욕 타임스* 사무실로 타전된 그 소식은 주위의 거리를 가득 메우고 있는 수천 명의 흥분한 사람들에게 방송되었다.[14] 플로이드 *베넷*호가 눈보라 속에 착륙했을 때 축하 메시지들이 벌써 무선으로 답지하고 있었다. 뉴욕에서 *뉴욕 타임스* 편집장인 아서 슐츠버거(Arthur Sulzberger)로부터 무선 전보 한 통이 왔는데 그는 버드의 '성공적인 임무'에 대한 축하와 함께 ' 동경 150도 해안까지 록펠러 산맥 횡단 비행을 완수하는 것이 매우 바람직하다'는 바우먼의 긴급한 조언을 전했다.

이는 버드와 다른 사람들이 그해 초 새로 명명된 마리 버드 랜드의 내륙까지 비행했던 그 다섯 차례의 비행—그 비행의 각각은 얼음과 악천후 때문에 단축되었다—이 장기 비행으로 강화되어야 함을 의미했는데, 그 비행이 지금까지 권리가 주장되지 않은 펼쳐진 해안지대를 그것에 결합시킬 것이었다. 바우먼은 '해안을 연결함으로써 어떤 의미에서는 탐사되지 않고 권리가 주장되지 않은 곳으로부터 육지의 한 부분이 잘려 나간 장소를 제외하고는 [타당한] 권리를 확립하는 데' 어려움이 있었다고 충고하였다. 바우먼은 또한 버드에게 자신의 메시지를 보내 그에게 '슐츠버거의 메시지에 담긴 제안을 반드시 이행하여 비행을 새로운 해안과 결합시킬 것'을 촉구하였다. 버드에게 두 번 얘기할 필요가 없었는데 왜냐하면 버드는 슐츠버거에게 자신은 '동쪽으로 여러 차례 비행할 의사가 분명히 있으며' '우리들 상호 간의 친구가 말한 바'를 잘 알고 있음을 확신시켰기 때문이었다.[15]

1929년 12월 5일 버드는 3명의 동료들과 함께 록펠러 고원을 향해 이륙했으며 거기에서 그는 비행기를 해안 쪽으로 향했다. 길을 따라 그는 크기가 상당한 산맥 하나를 발견했으며 그는 자신의 다른 주요 후원자인 에드셀 포드(Edsel Ford)의 이름을 따서 그것을 명명하였다. 이곳은 그가 가고 싶었던 곳인데 '영국이 권리를 주장한 곳의 동쪽 경계' 너머로 비행하여 '이전에 목격되지도, 알려지지도, 권리가 주장되지도 않았던 지역'으로 들어가는 것이었다. 그들은 1,200미터 이상의 고도에서 시속 160킬로미터의 속도로 비틀거리며 날아갔으며 그들의 눈앞에 스콧에게는 상상할 수 없었을 속도로 새로운 육지가 펼쳐지고 있었다. 비행기는 '수상 선박이 다년간 하지 못했던 일을 하고 있었을' 뿐 아니라 '한 치도 빠짐없이 이 지역의 모든 땅이 촬영 기사에 의해 정확하게 그리고 완전한 원근법에 따라 기록되고 있었다'라고 버드는 썼다.

바우먼의 충고를 똑똑히 염두에 두고, 버드는 촬영 기사가 '새로운 지역의 발견과 지도 제작에서 가장 중요한 고려 사항의 하나'였던 '해안선을 자신의 사진 속에 유지하기 위해' 얼마나 조심했는가를 언급했다. 해안선이 해수면을 나타내기 때문에 사진들 속의 어떤 산들의 높이도 더 잘 추정할 수 있었고, 그 결과 제작된 지도들이 그 높이를 훨씬 더 정확하게 만들었다. 버드는 남극에서 그의 전임자들이 했던 실수를 잘 알고 있었는데 그들은 대기 상태에 현혹되어 나중에 존재하지 않는다고 판명된 육지나 섬을 발견했다고 주장했었다. 현대적 기술의 모든 이점을 가지고 있었기 때문에 그는 '잊을 수 없고 부정할 수 없는 카메라의 기억에 의해 기록될 수 있고, 기록된 것들의 발견만 주장하기로 결심하였다.'[16]

'훌륭해!' 바우먼이 외쳤다. 버드는 '정확하게 올바로 했던' 것이다. '록펠러 산맥'을 이전에 해도가 만들어지지 않았던 약 400킬로미터의 해안선과 연결함으로써 버드는 '영국이 권리를 주장하는 로스 속령의 완전히 밖에 놓여 있는' 약 9만 평방킬로미터의 영토에 대한 정당한 권리를 주장할 권리를 미국에 제공하였다.[17] 그가 만약 내륙 지역을 해안과 연결하지 않았다면 영국은 마음대로 해안선의 해도를 제작하고 섹터주의를 활용하여 그 해안과 남극점 사이에 있는 록펠러 고원을 포함하여 모든 영토에 대한 권리를 주장했을 것이다.

버드가 영국이 로스 속령과 포클랜드 제도 보호령 사이의 거대한 쐐기 모양의 대부분의 미탐사 영토에 대한 권리를 주장하는 것을 곤란하게 만들어 버렸지만, 대륙의 그 부분에서 영국을 제대로 격파할 수 있으려면 그 전에 여전히 미국 정부의 정식 권리가 필요하였다. 그리고 그런 일이 언제라도 곧 일어날 기미는 없었다. 그럼에도 불구하고 바우먼은 미국 지리학회가 반드시 그 학회의 권위 있는 리빙스턴 메달(Livingstone Medal)을 버드에게 수여하도록 하였으며 그 메달은 '그 업적의 순수한 과학적 가치를 사려 깊이 고려한 후' 수여될 뿐이라고 주장하였다. 동시에 그 학회는 '독립적인 영토 관할권을 위한 확고한 토대를 확립했던' 12월 5일의 버드의 비행은 '그 학회의 직접적인 제안으로' 행해졌음을 언급하였다.[18]

새로운 육지의 사진을 찍고 그것을 명명하는 것이 미국을 위해 그것을 확보하는 데 중요한 단계이지만, 버드는 단순히 그 표면 위로 비행하는 것보다는 자신의 일행 중 누군가가 그 땅 위를 실제로 걸을 수 있다면 미국의 권리가 그만큼 더 강해질 것이라는 것을 알고 있었다. 미국 지리학회의 극지 전문가이자 지도 제작자인 요에르크(W.L.G. Joerg)는 그 당시 남극 영토를 목격하는 것과 그것을 탐험하는 것 간에 차이가 있다고 선언했는데, 그는 '탐험의 가장 중요한 부분은 땅 위에서 수행되어야 한다'고 주장하였다.[19] 굴드(Gould)가 이미 로스 얼음 장벽 최남단의 퀸 모드 산맥(Queen Maud Mountains)을 탐사하고 있는 지질 팀을 인솔하고 있었기 때문에 버드는 그에게 더 동쪽으로 새로 발견된 육지 속으로 개 썰매들을 몰아가라고 지시하였다.

1929년 12월 20일 굴드는 리틀 아메리카에 있는 버드에게 무전을 쳐 자신이 지시받은 대로 했으며 지금 남위 82도 27분, 서경 147도 30분 지점에 캠프를 쳤다고 말했다. 가장 가까운 산에 올라 굴드와 그의 5명의 동료들은 돌무더기를 만들었는데 그는 그 속에 경도 150도 너머에 도달한 자신들의 업적을 보고하는 노트 한 페이지를 넣어두었다. 더 이상 로스 속령 이내에 있지 않았기 때문에 굴드는 '마리 버드 랜드의 일부와 미합중국의 속령 또는 소유로서 이 땅에 대한 권리를 주장할' 수 있었다. 그들이 '남극에 있는 미국 땅에 제일 먼저 발을 디딘 사람들'이었다고 버드는 적었다. 버드의 견해로는 그 땅을 확실하게 '미국의 것'으로 만들어준 것은 바로 그 행위였다. 당시 그가 말했듯이 그로 인해 '미국을 위해' 멀리 남극점까지의 지역에 대한 권리를 주장할 수 있었다.[20]

그러나 버드는 1930년 3월 얼음에 상처가 난 *시티 오브 뉴욕*호가 더니든 (Dunedin, 뉴질랜드 남 섬 동남부의 항구도시-역자 주)에 도착했을 때 신중하게 그런 야심을 숨겼다. 기자들의 질문을 받은 그는 자신은 '미국을 위해 육지에 대한 권리를 주장하는 데는 조금도 관심이 없으며' 자신은 '단지 영국의 개척자들이 시작한 일을 계속하고 있을 뿐'이라고 말했다. 비록 자신이 아내의 이름을 따 마리 버드 랜드를 명명했지만 그 영토는 '미국 것이 아니라' '전 세계의 것이다'라고 말했다.[21]

미국에서는 그것이 지배적인 견해가 아니었다. 거기서는 탐험으로 야기된 흥분이 일종의 주인 의식을 불러일으켰는데, 버드가 지리학적 지형에 미국식 이름을 부여하고 자신의 기지를 '리틀 아메리카'라고 그리고 자신의 비행기 중 1대를 *성조기*호라고 부른 것에 의해 촉진되어왔다. 기지는 변경 마을의 모습을 가지고 있었다. 기지의 다양한 건물에는 행정관 건물, 창고, 기기 제작소, 합숙소, 사진관, 대원 식당, 발전동, 무선 타워, 박제 제작소와 심지어 '바다표범 도살장'도 포함되어 있었다.[22] 블리자드가 부는 동안 접근을 허용하기 위해 많은 건물들이 눈과 얼음 아래의 터널로 연결되어 있었다.

비록 기지가 영국이 권리를 주장하는 지역 내에 위치해 있고 버드의 대원들 중 7명이 노르웨이인이며 미국 밖에서 온 다른 사람들이 있다는 사실에도 불구하고, 리틀 아메리카의 식당을 세우는 즉시 그 꼭대기에 성조기가 게양되었다. 그 국기는 겨울이 다가옴에 따라 내려졌으나 1929년 8월 태양이 돌아오자마자 자랑스런 본래 위치로 돌아왔으며 기지를 버릴 때까지 그곳에 머물러 있을 것이다.[23] 또한 정규적으로 전국에 방송된 리틀 아메리카의 라디오 보도와 전국에 걸쳐 신문 전면을 화려하게 장식하는 그들의 활동에 관한 신문 보도에 의해 미국 소유라는 느낌이 한층 더 강화되었다. 그것들 모두가 결합하여 미국인들과 그렇게 멀리 떨어져 있는 육지 사이의 연결을 강화시켜 주었다.

그 결과 너대니얼 파머 이래 미국인들에 의해 발견되었던 모든 남극 영토를 합병하라는 정부에 대한 요청이 쇄도하였다. 그러나 그러한 취지의 의회의 움직임과 신문의 사설들이 정부를 설득시켜 행동으로 옮기게 하지는 못하였다. 1929년 10월의 주식 시장 붕괴가 증가하는 실업을 야기하는 가운데, 국무성 관리들은 실제로 영국과 유럽의 권리 주장을 막는 하나의 수단으로 남극까지 먼로주의(Monroe Doctrine, 1823년 미국의 먼로 대통령이 제창한 외교방침으로 구미 양대륙의 정치적 불간섭주의를 표방함-역자 주)를 확대하는 가능성을 논의하였으나 허버트 후버 대통령(President Herbert

Hoover) 정부는 다루어야 할 더 긴급한 문제들이 있었다.

이는 남극대륙에 관심을 가진 점점 증가하는 수의 미국인들에게는 하나의 실망이 될 것이었다. 그들의 관심은 대부분 언론이 주도한 버드의 남극 도착 훨씬 전에 시작된 것이었다. 1900년대 초, 에드윈 볼치와 프레데릭 쿡이 파머와 같은 바다표범잡이의 후손들을 격려하여 남극에서의 미국인의 발견물의 탁월함을 입증할 수 있는 항해 일지나 기타 서류들을 찾기 위해 스토닝턴(Stonington)에 있는 그들 집의 다락방들을 뒤져보게 하였다.[25] 이러한 문서들이 점차 세상에 드러나게 됨에 따라 그것들은 볼치와 다른 사람들에 의해 자세히 책으로 쓰여졌다.[26]

1922년 해양 역사학자이며 기자인 존 랜돌프 스피어스(John Randolph Spears)가 쓴 파머 전기의 출판과 함께 바다표범잡이들의 모험담에 대한 대중의 관심이 더 많아졌는데, 스피어스는 파머의 질녀인 엘리자베스 로퍼(Elizabeth Loper)에게 그녀의 삼촌에 관한 자료를 찾기 위해 의존하였다. 스피어스는 파머에 관한 로퍼의 직접적인 기술에 홀딱 반해버렸다. 그는 그녀에게 자신은 '파머 랜드가 우연히 그 장소에 있었던 왜소한 누군가가 아니라 모든 의미로 보아 위대했던 한 미국인에 의해 발견되었다는 것을 알고 기뻤다'고 말했다.

책의 초고를 완성했을 무렵 스피어스는 파머가 미국의 이름 없는 남극 영웅이라는 것을 확신하게 되었다. 그는 *영웅호*라고 적절하게 명명된 파머의 슬루프(sloop, 돛대가 하나인 작은 범선−역자 주) 항해 일지에서 얻은 관련 기재 사항들을 출판함으로써 그것을 입증할 작정이었다. 간신히 자신의 흥분을 억누르고 스피어스는 로퍼에게 자신에게 항해 일지 사본 1부를 보내달라고 간청하는 편지를 단숨에 써 보내고 '영국인들이 냇 선장(Cap Nat)으로부터 그의 영예를 강탈하려고 애를 썼으나 *영웅호 항해 일지의 간단한 진술을 출판하는 것이 모든 논란을 끝낼 것*이며 그것을 그가 지금까지 썼던 것 중 '가장 중요한' 것으로 만들어줄 것이라고 말했다.

그러나 항해 일지에 기재된 돌발적이고 산만한 내용들은 스피어스가 찾기를 기대했던 결정적 증거를 제공하지 못했다. 특히 새로운 대륙을 발견했다는 파머의 명백한 언급이 없었다. 이에 굴하지 않고 스피어스는 이러한 공백들을 파머의 젊은 나이 탓으로 돌렸으며 로퍼에게 '21세 된 소년이 매일의 작업을 자세하게 기록하는 것에 싫증을 내는 것은 놀라운 일이 아니라'고 말했다. '날씨는 매우 불쾌했으며 그는 지쳤던 것이다. 그는 *바다표범*을 사냥하고 있었지 미발견 대륙을 찾아 헤매고 있었던 것은 아니었다!' 그럼에도 불구하고 스피어스는 영국과 러시아의 주장을 묵살하고 파머를 남극대륙의 진짜 발견자로 찬양할 것을 미국인들에게 요청하였다.[27]

스피어스의 주장은 워싱턴의 의회 도서관 지도부장인 로렌스 마틴 대령(Colonel Lawrence Martin)의 즉각적인 동의를 얻었다. 정치적 성향의 그 지리학자는 제1차 세계대전 중 군사 정보부에서 근무하기 전에 알래스카의 빙하작용에 관한 전문가가 되었다. 그는 나중에 파리 강화회담에서 국경에 관한 조언자로서 바우먼과 함께 근무하였다. 영토 주권에 관한 문제들이 후일 그의 업무의 대부분을 차지하게 되었으며 마틴은 남극에 대한 특별한 관심이 있었다.[28]

버드가 자신의 1928년 탐험을 준비하고 있을 때 턱수염을 기르고 안경을 낀 마틴은 미국이 영토관할권을 주장하도록 허용해줄 증거를 확보하고 있었다. 1927년 9월 그는 의회도서관에서 '1821년 파머 선장이 발견한 육지를 보여주는 지도들'과 함께 그 항해 일지를 크게 다룬 전시회를 열 수 있도록 로퍼로부터 *영웅호*의 항해 일지와 다른 서류들을 얻기 위해 스토닝턴으로 갔다. 그는 로퍼에게 그녀가 그 자료를 빌려준 사실이 '남극대륙은 너대니얼 파머 선장에 의해 발견되었다'라는 서술과 함께 도서관 연보에 인정될 것이라고 약속하였다.[29] 그럼에도 불구하고 정부가 그 육지들을 정식으로 합병함으로써 파머에서 버드에 이르는 미국의 발견을 기념하는 것은 별개의 문제였다.

국무부가 영토관할권을 주장하는 데 아무런 긴박감을 느끼지 못한 반면 버드의 활동은 영국과 오스트레일리아 정부가 행동을 취하도록 만들었다. 그들은 또한 허드슨 베이 컴퍼니(Hudson's Bay Company)의 압력에 자극을 받았는데, 그 회사는 공식적인 권리 주장 행위에 의해 일단 소유권이 명확해지면 오스트레일리아 사분할 지역의 해양 자원을 이용하고 싶어 하였다.[30] 이것은 모슨에게 하나의 구원으로 다가왔는데 그는 오스트레일리아 정부가 그가 탐험하고 대영 제국을 대신하여 권리를 주장했던 모든 영토를 정식으로 합병함으로써 자신의 1911년 탐험에 대한 후속 조치를 취하지 못한 것에 좌절감을 느낀 바 있었다. 그는 포클랜드 제도 보호령과 로스 속령의 경우에 그랬듯이 간단히 개봉 칙허를 발표함으로써 그것이 행해질 수 있기를 기대해왔다. 비록 1926년의 제국 회의에서 남극대륙 전체를 점차적으로 인수하기 위한 에머리의 계획이 승인을 받았지만 영국의 고문 변호사들은 오스트레일리아 사분할 지역을 정식으로 합병할 수 있으려면 그 전에 계속적인 탐험과 권리 주장 행위가 필요하다고 경고한 바 있었다.

그 문제가 오스트레일리아 정부에 의해 1927년 3월 국립 연구 심의회 (National Research Council)에 회부되었을 때 모슨과 존 킹 데이비스를 포함한 위원회가 노르웨이인들과 미국인들이 선수를 칠 위험을 지적하고, 영국이 그 사분할 지역을 합병하기 위해 필요한 법적 근거를 확립하기 위해 정부가 즉각적인 조치를 취할 것을 촉구하였다. 해마다 여름이면 수백 척의 포경선들이 남극 바다를 샅샅이 뒤지는 가운데 그 위원회는 그들의 활동에 대한 면허를 교부하고 포경업이 오스트레일리아인들을 위한 일종의 '영구 산업'이 될 방식으로 고래잡이를 통제함으로써 벌어들일 돈이 있다고 조언하였다. 그들이 해야 할 일은 모슨을 또 다른 탐험대에 보내 남극의 '오스트레일리아 섹터에서 영국의 지배를 확립하고 권리가 주장되지 않은 지역을 점유할 수 있게' 하는 것이었다. 그러나 오스트레일리아 정부는 그 비용에 주춤했으며 대신 긴급 칙령을 발표함으로써 그곳에 대한 권리를 주장해야 한다고 제안하였다. 영국이 이것을 원하는 법적 타당성을 성취하는 것이 아니라며 거부하고 버드가 로스 속령에 자신을 확립했을 때쯤에야 비로소 오스트레일리아는 마지못해 모슨을 또 다른 탐험대에 보낼 필요성을 받아들였다.[31]

영구 기지가 여전히 불가능하다고 생각되는 가운데 각국이 그런 험악한 기후를 가진 장소들을 점유할 수 있는 제한된 방법이 있었다. 명백한 법적 권리가 확립되려면 발견에 이어 점유가 뒤따라야 하는데 점유는 대개 영구 정착을 의미하였다. 그러나 동그린란드 소유권에 대한 덴마크와 노르웨이 사이의 1920년대의 분쟁으로 양국의 독자적 주장을 지지하기 위해 사용되었던 '점유'의 정의가 보다 제한을 받게 되었다. 이러한 주장에 따르면 '점유'는 단순한 국기 게양, 탐험, 과학적 조사, 행정과 단순한 일시적 지배 등을 망라할 수 있었다.[32] 비록 모슨이 자신의 1911년 탐험 동안 주로 육지에서 국기를 게양하고 약간의 탐험을 했지만 그 당시 그가 주장했던 권리는 영국이나 오스트레일리아 정부 둘 중 어느 것에 의해서도 승인받지 못하였다. 오스트레일리아 사분할 지역이 오스트레일리아에 의해 정식으로 합병되고 대영 제국 내에 포함될 수 있으려면 그 전에 해안선의 탐험과 해도 제작과 함께 계속적인 국기 게양 행위가 필요하다고 생각되었다.

그래서 1928년 12월 6일 브루스 수상 관저에서 모임을 가진 후 오스트레일리아 정부는 모슨에게 이러한 행동들을 하도록 지시하였는데, 그 모임에는 법무장관 존 래섬(John Latham), 국방장관 조지 피어스와 모슨 자신이 참석하였다. 이 모임에 뒤이어 영국 정부는 영국이 스콧의 옛날 탐험선인 *디스커버리호*를 모슨에게 무료로 제공함으로써 비용 일부를 부담한다는 조건으로 오스트레일리아가 '오우츠 랜드와 엔더비 랜드 사이에서 국기 게양과 함께 탐험과 과학 연구를 수행할 탐험대를 파견할 것'이라는 말을 들었다.[33]

*디스커버리호*는 남극 해양생물, 특히 고래들이 멸종되지 않도록 하기 위한 과학적 항해를 위해 몇 년 동안 사용되어 왔다. 처음에는 영국 재무성 관

리들의 저항이 있었는데 그들은 오스트레일리아 사분할 지역을 합병하려는 미국과 노르웨이의 위협을 다른 곳에서 자신의 탐험에 집중하는 버드와, 발견의 권리에 의해 그 지역에 대한 영국의 권리를 인정하는 노르웨이가 막았다고 주장하였다. 그들은 또한 오스트레일리아가 탐험 비용을 지불해야 한다고 주장했는데 그 이유는 오스트레일리아가 어느 것이든 합병되는 영토의 혜택을 받을 것이기 때문이었다.

그러나 에머리는 재무장관에게 그 위험이 미국과 노르웨이에서만 비롯되지는 않는다는 것을 확신시켰다. 포경업의 수익이 프랑스와 독일 같은 다른 나라들을 남극으로 끌어들이고 있었다. 독일은 또한 체펠린(zeppelin) 비행선 1대를 북극으로 날려 보낸 바 있었다.[34] 비록 독일이 1919년 파리 강화 회의에서 남극에 대한 자국의 권리를 포기할 수밖에 없었지만, 부활하는 독일이 오스트레일리아 사분할 지역에 대한 새로운 권리를 확립하기 위해 그 장소에 대한 전쟁 전의 탐험 위치로 되돌아오는 것을 막을 것은 아무것도 없었다. 그런 두려움은 영국 재무성이 반대를 철회하고 1929년 말부터 두 번의 연속적인 여름철 탐사를 위해 *디스커버리*호를 모슨에게 제공하는 것에 동의할 만큼 충분했던 것처럼 보인다.

미국과 노르웨이가 이미 남극에서 탐험을 하고 있고 다른 나라들이 자국 탐험대를 계획하려는 가운데 영국은 자국의 활동과 의도를 전 세계에 비교적 비밀로 하고 싶어 하였다. 버드의 탐험과 마찬가지로 모슨의 모험에 대한 공개적 정당화의 대부분이 그것의 과학적 목적에 관심을 두고 있었다. 그러나 관리들은 개인적으로는 주권 문제에 집중하고 있었다. 1929년 6월 케이시가 브루스에게 조언한 것과 같이 '탐험의 광의의 목적은 자주 상륙함으로써… 로스해에서 엔더비 랜드까지의 전 지역에 대한 우리의 권리를 강화하는 것'이었다. 비록 과학적 활동이 '가장 칭찬할 만한' 것이지만 그것들은 '실제로는 그 지역에 대한 우리의 권리를 강화하는 하나의 수단이다'라고 케이시는 썼다.[35] 그리고 그 권리들은 결국 기존의 노르웨이 포경선들에게 면허를 주거나 새로운 오스트레일리아 포경 회사를 설립함으로써 포경업에서 발생한다고 기대되는 수익을 거두는 하나의 수단에 불과하게 되었다.

자신이 비록 그 탐험대의 과학 지도자였지만 모슨은 탐험의 경제적 가능성보다 과학적 가능성에 대한 관심이 더 적었다. 그는 1929년 1월 브루스에게 자신의 탐험대가 '그 영토의 경제적 장래에 관해 보고할 것'이며 정부에 대한 비용은 '고래기름에 대한 로열티로부터 2, 3년 이내에' 회수될 것임을 장담하였다. 더욱이 모슨은 스스로 포경업으로 이익을 볼 것을 기대하고 있었다. 포경 회사를 설립하기를 원하는 오스트레일리아 사업가들이 이미 그에게 접근한 적이 있으며 그는 브루스에게 자신은 다가오는 탐험이 일단 끝나면 그런 사업을 함께 할 것이라고 넌지시 말했다.[36]

모든 비밀에도 불구하고 모슨의 탐험 계획이 그 진짜 목적을 드러내었다. 버드의 탐험과는 달리 그 탐험대는 육상에서 시간을 거의 보내지 않을 것이었다. 개나 썰매도 없을 것이다. 또한 버드와 윌킨스 두 사람 모두가 착수했던 것과 같은 장거리 비행도 없을 것이다. 오히려 그것은 주로 해상 탐험이 될 것이며 플로트가 장착된 소형 비행기를 이용하여 대부분 해도가 작성되지 않은 약 4,000킬로미터의 해안선을 측량하고 그것의 연안 깊이의 자원을 조사할 것이다. 모슨은 이러한 바다들이 '생물체로 아주 우글거리기' 때문에 '미래의 목장'이라고 기술한 적이 있었다.[37] 어디든지 적절한 착륙 장소만 있으면 모슨은 그곳에 상륙하여 권리 선포 의식을 거행할 예정이었다. 해도 제작, 조사 및 권리 선포 의식들이 모두 사분할 지역 전체의 정식 합병을 위한 필요한 전제 조건들로 간주되었다. 그러나 이들 중 세상에 드러날 수 있는 것은 거의 없었다.

오스트레일리아, 영국 및 뉴질랜드 정부가 모두 탐험대를 지원하고 있었지만 모슨은 자신이 직면한 상당한 예산 부족액을 채우기 위해 개인 후원자들에게 의존하고 있었다. 그는 또한 신문과 다른 권리들을 구입할 미디어 기업을 필요로 하였다. 그 탐험이 정부 주도 탐험으로 간주되는 경우 그러한 계약들과 기부가 위험에 처하게 될 것이다. 그래서 모슨은 그 탐험의 과학적 자격을 강조했으며 그것이 '남극에서의 해양학 및 기타 과학적 연구를 위한 오스트레일리아 국립 과학 심의회(Australian National Scientific Council)'의 후원하에 수행되고 있다고 언급하였다.[38] 브루스는 모슨의 제안을 받아들여 탐험대를 조직하기 위한 과학에 주를 둔 위원회 하나를 설립하였으며 의회에 그 탐험대의 목적이 '대부분 과학적 성격을 띠고 있다'고 발표하였다.[39] 어쨌든 과학을 맘에 들어 하지 않을 이유가 무엇인가?

그 조직 위원회가 회합을 가졌을 때 과학이 결코 최우선 사항이 아니라는 것이 분명해졌다. 우선 과제들은 '첫째 정치적, 둘째 경제적 및 상업적, 셋째 과학적'이라고 열거되었다.[40] 탐험 루트의 선택이 그 탐험대의 진짜 우선 과제를 더 나타내주었다. 호바트에서 남쪽으로 향한 다음 남극 해안을 따라 서쪽으로 항해하는 대신, 모슨이 오스트레일리아 사분할 지역의 서단에 있는 엔더비 랜드에서 조사를 시작할 수 있도록 케이프타운에서 남쪽으로 향하기로 결정되었다. 그런 다음 그는 해안을 따라 동쪽으로 진행하여 오스트레일리아에서 탐험을 끝낼 것이었다. 오스트레일리아인들은 노르웨이인들도 또한 엔더비 랜드에 관심을 가지고 있을까 두려워했는데 그곳은 1831년 비스코가 발견한 이래 목격되지 않은 상태로 남아 있었다.

실제로 라스 크리스텐센이 1929년에서 1930년 여름 동안 남극으로 노르베지아호를 다시 파견할 계획을 세우고 있었는데 그는 찾기 힘든 그 엔더비 랜드에 자신의 포경 사업 근거지를 둘 수 있는 적절한 장소가 있는지 여부를 알아내고 싶어 하였다. 그가 만약 노르웨이를 위해 그곳에 대한 권리를 주장할 수 있다면 그는 영국의 면허 수수료를 지불하는 것을 피할 수 있을 것이다.

시간은 모슨과 크리스텐센 두 사람 모두에게 필수적이었다. 오스트레일리아 외무부 장관 닥터 월터 핸더슨(Dr. Walter Handerson)은 모슨에게 '이 지역에 대한 영국의 권리가 현재 그리 강력하지 않다'고 말했다. '다른 일행

들이 거기에 도착하기 전에' 모슨 탐험대에 의해 그 권리가 강화되어야 하였다.[41]

1930년 10월 모슨이 케이프타운에서 *디스커버리*호에 승선했을 때, 그는 국왕으로부터 다른 나라가 이미 권리를 주장하지 않은 자신이 발견한 모든 육지를 점유할 권한을 부여받았다. 그는 '[자신이 보기에] 그렇게 할 수 있는 곳이면 어디든지 영국 국기'를 꽂음으로써 그곳을 점유하기로 되어 있었다. 그는 국기를 게양할 때 '합병 성명서를 낭독하고… 성명서 사본 1부를 깃대에 부착하고, 두 번째 사본은 깃대 발치에 있는 깡통 속에 넣으라'는 명령을 받았다.[42] 이는 16세기 말 영국이 처음으로 제국을 모으기 시작한 이래 지금까지 영국 탐험가들이 거행했던 의식과 비슷했으며 훨씬 더 일찍 크리스토퍼 콜럼버스가 서인도 제도에서 거행했던 의식과 다르지 않았다.

프랑스가 권리를 주장한 좁은 조각 영토인 아델리 랜드를 제외하면, 모슨이 향하고 있는 거대하게 펼쳐진 해안선은 잡기만 하면 그의 것처럼 생각되었다. 그러나 그가 케이시로부터 전보 1통을 받았을 때 경종이 울렸다. 그 전보는 그에게 *노르베지아*호 승무원들이 8월 23일 크리스텐센의 선박들 중 1척인 *토르1호(Thor I)*에 승선하여 노르웨이를 떠났으며 한편 또 다른 그의 선박이 극지 탐험가인 라르센(Hjalmar Riiser Larsen)과 헬름(Finn Lutzow-Helm)과 그들의 비행기를 데리고 가고 있다고 경고하였다.[43] 그들은 모두 *노르베지아*호에 승선할 것인데 그 배는 이전 항해 이래 크리스텐센의 사우스조지아 포경 기지에 머물러 있었다.

부베 섬에 있는 물자 저장소를 교체할 것이라는 것을 제외하고는 노르웨이인들의 새로운 항해의 목적이 명기돼 있지 않았으나 모슨은 그들의 다른 목표에 관해 어떠한 착각도 하지 않았다. 돌이켜 보면 1928년 7월에 그는 개인적으로 오스트레일리아 정부에게 '노르웨이인들이 다가오는 여름 엔더비 랜드를 장악하기 위해 탐험대를 준비하고 있으며 그들의 선박들이 해마다 계속해서 남극을 탐험하여 방문한 육지를 점유할 것'이라고 경고한 바 있었다.[44] *디스커버리*호 파견에 관한 전체적인 생각은 노르웨이인들에게 선수를 치기 위한 것이었지만, 이제는 마치 노르웨이인들이 남극에 먼저 도착할 수 있는 것처럼 생각되었다. *디스커버리*호가 케이프타운에 도착한 같은 날 노르웨이 비행사 흘름 또한 유럽에서 그곳에 도착하였다.

남아프리카 공화국과 영국의 언론이 두 탐험대가 남극의 동일한 부분을 향해 가고 있음을 알았을 때 신문 헤드라인들은 미발견 육지에 대한 권리를 주장하기 위한 영국과 노르웨이 간의 경쟁에 관해 얘기하였다. 모슨이 이러한 놀라운 보도들을 읽었을 때 노르웨이인들에게 패하고 있다는 그의 두려움이 커졌다. 과학적 협조라는 공공연한 겉치장은 이제 벗겨졌으며 그들의 개인적 경쟁이 매우 공공연하게 되어버렸다. 언론 보도는 노르웨이인들이 새로운 포경 기지를 설립하는 데 여념이 없으며 윌킨스와 버드가 했듯이 비행기에서 국기를 떨어뜨림으로써 영토를 합병할 계획을 세우고 있다고 주장하였다.[45] 이것이 그 해안선을 따라 국기를 게양하려는 모슨에게 노르웨이인들이 선수를 칠 가능성을 제기했을 뿐 아니라 그곳에 오스트레일리아 포경 산업을 확립하려는 모슨의 희망을 위협하였다. 그의 탐험은 시작도 하기 전에 실패할 것 같이 생각되었다.

노르웨이인들을 막기 위해 필사적이 된 모슨은 런던에 전보 한 통을 보내 정부에게 노르웨이로부터 그 탐험이 무엇을 계획하고 있는가를 알아보라고 요청했으며 그 대신 모슨은 자신의 계획을 노르웨이인들에게 알려줄 생각이었다. 그가 답신을 받기 전에 런던의 *데일리 뉴스지*로부터 모슨에게 육지에 대한 권리를 주장하기 위한 두 탐험대 간의 경쟁에 관한 보도에 대해 논평을 요구하는 전보 한 통이 도착하였다.[46] 모슨은 홧김에 분개에 찬 전보로 답함으로써 그 논란을 부추겼는데, 그 전보에서 그는 자신의 탐험대는 '일반 세상 사람들의 이익을 위한' 연구를 수행하는 사심 없는 과학자들인 반면 노르웨이인들은 '과학에는 깊은 관심이 없고' 단순히 '자신들의 포경 산업을 확대하고' '남극대륙의 미지의 지역에 자신들의 국기를 게양하기'를 바라는 것으로 묘사하였다. 더 나아가 모슨은 남극대륙의 그 부분은 당연히 '뉴질랜드, 오스트레일리아 그리고 남아프리카 공화국의 유산이고 관심사'라고 주장하였다. *데일리 뉴스지*가 합세하여 노르웨이인들은 멸종 직전까지 고래를 뒤쫓고 있는 반면 모슨은 '그 포유동물을 보존하는 관점에서 고래의 생활과 습성'을 연구하는 데 관심이 있다고 맹비난하였다.[47] 그 신문이 런던 거리를 강타했을 때 그것은 외무성의 즉각적인 경고와 노르웨이 외교관들의 분노를 야기하였다.

영국 정부는 노르웨이는 1926년 제국 회의에서 발견의 권리에 의해 영국 소유라고 열거된 남극 지역들에 대한 영국의 영유권을 존중할 것이라는 노르웨이의 확약을 받아들인 바 있었다. 이는 노르웨이 포경업자들이 그 지역의 일부에 대한 권리를 주장하지 않을 것임을 의미하는 것이 아니라, 단지 노르웨이 정부가 그 영토들을 합병함으로써 어떤 것이든 그러한 비공식적 주장을 지지하지 않을 것임을 의미하였다. 영국은 오슬로와 함께 그 주제를 끄집어내는 것이 노르웨이인들로 하여금 자신들의 견해를 바꾸어 미약한 영국의 권리를 반박하게 할까 두려워 노르웨이로부터 *노르베지아호*의 활동에 관한 명쾌한 확약을 구하지 않았다. 그런데 이제 모슨이 노르웨이 언론에 '엄청난 분개'를 야기한 이상 영국 정부는 그의 논평과 아무런 관계가 없다고 말하고 노르웨이 외무상에게 그 탐험대의 계획에 관한 '솔직한 성명'을 제공할 수밖에 없었다.[48] 노르웨이는 모슨이 엔더비 랜드와 로스해 사이의 지역을 탐험할 것이며 오스트레일리아 정부는 '이 섹터 위에 정식으로 영국의 주권을 확립할' 의향이 있다는 통지를 받았다.[49]

모슨의 서투른 성명에 섬뜩했던 케이시는 케이프타운으로 전보를 보내 모슨에게 더 이상 공개 성명을 발표하여 그 문제를 악화시키지 말라고 애원했으며 그에게 노르웨이가 자국의 탐험이 '오로지 그리고 절대적으로 과학적인 것'이라고 선언하였음을 확신시켰다.[50] 실제로 노르웨이는 또한 런던 당국에 리저 라르센은 자신이 발견하는 새로운 땅에 대해서만 노르웨이 국왕의 이름으로 권리를 주장할 권한을 받은 반면 1926년 제국 회의 보고서에 열거되어 있는 영국 소유 지역을 존중한다고 말했다.

문제는 크리스텐센이 노르웨이 정부만큼 정중하지 않다는 것이었다. 오슬로의 분노를 달래기 위해 영국 특사는 엔더비 랜드와 코우츠 랜드 사이의 지역이 어느 누구에 의해서도 권리가 주장되지 않았으며 따라서 노르웨이인들에게 개방되어 있음을 지적하면서, 노르웨이 정부에게 영국이 대륙 전체를 원하는 것은 아니라고 확약하였다. 그는 또한 노르웨이인들에게 아델리 랜드를 제외한 다른 모든 곳은 '의심할 여지없는' 영국의 권리가 있는데, 그 말은 과거에 또는 현재에도 '구체적인 주권 소유'로 해석되고 있다고 말했다.[51]

1929년 10월 19일 군중의 환호 속에 *디스커버리호*가 케이프타운 도크를 떠나갈 때 다소 감정이 누그러진 모슨과 11명의 그의 동료 과학자들은 모두 회색 바지와 청색 블레이저 코트를 입고 그 배의 갑판 위에 서 있었다.[52] 케르겔렌 제도에 들러 남아프리카 공화국의 한 포경 회사가 그를 위해 남겨둔 석탄을 실은 뒤, 모슨은 빌헬름 2세 랜드와 엔더비 랜드 사이의 약 2,000킬로미터에 펼쳐진 해안선의 해도를 작성하기 위해 허드 섬(Heard Island)을 거쳐 남쪽으로 향했다. 모슨이 영국에 동경 160도와 동경 90도 사이의 지역을 합병할 것을 요청했던 1914년 이래 남극에 대한 오스트레일리아의 야망이 크게 증대해왔다. 남아프리카 공화국이 남극대륙의 소위 '아프리카 사분할 지역'에 대한 관심을 부인했던 1926년의 제국 회의에서, 오스트레일리아는 동경 160도와 동경 45도 사이의 모든 영토를 포함하자는 자국의 의도된 주장을 펼쳤다.[53]

모슨이 지금 향하고 있는 이 영토의 서쪽 1/3은 비스코가 1831년 그 해안선을 목격하고 영국 포경 회사의 이름을 따서 엔더비 랜드라고 명명한 이래 대부분 미발견 상태로 놓여 있는 지역이었다. 그것은 또한 모슨과 그의 동료들이 1911년과 1912년의 오스트레일리아 남극 탐험대(Australasian

Antarctic Expedition)에서 탐험했던 지역 바로 너머에 놓여 있었다. 그 지역에 대한 영국의 권리가 아주 미약했기 때문에 노르웨이인들이 그렇게 하기 전에 모슨이 그 섹터를 측량하고 그에 대한 권리를 주장하는 것이 필수적이었다. 그러나 그는 이미 너무 늦어버렸다.

크리스텐센의 말에 의하면 1929년 12월 7일 리저 라르센이 노르웨이 해군에서 그 탐험대에 빌려주었던 소형 수상 비행기로부터 멀리 떨어진 곳을 목격한 후 '엔더비 랜드를 재발견'하였다. 과적된 배의 석탄 공급을 보충하기 위해 바다표범 지방을 사용하여 총빙의 가장자리를 따라 나아간 리저 라르센과 훌름은 100년 이내에 비스코의 엔더비 랜드가 보이는 곳에 온 최초의 인물들이 되었다. 12월 22일 그들의 배는 비스코가 명명한 엔더비 랜드의 곶인 앤곶(Cape Ann)에 도달하였다. 얼음을 통과하여 육상에 상륙할 수 없었기 때문에 라르센과 훌름은 다시 수상 비행기를 타고 이륙하여 자신들이 대륙에 상륙하여 노르웨이를 위해 그곳에 대한 권리를 주장할 수 있기를 바라며 텐트와 소총을 날랐다.

그러나 무거운 짐을 실은 그들의 비행기는 대륙 위에 도착할 만큼 충분한 고도를 확보할 수 없었고, 그들은 할 수 없이 물 위에 착륙하여 자신들의 비행기를 해빙 위로 몰고 가 거기에서 스키로 대륙에 도달하려고 시도하였다. 깎아지른 듯한 20미터 높이의 얼음 절벽으로 인해 그것이 불가능해지고 안개가 그들이 배로 돌아가는 것을 위협했기 때문에 그들은 대신 연안에 있는 암석 노두에 오르기로 결심하였다. 비록 그들이 대륙 자체 위에 있는 것은 아니었지만 적어도 그것은 단단한 육지였다.

자신들이 '지금까지 이 장소를 방문한 최초의 인간임'을 절실히 인식한 그들은 깃대를 세우고 거기에 국왕과 왕비가 이전의 북극 탐험을 위해 라르센에게 하사하였던 비단 국기를 게양하였다. 그 장면을 사진 찍고 영상으로 기록하고 깃대 맨 아래에 자신들의 선박명과 방문 날짜를 적은 명판을 남겨 둔 후 라르센은 크리스텐센의 아내가 자신에게 준 국기로 그 역사적 깃발을 대신하였다. 흡족한 라르센은 *노르베지아*호로 다시 날아가 '이제 엔더비는 노르웨이 것이다'라고 선언하였다. 그는 무전으로 그 소식을 오슬로에 전했는데 흥분한 언론은 그 두 사람이 '국제적으로 인정된 방식으로… 노르웨이를 위해 이 땅을 점유하였다'라고 보도하였다.[54]

그 당시 모슨은 아직도 1,000킬로미터 넘게 동쪽에 있었다. 모슨의 조종사 스튜어트 캠벨(Stuart Campbell)은 탐험대의 비행기 집시 모스호(Gipsy Moth)의 엔진을 작동시키려고 애를 쓰고 있었고 모슨은 자신의 발동기정을 타고 자리를 떠 사격 거리 이내에 있는 야생동물은 무엇이든지 닥치는 대로 쏘면서 시간을 때우고 있었다. 불운한 황제펭귄 1마리가 그러한 희생물의 하나였다. 모슨은 1시간 반 후 그 펭귄을 *디스커버리*호 위로 들어 올렸을 때 그것이 어떻게 해서 가슴과 어깨와 머리에 관통상을 입고도 여전히 살아 있는지를 놀라움과 함께 기록하였다.[55]

12월 31일이 되어서야 비로소 주위 상황이 2인승 복엽기를 타고 첫 비행을 하기에 알맞게 되었다. 그 비행기는 바다에서 이륙한 뒤 1,500미터 고도까지 상승했으며, 거기서 캠벨은 약 8킬로미터 떨어진 곳에 새로운 육지를 볼 수 있었는데 닷새 전 모슨이 배에서 목격했던 '육지의 모습'을 확인하였다. 모슨은 즉시 그것을 자신의 개인 후원자인 멜버른의 초콜릿 제조자 맥퍼슨 로버트슨 경(Sir MacPherson Robertson)의 이름을 따 '맥 로버트슨 랜드'라고 명명했는데, 그는 흔히 자신의 초콜릿 이름인 '맥 로버트슨(MacRobertson)'으로 알려져 있었다. 그러나 비행기로 그곳에 도달하려거나 그 지면 위에 국기를 떨어뜨리려는 시도는 없었다. 그것을 명명하는 것이 그것을 영국의 세계 안으로 가져오는 데는 도움이 될 것이지만 그것을 합병하려면 그 전에 보다 공식적인 권리 선포 의식이 필요하였다. 그렇게 하기 위해서는 캠벨을 시켜 얼음 위에 그저 국기 한 장을 떨어뜨리는 대신 모슨이 상륙하여 국기를 게양해야 할 것이었다.[56]

47세 된 모슨은 다른 것들을 염두에 두고 있었으며 거의 매일같이 배의 운영에 관해 *디스커버리호* 선장인 존 킹 데이비스와 논쟁했다. 그 두 사람의 숙련된 탐험가는 서로 불가능한 입장에 놓여 있었다. 모슨은 탐험대와 배의 지휘자라고 간주되어온 반면 성을 잘 내는 데이비스는 배의 안전이 위태롭다고 생각되는 경우 모슨의 명령을 취소할 수 있는 권한을 부여받았는데 그는 종종 그렇게 하였다. 데이비스에 대한 장문의 비난이 모슨의 일기를 지배한 것은 놀랄 만한 일이 아니었는데, 데이비스는 모슨의 1911년 탐험에서 *오로라호*의 선장이 되었으나 최근 10년 동안은 오스트레일리아의 항해 지도자로서 사무직에 있었다. 모슨은 데이비스의 행동에 매우 격분한 나머지 그를 거의 미친 사람으로 생각하였다. 탐험의 목적에 관해 그에게 비밀을 유지하는 것은 그 선장의 기질에 아무런 도움이 되지 않았다. 모슨은 1930년 1월 2일까지 기다린 후에야 비로소 데이비스에게 자신이 브루스로부터 받은 지시사항들을 보여주었는데 브루스는 그 이후로 수상 직에서 물러난 상태였다.

같은 날 오슬로의 신문들이 라르센이 엔더비 랜드의 권리를 주장했다는 보도를 전한 뒤 케이시는 무전으로 걱정스러운 그 소식을 모슨에게 전했다. 그 주장이 노르웨이 수상에 대한 영국의 항의를 촉발하였는데 노르웨이 수상은 영국 수상에게 *노르베지아호*의 탐험은 '순전히 개인적 모험'이며 정부는 라르센의 주장을 지지하지 않을 것임을 확약하였다. 그럼에도 불구하고 그 소식은 모슨의 임무에 새로운 긴박감을 더했으며 마침내 데이비스로 하여금 배의 속도를 높이고 엔더비 랜드를 향해 나아가도록 촉구하였다.[57]

모슨과 데이비스 사이의 적대감의 끝은 오래가지 못하였다. 다음 날 그 두 사람은 점심 식사를 하면서 격렬한 말다툼을 벌였는데 데이비스는 '노르웨이인들이 엔더비 랜드에서 우리를 기다리려고 애쓰는 것은 당연하며' 영국과 오스트레일리아인들은 '가장 수치스럽게도 자신들의 계획을 숨겨왔다'고 선언하였다. *디스커버리호* 탐험이 '과학적인 탐험'이라는 모슨의 주장은 데이비스에 의해 손을 쓸 수 없을 정도로 일축되었는데 그가 그것은 '모두 속임수이며 우리는 땅을 차지하러 나왔다'고 지적한 것은 당연하였다. 그는 더 나아가 만약 그들이 정말로 과학자들이라면 마땅히 '과학적 연구를 위한 훨씬 더 나은 분야가 있는' 오스트레일리아에 머물러 있어야 했다고 주장하였다. 과학자들 중 한 사람이 축음기 볼륨을 일부러 높인 후에야 비로소 그 주장은 불안하게 끝이 났다.[58] 그러나 그것으로 그 탐험대의 목적에 관한 모슨과 데이비스 사이의 논쟁이 끝난 것은 아니었다.

노르웨이인들이 권리가 주장되지 않은 남극 영토 모두를 장악하는 데 여념이 없음을 확신한 모슨은 자신이 상륙하여 오스트레일리아 소유권을 선포할 수 있는 장소를 찾으려는 계획을 밀어붙였다. *디스커버리호*가 연안에서 1월 9일 날씨가 맑아지기를 기다리고 있는 동안, 그리고 사진사 프랭크 헐리가 적절하게 인상적인 선언문을 마련하는 동안 캔버라로부터 *노르베지아호* 탐험대가 이전에 보도되었던 것처럼 코우츠 랜드와 엔더비 랜드 사이의 지역에 대한 권리를 주장하지 않았다는 전보 한 통을 받았다. 그 대신 그들은 캠프 랜드와 엔더비 랜드 사이의 100킬로미터에 이르는 해안선을 발견하고 그것에 대한 권리를 주장하였다. 모슨은 낙심하여 이곳이 '바로 지금 우리가 있는 곳'이라고 말하였다. 그것은 '매우 분통터지는' 일이었다. '왜냐하면 그들은 자신들의 국기를 게양하기 위해 이곳으로 바로 항해한 것이 분명하며, 그들은 이것이 우리들의 여행 일정에 포함돼 있다는 것을 알고 있었기 때문이다'라고 모슨은 자신의 일기에 적었다. 노르웨이인들이 이렇게 하는 동안 모슨은 해양학 연구에 시간을 소비하느라 너무 늦게 도착했던 것이다. 모슨은 노르웨이인들의 행동은 '과학에 도움이 되지 않는다'고 불평했다. 왜냐하면 그것은 미래의 탐험대들이 그들의 과학 연구를 포기하고 '단지 상륙하여 국기를 게양할 가능성이 가장 높은 해안 지점으로 돌진해야 할 것'임을 의미하기 때문이다.[59]

모슨은 상륙하여 국기를 게양하고 자신의 선언문을 낭독하기 위해 필사적이었으나, 노르웨이인들이 있었던 곳에 상륙하여 그로 인해 수위의 자리를 자신의 경쟁자들에게 허용하고 싶지는 않았다. 모슨은 노르웨이인들이 권리를 주장한 짧게 펼쳐진 해안선의 훼손되지 않은 쪽으로 데이비스가 배를 몰고 가기를 원했다. 그러나 데이비스는 아직도 날씨가 너무 위험하다고 생각했으며 이전에 다른 배들이 그랬던 것처럼 배가 해안으로 밀려가 1년 넘게 총빙에 갇히지나 않을까 두려워하였다. 그는 자신이 '해안에 국기를 게양하는 그 빌어먹을 쓸데없는 사업'이라고 부르는 것을 위해 자신의 배를 위태롭게 하지는 않을 것이다. 데이비스가 계속해서 '이 빌어먹을 국기 게양 사업'이 '모조리 허튼수작'이라고 불평하는 가운데 모슨은 자신들이 '모든 면에서 노르웨이인들에게 선수를 빼앗기는 것'을 막기 위해 그에게 계속 서쪽으로 나아갈 것을 지시하였다.[60]

마침내 1930년 1월 13일, 바위투성이의 작은 섬을 향해 *디스커버리*호를 천천히 몰고 갈 수 있을 만큼 바다는 잔잔하고 얼음이 없었다. 모슨은 자신의 과학자 일행을 대형 보트에 태워 해안으로 보냈으며 그들은 재빨리 북적거리는 펭귄 서식지를 헤치고 250미터 높이의 그 섬 꼭대기로 올라갔는데 거기서 100개도 넘는 좌초된 빙산들을 볼 수 있었다. 이러한 장엄한 장소 위에 돌무더기를 이용하여 깃대를 세우고 그 밑에 모슨과 데이비스가 정식으로 서명한 필요한 선언문을 담은 통을 묻었다. 그런 다음 그 깃대에 나무 간판을 부착했는데 '그 위에는 헐리가 "1930년 1월 13일 영국 국기를 게양하고 영국 주권을 주장하는 바이다"라고 아름답게 새겨놓았다.'

깃대 앞에 대원들이 속이 빈 사각형 배열을 만든 가운데 국기를 게양하고 모슨은 선언문을 낭독할 준비를 하였는데, 불행하게도 그 선언문은 이제 돌멩이들 밑에 깊숙이 놓여 있었다. 그는 자신의 기억에 의존하면서 헐리의 도움을 받아 필요한 말을 암송해야 했으며 정오에 정확하게 그것을 행했는데, 국왕의 이름으로 '엔더비 랜드, 캠프 랜드, 맥 로버트슨 랜드 및 동경 73도와 동경 47도 사이의 앞바다에 있는 모든 섬으로 구성된 영토에 대한 완전한 주권'을 주장하였다. 그다음에 국왕을 위한 만세 삼창이 있었고 '신이

여 국왕을 구하소서(God Save the King—영국 국가—역자 주)'를 합창하였다. 대륙에 발도 디디지 않은 채 모슨은 1,000킬로미터 이상이나 되는 해안선으로 이루어진 광대한 쐐기 모양의 영토에 대한 권리를 선포하였다. 헐리가 그 역사적 장면의 기념사진을 찍었다.

의식이 끝나자 대원들은 배로 돌아갔는데 배에서는 성미 급한 데이비스가 모슨이 후일 '프로클러메이션 섬(Proclamation Island)'이라고 부를 곳으로부터 벗어나려고 초조한 나머지 갑판 위를 서성대고 있었다. 모슨은 계속해서 서쪽으로 동경 40도까지 나아가기를 원했는데, 그 지점은 자신이 권리를 주장하라고 지시받았던 육지의 서쪽 경계를 막 지난 곳이었으며 그가 '노르웨이인들이 바쁠지 모르겠다'고 걱정한 곳이었다.[61]

다음날 저녁 대략 동경 49도에서 무거운 짐을 실은 *노르베지아*호가 목격되었을 때 모슨은 노르웨이인들이 매우 바빴다는 것을 알 수 있을 따름이었다. 모슨의 선실에서 리저 라르센과의 회합이 있었다. 겉으로 보기에는 황무지에서 만나는 두 탐험가의 다정한 태도를 취하고 있었지만, 그럼에도 불구하고 그 두 사람은 경계심을 가지고 자신들의 활동에 관한 정보를 교환하였다. 두 사람 모두 자신들의 언행이 실제로 외교적인 영향을 야기할 수 있음을 의식하고 있었다. 영국 정부는 12월 22일의 엔더비 랜드에 대한 라르센의 권리 주장에 관해 노르웨이인들에게 이미 항의한 바 있으며 그래서 크리스텐센은 1월 10일 라르센에게 동경 45도 동쪽의 육지에 대해서는 더 이상 권리를 주장하지 말 것을 지시해두었다. 리저 라르센은 지금 모슨에게 자신은 '영국이 분개할' 짓은 아무것도 하지 말라는 명령을 받았음을 인정했는데 그 말을 모슨은 엔더비 랜드나 캠프 랜드 위에는 노르웨이 국기가 게양되지 않았음을 뜻하는 것이라고 잘못 생각하였다.

묘하게도 모슨의 일기는 자신이 라르센에게 이를 확인해줄 것을 요청하지 않았음을 암시하고 있으나, 그 노르웨이인은 후일 자신은 '우리가 했던 것과 남아 있는 시즌 동안 우리가 할 예정인 것을 자세히 정확하게 설명했다'고 주장하였다. 아마도 모슨이 알고 싶어 하지 않았는지 모른다. 노르웨이인들이 그를 앞질렀다는 것을 알면 그로 인해 자신의 주장을 하는 것이 복잡해질 것이었다.

자신에 관한 한 모슨은 라르센에게 자신이 동경 73도에서 그들의 현재 위치까지 해안의 지도를 작성했노라고 말했다. 그는 '노르웨이인들을 서쪽으로 돌리기 위해' 고의로 자신의 작업 범위를 과장하였다. 몇 시간에 걸친 그들의 언쟁에서 모슨은 또한 라르센에게 케이프타운에서 *노르베지아호* 탐험이 자신이 '엔더비-캠프 랜드로 구성된 영국 지역'이라 부르는 곳에서 '완전한 과학 프로그램을 의도하고' 있었던 자신의 탐험과 중복될지 모른다는 것을 알았을 때 그가 느꼈던 낭패감에 관해서도 말해주었다. 라르센은 노르웨이인들의 계획은 '이미 1927년에 공표된' 바 있으며 그 계획은 '타국민의 영토를 침범하지 않았다'고 되받아 넘겼다. 모슨은 이제부터 *노르베지아호*는 동경 40도 서쪽에 머무르는 반면, 자신의 활동은 그 경선의 동쪽에 제한할 것을 다시 제안하였다. 그러나 그 노르웨이인은 그런 약속을 하는 것을 거절하였다.

라르센이 자신의 보트를 타고 천천히 떠나갈 때 *디스커버리호* 대원들은 배 난간에 정렬하여 떠나가는 그들의 경쟁자를 위해 만세 삼창을 불렀지만, *노르베지아호*가 엔더비 랜드와 캠프 랜드의 탐나는 해안선을 따라 동쪽으로 향했을 때 낙심한 채 바라볼 따름이었다. *디스커버리호*는 오스트레일리아 사분할 지역의 경계를 향해 서쪽 항로로 계속 항해하였다.[62]

두 사람이 만나고 있었던 동안, 모슨에게 대륙 자체 위에 국기를 게양하라고 지시하는 암호 메시지 한 통이 오스트레일리아로부터 접수되었다. 모슨은 서쪽으로 동경 45도까지 멀리, 그리고 가능하면 동경 40도까지 나아가라는 명령을 받았다. 그러나 데이비스에게는 충분하였다. 그는 자신들의 임무가 완수된 걸로 간주하였으며 머지않아 석탄이 그들을 집으로 데려다주기에 불충분해질 것을 염려하였다. 그는 또한 자신이 '이 국기 흔들기 사업'이라고 부르는 것에 신물이 났다. 1월 16일 오랫동안 계속된 통렬한 비난에서 그는 모슨에게 그 탐험대의 작업이 '한 편의 시네마 쇼에 불과'하고 모슨과 그의 과학자들은 '국기를 게양하는 다수의 사기꾼에 불과'하다고 말했다. 모슨은 '[데이비스가] 얼마나 아둔한지 그리고 그의 정신이 균형이 잡혀 있지 않은' 것에 대한 증거로 자신의 일기에 그가 언급한 것들을 모두 세심하게 기록해놓았다.

모슨은 지금 당장 집으로 향할 예정은 아니었다. 그는 노르웨이인들이 무슨 짓을 할까 우려했는데, 캔버라에서 온 무선 메시지가 모슨이 지금까지 한 번밖에 국기를 게양하지 않았으며 그것도 본토가 아닌 섬에서 거행된 것이었음을 언급하면서 그에게 '목격되는 육지 위에서 가능한 자주 국기를 게양해야 할 것'을 상기시킨 바 있었다. 모슨은 자신이 엔더비 랜드의 해안에 국기를 게양하고 어떻게 해서든 그곳 산맥의 공중 촬영을 할 때까지는 남극을 떠나지 않을 결심을 하였다. 제국을 위해 영토에 대한 권리를 주장하는 것뿐 아니라 그는 돈이 되는 미디어와 이행해야 할 약속이 있었는데, 그것은 그가 장엄한 사진을 가지고 돌아올 것을 요구하였다. 그는 또한 허드슨 베이 컴퍼니에 기름과 가죽 샘플을 제공하기 위해 바다표범 몇 마리를 죽여야 했다.[63]

동경 45도를 통과한 뒤 모슨은 더 이상 서쪽으로 가는 계획을 포기하고 *노르베지아호*를 추적하여 도로 동쪽으로 향했는데, 그동안 내내 어딘가 상륙하기 적당한 곳을 찾았다. *노르베지아호*는 *디스커버리호*를 떠난 뒤 계속 동쪽으로 향했으나 라르센은 크리스텐센이 무선으로 '동경 45도 동쪽의 땅은 더 이상 점유하는 것을 삼갈 것'을 지시한 후 항로를 되돌렸다. 그런 지시를 내릴 때 그 포경왕은 12월 22일 라르센이 엔더비 랜드에 대해 주장한 권리를 포기하고 있지 않았는데 그는 그 문제의 해결을 기꺼이 '국제적 전문가들'에 의한 후일의 판결에 맡길 예정이었다.[64]

1월 25일경 *디스커버리호*는 프로클러메이션 섬으로 귀환했으며 모슨은 헐리가 사진 촬영과 영화 촬영 둘 다를 할 수 있도록, 그리고 캠벨이 대륙 위 어딘가에 상륙할 장소를 찾아볼 수 있도록 비행기를 띄울 수 있었다. 헐리의 비행 후 모슨이 국기 한 장과 필요한 선언문과 함께 비행기로 올라갔다. 캠벨이 얼음이 튀는 바다를 가로질러 대륙 해안선을 향해 조종하는 동안 모슨은 그 국기를 짧은 깃대에 부착한 다음 그것을 앞쪽으로 캠벨에게 전해주었다. 그들이 육지 위로 충분히 왔을 때 캠벨은 엔진을 끄고 모슨이 선언문을 낭독하는 동안 근 1,000미터 높이에서 비행기 측면 너머로 그 국기를 떨어뜨렸다. 모슨은 이렇게 하는 것이 '이번에는 우리들의 가장 서쪽에 있는 새로 발견된 땅 조각을 포함하여 다시 한번 발견된 모든 육지에 대한 권리를 주장하는' 것을 보장함을 확신하였는데—그것은 환언하면 동경 45도의 오스트레일리아 사분할 지역의 서쪽 경계에 이르기까지 그곳을 따라 그들이 항해했던 모든 땅이었다.

그 주장을 확인해주기 위해 캠벨은 그것들의 투하 지점 상공을 다시 선회하고 '얼음 표면 위에 놓여 있는 그 국기를 찾아내 그것에 나의 주의를 끌었다.' 그것이 그들이 할 수 있는 최대한도였다. 데이비스는 숨겨져 있는 바위들이 배를 위태롭게 만들 것을 우려하여 적절한 권리 선포 의식을 거행하기 위해 해안에 상륙을 시도하는 것을 단호하게 거절했으며, 엔진을 가동시킬 석탄이 아직 충분히 있는 동안 집으로 향할 것을 고집하였다. 모슨은 마지못해 그렇게 하는 것에 동의하였다. 그는 노르웨이인들이 포기한 해안선을 탐험하기 위해 다시 돌아오지 않도록 자신의 철수 소식을 조심스럽게 비밀로 하였다.[65]

리저 라르센의 주의는 다른 곳에 있었다. 노르웨이인들은 영국의 조언을 받아들여 단지 대륙을 일주 항해한 5번째 탐험대가 되려던 자신들의 원래 계획을 포기하였다. 동쪽으로 계속 항해하는 대신 *노르베지아호*는 엔더비 랜드와 코우츠 랜드 사이의 권리가 주장되지 않은 광대한 해안선을 탐사하기 위해 뱃머리를 서쪽으로 돌렸다. 비록 얼음에 손상된 뱃머리, 그리고 엔더비 랜드와 코우츠 랜드 사이의 해안으로부터 그들을 멀리 떨어뜨리는 유난히 넓은 얼음 띠의 방해를 받았으나 그들은 엔더비 랜드의 서쪽 가장자리에 있는 넓게 펼쳐진 해안선을 발견하고 해도를 만들 수 있었다. 라르센은 그곳을 '퀸 모드 랜드(Queen Maud Land)'라고 명명하고 웨델해 동쪽 가장자리에 있는 더 많은 해안선에 '크라운 프린세스 마르타 랜드(Crown Princess Martha Land)'라는 이름을 붙였다. 그가 해안에 충분히 가까이 다가갈 수 없었고 비행기로도 그곳에 안전하게 도착할 수 없었기 때문에 이 두 장소 사이에 광대하게 펼쳐진 해안선은 여전히 일종의 미스터리로 남았다.

그럼에도 불구하고 라르센의 항해로 근 1,000킬로미터에 달하는 해안선의 해도가 만들어지고 고래가 풍부한 다수의 새로운 만과 바다가 발견되었다. 여러 군데 펼쳐진 해안선에 대한 노르웨이의 권리를 강화하는 동시에 크리스텐센의 포경선단에 실제적인 도움을 주기 위해 스케치와 지도와 사진들이 세심하게 수집되었다. 1930년 3월 초 크리스텐센은 라르센에게 수리를 하고 겨울이 끝나기를 기다리기 위해 *노르베지아호*를 케이프타운으로 몰고 가라는 지시를 내렸다.

그것은 광란의 2년이었다. 항공기가 남극에서의 탐험을 변화시켰다. 윌킨스는 최초로 비행을 했으며 장엄한 풍경 사진을 가지고 돌아왔다. 그가 발견한 것이 분명한, 남극 반도를 가로질러 대륙을 2개의 땅덩이로 분리시키는 해협들은 후일 잘못된 것으로 판명될 것이다. 영국 정부로서는 더 실망스럽게도 윌킨스의 비행은 그가 영국이 자국 소유로 만들고 싶어 했던 로스 속령과 포클랜드 제도 보호령 사이에 놓여있는 권리가 주장되지 않은 영토에 도달하기 전에 돌연히 끝나버렸다.

경계의 눈초리로 윌킨스를 주시했던 버드는 역대 최대 규모의 남극 탐험을 시작하여 남극점 상공을 최초로 비행했다는 탐나는 상과 함께 의기양양하게 귀환하였다. 보다 중요하게, 남극에 대한 90년 동안의 미국의 무관심 끝에 그는 남극대륙을 미합중국의 국가적 안건으로 확고하게 올려놓았다.

그는 또한 미국을 위해 대륙의 한 부분에 대한 권리를 주장하는 방향으로 최초로 시험적 단계를 밟아 윌킨스가 도달할 수 없었던 영토의 일부를 횡단 비행하였다.

또한 노르웨이도 고래 탐지와 영토 획득에 사용하기 위한 비행기를 완비하여 세계가 지금까지 목격했던 것 중 최대 규모의 포경선단과 함께 대거 돌아왔다. 영국은 대륙 전체를 지배하려는 자국의 꿈이 실현될 수 없을 것이라는 통고를 받았다. 경쟁적 강대국들에 의한 남극대륙의 분할이 본격적으로 시작되었다.

CHAPTER 12

1931-1933

이런 어처구니없는 어릿광대극

남극에서 항공기를 성공적으로 사용한 것은 인간이 대륙을 정복한 느낌을 자아내었다. 사람들은 아침 식사 자리에서 신문을 읽는 동안 베를린에서 부에노스아이레스까지 카메라가 포착한, 눈 덮인 산들 사이로 굽이쳐 흘러가는 크레바스 투성이 빙하들의 정적을 볼 수 있었다. 대륙을 종횡으로 움직이는 비행기들이 이제 남극대륙의 비밀을 숨겨왔던 베일을 말끔히 걷어낼 수 있었으며 정기적인 최신 신문 보도들은 점점 더 많은 지도가 공백이 메워지고 있음을 보여주었다.

항공기는 또한 남극을 지배하기 위한 경쟁을 가속화시켰다. 남극에 대한 경쟁이 본격적으로 막 시작되었을 때, 1929년 10월의 뉴욕 주식시장 붕괴와 뒤이어 발생한 경제 불황으로 정부와 개인 후원자들이 투기적 모험가들에게 제공할 자금 지원이 제한을 받게 되었다. 남극에서 두 해 여름을 탐험에 실패한 뒤 오스트레일리아 비행사 휴버트 윌킨스는 자신은 극지 비행을 영원히 포기할 것이라고 선언하였다. 미국의 극지 영웅 리처드 버드는 미국 대중의 환대를 받은 후 일에 복귀하고 싶었으나 자금 결핍 때문에 리틀 아메리카로 향한 두 번째 탐험을 연기할 수밖에 없었다. 오직 노르웨이 포경업자 라스 크리스텐센과 오스트레일리아 지질학자 더글러스 모슨 만이 그들의 경쟁을 다시 시작하기 위해 1930년에서 1931년 여름에 돌아왔다.

노르웨이인들이 소형 탐험선 *노르베지아*호에 의한 단독 항해뿐 아니라 크리스텐센 포경선단의 대부분의 선박들에 의한 세심하게 조정된 조사에 있어서도 유리한 위치에 있었다. 날렵한 포경선들이 보다 육중한 가공선들보다 종종 해안선에 훨씬 더 가까이 다가갈 수 있었기에 크리스텐센은 그들에게 사냥 도중 맞닥뜨릴지 모르는 모든 새로운 육지의 해도를 작성하라고 지시하였다. 가공선들은 석탄과 다른 물자들을 운반하였으며 항공기를 수송할 수 있었는데 그로 인해 *노르베지아*호는 모슨이 생각할 수 있는 것보다 훨씬 더 오래 항해할 수 있었다.

1930년에서 1931년의 여름 동안 크리스텐센은 *노르베지아*호가 대륙 전체를 일주 항해하기를 바랐는데 그것은 다섯 번째로 달성될 업적일 것이며 90년 만에 처음이 될 것이었다. 탐험대를 지휘한 사람은 전직 노르웨이 육군 장교이자 극지 지형학자인 군나르 이작센(Gunnar Isachsen)이었는데 그는 1930년 9월 케이프타운에서 *노르베지아*호에 승선하였다. 그가 받은 지시는 남극을 선회하면서 그 존재나 위치가 의심스러운 섬들과 포경 기지를 제공할 수 있는 섬들을 찾고, 고래의 수와 분포를 조사하고, 기존의 노르웨이 영토관할권을 강화하고 확대하는 것이었다.[1] *노르베지아*호 선장 닐스 라르센(Nils Larsen)은 '이전에 다른 어느 나라도 점유한 바가 없는' 모든 육지에 대한 권리를 주장하기 위한 '절차의 방법'에 관한 지시를 받았다.[2]

61세 된 이작센은 탐험대를 지휘하는 임무에 잘 맞았는데 그는 노르웨이 해양 박물관(Norwegian Maritime Museum) 관장이 되기 전에 30년 넘게 북극에서 탐험과 지도 제작에 관여한 바 있었다. 가장 최근에 그는 남극 포경선단에 대한 노르웨이 정부 감독관으로 근무한 적이 있었는데, 이것은 1930년 10월 *노르베지아*호가 케이프타운을 떠날 때 그가 낯익은 바다로 향하고 있었다는 것을 의미했다.

존재하지 않는 것으로 드러난 섬들을 찾는 데 2개월 이상을 허비한 뒤 이작센은 피터 1세 섬(Peter I Island)으로 향하였다. 그 섬은 1821년 벨링스하우젠의 러시아 탐험대에 의해 발견되었으며 1929년 *노르베지아*호가 일행을 상륙시켜 난파한 선원들을 위한 오두막 한 채를 세웠을 때 노르웨이를 위해 권리가 주장된 바 있었다. 이러한 행위는 노르웨이인들에게 명백한 실제적 목적과 상징적 의미가 있었다. 그것은 노르웨이의 관리와 간헐적 점유에 관한 일종의 물리적 표시였으며 따라서 노르웨이인들이 보기에는 영토관할권을 주장하기 위한 토대를 놓은 셈이었다. 이작센은 또 다른 오두막 한 채와 물자 저장소를 세움으로써 그 권리를 강화하라는 지시를 받았으나 그 섬을 둘러싸고 있는 수 킬로미터에 이르는 얼음의 방해를 받았다.

이작센은 크리스텐센과 라르센을 만나기 위해 자신의 항해를 강행하지 않을 수 없었는데 그들은 유조선 *토르스하운호(Thorshavn)*에 승선해 있었다. 2월 9일 동경 33도 53분 지점에서 일단 그 만남이 성사되었을 때 이작센은 라르센에게 *노르베지아호*의 지휘권을 넘겨주고, 그와 크리스텐센은 *토르스하운호*를 타고 고래기름 화물과 함께 케이프타운으로 돌아왔다. 그들이 떠나기 전에 새 육지의 발견과 그것에 대한 권리 주장을 촉진하기 위해 소형 수상 비행기 1대를 *노르베지아호*로 옮겼다.[3]

그 전해에 엔더비 랜드에 대한 자신의 권리가 노르웨이 정부의 인정을 받는 것이 좌절된 적이 있었기 때문에 리저 라르센은 인근의 해안선을 탐험하고 그것에 대한 권리를 주장하는 데 허비할 시간이 없었는데, 그곳은 아직 권리가 주장되지 않았으며 영국이 노르웨이가 자국의 영토적 야심을 그리로 향할 것을 암시해주었던 섹터 내에 놓여 있었다. 그 전해에 리저 라르센은 대륙 위에 우뚝 서서 노르웨이 국기를 게양하기 위해 자신의 목숨을 걸었다. 버드와 모슨의 예를 따라 그는 그 이후 육지에 대한 권리를 주장할 수 있으려면 비행기에서 그것을 바라보는 것으로도 충분하다는 결정을 내렸다.

비록 이러한 주장은 어느 국제 재판소에서도 시험받은 적이 없었으나 라르센과 크리스텐센 두 사람 모두 해안에서 떨어진 곳에 있는 배의 갑판에서 육지에 대한 권리를 주장한 탐험가들의 수많은 역사적 선례가 있다고 주장하였는데, 그 위치에서는 그들이 그것의 지형이나 범위를 거의 알 수 없었다. 적어도 비행기의 유리한 위치에서는 어떤 영토의 위치와 크기를 보다 정확하게 결정할 수 있을 것이며 훨씬 더 정확한 지도를 만들 수 있을 것이다.[4] 다른 사람들은 육지에 대한 권리를 주장하려면 실제로 그곳에 발을 디뎌야 한다고 주장하였다. 스코틀랜드의 어느 신문이 남극점까지의 버드의 비행 흔적을 좇아 관찰한 것처럼 그 미국 비행사는 '우리 모두가 달을 보아왔던' 것과 똑같은 방식으로 남극을 쳐다보았다. 버드가 엄청난 고도에서 남극을 바라본 것만으로 미국이 남극에 대한 법적 권리를 획득할 수 없다는 것은 어떤 사람이 그저 멀리서 그것을 보았다는 것으로 달에 대한 법적 권리를 획득할 수 없는 것과 마찬가지였다.[5]

노르웨이인들은 자신들의 강력한 경쟁국인 영국과 미국이 만들어 놓은 선례를 기꺼이 따랐다. 1931년 2월 17일 리저 라르센과 *노르베지아호* 선장 닐스 라르센은 수상 비행기를 타고 1,100미터가 넘는 고지로 올라가 거기서 안개에 가려진 먼 곳으로 펼쳐져 있는 눈과 얼음의 경치를 바라보았다. 자신들이 '내륙 얼음의 가장자리'라고 생각한 곳 위를 통과하자마자 리저 라르센은 '국기와 서류를 떨어뜨리고 노르웨이를 위해 그 육지를 점유하였다.' 일단 *노르베지아호*로 돌아온 뒤 그는 무전으로 그 소식을 오슬로에 전하고 국왕 하콘 7세(King Haakon VII)에게 국왕의 손녀인 랑힐 공주(Princess Ragnhild)가 이름을 따서 그 육지를 명명하기 위한 승인을 요청하였다. 즉각적으로 승인이 하달되었다.[6]

며칠 후 *노르베지아호*는 가공선 *엔탁틱호*를 우연히 만났는데 그 배의 선장은 자신이 퀸 모드 랜드와 엔더비 랜드의 지도를 작성하고 있었다고 보고하였다. 그 배는 해안선의 지도를 만들고 그곳의 지리학적 지형에 노르웨이식 이름을 부여하고 있었던 여러 척의 노르웨이 포경선 중 1척에 불과하였는데, 그 목적은 자신들의 항해의 안전을 향상시키는 동시에 포클랜드 보호령 동쪽 경계와 오스트레일리아가 권리를 주장하려고 하는 섹터의 서쪽 경계 사이에 놓여 있는 섹터에 대한 노르웨이의 권리를 지지하기 위함이었다. 그해 남극의 여름이 끝나감에 따라 *노르베지아호*와 그 자매선들은 그들이 목격했던 것들의 상세한 항목과 함께 북쪽으로 돌아갔다.

1931년 5월 15일 *노르베지아호*가 산네피오르의 포경 항구 안으로 천천히 들어갔을 때 4년간의 탐험을 기념하기 위한 큰 축제들이 열렸으며 크리스텐센은 선원들에게 은메달을 수여하였다. 닐 라르센은 노르웨이 지리학회로부터 메달을 수여받았으며 한편 크리스텐센은 2등급 세인트 올라프 훈장 (Order of St Olav) 훈작사가 되었다. 기념 연설을 하는 동안 새로 발견된 영토의 이름이 '라스 크리스텐센 랜드(Lars Christensen Land)'라고 발표되었다. 그것은 크리스텐센의 사주로 포경업자 상호 보험 협회(Whaler's Mutual Insurance Assodciation)가 발행한 두 가지 새로운 수로학 지도상에 차후에 추적되었던 목격지들 중의 하나였다. *노르베지아호*는 또한 기상학, 수문학 및 기타 관찰 결과들을 가져왔는데 그것들은 나중에 크리스텐센의 비용으로 노르웨이 과학 아카데미(Norwegian Academy of Sciences)에서 출판되었다.[7]

이 모든 것들이 아프리카 사분할 지역에 대한 노르웨이의 비공식 권리를 강화하는 데 도움이 되었으며 크리스텐센의 지도들은 그의 포경선들이 서경 20도에서 멀리 동경 100도까지 남극 해안선의 주요 지형들의 지도를 만들었음을 보여주었다. 이제 남극 지도 위에서 공백이었거나 추측되었던 곳의 대부분이 채워졌으며 크리스텐센은 사람들을 초대하여 자신의 지도와 1926년에 출판되었던 훨씬 덜 상세한 영국 지도를 비교해 보였다.[8]

크리스텐센은 노르웨이가 오스트레일리아 사분할 지역에 대해서도 권리를 주장할 수 있다는 자신의 희망을 포기하지 않았다. 그가 자신의 노르웨이 탐험 보고서에서 주장했듯이 노르웨이는 '우리가 발견했던 땅을 지키는 데 실제적이고도 큰 관심이 있었다.' 크리스텐센이 그렇게 하고 싶어 하는 한 가지 특별한 이유가 있었다. 그것이 자신의 포경선들이 영국 면허 없이 조업할 수 있는 지역을 확장시킬 뿐 아니라 그 섹터의 대부분이 자신의 이름을 따 명명되었기 때문이었다.

이작센은 미국 지리학회가 발행하는 *지오그래피컬 리뷰지(Geographical Review)*를 위해 한 편의 보고서를 썼는데 그 보고서에서 그는 사람들이 현재 라스 크리스텐센 랜드라고 부르는 지역의 해안선을 따라 노르웨이 포경선들이 발견했던 다수의 발견물을 열거하였다. 동경 75도와 동경 60도 사이에 위치한 이곳은 1년 전 모슨이 명명하고 그것에 대한 권리를 주장하고 부정확한 지도를 만들었던 섹터인 맥 로버트슨 랜드와 실질적으로 동일하였다. 모슨은 그 해안을 최초로 목격한 사람이 아니었으며 노르웨이인들보다 몇 주 뒤에 도착했던 것이다. 이제 그들이 두 번째로 그를 앞질러버렸다.

이작센은 그 사실이 미국 지리학자들의 주의를 끌도록 한 반면 크리스텐센은 처음에는 노르웨이어로 출판되었다가 1935년 영어로 번역되었던 한 권의 책에서 더 폭넓은 청중들을 위해 그렇게 하였다. *그런 것이 남극이다(Such Is the Antarctic)*라는 제목의 책에서 크리스텐센은 세상 사람들에게 자신과 아내가 *토르스하운호*를 타고 경험했던 세 차례의 항해를 포함한 일련의 *노르베지아호* 탐험, 그리고 자신의 포경선들과 관련된 발견에 관한 얘기를 하였다. 그 부유한 포경업자는 라스 크리스텐센 랜드와 퀸 모드 랜드 사이의 해안선을 100년 동안 아무도 방문하지 않았던 '처녀지'라고 기술하면서 그곳이 '2년 사이에 노르웨이 포경 산업을 위한 즐거운 사냥터가 되었던' 경위를 자세히 이야기하였다.[9]

노르웨이 정부가 영국인들이 자기네들 것이라고 표시해두었던 지역 내의 어떠한 육지에 대해서도 정식으로 권리를 주장하지 않는 것에 동의했음을 알고 있던 크리스텐센은 그럼에도 불구하고 노르웨이인들의 발견의 우선권을 공적 기록에 남겨두고 싶어 하였다. 비록 그가 모슨의 업적을 인정하였지만, 그는 라스 크리스텐센(또는 맥 로버트슨) 랜드의 지리학적 지형들에 대해 모슨이 붙였던 이름들은 이전에 노르웨이식 명칭을 가지고 있으며 노르웨이인들은 종종 크리스텐센의 선박들과 그 선원들의 이름을 사용하고 있다는 것을 천명하였다. 예를 들면 '토르스하운만(Thorshavn Bay)'이라는 노르웨이식 이름은 모슨에 의해 '맥켄지해(Mackenzie Sea)'라는 다소 더 거창한 이름으로 덧씌워졌다.

노르웨이인들은 또한 모슨이 권리를 주장하는 데 여념이 없었던 섹터 내의 다른 지역들의 지도도 만들고 이름을 붙였다. 라스 크리스텐센 랜드의 바로 서쪽에서 그들은 캠프 랜드, 엔더비 랜드 그리고 퀸 모드 랜드를 탐험하고 지도를 만들었다. 이작센은 그들이 '태양뿐 아니라 별들을 많이 관찰' 함으로써 매번 자신들의 위치를 면밀하게 계산했으며 그와 똑같이 어느 것이든 자신들의 배에서 보이는 산봉우리들의 위치와 고도를 세심하게 계산하였음을 명백히 밝혔다. 따라서 노르웨이인들이 만든 그 해안선의 지도는 모슨의 지도보다 훨씬 더 정확했는데 이는 노르웨이가 만약 그 섹터에 대한 권리 주장을 생각하는 경우 하나의 중요한 고려 사항이 될 수 있을 것이다.[10] 크리스텐센에 관한 한 *노르베지아*호의 항해와 다른 그의 포경선들의 발견이 '남쪽의 노르웨이 본토가 나타난' 시간을 표시하였다.[11]

모슨은 그 '남쪽의 노르웨이 본토'가 오스트레일리아 사분할 지역으로 침입하지 않을 것을 확신하였다. 그의 1차 항해가 이렇게 하는 데 어느 정도 도움이 되었으나 석탄이 부족해진 *디스커버리*호의 선장 존 킹 데이비스가 겁에 질려 허둥지둥 오스트레일리아로 일찍 돌아가면서 그 항해는 돌연히 끝나버렸다. 비록 영국이 *디스커버리*호를 2년 동안 빌려주었으나 무엇보다 중요한 오스트레일리아 정부로부터의 두 번째 해를 위한 자금 조달이 아직 보장되지 않았다.

모슨은 제임스 스컬린(James Scullin)의 새 노동당 정부를 설득시키기 위해 그가 권리를 주장했던 영토의 크기와 그들이 수행했던 해양학 및 기상학 연구, 엔더비 랜드에서 떨어진 곳에서 자신이 발견했던 풍부한 고래 어장을 강조하면서 자신이 할 수 있는 바를 다했다. 그는 고래 어장만으로도 다가

올 몇 년 이내에 수백만 파운드를 돌려줄 것이라고 주장하였다. 모슨은 1차 항해 후 환영 만찬을 제공했던 맥퍼슨 로버트슨의 지지를 받았는데 그 만찬에서 그는 '오스트레일리아와 영국에 대한 남극의 거대한 경제적 및 제국의 중요성'에 관해 연설하였다. 로버트슨은 정부가 만약 그 금액을 맞추는 데 동의한다면 2차 항해를 위해 6,000파운드를 기부할 것을 약속하였다.[12]

영국 정부도 또한 오스트레일리아에게 2차 항해 자금을 지원할 것을 촉구하였으며 1차 탐험이 '길게 펼쳐진 해안선을 점유하고 그곳에 대한 상세한 조사를 하는 데 성공했으며' 그로 인해 '주권을 정식으로 인수하고 그 관리를 오스트레일리아 정부에 부여하기 위한 방도'를 마련했다고 언급하였다. 오스트레일리아는 2차 항해를 진행하지 않는다는 생각으로 미적거렸으나 노르웨이로 돌아가는 도중 고래기름 화물을 가득 싣고 오스트레일리아 항구를 방문한 4척의 노르웨이 가공선과 유조선의 광경이 그 마음을 바꾸는 것을 도왔다.

1930년 5월 10일 스컬린은 영국 정부에 오스트레일리아의 결정을 통지하고 모슨의 2차 항해 계획의 개요를 설명하였다.[13] 불황으로 인해 실업자들의 행렬이 길어지는 가운데, 현지 포경 산업을 일으키고 노르웨이 포경업자들에게 세금을 부과할 수 있는 가능성이 또 다른 항해의 비용을 상대적으로 하찮게 보이도록 만들었다. 노르웨이가 오스트레일리아 사분할 지역 내의 영토에 대해 더 이상 권리를 주장하지 않기로 동의한 이상 그 영토를 최종적으로 합병하여 대영 제국 내로 가져올 수 있도록 2차 항해를 위해 모슨을 남쪽으로 파견한다는 것도 일리가 있었다.

모슨이 자신의 2차 항해 준비를 마무리 짓고 있는 동안, 남극에서의 영국의 영토관할권 문제를 검토할 또 다른 제국 회의를 위해 대표들이 런던에 모이고 있었다. 프랑스가 아델리 랜드를 버리지 않을 것임을 알렸을 때, 대륙 전체를 지배하려는 영국의 희망은 수정되어야만 했다. 한편 남아프리카공화국은 자기네들은 제국을 대신하여 아프리카 사분할 지역을 관리하는

데 전혀 관심이 없다고 통고하였다. 이제 영국 관리들은 그 섹터에서 노르웨이가 새로운 육지를 발견한 것과 그들이 그 해안선의 해도를 작성한 것으로 그곳에서 주권에 대한 가장 강력한 권리를 가지게 되었음을 인정하였다.

그리하여 오스트레일리아 사분할 지역뿐 아니라 로스 속령과 포클랜드 제도 보호령 사이의 섹터가 남게 되었다. 버드가 비행기로 로스 속령 내로 진출했음에도 불구하고 영국은 그것을 자국의 지배하에 가져오려는 희망을 포기하지 않았다. 그것이 1929년 윌킨스가 로스해까지 그 섹터 상공을 비행할 것을 제안했을 때 영국이 그를 지원했던 이유였다. 비록 악천후로 인하여 윌킨스가 남극 반도 이상 더 멀리 나아갈 수 없었지만 영국은 버드의 제한된 활동이 그 지역에 대한 미국의 부동의 권리를 확립한 것은 아니라고 생각하였다. 일단 모슨의 항해가 마무리되고 오스트레일리아 사분할 지역이 제국 내로 들어왔을 때, 영국 관리들은 '바다로나 공중으로나 한 번도 탐험된 적이 없는, 서경 80도와 서경 140도 사이에 광대하게 펼쳐진 해안선이 아직 남아 있다'고 주장했다. 그곳이 미래의 영국 탐험대를 집중시켜야 할 곳이었다. 하지만 먼저 모슨이 자신의 임무를 완수해야 하였다.[14]

자신의 2차 항해를 위해 모슨은 로스해로부터 맥 로버트슨 랜드까지 가능한 많은 해안선을 포함시킬 작정이었으나 영국 정부는 그가 동경 130도에서 동경 75도까지의 아델리 랜드 서쪽의 섹터에 대한 자국의 권리를 강화하는 데 집중해주기만 바랐다.[15] 모슨은 그 전해에 연안의 한 섬에서 한차례의 국기 게양 의식만 간신히 거행했던 큰 낭패를 당한 후라 그런지 이번에는 영국의 영토관할권을 제 자리에 굳게 강화하기 위해 가능한 자주 대륙 자체 위로 올라갈 작정이었다.

그는 마음속으로 자신이 그렇게 할 권리가 있다는 것을 의심하지 않았다. 떠나기 전의 한 신문 기사에서 모슨은 자신이 1839년 영국 바다표범잡이 존 발레니의 방문과 1911년과 1912년의 모슨 자신의 탐험대의 업적에 근거한 발견의 권리에 의해 영국이 소유한 육지를 탐험할 것임을 천명하였다.[16] 그러나 '발견과 정식 합병 행위'는 정당한 소유권을 제공하기에는 불충분하였다. 합법적인 국제적 규칙들이 사람들이 생존하는 것이 불가능하다고 생각되는 극지방에서는 '점유'가 특별한 의미를 가진다고 암시했으나 소유권은 또한 '점유'도 필요로 하였다. 영구 정착지를 요구하는 대신, 한 나라가 그 지역에 대한 '적절한 정도의 지배력'을 행사하고 있음을 보여줄 수 있을 때 점유에 근거한 권리가 존재할 것이다.[17] 남극에서는 가끔씩 방문하는 것과 인근의 바다에서 고래잡이를 통제하는 것에 의해서만 이를 행할 수 있을 것이다. 영국과 오스트레일리아 관리들은 돌아와서 그 장소를 방문하는 것과 국기를 게양하는 것으로 'BANZARE'라고 알려져 있는 모슨의 영국(B), 오스트레일리아(A) 및 뉴질랜드(NZ) 합동 남극 연구 탐험대(Antarctic Research Expedition)가 '점유'에 관한 법률요건을 실질적으로 충족시킬 것이라고 믿었다.

돈에 몹시 쪼들리던 탐험대를 위한 자금을 오스트레일리아, 영국 및 미국의 신문들로부터 구했으나, 모슨은 분하게도 편집장들이 그가 바라는 만큼 자신의 계획에 흥분하지 않는다는 것을 알았다. 남극 해안선을 따라 항해하다가 이따금씩 국기를 게양하기 위해 재빨리 상륙하는 것은 스콧과 아문센과 그리고 더 젊은 시절 모슨 자신의 이야기들을 듣고 자랐던 독자들의 상상력을 휘어잡을 수 있을 만한 활동들이 아니었다. 이번에는 그러한 대담성과 위험이 어디에 있는가? 런던의 *타임스(Times)*와 미국의 허스트사는 모두 그의 1차 탐험을 지원했음에도 불구하고 모슨의 2차 탐험에 대한 권리를 구입하기를 거절하였다. 케이시가 그 권리를 기꺼이 사려고 하는 다른 영국 통신사 하나를 찾을 수 있었지만, 모슨은 그들을 대신할 미국의 언론 단체에 관한 조언을 얻으려고 미국 지리학자 이사야 바우먼에게 편지를 쓸 수밖에 없었다. 비록 훨씬 할인된 가격이지만 그는 다행히도 *뉴욕 타임스*의 지원을 확보하였다.[18] 심지어 오스트레일리아 신문 편집장들도 2차 항해의 전망을 대단치 않게 생각했는데, 1차 항해의 보도가 오스트레일리아에서 무료로 배포된 뒤라서 그런지 2차 항해에 대한 요금을 지불하는 것에 특히 난처해하였다.

개인적으로는 모슨은 '이례적으로 좁은 견해'를 취하는 것에 대해 언론을 질타하였으며 자신의 보고들이 받아들여지기 시작하면 '그중 더 많은 언론사가 그것을 갖고 싶어 할 것이다'라고 예측하였다. 탐험을 담당하고 있는 정부 관리들은 '미지의 사건들이 없다는 것이 그 보고의 뉴스 가치를 어느 정도 손상시킬 수 있음'을 인정했으나, 그는 '일정한 퍼센트의 독자들은' 디스커버리호의 과학자들이 또 다른 그물의 해양생물들을 감아올리거나 남극 하늘 속으로 또 다른 기상 풍선을 띄울 때 그들이 매일 하는 일에 관심을 가질 것이라고 믿었다.[19]

그것은 탐험대를 지원하기 위한 돈에 관한 것만은 아니었다. 탐험대 활동의 홍보는 나중에 다가올 합병을 위한 하나의 중요한 서곡이자 타당한 이유였다. 언론이 자신의 이야기를 받아들이기를 꺼려하는 가운데 모슨은 극적인 사진들과 영화 필름을 통하여 탐험대가 세상의 주목을 끌게 하기 위해 기량이 뛰어난 그의 사진가 프랭크 헐리의 능력에 더욱더 의존하지 않으면 안 되었다.

헐리는 심지어 그 당시에도 1차 항해 필름을 모으고 있었는데 그것에는 과학 사진들과 영토에 대한 권리 선포 사진들과 함께 남극 야생동물을 찍은 다수의 장면들이 포함될 것이다. *Southward Ho!*라고 불린 정부가 후원한 그 영화는 탐험에 매우 필요한 재원을 제공하는 동시에 영국과 오스트레일리아 관중의 마음속에 남극에 대한 주인 의식을 일으키도록 할 예정이었다. 그러나 오스트레일리아에 파라마운트사의 버드 탐험대에 관한 영화가 도착하여 그 영화는 위협을 받게 되었다. 헐리의 영화가 1930년 8월까지는 시드니 영화관에서 개봉될 예정이 아니었기 때문에 정부는 영화 검열관으로 하여금 *Southward Ho!*가 아무런 경쟁 없이 상영을 마칠 때까지 오스트레일리아 관중들에게 그 미국 영화를 비밀로 하도록 하였다. 그 영화의 상영을 지연시킨 것이 헐리 영화의 입장권 판매를 최대화하고 미국 경쟁자의 업적보다 모슨의 업적들을 강조하는 것을 도왔다.[20]

헐리의 영화는 1930년 11월 22일 *디스커버리호*가 호바트를 떠났을 때에도 오스트레일리아의 일부 영화관에서 여전히 상영되고 있었다. 간밤을 뭍에서 보낸 뒤 속옷만 입은 행방불명의 선원이 배에 뛰어올라 탔을 때, 그 배는 손수건을 흔들며 성공을 기원하는 거대한 군중의 환호를 받았다.[21] *디스커버리호*의 전직 일등항해사 케네스 맥켄지(Kenneth Mackenzie)가 다혈질의 늙어가는 데이비스를 대신해 선장이 되었으며, 얼음이 얼기 쉬운 해안을 따라 수백 마일을 항해하는 데 충분한 석탄을 제공하는 문제는 같은 바다에서 조업하는 노르웨이 가공선들로부터 공급받은 물자에 의존함으로써 해결될 것이다.

펭귄과 코끼리바다표범의 대량 학살이 금지된 후 지금은 비어 있는 맥쿼리 섬에 잠시 들른 후 모슨은 로스해 서쪽 입구에서 떨어져 있는 발레니 섬(Balleny Isalnd)을 향해 나아갔으며, 그는 거기서 노르웨이 가공선 *서 제임스 클라크 로스호*로부터 석탄 100톤을 선적할 예정이었다. 그 2척의 배는 1930년 12월 15일 만났는데, 팽창시킨 죽은 고래 시체와 길다란 지방 조각들을 그 배들 사이의 방현재로 사용하여 그것들을 가로질러 석탄 자루들을 *디스커버리호* 갑판으로 던졌다. 모슨과 맥켄지가 월귤나무 열매와 스웨디쉬 펀치로 노르웨이 항해사들과 저녁 식사를 하고 있을 때 오스트레일리아 비행사 스튜어트 캠벨은 '엄청난 규모'의 대량 학살과 잡은 고래의 산업화된 처리에 정신이 온통 팔려 있었다. 수많은 고래 시체들이 *서 제임스 클라크 로스호* 뱃전의 물속에서 까딱거리고 고래 지방을 떼내는 배의 거대한 갑판에서 한 번에 최대 4마리의 고래들이 처리되고 있는 가운데, 그것은 '글자 그대로 유혈이 낭자한 장면 투성이'였다. 고래잡이들이 '깊이는 2, 3인치에 폭은 족히 20피트나 되는 피의 강' 속에서 작업할 때 캠벨은 약간의 공포와 함께 그것을 지켜보았다. 그해 그들은 큰 성공을 거두었기 때문에 부패한 고래에서 얻은 질이 낮은 기름은 갓 죽인 고래에서 얻은 보다 값비싼 기름을 저장하기 위한 공간을 만들기 위해 한쪽으로 버려졌다. 800톤의 연료유마저 공간을 만들기 위해 폐기되었다.[22]

석탄을 안전하게 가득 채운 다음 *디스커버리호*는 서쪽을 향해 허우적거리며 나아갔으며 모슨은 해양생물과 대륙붕의 흔적을 찾기 위해 대양의 깊이를 측정하도록 정기적으로 정지하였다. 모슨은 니니스와 메르츠와 함께했던 비참한 썰매 여행의 현장이자 자신이 이전에 킹 조지 5세 랜드라고 명명했던 지역의 해안 지대에 상륙하고 싶었다. 그 여행의 경계 지점에서 그와 메르츠는 영국 국기를 게양했으나 그들은 영국을 위해 새로 발견된 그 영토에 대한 권리를 주장할 권한이 없었다. 이제 모슨이 그 권한을 가진 이상 그는 그것을 행사하기로 결심하였다.

*디스커버리호*가 해안으로 통하는 길을 찾아서 총빙의 북쪽 가장자리를 조사했을 때 모슨은 자신의 일기에 12월 26일 그들이 '바다 멀리에서가 아니라 킹 조지 5세 랜드에서 떨어진 해안에서 떨어져 나온 것이 분명한, 상당한 두께의 평평한 부빙으로 구성된 거대한 뗏목들'에 의해 저지당했던 경위를 기술하였다. 그것들은 '너무나 육중하여 뚫고 나갈 수가 없었다.' 실망한 그 탐험가는 무전으로 케이시에게 '1911년 탐험에서 나 자신이 그 경계를 정했던 킹 조지 5세 랜드에 국기를 게양하는 것은 아마도 불가능할 것'이라고 보고하였다. 그 대신 그는 자신의 1911년 탐험대 기지를 두었던 장소인 커먼웰스만으로 밀고 나갈 것을 제안하였다. 비록 그곳은 *그가* 이전에 그 경계를 정했던 킹 조지 5세 랜드 안에 있지는 않으나, 모슨은 커먼웰스만을 포함시키기 위해 자신이 그 서쪽 경계를 늘일 것임을 암시하였다. 그렇게 하는 것이 그가 자신의 옛 기지에 상륙하여 '커먼웰스만에 국기를 게양하고 킹 조지 5세 랜드를 접수하는' 것을 허용할 것이다.[23] 그리하여 그 배는 상당한 크기의 너울을 뚫고 계속 서쪽으로 나아갔다.

12월 28일 *디스커버리호*가 총빙의 가장자리를 빙 둘러 가고 태양이 구름

없는 하늘을 가로질러 낮은 호를 그렸을 때 캠벨은 갑판 위에서 '빛 속에 반짝이거나 황금빛 하늘을 배경으로 보라색 그림자로 돋보이는 장엄한 빙산들과 작은 부빙들'이 점점이 박혀 있는 수평선을 보았다. 그는 그 광경을 '세상의 가장자리에 서서 그것을 가로질러 영원 속을 들여다보는 것'에 비유하였다. 그러나 그러한 정적은 가공선 *코스모스호(Kosmos)*의 거대한 구멍으로 죽은 사냥감을 견인하고 있는 더 많은 노르웨이 고래잡이들에 의해 방해를 받았다. 그 배는 24시간 내에 45마리의 고래를 처리한 적이 있는 미심쩍은 영예를 지니고 있었다. 노르웨이인들이 모슨에게 50톤도 더 되는 석탄을 제공했을 때, 캠벨은 이러한 무제한의 고래 대량 학살이 얼마나 오래 지속될 것인가 궁금하였다. *디스커버리*호로 석탄이 운반되고 유조선 1척이 와서 *코스모스호*로부터 6만 배럴의 고래기름을 부렸을 때 그 대량 학살 규모를 어느 정도 느낄 수 있었다. 기름을 이송하고 나면 그 가공선은 그 배의 수용량인 12만 배럴에 이를 때까지 머물 수 있을 것이다. 약 150만 달러의 가치가 되는 그렇게 많은 고래기름과 함께 캠벨은 머지않아 고래들이 '물개의 뒤를 이어 멸종할 것이며 다시는 돌아오지 못할 것이다'라고 생각하였다.[24]

모슨도 역시 이러한 위험을 인식했을 것이며 그것이 오스트레일리아의 영토적 야심의 가치와 포경 산업에서 부를 추구하는 그의 야심을 어떻게 손상시킬 수 있는지에 관해 틀림없이 우려했을 것이다. 그러나 사라져가는 고래의 개체 수도 킹 조지 5세 랜드에서 시작하여 오스트레일리아 사분할 지역에 대한 권리를 주장하는 임무로부터 그를 돌려놓지 못하였다. 그는 1931년 1월 4일 데니슨곶에 있는 자신의 옛 기지에 도착하자마자 이 임무를 수행하기 시작하였다. 쌍안경으로 *디스커버리*호가 조심스럽게 커먼웰스만 안으로 천천히 들어가는 것을 지켜보면서, 모슨은 메르츠와 니니스가 죽은 후 그가 그곳에서 겨울이 끝나기를 기다렸던 오두막 본관이 아직 서 있는 것을 만족스럽게 바라보았다. 가까운 곳에 가슴 아픈 추모 십자가가 서 있었다.

캠벨은 모슨이 '그 옛 장소로 돌아가는 것에 매우 흥분하여… 모두에게 미친 듯이 외치면서 지시를 내리는' 모습을 적었다.

그 오두막의 지붕은 거의 내려앉아버렸고 눈과 얼음이 내부로 밀고 들어와 있어 모슨과 그 일행은 하는 수 없이 채광창을 밀치고 안으로 기어 들어갔는데, 그 위에서 그들은 '장식용 줄 모양으로 달려 있는 거대한 덩어리의 섬세한 얼음 결정들'을 경이로운 눈초리로 쳐다보았다.[25] 지자기를 판독하고 20년 동안의 얼음의 움직임을 측정하는 가운데, 그 옛 오두막은 이틀 동안의 그들의 방문에서 다시 사람이 살게 되었는데 겉보기에는 오스트레일리아가 권리를 주장하는 데 여념이 없었던 수백만 평방킬로미터를 실제로 점유하고 있다는 느낌을 다소 주었다. 만약 그 문제가 국제 재판소에서 도전을 받는다면 이러한 사실이 오스트레일리아 주장을 위한 증거를 제공할 수 있을 것이다.

1913년 데니슨곶에 고립되어 있는 동안 모슨은 주위 지역을 '킹 조지 5세 랜드'라고 명명하기 위한 승인을 구한 적이 있었다. 이제 그는 지체 없이 정식으로 그 지역에 대한 권리를 선포하고 영국 국왕과 '영원한 왕위 계승자들'에게 주권을 부여하였다. 그 영토는 동경 142도와 동경 160도 사이의 섹터로 구성되어 있었으며 연안의 섬들을 모두 포함하고 멀리 남극점까지 뻗어 있었다. 따라서 그것은 이전에 권리가 주장되지 않았던 로스 속령과 아델리 랜드 사이의 섹터를 둘러싸고 있었다.

모슨은 권리 선포 의식을 거행하는 방법에 관한 정확한 지시를 받았다. 한 가지 요건은 그의 일행이 깃대 앞에서 속이 빈 사각형 대열을 만들도록 해야 하는 것인데 그 지형 때문에 이것이 '전혀 불가능'하였다고 캠벨은 썼다. 그래서 그들은 '약간 당황한 모슨이 선언문을 낭독했을 때' 그 대신 원형의 대열을 만들었는데 모슨이 그 선언문에 서명을 하고 맥켄지가 증인이 되었다. 이것의 사본 1부를 봉인한 용기 속에 넣어 깃대를 고정시키는 돌무더기 아래에 묻었다. 헐리는 삼각대를 능선 아래의 바위가 흩어져 있는 경사진 곳에 균형을 맞추고 대원들이 만세 삼창을 하며 '신이여 왕을 구하소서' 를 합창하는 동안 유니언 잭이 의기양양하게 게양되는 광경을 사진 찍었다. 그리고 나서 그들은 영화 촬영을 위해 그 의식을 모두 다시 거행하였다.

탐험대 영화가 개봉되면 오스트레일리아와 영국 관중들은 권리 선포 의식을 보고 세계의 마지막 황무지에 대한 자신들의 주인 의식을 얻게 될 것이다. 그러나 일부는 틀림없이 면밀하게 연출된 그 행사를 비웃는 캠벨의 견해를 함께할 것인데 그는 자신의 일기에 '그의 총애하는 종복인 더글러스 모슨에 의해 국왕 폐하 조지 5세를 대신하여 수천 평방마일의 얼음에 뒤덮인 처녀지에 대한 권리가 선포된(얼마나 어처구니없는 익살극인가)' 경위를 조롱조로 기술하였다. 그 비행사는 그 의식이 상당히 터무니없다는 것을 알았으며 자신들이 속빈 사각형 대열을 이루지 못한 것이 '국제적 문제를 일으키지나 않을까' 궁금해하였다.[26]

그들이 2월 6일 노르웨이 가공선 *포크호(Falk)*로부터 *노르베지아호*의 리저 라르센이 동경 76도 근처에서 새로운 육지를 발견했다는 소식을 들었을 때, 이것은 전혀 근거 없는 두려움이 아니었는데 그곳은 모슨이 향했던 장소였다. 그 소식이 '우리를 다소 당황하게 만들었으나' '아직도 우리는 동쪽으로 조금 더 멀리 갈 가능성이 있었다'라고 캠벨은 적었다. *포크호*가 스웨덴 화물선으로부터 석탄을 선적했을 때 *디스커버리호*의 대원들 일부는 '여자 1명이 함교 너머로 몸을 구부리고 있는 것을 보고' 한층 더 깜짝 놀랐다. 캠벨은 그것이 스웨덴 배에 승선한 여자라고 생각했으나 해롤드 플래처 (Harold Fletcher)는 '*포크호* 난간 너머로 쳐다보고 있는' 2명의 여자를 보았다고 회상했는데 '1명은 두 팔을 드러내고 있었고 나머지는 얇은 드레스 차림'이었다. 1명이든 2명이든 간에 일종의 독점적인 남성 전유물로서의 남극의 지위는 끝난 것이 분명하였다. 사실 그것은 그 전해에 크리스텐센이 자신과 함께 아내를 데리고 *토르스하운호*에 승선했을 때 끝났던 것이다. 캠벨은 이제 얼굴을 찌푸리고 '남자의 마지막 독점적 은퇴 장소의 소유권이 어

떻게 사라졌는가'를 주시하고 있었다.[27]

캠벨의 동료들은 전직 *디스커버리*호 선장 스텐하우스(J.R. Stenhouse)의 계획들이 결실을 맺었다면 훨씬 더 경악했을 것이다. 1930년 초에 그는 대서양 횡단 여객선을 타고 12개월 동안 세계 일주 크루즈를 하는 것을 발표했는데, 그 배는 영국 및 미국 승객들이 '이틀 동안 개 썰매를 타고 남극대륙 위를 달리는 것에 참여'하고 스콧과 섀클턴과 아문센의 버려진 오두막에서 머물 수 있도록 '거대한 하얀 남쪽 세상'으로 내려갈 것이었다. 그 선박 여행은 특히 '여성들에게 호소할 것으로 기대되었는데 왜냐하면 남극은 여성들이 발을 디딘 적이 없는 지구에서 유일하게 남아 있는 지역이기 때문'이었다. 원래 1930년 12월에 떠날 예정이었던 그 여행은 다음 해로 미루어지고 3개월짜리 크루즈로 바뀌었다. 그러나 대공황으로 큰 타격을 받아 예상 승객들은 결코 나타나지 않았다.[28]

뿐만 아니라 모슨의 강적이었던 리저 라르센도 *디스커버리*호가 서쪽으로 계속 항해하는 동안 수평선 위에 나타나지 않았다. 있는 것이라고는 단지 그해 남극에 있었던 수백 척의 포경선들 중 일부에서 내뿜는 연기 자국뿐이었다. 지나가는 노르웨이 포경선 1척이 모슨에게 리저 라르센은 지금 훨씬 더 서쪽에 있으며 엔더비 랜드를 탐험하고 있다고 보고하였다.[29] 육중한 총빙이 *디스커버리*호가 해안에 접근하는 것을 막고 있는 가운데 모슨은 무엇을 해야 할지 확신이 서지 않았다. 그는 자신의 1911년 탐험 동안의 소위 '서쪽 기지'의 오두막을 방문하고 싶었으나 사이를 가로막고 있는 100킬로미터 남짓한 얼음 때문에 그렇게 할 수 없었다. 모슨은 자신이 얼음을 통과해 그곳에 상륙할 수 있다는 아무런 보장이 없었음에도 줄곧 퀸 메리 랜드까지 항해를 강행하여 또 다른 국기 게양 의식을 거행해야 하는지에 대한 확신이 없었기 때문에 케이시에게 지시를 요청하는 전보를 보냈다. 케이시가 모슨의 전보에 답했는지 여부가 분명치 않은데 왜냐하면 그는 런던에서의 자신의 직을 포기하고 정치 경력을 쌓으려고 오스트레일리아로 돌아가고 있었기 때문이었다.

그가 답신을 받았든 못 받았든 간에 모슨은 그것이 자신의 과학 프로그램을 지나치게 방해하지 않는 선에서 가능한 자주 육지에 대한 권리를 주장하기로 결심한 듯이 보인다. 2월 11일 비행기에서 육지가 목격되었을 때 캠벨은 제국을 위해 그 육지에 대한 권리를 주장하기 위해 하늘에서 국기 한 장을 떨어뜨렸으며, 한편 모슨은 저녁 식사 때 샴페인과 시가를 꺼내 자신들의 성공을 축하하였다. 서쪽으로 항해를 계속했을 때 이틀 뒤 더 멀리 펼쳐진 해안선 한 군데가 목격되었으며 모슨은 그곳에 대해서도 권리를 선포하기로 결심하였다.

해수면의 바위투성이 작은 섬들과 함께 얼음 장벽 하나를 만나자, 그는 할 수 있는 한 최선을 다해 국기를 게양할 결심을 하였다. 동경 66도 58분 지점에서 자신들의 발동기정을 타고 그 얼음 장벽에 접근했을 때 너울 때문에 상륙을 시도하는 것이 너무 위험하였다. 그래서 조심스럽게 작은 섬을 향해 보트를 서서히 이동시킨 다음, 거기서 모슨은 필요한 선언문을 낭독하고 자신의 노로 바위투성이 해안을 건드렸다. 그리고 그 선언문을 구리로 만든 원통에 넣어 그것을 뭍에 있는 바위들 사이로 던졌다. 그다음에 그는 구리로 된 비명이 새겨진 목판을 던졌으나 그것이 바위에 튕겨서 바닷속으로 빠지는 것을 보았을 뿐이었다. 국기를 매단 깃대도 해안으로 힘껏 던졌으나 그것들도 역시 파도가 굽이치는 바닷속으로 도로 떨어져버렸다.[30]

비록 헐리가 그들의 수고를 사진 찍었으나 그것은 모슨이 받았던 공식적 지시에서 상상했던 종류의 의식이 아니었기 때문에 그는 자신이 제국을 위해 권리를 주장하려고 했던 영토 위에 국기를 게양했노라고 거의 주장할 수 없었다. 그래서 몇 시간 뒤 그는 *디스커버리호*의 보트를 타고 다시 출발하여 이번에는 상륙 장소를 약속해줄 것 같이 보이는 약 300미터 높이의 붉은 단일 암체를 향해 나아갔다. 그것은 모슨이 지난해 맥 로버트슨 랜드라고 명명했던 해안 지역에 있었으나 그 당시 그는 그 위에 상륙할 수 없었다. 이제 캠벨이 보트의 로프와 함께 얕은 물속으로 뛰어내렸고 모슨과 헐리와 다른 몇 명이 재빨리 연달아 그 뒤를 따랐다. 그들은 혼자가 아니었는데 왜냐하면 인간들의 상륙을 허용하는 장소는 또한 언제나 펭귄과 바다표범에게도 적합했기 때문이었다. 둥지를 튼 펭귄들의 불협화음이 경사면 위로 퍼지고 있었고 한편으로는 다양한 종류의 새들이 공중에서 선회하고 있었으며 잠에 취한 바다표범 무리가 바위가 많은 좁은 해변 위에 축 늘어져 있었다.

지체없이 그들은 '국기를 세우고 점유 의식을 반복하였는데' 나중에 모슨이 자신의 일기에 휘갈겨 썼듯이 이번에는 관례적 방식으로 거행하였다. 헐리가 후대를 위해 그 장면을 사진으로 포착하고 모슨과 캠벨이 해초와 암석 표본들을 수집하는 동안 다른 사람들은 '다수의 늙고 어린 새들—남극 바다제비(Antarctic Petrel), 흰바다제비(Snow Petrel), 풀머갈매기(fulmar)—'을 잡았다. 그리하여 '우리들은 새로 명명된 "맥 로버트슨 랜드"에 대한 최초의 정당한 권리를 확립하였으며 그 단일 암체는 수상 스컬린의 이름을 따 명명하였다'라고 캠벨은 적었다. 그날 저녁 식사 때, 더 많은 시가가 그들의 최근의 영토 획득을 축하하기 위해 꺼내졌다.[31]

일주일 후 모슨은 동경 61도 지점에서 자신의 서쪽 항해의 끝에 도달하였다. 그는 오스트레일리아가 합병하지 못해 안달하였던 남극의 구역 전체를 거의 일주했으며, 마지막 열흘 동안 그는 그 전해에 자신이 했던 항해를 되풀이했는데 이번에는 해안에 더 가까웠다. 1931년 2월 18일 엔더비 랜드의 동쪽 가장자리에 다다른 후 이제 집으로 향할 때가 되었으나 모슨은 한 번 더 상륙하였다. 신중한 맥켄지는 *디스커버리호*를 해안에 너무 가까이 몰고 가는 것에 조바심을 내었는데 그곳은 성곽과 같은 바위투성이 작은 섬들로 보호되어 있었고 숨겨진 모래톱의 위험이 있을 것같이 보였다. 모슨은 해안까지 10킬로미터를 가는 동안 보트가 고장 날 가능성과 날씨가 돌변하여 *디스커버리호*가 그들을 태우지 못할 가능성을 더 염려하였다.

처음에는 더 가까이 가는 것을 거절했던 선장은 아직도 배가 해안으로부터 아주 멀리 떨어져 있는 것을 알았을 때에야 누그러져 조심스럽게 배를 만안으로 조금씩 밀어 넣었다. 보트를 사용하여 섬들 중 하나를 탐험한 뒤ー 그동안 고기와 가죽을 얻으려고 작은 웨델 바다표범 1마리를 죽이고 다수의 황제펭귄과 아델리펭귄도 마찬가지로 죽였다ー모슨은 오스트레일리아인들이 '커먼웰스 섹터(Commonwealth Sector)'라고 부르게 된 지역의 권리 주장을 마무리할 수 있도록 자신의 생애에 마지막이 될 것을 위해 대륙에 발을 디뎠다. 캠벨은 자신의 일기에 그들이 다시 '국기를 게양하고 통상적인 형식적 점유 절차를 거친 다음 샴페인 병을 따서 땅 위에 조금 부은 다음 모두들 둘러서서 건배를 했던' 경위를 기록하였다. '그런 다음 우리는 헐리가 사진을 몇 장 찍기 위해 한 군데 바위투성이 언덕 위로 올라가는 동안 30분의 여분의 시간이 있었다.'[32] 모슨이 샴페인을 땅 위에 쏟아붓는 것이 그 의식에 약간의 상징적 의미를 더할 것이라고 생각했는지 여부는 분명치 않다.

*디스커버리*호가 돛을 활짝 펴고 굴뚝에서 검은 연기를 내뿜으며 북쪽을 향해 나아갈 때, 모슨은 고물 쪽으로 사라져가는 얼음에 뒤덮인 해안과 바위투성이 산들을 아쉬운 듯 바라보았다. 이번 항해는 자신의 이전의 탐험과 매우 달랐다. 모슨과 그의 동료들이 인간 인내력의 한계까지 시험받을 수 있었던 미지의 세계 속으로 가는 썰매 여행이 전혀 없었으며, 연안에서의 정규적 일상의 과학적 조사 속에 이따끔씩 육지에 잠깐 들르는 것이 간간이 포함되었을 뿐이었다. 그것은 희망을 안겨주는 영웅주의 이야기에 굶주린 우울한 대중을 흥분시키기에는 변변치 않았다.

*디스커버리*호가 호바트를 향해 나아갈 때 언론을 위한 무선 메시지에서 모슨은 자신의 최근 항해의 업적을 주로 과학적인 것이라고 열거하였다. 오직 말미에서 그는 '그 항해 동안 수차에 걸쳐 이 정다운 육지들 위에 국기가 게양되었는데' 그것은 '데니슨곶, 스컬린 모노리스(Scullin Monolith), 그리고 브루스곶(Cape Bruce)에서 특별한 의식'과 함께 거행되었다고 밝혔다.[33] 모슨이 지리학적 지형에 부여한 몇몇 이름들을 보면 BANZARE 탐험대 자

체 대원들뿐만 아니라 영국과 오스트레일리아의 탁월한 정치가들을 알 수 있었다. 일찍이 1919년에 남극 육지 장악을 시작했던 영국 정치가 레오 에머리는 '탐험대의 조직 및 파견과 관련된 그의 지원과 도움'에 대한 감사로 그의 이름을 따서 명명된, 눈에 띄는 곳을 받음으로써 인정을 받았다.³⁴ 두 차례의 항해 자체와 더불어 모슨이 자신의 두 차례 항해 동안 영유권을 선포했던 거대한 쐐기 모양의 영토—대륙 전체의 42퍼센트를 차지하는—에 대한 권리 선포, 명명과 지도 작성이 정당한 권리를 확립하기 위한 적절한 활동이라고 다른 나라들에 의해 인정받을 것인지 여부는 오직 시간만이 말해 줄 것이다.

영국 정부와 오슬로 주재 정부 대표인 찰스 윙필드(Charles Wingfield)는 모슨과 노르웨이인들 양자의 활동에 관한 정보를 계속 접하고 있었으나 노르웨이인들의 접근을 막는 최선의 방법에 관해 자신이 없었다. 그들은 자기네들이 노르웨이 정부와 맺었던 '신사협정' 때문에 자국 탐험가들의 활동이 영국이 권리를 주장하는 데 관심이 없는 지역에 제한되어 있다고 생각하였다. 그러나 노르웨이 포경업자들은 계속해서 오스트레일리아 섹터 내에 있는 지역들을 탐험하고 때로 그곳에 대한 권리를 주장하여 영국을 곤경에 빠뜨렸다.

1931년 3월 윙필드는 런던 당국에 '사적인 포경 탐험 도중 수행한 단순 탐험 행위'에 대해 항의하는 것은 역효과를 낳을 것이라고 충고하였다. 대신에 그는 오슬로 당국에 모슨의 업무, 그리고 그가 '명확한 합병 행위에 의해' 아델리 랜드를 제외한 로스 속령과 엔더비 랜드 사이의 모든 영토에 대한 영국의 권리를 확인할 권한을 받은 경위를 정식으로 알릴 것을 권하였다. 단순히 국기를 게양하는 것으로 모슨이 그런 광대한 영토에 대한 권리를 주장하는 것에 대한 노르웨이인들의 반대를 미연에 방지하기 위해, 그들에게 이는 단지 모슨의 탐험의 '클라이맥스'에 불과했음을 알려야 했다. 윙필드는 이것이 노르웨이인들에게 '이 섹터의 어느 지역도 다른 나라에 의한 합병에 개방되어 있지 않다는 것'을 상기시키는 최선의 방법이 될 것이라고 충고하였다. 그러나 모슨이 영국의 기존 주장을 강화하기 위해 한 것이 거의 없었기 때문에 영국 정부는 그 생각을 중단시켰다. 다가오는 시즌 동안 노르웨이 포경업자들이 남극으로 돌아오지 않을 것인 데다 *노르베지아호* 탐험과 '그들에 의한 육지의 "점유"에 관련된 끊임없는 가능성'이 또한 당분간 끝났기 때문에 이것은 문제가 되지 않는다고 윙필드는 적었다.[35]

자신의 업적에 대한 보다 폭넓은 인정을 얻기 위해 모슨은 과학적 결과들을 여러 권의 책으로 출판할 계획을 세웠다. 그러나 탐험대가 빚을 지고 있어 그는 도움을 청하기 위해 영국 정부에 호소하지 않을 수 없었다. 런던에 있는 각 부처 간의 극지 위원회(Polar Committee)는 그 기록들이 가능한 한 빨리 출판되어야 한다는 데는 동의했으나 '그것들의 출판이 남극에서 오스트레일리아의 권리를 강화하는 데 어떤 실질적인 영향을 미칠 수 있는지 여부'를 의심하였다. 그래서 영국 정부는 자기들 돈을 제공하는 것을 거부하였다. 금전적으로 어려운 오스트레일리아 정부도 도와주기에는 더 좋은 처지가 거의 아니었다. 1935년 오스트레일리아 정부는 과학 시리즈물 500부만 출판하도록 5년 동안 1,000파운드를 제공하는 데 마침내 동의하였다.[36] 뉴사우스웨일즈 정부가 나중에 모슨이 여러 연구소에 탐험 기록과 표본의 대부분을 제공해준 데 대한 보답으로 자금을 더 제공할 것이다.

이러한 재원 조달 문제는 40년 넘게 지나서야 모슨의 마지막 책이 출판되었음을 의미하였다. 더욱이 그의 동료 과학자들 중 불과 몇 명만이 그 보고들을 읽을 것이다. 극지 위원회가 관찰한 것처럼 그 보고서의 출판은 주로 위신상의 목적을 위해 마땅히 해야 할 것이었지만 그것이 다른 나라들이나 국제 재판소에 영국의 영토관할권의 정당성을 납득시키는 것은 기대할 수 없었다. 뿐만 아니라 이러한 책들은 대영 제국 사람들에게 모슨이 권리를 선포했던 남극의 그 지역들에 대한 주인 의식을 제공하지는 못할 것이었다.

탐험대의 업적들을 대중화하는 부담이 헐리에게 지워졌다. 그의 영화 *남*

족의 장악(Seize of the South)'이 '이야기와 소리와 노래로 그 얼어붙은 남쪽에서 자연과 남자의 영광스러운 투쟁에 관한 한 편의 서사시'를 읊어줄 것을 약속하였다. 정부가 후원한 그 영화의 포스터는 6명의 대원들이 바위와 깨진 얼음들을 헤치고 작은 보트 1척을 뭍으로 끌어올릴 때 얼음 장벽 위로 태양이 솟아오르는 광경을 보여주었다. 과학보다는 영토 획득이 주된 테마였으며 포스터는 '영국인의 용기가 제국을 위해 대륙 하나를 손에 넣었다'라고 선언하고 있었다.

그 영화 자체는 이러한 테마를 계속 보여주었는데 '다정한' 펭귄들이 그들의 불법점유에 기꺼이 참여하는 것으로 묘사되어 있었다. 대본에는 모슨과 그 일행이 데니슨곶에 도착하자 '킹 조지 5세 랜드의 시민들'이 그들을 지켜보는 것으로 되어 있었는데 그들은 '환영하는 꽥꽥거리는 울음소리로 우리들을 맞았다.' 그다음에 그들은 '우리들에게 육지의 자유를 부여하기 위해 기다리고 있던 펭귄 시장과 의회 의원들'의 영접을 받았다. 이어지는 장면들은 더 서쪽에 상륙하는 숏들을 보여주는데 그들은 '인간의 발이 지금까지 한 번도 밟은 적이 없는 바위와 얼음으로 이루어진 황무지'에 접근하여 나중에 '천지창조 이래로 인간이 오는 것을 기다려온 비바람을 잘 막아줄 수 있는 어느 항구의 물가에' 상륙한다.

그다음으로 모슨이 '국기를 게양할 장소를 찾기 위해 서둘러 배에서 내리고' '점유 의식이 거행'된다. 대원들이 보트를 타고 떠날 때:

… 우리의 국기가 돌무더기에서 펄럭이는 광경을 보고 우리들의 가슴은 만족으로 충만했으며, 우리는 그 탐험이 800마일이 넘는 새로운 남극 해안선의 지도를 추가하고 아주 풍부한 과학적 자료들을 수집하여 BANZARE 탐험대의 기록을 극지 역사에서 탁월하게 해주었음을 희열과 함께 깨달았다.

'국왕으로부터 온 축하 전문 1통'을 낭독하고 '오케스트라가 영국 국가를 연주하는' 것과 함께 막이 닫힌다.[37] 똑같은 해안선의 일부를 보았던 리저 라르센이나 다른 탐험가들에 관한 언급이 없었기 때문에, 관중들은 오스트레일리아의 권리가 반박의 여지가 없다는 확고한 인상을 받았다.

그것은 오스트레일리아 정부가 조장하기를 간절히 바랐던 인상이었다. 1931년 7월 스컬린 수상은 새 영국 자치령 장관인 지미 토마스(Jimmy Thomas)에게 이제 모슨이 동경 160도와 동경 45도 사이의 섹터의 대부분을 '발견하거나 재방문'하였으며 '영국 주권이 아델리 랜드를 제외한 그전 지역 위로 5차례에 걸쳐 정식으로 선포되었다'고 말했다. 스컬린은 그 섹터에 대해 이보다 더 강력한 권리를 보유한 다른 국가는 없다고 주장했는데, 그 이유는 타 국가들에 의한 발견은 아주 오래전에 이루어졌거나 노르웨이의 경우 그것이 모슨에 의해 격퇴되었기 때문이었다.

사실 오스트레일리아 극지 탐험가 필립 로(Phillip Law)가 나중에 인정했듯이, 모슨은 새 육지를 발견하는 데 있어 여러 번 노르웨이인들에게 선수를 빼앗겼으며 *디스커버리호*가 항해했던 해안선의 지도를 작성하는 데 별로 열성적이지 않았다. 남극의 주변 바다들로부터 부를 얻을 수 있었으며 모슨이 조사하는 데 가장 관심을 가졌던 것은 이러한 바다들이었다. 해안선을 추적하기 위해 해안에 더 가까이 머무르는 대신 그는 종종 바다 밖에 멀리 떨어져 있으면서 배의 측심기를 사용하여 대륙붕의 선을 추적하거나 배 그물을 이용하여 크릴을 끌어올렸다. 그 결과, 해안선의 대부분이 그가 일을 마친 후에도 가상의 점선으로 남아 있었다.

로는 모슨의 지도 작성 결과가 '극히 실망스러웠으며' '몇 년 뒤 노르웨이인들이 수행했던 자세한 지도 작성에 비교하면 형편없었다'고 불평하였다.[38] 이는 항해에 실제적 도움이 되는가의 문제만이 아니었다. 남극에 영토적 야심을 가진 나라들 간에 무언의 경쟁이 있었는데 각국은 자기네들 국가의 이름들이 그 풍경을 지배하게 하려고 애를 쓰고 있었다.

해군성의 해도 제작처(Hydrographic Office)는 오랫동안 해양 지도와 *파일럿(Pilots)*이라고 알려져 있는 전 세계의 상이한 지역들에 대한 항해 안내서의 출판을 사실상 독점해왔다. 이러한 독점은 전 세계에 걸친 영국 해군과 해운과 제국의 우위를 반영하였다. 그러나 1920년대 말에 와서야 비로소 해군성은 남극 바다를 항해하는 도전에 관해 선원들에게 조언을 하기 위해 특별히 남극을 위한 *파일럿* 한 권을 출판하기로 결정하였다. 그때까지는 *사우스 아메리카 파일럿(South America Pilot)*에 단지 남극의 일부가 다루어지고 출판되어 왔다.

그 새로운 출판물은 그 책이 모든 나라들의 선원들을 위한 표준 참고서가 되기를 원했던 영국 당국에 즉각적인 문제들을 제기했다. 관리들은 영국 당국이 만약 남극의 분쟁 지역에 대한 영국의 주권을 주장하기 위해 *앤탁틱 파일럿(Antarctic Pilot, 남극 수로 안내서)*을 이용하거나 타국의 명칭에 비해 영국 명칭에 특혜를 주는 경우 항의가 속출할 것을 알고 있었다. 모슨의 1차 항해를 계획하고 있는 동안 리처드 케이시는 *앤탁틱 파일럿*의 출판이 탐험과 경쟁국의 권리 주장의 쇄도를 유발할 것을 매우 염려하여, 모슨이 자신의 항해를 완수하고 영국이 오스트레일리아 사분할 지역을 합병할 때까지 그 출판을 연기할 것을 강력히 주장하였다. 영국이 거절할 경우 그때는 '그 지역에 대한 주권과 모든 역사적 참고 사항에 관한 일체의 언급을 신중하게 피할 것'을 케이시는 촉구하였다.

실제로 해군성은 타국의 기분을 상하게 하는 행동을 피하려고 매우 조심했기 때문에 그들은 아델리 랜드와 다른 장소들에 대한 프랑스의 주권을 인정한 반면 '반박의 여지가 없이 영국 소유인 어떤 영토와 섬들'에 대한 영국의 주권에 관해서는 일체 언급하지 않았다. 케이시가 안심하게도 영국 관리들은 *앤탁틱 파일럿* 초판을 1930년에 출판하기로 하고, '주권, 관리 또는 발견'에 대해서는 언급하지 않는 것에 동의하였다. 모슨이 자신의 일을 완수하고 오스트레일리아의 권리가 확보되었을 때에만 분쟁에 관한 모든 참고

사항을 포함한 *앤탁틱 파일럿* 수정판이 발행될 것이었다.[39]

그럼에도 불구하고 1930년판이 논란을 전적으로 피할 수 있었던 것은 아니었는데 그 이유는 명칭에 관한 어떤 선택도 주권에 대해 암시하기 때문이었다. 그 책에서 남극 반도에 대해 포클랜드 제도 보호령에 대한 영국 주장의 일부인 '그레이엄 랜드'라는 영국식 명칭의 사용은 영국의 주장을 강화하는 반면 동시에 너대니얼 파머와 같은 초창기 바다표범잡이들의 발견에 근거를 둔 미국의 주장을 약화시켰다. *앤탁틱 파일럿*이 남극 해안선의 대부분이 '아주 조금밖에 탐험되지 않았고 대부분 미지의 상태로' 남아 있다고 언급한 반면, 거기에는 간단한 남극 발견 역사가 포함되어 있었으며 특혜를 받은 것은 대개 영국이 발견한 것들이었다. 특히 미국 지리학자들은 파머나 다른 19세기 초의 미국 탐험가들의 이름에 의한 언급이 전혀 없다는 것을 알면 실망했을 것이다.[40]

영국이 전 세계 선원들을 위한 지도 제작자로서의 지위를 유지하려면 *앤탁틱 파일럿*의 출판을 오래 지연시킬 수는 없었다. 영국 탐험가들이 갔던 적 없는 남극 지역에서 조업을 시작하고 있었던 노르웨이 포경업자들은 영국 지도가 자신들의 선단이 사용할 만큼 충분히 포괄적이거나 정확하지 않다는 것을 알았을 때 이미 자신들만의 지도를 만들기 시작했다. 노르웨이의 포경업자 상호 보험 협회(The Whalers' Mutual Insurance Association)는 자신들만의 지도를 발행했는데 그것은 산네피오르에 있는 라스 크리스텐센의 포경 박물관 직원들에 의해 편집되었다.[41] 이 지도들은 유용했을 뿐 아니라 노르웨이식 명칭과 발견물들이 적절하게 인정받는 것을 보장하는 유일하게 확실한 방법이었다. 크리스텐센이 리저 라르센의 *노르베지아호* 항해 보고서에서 불평했듯이, 모슨은 *노르베지아호*의 뒤를 좇아 해안선을 따라 항해했으며 리저 라르센이 불과 수일 또는 수주 전에 명명했던 지리학적 지형에 영국식 이름을 부여했다. 크리스텐센은 특히 모슨이 주장한 '맥 로버트슨 랜드'의 발견에 분개했는데 그 땅의 일부는 그보다 일찍 리저 라르센에 의해 발견되었고 '라스 크리스텐센 랜드'라고 명명되었던 것이다. 노르웨이식 명칭과 그들이 나타내는 '거대한 실제 이익'을 방어하기 위해 크리스텐센은 서경 20도와 동경 100도 사이의 모든 남극 해안선의 지도를 제작하였다.[42]

그 노르웨이 지도들은 라스 크리스텐센 랜드가 1933년 오스트레일리아에 의해 합병된 광대한 섹터에 포함되는 것을 막기에는 충분하지 않았다. 비록 크리스텐센이 자신의 정부를 설득하여 영국과 오스트레일리아가 노르웨이인들이 처음 발견했던 영토를 인수하는 것에 저항할 수는 없었지만, 그는 적어도 노르웨이식 명칭의 일부가 노르웨이 지도뿐 아니라 영국 지도 위에 영속할 것이라는 것에서 위안을 받을 수 있었다. '결국에 가서는 그것이 언뜻 보기에 겉으로 드러나는 것보다는 훨씬 더 중요할 것'이라고 크리스텐센은 적었다. 왜냐하면 그것이 노르웨이인들의 발견이 우선했음을 인정하기 때문이다. 노르웨이인들은 계속해서 '해도상의 이 노르웨이식 명칭들에 집착할 것인데, 그것들에는 정말로 오래 지속될 모든 권리가 있었다.'[43] 비록 그가 그런 말은 하지 않았으나 크리스텐센이 노르웨이 포경업자들의 활동과 함께 그 이름들의 존재로 인하여 언젠가 노르웨이의 주권이 국제 재판소에 의해 인정받게 될 것이라고 추측한 것은 당연하였다.

실제로 노르웨이식 명칭의 일부는 모슨이 만든 지도들 위에 자리 잡고 있었는데 그는 리저 라르센의 이름을 따 큰 산 하나를 명명하고 라스 크리스텐센의 이름을 따 얼음에 덮인 둥근 마루터기 하나를 명명함으로써 그의 업적을 인정하였다. 모슨은 1911년 탐험 도중 미국인 찰스 윌킨스를 기념하여 거대한 해안지대 하나를 명명하는 실수를 했던 적이 있었다. 그는 또한 아델리 랜드의 경계를 뒤몽 뒤르빌이 실제로 목격했던 240킬로미터의 해안선 훨씬 너머로 확대 해석하였다. 자신의 전임자들에 대한 모슨의 신사적인 굴종이 영국 관리들을 괴롭혔으며 타국의 잠재적 영토관할권을 제한하거나-또는 완전히 묵살하려는-그들의 시도를 복잡하게 만들었다.

과학적 목적보다는 정치적 목적에 의해 추진되었던 1929년에서 1931년의 항해 동안 모슨은 자신이 명명하는 것이 암시하는 바를 더 인식하였다. 그는 그가 발견했다고 주장한 새 육지들에 대해 오직 영국식 명칭들만 사용함으로써 이전의 자신의 행동을 바로잡았다. 불분명하게 기술된 윌크스 랜드와 아델리 랜드가 이전에는 오스트레일리아 사분할 지역의 대부분을 가로질러 퍼져 있었으나 지금은 엄격하게 국한되었으며 모슨은 '반자레 랜드(BAMNZARE Land)', '사브리나 랜드', '프린세스 엘리자베스 랜드(Princess Elizabeth land)'와 '맥 로버트슨 랜드(Mac Robertson Land)'를 추가하였다. 그는 또한 엔더비 랜드의 경계를 확대하였다. 적어도 영국과 오스트레일리아 지도상에서는 오스트레일리아가 합병하기를 원했던 섹터가 지금은 영국식 명칭에 의해 지배되었다.[44]

여러 가지 경쟁국의 남극 지도들이 표준 작업으로 간주되기를 추구하는 가운데, 합의된 국제적 원칙에 따라 지리학적 지형의 명명이 이루어져야 한다는 요청이 나타나기 시작하였다. 1932년 3월 왕립 지리 협회 모임에서 모슨의 탐험 보고서가 읽혔을 때, 영국의 지리학자이자 역사가인 휴 로버트 밀은 탐험가들이 자신들의 경쟁자들이 붙인 이름을 몰아내기 위해 풍경 위에 가능한 많은 이름을 뿌려대는 경향을 비난하였다. 그는 탐험가들이 장소의 명명에 대한 일반적 원칙을 제시하고 모든 분쟁에 대한 판결을 내릴 어떤 국제적인 과학 단체에 명칭을 제출해야 한다고 주장하였다. 그는 특히 '엔더비 랜드, 에레버스산(Mount Erebus) 그리고 굿이너프곶(Cape Goodenough)처럼 명칭들은 귀에 즐겁게 들려야 한다며 우려했는데, 그것들은 모두 멋진 영국식 명칭들이자 '최근의 일부 탐험 도중 쫓아내버렸던 귀에 거슬리는 어떤 절규와는 달랐다.[45] 물론 영국인의 귀에 즐겁게 들렸던 이름들은 노르웨이인이 들을 때는 당연히 귀에 거슬렸을 것이다. 특히 주권이라는 광의의 문제를 결정할 때는 결과가 중요할 수 있기 때문에 남극에서 국제적으로 용인되는 명칭을 정하는 문제에 대한 쉬운 답이 없다는 것은 분명하였다. 자신을 당파에 속하지 않는 사람이라고 주장했던 밀조차도 자신의 언급에서 영국 중심이 되지 않을 수 없었다.

버드와 모슨의 탐험과 포경업자들의 활동으로 인해 수백 가지의 이름들이 남극 지도 위에 적용되었는데, 때로 동일한 지리학적 지형에 대해 한 가지 이상의 이름이 있는 경우도 있었다. 다른 장소에서는, 중요하지 않은 지형에도 이름들이 적용되었는데 그것은 단지 어떤 국적의 이름을 가능한 많이 보유하기 위해서 또는 가능한 많은 기념할 탐험대원들과 후원자들을 보유하기 위해서였다. 왕립 지리 협회 간사 아서 힝크스(Arthur Hinks)가 밀의 제안을 받아들여 장소를 명명하는 데 있어 지도 제작자들과 탐험가들의 안내가 될 일반적 원칙들을 제안했을 때, 국가적 고려 사항이 여전히 표면화되었다.

1933년 10월 영국 정부 극지 위원회가 힝크스의 비망록에 관해 논의하는 가운데 해군성 수로학자 에젤 선장(Captain Edgell)은 자신의 동료들에게 미국 지리학회가 출판한 버드의 탐험 업적에 관한 지도 위에 그가 사용했던 수많은 이름에 대한 불평을 늘어놓았다. 그 이름들은 로스 속령과 같이 영국이 이미 권리를 주장했던 영토나 영국이 권리를 주장하기를 원했던 로스 속령 동쪽 지역 위에 붙어 있었다. 에젤이 새로운 해군성 해도를 편찬했을 때 그는 그 이름들을 받아들이는 대신, 차후의 탐험가들에 의해 그 지역에서 영국식 이름이 적용될 기회가 있음을 보장하기 위해 약 75퍼센트의 미국식 이름들을 생략해버렸다.

힝크스는 명명에 관한 최종 결정은 탐험가가 아니라 '관련 지역에 대한 행정 당국'이 책임져야 한다는 규정에 의해 영국의 지위가 또한 강화될 수 있을 것이라고 주장하였다. 환언하자면 영국은 자국이 합병했던 대륙의 2/3 전역에 걸쳐 이름을 정할 권한이 있다는 말이 될 것이다. 또한 탐험가들에게 영국식이 아닌 이름들을 사용하는 것을 피하라는 명령을 내렸다. 더욱이 버드가 그랬던 것처럼 남극으로부터 무전으로 발표되는 이름들은 용인되지 않을 것이다. 영국인들에게 중요한 것은 단순히 신문보다는 가급적이면 존경할 만한 지리학회 잡지에 출판하는 것이었다.[46] 합리적 해결을 하려는 이러한 여러 가지 시도에도 불구하고 영토관할권을 주장하는 경쟁국들 사이에 명칭과 명명에 관해 수십 년에 걸친 분쟁이 있을 것이다.

노르웨이가 자국의 포경업자들이 발견하고 명명했던 영토에 대해 정식으로 권리를 주장하는 것을 삼가왔던 반면, 영국은 대륙의 대부분을 지배하려는 자국의 오랜 야망을 강행하는 데 전혀 거리낌이 없었다. 1933년 2월 영국은 국왕이 아델리 랜드를 제외한 동경 45도와 동경 160도 사이에 놓여 있는 섹터를 합병한 긴급 칙령을 발표하면서 자국의 기존 남극 영토에 거대한 띠 모양의 영토를 추가하였다. 그 섹터의 관리권은 대영 제국을 대신하여 오스트레일리아 정부에 부여되었다.

몇 달 뒤 오스트레일리아 의회에서 '오스트레일리아 남극 영토(Australian Antarctic Territory)'를 창설하기 위한 법안이 제출되었다. 5월 26일 토론을 개시했을 때 통합 오스트레일리아 당(United Australia Party)의 법무상 존 래섬이 의회 의원들에게 그 영토 지도를 제공하였는데, 그 위에는 중요한 지리학적 지형이 표시되어 있었고 그들 중 일부는 노르웨이인들이 부여했던 이름을 지니고 있었다. 정부는 리저 라르센과 다른 노르웨이인들이 수행했던 탐험 작업과 자국의 포경업자들이 탐험하고 권리를 주장했던 영토를 오스트레일리아가 낚아채버렸을 때 오슬로 당국으로부터 비롯될 가능성이 있는 항의를 인식하고 있었다. 노르웨이식 명칭의 일부를 그대로 둠으로써 '이 지역과 이들 용감무쌍한 노르웨이 항해가들의 관련'을 인정하는 것은 노르웨이의 분노를 달래는 하나의 수단임과 동시에 그 섹터의 발견이 주로 오스트레일리아 기업에 의한 것임을 선언하는 것이었다.

오스트레일리아 서부의 캘구를리(Kalgoorlie)의 부유한 금광 지역을 위한 노동당 대표의 한 사람인 앨버트 그린(Albert Green)은 '그 육지는 정복의 권리가 아니라 발견의 권리에 의해 우리 것이 되었다'는 것에 동의하면서 초당적 지원을 제안하였다. 런던에서 돌아와 의회 의원으로 선출된 리처드 케이시는 그를 지지하기 위해 그곳에 있었다. 윌킨스와 모슨 두 사람 모두를 위한 지원을 조직하는 데 밀접한 관련이 있었던 그는 이제 그 섹터의 인수는 일종의 갑작스런 토지 횡령이 아니라 '남극에서 자국의 이익을 강화하려는 오스트레일리아인들의 20년 동안의 지속적이고도 일치된 노력의 최정점'이라고 선언하였다. 그와 동시에 그는 신중하게 노르웨이인들에게 영국의 합병으로 인해 그들의 이익이 고통받지는 않을 것임을 장담하였다.[47] 그러나 오스트레일리아는 실제로 포경 산업에 대한 노르웨이의 지배를 약화시키려고 애를 쓰고 있었다.

앨버트 그린은 그 영토의 인수가 오스트레일리아인들을 포경 산업에 재참여하도록 고무시킬 것이라고 주장하는 여러 의회 의원 중 한 사람이었다. 그것이 '그들의 마음속에 수 세기 동안 영국인들의 특색을 이루었던 용감하고 모험적인 해양 정신을 발전시킬' 것이다. 래섬은 노르웨이인의 민감성을 더 많이 인식하고 있었기 때문에 포경 산업으로부터 획득되는 부를 찬양하는 데 더 신중하였다. 그가 포경업의 '실제적이고 잠재적인 경제적 중요성'을 인정하고 있었으나, 그는 주로 금과 다른 광물의 발견 가능성뿐 아니라 남극 기상 기지가 오스트레일리아를 위해 제공할 수 있는 계절 예보의 가치에 집중하고 있었다.

래섬은 또한 남아 있는 고래들의 개체 수가 '완전히 파괴되기' 전에 무분별한 고래 도살을 통제할 필요성에 관해서도 얘기하였다. 그는 막대하게 증가된 고래 대량 학살을 지적했는데 1919년에서 1920년 여름 동안 11,369마리의 고래가 도살된 반면 1930년에서 1931년 여름에는 40,000마리가 넘는 고래가 학살되었으며 고래기름 가격이 톤당 80파운드에서 불과 13파운드로 급락하였다. 43척의 고래 가공선, 6개의 육상 기지, 232척의 포경선과 10척의 운반선이 그해 조업하고 있는 가운데 그 산업이 지속가능할 수 있도록 광란적인 고래 도살을 금하지 않으면 안 되었다. 비록 1931년 국제연맹(League of Nations)에 의해 국제 포경 협정이 합의되었으나 그것은 아직 시

행되지 않은 상태이며 어쨌든 이해 당사국들이 그 규정을 강화할 필요가 있을 것이다.[48]

야당에서 낸 목소리는 불과 몇 개에 지나지 않았다. 무소속인 노동당 의원 윌리엄 말로니 박사(Dr. William Maloney)는 아시아 국가들—그들 중 일부는 벌써 오스트레일리아를 '비어 있는 땅'이라고 묘사한 바 있었다—이 '우리가 만약 서오스트레일리아 면적과 동일한 면적을 우리 영토에 추가하면 대담해져서 이 나라에 대해 훨씬 더 강력한 권리'를 주장할 것을 우려하였다. 말로니는 오스트레일리아가 그 섹터를 관리하는 대신, 아시아 사람들이 오스트레일리아를 '추가 영토에 대한 탐욕'이 있다고 비난할 타당한 이유를 갖지 못하도록 국제연맹이 그곳을 지배할 것을 제안하였다. 이것은 장래의 영토 분쟁을 피하는 하나의 좋은 방법이 될 것이나 오스트레일리아 의회는 고사하고 남극에서 권리를 주장하는 국가들은 아직 그런 제안을 고려할 준비가 되어 있지 않았다. 그 법안이 상원에 도달했을 때, 한 상원 의원은 오스트레일리아 관리라는 단순한 사실이 어떻게 고래의 멸종을 막을 수 있는지에 대해 의문을 제기하였다. 그 대신 그는 그 합병으로 인해 타국, 특히 미국과 노르웨이와 오스트레일리아의 관계가 복잡해질 것이라고 예견하였다.

이러한 선견지명이 있는 주장에도 불구하고, 그 영토의 인수가 적어도 단기간에는 오스트레일리아에게 한 푼의 비용도 들지 않을 것이라는 래섬의 약속은 의회에 그 장점을 납득시키기에 충분하였다.[49] 뉴기니에 이미 영토를 보유하고 있던 오스트레일리아는 이제 적도에서 남극점까지 펼쳐진 하나의 제국을 갖게 되었으나 3년이 더 걸려서야 비로소 1936년 8월 24일 오스트레일리아 남극 영토의 창설을 정식으로 선포할 수 있었다.[50] 일부 사람들이 경고했듯이 그 영토의 창설은 남극에서의 경쟁만 강화시켰을 뿐이었다.

비록 영국과 노르웨이가 암암리에 별개의 섹터들에 대한 권리를 주장하는 데 합의했으나, 크리스텐센은 여전히 자신과 자신의 고래잡이들이 탐험했던 해안선 전체를 지배하고 싶었다. 그는 그렇게 해야 할 절박한 재정적 책임이 있었다. 그가 공공연하게 인정했듯이 그의 모든 행위는 '고래를 잡기 위해 나왔다는 하나의 특별한 동기에 근거를 두고 있었다.' 그리고 고래 도살을 규제하기 위한 국제적 움직임이 있는 가운데 크리스텐센은 특히 자신의 포경선들이 탐험했던 지역에서 '고래잡이를 계속할 자신의 권리'를 주장했는데 그 지역에는 신설된 오스트레일리아 남극 영토가 포함되어 있었다.

그는 오스트레일리아의 움직임이 '포경 산업을 통해 우리가 자력으로 쟁취해온 당연한 권리들을 빼앗고 있다'고 불평하였다. 오스트레일리아와 뉴질랜드가 자국의 해안에서 가장 가까이 놓여 있는 남극 해안 지대의 소유를 바라는 것은 '지극히 당연하지만', 노르웨이는 상업적이고 실제적인 측면 모두에서 '그것과 더 밀접한 관련이 있었다.' 오스트레일리아 남극 영토가 라스 크리스텐센 랜드를 '완전히 삼켜버린' 가운데 크리스텐센은 '우리가 발견한 모든 것들 중 우리에게 남겨진 것이 별로 없다'는 사실을 한탄하였다. 이것은 단지 자기 자신의 발견뿐 아니라 로알 아문센, 헨리크 불 그리고 칼 라르센으로 거슬러 올라가는 자신의 동포들의 발견도 의미하였다.

영국이 노르웨이에 제한시키기를 원했던 섹터만 받아들이는 대신, 크리스텐센은 노르웨이 정부에 자신이 '노르웨이 본토'라고 부르는 모든 지역에 대해 권리를 주장할 것을 요청했다. 거기에는 동경 50도에서 서경 15도까지의(코우츠 랜드에서 엔더비 랜드까지의) 섹터와 동경 60도에서 동경 75도까지의(라스 크리스텐센 랜드/맥 로버트슨 랜드) 섹터, 서경 80도에서 서경 100도(엘스워드 랜드)에 이르는 피터 1세 랜드 근처의 섹터가 포함되어 있었다. 모두 합하면 이 섹터들이 대륙의 1/3이상을 차지하였다.[51]

모슨과 크리스텐센, 그리고 그들 각자의 나라들 간의 경쟁은 남극에서 패권을 차지하려는 훨씬 더 강력한 투쟁의 전조가 되었다. 1931년에는 세계의 고래기름 시장에 포경선들이 쇄도하였으며 그로 인해 포경 회사들은 자신들의 선단을 모항에 두거나 영구적으로 일부 육상 기지 가까이에 두었다. 그러나 고래기름의 과잉 공급이 점차적으로 줄어들고 가격이 회복하기 시작함에 따라 선단들은 남극으로 돌아갔다.

이번에는 노르웨이와 영국만 자신들의 주의를 남쪽으로 돌린 것이 아니었다. 1930년대 동안 국제 관계가 악화되고 또 다른 세계대전의 위협이 크게 다가옴에 따라, 독일과 일본은 식량으로 사용할 동물성 지방과 폭약을 만들기 위한 글리세린의 필수적 공급을 확보하기 위해 남극을 지켜보기 시작하였다. 미합중국 정부도 또한 주로 대서양과 태평양 사이의 필수적인 해상 연결 수단을 제공하는 드레이크 해협의 전략적 중요성 때문에 훨씬 더 밀접한 관심을 갖기 시작하였다.

그 지역을 지배하려는 경쟁이 새롭고 더 위험한 양상을 띠게 되면서 남극과 남극의 부를 독차지하려는 영국의 꿈은 어느 때보다 더 멀어지고 있었다.

CHAPTER 13

1934−1936

세계에서 권리가 주장되지 않은 마지막 영토

인간 활동의 결과들은 오랫동안 남극에 느껴져왔으며 바람에 의해 그곳으로 운반되고 얼음 위에 겹겹이 퇴적되어왔다. 수 세기 동안, 그 결과들은 감지할 수 없었고 중요하지도 않았다. 19세기 초의 바다표범잡이들은 그들이 철벅거리며 남극 연안의 섬에 상륙했을 때 사람의 손이 닿지 않은 황무지처럼 보이는 것을 여전히 경이로운 눈초리로 쳐다보았으며 그리고는 재빨리 야생동물의 대부분을 몰살시켜버렸다. 한 세기 후 수백 척의 포경선들이 남쪽으로 가서 수만 마리의 고래들을 작살로 잡았다. 훨씬 더 많은 기름 화물을 잔뜩 싣고 매년 돌아오는 고래 가공선들과 유조선들은 고래가 멸종될 것이라는 끔찍한 예측을 유발하였다. 다른 나라들이 작살을 손에 쥐기 시작함에 따라 대량 학살을 줄이자는 요청은 대부분 대답 없이 지나쳐버렸다. 1930년대 중반 즈음에는 남극이 자기들 것이라고 생각하는 탐험가들을 동반한 훨씬 더 많은 수의 고래잡이들이 돌아옴에 따라 한층 새로워진 광란적인 도살이 일어났다. 이들 가운데 맨 먼저는 미국인 리처드 버드였다.

버드는 1930년 6월 남극에서 귀환하여 뉴욕, 보스턴 그리고 워싱턴의 거리에서 통상적인 대중의 떠들썩한 환영을 받았다. 후버 대통령은 그에게 미국 지리학회 금메달을 수여했고, 그런 다음 구축함이 허드슨 강을 거슬러 올라가 버드를 앨버니에 데려다주었다. 거기서 자신의 옛 친구이자 주지사인 프랭클린 델러노 루스벨트(Franklin Delano Roosevelt)가 그에게 또 다른 메달을 수여했는데, 루스벨트는 이미 다가오는 대통령 선거전을 위해 자신의 자리를 잡고 있었다. 또한 버드의 탐험대 본부가 위치해 있었던 뉴욕의 빌트모어 호텔(Biltmore Hotel)에서 그의 후원자 및 지지자 200명과 함께 남성들만의 축하 만찬도 있었다. *뉴욕 타임스* 발행인인 아돌프 옥스(Adolf Ochs)는 턱시도 차림의 손님들에게 버드가 '고대의 가장 위대한 영웅들과 동등한 미국 소년의 영웅'이라고 말했다.

그리고 버드는 NBC 라디오 방송에서 학생들에게 한 차례의 방송 담화와 세 차례의 강연을 하면서 전국의 소년들과 직접 얘기할 수 있었다. 그 강연들은 그의 탐험에 연료를 제공한 바 있었던 타이드워터 오일 컴퍼니(Tidewater Oil Company)의 후원을 받았다.[1] 미국의 부모들은 그들의 아이들에게 탐험선 *시티 오브 뉴욕*호 선상에 마련된 이동 남극 전시회와 코니섬(Coney Island)에 건설된 100미터 폭의 리틀 아메리카 기지의 원형 파노라마를 보여주기 위해 그들을 데려갔다. 거기에는 심지어 푸른 불꽃을 발사하는 모형 무선 안테나와 모형 빙산들 앞에 매달려 있는 *플로이드 베넷*호의 모형도 있었다. 버드 대변인의 말에 의하면 그 탐험 이야기는 '시사 수업과 주일 학교, 청소년 클럽과 고등학교에서 가장 인기 있는 주제 중 하나가 되었다.'[2]

그 모든 색종이 테이프들과 신문의 애국적인 헤드라인들은 나라와 버드 자신을 옥죄고 있던 경제 불황으로부터 환영할 만한 기분 전환거리가 되어 주었다. 매스컴의 주목에도 불구하고 그의 강연들은 일반적인 청중들을 끌어들이지 못하고 있었는데, 일부는 청중 수가 모자라 취소되어야 하였다. 사람들은 달러는 고사하고 푼돈에도 쪼들리게 되었다. 버드는 1931년 자신의 강연 대리인에게 그의 친구들 중 적어도 절반이 '몹시 궁핍했으며 나는 어떻게든 그들을 도와야 했다'라고 털어놓았다.[3] 주식시장의 붕괴로 그가 저축한 18만 달러가 없어진 뒤에도 그가 도와줄 큰 능력이 있었기 때문은 아니었다.[4] 탐험대는 10만 달러의 빚에 놓여 있었던 반면 파라마운트 영화

사로부터의 재정 수익은 실망스러웠다.[5] 언제나 기병이었던 버드는 종종 반만 찬 홀에서 자신의 강연을 강행했으며 책 한 권 길이의 자신의 탐험 보고서를 마무리했는데 그것은 *리틀 아메리카*라는 제목이 붙어 있었다. 그러나 그것도 역시 판매량은 실망스러웠다.

어떤 사람들은 버드가 북극과 남극 두 곳 모두에서 성취되어야 할 것을 모두 성취했으며, 유일하게 남아 있는 도전은 새로 발견된 혹성 명왕성을 탐험하는 것이라고 생각했다. 그러나 버드는 '세상에는 아직도 성취해야 할 많은 탐험이 있다'고 강경하게 주장했으며 '여태까지 예상치 못한 어떤 힘의 원천'을 남극에서 발전시킬 수 있을 것이라고 예측하였다.[6] 그것은 호황기였다면 매혹적인 전망이었을지 모르나 경제 공황 시기에는 사람들이 훨씬 더 실리적이었다. 버드로서는 새로운 탐험을 위한 자금을 찾을 수 있는 곳을 보기가 어려웠다.

1931년 한동안 그는 정치에 몰두하였다. 대통령 선거전에서 영향력 있는 버지니아 주지사인 그의 형 해리가 민주당 지명을 획득할 수 있는 가능성이 높아졌다. 루스벨트와의 우정에도 불구하고 버드는 해리에게 후보 지명을 위해 노력하라고 격려했으며, 그를 돕기 위해 자신의 강력한 교우관계와 조직의 유대관계를 이용할 것을 제안하였다.[7] 그러나 루스벨트의 정치적 스팀롤러가 탄력이 붙음에 따라 버드는 엘레노어 루스벨트에게 자신과 해리가 프랭클린 루스벨트에게 얼마나 헌신적인가를 확신시킴으로써 양다리를 걸치기 시작하였고, 해리에게 그 대신 루스벨트의 부통령이나 재무장관이 되는 것에 안주할 수 있을 것이라고 제안하였다.[8] 남극으로 돌아가려는 그의 목적을 달성하는 데 있어 자신의 형을 둘 중 어느 직위에 두는 것도 버드에게는 도움이 될 것이었다.

그것은 그가 뉴욕에 도착하여 아직도 탐험되기를 기다리고 있는 거대한 남극 지역에 관해 얘기를 했던 이후로 줄곧 버드의 목표가 되어왔다. 그는 그 크기가 대략 미국과 멕시코를 합한 것과 같은 대륙의 약 32만 5천 평방킬로미터를 탐험했을 뿐인데, 나중에 측정한 결과 그 대륙은 1,400만 평방 킬로미터가 넘었다. 그러한 비교는 미국 관중들이 그 대륙의 규모를 이해하기 쉽게 하기 위해 버드가 의도적으로 고안한 것이었다. 그가 전국의 라디오 방송 청취자들에게 남극이 '세계의 마지막 변경(the world's last frontier)'이라고 말했을 때 그는 특히 미국인들에게 호소하기 위해 고안된 친숙한 은유에 의존하였다.[9] 끊임없이 서쪽을 향해 이동하는 변경의 개념은 그 나라의 건국 이야기에서 중요한 역할을 하였으며 미국의 정체성에서 중심적인 모티프의 하나였다. 리틀 아메리카의 눈 덮인 정착지와 그 중심부에서의 자신의 선구적 탐험과 함께 하나의 새로운 변경을 지적함으로써, 버드는 의식적이든 아니든 간에 남극을 진행 중인 현대 미국 건국 이야기의 일부로 만들기 위한 프로젝트에 대중을 참여시키기 위해 노력하였다. 그러나 원래의 미국 변경은 대중의 상상 속에 강력하게 남아 있는 반면 남극의 매력은 그렇게 분명하지 않았다.

영국과 노르웨이가 남극 탐험을 그들의 국가 내력 속에 포함시키고 그런 탐험에 그들이 지속적으로 참여하는 것을 보장하기 위해 수지맞는 포경 산업을 보유했던 반면 미국인들은 오래전에 자신들의 포경 산업을 잃어버렸다. 실제로 버드가 탐험할 때까지 그들은 남극 탐험에 대한 관심을 포기해 버렸다. 노르웨이인들과 영국인들은 얼어붙은 땅덩이로 이루어진 명백한 황무지보다 그 주변의 바다와 그곳의 풍부한 자원에 더 많은 관심이 있었던 반면 버드의 초점은 바로 그 대륙 위에 있었다. 비행사로서 그의 영웅적 위업을 행동으로 나타내야 하는 곳은 필연적으로 그곳이었다. 그러나 자신의 이전의 탐험이 이미 비행기로 남극점을 '정복'해버린 이상, 어떻게 미국 대중과 자신의 사업 및 정부 후원자들에게 새로운 탐험에 자금을 대는 것에 관심을 갖게 할 수 있을 것인가?

버드는 앞으로 대답해야 할 중요한 지리학적 문제를 지적하였는데 그것은 남극이 하나의 광활한 땅덩어리인지 아니면 로스해와 웨델해를 연결하는 바다나 해협에 의해 분리된 2개의 육지인가 하는 것이었다. 윌킨스는 1928년의 자신의 비행 후 후자를 주장했으나 그것은 확인되지 않은 채 남아 있었다. 또한 얼음 밑에 부가 숨겨져 있을 가능성도 있었다. 탐험가들에게는 그것을 발견할 수단만 주어진다면 거대한 부의 매력을 약속하는 것이 수 세기에 걸친 그들의 전통적인 책략이었다. 버드는 뉴욕의 기자들에게 굴드가 찾아낸 지질학적 소견에 관해 말했는데 그것은 '상업적 중요성이 있는 거대한 석탄층'을 암시하였다.[10] 남극에 푹 빠져버려 돌아가려고 필사적이었던 굴드도 뉴욕 탐험가 클럽(New York's Explorers' Club)에서 거행된 의식 도중 미국 지리학회 메달을 받았을 때 똑같은 행동을 했다. 그는 청중들에게 '남극에 약 수십만 평방마일에 달하는 탄전이 있는 것이 틀림없다'고 장담하였다.[11]

1931년 2월 모슨이 자신이 할 수 있는 곳이면 어디서든지 미친 듯이 유니언 잭을 게양하고 있을 때, 버드는 강연 여행차 디트로이트와 국민 교육 대표자 회의에 들렀다. 거기서 850명의 학생들로 구성된 합창단이 수천 명의 대표들을 즐겁게 해준 뒤 버드는 전국의 학생들이 보낸 찬사의 장정본을 선물받았다. 그 회의의 의장은 대표들과 그보다 훨씬 더 많은 방송 청취자들에게 아이들이 버드를 콜럼버스보다 더 위대하다고 생각하며 그의 극지 탐험이 '바로 그들의 영혼을 사로잡았다'고 말했다. 버드의 주요 후원자의 한 사람인 국립 지리학회의 길버트 그로스버너 박사(Dr. Gilbert Grosvenor)는 버드가 어떻게 해서 '이전에 통과했던 것보다 1,500마일 더 남쪽으로 미국 국기를 가져갔으며' 전기로 조명을 하고 14개월 동안 사람이 살았던 마을을 설립했는가를 설명하였다.[12] 버드의 탐험과 점유에 대한 그로스버너의 기술은 새로운 육지에 대한 주권을 인정하기 위해 국제법이 요구하는 조건을 정확하게 충족시킨 것이었다. 그리고 그의 이전 탐험대가 했던 것보다 그 주권을 훨씬 더 멀리 확장하는 데 있어 버드를 후원할 준비가 된 미국인들이 있었다.

디트로이트에 머무는 동안 버드는 자동차 왕이자 자신의 오랜 재정 지원자인 에드셀 포드와 오찬을 함께 하였다. 그는 버드에게 그의 몇 차례의 역사적 비행을 위한 비행기와 함께 1928년에서 1930년 탐험 동안 얼음 위에 착륙한 후 곧 고장 나버렸던 포드 '스노모빌' 1대를 제공한 적이 있었다. 버드가 새로운 각오로 실제적인 또 다른 탐험 준비를 강행한 것은 포드와 오찬을 함께 한 뒤였다. 외관상 그의 재원이 보충된 것 같은 가운데 더 많은 강연을 위해 기차가 그를 내슈빌로 데려다주었을 때, 그는 자신이 다시 2척의 작고 부적당한 배에 의존할 필요가 없도록 '탐험대 전체를 수용하고 운송할 만큼 큰' 배를 어디서 구할 수 있는가에 관한 조언을 얻으려고 바우먼에게 편지를 썼다. 그는 또한 모슨과 리저 라르센이 그 전해의 탐험 동안 육지를 발견했던 정확한 장소를 알고 싶었다.[13]

바우먼은 적절한 선박에 관해서는 조언해줄 수 없었으나 버드에게 그의 경쟁자들의 발견에 관한 모든 자료는 확실히 보내주었다.[14] 정치적 성향을 지닌 지리학자로서 바우먼은 버드가 신속하게 그것들을 지도와 논문에 영원히 남김으로써 그 전해의 자신의 발견을 완결하게 하는 데 더 많은 관심이 있었다. 특히 그는 미국 지리학회지를 위하여 자신의 제안으로 마리 버드 랜드 해안을 따라 비행한 것에 관한 논문을 제공하도록 버드를 압박하였다. '그것은 여러모로 특별히 중요한 비행이다'라고 바우먼은 썼는데 왜냐하면 그 비행이 그 지역 전체에 대한 미국의 권리를 확립해줄 것이기 때문이었다.

그는 또한 버드에게 로스해 지역의 새 지도 사본들도 보내주었는데 거기에는 굴드가 퀸 모드 산맥 기슭을 따라 육상 탐험을 하는 동안 그가 제안했던 명칭들이 포함되어 있었다. 바우먼은 미국 지리학회가 '그 지역에 대한 결정판으로서 지도를 재발행하여' 그것을 '전 세계의 80개 지리학회와 지리학에 관심이 있는 다른 기관과 개인들'에게 보낼 수 있도록 '아직도 명명되지 않은 다수의 지형들 모두에 이름을 붙이는 작업을 체계적으로 완수할 것을 버드에게 재촉하였다.[15] 바우먼은 윌크스의 비행에 뒤이어 1928년 그 지도의 판을 준비하였다. 설명을 위한 한 권의 소책자와 함께 약 1만 5천부의 사본이 미국 전역의 학교와 대학교에 보내졌다. 그는 약 5백만 명에서 1천만 명의 사람들이 그 지도들을 검토할 것이라고 추정하였다. 그 행사 비용은 허스트가 지불했으며, 허스트의 이름은 남극대륙의 허스트 랜드에 영원히 남아 있었다. 버드의 비행에 관한 뉴스를 받았을 때 *디트로이트 뉴스지(Detroit News)*는 그 지도를 받는 사람들이 어떻게 하면 '새로운 무전 보고가 들어올 때마다 변화하는 해안선과 땅의 기복을 하나의 생명체'로 상상할 수 있는가를 언급하였다.[16] 미국인들은 또한 대륙을 가로질러 성조기가 점차 퍼지는 것을 보게 될 것이다.

버드가 디트로이트에서 에드셀 포드와 오찬을 함께 한 지 1년 후인 1932년 2월 경, 그는 뉴욕 탐험가 클럽의 만찬회에서 자신의 다음 탐험을 위해 배 1척을 확보해놓았다고 발표할 수 있었다. 35톤의 보급품이 보스턴의 해군 작업장에 저장되고 있었다. 그는 또한 대중의 상상력을 사로잡고 미디어 회사들로부터의 자금 지원을 보장하기 위해 고안된 업적과 과학이라는 외관을 결합시킨 프로그램을 가지고 있었다. 그는 퀸 모드 산맥 근처에 해외 기지 하나를 설립할 계획이었는데, 거기서 그는 과학 관찰을 하면서 외로운 겨울을 보낼 것이고 한편 그의 팀의 나머지 대원들은 리틀 아메리카 기지를 다시 차지할 것이었다.

이 계획은 그 전해에 헨리 '지노' 왓킨스(Henry 'Gino' Watkins)가 이끄는 영국 그린란드 탐험대가 성취했던 업적을 모방할 것이다. 그 탐험대는 가능한 극지 항공로를 개설하기 위한 기상 조건을 조사했으며, 한 관측대원이 정기적으로 기상 관측을 하면서 혼자서 다섯 달을 보낸 적 있던 그린란드 만년설 꼭대기에 기지 하나를 세웠다. 그 탐험대의 성공은 많은 대중의 관심을 불러일으켰고, 버드는 이제 그것을 간절히 모방하고 싶었다. 버드는 자신은 로스해와 웨델해를 연결하는 해협이 있는지 확인하고 또한 마리 버드 랜드를 더 많이 탐험하고 싶다고 말했다. 그러나 그는 언제 다음 탐험을 떠날 것인지 아직 확신할 수 없었으며 먼저 자신의 1차 탐험의 과학적 결과를 출판해야 할 것임을 넌지시 말했다.[17]

남극의 내륙에서 혼자 밤을 새우며 지낸다는 생각은 바우먼이 권했던 프로그램의 일부가 아니었다. 그 지리학자는 미국을 위해 마리 버드 랜드를 탐험하고 그곳에 대한 권리를 주장함으로써 이전의 탐험 업적들을 쌓아올리기를 간절히 바랐다. 특히 그는 '미국을 위해 서경 80도와 150도 사이의 섹터 내에 있는 육지에 대한 권리를 주장할 수 있도록 그 섹터 내의 권리가 주장되지 않은 영토를 횡단 비행할 것'을 촉구하였다. 전해의 탐험에서 버드는 로스 속령과 포클랜드 제도 보호령 사이에 놓여 있는 권리가 주장되지 않은 광대한 영토의 서쪽 가장자리에 간신히 침투했다. 게다가 그 비행은 지상기준점이 없어 어려움을 겪었다. 장엄한 항공 사진들은 신문을 판매하는 데는 도움이 되었으나 그 사진들로부터 정확한 지도를 편찬하는 작업은 지리학적 지형의 위치와 고도를 정하는 데 도움이 될 그런 기준점이 없이는 불가능하였다. 그리고 바우먼은 정확한 지도가 강력한 영토관할권을 주장하기 위해 절실히 필요한 것임을 통절히 인식하고 있었다.[18]

1932년 2월 남극에 관한 발표를 한 뒤 버드는 더 절박한 임무에 주의를 빼앗겼는데, 국가를 불황에서 끌어내고 정부 예산의 균형을 맞추는 방법에 관한 정치적 분쟁이 미국을 휩쓸고 있었다. 버드의 공적 인지도와 강력한 사업 및 정치적 연줄로 인해, 의회는 참전 용사들을 위한 20억 달러의 보너스를 요구한 뒤 사업 관계자들이 정부의 비용 지출 삭감에 찬성하는 주장을 하기 위해 그에게 협조를 요청하였다. 그러나 그는 참전 용사들을 위한 혜택을 대폭 삭감하는 것에만 초점을 맞추어 논란을 야기하였다. 7월에 버드는 새로 형성된 로비 단체인 국민 경제 연합회(National Economy League)의 임시 의장이 되었으며 자신은 자신의 남극 탐험을 무기한 연기할 것이라고 발표하였다. 남쪽으로 가는 대신 그는 '전쟁이 발발할 경우 남아야만 한다고 느꼈을 것처럼, 남아서 정부의 낭비에 반대하는 투쟁을 이끌' 것이었다. 그는 바우먼에게 '이 일이 끝날 때까지' 머물러 있을 것이라고 말했다. 대통령 선거 캠페인이 한창 무르익은 가운데 국민 경제 연합회의 주장들이 캠페인을 지배하게 되었는데 왜냐하면 버드가 2천만 명의 미국인들에게 '건설적 항의를 하는 평화적 군대'에 합류할 것을 요구했기 때문이었다. 그는 마침내 6만 명의 회원을 모집하였다. 10월 경 그는 '급진주의로 인한 재난에서 이 나라를 구하기 위해' 투쟁하면서 하루에 서너 차례의 강연을 하고 있었으며, 바우먼에게 자신은 아침이고 낮이고 밤이고 간에 '다른 것은 전혀 생각하고 있지 않다'고 열변을 토했다.[19]

심지어 자신의 친구 프랭클린 루스벨트가 1932년 11월 대통령에 당선된 후에도 버드는 참전 용사들을 위한 정부 지원에 반대하는 자신의 외골수적이고 논란이 많은 캠페인을 계속하였다. 그러나 그 캠페인은 그의 인기에 악영향을 미치고 있었다. 그는 백악관의 문이 그에게 닫혔다는 것을 알았는데 루스벨트는 참전 용사들을 동요시키는 것을 두려워하였다. 민중 선동에 취했는지 아니면 단순히 술에 취했는지 버드는 1933년 1월 자신의 형 해리에게 '지옥에나 가라지, 프랭클린. 이제부터 그가 날 보기를 원한다면 날 부르러 사람을 보내야 할 것이야.'라고 편지를 썼다. 버드는 자신이 후퇴란 없는 국가 구제의 십자군 대열에 나선 것으로 생각하였다. 색종이 테이프 퍼레이드의 전율은 사람을 도취시키는 당파적 아첨의 중독과 정치 권력의 행사로 대체되어버렸다.[20]

보다 약삭빠른 버드의 형이 돌연히 방향을 바꾸어 그에게 테이블을 치며 열변을 토하는 것을 그만둘 것을 재촉하지 않았더라면 이것이 어디로 이어질지는 알 수 없는 일이었다. 해리 버드는 민주당 대통령 지명을 차지한다는 생각을 품었으나 루스벨트가 지명과 대통령직 둘 다를 차지하는 것을 지켜보는 것에 만족해야만 하였다. 버지니아 주지사를 사임한 뒤 버드는 1933년 3월 상원 의원이 되었다. 그런 입장에서는 그가 대통령과 자신의 동료

민주당원들과 우호적인 관계를 가지는 것, 그리고 자신의 동생이 참전 용사의 혜택에 대한 삭감을 요구함으로써 자신의 정치적 입장을 위태롭게 하도록 내버려두지 않는 것이 중요하였다. 그래서 그는 동생 버드에게 연금 삭감 캠페인과 루스벨트 막후에서 국민 경제 연합회를 흔드는 것을 중지할 것을 요구하였다. 그는 또한 그의 동생에게 사람들은 '네가 국가의 큰 이익을 대변하고 있으며, 포드와 록펠러가 너의 과거 탐험에 자금을 대었고 장래의 탐험에도 자금을 지원할 것을 약속했으니, 너는 그들이 네게 해주었던 것에 대한 보답으로 이 일을 하고 있다'고 말하고 있다고 경고하였다. 선택은 분명하였다. 버드는 인기 있는 영웅이 되거나 아니면 일개 당파적 정치인이 될 수 있을 것이다. 그가 둘 다 될 수는 없었다.[21]

해리의 현명한 충고가 버드로 하여금 서둘러 철수하게 하였다. 자신의 과오를 인정하고 싶지 않았기 때문에 버드는 1933년 4월 바우먼에게 자신은 단지 국민 경제 연합회의 목표가 '100퍼센트 실현되었기' 때문에 그 의장직을 사임할 계획이라고 말했다. 9개월 동안 전국에 걸쳐 캠페인을 벌인 뒤 그는 국내 정치에 등을 돌렸으며 이제 자신의 2차 남극 탐험 준비를 하는 데 '깊이 빠져들었다.' 이제 그를 사로잡은 것은 남극의 정치였다. 버드는 바우먼에게 자신은 '루스벨트가 남극을 어떻게 생각하는지 알아보기 위해' 그를 방문할 것이라고 말했다. 그는 또한 '저 아래의 일부 미지의 지역들에 관해' 바우먼과 '몹시 얘기하고 싶어' 했으며 특히 웨델해와 남극점 쪽으로 '마리 버드 랜드와 대륙의 나머지 지역 사이에 연결'이 있는지 여부를 발견하고 싶어 했다.

그러나 그것은 바우먼의 관심을 가장 많이 끄는 것이 아니었다. 그 지리학자는 그 대신 여전히 버드가 로스 속령 동쪽의 미지의 육지에 대한 탐험을 계속하는 것에 집중하기를 원했다. 바우먼은 버드에게 '자네가 말한 동쪽을 향한 비행을 훨씬 더 동쪽으로 계속하기로 한' 그들의 이전의 합의를 상기시켰다. 마리 버드 랜드와 허스트 랜드 사이에 놓여 있는 지도상의 빈 공간을 채우는 것이 '가장 중요한 발견'이 될 것이었다. 다시 한번 그는 버드가 이 육지들을 해안선에 연결하는 것의 중요성을 강조하였는데 그 이유는 섹터 체계하에서는 남극 해안이 모든 영토관할권의 출발점이며 그것이 각국이 발견된 해안선으로부터 남극점까지의 모든 육지에 대한 권리를 주장하도록 허용하기 때문이었다.[22]

버드가 10월 초 출발을 위해 자신의 준비를 강행하고 있었을 때, 그는 자신의 전직 비행사 베른트 발첸과 협력해온 백만장자 탐험가 링컨 엘스워드가 이끄는 보다 민첩한 미국 탐험대와의 경쟁에 직면하였다. 또한 계획 중인 2개의 영국 탐험대가 있었는데 그들 각각은 정부 재정 지원과 왕립 지리학회의 지원을 구하고 있었다.

첫 번째 제안은 영국 해군 상비군의 젊은 중위 마틴(J.H. Martin)이 했는데, 그는 1933년 10월 5일 비밀스러운 부처간 극지 위원회의 심문을 받았다. 마틴은 자치령성(Dominions Office)의 해리 배터비 경(Sir Harry Batter-bee)이 의장을 맡고 있는 그 위원회에 자신은 1934년 남쪽으로 가서 '대영 제국을 위해 지금까지 권리가 주장되지 않은 육지에 대한 권리를 주장하거나 아니면 기존의 영국 권리를 구체화하기'를 원한다고 말했다. 정부가 동경 45도 서쪽의 쐐기 모양의 영토를 실제적으로 노르웨이인들에게 양도했기 때문에, 로스 속령과 포클랜드 제도 보호령 사이에 놓여 있는 육지만이 유일하게 권리가 주장되지 않은 영토였으며 그것은 버드가 권리를 주장하기를 열망하고 있는 것과 동일한 영토였다. 영국과 미국 탐험대들이 동일한 영토를 차지하기 위해 경쟁할 가능성은 외무성을 불안하게 만들었다. 외무성은 '현재로서는 충분한 남극 영토가 영국 소유라고 주장되었으며 따라서 이미 권리가 주장된 지역에서 지배력을 강화하는 것이 더 나을 것이다'라고 믿었다. 현재 대륙의 2/3 이상이 대영 제국에 의해 권리가 주장된 가운데, 미국인들을 태평양 사분할 지역 밖으로 차단시키는 더 이상의 영국의 주장이 워싱턴을 자극하여 기존의 영국 권리에 도전하게 할 수 있다는 것이 두려웠다. 그 위원회는 마틴이 대신 오스트레일리아 섹터에 초점을 맞추어 모슨이 시작했던 일을 완수할 것을 제안하였다. 그러나 그 신진 탐험가는 더 큰 영예가 기다리고 있는 로스 속령 동쪽의 권리가 주장되지 않은 빈 공간을 탐험하기를 원한다고 강경하게 주장하였다.[23]

그 상대적인 미숙함 때문에 마틴은 오스트레일리아 극지 탐험가이자 조종사인 존 라이밀(John Rymill)의 이익이 되도록 자금 지원에서 제외되었다. 라이밀은 지노 왓킨스의 2차 그린란드 탐험에 참가한 적이 있었는데 그 탐험 도중 왓킨스는 바다표범 사냥을 하다가 자신의 카약에서 사라져버리고 말았다. 체구가 호리호리하고 난독증이 있는 라이밀이 지휘권을 인계받아 포클랜드 제도 보호령의 최남단 지역을 탐험할 때 원래 왓킨스가 계획했던 소규모 탐험대를 인솔하기를 원했다. 식민성으로부터 불과 10,000 파운드의 보조금을 받은 '영국 그레이엄 랜드 탐험대(British Graham Land Expedition)'는 버드가 미국의 것으로 원했던 영토 내로 밀고 들어가는 대신 영국의 기존 권리를 강화할 것이다.

브리타니의 작은 어선 *페놀라호(Penola)*를 이용한, 마틴이 일등항해사로 고용된 3년 계획의 그 탐험대는 그레이엄 랜드의 지형과 지질을 집중적으로 조사하고 그곳의 해양생물과 조류를 연구하기 위해 1934년 출발하였다. 주로 바다표범 고기를 먹고 살았던—탐험 기간 동안 약 550마리의 바다표범이 도살되었다—9명의 라이밀의 육상 팀에는 생물학자 1명, 지질학자 겸 빙하학자 1명과 조류학자 브라이언 로버츠(Brian Roberts)가 포함되어 있었는데, 브라이언은 나중에 영국의 남극 영유권을 강화하는 데 중요한 역할을 할 것이었다. 라이밀이 정찰 목적을 위해 소형 복엽기 1대를 가져갔으나 대부분의 탐험 활동은 개 썰매로 행해졌다.[24]

첫해 동안 악천후와 *페놀라호*의 기계적 문제들로 고통을 받았던 라이밀은 둘째 해에는 운이 더 좋았다. 그 팀은 마거리트만(Marguerite Bay)에 있는 자신들의 기지를 떠나 그레이엄 랜드의 남쪽 지역을 향해 해도에 표시되어 있지 않은 바다를 헤치고 조심스럽게 앞으로 나아갔다. 이제야 벨링스하우 젠의 알렉산더 1세 랜드가 실제로는 1개의 섬이라는 것이 알려졌는데, 그것은 400킬로미터에 이르는 얼어붙은 해협에 의해 그레이엄 랜드로부터 분리되어 있었다. 라이밀의 공들인 조사가 또한 웨델해와 로스해를 연결하는 해협의 존재를 반증하였다. 그 조사는 남극대륙이 단일 대륙이며 그레이엄 랜드는 열도가 아니고 거대한 반도의 일부라는 것을 더 입증하였다.

라이밀이 식량이 떨어져 그레이엄 랜드의 산등성이를 가로질러 웨델해까지 가는 썰매 여행이 일찍 끝나지 않았더라면 더 많은 발견이 이루어졌을 것이다. 그럼에도 불구하고 그의 탐험은 그레이엄 랜드의 지도를 더 명확하게 만들었고 주요 난제들의 일부를 해결했으며 그곳의 지리학적 지형에 수많은 영국식 명칭을 붙였다. 그것은 영국이 그 탐험에 썼던 보잘것없는 액수의 돈에 비하면 상당한 이득이었으며 포클랜드 제도 보호령에 대한 영국의 권리를 강화해주는 한편, 더 서쪽의 영토로부터는 신중하게 떨어져 있었다.[25]

버드의 공들인 준비와 중요한 탐험은 부유한 엘스워드와 그의 숙련된 극지 조종사의 그늘에 가려 빛을 보지 못할 것처럼 보였기 때문에 아직도 버드와 그의 경쟁자들 사이에는 경쟁이 있을 것이었다. 엘스워드는 탄광업을 하는 그의 아버지로부터 이태리와 스위스에 있는 호화로운 집과 막대한 부를 물려받았으나 정작 그는 미국 서부와 개척자인 그의 조부모의 오하이오 집과 가장 친밀했는데, 그들로부터 그는 '광활한 변경에 대한 사랑'을 물려받았다. 상처한 아버지의 엄한 훈육하에 시카고에서 성장한 뒤 그는 후일 어떤 기자에게 말한 것처럼 1899년 대학교를 떠나 '캐나다 횡단 철도를 부설하기 위한 대륙 횡단 경로 탐사에 파견되었던 최초의 조사단에서 도끼를 휘두르는 일꾼이 되었다.' 당시는 아직도 '포장마차를 타고 황무지를 전진하는' 이민자들이 있던 시대였다. 엘스워드는 아쉬운 듯이 자신이 어떻게 '자유로운 야생의 생활을 했으며 문명사회를 위한 길을 밝혔는지를 회상하였다. 우리들 앞에는 답사자들이 갔고 우리 뒤에는 정착자들이 따랐다. 이야기는 언제나 똑같았는데 먼저 발견한 다음 탐험하고 그런 다음에 개발하는 것이었다.' 엘스워드에게 남극은 세계의 마지막 변경 중의 하나였으며 남자가 남자가 될 수 있고 여자란 없는, 길들여지지 않은 곳이었다. 그가 '소년 생활(Boy's Life)'이란 잡지에 말한 것처럼 탐험은 '남자다움을 배우기 위한 일종의 학교'였다.²⁶

어렸을 때 허약했기 때문에 엘스워드는 체력 단련에 집착하게 되었다. 뉴욕에서 생활하지 않을 때는 그는 하루에 정확하게 18마일을 걷는 엄격한 일상을 지켰다. 뉴욕에 있을 때는 하루에 1시간 동안 프로 레슬링 선수와 스파링을 함으로써 자신의 체력을 유지하였다. 그가 영웅처럼 존경하는 사람 중에는 서부의 보안관 와이어트 어프(Wyatt Earp, 1848-1929. 미국의 보안관 권총 명사수—역자 주)가 있었는데 그는 미국의 변경에 질서를 가져오는 것을 도왔으며 엘스워드는 그의 기념품을 수집하였다. 엘스워드의 말에 의하면 어프는 '서부 제국의 토대를 놓은 가정 교육과 인간 경험의 정확한 결합의 전형'이었다. 이제 엘스워드는 남쪽에 있는 가능한 미국 제국의 토대를 놓는 것을 도울 것이다.

또 하나의 그의 영웅은 제국을 건설한 대통령, 테디 루스벨트였는데 1896년에 최초로 출판되었던 그의 책 '목장 生活과 사냥 코스(Ranch Life and the Hunting Trail)'는 어린 시절의 그를 황홀하게 만들었다. 그리고 마지막으로 로알 아문센이 있었는데 그는 1925년의 비행기와, 1926년의 비행선에 의한 자신의 북극 탐험에 엘스워드와 리저 라르센을 동반한 바 있었다. 아문센은 1928년 북극에서의 구조 비행 도중 흔적도 없이 사라져버렸다. 1913년 런던에서 있었던 스콧의 추도식에 참석했던 적이 있던 엘스워드는 탐험이 '아문센의 일이자, 그의 야망이며, 그의 소명이고, 그의 취미이며, 그의 삶이자 죽음'이 되었던 경위와 어떤 이유로 그 노르웨이인이 미지의 땅을 헤치고 새 길을 개척하는 것을 '일종의 낭만적 서사시'로 간주했는가를 기술하였

다. 이것이 엘스워드가 자신의 남극 탐험대를 조직하는 것에 착수한 경위였다.[27]

엘스워드에게 남극 탐험은 지리학적 발견에 관한 것이 전부였다. 그는 목적을 위해 특별히 만든, 자신이 *북극성호(Ploar Star)*라고 명명한, 노드럽사 제품인 완전한 금속제의 저익단엽비행기를 구입하고 그것을 조종할 최고의 조종사들을 모집할 재력이 있었다. 과학은 엘스워드의 탐험에서는 거의 관련이 없을 것인데 왜냐하면 그 탐험은 웨델해로부터 로스해에 있는 버드의 버려진 기지까지의 단독 남극 횡단 비행에 집중되었기 때문이었다. 유일한 과학 활동으로는 버드의 전직 보좌관 로렌스 굴드가 이끄는 지원 팀이 수행하는 약간의 기상 관측과 지질학 조사가 있을 것인데 굴드는 리틀 아메리카 기지에서 엘스워드가 자신의 대륙 횡단을 완수할 것을 기다릴 것이다. 그것으로 그 탐험은 1932년에서 1933년으로 예정된 제2차 국제 극지의 해 (Second International Polar Year) 프로그램에서 미국 역할을 수행하는 것으로 묘사될 수 있을 것이었다.

버드가 1928년 남극점까지 비행했다가 로스해로부터 돌아온 반면 엘스워드는 대륙을 완전히 횡단 비행할 것이다. 그것은 아마도 신문 헤드라인과 명성을 획득하는 것이 보장된 마지막 남은 남극의 위업일 것이다. 버드와 마찬가지로 그도 미국 지리학회의 이사야 바우먼으로부터 조언과 도움을 얻었다. 1931년 5월 엘스워드를 대신하여 노르웨이 포경업자 라스 크리스텐센에게 전보를 보내 그 탐험이 미국과 노르웨이의 공동 노력이 될 것을 제안하고, 크리스텐센이 엘스워드에게 *노르베지아호*를 전세내줄 것과 경험이 풍부한 홀름과 리저 라르센이 그의 비행기를 조종하도록 허용해줄 것을 제안한 사람도 바우먼이었다. 심지어 엘스워드는 그 탐험을 '엘스워드 미국 노르웨이 남극 탐험대(Ellsworth American Norwegian Antarctic Expedition)' 라고 부를 준비도 되어 있었다. 그러나 노르웨이 포경업자들은 경제 공황으로 인한 시장의 고래기름 공급 과잉 때문에 1931년에서 1932년에는 남쪽으로 가지 않을 것이며 다음 해 그들이 돌아올 것이라는 보장도 없었다. 리저 라르센은 엘스워드에게 에스키모 남녀와 그들의 개를 데려갈 것을 제안했으나 그것은 '낭만적 서사시'에 관한 엘스워드의 영웅적이고 인종차별적인 상상과 전혀 일치하지 않았다.[28]

1932년 4월이 되어서야 엘스워드는 마침내 1933년에서 1934년 여름으로 예정된 4,600킬로미터의 자신의 남극 횡단 비행 계획을 발표하였다. 베른트 발첸이 그의 조종사가 될 것이며 한편 돈에 쪼들리는 휴버트 윌킨스가 탐험대를 조직하고 그 업적을 자세히 기록할 것이다. 적절한 배를 찾아 헤맨 후 그는 작은 목조 어선 1척을 정하고는 그것을 *와이어트 어프호(Wyatt Earp)*라고 개명하였다. 그는 심지어 남극으로 떠나기 전 캘리포니아에 있는 어프의 미망인을 방문했으며 자신이 끼기 위해 어프의 결혼 금반지를 받았다.[29] 바우먼과의 합동 발표회에서 엘스워드는 그 비행을 '남극 탐험에서 마지막 위대한 모험'이며 '순전히 발견을 위한 항해'라고 묘사하였다.

미국 지리학회가 대륙 지도 한 장을 제공해주었는데 그것은 소량의 알려진 육지와 훨씬 더 많은 양의 그 학회가 말한 '추측된 육지'를 보여주었다. 지형학에 관해서는 '엘스워드 남극 횡단 비행 탐험대'는 '인간에 의해 한 번도 목격된 적이 없는… 거대한 눈 대륙과 거대한 땅덩이를 뚫고 날아가는 비행의 진로를 따라 지리학적 지형을 결정할' 것이다. 그 탐험대의 업적은 거의 읽히지 않는 학술 잡지의 페이지에 무미건조하게 자세히 실리는 대신 미국의 일요판 신문들의 두 페이지 크기의 지면에 걸쳐 극적으로 다루어지도록 고안되었다. *뉴욕 타임스*의 사설이 종종 남극에 적용되는 군사 용어로 그 탐험을 표현함으로써 그 드라마를 강조했는데 독자들에게 그 탐험대는 '빙하 대륙을 장악하는 데 있어 군자금이 부족하지 않을 것'이라고 말했다.[30]

1933년 9월 엘스워드는 증기선을 타고 뉴질랜드까지 편안하게 여행한 뒤 *와이어트 어프호*의 도착을 기다렸다. 그는 바우먼으로부터 온 전갈을 받았는데 그는 엘스워드의 활동에 관한 소식을 '몹시' 기다리고 있었으며 '영광스러운 이야기'를 '간절히' 기대하고 있었다. 바우먼은 버드와 엘스워드 두 사람 모두에게 조언하고 있었으며 상대방의 계획에 대해 그들 각자가 잘 알고 있도록 하였다. 그는 엘스워드에게 자신의 직원들이 '당신이 필요로 할지 모르는 지도들에 대한 어떤 도움이라도 주기 위해 대기하고 있다'고 안심시켰다.[31]

그러나 바우먼은 그밖에도 훨씬 더 많은 일을 하고 있었다. 그는 엘스워드 탐험대의 업적에 관한 소식이 전 세계에 걸쳐 관련 단체들과 신문에 배포되도록 보장할 것이다. 1934년 1월 엘스워드의 첫 비행 전날 밤 4개국 언어로 번역되어 부에노스아이레스에서 베이징까지 수백 개 신문에 보내진 광고 전단지에서 바우먼은 '수평 및 빗각 노출을 위한 2대의 자이스(Zeiss) 핸드 카메라와 10초마다 수직 사진을 촬영할 시계로 작동되는 새로운 타입의 항공 촬영 카메라에 의해' 지도 작성이 어떻게 수행될 것인가를 설명했으며 이 방법이 '횡단된 경로의 지속적인 스트립 기록을 제공할 것'이라고 말했다. 비행 도중 수시로 천문학적 위치를 취하는 새롭게 고안된 단순화된 방법은 과거에 항공 촬영 사진으로부터 지도를 만들 때 맞닥뜨렸던 문제들을 극복할 것으로 기대되었다.[32] 영토관할권 주장에 관한 바우먼의 정치학 전문 지식을 고려하면 분명히 그 광고 전단은 단지 전 세계에 엘스워드의 활동을 알리는 것 이상을 할 의도를 가지고 있었다. 추후 신문 보도와 비행 결과 만들어지는 지도들과 함께 그것은 미국이 다른 어느 나라보다 그 특정 남극 영토를 더 잘 알고 있으며 따라서 그 영토에 대한 더 큰 권리를 가지고 있음을 보여줄 것이다.

엘스워드는 또한 국무부의 조언도 받았는데 국무부는 그에게 새로 발견된 영토에 대한 권리를 선포할 때 사용할 언행의 형식을 제공해주었다. 그가 로스해를 향해 출발한 것이 런던과 웰링턴 두 곳 모두에서 우려를 자아냈는데 그곳 관리들은 엘스워드가 로스 속령에 대한 영국 주권을 침해할까 봐 염려하였다. 영국인들은 엘스워드의 탐험이 미국의 공식 지원을 받았는지 확신할 수 없었으며 그래서 워싱턴 당국에 해명을 요청하는 것을 우려하였다. 영국 주권에 관한 암묵적 발표에서 엘스워드에게 그가 로스 속령 내에서 활동하는 것을 환영하며 그가 필요로 하는 모든 시설을 제공할 것이라는 전갈을 보냈다. 엘스워드가 자신의 방송 장비와 비행기를 로스 속령 내에서 사용하기 위한 면허를 뉴질랜드에 신청했다가 실패한 것에 관한 언급이 있었으나 그 미국 탐험가는 그 상황을 시정할 필요가 없었다.

엘스워드는 사우스셰틀랜드 제도의 한 항구를 기지로 사용하기 위해 포클랜드 제도 총독의 승인을 요청했으며 그 총독은 그 기회를 이용하여 포클랜드 제도와 포클랜드 제도 보호령 내에서의 엘스워드의 비행을 허가하였다. 국무부는 뒤늦게야 비로소 그 총독의 조치의 함의를 깨달았다. 국무부는 1935년 4월 영국 외무성에 포클랜드 제도 보호령에서 항공기를 운용하는 권한에 대한 미국의 승인이 '어느 나라 또는 나라들은 "속령"이라는 용어 내에 포함된 다양한 영토의 소유권이나 그것에 대한 권리를 정당하게 주장할 수 있는가에 관한 문제와는 어떤 식으로든지 하등의 관련이 있음을 암시할 수 없다'는 것을 천명하였다. 분쟁을 촉발하는 것을 원치 않았기 때문에 영국인들은 회답을 거절하였다.[33]

1월 9일 엘스워드는 자신의 첫 시험 비행에서 이륙하기 직전에 전 세계의 언론에 무선 메시지를 방송했으며 자신은 '성조기를 낙하하고 그 행위가 충분한 한 미국을 위해 서경 120도까지 우리가 발견하는 지역에 대한 권리를 주장하기 위한 국무부의 승인을 받았다'고 발표하였다.[34] 그러나 그것은 모두 수포로 돌아갔다. *북극성호*는 첫 비행 후 로스 얼음 장벽 위에 상륙했으며 밤 동안 고래만의 *와이어트 어프호*를 묶어둔 곳에 너무 가깝게 방치되었다. 밤 동안 빙붕 가장자리가 떨어져 나가는 바람에 그 비행기는 작은 부빙 위에 불안정하게 위치하게 되었으며 선원들의 엄청난 노력으로 우연히 구조되었을 뿐이었다. 그 비행기는 날개와 스키에 아주 심한 손상을 입었기 때문에 캘리포니아에 있는 공장에서 수리를 받지 않고는 띄울 수 없었고,

얼음에 의해 손상된 *와이어트 어프호* 또한 수리를 해야 하였다. 이에 굴하지 않고 엘스워드는 다음해 여름에 다시 시도하기로 결심하였다. 10월과 11월에는 로스해의 비행 기상이 더 양호한 반면 로스해는 1월까지는 배로 접근할 수 없었기 때문에 그는 웨델해의 한 섬에 기지를 두고 남극대륙을 가로질러 리틀 아메리카까지 날아가 거기서 *와이어트 어프호*의 도착을 기다릴 예정이었다.[35]

다음해 여름에도 엘스워드는 운이 좋은 편이 아니었다. 더니든에서 윌킨스와 발첸과 함께 *와이어트 어프호*와 다시 합류한 엘스워드는 1934년 9월 디셉션 섬까지 6,000킬로미터에 달하는 항해를 출발하였다. 그는 그 섬의 항구에 자신의 비행기를 위한 활주로 역할을 할 수 있는 얼음 층이 있기를 바랐으나 실망스럽게도 그 항구에는 얼음이 없다는 것을 알았다. 그다음에 폭설이 눈 덮인 땅 위에 비행장을 만들 수 있을 것이라는 기대를 자아내었으나 결국 비행기 엔진이 칠레에서 배로 가져올 대체 부품을 요하는 불운을 겪게 되었다. *와이어트 어프호*가 돌아올 즈음에는 눈이 대부분 없어져 스키로 이륙하는 것이 불가능하게 되었다. 그 비행기는 엘스워드가 비행장을 위한 더 적절한 장소를 찾을 수 있도록 배 위에 도로 실렸다.

마침내 12월 초 스노 힐 섬 위에서 한 장소가 발견되었는데 그곳의 크레바스가 없는 빙하 하나가 스키를 장착한 비행기를 위한 완벽한 비행장을 제공해주었다. 거기서 좋은 날씨를 기다리며 수 주일을 보냈으며 엘스워드는 또 다른 여름이 허비될 가능성에 점점 더 좌절하게 되었다. 윌킨스는 날씨뿐 아니라 나이 들어가는 엘스워드의 비관주의 때문에 더욱 더 좌절하였다. 12월 말에 그 오스트레일리아인은 바우먼에게 무전을 쳐 엘스워드가 날씨가 호전되기를 기다려야 하는 것에 너무 낙심한 나머지 집으로 가려고 짐을 꾸리고 있다고 말했다. 윌킨스는 아직도 몇 주일의 잠재적으로 비행하기 좋은 날씨가 있을 것이기에 그 계절을 나고 가능하면 다음 해 여름도 나기를 원한다고 불평했다. 그는 바우먼에게 엘스워드로부터 탐험대장직을 인수하는 가능성에 관해 문의하였으나 그는 엘스워드의 승낙과 1만 달러에서 2만 달러의 자금이 더 필요할 것이었다.[36]

월킨스가 어떻게 해볼 수 있기 전에, 1935년 1월 3일 엘스워드와 발첸이 비행하기에 충분할 만큼 날씨가 개었다. 그들이 미지의 대륙 속으로 이륙했을 때 엘스워드는 자신의 신문 후원자들에게 '우리가 볼 수 있는 한 상황은 좋아 보이며 따라서 우리는 탐험되지 않은 남극대륙의 큰 문제를 해결하기 위해 많은 일을 할 것을 기대하고 있다'라고 무전을 쳤다. 그러나 그는 발첸이 날씨에 겁을 먹은 나머지 불과 약 300킬로미터 비행한 뒤 비행기를 돌렸을 때 또 다시 실망하였다. 화가 난 엘스워드는 허비된 또 다른 여름을 한탄하게 내버려졌다. 그럼에도 불구하고, 그는 그 짧은 정찰에서 '남극대륙으로부터 탈취하여 인간 지식의 지도에 추가한… 또 다른 미지의 구역'을 목격하였기 때문에 여전히 그 비행을 성공이라고 주장하려고 애를 썼다. 그 분명한 발견물에는 '5개의 섬과 3개의 깊은 피오르[그는 자신의 부친 이름을 따 그중 1개를 명명하였다]와 최근의 공식 해도상에 표시되지 않은 여러 개의 눈에 잘 띄는 산봉우리들'이 포함되어 있었다.

개인적으로 엘스워드는 바우먼에게 자신은 '내가 하려고 시도했던 것을 성취하지 못해서 매우 유감이지만 전혀 시도하지 않았던 것보다는 시도하여 실패한 것이 더 나았다'고 고백하였다. 다음 주 악천후로 인해 그는 그 시즌 동안 더 이상의 비행을 포기할 수밖에 없었다. 비행기를 챙겨 치운 뒤 그는 *와이어트 어프호*를 스노 힐 섬 주변 바다를 덮고 있던 얼음에서 벗어나게 하려고 노력하는 데 집중하였다. 1월 18일이 되어서야 비로소 엘스워드가 말한 '주님의 인도하시는 손과 용감한 모험에 대한 믿음'으로 그 배는 마침내 풀려났으며 일행은 화석을 채집하기 위해 그레이엄 랜드의 북부 지역을 탐사할 수 있었다.[37] 그것이 남극에서의 좌절스러운 두 시즌으로부터 약간의 구체적인 이득을 제공할 것이었다.

1935년 2월 말경 엘스워드는 뉴욕 메트로폴리탄 클럽(Metropolitan Club)

에 있는 자신의 안락한 거처로 돌아와 편안히 앉아 잡지 기사를 쓰고 자신의 탐험에 관한 책 한 권을 편찬하고 다음 시즌의 작업 계획을 세웠다.[38] 그는 또한 오후의 차 마시는 시간 동안 백악관을 방문하여 루스벨트에게 개인적 보고도 할 수 있었다. 대통령은 그의 첫 두 시즌의 결과에 관해 자세한 질문을 하였고 그가 '돌아가서 남극의 광대한 미탐험 영토의 횡단 비행을 하기 위한 자신의 계획을 실행할 의향이 있는지' 여부를 물었다. 엘스워드는 루스벨트에게 자신이 세 번째 대륙 횡단 시도를 하기 위해 돌아갈 것인지는 아직 확신하지 못한다고 말했다. 그러나 머지않아 그는 남극이 다시 자신을 끌어당기고 있다는 것을 알았다.

발첸은 돌아가지 않기로 결정하고 그 대신 취업 전망을 조사하는 것을 더 선호한 끝에 유럽에서 민간 항공사를 차렸다.[39] 그래서 엘스워드는 빙원과 설원에서 이륙하는 데 익숙한 2명의 캐나다 조종사를 모집하였다. 그는 이번에는 *와이어트 어프*호를 몰고 눈 덮인 평평한 착륙장이 오라고 손짓하는 남극 반도 말단의 던디 섬(Dundee Island)으로 갔다. 거기서부터 엘스워드는 리틀 아메리카에 있는 버드의 빈 기지까지 3,700킬로미터를 비행할 계획을 세웠는데, 그곳에서 *와이어트 어프*호의 도착을 기다리는 동안 무엇이든지 그가 비행기로 운반할 수 있는 것과 버드가 남겨두었던 저장 물자로 목숨을 부지할 것이었다.[40]

두 차례의 좌절된 시도 끝에 엘스워드는 마침내 1935년 11월 23일 캐나다 조종사 허버트 홀릭 캐넌(Herbert Hollick-Kenyon)과 함께 출발하였고, 14시간으로 예상되는 비행에 행운을 빌기 위해 어프의 탄띠와 권총집을 함께 가져갔다. 남극점까지 그저 아문센의 발자국을 추적한 것에 불과하였던 버드의 비행과 달리 엘스워드의 비행은 남극 반도의 전 길이를 비행한 뒤 리틀 아메리카까지 이전에 목격된 적이 없는 거대한 지역을 가로질러 나아갈 것이었다. 비행기 아래의 전장에 걸쳐 큰 글자로 '엘스워드 남극 횡단 비행(Ellsworth Trans-Antarctic Flight)'이라고 칠해져 있는 단어들과 함께 엘스워드는 표면상으로는 대륙을 횡단하고 있었으나, 그가 선택했던 경로는 비평가들이 그가 단지 대륙의 일부에 테를 두른 것에 불과하다고 주장하는 것을 허용할 것이었다. 그가 그 대신 예를 들어 엔더비 랜드에서 출발하여 남극점 위를 통과하여 리틀 아메리카까지 비행했더라면, 그는 동일한 거리를 비행한 셈이 될 것이고 그의 업적에 대한 트집도 없었을 것이다. 그러나 엘스워드에게 그 비행은 또한 새로운 육지를 발견하고 그것에 대한 권리를 주장하는 것에 관한 것이기도 하였다.[41] 그리고 일단 그가 남극 반도를 넘어서자 새로운 육지가 잔뜩 있었다.

월킨스가 '허스트 랜드'라고 명명했던 지역 상공을 비행할 때 엘스워드는 거의 해발 4,000미터 높이로 솟은 봉우리들이 있는 높은 산맥 하나를 발견하였다. 신비주의 성향인 엘스워드는 그것을 '영겁의 산맥(Eternity Range)'이라고 명명하고 자신의 라이카(Leica) 카메라로 스냅 사진을 찍으면서 그 산맥의 3개의 최고봉들을 '믿음(Faith)', 소망(Hope)' 그리고 '사랑(Charity)'이라고 불렀다. 그보다 더 작은 산맥 하나는 '파수병 산맥(Sentinel Range)'이라고 명명되었으며 그 최고봉은 엘스워드의 아내 메리 루이스 울머(Mary Louise Ulmer)의 이름을 따 명명되었다. 비행하는 동안 내내 그는 던디 섬에 있는 *와이어트 어프호*의 월킨스와 무선 연락을 유지했는데 월킨스에게 비행기에 사고가 발생할 경우 따라야 할 자세한 지시 사항들을 남겨두었다. 그러나 리틀 아메리카까지 목표의 반을 막 통과한 뒤 무선 통신 장치의 문제로 인해 통신이 두절되었다. 이전에 여러 차례 시도에서 번번이 좌절을 맛보았던 뒤라서 그런지 엘스워드는 그에 아랑곳하지 않고 밀어붙인 반면, 월킨스는 미리 준비된 자신들의 구조 작전을 실행하기 시작했다.[42]

자신들의 속도도 거의 알지 못한 채 14시간을 공중에서 보낸 뒤, 엘스워드와 홀릭은 아무 특색이 없는 어느 높은 고원을 가로질러 비행하고 있었고 두 사람 모두 자신들의 위치를 전혀 알지 못했다. 연료 수준을 우려한 캐년이 단단히 다져진 눈 위에 착륙하게 되면서 그들은 자신들의 위치를 확인할 수 있었다. 고장 난 줄 몰랐던 자신의 육분의를 사용하여 엘스워드는 그들이 남위 79도 12분, 서경 104도 10분에 위치해 있다고 결정하였는데 그들은 리틀 아메리카로부터 불과 1,000킬로미터 남짓 모자라는 곳에 있었다. 그들의 연료 상태가 다소 위태로웠음에도 자신들이 이전에 한 번도 목격되었거나 권리가 주장된 적이 없는 대륙의 한 부분 위에 서있다는 것을 알자 엘스워드의 주의는 다른 곳으로 쏠렸다. 그는 압도당했으며 후일 '이런 꿈을 꾸어왔던 모든 사람들 중에서 내가 그 꿈의 실현을 허락받는다는 생각을 하니' 자신이 '매우 온유하고 경건한 사람'이라는 느낌이 들었다고 기술하였다. 그는 바로 이런 목적을 위해 가져왔던 미국 국기를 가져와 그것을 게양하고 서경 80도와 서경 120도 사이에 놓여있는 그 섹터에 대한 권리를 선포하고 그곳을 자신의 부친 이름을 따서 제임스 엘스워드 랜드(James W. Ellsworth Land)라고 명명하였다. 비행기와 나란히 텐트를 치고 베이컨과 오트밀로 된 식사를 준비하는 동안 엘스워드는 자신들의 위치를 재확인하였다. 얼음 위에서 19시간을 보낸 뒤 마침내 그들은 이륙하였다.[43]

불과 30분 후 악천후로 인해 비행기는 다시 착륙할 수밖에 없었으며 그들은 거기서 사흘 동안 머물렀는데 그동안 두 사람 모두 잔뜩 흐린 기상 조건하에서 고장 난 육분의로 자신들의 정확한 위치를 알기 위해 애를 썼다. 아직도 그 기구가 고장 났다는 것을 몰랐던 그들은 다시 이륙하였으나 불과 15분 비행한 뒤 악천후로 인해 하는 수 없이 다시 착륙하였다. 이번에는 그들은 일주일 동안 텐트 속에 갇혀 있었다. 그들은 마침내 육분의 문제를 해결하고 12월 1일 햇살이 내리쬐는 틈을 타서 처음으로 자신들의 정확한 위치를 알았다. 그들은 아직도 리틀 아메리카로부터 800킬로미터 넘게 떨어져 있었다.

4시간 비행한 뒤 엘스워드와 홀릭 캐넌은 다시 자신들의 정확한 위치를 알기 위해 목적지에서 불과 200킬로미터 떨어진 로스 얼음 장벽 위에 착륙하였다. 그들은 하룻밤을 잔 뒤 그곳에 도착할 만큼 충분한 연료가 있다는 것을 확신하고 다시 이륙하였다. 하지만 리틀 아메리카에서 25킬로미터 못 미친 곳에서 연료 부족으로 엔진이 꺼졌고, 마지막으로 착륙하였다. 그들은 자신들이 버드가 버린 기지에 가까이 있다는 것을 알았으나 파묻힌 건물들이 어느 방향에 위치해 있는지 알 길이 없었다. 열흘 후 썰매와 함께 160킬로미터 넘게 닥치는 대로 터벅터벅 걸은 뒤 그들은 눈 위로 뾰족 솟아 나온 기지의 흔적들을 우연히 발견하였다.[44]

세상 사람들은 엘스워드로부터 소식을 들은 지 3주 이상 되었으며 신문 머리기사들은 그의 죽음을 예견하고 있었다. 윌킨스가 *와이어트 어프호*를 리틀 아메리카 쪽으로 몰아 해안을 따라 정선하면서 엘스워드가 피난처를 찾을 수 있다고 암시했던 다양한 장소들을 확인하는 동안 강철 선체의 영국 연구선 *디스커버리 II호(Discovery II)*와 오스트레일리아 공군기 2대를 이용한 국제 구조대가 조직되었다. *디스커버리 II호*로부터 날아온 비행기는 맨 처음 리틀 아메리카에 도착하여 세인들의 불안과 엘스워드와 캐년의 고립에 종지부를 찍었다. 며칠 후 윌킨스가 *와이어트 어프호*를 타고 도착하였다. 영국, 오스트레일리아, 뉴질랜드 합동 구조대의 비용은 로스 속령에 대한 영국의 권리를 강화해줄 방법을 넌지시 언급했던 관리들에 의해 정당화되었다. 리틀 아메리카가 로스 속령 내에 위치해 있었기 때문에 *디스커버리 II호*의 파견은 일종의 암묵적 영국 주권 행사라고 간주되었다. 외무성은 나중에 '로스 속령에 대한 영국의 행정권이 실질적으로 행사되었으며' 자기들은 '그 지역 방문객의 안전을 위한 자신들의 도덕적 책임'을 이행했다고 주장할 것이었다.[45]

영국과 영연방 자치령은 남극에서의 미국의 의도에 불안감을 느껴왔다. 그리고 그러한 불안은 리틀 아메리카의 위치와 그것이 발견과 점유 양자에 근거한 미국의 권리를 야기할 가능성에 의해 고조되어왔다. 영국은 버드가 신중하게 자신의 영토관할권 주장을 로스 속령 동쪽 지역에 제한시킨 것에 안심이 되었다. 국무부의 지시를 받은 엘스워드도 똑같이 행동하였다. 미국에 돌아왔을 때 엘스워드는 자신은 이전에 발견되었거나 권리가 주장된 바 없는 서경 80도와 서경 120도 사이의 영토에 대해서만 권리를 주장했다고 발표하였다.

버드와 마찬가지로 그도 대중의 갈채를 받았다. 통상적인 오찬회와 만찬회가 개최되었으며, 미의회는 '미합중국을 대신하여 세계에서 권리가 주장되지 않은 마지막 영토를 의미하는… 대략 35만 평방마일의 남극대륙 육지에 대한 권리를 주장한 것에 대해' 그에게 금메달을 수여하였다. 그러나 버드와 달리 부유한 엘스워드는 탐험 비용을 회수하기 위해 순회 강연을 떠날 필요나 의향이 없었다. 그리고 엘스워드에게 육지에 대한 권리 주장은 부친의 이름을 따 그것을 명명하는 것보다 덜 중요하였다. 엘스워드의 마음속에 정말로 오래 머물러 있었던 것은 '우리가 그 상공을 비행하며 광대한 미지의 세계와 접촉하여 우주의 크기와 그 창조주의 친밀함을 느끼는 것이 어렵지 않았던, 고요하고 자주색 기운이 도는, 얼음에 갇힌 거대한 세계에 대한 추억'이었다.[46]

월킨스와의 이전의 경쟁을 우려했던 것처럼 엘스워드로부터의 도전을 분명히 우려했기 때문에 버드는 1933년 7월 바우먼에게 자신의 탐험은 과학에 의해 추진되기 때문에 그것이 더 눈에 띌 것이라고 장담하였다. '내려가서 몇 차례 비행을 하고 돌아오는 것은 쉬울 것이며 그것이 대중이 가장 좋아하는 일일 테지만, 내가 약간의 과학적 정보도 얻지 못한다면 절대 그리로 내려가지 않을 것이다.'라고 그는 적었다. 루스벨트의 호의로 정부 기상학자 1명과 지질학자 1명, 물리학자 1명, 생물학자 1명 그리고 1명의 무선기술자가 있을 것이었다. 또한 지리학자 1명과 측량기사 1명 그리고 탐험의 중심이 될 지도 제작을 위한 항공 측량기사 1명도 있을 것이었다. 그러나 그 탐험대의 심각한 측면은 '더 많은 대원들과 더 많은 식량과 더 많은 장비'를 의미한다고 버드는 불평하였다. 70명의 대원들로 구성된 탐험대와 함께 2년 동안의 체류를 위해 그는 다시 2척의 배를 가져갈 것인데 그중 1척은

10,000톤짜리 화물선 *퍼시픽 퍼호(Pacific Fir)*였고 나머지는 나중에 미국 해안경비대가 알래스카에서 사용하였던 이전의 던디의 바다표범잡이배 *에스에스 베어호(SS Bear)*였다. 더 공들인 준비는 그의 후원자들로부터 엘스워드가 필요로 했던 것보다 더 많은 돈이 필요했다는 것을 의미하였다. 그리고 과학적 신임장이 버드의 자금 모금 노력에 필수적이었다.[47]

버드의 후원자들이 자신들의 기부금이 남극대륙의 다수의 과학적 미스터리를 밝히기 위해 사용되고 있음을 알고 싶어 했기 때문에, 바우먼은 버드에게 필요한 참고 자료를 제공해주었다. 그는 또한 버드가 탐험해야 할 장소에 관한 전략적 조언을 계속 버드에게 제공하였다. 버드의 계획은 매우 모호하였다. 계획된 출발 불과 몇 주 전에 그는 바우먼에게 자신은 '남아메리카에서 리틀 아메리카까지 일직선으로, 그리고 남극점을 가로질러 아마도 그 너머로 수백 마일을 미지의 세계 위로 날아갈 것'을 기대하고 있다고 알렸다. 또한 '여러 방향에서 웨델해를 향해 비행할' 것이며 탐험대는 '그전보다 10배나 많은 비행'을 할 것이었다. 그럼에도 그는 바우먼이 그에게 '내가 해야 할 가치 있는 비행'과 '당신이 수행했으면 하는 다른 일'에 관해 조언해주기를 원했다.

바우먼의 마음속에 버드가 할 수 있는 최선의 일은 의심할 여지없이 로스 속령 동쪽에 제한되었던 자신의 비행을 확장하여 '미국을 위해 그 섹터 내의 모든 육지에 대한 권리를 주장할 수 있도록' '서경 80도에서 150도 사이의 권리가 주장되지 않은 섹터' 상공을 비행하는 것이었다. 만약 버드가 이전 탐험 도중 가능했던 것보다 더 정확한 지도를 만들 수 있도록 '가장 엄격한 사진 측량법'을 사용한다면 그 권리는 훨씬 더 강력해질 것이었다.[48] 보다 중요한 것은 미국 정부가 공식적인 주장으로 버드의 사적 영토관할권을 강화할 준비가 되어 있다는 징후가 증가하고 있었다는 것이었다.

이제 그 탐험가가 정치보다는 탐험에 집중하고 있었기 때문에 루스벨트와 버드의 이전의 따뜻한 관계가 회복되었다. 남극에 대한 대통령의 관심은 미국이 대륙에 대한 자국의 권리를 확립할 가능성에 자극을 받은 것이 분명했으나 의회의 명백한 승인 없이는 버드를 돕기 위해 루스벨트가 할 수 있는 것에 제한이 있었다. 그러나 해리 버드 상원 의원과 함께 버지니아주의 셰난도어 숲을 드라이브한 뒤 대통령은 버드가 기상학자 1명을 데려가는 것과 다가오는 탐험을 기념하기 위해 미국 우표를 발행하는 것에 동의하였다. 탐험대원 1명이 선서를 하고 리틀 아메리카의 미국 우체국장으로 취임할 것이었다.

9월 초에 루스벨트와 만난 뒤 버드는 그의 승인 편지를 받았는데 그 편지에는 그들의 친밀한 우정과 '당신의 새로운 탐험대와 긴밀한 연락을 유지하겠다'는 루스벨트의 의향이 언급되어 있었다. 버드는 자신의 탐험이 '미합중국 정부의 전폭적인 지지'를 받고 있으며 '필요한 경우나 응급사태가 발생한 경우 정부에 요청할 수 있다'는 보장을 받았다. 열정적인 우표 수집가로서 루스벨트는 그에 대한 보답으로 자신의 우표 수집을 위해 버드가 리틀 아메리카 우체국으로부터 자신에게 편지 한 통을 부쳐줄 것을 요청하였다.

버드는 후일 루스벨트가 자신이 훨씬 더 많은 것을 하기를 원했으며 자신이 대륙의 대부분의 지역이 성조기 아래로 오는 것을 보여줄 '포괄적인 항공 지도 제작과 영토관할권 주장 프로젝트'에 착수할 것을 제안했다고 주장하였다. 그러나 적절한 계획이 없었기 때문에 그 프로젝트는 착수되지 못했다. 그들의 만남으로 기분이 들뜨고 대통령의 편지로 무장한 버드는 뉴욕으로 날아가 거기서 기자들에게 '이 나라를 위해 새 대륙을 발견하고 그것에 대한 권리를 주장하는' 자신의 꿈에 관해 말하고 남극대륙을 '정복되지 않은 지구의 마지막 전초기지'라고 묘사하였다.[49]

루스벨트의 지원과 함께 남극대륙의 정복이 버드의 새 목표가 되었으며 과학은 그의 안건에서 슬며시 빠져버렸다. 최종 준비를 하느라 광분한 가운데 더 이상 바우먼과 상의할 시간이 없었다. 대신 버드는 그에게 자신의 과학 프로그램 사본 1부만 보내고 그것이 '약간 불완전하다'는 것을 인정하면서도, 자신은 과학에 관하여 '극도로 진지하며' '우리가 지난번에 했던 것보다 훨씬 더 잘할' 계획이라고 주장하였다. 바우먼은 버드의 개요에 고무되었으며 그것이 마침내 '엄청난 양의 영토 약탈과 사진과 그 밖의 것들'을 가져올 것이라고 예측하였다. 그러나 바우먼은 영토 약탈의 가치는 버드가 그의 발견에 대해 정확한 지도를 만들 수 있도록 자신의 항공 촬영 사진과 어울리는 지상기준점들을 가져오는 것에 좌우될 것이라고 썼다. 미국 지리학회의 지도 제작자들이 대단히 실망스럽게도 지난번 버드의 탐험은—그 앞의 윌킨스의 탐험과 마찬가지로—수천 장의 사진을 가져왔으나 그들이 지도 상에서 지리학적 지형의 위치를 정할 때 요구되는 지상기준점은 거의 가져오지 않았던 것이다.[50]

버드가 로스 속령으로 두 번째 탐험을 할 것이라는 소식은 런던과 웰링턴에 불안을 야기하였다. 로스 속령은 비록 표면상으로는 뉴질랜드가 관리하고 있었으나 지금까지 그곳에 상륙했던 뉴질랜드 관리는 아무도 없었다. 이제 미국인들이 리틀 아메리카에서 2년을 또 보내게 되었으므로 그 기간 동안 뉴질랜드 주권이 심각한 도전을 받게 될 것이었다. 버드는 또다시 관련 뉴질랜드 규정에는 아랑곳없이 비행기를 띄우고 무선 송신기를 작동할 것이다. 그는 또한 로스 속령에 자신의 기지를 세우기 위한 승인도 요청하지 않을 것이다. 이는 남극에서 영토관할권을 인정하지 않는 미국 정책과 일치하는 것이었다.

그러나 영국과 뉴질랜드 관리들이 가장 우려했던 것은 리틀 아메리카에 공식적인 미국 우체국이 설립되는 것이었는데, 특히 워싱턴에서 탐험대원 2명이 잘 홍보된 의식에서 미국 우정장관이자 루스벨트 대선 캠페인 관리자였던 제임스 팔리(James Farley)에 의해 선서를 하고 우체국 관리로 임명되었을 때 그러하였다. 이것이 버드의 2차 탐험에 1차 탐험에서 결여되었던 일종의 공식적 승인을 제공해주었다. 미국은 또한 2종의 기념 우표를 발행했는데, 그것들은 리틀 아메리카가 그 위에 뚜렷이 표시되어 있는 지구를 보여주었다. 영국과 뉴질랜드 주권에 대한 그 명백한 도전은 한마디 언급도 없이 지나갈 수 없는 일이었다.[51]

뉴질랜드 정부가 버드에게 시설을 제공할 것을 제안하는 호의적인 메시지를 보낸 반면 워싱턴 주재 영국 대사는 1934년 1월 국무부에 로스 속령에 미국 우체국을 설립하는 것과 기념우표를 사용하는 것이 '로스 속령에서의 영국의 주권과 뉴질랜드의 행정권'을 침해할 것이라고 통지하였다. 영국은 이러한 자국 주권의 재확인이 기록에 남기를 원하였으나 동시에 외교적 다툼을 일으키고 싶지는 않았다. 그래서 그 대사는 그 편지를 건네주었을 때 회답은 필요 없다는 것을 알려주었다.

1920년대의 미국은 그것을 아무런 논평 없이 지나가게 허용했을지 모르나, 버드의 탐험은 자국 시민들이 탐험하고 명명하고 지도를 만든 영토에 대해 미국이 권리를 주장하는 것에 찬성하는 일반 국민 감정의 고조를 야기하였다. 그래서 국무장관 코델 헐(Cordell Hull)은 그 메모를 인정하면서 '이 문제에 관하여 미국이나 미국 시민들이 가질 수 있는 모든 권리들'을 유보한다는 것을 천명하였다.[52] 환언하자면 미국은 남극의 어떤 부분에 대해서도 영국의 권리를 인정하지 않으면서 또한 자국의 어떤 정식 권리도 주장하지 않았다. 그럼에도 불구하고 그것은 언제라도 그렇게 할 권리를 유보해놓았다.

버드는 자신의 탐험을 주로 과학에 의해 추진되는 노력의 일환이라고 묘사함으로써 관심이 없는 체하는 미국의 겉치레를 유지하였다. 그는 남극에 어떤 경제적 이익이 있다는 생각을 일축했다. 버드는 그곳엔 오직 고래만 있으며 그 수가 무자비하게 줄어들고 있다고 썼다. 석탄이나 다른 광물의 존재 가능성에 대해서는 '그런 것들은 달에 있다고 말하는 게 낫겠지'라고 하였다. 대륙 자체는 하등의 경제적 중요성이 없으므로 그것은 '세계 과학의 공통 영역, 영향력이 있는 특별 분야가 되어왔다고 버드는 주장하였다.

과학의 항목 속에 포함된 것은 지리학이었다. '대륙 위에서 가장 실질적인 미국의 이득'을 보유한 마리 버드 랜드에서 일종의 가상의 군사 작전을 시작하기 위해 그가 다양한 차량과 항공기를 모으고 있었을 때 버드의 탐험 계획을 지배한 것은 지리학적 탐사였다. 그는 에드셀 포드의 호의로 2대의 스노모빌을 가지고 있었으며 자신이 '설상 드레드노트(dreadnought, 20세기 초에 사용된 전함—역자 주)'라고 묘사했던 9,000킬로그램 이상을 운반할 수 있는 트랙터 1대와 프랑스 자동차 제작자 앙드레 시트로앵(Andre Citroen)이 제공한 무한궤도가 장착된 트럭 3대뿐 아니라 흔히 볼 수 있는 썰매와 개도 가지고 있었다. 바다에서는 버드는 2척의 선박을 사용했으며 공중에서는 3대의 비행기와 최신식 헬리콥터 1대를 보유하고 있었다. 상륙하여 리틀 아메리카에 다시 자리를 잡고 겨울이 끝나기를 기다린 뒤 그는 1934년과 1935년 여름 동안 '내륙 내로의 공격을 강행할' 계획이었다.[53]

그 2척의 탐험선인 목재 선체의 *베어 오브 오클랜드호(Bear of Oakland)*와 강철로 된 화물선 *제이콥 루퍼트호(Jacob Ruppert)*는 1934년 1월 고래만 속으로 항해해 들어갔다. 불과 며칠 전 수심에 잠긴 링컨 엘스워드는 자신의 비행기와 배가 이동하는 얼음에 의해 손상을 받은 뒤 *와이어트 어프호*를 타고 고래만을 떠나버렸다. 엘스워드가 멀리서 그것들을 수리하는 동안 버드는 남극을 독차지할 것이었다. 그는 재빨리 경험이 없는 자신의 보좌관인 톰 포울터(Tom Poulter) 박사에게 얼음에 덮인 기지를 정상 작동 상태로 회복시키고, 10동의 새 건물을 짓고, 대원들과 개들을 위한 식량을 제공하기 위한 대규모 바다표범 사냥 팀을 조직하는 임무를 맡겼다.

비록 리틀 아메리카가 대부분 얼음과 눈으로 덮여 있고 그 건물들은 얼음을 뚫어 만든 터널에 의해 연결되어 있으며 바다에 있는 작은 문에 의해 외부로부터 접근할 수 있었지만, 버드는 56명의 주민들이 있는 그곳을 일종의 미국 서부의 변경 정착지에 가까운 것으로 묘사하려고 애를 썼다. 탐험에 관한 자신의 책에 버드는 리틀 아메리카의 파노라마 사진 한 장을 포함시켰는데 그 사진에 그는 '변경 정착지(Frontier Settlement)'라고 캡션을 붙였으며 또 다른 사진에는 '리틀 아메리카, 메인 스트리트(Main Street, Little America)'라고 캡션을 붙였다.[54] 그러나 그 첫해의 진짜 변경은 160킬로미터 떨어져 있었는데 거기에 버드는 '전진 기지(Advance Base)'라고 알려진 고립된 전초기지를 세우고 그 속에서 혼자 겨울을 보낼 계획을 세웠다.

그 기지의 이론적 근거는 표면상으로는 해안에서 멀리 떨어진 곳의 겨울 기상을 관측하는 것이었다. 그런 위업은 이전에 결코 성취된 적이 없었다. 기상학은 남극의 과학계에서 항상 두드러져왔다. 여러 이론들이 남극대륙의 기상이 남반구의 모든 대륙에 영향을 미친다고 주장했는데 그 이유는 바람이 극고원으로부터 남극해로 쏟아지기 때문이었다. 이제 버드는 더 멀리 나아가 기상학이 자신의 탐험의 현저한 특징으로 보이게끔 만들 것이다. 그렇게 하는 것이 자신의 탐험을 개인적 영광을 위해 고안된 값비싼 모험으로 일축해버렸던 비평가들을 침묵시킬 것이었다.

과학이라는 엄호물 뒤편에서 그는 영예의 사냥과 영토 획득 두 가지 모두에 전념할 수 있었다. 1930년 베니티 페어지(Vanity Fair)에서 어느 작가가 말했듯이, 버드는 과학을 영광에 이르는 길로 사용했는데 왜냐하면 남극에서는 단지 어떤 것에 대해서도 과학을 하나의 정당한 이유로 사용할 수 있기 때문이었다. 과학이 그로 하여금 외로운 불침번을 서도록 강요한 것은 아니었다. 버드는 후일 자기는 단지 과학만을 위해서 그곳에 갔던 것이 아니라 '경험 그 자체에 관심이 있었기' 때문이라고 솔직하게 인정하였다. 더욱이 그의 전기 작가 라일 로즈(Lisle Rose)가 관찰했듯이 그 극적인 행동은 '엘스워드가 했던 비슷한 어떤 행동도 약화시킬' 것이었다.[55] 자신의 다른 모험에서 버드는 명성과 영예를 자신의 조종사나 다른 동료들과 함께해왔다. 이번에는 그것은 자신만의 것이 될 것이다. 그것은 한 사람이 자연에 대항하여 외적 요소와 자기 내부의 악마들 양자와 싸우는 것이 될 것이었다.

1932년에 버드는 리틀 아메리카에서 약 800킬로미터 떨어진 퀸 모드 산맥 기슭에 자신의 전진 기지를 세우는 것에 관한 얘기를 한 적이 있었다.[56]

결과적으로 여러 차례 지연되는 바람에 그는 하는 수 없이 리틀 아메리카에서 불과 160킬로미터 떨어진 로스 얼음 장벽 위에 지하 기지를 세웠다. 버드는 거기에 남겨져 1934년 3월 28일 불침번을 서기 시작하였다. 마침내 혼자 있게 되자 그는 즉시 스콧이 남극점에서 실패한 시도 동안 썼던 일기를 다시 읽기 시작하였다. 이전 탐험에서 버드의 보좌관이었던 로렌스 굴드는 그 행사 전체가 무의미하다고 생각했으며 베른트 발첸에게 '영웅이 되고자 하는 그의 현재의 시도보다 더 어리석고 값싼 행동'이 있는지를 물었다.[57] 그것 때문에 버드는 거의 목숨을 잃을 뻔하였다. 얼음 밑에 파묻혀 그는 고장 난 히터로 인해 서서히 발생하는 일산화탄소 중독의 영향으로 고생하기 시작하였다.

한편 포울터는 겨울 하늘에서 유성을 관찰하고 있었다. 부하들의 형편없는 규율과 과도한 음주에 시달린 나머지 그는 대장 보좌관으로서의 자신의 책임에서 벗어나기를 간절히 바랐다. 포울터가 6월에 무전으로 버드에게 자신이 전진 기지에서 동시에 관측 활동을 할 것을 제안하였을 때 그는 고립된 자기 대장에게 문제가 있을지 모른다고 의심하기 시작하였다. 버드의 반응에 걱정이 된 나머지 그는 구조대를 조직하였다. 준비하는 데 수 주일이 걸려서야 그들은 출발할 수 있었으나 궤도 차량이 고장 나 돌아올 수밖에 없었다. 또 다른 궤도 차량을 급히 준비하였다. 그것은 어둠을 뚫고 사이사이에 있는 크레바스들을 통과하여 버드를 향해 밀고 나가 마침내 8월 11일 전진 기지에 도착하였다. 두 달이 더 지나서야 비행기가 떠서 버드를 리틀 아메리카로 데려올 수 있었다.[58]

버드가 일산화탄소 중독에서 서서히 회복되면서, 남극에 관해 남아 있는 주요한 미스터리 중 하나인 그것이 하나의 대륙인가 아니면 2개의 대륙인가 하는 문제를 해결하기 위해 활용 가능한 모든 비행기와 차량과 썰매를 이용할 다가오는 여름 공격을 떠맡았다. 수십 년 동안 로스해와 웨델해를 연결하는 하나의 해협이 있다는 주장들이 있어왔다. 버드는 그러한 해협이

'지구의 밑바닥을 가로질러 대서양과 태평양을 연결하는 하나의 거대한 잠재적인 수로에 대한 기대를 제공하였다'라고 적었다. 버드는 그 문제를 해결하기를 바랐다. 전진 기지에서의 자신의 외로운 불침번이 한 남자로서 그를 시험했던–그리고 그가 바라건대 대중의 엄청난 관심을 끌 것이지만–반면, 버드의 흥미를 가장 끌었던 것은 마리 버드 랜드와 그 너머에 대한 탐험이었다. '나를 남극대륙으로 다시 끌어당겼던 것은 지리학적 발견이었다'라고 후일 그는 적었다.

주치의의 우려에도 불구하고 버드는 11월 15일 훌쩍 날아올라 로스 얼음 장벽 남동쪽에서 마리 버드 랜드의 고원으로 갔다가 북쪽으로 돌아 에드셀 포드 산맥과 만난 다음, 마지막으로 집을 향해 돌아오는 삼각형의 경로를 따라가는 첫 번째 여름철 탐사 비행길에 올랐다. 그 비행은 거의 7시간이 걸렸으며 '우리들의 시야 범위 내에서 약 5만 평방마일의 미지의 남극대륙을 조사했는데 그것은 매우 만족스러운 비행 프로그램의 시작이었다.' 바우먼은 미국이 더 강력한 영토관할권을 가질 수 있도록 그가 마리 버드 랜드를 그 해안선과 연결시키기를 원했으나 버드는 사이에 놓인 에드셀 포드 산맥 때문에 그렇게 할 수가 없었다. 버드는 다음 비행을 위해 리틀 아메리카에 머물렀고, 그 비행도 마찬가지로 해안에 도달하는 데는 성공하지 못했다. 그는 자신의 부하들이 '내가 특별히 내 것이라고 생각하는 지역'을 가로질러 날아갔을 때 무전을 청취하였다. 버드는 11월 23일 또 다른 비행을 하여 로스 얼음 장벽의 동쪽 가장자리를 조사했는데, 그것이 이론상의 해협을 구성하기 위한 틈이 전혀 없는 완전히 얼음에 덮인 육지라는 것을 알았다. 그럼에도 불구하고 그는 여전히 '조금의 의심'도 없이 남극대륙이 하나의 대륙이라고 선언할 수는 없었다.[59]

비행기가 탐사 비행을 하며 지나가면서 사진 촬영을 하는 동안, 과학 팀 일행은 리틀 아메리카로부터 개 썰매와 궤도 차량으로 남쪽과 동쪽으로 퍼져 나갔다. 경연 대회에서 이겨 버드의 이전 탐험에 동행하였던 전직 보이스카우트 단원 폴 사이플(Paul Siple)이 마리 버드 랜드 내로 들어가는 1330 킬로미터의 썰매 여행에 파견되었다. 그 여행은 두 달 반이 걸렸으며 '미국이 영토관할권을 주장한 이 최신의 영토 속으로 침투한 최초의 과학 여행'이었다. 그곳에서 돌아온 사이플은 마리 버드 랜드의 산들이 광물, 특히 석탄이 풍부할지 모른다고 주장하였다. 오스트레일리아의 지리학자이자 극지 탐험가인 그리피스 테일러(Griffith Taylor)가 일찍이 남극이 '세계에서 가장 많은 석탄 매장량을 가지고 있을지 모른다'고 추측한 적이 있었는데, 버드 탐험대의 보고는 그의 말이 옳았을지 모른다고 주장하였다.[60]

이러한 것이 미국 대중의 흥미를 자극할 가능성이 있는 종류의 보고였는데 그들은 지금까지는 버드의 보고에 마음이 크게 흔들리지 않았다. 바우먼은 대중의 관심이 상대적으로 결여된 것을 매우 우려한 나머지 1934년 12월 버드의 부인에게 뉴욕의 탐험대 사무실에서 발표하는 다음 성명에는 그것이 '대중의 흥미를 크게 자극할' 것을 기대하여 '지금까지 성취된 과학적 성과에 대한 전반적인 완전한 요약'이 있어야 할 것이라고 제안하였다. 그것은 또한 탐험 비용과 남극점까지의 버드의 비행과 비교할 수 있는 성과가 없는 것에 대한 비난의 일부에 답을 해줄 수 있을 것이다. 무엇을 했던지 간에 미국 대중은 '과거의 매우 극적인 성과로부터 어느 정도 실망할 것에 대한 대비가 되어 있어야' 한다고 바우먼은 썼다.[61]

대중은 기상 관측을 하는 과학자들의 단조로운 얘기가 아니라 자연의 힘과 맞서 싸우는 남자들의 대담한 행동을 원했다. 리틀 아메리카에서 불과 160킬로미터 떨어진 구멍 아래에서 어두운 겨울이 끝나기를 기다리는 것은 스콧과 아문센의 감동적인 이야기들이나 심지어 버드의 남극점 비행 이야기들과도 도저히 경쟁할 수 없었다. 그의 두 번째 탐험이 여러 분야에 걸친 과학적 성과가 있다는 것은 분명했지만 대중의 상상력을 사로잡는 것은 거의 없었다. 버드는 바우먼에게 자신의 두 번째 탐험이 전보다 10배나 많은 비행을 할 것이라고 약속한 바 있었으나 그는 아무데서도 그렇게 한 적이 없었다.[62] 웨델해에서 로스해까지 대륙을 횡단 비행함으로써 엘스워드를 이기겠다는 그의 계획은 시도조차 된 적이 없었으며 시행되었던 비행들도 첫 번째 탐험 때보다 동쪽으로 별로 더 멀리 나아가지 않았다. 그 결과 버드는 로스 속령과 포클랜드 제도 보호령 사이에 놓여 있는 섹터에 대한 미국의 권리를 확립하는 데 실패하였다. 그러나 그가 리틀 아메리카를 다시 점유하고 로스 얼음 장벽과 퀸 모드 산맥을 더 탐험한 것이 로스 속령에 대한 미국의 잠재적 권리를 강화해주었다.

1934년 10월 우정 장관 팔리가 리틀 아메리카의 우체국을 맡을 자신의 관리 중 한 사람인 찰스 앤더슨(Charles Anderson)을 파견할 것이라고 발표했을 때, 그 권리는 훨씬 더 강화되었으나 우체국을 운영하던 그 탐험대원은 얼음 아래에서 겨울을 보내는 동안 미쳐버렸다. 즉시 소인을 찍고 돌려보낼 셈으로 1933년 탐험대와 함께 남쪽으로 가져갔던 그 우편 행낭들은 눈보라 속에서 잃어버려 포울터가 파괴하지 않은 독주가 혹시 있는가 하여 그것을 필사적으로 찾던 때에도 한겨울이 될 때까지 발견되지 않았다. 비록 그 목적은 표면상으로는 소인을 찍기 위해 그들의 편지를 앤더슨이 기지로 가져갈, 미국 우표 수집가들을 위한 더 나은 서비스를 제공하는 것이었으나, 그러한 움직임은 영국의 주권에 대한 명백한 도전을 미국이 심각하게 확대하였음을 의미하였다.

영국 대사는 그러한 행동은 '주권의 주장으로 해석될 수 있다'고 언급하면서 비공식적으로 해명을 요구하였다. 그 질문은 상황을 진정시키기보다는 국무장관 코르델 헐이 로스 속령에 대한 영국 주권의 토대에 도전할 길을 열어주었다. 앤더슨은 단지 '그곳에서 우편물 취급 업무를 담당'하기 위해 로스해로 갈 것이라고 설명한 후, 헐은 영국이 로스해에서 했던 것처럼 어떤 장소의 일부를 '발견한 것만으로는' 국제법하에서 한 국가가 그곳의 소유자로 인정받기에 불충분하며 발견은 '점유와 사용'이 동반되어야 한다는 것을 지적하였다.[63]

헐이 '영국의 주권에 대한 명확한 도전'을 발표한 가운데 런던의 관리들은 앤더슨이 영국 주권을 침해하지 않고도 우체국을 운영하도록 허용해줄 해결책을 궁리하려고 재빨리 움직였다. 그들은 앤더슨의 존재가 '미국 우정 기능의 공식적 행사'가 아니라는 확약을 요구하는 것과 아니면 뉴질랜드 우체국 관리 1명을 그와 동행하도록 하는 것을 고려하였다. 그리고 그들은 다시 자기네들이 미국 우표와 함께 뉴질랜드 우표를 사용할 것을 요구하거나 또는 미국이 로스 속령 내에서 미국 우표를 사용하기 위한 뉴질랜드의 승인을 구할 것을 요구해야 한다고 생각하였다. 이러한 가능한 해결책의 각각은 그 문제를 확대할 위험을 지니고 있었다.

런던 당국으로서는 다행스럽게도 앤더슨이 로스해로 가는 도중 뉴질랜드에 도착했을 때 우체국 관리들에게 자신은 '리틀 아메리카에서 실제로 우체국을 열 의향이 없다'는 것을 확신시키면서 그 문제는 해결되었다. 그는 남극의 혹독한 추위 속에서 그의 소인 기계에 기름을 치는 문제 때문에 하는 수 없이 그것을 배 위에서만 사용할 수 있을 뿐이며 따라서 뉴질랜드 영토 위에서는 사용할 수 없을 것이라고 예측하였다. 뉴질랜드의 동의와 함께 영국은 앤더슨의 방문을 '정치적 의미가 없는' 것으로 처리하는 것이 최선이라고 결정하였다.[64] 1935년 1월 버드 탐험대를 이동시키려고 구조선들이 도착했을 때, *리틀 아메리카 타임스(Little America Times)*는 앤더슨이 실제로 상륙했으며 '우표를 판매하고 미국 우편물에 소인을 찍음으로써 일종의 국가 주권을 행사하였다'라고 보도하였다. 앤더슨은 얼음에서 20피트 아래에 있는 세계에서 가장 특이한 우체국에서 미친 듯이 일하면서 16일을 보냈는데 그는 거기서 7만 통이 넘는 편지를 처리했다.[65]

영국 관리들은 앤더슨의 행동을 못 본 체할 준비가 되어 있었던 반면 헐의 성명은 또 다른 문제였다. 앤더슨이 리틀 아메리카에 도착하기 2주 전에 영국 대사가 헐에게 '로스 속령의 주권에 대한 영국의 주장은 발견에만 근거를 두고 있다'고 하는 미국의 주장에 도전하는 메모 하나를 건네주었다.

뉴질랜드 수상 조지 포브스(George Forbes)가 런던 당국에 자국의 포경 면허가 로스 속령 영해에서 행사된 적이 한 번도 없으며 뉴질랜드 관리들이 그 해안에 발을 디딘 적이 한 번도 없다고 통고했으나, 그 대사는 국무부에 뉴질랜드가 1923년 로스 속령이 자국의 지배하에 놓인 이래 줄곧 그곳에 대한 행정 및 정부 권력을 행사해왔다고 말했다. 상황을 진정시키기를 열망한 나머지, 그 메모는 앤더슨의 활동이 탐험대 선박에 제한될 것이며 우표는 단지 '우표 수집가의 관심거리'로서 발행되었다는 조건 하에 뉴질랜드는 앤더슨의 방문을 반대하지 않는다고 통고하였다. 그러나 만약 그의 방문이 '로스 속령의 어느 부분이라도 그곳에 대한 미국 주권을 주장하기 위해 의도된 것이라면…그들은 항의하지 않을 수 없을 것이다.'

미국이 버드의 활동 후 훨씬 더 강력한 법적 토대 위에 서 있음을 느끼고 있는 가운데, 만약 미국이 그 영토에 대한 권리를 주장하기를 원한다 하더라도 헐은 그 문제를 확대시키지 않고 아마도 영국과 뉴질랜드를 자극하여 그들 스스로 로스 속령을 실제로 점유하게 하기 위한 자신만의 이유가 있었다. 그래서 그는 그 대사에게 '이 시점에 논의해보았자 유용한 목적에 아무런 도움이 되지 않는다'고 말하고 '이 나라나 그 시민들이 그 문제에 관해 가질 수 있는 모든 권리'를 유보하는 미합중국에 관한 통상적인 미국의 구호를 반복하였다.[66] 개인적으로, 영국 측 고문 변호사들은 로스 속령에 대한 자기네 제국의 권리는 상설 국제 사법 재판소(Permanent Court of International Justice)의 결정에 의해 만들어진 굳건한 법적 토대 위에 있다고 여전히 믿고 있었는데, 그 법원은 극지 영토는 발견에 이어 '주기적인 방문과 행정 기능의 행사가 뒤따를 것을 요한다'고 판결한 바 있었다.[67]

로스 속령에 대한 버드의 두 번째 방문은 1935년 2월 5일에 끝났는데 그날 *베어 오브 오클랜드호*와 *제이콥 루퍼트호*는 리틀 아메리카에서 서둘러 해체하여 수 킬로미터를 수송해 온 물자와 장비를 며칠 동안 정신없이 선적한 뒤 마침내 고래만을 떠났다. 버드를 남극점까지 데려다주고는 그 후로 죽 눈 밑에 저장되어 있었던 비행기를 포함한 항공기도 다시 배에 태웠다. 또한 3대 중 2대의 시트로앵 궤도 차량과 함께 어느 뉴질랜드 농부가 탐험대에 빌려주었던 암소 4마리와 개들도 배에 태웠다.[68] 항공 사진과 썰매 여행 보고서들은 조심스럽게 챙겨 치워두었는데 그것들은 지리학자들이 다수의 많은 미국식 이름을 포함하여 기존의 대륙 지도에 추가적인 자세한 사항을 보탤 수 있게 해줄 것이었다.

버드와 그의 대원들을 위한 첫 번째 기항지는 더니든이었는데 그곳에서는 뉴질랜드 기자와 관리들이 미국인들이 로스 속령에 대한 영국 주권에 도전하는 행위를 했는지를 몹시 알고 싶어 하였다. 영국의 우려를 인식하여 버드는 뉴질랜드의 영국 총독에게 '미국은 자신의 최근 남극 탐험에 의해 발견된 어떠한 육지에 대해서도 아무런 야심이 없다'는 것을 확신시켜주었다. 이 말이 영국인들에게 버드가 영토관할권을 전혀 주장하지 않았다는 인상을 남겨주었다.[69]

미국 언론의 비난을 받은 후 버드는 신속하게 그러한 인상을 수정하지 않을 수 없었다. 그는 뉴질랜드 기자들에게 자신이 말하려고 했던 바는 '미국이 로스 속령 내의 육지에 대해 권리를 주장할 가능성이 전혀 없으며 로스 속령은 항상 영국 영토라고 인식되어 왔다는 것'이라고 말했다. 비록 로스 속령이 리틀 아메리카가 위치한 장소였으며 자신의 두 탐험대가 다른 누구보다도 그곳을 더 많이 보았음에도 불구하고 그는 영국 주권을 인정할 준비가 되어 있었다. 자신이 주장하고 있는 유일한 영토는 로스 속령 동쪽 경계 너머에 놓여있는 것이며 그것은 '미국을 제외한 어떤 다른 나라의 대표들에 의해서도 목격된 적이 한 번도 없었다'라고 버드는 말했다. 더욱이 그것은 '실제적인 가치는 전혀 없으며' 그 영토는 '단지 과학적 견지에서만 흥미로웠다.[70] 버드는 영국인들에게 그들이 듣고 싶어 하는 것을 말하고 있었다. 그는 자신의 미국 청중을 위해서는 다른 메시지를 가지고 있었다.

1935년 5월 10일 버드가 의기양양하게 미국으로 돌아왔을 때 그는 도크에서 루스벨트 대통령과 의회 상하 양원 대표들의 마중을 받았으며 의회는 그의 '성공적이고 영웅적인 남극 육지 탐험'을 찬양하는 결의안을 통과시켰다. 미국 지리 협회가 주관한 워싱턴의 컨스티튜션 홀(Constitution Hall)에서의 환영회에서 버드는 모인 내빈들에게 자신이 '메인 주에서 조지아 주에 이르는 대서양 연안의 주들을 합친 것만큼 거대한 육지를… 발견하고 점유했다'고 말했다. 그 영토에 대한 미국의 정당한 권리에 관해서는 어떤 논쟁도 있을 수 없었는데 왜냐하면 그것이 '영국 영토관할권 너머에' 놓여 있는 임자 없는 땅이었기 때문이라고 그는 주장하였다. 그는 또한 로스해와 웨델해를 잇는 해협이 없다는 것을 보여줌으로써 남극이 하나의 대륙인지 아니면 2개의 대륙인지 여부에 관한 문제를 해결했다고 주장하였다.[71]

버드는 나중에 바우먼에게 자신이 '미국을 위해 수천 평방마일의 새 영토의 지도를 작성하고 점유하는 것'을 도와준 데 대해 감사의 뜻을 전달하였으며, 그의 짤막한 편지와 함께 그가 거의 죽을 뻔한 곳이자 '지금까지 인간이 살았던 최남단 거주지'였던 전진 기상 기지의 벽에서 떼낸 자필 서명이 있는 단열재 한 조각을 동봉하였다.[72] 그의 후원자들은 그의 업적을 칭찬하였다. 자신의 이름을 따 명명된 단층 절벽을 갖고 있었던 IBM 회장 토마스 왓슨(Thomas Watson)은 뉴욕의 월도프 아스토리아(Waldorf Astoria) 호텔의 그랜드볼룸에서 버드를 위한 감사 만찬회를 베풀고 손님들—모두가 남자들이었다—에게 버드가 어떻게 '수십만 평방마일을 여기, 그의 나라에 추가했는가'를 말해주었다.[73]

그러나 미국 정부가 버드의 주장을 공식적인 것으로 만들 때까지는 그것은 전적으로 탁상공론이었다. 그리고 남극 영토관할권에 관한 미국의 정책을 수립했던 정치가인 찰스 휴즈 휘하에서 국무부의 전직 고문 변호사를 지냈던 영향력 있는 컬럼비아대학교 법학 교수인 찰스 하이드(Charles Hyde)의 요청에도 불구하고 미국 정부가 그렇게 할 것이라는 징후는 없었다. 그 정책에 따라, 하이드는 '국기를 꽂아 미국을 위해 소유를 주장하는 단순한 행위는 쉽게 사라질 수 있는 취약한 권리를 구성한다'고 경고하였다. 버드의 국기 게양을 강화하기 위해 하이드는 즉각적으로 '전 세계에 남극에 엉클 샘(Uncle Sam, 미국 정부. 때로 흰 수염에 높은 중절모를 쓴 키 큰 남자로 묘사됨―역자 주)에게 속하는 지역이 있다'고 선포할 것을 의회에 요구하였다.[74]

물론 휴즈가 수립한 정책하에서는 미국이 정말 자국의 권리를 인정받기를 원한다면 미국은 그 영토 위로 가서 그것을 점유해야 할 것이었다. 그리고 미국은 자국의 권리를 마리 버드 랜드에 대해서만 제한하지 않을 것이다. 비록 버드가 리틀 아메리카 주위의 영토에 대한 권리를 주장할 의도를 삼갔지만 국무부의 한 관리는 1936년 1월 어느 특파원에게 리틀 아메리카가 영국의 로스 속령 내에 있지만 '리틀 아메리카에서 300마일 이내의 어느 지점에서도 남극대륙에 발을 디뎠던' 영국 탐험가는 1명도 없었다고 털어놓았다. 더욱이 버드가 리틀 아메리카에 대한 권리를 주장하지 못한 것이 '미국이 만약 그렇게 하려고 결심한 경우 그 지역에 대해 권리를 주장하는 것을 막지는 못할' 것이다.[75]

일괄해서 생각해보면 엘스워드의 서사시적 비행과 버드의 두 번째 탐험이 남극에 관한 미국의 관심의 초점을 새롭게 해주었다. 1934년 2월 1일, 버드는 최초로 리틀 아메리카의 얼음 아래의 라디오 방송 오두막으로부터 미국 전역의 거실에 직접 라디오 방송을 하였다. 그 방송에 이어서 어느 아침 식사용 시리얼 회사의 후원으로 다수의 주간 라디오 방송이 뒤따를 것이었다. 후일 국무부 조사에 의하면 그 짤막한 방송들이 마리 버드 랜드가 '대중의 마음속에 특별히 미국의 것'으로 여겨지는 것을 도왔다.

또한 신문과 잡지 기사, 서적, 영화와 강연들이 있었는데 그것들이 남극의 모험과 업적에 관한 얘기로 수백만 명의 미국인들을 사로잡았다. 계속되는 경제 공황에도 불구하고 버드는 1백만 명이 넘는 사람들에게 자신의 두 번째 남극 탐험에 관한 강연을 했으며 그 과정에서 거의 20만 달러를 거두었다. 그는 다시 돌아가기를 갈망하지 않는 대신 자신의 여생을 국제 긴장을 완화하고 미국과 세계의 나머지 국가들 간에 우호를 증진시키는 데 바치고 싶다고 발표하였다.[76] 그것은 고귀한 충동이었으나 그는 증대되는 국제 긴장이 그렇게 쉽사리 완화될 수 없다는 것을 알게 될 것이다. 실제로 그 긴장은 멀리 남극까지 확대될 것이었다.

CHAPTER 14

1937-1938

우리의 권리를 정당화하기 위해 무엇인가 해야 한다

대부분의 겨울 동안 남극은 인간이 거주하지 않는 유일한 대륙이었다. 수십 년 동안 남극대륙의 점유는 불가능하다는 일반적인 확신이 있었다. 1930년대 말 즈음에 그러한 견해가 바뀌기 시작하였다. 북극 탐험가 스테판슨은 북극점이 소총과 텐트를 가진 용감무쌍한 탐험가들이 현지 야생동물에 의존하여 살아갈 수 있는 '우호적인' 장소라는 생각을 퍼뜨렸다.[1] 남극에서는 노르웨이와 다른 나라 고래잡이들이 사우스셰틀랜드 제도와 사우스조지아에 영구 정착지를 세웠으며, 한편 아르헨티나는 1904년 이래 로리 섬에 영구 기상 관측 기지 하나를 유지해왔다. 여성들의 도착은 남자들만 자신의 남성다움을 시험하기 위해 가는 장소라는 남극점에 대한 대중의 이미지를 부드럽게 만드는 데 도움을 주었다. 심지어 남극이 하나의 관광지가 될 수 있다는 얘기까지 있었는데 거기서 여자들은 스키를 타고 남자들은 등산을 할 수 있을 것이다. 오랫동안 그 대륙에 사람이 살 수 없다는 것을 받아들여 왔던 각국은 영구 정착지가 가능할 수 있는 방법들을 고려하기 시작하였다. 그들은 실제적인 점유에 의해서만 자기네들의 소유권 주장이 도전을 받는 일이 없도록 할 수 있다는 것을 깨달았다. 남극은 다시는 예전 같지 않을 것이다.

1937년 중반에 영국과 영연방 자치령 지도자들이 그들의 정기 제국 회의를 위해 모였을 때, 국방 문제가 그들의 토의를 지배하였다. 기울어가는 제국은 부활하는 독일과 떠오르는 일본의 위협에 직면해 있었다. 남극이 이러한 위협 속에 중요한 자리를 차지했는데 그 이유는 독일과 일본 양국 모두 이제 남극해로 포경 선단을 보내고 있기 때문이었다.[2] 11년 전 제국 회의는 남극 전체를 제국의 영역 내로 가져오는 과제를 자임했으며 그 후 수년에 걸쳐 제국은 오스트레일리아 남극 영토, 로스 속령 그리고 포클랜드 제도 보호령을 합병하면서 대륙의 약 2/3를 차지하였다. 그 과정에서 제국은 대륙의 일부를 프랑스와 노르웨이를 위해 남겨 둘 수 있음을 인정하지 않을 수 없었다. 비록 프랑스가 여전히 아델리 랜드의 정확한 경계에 관해서 영국과 합의하는 것을 꺼렸고, 노르웨이 포경업자들은 아직도 영국이 합병한 섹터 내의 지역을 발견하고 그것에 대한 권리를 주장하고 있었으나, 남극에서 영국의 지위는 비교적 튼튼한 것처럼 보였다.[3] 그러나 급성장하고 있는 독일과 일본의 포경 선단들이 그 산업에 대한 영국과 노르웨이의 지배를 잠식하고 있었으며 미국은 영토에 대한 자국의 열망을 주장하기 시작하였다.

이러한 도전들과, 새로 발견된 영토에 타당한 법적 권리를 제공하기 위해서는 실제적인 점유가 필요하다는 미국과 노르웨이의 주장을 감안해[4] 대영제국은 그런 점유를 달성할 수 있는 방법들을 고려하기 시작하였다. 하나의 가능성은 서로 대립되는 주장에 취약하다고 생각되는 영토 위에 기상학 기지를 설립하는 것이었다. 제국 회의는 오스트레일리아 남극 영토의 서쪽 끝에 있는 엔더비 랜드와, 또한 버드의 기지인 리틀 아메리카에 대한 대응으로 로스 속령에 기지를 설립할 것을 제안하였다. 그러나 런던에서는 긴박감이 거의 없었는데 왜냐하면 영국 관리들이 '설사 그렇게 한다 하더라도 다년간 대규모로 남극대륙의 정착을 진지하게 시도할 나라는 없을 것'이라고 생각했기 때문이었다. 그럼에도 불구하고 영국의 권리가 강화될 필요가 있다는 확신이 있었다.[5]

오스트레일리아는 특히 노르웨이 포경업자 라스 크리스텐센의 탐험을 고려하여 오스트레일리아 남극 영토에 대한 자국의 주권을 보장하기 위해 충분한 조치를 취하지 않았던 것을 우려하였다. 1936년 12월 말 풍채가 당당한 크리스텐센은 자신의 유조선 *토르스하운호*를 타고 케이프타운을 떠났는데 그 배는 25척이나 되는 그의 포경선단을 위해 남극으로 연료유를 가져갈 것이었다. 장식용 깃발로 장식된, 밝게 칠해진 그 배는 탐험용 스틴슨 (Stinson) 수상 비행기 1대와 크리스텐센의 아내, 그의 막내딸, 2명의 다른 여자들을 포함한 소수의 행락객 일행을 태우고 있었다. 그 포경왕은 기자들에게 자신이 '동경 100도에서 대략 서경 10도에 이르는 3,000마일의 남극 해안선의 지도 제작과 재작성하는 것을 감독할' 계획이라고 말했는데 그것은 오스트레일리아 남극 영토의 대부분을 포함할 것이었다.

얼음에 도착하여 연료유를 포경선으로 옮기고 대신 고래기름을 선적한 뒤, 비행기와 그 조종사와 정비공은 크리스텐센과 4명의 여자들과 함께 포경선 중 1척에 실렸다. 1월 29일, 여성들이 최초로 대륙에 발을 디뎠다. 노르웨이인이 '클라리우스 미켈센 마운틴(Klarius Mikkelsen Mountain)'이라고 명명한 곳—모슨의 스컬린 모노리스—에 국기를 게양하고 물자 저장소를 하나 설치하였다. 1937년 2월 초 며칠에 걸쳐 크리스텐센은 자신의 이름을 따 명명된 영토 상공을 비행했으며 한편 사진 기사 1명이 지도 제작 목적으로 수백 장의 사진뿐 아니라 영화 관객들의 계몽을 위한 영화를 촬영하였다. 2월 5일 대략 동경 38도 지점의 해안선 상공을 비행한 뒤 잉그리드 크리스텐센(Ingrid Christensen)이 노르웨이 국기가 부착된, 추를 매단 막대기를 밖으로 던지고는 그것이 저 멀리 아래에 있는 눈 속의 땅으로 나선형을 그리며 내려가는 것을 지켜보았다. 그것이 국기를 게양하는 새로운 방법이었다. 케이프타운에 돌아왔을 때 크리스텐센은 자신이 정부로부터 권한을 받지 않았기 때문에 자기가 노르웨이를 대신해 어떤 영토에 대해서도 정식으로 권리를 주장하지 않았음을 천명하였다.[6] 그러나 그는 만약 노르웨이가 그렇

---

* *토르스하운호* 선장의 부인 캐롤라인 미켈센은 1935년 2월 해변을 밟은 최초의 여성이라고 종종 주장되지만, 현재는 그녀가 연안의 섬에 상륙했던 것으로 알려져 있다.

게 하려고 결심한다면 노르웨이가 그 영토를 합병하는 것을 더 용이하게 만들었다.

크리스텐센의 항해에 뒤이어 일본과 나치 독일의 활동이 증가하고 있다는 보고를 받은 뒤 오스트레일리아 관리인 존 컴프스톤(John Cumpston)은 미국 탐험가 링컨 엘스워드에게 '영연방 정부를 위해' 엔더비 랜드에서 로스 해까지 다가오는 자신의 비행을 의뢰할 것을 제안하였다. 제안된 그 비행은 크리스텐센의 포경선들이 탐험과 지도 제작을 위해 아주 많이 항해했던 해안선이 속한 영토의 내부 상공을 통과할 것이었다. 만약 그 비행이 성공한다면 '그것이 우리들에게 당분간 내륙에 대한 논의의 여지가 없는 권리를 제공할 것이며 우리가 프랑스와 노르웨이 양국의 주장과 싸울 수 있게 해줄 것이다'라고 컴프스톤은 적었다.[7] 미국 탐험가가 특히 단지 그 상공을 비행하는 것만으로 어떻게 오스트레일리아의 권리를 강화할 수 있었는가는 분명하지 않다. 어쨌든 해안선에 대한 권리를 주장하고 그 너머로 멀리 남극점까지의 영토를 포함하기 위해 섹터주의를 이용하는 것에 집중하는 것이 영국의 방침이었다. 영국 정부 고문 변호사들은 그것이 해안선과는 별도로 내륙에 대한 권리를 주장할 수 있다는 생각을 받아들이지 않았다. 오스트레일리아는 그 방침을 준수하라는 압력을 받았을 것이다. 그 결과 컴프스톤의 제안은 처음부터 운이 다했으며 채택되지 않았다.

모슨이 1912년 3월 남극 해안의 그 부분을 자신이 탐험하고 권리를 주장했기 때문에 프랑스보다 오스트레일리아가 우선권을 가져야 한다고 강경하게 주장하고 있음에도 불구하고, 오스트레일리아는 벌써부터 영국으로부터 경계가 불분명해 오스트레일리아 남극 영토를 2개의 불균등한 부분들로 분리시키는 아델리 랜드에 대한 프랑스의 지배를 받아들이라는 압력을 받아왔다. 프랑스 탐험가 뒤몽 뒤르빌은 남극 본토에 발을 디디지도 않았고 심지어 자신이 대륙 크기의 해안선을 따라 항해하고 있는 줄도 몰랐던 반면 모슨의 탐험은 그가 주장하기로 남극대륙이 하나의 대륙임을 입증하는 데 도움을 주었다. 더욱이 모슨의 권리 선포 의식은 적절한 절차에 따라 그리고 본토 자체에서 거행되었다. 모슨은 완고한 제국주의자인 대영 제국 연맹(British Empire League)이 그러한 목적을 위해 기증했던 국기를 게양했을 뿐아니라 그 의식은 '적절한 연설 등을 갖춘 가장 공식적인 행사'였다. 오스트레일리아는 만약 프랑스의 주장이 인정되려면 그것은 단지 뒤르빌이 자신의 배에서 실제로 목격했던 약 240킬로미터의 작은 범위의 해안선에 적용되어야 하며, 내륙은 오스트레일리아가 지배해야 한다고 주장하였다. 그러나 영국이 자국의 권리를 위해 섹터주의에 의존하는 것은 결과적으로 프랑스가 아델리 랜드 해안에서 멀리 남극점까지의 섹터를 지배할 것을 받아들여야 함을 의미하였다.[8]

오스트레일리아가 남극 영토에 대한 자국의 권리를 강화하기 위해 단기간에 기껏 할 수 있었던 것은 그들이 새로 합병된 영토를 실효적으로 관리하고 있음을 보여주기 위해 기상학자 알렌 코니쉬(Allen Cornish)를 파견하여 영국 연구선 *디스커버리 II*호의 항해에 승선시키는 것이었다. 코니쉬는 그 배가 프리맨틀(Fremantle, 오스트레일리아 서남부 퍼스 부근의 항구 도시-역자 주)항에 정박했을 때 승선했으며 그 배는 거기에서 남극을 향해 남쪽으로 나아가다가 더니든 항을 향해 다시 북쪽으로 나아갔다. 표면상으로는 과학자로 승선하였으나 코니쉬는 기상학 기지 건설이 가능한 모든 장소와 남극 바다에서 사용되고 있는 최신 포경 방법과 포경선들의 집결, 그리고 '오스트레일리아 남극 영토에서 외국인들에 의한 상륙이나 기타 활동'에 관해 그 배에서 엿들을 수 있는 모든 무선 보고에 관한 보고를 하라는 지시를 받았다. 코니쉬는 또한 비밀 메모를 제공받았는데, 그것은 제국 회의에서 '남극대륙에 대한 현재의 영국의 권리는 충분할 만큼 안전하지 않으며' 남극 바다에서 증가된 포경 활동이 '다른 어떤 국가가… 적어도 대륙의 일부분에 대해 현재의 영국의 권리보다 더 강력하다고 판명될 수 있는 권리를 확립하도록 허용할 수 있다'고 결정된 경위를 설명해주었다.[9]

1937년에서 1938년 여름 동안의 *디스커버리 II호*의 항해는 오스트레일리아의 권리를 강화하기 위해 한 것이 거의 없었다. 그것은 상륙이나 권리 선포 의식 또는 공중으로부터의 대륙 지도 작성을 허용하지 않은 해양학 관련 항해였다. 오스트레일리아가 필요로 한 것은 대륙 위에 더 많이 상륙하는 것과 그 해안선과 내륙의 지도를 더 많이 작성하는 것이었다. 그것은 한정된 자금과 명예직에 근무하는 소수의 열정적인 대원들을 가지고 탐험과 지도 제작에 있어 무엇을 할 수 있는가를 보여주었던 1934년의 존 라이밀의 그레이엄 랜드 탐험과 유사한, 전적으로 또 다른 종류의 탐험을 필요로 할 것이었다. *디스커버리 II호*의 항해에 계속해서 오스트레일리아 정부는 오스트레일리아 남극 영토의 서쪽 지역으로 가는 탐험대를 이끌기 위해 라이밀을 고용할 가능성을 논의했는데 그 탐험대는 '그 영토 전체의 주권에 대한 오스트레일리아의 권리를 확실하게 이행할 수 있을 것'이었다. 노련한 남극 탐험가 존 킹 데이비스는 기자들에게 오스트레일리아 남극 영토의 지도 제작을 완수하기 위해서는 그런 탐험대가 필수적이라고 말했다. '우리는 이 땅에 대한 권리를 주장하는데' '그렇다면 우리는 우리의 권리를 정당화하기 위해 무엇인가 해야 한다'라고 데이비스는 말했다.[10]

라스 크리스텐센이 그 지역에서 활동하고 있고 미국 탐험가 링컨 엘스워드가 그 방향으로 나아갈 계획을 세우고 있는 가운데, 오스트레일리아가 자국 영토의 소유를 확실하게 하기 위해 또 다른 탐험에 착수해야 한다는 요구가 있었다. 미국과 영국은 최근 태평양의 여러 개의 무인도의 소유권을 놓고 논쟁을 했는데 왜냐하면 영국이 실제로 그 섬들을 점유하지 않았기 때문이었다. 미국은 그 섬들이 미국 태평양 횡단 항공로의 일부가 될 수 있도록 그 섬들을 지배하기를 갈망하였고, 그 섬들이 미국 선원들에 의해 발견되고 명명되었으며 지도가 만들어졌음을 보여주는 19세기 고래잡이들의 항해 일지를 사용하였다. 그 섬들이 지금도 여전히 미국 것이라는 것을 보장하기 위해 미국 내무부는 내무부 관리 중 1명인 리처드 블랙(Richard Black)

을 호놀룰루로 파견해 자국의 점유를 감독하게 했다. 블랙은 버드의 2차 남극 탐험에 참가한 뒤라 그런지 영토관할권 주장에 관해 어느 정도 알고 있었다.[11] 점유가 주권을 주장하는 근거가 된 태평양에서의 그의 행동은 남극에 있는 자기네들의 유사한 미점유 영토에 가능한 선례를 남기는 것으로, 영국과 뉴질랜드와 오스트레일리아는 이를 두려워하였다.

오스트레일리아의 탁월한 남극 탐험가 더글러스 모슨 경은 그런 가능성을 막기 위해 영구 기상학 기지의 설립을 촉구한 반면 또 다른 남극 탐험가 레이몬드 프리슬리는—멜버른대학교 부총장이 되었던—그 대신 탐험과 지도 작성에 집중할 2년짜리 탐험을 착수하기 위해 라이밀의 도움을 구할 것을 제안하였다. 프리슬리는 라이밀이 오스트레일리아 전국에 걸쳐 하고 있었던 강연들 중 하나의 좌장을 맡았던 적이 있었고, 그 젊은 탐험가의 열렬한 지지자가 되었다. 프리슬리는 오스트레일리아가 남극에 어쩌면 가치가 있을지 모르는 소유물을 가지고 있다는 것을 깨달아야 하며 '그것을 버리거나 아니면 점유해야 한다'라고 선언하였다.

모슨과 프리슬리 두 사람뿐 아니라 지금은 오스트레일리아 재무상이 된 리처드 케이시로부터 압력을 받은 외무상 빌리 휴즈는, 1938년 6월 자신의 내각 동료들에게 오스트레일리아 영토의 해안선 지도에 남아 있는 빈 곳을 채울 또 다른 탐험대를 파견할 것을 촉구하였다. 그렇게 하는 것은 모슨의 과학적 결과 출판, 코니쉬를 *디스커버리 II*호에 파견하는 것, 그리고 '그 종류 가운데 가장 포괄적인 것'이 될 남극의 새 지도 준비에 대한 정부의 기존 지원에 추가될 것이다. 그러나 그런 오스트레일리아 탐험대를 위한 유일한 적절한 선박은 *디스커버리 II*호였는데 그 배는 1939년 말까지는 사용할 수 없을 것이었다.[12]

오스트레일리아가 언젠가 남극에 또 다른 탐험대를 보낸다는 생각으로 미적거리는 동안 남극해는 수백 척의 포경선들로 활기에 차 있었다. 소비자들에게 마가린과 다른 지방을 제공하는 동시에 성장하는 군사 조직에 필수적인 폭약 원료를 제공하기 위해 고래가 새로운 중요성을 띠고 있었다. 일본은 또한 고래를 육류의 공급원으로 이용하고 있었다. 1938년에서 1939년 여름쯤이 되면 거의 13,000명의 사람들이 남극에서 고래를 사냥하고 처리하는 위험한 사업에 종사하고 있었다. 아직도 한두 명의 탐험가들이 그 멀고 언뜻 보기에 텅 빈 대륙으로 향하는 용감한 탐험에 착수함으로써 신문 머리기사를 만들어 낼 수 있었지만, 그들은 이제 얼음에 뒤덮인 그 해안 주변에 즐비하게 늘어서 있는 30척이 넘는 가공선들을 만날 것이다. 이러한 거대한 배들이 지방을 떼내는 갑판의 경사진 입구 속으로 들어가는 셀 수 없이 많은 고래들의 시체를 소화해내는 동안 근 300척의 포경선들이 인근 바다 주위로 돌진하였고, 높은 급료를 받는 작살꾼들은 사냥감의 기미를 찾아 파도를 자세히 살폈다. 5척의 가공선과 50척 이상의 포경선들이 나치 독일의 만자 깃발 아래 항해하였으며 점점 더 증가하는 수의 배들이 욱일승천기를 휘날렸다.[13] 일부 포경선의 고물에서 유니언 잭이 아직도 나부꼈으나 성조기는 어디에도 보이지 않았다.

미국의 포경 산업은 19세기에 시들해졌으며 1840년대의 윌크스의 탐험 이래 남극에는 공식적인 미국의 존재가 없었다. 다른 국가들이 얼음 위에 자기네들 국기를 꽂으려고 탐험가들을 보내는 동안 미국은 그것을 엘스워드나 버드 같은 부유한 개인 모험가들에게 맡겨버렸다. 1930년대 동안 점차적으로 미국 정부는 자국 탐험가들의 영토 획득을 조용히 지원하기 시작하면서 그들에게 따라야 할 적절한 격식에 관해 조언하는 한편, 공식적으로는 미합중국은 타국의 권리를 인정하지 않으며 자국의 권리도 주장하지 않는다고 주장하였다. 미국은 또한 19세기 초 미국 고래잡이들과 바다표범잡이들의 활동에 관한 기록의 연구를 장려했는데, 그들의 먼지투성이 항해 일지들을 뉴잉글랜드 집 다락에서 회수하여 워싱턴의 의회 도서관에 의탁하였다. 그것들은 남극대륙을 최초로 발견했던 사람은 영국인과 러시아인들이 아니라 미국인들이었다고 주장하기 위해 전략적으로 배치되는 무기고의 일부가 되었다.

미국 바다표범잡이 너대니얼 파머의 항해 일지가 그의 자랑스런 후손들에 의해 의회 도서관에 대여되었을 때, 열성적인 지리학자들에 의해 파머가 1820년 11월 자신의 작은 보트 *히어로호*를 남극 해안에서 떨어진 곳으로 몰고 갔을 때 그가 최초로 남극대륙을 목격했다는 결정적인 서류상의 증거가 최종적으로 포착되었다. 1937년 11월 의회 도서관 지도 제작자 로렌스 마틴 대령이 선언한 것처럼 파머의 항해 일지는 '미국 발견의 우위에 대한 반박의 여지없는 증거'를 제공하였다.[14]

대단히 정치적인 지리학자인 마틴은 국무부에서 근무했으며 1924년 의회 도서관 지도 제작부장이 되기 전 다양한 대학교에서 교편을 잡았다. 파머의 항해 일지와 서류들을 의회 도서관에 기증한 것으로 인해 마틴은 파머 가족들과 긴밀하게 접촉하게 되었으며, 그것이 그를 자신들의 선조를 남극대륙 발견자로 인정받게 하려는 그 가족의 캠페인에 대한 열렬한 지지자로 만들었다.

그는 그 가족들에게 자신은 '파머가 당연히 받을 자격이 있는 영예를 그에게 회복시키는 것을 도와주고' 싶다고 말했다. 마틴은 의회 도서관에 보존하기 위해 그들의 항해 일지를 구입하고 또 파머의 업적들을 '강연과 출판의 형태로' 극구 선전함으로써 그렇게 할 계획을 세웠다.[15] 이것은 단지 역사 보존에 관한 것만은 아니었다. 마틴은 이전에 국무부에서 일했을 뿐 아니라 버드의 활동에 의해 미국에 미치는 영토권에 관한 1930년대의 끊임없는 언론의 논의로 인해, 미국이 자국 시민들이 최초로 남극대륙을 목격했다고 주장할 수 있는 경우 미국이 누릴 지위를 통절히 인식하게 되었다.

마틴은 1937년 11월 필라델피아의 존경할 만한 미국 철학학회에서 강연을 했는데 파머가 남극을 발견했다는 증거로 *히어로호*의 항해 일지를 인용하였다. 그와 동시에 그는 자국의 해군 장교 브랜스필드가 9개월 더 일찍 남극을 발견했다는 영국의 주장을 일축하고 브랜스필드는 그런 발견을 입증할 잔존하는 항해 일지를 전혀 남기지 않았다고 말했다. 다음 해 7월 마틴은 암스테르담의 국제 지리학회에서 그 말을 퍼뜨리기 위해 유럽으로 떠났다. 그는 파머의 후손들에게 편지를 써 자신의 논문이 '당신들의 위대한 삼촌에게 어울리는 영예를 제공할 것인데 그 이유는 그것이 영어, 불어, 네덜란드어 그리고 다른 언어로 인쇄되어 광범한 유포가 보장되기 때문이며 당신들과 나는 너대니얼 파머 선장의 업적이 그것을 받을 가치가 있음을 알고 있기 때문'이라고 말했다. 미국에 돌아왔을 때 마틴은 국립 과학 아카데미에 대한 한 차례의 강연과 함께 자신의 캠페인을 계속하였다.[16]

그 논쟁은 미시간대학교의 호전적인 지질학자이자 지리학인 윌리엄 허버트 홉스(William Herbert Hobbs)가 합류하면서 더 열띠게 되었다. 파머는 브랜스필드의 경쟁적 주장을 어떻게 해서든 반박해야 남극대륙의 유일한 발견자가 될 수 있을 것이다. 홉스는 이러한 도전을 떠맡기에 이상적인 사람이었다. 열성적인 애국주의자인 홉스는 논란을 자초하였으며 자신의 말에 거리낌이 없었다. 그는 북극점의 발견자라는 피어리의 주장을 열렬히 지지했으며 피어리의 경쟁자인 프레데릭 쿡의 열렬한 명예 훼손자로서 그를 '시대의 최고 사기꾼'이라고 기술하였다.[17] 홉스는 후일 피어리의 흑인 미국 동료에게 영예의 메달을 수여하려는 의회의 움직임에 반대할 것이다.[18] 1차 세계대전 동안 홉스는 미국의 참전에 대한 열정적인 지지자였으며, 근거 없이 주장된 그들의 비애국적인 견해 때문에 독일어과의 6명의 구성원들을 해고시킨 미시간대학교의 광란적인 캠페인을 이끌었다. 극지에 대한 관심 때문에 그는 빙하학에 관한 논문들을 발표했으며 1920년대 말에 그린란드로 가는 세 대학교의 탐험대를 이끌었는데, 그 탐험 동안 그는 대서양의 폭풍우를 경고하기 위한 무선 기지를 세웠다. 지금은 은퇴한 70대 중반의 홉스는 논쟁에 대한 그의 열정과 갈망을 전혀 잃지 않았고 나이가 들어감에 따라 판단력은 조금 더 늘었다.[19]

1937년 9월 마틴은 홉스에게 파머의 후손들에 대한 한 통의 소개 편지를 주었으며 그들이 그 '학자답고 유쾌한 신사'를 알게 되어 즐거울 것이라고 장담하였다.[20] 홉스는 그 후손들을 만났을 뿐 아니라 파머와 스토닝턴의 바다표범잡이들과 관련된 모든 활용 가능한 지도, 항해 일지와 다른 기록들을 부지런히 찾았다. 이를 위해 그는 도서관과 미국의 옛 포경 항구들에 관한 박물관을 찾아갔으며 대서양을 건너 영국과 유럽에도 갔는데 거기서 그는 영국 발견자들의 지도를 비판적으로 조사하고 파머의 업적에 관해 청중들에게 강연을 하였다.[21]

미국에 돌아와서 홉스는 영국 선원 제임스 웨델을 '가짜 남극 탐험가'라고 맹비난하고 자기 이름을 지니게 된 바다에서 남위 74도에 도달했다는 웨델의 주장을 반박함으로써 미국의 발견에 특권을 주기 위한 자신의 캠페인을 시작하였다.[22] 그다음에 그는 파머와 브랜스필드에 주의를 돌려 미국 철학학회를 위한 장문의 논문을 적었는데 그것은 1939년 1월에 발표되었다. 홉스는 브랜스필드가 1820년 1월 남극대륙을 목격했음을 증명하는 당시의 해도와 논문들을 깊이 생각지도 않고 즉각 묵살하고는, 영국의 관리들과 작가들을 이전 세기에 걸쳐 허위 진술과 위조죄에 해당하는 캠페인을 수행한 혐의로 고발하였다.[23]

혹평을 퍼붓는 홉스의 논문은 미국 언론에 광범하게 보도되었다.[24] 홉스는 그것이 다른 곳에서도 또한 반드시 알려지게 하려고 애를 썼으며 전 세계의 동료 지리학자들에게 사본을 보냈다. 그 논문은 영국에 있는 홉스의 상대방들로부터 그를 '천박한 사기꾼'이라고 기술한 많은 회신을 촉발시켰다. 심지어 일부 미국의 지리학자들도 그가 '매우 확실한 반영국 콤플렉스가 있는' '싸움꾼'이라고 생각하였으나 버드는 그를 '남극에 관한 세계의 가장 위대한 권위자들 중의 한 사람'이라고 기술하였다. 학구적인 마인드를 가진 바우먼은 그저 홉스에게 당혹감을 느꼈으며 그를 '내가 보기에는 거의 언제나 이미 도달된 결론이나 통제할 수 없는 감정의 지배를 받고 있는, 과학적 관심을 가진 이상한 감정의 교착이 있는 사람'이라고 기술하였다.[25]

미국의 주장을 지지할 수 있는 다른 항해 일지에 대한 광란적인 수색이 단행되었다. 이러한 초기의 항해 일지를 찾아내어 남극대륙의 발견자라는 미국의 권리를 확립하는 것은 그 대륙에 대한 공식적 권리를 강화하는 유일한 수단이었다. 그런 주장은 버드나 엘스워드 같은 보다 최근의 미국 탐험가들의 개인적 탐험에 의해 지지를 받을 것이다. 그러나 영토관할권은 그것을 주장하는 당사자가 그 영토를 실제적으로 점유했을 때만 최종적으로 확립될 수 있다는 것을 역사가 증명했으며 국제법적인 견해가 오랫동안 주장해왔다. 한 세기 넘게 남극에서 생활한다는 독특한 어려움이 그 길의 추구에 있어 방해물처럼 생각되었다. 이러한 견해는 1930년대 후반 악화된 국제적 상황이 남극에 새로 발견된 전략적 및 상업적 중요성을 고취하고, 기술적 진보가 남극 생활을 더 용이하게 만들면서 서서히 변하였다.

제1차 세계대전 이래로 죽 영국은 남극대륙을 독차지하고 싶어 했으며 자국의 권리를 강화하기 위해 남쪽의 영연방 자치령인 오스트레일리아, 뉴질랜드 그리고 남아프리카 공화국의 협조를 요청하였다. 그러나 전쟁으로 약화된 영국의 지위와 강한 흥미를 돋우는 상업적 또는 전략적 이득의 결여로 인해 그러한 목표에 정치적 지지를 동원하는 것이 어려워졌다. 다른 나라들이 고삐를 죄기 시작하였다. 노르웨이 포경선단은 남극 바다에서 큰 존재를 차지했으며 그 고래잡이들이 대륙의 그 지역에 대한 비공식적 권리를 확립해왔다. 일본 고래잡이들은 남극에는 비교적 신출내기들이었으나 1911년에서 1912년의 시라세의 탐험에 근거하여 남극 영토에 대한 약간의 권리를 갖고 있었다. 그들은 육군 원수 헤르만 괴링에 의해 1938년 12월 그곳에 파견될 예정인 독일 탐험대와 남극에서 합류할 것이다. 이것이 자국의 영토관할권을 확립하려는 나치 정부 계획의 첫 단계가 될 것인데 왜냐하면 나치 정부는 노르웨이인들이 잡은 고래기름에 대한 자국의 의존을 끝내려는 노력의 일환으로 자기네들의 신속하게 성장하는 포경 선단을 증강했기 때문이었다.

독일의 계획에 관한 소식이 워싱턴에 도착하기도 전에 미국 정부는 남극에 대한 자국 권리의 우위를 확립하는 방식으로 대응할 계획을 세우고 있었다. 1920년대와 1930년대의 버드와 엘스워드의 탐험에서 대륙의 거대한 지역을 공중 촬영하였으며 그 지형에 이름을 붙이고 지도를 만들었다. 그 탐험가들이 귀환했을 때 경쟁적인 탐험대의 후원자들인 *뉴욕 타임스*와 허스트의 신문들이 그 상공을 비행하였고 이제 미국 소유라고 주장할 수 있었던 영토에 관한 극적인 기술에 여러 페이지 전체를 할애하였다. 실황 중계 라디오 보도들은 훨씬 더 극적으로 버드의 남극 활동을 수백만 명의 미국인들의 거실에 울려 퍼지게 하였다. 비록 정부가 공식적으로 그러한 권리를 확인하는 것을 삼가왔지만 그렇게 하라는 워싱턴 당국에 대한 압력이 증가하고 있었다.

그 자극의 일부는 버드에게서 비롯되었는데 그는 1937년 6월 국무부에 자신이 발견하고 지도를 작성했던 남극 지역들에 대해 정식으로 권리를 주장하라고 압력을 가했다.[26] 그 당시 버드는 남극에서의 마지막 활동으로 인한 일산화탄소 중독의 후유증으로 아직도 고생하고 있었지만 점점 불안해하였다. 한동안 그는 또다시 정치적 운동에 몰두하여 미국을 앞으로 독일과의 어떤 전쟁에도 끼어들지 못하게 하기를 원하는 강력한 보수적 사업가들과 관련을 갖게 되었다. 그들 중 눈에 띄는 이가 IBM 회장인 톰 왓슨(Tom Watson)였는데, 그는 나치 정권에 공감하여 그들과 긴밀한 사업상의 유대를 발전시켰다. 부분적으로는 왓슨의 명령에 따라 버드는 자신의 공적 인지도를 이용하여 평화를 제의했으며 미국이 전쟁에 나가기 전에 국민 투표를 시행할 것을 주장했는데 루스벨트는 그 생각을 단호히 거부하였다.

다시 한번 버드는 자신이 루스벨트의 친밀한 집단에서 제외된 것을 발견하였다. 비록 국무장관 코르델 헐의 사무실로 향한 문은 여전히 열려 있었으나, 그는 그가 논쟁을 불러일으키는 자신의 평화 계획에 관해 논의하기 위해 거기로 갔을 때 헐이 주로 남극과 미국의 영토관할권 상태에 관해서 얘기하고 싶어 하는 것을 알고는 놀랐다. 버드는 자신의 형 해리에게 헐과 그의 관리들이 '남극의 상황에 많은 관심이 있으며' 대륙의 대부분에 대해 권리를 주장하려는 영국의 계속적인 시도를 압도하기를 간절히 바라고 있음이 분명하다고 보고하였다. 버드는 국무부에 '우리가 발견하고 지도를 제작하였던 경도 150도 동쪽 지역에 대한 권리를 주장할' 것을 강력하게 촉구하였으며 그렇게 하는 것이 영국과의 문제를 야기하지 않을 것임을 장담했는데 그 이유는 그들이 '남극의 그 지역에 간 적이' 없었기 때문이었다.[27] 정치 바람의 냄새를 맡은 버드는 재빨리 자신의 평화 캠페인을 포기하고 남극으로 가는 또 다른 탐험대를 조직하기로 결심하였다.

버드가 국무부에 마리 버드 랜드를 합병할 것을 제안하고 있는 동안 내무부 역시 남극에서 미국의 영토관할권을 강화할 수 있는 방법을 조사하고 있었다. 국무부에서 합병하기로 결정한 영토를 관리하는 것은 내무부의 역할이었다. 1937년 10월 내무부의 영토 및 도서 점유 분과(Division of Territories and Island Possessions) 과장인 어니스트 그루닝(Earnest Gruening)은 리처드 블랙에게 공식 탐험 계획서를 제출할 것을 요청하였다.[28]

1938년 5월 블랙이 자신의 제안을 제출할 즈음에는 남극대륙에 대한 권리를 주장하기 위한 경쟁이 가속화되어왔다. 미국 신문들은 다른 나라들의 영토적 야심을 보도하고 있었으며, 의회에서는 엘스워드와 버드가 발견하고 탐험했던 지역을 합병하라는 정부에 대한 요구가 증가하고 있었다. 블랙의 제안은 로스해 동쪽 해안으로 소규모 탐험대 하나를 파견할 것을 요구하였다. 이른바 이 '태평양 사분할 지역'은 뉴질랜드의 로스 속령과 영국과 칠레와 아르헨티나가 권리를 주장하는 섹터 사이에 놓여 있었으며 이전의 버드와 엘스워드의 탐험의 초점이 된 곳이었다. 수년에 걸쳐 다른 나라들의 탐험가들도 또한 그 지역에 간 적이 있었으나 블랙은 '실제적으로 이 경계 내에서의 모든 탐험은 미국 시민들에 의해 행해져왔다'라고 주장하였다. 그가 제안한 내용은 미국 기업이 자금을 대거나 정부가 제공한 1척의 작은 선박이 해안선 위에 몇 명의 대원을 떨어뜨리면 그들이 개 썰매를 이용하여 가능한 많은 육지의 해도를 작성한 다음 해안선을 따라 더 먼 곳에서 그들을 승선시킨다는 것이었다. 블랙은 또 다른 전직 버드 탐험대원 핀 론(Finn Ronne)과 공동으로 자신이 탐험대를 인솔할 것을 상상하였다.[29]

그러나 블랙과 론은 너무 늦게 여행을 떠났다. 버드가 리틀 아메리카로 돌아가는 계획과 함께 자신의 남극 탐험을 발표했을 뿐 아니라 엘스워드와 윌킨스도 탐험을 계획하고 있었다. 1938년 5월 블랙이 자신의 제안을 워싱턴에 보내고 있을 때 엘스워드가 *뉴욕 타임스지* 기사를 이용하여 오스트레일리아 남극 영토의 서부에 있는 비교적 알려지지 않은 지역인 '남극대륙의 엔더비 사분할 지역'을 탐험하는 자신의 계획을 발표하였다. 엘스워드는 자신은 다시는 남쪽으로 가지 않겠다고 맹세한 적이 있었다. 그러나 그는 남극의 끌어당기는 힘에 저항할 수 없었으며 '다시 한번 미지를 향해 시작한다는 전율'에 사로잡혔다. 기상 상태가 맑다면 그는 엔더비 랜드에서 완전히 대륙을 가로질러 리틀 아메리카까지 비행하기를 바랐다. 그것이 1935년의 엘스워드 남극 횡단 비행은 진짜 남극 횡단이 아니었다고 주장해온 반대론자들에게 답해줄 것이다. 만약 엔더비 랜드에서 리틀 아메리카까지의 비행이 불가능한 경우 그는 엔더비 랜드의 내륙을 탐험하여 '카메라로 가능한 많은 미지의 지역의 지도를 작성하고 과거에 했던 것보다 더 완전하게 해안선의 지도를 작성하고, 가능하면 미래의 기상 관측소를 세우기 위한 적절한 장소를 찾아보기로' 작정하였다. 이 석탄왕의 아들은 '중요한 석유 및 광상'의 존재를 확인하기를 원했으며, 오스트레일리아 탐험가 더글러스 모슨이 엔더비 해안을 따라 은, 구리 및 기타 광물의 징후를 발견했던 것을 감안하여 그곳에 '부가 풍부한 내륙'이 있을 가능성을 언급하였다.[30]

엘스워드가 제기한 엔더비 랜드로부터의 비행이 대중의 많은 흥미를 자극할 가능성은 있었지만 그의 첫 번째 선택은 로스 속령 동쪽에 있는, 자신의 부친 이름을 따서 그가 명명했던 육지의 해안선을 탐험하는 것이었는데 그것이 제임스 엘스워드 랜드에 대한 미국의 권리를 훨씬 더 확실하게 해줄 것이다. 그러나 그것은 미국에서 머리기사가 될 종류의 탐험이 아니었을 것이며 그래서 윌킨스는 그 부유한 탐험가를 설득하여 대신 엔더비 랜드에 달려들게 했다.[31] 엘스워드가 계획의 변경에 동의한 이유는 분명치 않은데 왜냐하면 그가 거리낌 없이 인정했듯이 엔더비 랜드는 '오스트레일리아에 의해 이미 권리가 주장'되었으며 따라서 그가 '미국을 위해 어떤 새로운 영토에 대한 권리를 주장할 수 없을' 것이기 때문이었다. 그 해안선 또한 노르웨이 포경선들에 의해 광범위하게 탐험되었으며 그 해안의 지형에 약간의 노르웨이 이름들이 적용되기도 했다. 그러나 엔더비 랜드에 초점을 맞춘 것이 남극 횡단 비행을 할 가능성과 그가 자신의 부친을 기념하여 자유롭게 이름을 붙일 수 있는 새로운 육지를 발견할 가능성을 열어놓았다. 엘스워드가 *뉴욕 타임스지*에 말했듯이 결국 남극대륙의 그 사분할 지역이 '세계에서 가장 큰 미지의 영토'를 포함하고 있었다.[32]

다시 한번 과학은 엘스워드의 우선 사항 목록에서 높은 자리를 차지하지 못했다. 지리학적 발견이 최우선이었으며 그래서 그는 국무부에 '미국의 이익에 가장 도움이 되기 위해서 자신이 남극의 어느 지역을 탐험해야 하는가'를 물었다. 국무부 관리들은 그의 조종사가 캐나다인이고 그의 선원들은 주로 노르웨이인이며 그의 보좌관이 오스트레일리아인인데 일개 사적 시민으로서 그가 어떻게 미국을 대신하여 권리를 주장할 수 있는지를 물으며 엘스워드를 무시했다.[33] 더욱이 어떤 발견을 하든지 그것은 부지런한 탐험가라기보다는 일개 아마추어 애호가의 방식으로 행해질 것이었다. 미국 지리학회 지도 제작 부서에서 상당히 정확한 지도를 편찬하는 데 도움이 될 수 있는 적절한 항공 지도 제작용 카메라를 가져가는 대신, 엘스워드는 자신이 평상시 사용하는 라이카 카메라를 가져가는 것을 고집했는데 그 카메라는 지도 제작 목적을 위해 확대하면 흐려지고 작은 스냅 사진을 찍는 데만 좋을 뿐이었다.[34] 또한 지도 제작자들이 엘스워드가 찍은 산들이나 다른 지형들의 정확한 위치를 찾아낼 수 있도록 해줄 지상기준점이 전혀 없을 것이다. 다시 한번 엘스워드는 탐험대의 조직을 윌킨스에게 맡기고 자신은 처방받은 18마일을 매일 모래 위에서 터벅터벅 걷기 위해 영국의 본머스 (Bournemouth, 영국 잉글랜드 남부 Hampshire주 서남부의 도시로 해변 휴양지-역자 주)의 해변으로 떠났다. 그런 다음 케이프타운에서 *와이어트 어프호*에 승선하러 가는 도중에 아프리카에서 한 차례 등산으로 체력을 더 기르기 위해 아내와 함께 나이로비로 날아갔다.[35]

일단 *와이어트 어프호*가 준비되어 케이프타운을 향해 떠나자 윌킨스는 오스트레일리아를 경유하여 자신을 남아프리카 공화국으로 데려다줄 보다 안락한 여객선에 승선하였다. 비록 자신이 미국 자금을 받은 탐험대에 엘스워드의 보좌관으로 가고 있었지만 윌킨스는 리처드 케이시에게 편지를 써서 '내가 저 아래에 있는 동안 오스트레일리아의 이익을 위해' 자신이 할 수 있는 것을 하겠다고 말했다.[36] 그는 자신이 그 탐험대의 일개 '대원'이라기보다는 엘스워드에 대한 조언자이며 따라서 자신은 '남극에 있는 동안 자유롭게 독립적인 행동을 할 수 있다'고 언급함으로써 혹시 있을지 모르는 이해의 충돌을 중재하였다.

윌킨스는 노르웨이인들로부터 1930년 프로클러메이션 섬에서 모슨이 거행한 권리 선포 의식이 오스트레일리아에게 인근의 남극 해안선에 대한 아무런 권리도 제공하지 않았다는 얘기를 들었다. 그러한 논의를 염두에 두고 윌킨스는 '영연방이 권리를 강화하기 위한 기회를 놓치지 말 것'을 촉구하였다. 그러나 윌킨스가 1938년 9월 5일 시드니에 도착했을 때 그는 오스트레일리아 정부가 모슨이 이미 권리를 주장했던 영토 위에서 국기를 게양하거나 선언문을 낭독하는 것을 원치 않는다는 것을 알았다. 외무부 비서관 윌리엄 호지슨(William Hodgson)과 그의 장관 빌리 휴즈를 만난 뒤 윌킨스는 혹시라도 그런 행동을 하면 그것이 '우리 자신이 그 영토에 대한 오스트레일리아의 권리의 합법성을 의심하고 있다는 국제적인 믿음을 야기할 수 있

을 것'이라는 얘기를 들었다.[37]

호지슨과 논의하는 도중 윌킨스는 모슨이 영국 주권을 주장하기 위해 했던 모든 것에 관한 얘기를 들었고, 그 자세한 사항들은 보고된 바 없었다. 그는 또한 오스트레일리아 관리들이 모슨의 작업에는 특혜를 주고 노르웨이 포경업자들의 작업은 무시하는 방식으로 바삐 편찬하고 있던 남극 지도 초안 한 장을 받았다. 오스트레일리아인들은 특히 라스 크리스텐센 랜드를 존재하지 않는다고 정의하고 싶어 했으며 맥 로버트슨 랜드와 프린세스 엘리자베스 랜드 사이에는 그것에 적합한 명명되지 않은 공간이 없다고 주장하였다. 노르웨이인들이 그러한 생략에 너무 자극받지 않도록 라스 크리스텐센의 이름은 지도 위에 존속시키기로 결정했고, 그것이 원래 적용되었던 훨씬 더 큰 지역 대신 작은 범위의 해안선에 속하게 했다. 킹 레오폴드 및 퀸 아스트리드 해안(King Leopold and Queen Astrid Coast)과 잉그리드 크리스텐센 해안(Ingrid Christensen Coast)에 대해서도 비슷한 조치들이 취해졌다.

호지슨으로부터 들은 정보가 영국 권리의 강도에 관한 윌킨스의 우려를 누그러뜨렸다. 그럼에도 불구하고 오스트레일리아 정부는 여전히 그에게 '오스트레일리아 남극 영토에 들어가서 탐험하고 그것에 관해 보고할 수 있는' 전반적 권한을 제공하였다. 윌킨스가 이러한 권한으로 무엇을 하든지 말든지 간에 '작업을 수행하겠다'는 그의 약속은 오스트레일리아가 '그 영토에 대한 추가적 주권 행위'를 수행함으로써 자국의 권리에 대한 국제적 인정을 받기 위한 조치를 취하고 있다는 것을 보여줄 것이다.[38]

영국은 뉴질랜드가 버드와 엘스워드 두 사람 모두를 위해 했던 것처럼 오스트레일리아가 엘스워드 탐험대를 환영하고 그 탐험대가 필요로 할지 모르는 시설을 제공하는 것이 좋은 아이디어라고 생각하였다. 물론 오스트레일리아는 오스트레일리아 남극 영토에 아무런 시설이 없었고 *와이어트 어프*도 호바트 대신 케이프타운에서 출발하였으나, 이 제안은 실제적이라기보다는 상징적이 될 것이었다. 그것은 오스트레일리아가 자국의 영토관할권에 대해 전 세계에 말할 수 있는 하나의 기회였다. 그러나 오스트레일리아 정부는 그러한 제안이 단지 미국 정부를 자극할 뿐이라고 결정하였다. 그것은 또한 엘스워드도 자극할 것인데 그런 것은 오스트레일리아 정부도 또한 간절히 피하고 싶었다.

정부는 영토관할권에 대해서는 말을 적게 할수록 더 좋다고 결정하였으며 또한 '지도의 빈 공간을 채우고 의심스러운 지역을 확인하고 노르웨이인들의 활동에 대응함으로써 영연방에 관한 한 엘스워드가 가치 있는 일을 수행할 것'을 기대하고 있었다. 어쨌든 초대를 제안한 목적은 오스트레일리아의 소유권에 대한 함축적인 성명을 발표하는 한편 바라건대 그 소유권에 대한 다른 나라들의 인정을 받는 것이었다. 미국 정부가 한결같이 그런 인정을 하는 것을 거부해온 반면 윌킨스는 오스트레일리아 정부에게 자신이 엘스워드로 하여금 오스트레일리아 주권을 인정하는 편지를 써서 *와이어트 어프호*가 케이프타운을 떠나기 전에 그것을 캔버라로 보내도록 하겠다고 장담하였다. 그러나 약속된 그 편지는 결코 보내지지 않았다. 윌킨스가 곧 알게 되었듯이 미국 정부는 엔더비 랜드에 대한 권리를 주장하기 위해 비밀리에 엘스워드의 협조를 요청한 바 있었다.[39]

엘스워드가 남극의 어느 부분을 탐험하고 그에 대한 권리를 주장해야 하는가에 관한 조언을 요청했을 때 미 국무부 관리들은 엘스워드를 무시했던 적이 있었으나, 그들은 아마도 오스트레일리아를 대신하여 영토를 획득하려는 윌킨스의 계획에 관한 오스트레일리아의 보고를 받고는 이제 마음을 바꾸었다. 미국은 멀리서 남극 영토 하나를 관리하고 이따금씩 그곳을 방문하는 것이 법적으로는 그것을 점유하는 것과 동등하다는 영국의 견해를 받아들이지 않았다. 미국인들은 오스트레일리아가 자국 남극 영토의 어느 지역도 점유하지 않았다고 간주했기 때문에 그곳의 주권이 여전히 다른 나라들의 주장에 개방되어 있다고 믿었다. 워싱턴 당국이 언젠가는 자국의 남극 영토권을 주장하겠다는 결심을 했기 때문에, 국무장관 헐은 케이프타운의 영사에게 미국을 위해 탐험되지 않은 영토에 대한 권리를 주장하는 방법을 엘스워드에게 설명해주라고 지시하였다.

1938년 10월 29일 *와이어트 어프호*가 케이프타운을 떠나기 직전, 그 영사는 엘스워드가 자신이 주장하는 권리가 인정받도록 하기 위해 반드시 따라야 하는 절차를 자세히 설명한 비망록을 갖고 부두로 달려갔다. 엘스워드는 '자신이 탐험하고 사진을 찍고 혹은 지도를 작성한, 지금까지 발견되지 않고 탐험되지 않았던 모든 영토에 대해 그것이 다른 나라가 이미 권리를 주장했던 영향력 있는 섹터나 범위 내에 놓여 있는지 여부에 관계없이… 미국의 이름으로 권리를 주장하라'는 지시를 받았다. 국무부는 그에게 '권리 주장을 포함하는, 낙하산에 부착된 메모나 개인적인 선언문을 떨어뜨려 차후에 관련된 지점의 대략적인 위도와 경도와 함께 그런 주장의 본문을 공표함으로써' 그가 그렇게 할 것을 제안하였다. 자신의 권리를 발표할 때 엘스워드는 미국 정부가 그의 활동을 사전에 알고 있었으며 승인했다는 사실을 비밀에 부쳐야 하였다.[40] 그는 또한 그 메모를 윌킨스에게 비밀로 하라는 지시를 받았다. 미국을 대신해 오스트레일리아 영토에 대한 권리를 주장할 의도를 부인했음에도 불구하고 엘스워드는 이제 그렇게 하는 것에 동의하였다.

그러나 다시 한번 불운이 그를 괴롭힐 것이었다. *와이어트 어프호*는 얼음 가장자리에 도달하는 데 두 달이 넘게 걸렸으며 엘스워드는 자신이 아직도 대륙에서 거의 1,330킬로미터 떨어진 것을 알았다. 그는 얼음을 헤치고 나가려고 애를 쓰며 또다시 45일을 허비할 수밖에 없었다. 그때쯤이면 그가 계획된 자신의 대륙 횡단 비행을 하기에는 너무 늦었다.[41]

영사의 지시에 따라 엘스워드는 자신이 비행기에서 남극대륙 위로 떨어뜨릴 계획이었던 선언문을 담을 구리 원통 하나를 준비하였다. 비록 그가 윌킨스에게는 비밀로 하라는 명령을 받았지만, 배가 허우적거리며 얼음을 향해 나아갈 때 그 나이든 탐험가는 윌킨스에게 비밀을 털어놓았다. 엘스워드는 나중에 배가 '온갖 종류의 나선 형태로 비틀리고 뱅뱅 돌아서 우리는 남쪽을 향해 케이프타운을 떠날 수가 거의 없을 지경이었는데 그때 나는 기관실로 내동댕이쳐져 팔뼈가 탈구되고 이 1개가 부러졌다'고 기술하였다.[42]

자신의 계획의 정당성 증명을 열망한 나머지 부상을 입은 엘스워드는 윌킨스가 1928년 12월 남극 반도 상공의 비행 한계점에 도달했을 때 비행기에서 몸소 떨어뜨렸던 영국 선언문을 기억해내었다. 엘스워드는 자신은 윌크스 랜드 위에서도 똑같이 할 계획이었다고 털어놓았다. 그는 1928년의 윌킨스와는 달리 그가 자신의 정부를 대신해 영토에 대한 권리를 주장할 공식적 권한이 전혀 없다는 것을 시인했으나, 영사와 얘기를 나누고 국무부 서류를 읽었기 때문에 그는 '자신이 권리를 주장해야 한다는 느낌이 들었다.' 그리하여 각자가 자신들 각각의 나라를 대신하여 동일한 영토에 대한 권리를 주장하려고 했을 때 그 두 사람 사이에 일종의 이상한 경쟁이 시작되었다.[43]

윌킨스는 더 동쪽으로 윌크스 랜드까지 나아가는 것 대신 그가 예상하기에 비행기를 띄우기가 더 쉬울 것 같은 대략 동경 77도 지점인 인근의 잉그리드 크리스텐센 랜드로 가도록 엘스워드를 설득함으로써 일찍 이득을 얻었다. 1840년대의 윌크스의 탐험 덕택에 아마도 윌크스 랜드에 대한 미확정의 미국 권리가 틀림없이 존재했을 것인데, 엘스워드가 만약 그 위에 자신의 선언문을 떨어뜨리면 그것이 강화될 것이었다. 윌킨스는 잉그리드 크리스텐센 해안이 모슨에 의해 목격되고 권리가 주장되었으며 따라서 최근에 만들어진 오스트레일리아 남극 영토의 일부라는 것을 지적하였으나, 엘스워드는 자신이 미국을 대신하여 비행 경로 양쪽과 멀리 남극점까지 240킬로미터에 대한 권리를 주장할 것이라고 강경하게 주장하였다. 그러자 윌킨스는 그가 '비행 도중 실제로 목격하고 탐험한 새로운 지역에 자신의 권리를 제한하도록' 설득하였다. 그렇게 하면 모슨이 목격한 해안선은 건드리지 않게 될 것이었다. 남극에 대해 북극의 섹터주의를 받아들인다면 오스트레일리아 섹터에 대한 모슨의 권리가 마구잡이 조각 영토에 대한 엘스워드의

권리에 우선한다는 것을 의미할 것이었다.[44]

엘스워드가 자신의 비행 준비를 밀어붙이는 동안, 윌킨스는 상륙하여 오스트레일리아를 대신해 권리를 주장함으로써 그의 탐험대장보다 한 수 앞서기 위해 계속해서 자신이 할 수 있는 것을 하였다. 윌킨스는 캐나다 조종사 림버너(J. H. Lymburner)를 증인으로 데려가 1939년 1월 8일 한 작은 섬에 상륙하였다. 펭귄 번식지 너머로 올라가 윌킨스는 어리벙벙한 새들 위로 오스트레일리아 국기를 게양하고 '작은 알루미늄 용기 속에 국기와 방문 기록'을 넣고 그것을 바위의 최하부에 놓고 돌멩이들로 덮었다. 윌킨스는 후일 그 섬들이 광상의 징후를 보였기 때문에 그곳을 선택했다고 오스트레일리아 정부에 보고하였다. 실제로 그는 가지고 돌아갈 몇 상자의 암석을 수집하였다. 얼마 후, 윌킨스는 다시 상륙하여 이번에는 베스트폴드 산맥(Vestfold Mountains) 서쪽 끝에서 가까운 대륙 자체에 상륙하였다. 더 많은 암석 표본을 수집했으며 림버너와 함께 국기 게양을 반복하고 또 다른 국기와 자신들의 방문 기록을 놓아두었다. 1월 11일 엘스워드가 하늘 높이 날아갔을 때 윌킨스는 마지막으로 상륙하여 그것을 전부 다시 했으며 자신들이 '남극 본토의 여러 장소와 여러 섬 위에 발을 디뎠으며… 오스트레일리아 국기를 게양했고 [내가] 이 기록과 함께 그것을 남긴다'라고 기록한 문서한 장을 놓아두었다. 모슨과 추후의 영국의 긴급 칙령에 의해 권리가 주장된 바 있으므로 윌킨스는 그 영토에 대한 권리를 주장하지는 않았으나, 그는 기존의 오스트레일리아 주권을 거듭 주장하고 있었다.[45]

윌킨스와 림버너가 자신들의 돌무더기를 쌓기 위한 돌덩어리들을 모으고 있는 동안 엘스워드는 자신의 구리통과 윌킨스의 도움으로 정교하게 다듬어진 선언문과 함께 남쪽으로 날아가고 있었다. 결국 내륙으로 800킬로미터에 달하는 계획된 일련의 비행 대신 엘스워드는 남쪽으로 불과 460킬로미터 이동하였던 한 차례의 주요한 비행만 할 수 있었다. 비행기가 배를 향해 되돌아섰을 때 엘스워드는 미국 국기와 서명된 비행 기록이 담긴 통을 밖으로 던질 수 있도록 문을 열었는데, 그로 인해 그는 '이 행위가 허락하는 한 내 나라를 위하여' 비행경로 양쪽으로 240킬로미터 뻗어 있는 지역과 전환점 너머의 또 다른 240킬로미터에 달하는 지역에 대한 권리를 주장할 수 있었다. 엘스워드는 '고독 속에 고요하게 잠겨 있는' '인간의 눈으로는 그 아름다움을 볼 수도, 인간의 혀로는 그 아름다움을 말할 수도 없는'이라고 적었다. 그러나 지금 그것을 보고 말할 수 있는 것은 그의 눈과 혀였다. 그것은 그가 탐험하고 권리를 주장하기를 희망했던 것의 작은 단편이었다. 그럼에도 불구하고 엘스워드는 후일 기자들에게 그 지역이 '거의 네브래스카주 크기'였으며 자신은 그곳을 '아메리칸 하이랜드(American Highland)'라고 명명했다고 말했다. 그는 탐험을 더 계속할 수 있었으나 1월 13일 담수를 만들기 위해 얼음을 자르다가 배의 선원 3명이 부상을 입는 바람에 탐험을 갑자기 중단하는 수밖에 없었다. 일등 항해사의 무릎이 아주 심하게 으깨져 *와이어트 어프호*는 그가 치료를 받도록 곧장 호바트로 가야만 하였다.[46]

엘스워드와의 윌킨스의 관계가 긴장되었다. 각자가 유명해지기를 열망하는 2명의 나이 들어가는 프리마돈나가 있는 탐험대는 언제나 걱정스러운 연습이 될 것이었다. 심지어 호바트로 향하는 항해를 위해 엘스워드의 비행기를 *와이어트 어프호* 위에 꾸리고 있는 동안에도 윌킨스는 자신의 다음 남극 탐험을 내다보고 있었다. 그는 오스트레일리아 정부가 *와이어트 어프호*를 구입하여 그에게 남쪽으로 돌아가라고 의뢰하기를 원했다.

1939년 1월 12일에 보낸 전보에서 윌킨스는 캔버라 당국에 엘스워드의 행동에 관해 경고했으며 엘스워드가 비밀리에 권리를 주장하였던 영토에 대한 오스트레일리아의 주권을 강화하기 위해 자신이 탐험대 하나를 인솔할 것을 제안하였다. 그 권리를 엘스워드의 권리보다 더 확실하게 만들기 위해 윌킨스는 겨울 내내 머무를 것을 제안하였다. 그 전보는 오스트레일리아 정부로 가는 비밀 메시지가 될 예정이었으나 엘스워드가 뉴욕 타임스지와 맺은 상업적 합의로 인해 그 전보는 뉴욕으로 발송되어 거기서 사본 1부가 워싱턴의 국무부로 보내졌다. 미국 관리들은 이제 엘스워드의 업적을 무효로 만들고 미국을 남극의 대부분에서 제외시켜버리려는 오스트레일리아의 계획을 알게 되었다. 머지않아 엘스워드가 *와이어트 어프호*를 오스트레일리아로 몰고 가 자신의 배와 비행기를 오스트레일리아 정부에 팔려고 협상을 하고 있다는 것을 읽으면 그들의 우려는 놀라움으로 변할 것이다. 국무부는 대륙 전체를 지배하려는 영국의 야심이라는 맥락에서 *와이어트 어프호*에 대한 오스트레일리아의 관심을 보았다.[47]

공교롭게도 1939년 2월 4일 *와이어트 어프호*가 칙칙하는 엔진 소리를 내며 호바트를 향하여 더웬트강을 따라가고 있을 바로 그때, 오스트레일리아 해군 함정들도 태즈메이니아 수도에서 열리는 각료 회의 준비를 하고 있던 정부 장관들과 함께 태즈메이니아를 방문하고 있었다. 모슨은 *와이어트 어프호*에 관한 자문을 받았는데 그는 오스트레일리아가 그 배를 구매하기를 열망하였다.[48] 그는 애덜레이드에서 엘스워드에게 무전을 쳐서 *와이어트 어프호*를 점검할 수 있을 때까지 그 배를 호바트에 붙잡아둘 것을 촉구하였다. 모슨은 특히 재무장관 케이시가 그 배의 내항성을 입증할 수 있는 해군 장교들과 함께 그 배를 살펴보기를 원하였다. 그러나 모슨은 윌킨스가 제안한 탐험을 위해 그 배를 원한 것은 아니었는데 그는 마음속에 더 웅대한 계획을 품고 있었다.

윌킨스를 1년 동안 남쪽으로 보내는 대신 모슨은 과학 연구를 위해 적어도 하나의 영구 육상 기지에 사람을 배치할 대학교와 박물관 출신의 회원들을 가진 '남극 클럽(Antarctic Club)' 하나를 설립하고 싶어 하였다. 그는 정부가 이 기지에 자금을 대기를 원치 않았지만, 오스트레일리아에는 다른 내빙선이 없었기 때문에 보급선으로 *와이어트 어프호*를 구입하기를 원했다. 모슨은 국방에 관한 일과 지속되는 경제 공황의 영향 때문에 정부가 1929년에서 1931년의 자신의 탐험과 같은 또 다른 광범한 항해를 지원할 수 없다는 것을 알았다. 그러나 급료를 받지 않는 자원자들이 직원으로 근무하는 영구 기지를 설립하기 위해 그 배를 사용하여 대원들과 물자를 남극으로 수송할 수 있다면 '매우 가치 있는 과학적 연구'를 수행할 수 있을 것이며 '최소한의 비용으로 오스트레일리아 남극 영토의 영구적 점유'를 달성할 수 있을 것이다.[49] 그것은 과학자들에 의한 식민지 건설이 될 것이다.

오스트레일리아 정부는 이전에 *와이어트 어프호*를 구매하라는 제안을 거절한 적이 있었으나 장관들은 이제 재빨리 그렇게 하는 것에 동의하였다. 그 거래는 엘스워드가 그 배의 가격을 불과 4,000파운드로 인하했을 때 도움을 받았으며 케이시는 그것이 '놀랄 만큼 낮다'고 생각하였다. 구입을 발표할 때 케이시는 오스트레일리아인들에게 그 배가 남극에서의 포경과 광물의 개발을 허용할 것이며, 또한 기상 기지의 설립에 의해 오스트레일리아에서 장기 기상예보가 가능해질 것을 장담하였다.[50] 이것은 당시에는 하나의 큰 문제였는데 왜냐하면 오랜 가뭄이 동부 해안 전역에 걸친 광범한 화재로 절정을 이루었고 많은 사망과 황폐화를 야기했으며 결국에는 광범한 범람이 뒤따랐던 것이다. 화재 희생자들을 위한 모금 활동이 남극 기지를 설립하기 위한 돈을 얻으려는 모슨의 노력을 약화시켰기 때문에, 그는 정부가 *와이어트 어프호*를 구입했을 때 매우 안심이 되었다.

배가 시드니로 왔을 때, 모슨은 엘스워드와 윌킨스를 만나 그 배와 비행기를 점검하였다. 그는 기자들에게 매입한 그 배는 자남극에 있는 영구 과학 기지를 위한 대원들과 물자를 수송하기 위해 사용되어야 한다고 말했다.[51] 그 계획은 정부가 그 배를 폭약의 저장과 수송을 위해 사용하기를 원했던 해군의 통제 하에 두기로 결정하면서 곧 위태롭게 되었다. 모슨은 '필요한 경우 극지 작업을 위해 그 배를 활용할 수 있다'는 정부의 합의에 만족해야만 하였다. 그로 인해 모슨은 오스트레일리아대학교에 접근하는 수단을 얻었는데, 대학들은 남극 클럽에 관한 그의 생각을 지지하고 1940년에 시작되는 남극대륙의 영구 기지에 배치할 과학 인원을 제공하는 것에 동의하였다.[52]

오스트레일리아가 기꺼이 *와이어트 어프*호를 구입하려는 것은 단지 20년 된 선박이 저렴해 보였기 때문은 아니었다. 정부는 엘스워드의 탐험이 오스트레일리아 주권에 대해 제기했던 도전을 인식하고 있었으며 그래서 그 배를 일종의 반격 수단으로 간주하였다.[53] 엘스워드는 '내 나라를 위해… 내가 탐험했던 내륙 지역에 대한 권리를 주장했던' 자신의 업적을 크게 떠벌리고 다녔다. 그는 또한 남극이 '아무 가치 없는 흰 대륙'이라는 얘기를 일축해왔으며 언젠가는 남극이 '미국만큼 광물과 석유가 풍부하다'는 것이 밝혀질 것이라고 주장하였다. 자신의 마지막 탐험에서 20만 평방킬로미터가 넘고 1935년의 탐험에서 추가적으로 90만 평방킬로미터에 이르는 지역에 대한 '그런 권리에 대한 지지와 그것의 영속성을 고려하고 그것에 대한 결정을 내리는' 것은 이제 '정부와 법률가들이' 할 일이라고 엘스워드는 썼다. 그는 오스트레일리아 기자들에게 자신은 모슨이 목격했던 해안선의 어느 것에 대해서도 권리를 주장한 바 없으며 오직 자신이 그 상공을 비행하였던 내륙에 대해서만 권리를 주장하였음을 장담하였다.[54]

오스트레일리아 관리들은 깜짝 놀랐다. 탐험 전에 엘스워드는 기자들에게 자신은 어떠한 영토관할권도 주장하지 않을 것이라고 말한 바 있었다. 그러고 나서 윌킨스는 케이프타운을 떠나기 전에 엘스워드가 오스트레일리아 남극 영토에 대한 오스트레일리아 소유권을 인정할 것이라고 약속하였다. 그런데 이제 엘스워드는 정반대되는 행동을 하였다.

엘스워드의 도전은 대답 없이 지나갈 수 없었다. 신문들은 영연방 자치령이 엘스워드가 권리를 주장했다고 주장한 영토에 대한 주권을 이미 주장했다는 보고를 조용히 받았으며, 워싱턴에 있는 한 오스트레일리아 외교관은 국무부가 엘스워드의 발견에 근거해 정식으로 권리를 주장할 의도가 있는지 알아보기 위해 국무부에 접근하였다. 오스트레일리아에게 유감스럽게도, 미국인들은 엘스워드의 보고를 받을 때까지 의견을 말하는 것을 거부하면서 계속 모든 사람들을 마음 졸이게 했다.

엘스워드는 증기선을 타고 미국으로 돌아왔으며 거기서 그는 기자들에게 1941년의 또 다른 탐험을 위한 자신의 계획에 대해 얘기하였다. 그는 다음번에는 버드가 그랬던 것처럼 리틀 아메리카에서 불과 160킬로미터 떨어진 곳이 아니라 남극점에 캠프를 치고 겨울을 보낼 작정이었다. 다소 엉큼하게 엘스워드는 자신은 '단지 새로운 길을 개척하는 데만 관심이 있을 뿐이며 육지에 대한 권리를 주장하는 데는 관심이 없으며' 지금은 '정부가 지도를 제작하고 광물을 찾는 책임을 떠맡을 때'라고 선언하였다. 영토를 차지하기 위한 경쟁에 관해서는 그는 '남극에서의 중복되는 권리 주장을 해결하기' 위한 '국제적 위원회'를 설립할 것을 제안하였다.[56]

수년 동안 그런 위원회에 관해 얘기된 바 있었으나 아무런 결과도 얻지 못했다. 그러나 그것이 여전히 예상되는 한 각국은 자국의 권리가 국제 사회가 볼 때 가능한 강력하기를 간절히 바랐다. 그런 식으로 만약 남극에 관한 국제회의가 개최될 경우 육지에 대한 그들의 특정한 권리가 지지를 받을 가능성이 좀 더 많아질 것이다. 이것이 미국이 민간 탐험가들의 활동을 공식적으로 후원 받는 탐험대로 강화하기에 충분한 이유처럼 생각되었다. 그리고 꼭 그래야만 하는 이유가 훨씬 더 많이 있었다.

엘스워드가 이른바 '아메리칸 하이랜드(American Highland)' 위에 미국 국기와 영토관할권에 관한 성명서를 떨어뜨리고 있는 동안 알프레드 리처(Alfred Ritscher)와 *슈바벤란트호(Schwabenland)*라는 비행기가 *와이어트 어프호*의 바로 서쪽에서 작전을 수행하면서 '다가오는 남극의 분배에서 세계 열강 가운데 독일의 몫을 확보하기 위해' 이른바 '*노이에 슈바벤란트(Neue Schwabenland)*' 위에 자기네들의 만자기를 떨어뜨리고 있었다.[57]

한편 일본 정부가 이제 80세가 된 노부 시라세가 1912년에 탐험한 바 있는 '남극의 어떤 눈 덮인 영토에 대한 자국의 권리'를 주장하라는 압력을 받고 있다는 보고들이 있었다. 시라세는 일본 국기를 게양하고 탐험 후원자들과 탐험대원들의 명단과 남위 80도에 도달한 그의 돌격대의 업적을 담은 구리 상자를 남겨두었다. 일본에서 '욱일승천기가 남극점 위에서 휘날려야' 한다는 요구가 있었지만, 시라세는 블리자드에 의해 정지당하기 전까지 스콧과 아문센과의 아무 소득 없는 경쟁에서 로스 얼음 장벽 너머에 도달하지 못했던 것이다.[58] 따라서 남극점에 대한 일본의 권리에 대한 근거는 존재하지 않았다.

그럼에도 불구하고 도쿄에서의 대중의 아우성에 대한 미국의 보고가 남극에서의 성장하는 일본 포경선단과 결합하여 미국 정부에게 조치를 취하라는 압력을 추가하였다. 남극의 식민지화가 바야흐로 시작되었다.

CHAPTER 15

1939–1941

그 땅에 사람을 살게 하는 것

1939년 초 세계가 또 다른 광범한 전쟁의 심연을 향하여 가차없이 미끄러지고 있었을 때 워싱턴과 캔버라의 관리들은 남극의 식민지 건설을 자신들의 국가적 안건 위에 올려놓기 시작하고 있었다. 더글러스 모슨 경이 정부에 오스트레일리아 남극 영토 내에 영구 기지 하나를 지원할 것을 촉구하고 있는 동안 워싱턴에서는 미국이 그와 똑같이, 그러나 훨씬 더 큰 규모로 그렇게 해야 한다는 제안이 있었다.

지난 10년 동안 루스벨트 대통령은 탐험가 친구인 리처드 버드의 남극 활동에 긴밀한 관심을 가지고 있었다. 그는 미국인들에 의해 발견되었거나 탐험되었던 대륙의 지역들을 미국이 정식으로 합병하기 위한 근거를 확립하기를 간절히 바랐다. 의회와 다른 곳에서 오랫동안 이에 대한 요구가 있었지만 나치 독일과 일본의 증가하는 남극 활동이 마침내 미국이 남극에서 자신의 입지를 굳혀야 할 강력한 전략적 이유를 제공해주었다. 인간이 차지할 마지막 대륙이 극적인 새 시대로 막 들어가려는 참이었다.

내무부 관리이자 전직 버드 탐험대원인 리처드 블랙이 1938년 5월 로스 속령 동쪽 지역으로 갈 제한된 미국 탐험대를 제안하였다. 그러나 그 대륙에 대해 경쟁적으로 권리를 주장하는 나라들의 활동이 점점 증가하는 것에 자극받은 루스벨트는 1939년 초 훨씬 더 웅대한 계획을 제안하였다. 아마 소규모의 민간 탐험대 대신 루스벨트는 국무부, 전쟁부, 해군성 및 내무부가 합동으로 탐험대를 조직하기를 원했다.

블랙이 개 썰매와 함께 몇 명의 대원들을 상륙시키는 것을 권했다가 나중에는 그 탐험대가 낡은 비행기 1대도 포함해야 한다고 주장한 반면 루스벨트는 대륙의 양쪽에 기지들을 설립할 2척의 배를 원했다. 한 팀은 버드의 리틀 아메리카에 기지를 두고 나머지 한 팀은 당시 미국 탐험가 엘스워드가 탐험을 수행하고 있던 남아프리카 공화국 남쪽의 엔더비 해안에 기지를 두게 될 것이었다. 루스벨트는 매년 겨울 두 기지를 소개했다가 다음해 여름 재점유 할 것을 제안하였다.

루스벨트에게는 이러한 점유가 남극이 허용하는 만큼 영구적인 것에 가깝게 생각될 것이다. 그는 영국인들이 했던 것처럼 행정 명령을 발표하고 이따금씩 해안을 조사하고 내륙 상공을 비행하는 것은 '미국의 관할권에 대한 국제적 승인'을 보장하기에는 충분하지 않을 것임을 확실히 알고 있었다. 그 탐험을 강행하는 것을 열망한 루스벨트는 가능하다고 생각되는 자기 계획의 연간 비용에 관해 버드와 엘스워드와 상의할 것을 국무부에 지시하였다.[1]

그 당시 엘스워드는 아직도 남극에 있었는데 이는 버드가 머지않아 있을지 모르는 정부 자금을 받기에 가장 유리한 입장에 있다는 것을 의미하였다. 1939년 1월 국무부 관리 휴 커밍(Hugh Cumming)이 루스벨트의 서신을 지니고 국무부 지리학자 새뮤얼 보그스와 함께 보스턴에 있는 버드의 집으로 갔을 때, 그 탐험가는 재빨리 그 기회를 움켜잡았다. 관리들에게 가능한 비용에 대한 조언만 하는 대신 버드는 자신이 계획하고 있던 민간 탐험대를 포기하고 그 대신 정부 탐험대 하나를 인솔할 것을 제의하였다. 버드는 그가 자신의 탐험을 위해 구입했던 개조한 낡은 포경선 *베어 오브 오클랜드호*를 정부가 최소한의 비용으로 인수할 수 있다고 제안하였다.

블랙이 자신의 제한된 탐험에 관해 내무부에 조언하기 위해 호놀룰루에서 워싱턴에 도착했을 즈음에 그 계획은 벌써 대통령의 주선에 찬성하여 버려졌고 세간의 이목을 끄는 버드가 탐험대장으로 임명되어 있었다.[2] 사람들에게 비교적 알려져 있지 않은 블랙과 론을 대체하는 것이 루스벨트에게는 외교정책에 대한 버드의 도움 안 되는 쓸데없는 참견에서 관심을 다른 데로 돌려 대신 그를 극지 탐험에 몰두하게 만드는 추가적 이득이 있었다.

1939년 2월 17일 블랙과 다른 관리들이 루스벨트의 계획을 시행할 방안에 관해 일주일 동안 논의하기 위해 워싱턴에 있는 위엄 있는 윌러드 호텔(Willard Hotel)의 버드의 스위트룸에 모였다. 버드가 지금은 다시 루스벨트의 마음에 들었기 때문에 관리들은 그가 '모든 계획의 감독관 역할'을 해야 한다는 것에 선뜻 동의했는데, 그 계획은 다른 나라들의 영토관할권에 대한 대응이자 훨씬 이전의 윌크스와 파머의 발견과 함께 최근의 버드와 엘스워드의 탐사 작업에 의해 만들어졌던 영토관할권을 '강화할' 의도를 지니고 있었다. 국무부가 다른 나라들이 권리를 주장한 남극의 지역들에 대한 미국의 권리의 법적 근거에 대해 다소 우려했던 것처럼 생각되지만, 미해안경비대(US Coast Guard) 또한 참여하기를 열망하였으며 탐험대를 위해 연안 경비선들 중 1척인 노스랜드호(Northland)를 제공하였다. 그 모임은 배의 수리를 위해, 북대서양을 순시한다는 표면상의 목적으로 그 배를 캘리포니아에서 보스턴으로 이동시킨다는 것에 동의하였다. '완전한 임무에 대한 언론의 추측을 잠재우기' 위해 성명서가 필요할 때까지 기자들에게는 비밀로 할 것이었다. 의회에 대해서도 당분간 비밀로 할 것이었다. 초기 비용에 대한 자금도 의회에 요청하지 않을 것이며, 부처들 중 한 군데서 대신 제공될 것이었다. 그 돈은 다른 목적을 위한 것이라고 말할 것이다.[3]

회의가 끝났을 때 관리들이 루스벨트의 계획에서 한 단계 더 나아간 것이 분명하였다. 대륙의 양쪽에 2개의 기지를 세워 겨울 동안 비우는 대신 그 두 기지들은 영구히 사람들이 거주하는 정착지가 되어야 한다고 제안되었다. 2월 21일 내무부에 대한 보고에서 블랙은 따라서 그 탐험대의 목표는 '남극에 미합중국 식민지를 건설하는 것'이라고 언급하였다. 그는 '새 영토의 권리를 주장하는 것'에 관한 미국의 정책은 '실제적 점유와 거주'에 의해서만 인정된 권리를 획득할 수 있음을 항상 주장해 왔노라고 적었다. 이것은 '남극대륙의 해안 위의 적당한 지점에 영구 기지들을 유지하고 그 인력을 해마다 교체시키고 탐험과 과학 연구에 관한 광범한 프로그램을 개발하는' 정부가 이제 극복해야 할 난제들을 제시하였다. '후일 영토관할권을 제시하는 데 실질적 도움을 주기 위해' 고안 중인 미국 우체국의 설립과 함께 각각의 기지에 우체국장을 임명함으로써 미국의 권한을 또한 주장할 수 있을 것이다.[5]

관리들은 미국 과학자들이 남극대륙의 정착민이 될 것으로 상상하였다. 공식 계획에 의하면, 지리학자들이 앞장서서 지형학, 측량, 지도 제작 및 공중 정찰에 의존하여 대륙의 상세한 지도를 작성할 것이다. 그다음으로 다수의 의심하는 사람들에게 정착 비용을 정당화하는 것을 도와줄 석유와 광물과 다른 자원의 가능성을 조사할 지질학자들이 있을 것이다. 또한 기상학자, 물리학자, 그리고 생물학자들도 있을 것이다. 이들 모두가 정부 소속 과학자들은 아닐 것인데 '탐험가들과 특수한 과학 문제들을 해결하고 싶어 하는 과학자들은 환영받을 것이며 기지의 모든 시설들을 제공받도록' 할 작정이었다.

기지의 위치에 관해서는 비록 그것이 뉴질랜드의 로스 속령 내에 있지만 로스 얼음 장벽 위의 리틀 아메리카에 있는 기존 시설들이 제일 먼저 고려되었다. 아마도 이러한 점과 '대륙의 얼음 위에 기지를 하나 두는 것의 추가적 이득' 때문에 블랙은 첫 번째 기지는 '리틀 아메리카의 동쪽 그리고 미국 정부에 가장 중요하다고 생각되는 야외 작전 지역에서 보다 가까운 어딘가에, 다시 말하자면 오랫동안 알려지지 않은 태평양 사분할 지역의 해안에' 설립되어야 한다고 적었다.[6] 그 기지는 대서양과 태평양을 잇는 전략적으로 중요한 마젤란 해협(Strait of Magellan)과 드레이크 해협(Drake Passage)에 더 가까울 것이다.

두 번째 기지는 최근에 엘스워드가 탐험하고 있었던 곳인 대륙의 반대쪽에 위치할 것이다. 그렇게 하는 것이 대륙 전체에 대한 권리를 주장하려는 미국의 시도에 대한 근거를 제공하고 그 지역에 기지를 설립하려는 독일의 계획에 대응할 수 있을 것이다. 그것은 또한 엘스워드가 하고 싶어 했던 것처럼 버드가 한 기지에서 다른 기지로 대륙을 횡단하며 역사적인 헤드라인을 장식하는 비행을 할 가능성을 열어줄 것이다.

그 계획에 대한 한 가지 흥미 있는 추가 사항은 세 번째로 제안된 기지였는데 그것은 오스트레일리아 남서쪽의 남극해에 있는 허드 섬에 설립될 예정이었다. 바람이 몰아치는 비어 있는 이 섬의 소유권에 약간의 논쟁의 소지가 있었다. 그 섬은 1853년 그것을 발견했던 한 미국 바다표범잡이의 이름을 따 명명되었는데 미국 바다표범잡이들은 그곳의 바다표범 집단을 황폐화시키며 몇 년 동안 그 섬에 거주한 적이 있었다. 영국 선원들도 또한 거기에 있었으며, 한편 부분적으로는 오스트레일리아가 사람이 사는 가장 가까운 나라였기 때문에 오스트레일리아는 그 섬이 당연히 자국 소유라고 생각하였다.[7]

그 섬을 최초로 목격했다는 영국의 주장은 폴 사이플에 의해 일축되었는데 그는 지금 서른 살 된 클라크대학교(Clark University)의 지리학자이자 블랙과 함께 다가오는 탐험대의 2명의 보좌관 중 1명이었다. 사이플은 그루닝에게 허드 섬은 미국인들에 의해 발견되어 점유되었으며 그 지도가 만들어졌다는 것을 확신시켰다. 영국의 주장에 관해서는 사이플은 '영국의 어떤 지도 제작자가 단지 그 섬을 빨갛게 칠했으며 미국이 반대하지 않았기 때문에 다른 사람들이 모두 그것을 받아들인 것'이 아닌가 의심하였다.[8]

블랙은 허드 섬 위의 기지가 '반영구적 기상학 기지 및 일반 과학 기지'와 '우수한 타입의 썰매 개를 위한 훈련 기지와 번식지'를 제공할 것이라고 제안하였다. 또한 그것은 남쪽 대륙들을 연결해줄 새로운 극지 횡단 항공로의 실행가능성을 증명하기 위해 버드가 남극대륙을 가로질러 오스트레일리아까지 하고 싶어 했던 비행을 위한 기상 관측 기지로서 버드에 의해 추가될 가능성이 더 있었다.[9] 그러나 결국 그 해안경비대 함정이 대서양에서의 순찰 업무로 전환된 후 미국은 허드 섬에 대한 계획을 진행하지 않았다. 그것은 또한 그 섬에는 항공기를 위한 안전한 착륙 장소가 없다는 것과 또한 선박이나 비행정을 위한 안전한 정박지가 없다는 사이플의 조언 때문이었을 것이다.[10]

1939년 3월 의회의 승인을 얻기 위한 자신들의 노력이 남극에서의 독일의 활동에 관한 소식과 우연히 일치한 것은 버드와 루스벨트에게는 행운이었다. 독일 탐험대는 경쟁자들에 비해 유리한 점이 있었다. 그들은 비행기 사출장치를 갖춘 선박인 *슈바벤란트*호를 사용하고 있었는데 루프트한자(Lufthansa) 항공사가 남대서양을 가로질러 베를린과 남미의 주요 수도들을 연결하는 보다 빠른 항공 우편로를 확립하기 위해 그 배를 사용해왔다. 대서양 한가운데 배치되어 있는 *슈바벤란트*호는 항공기를 들어 올려 실은 다음 재급유하고 그다음에 공중으로 다시 사출시켜 그것들이 전방으로 비행하는 것을 마무리지을 수 있었다. 그렇게 하면 편지는 며칠 이내에 목적지에 도달할 것이다. 남극에서 사용할 경우 사출 메커니즘은 얼음 상태나 거친 바다가 방해할 때 비행기를 발진시킬 수 있기 때문에 독일은 그 상공을 비행하고 사진을 찍고 지도를 제작하고 권리를 주장할 수 있는 지역이 증가될 것으로 기대되었다. 그러나 *슈바벤란트*호는 비록 사출기의 이점은 갖고 있었지만 그것은 남극에서 운용하기 위해 설계된 것은 아니었다.

그래서 부랴부랴 보낸 것이 극지 탐험가이자 비행사인 알프레드 리처가 지휘하는 탐험대였는데, 독일인들은 강철 선체의 선박이 얼음에 의해 구멍이 뚫려 침몰하는 것을 보호하기 위한 추가 격벽을 설치하는 대신 그러한 만일의 사태에서도 배를 가라앉지 않게 할 수 있다는 희망을 가지고 단지 선창을 수천 개의 빈 통으로 가득 채웠다. 그 탐험대는 또한 트랙터나 개 썰매 같은 육상 수송기관이 없었기 때문에 찍기로 되어 있는 항공 사진을 위한 지상기준점을 몇 개 이상 얻을 수가 없었다. 게다가 설사 리처가 트랙터와 개들을 가져왔다 하더라도 그는 여름에 너무 늦게 도착하여 광범한 육상 탐험대를 조직할 수가 없었다. 그 결과 그 탐험 지도는 영토를 측량하기 위해 경위의를 사용하는 지상 팀을 필요로 하는 '삼각 측량에 의해서만 획득할 수 있는 절대적 정확성이 없이' 제작되었음을 리처는 나중에 시인하였다.[11]

자신의 공식 보고서에서 리처는 그 탐험대의 단점을 그럴싸하게 얼버무렸다. 그 탐험대의 목적은 '독일을 위해서 전 세계의 강대국들 사이에서 다가오는 남극의 분할에서 독일의 몫을 확보하는 것'과 '자국의 포경 산업을 계속하고 발전시킬 독일의 권리'를 주장하는 것이었다고 그는 말했다. 그 탐험대는 '개와 썰매를 이용하는 이전의 복잡한 극지 탐험 방법' 대신 특히 비행기의 사용에 있어서 '가장 현대적인 과학의 방법들'을 수용함으로써 그렇게 하였다. 그 방법의 우수성이 독일에게 아프리카 남쪽에 놓여 있는 남극의 그 지역에 대한 노르웨이나 다른 어느 나라의 권리보다 더 우수한 권리를 제공했다고 독일은 주장하였다.

내륙 상공을 비행하고 그곳의 사진을 촬영하는 것에 만족하지 않았던 독일인들은 특별히 고안된 알루미늄 기둥으로 자신들의 존재의 영구적인 표시를 남겨두었다. 길이가 1.5미터인 이 기둥들의 한쪽 끝은 뾰족한 강철로 되어 있었고 반대쪽에는 3개의 안정시키는 날개가 달려 있었는데 그중 하나는 독일의 만자표지로 장식되어 있었다. 탐험대가 출발하기 전에 유럽 알프스 산맥의 빙하 위에서 그것들을 시험해보았을 때 대부분이 정확하게 착륙했으며 끝은 얼음을 뚫고 들어갔다. 남극에서는 그것들을 20에서 30킬로미터마다 2대의 수상 비행기에서 떨어뜨렸는데 얼음 위의 만자기는 '그렇게 표시해 놓은 영토에 대한 권리를 확립하기 위한' 것이었다.[12]

비록 그 깃발들은 비행기에서 투하되었지만 그것들을 얼음 위에 똑바로 착륙시키는 것은 독일인들이 자기네들이 권리를 주장하는 영토 위에 자신들의 국기를 사실상 *게양*하고 있다고 주장할 수 있음을 의미하였다. 자신들의 표지를 비행기에서 떨어뜨려 얼음 위에 놓이게 하는 것에 만족하였던 미국인들과 영국인들의 행동과 다른 이러한 미묘한 차이가 추후의 법적 논쟁의 결과에 대한 차이를 낳을 수 있을 것이다.

독일인들은 자국 탐험대의 업적과 그 대원들이 주장한 영토관할권을 방어하려는 그 나라의 결의에 관해 전 세계가 알기를 확실히 열망하였다. 1939년 3월 독일 통신사는 리처가 노르웨이가 권리를 주장한 영토 위로 비행해 만자기를 떨어뜨렸다는 것과 독일 정부는 '독일을 위해 그 탐험의 결과를 확보할' 작정이라는 것을 보도하였다. 나치 정부는 그 지역이 발견의 권리에 의해 노르웨이 소유라는 노르웨이의 주장을 일축하였다. 베를린은 그 지역이 독일 탐험대에 의해 발견되고 자세히 조사되었기 때문에 그들의 '제국은 세계의 모든 주요 정치 강국과 함께 이들 대원들의 업적을 후원한다'고 발표하였다.[13]

이러한 보도가 나온 지 불과 며칠 후 블랙과 그루닝을 포함한 내무부와 국무부 관리들이 미국 탐험대를 지원하기 위한 자금을 얻기 위해 상원 소위원회 앞에서 증언하였다. 그것은 예상했던 것보다 더 쉽다고 판명되었는데, 처음에 1만 달러가 권고된 가운데 상원 의원들은 필요한 34만 달러를 더 승인할 가능성이 있음을 보여주었다. 사실은 그 소위원회를 만나기도 전에 탐험선들이 남극 바다의 도전에 맞설 수 있도록 그 배들에 장비를 설치하는 작업이 시작되었다.[14] 그것은 변칙적인 진행 방식이었으나 시간이 촉박하였다. 1년 걸리는 탐험을 위해 물자와 인원을 조직하는 데 대개 버드에게 18개월 넘게 걸릴 것이나 이제 그는 1939년 10월에 출발하기까지 6개월밖에 없었다. 그밖에 영구 기지를 설립할 필요성 때문에 탐험 계획을 세우는 것이 복잡해졌다.

1만 달러에 대한 상원의 정식 승인이 확정되는 데 몇 주가 걸리기 때문에 더 지체가 되었다. 상원 의원 해리 버드는 4월 6일 자신의 동생에게 자신이

'남극의 식민지 건설을 위한 경비'를 맡고 있으며 그것이 의회를 통과하는 데 어떤 문제도 예상하지 않는다고 장담했으나, 그것은 버드와 그가 계획한 탐험에 대해서는 여전히 좌절스러운 지체였다.[15] 그와 동시에 루스벨트가 부비동 문제로 병에 걸려 회복하기 위해 며칠 동안 워싱턴을 떠났다. 그는 관리들이 그에게 탐험대를 조직하는 데 여러 부처들이 협력할 것을 지시하는 중요한 메모에 서명하게 하기 전에 가버렸다. 그가 돌아왔을 때, 정치적으로 약은 루스벨트는 그 1만 달러가 의회에 의해 정식으로 사용가능하게 될 때까지 아무것도 해서는 안 된다고 명령하였다. 그는 버드와 블랙과 생각이 비슷한 다른 관리들의 열정이 의회의 절차를 앞질러 그로 인해 그 탐험에 이의가 제기되는 것을 원치 않았다.

버드는 임명할 인원들과 저장할 물자를 위해 보스턴의 해군 작업장에 있는 창고 한 채를 인수하려는 계획이 있었다. 이러한 계획들이 이제 보류되어버렸다.[16] 사업 전체를 정당화하는 데 도움을 주기 위해 조직되고 있던 과학 프로그램을 위한 계획들도 마찬가지였다. 마이애미대학교 지질학 교수인 앨튼 웨이드(Alton Wade)가 과학 프로그램을 맡았다. 그는 30명이 넘는 과학자들과 함께 상이한 기지들에서 어떤 과학 활동을 수행해야 하는지에 관해 사전 회담을 가졌다. 그러나 탐험이 정식으로 승인되고 기지의 위치가 결정되기 전에는 확정적인 것은 아무것도 조직할 수 없었다.[17]

백악관이나 그 탐험에 은밀히 관여했던 몇몇 상원 의원들이 품었던 모든 의심은 4월에 리처와 *슈바벤란트호*가 독일로 귀환함으로써 사라져버렸다. 지난달 루스벨트는 국무부의 지리학자 새뮤얼 보그스에게 '남극에서의 여러 나라의 영토관할권과 최근 활동을 색 크레용으로 보여주는' 지도 한 장을 요구하였다.[18] 이제 전 세계가 영토에 대한 독일의 야심을 알 수 있었다. 독일 뉴스 영화 장면이 펭귄들이 베를린 동물원으로 쫓겨 가기 전에 트랩을 조심스럽게 뒤뚱뒤뚱 걸어 내려가 함부르크 부둣가로 가는 모습을 보여주는 동안 신문들은 그 탐험의 진지한 목적을 보도하였다. 독일은 '유럽 밖에

첫 식민지를 세웠고, 이제 약 23만 평방마일의 남극 영토를 점유하려고 작정하고 있었다.'

독일인들은 그들의 권리가 무작위로 펼쳐진 영토에 의해서가 아니라 '동쪽과 서쪽에서 남극점을 향해 다소 돌연하게 솟아오른 얼음으로 이루어진 광활한 공간에 의해 경계가 정해진 지질학적으로 완전한 육지의 일부'에 의해 강화된다고 주장하였다. 경쟁자인 노르웨이의 권리를 '순전히 이론적'이라고 일축하면서 영향력 있는 독일의 어느 신문은 '이러한 남극의 섹터에 확실한 권리를 제공하는 것은 실제적인 측량과 진지하게 계획된 영토의 이용밖에 없다'고 주장하였다. 그 신문은 이제 그 영토는 '남쪽과 동쪽과 서쪽에서 의심할 나위 없이 제국의 깃발에 의해 표시가 되고 그 탐험대도 또한 가장 중요한 해안 지점들 위에 위대한 독일 국기를 게양했다'고 언급하였다.[19]

독일이 그 영토를 '진지하게 이용하기 위해' 돌아올 계획을 세우고 있다는 암시가 루스벨트에게 효력이 있을 것이다. 미국이 예상되는 오스트레일리아 탐험대뿐 아니라 독일인들에게 선수를 쳐야 한다면 그는 신속하게 움직여야 할 것이다. 그러나 루스벨트의 계획은 언론이 그것에 관한 소식을 듣고 헐과 그루닝을 의심하기 시작하면서 거의 실패하였는데, 그 두 사람은 4월 18일 워싱턴에서 최근에 돌아온 엘스워드를 만나고 있었다. 아마도 헐과의 만남의 결과로 엘스워드는 오스트레일리아에 전보를 쳐서 자신의 탐험선 *와이어트 어프*호를 도로 살 것을 제안했는데 결국 아무 대답도 받지 못했다.[20] 오스트레일리아 정부는 엘스워드의 배로 탐험대를 파견한다는 선택을 여전히 열어두고 있었다.

한편 미국 정부는 세계가 자국의 계획에 관해 마음을 졸이게 하고 있었다. 상원 소위원회의 지원을 받았던 계획의 존재를 시인하는 대신, 그루닝은 기자들에게 정부가 아직도 탐험에 대한 제안을 고려하고 있을 뿐이라는 인상을 남겼는데 그 탐험은 '이 나라가 영구적 소유물로 무엇을 주장할 것인지를 결정하기에 앞서 단지 미국인들이 발견한 육지'를 조사만 하기 위해 계획되었다. 언론은 미국이 미국 시민들이 발견했던 영토에 대한 권리를 주장하려고 경쟁하는 영국, 노르웨이 및 독일의 도전에 대응할 것이라는 얘기를 들었다. 영구 기지를 설립하는 것이나 남극대륙의 미국 식민지화에 관한 언급은 전혀 없었다. 블랙은 안도와 함께 그루닝이 '영리하게 계획 전체를 최소화시켰다'고 적었는데 그의 모호한 태도가 '기사를 효과적으로 삭제해 버렸다.'[21]

언론이 호도된 가운데 관리들은 조용히 자신들의 계획을 진행시켰다. 그루닝은 4월 27일 국무부의 한 모임에서 '남극대륙과 허드 섬에 대한 제안된 식민지 건설 계획'에 관해 말했다. 버드가 참석한 가운데 그 모임은 기상이나 얼음 상태로 인해 3개의 기지 중 하나 또는 그 이상을 달성하기 불가능하다는 조건하에 그 탐험대가 남극 본토 위에 3개의 기지를 설립해야 한다는 데 동의하였다. 악화되던 유럽의 상황과 증가하는 전쟁 가능성에도 불구하고 관리들은 자신들의 남극 계획을 강행하기로 결심하였다. 실제로 그들은 '현재의 불안정한 세계의 상황과, 이 지역이 미래의 항공 발전에 있어 상당히 중요하다는 것이 입증될 가능성'을 지적함으로써 그것을 정당화하였다.[22] 논쟁이 되고 있는 허드 섬을 경유해 아마도 오스트레일리아까지 대륙을 가로질러 비행함으로써 남극의 항공 가능성을 증명하는 것이 여전히 버드의 의도였던 것처럼 생각된다.

미국의 육상 계획은 탐험대의 사용을 위해 1대의 거대한 '스노 크루저 (snow cruiser)'가 제안되면서 훨씬 더 야심찬 것이 되고 있었다. 그 혁신적인 차량은 운행 거리가 8,000킬로미터가 되게 설계되었으며 승무원들을 1년 넘게까지 널찍한 내부에서 살아가게 할 수 있었다. 스콧이 1910년 남극으로 간 이후로 줄곧 탐험가들은 대륙의 어려운 상황에서 사용하기 위해 육상 수송 기관을 개조하려고 애를 써왔다. 버드는 자신의 2차 탐험 때 궤도 차량을 사용하여 상당한 성공을 거두었으나, 그의 보좌관이었던 토마스 포울터 박사(Dr. Thomas Poulter)는 전진 기지(Advance Base)로부터 버드를 구출하기 위해 그 차량들을 사용했을 때 그가 직면했던 여러 가지 어려움을 우려하고 있었다. 포울터는 기상 조건에 관계없이 운전할 수 있고 탑승자들을 위한 안전한 대피소 역할을 할 수 있는 보다 신뢰할 수 있는 형태의 수송 기관을 설계하려고 애를 쓰면서 그 이후의 몇 년을 보냈다.

시카고에 있는 무기 기술 연구소(Armour Institute of Technology)에서 근무하면서 포울터와 그의 팀은 길이가 55피트, 폭이 20피트인 괴물 같은 거대한 차량 1대를 설계하였다. 객차 1량 크기에 근거하여 2대의 디젤 엔진이 시속 약 50킬로미터의 최대 속도를 냈으며, 4개의 거대한 바퀴는 개별적으로 움직일 수 있고 크레바스나 다른 장애물과 접촉하지 않고 들어 올릴 수 있었다. 그 차량의 꼭대기에는 항속 거리가 480킬로미터인 소형 항공기 1대가 설치될 예정인데, 그것은 눈의 경사로를 향해 경사진 차량 뒷부분 아래로 쉽게 내려질 수 있을 것이다. 그 항공기는 스노 크루저와 협력하여 활동하면서 크루저 운전사에게 만년빙을 가로질러 가장 신속하고 안전한 길을 지시해주고 공중에서 그 지역의 사진 촬영을 하기로 되어 있었다.

포울터는 제안된 탐험에 관한 소식을 듣고 4월 29일 자신이 설계한 스노 크루저의 업무를 제시하기 위해 워싱턴으로 갔다. 그 차량이 아직 구상 단계에 있고 탐험대도 6개월 후에 남극으로 출발할 예정이었지만 버드와 정부 관리들은 포울터에게 1대를 제작할 것을 의뢰했으며 그 후 그것은 탐험대에 대여되었다. 그 차량이 만약 약속한 대로 작동한다면 그것의 이점은 분명할 것이다. *슈바벤란트호*의 사출 기계 장치로 인해 독일 항공기의 가동성이 더 커졌기 때문에 아마도 논란의 대상이 된 그 영토에 대한 독일의 권리가 향상되었을 것이다. 스노 크루저가 미국을 위해 그 정도 이상은 해줄 것으로 기대되었다. 독일 항공기의 항속 거리와, 대륙의 중심부를 향해 3,000미터 이상까지 솟아 있는 만년빙 위로 충분한 고도로 비행할 수 없는 것 때문에 내륙 속으로 멀리 침투할 수 있는 그들의 능력이 제한을 받아온 반면, 스노 크루저는 소수의 미국인 일행이 마음 내키는 대로 대륙을 가로질러 이동하고 겨울 동안 남극점에 주둔할 수 있게 해줄 것이다. 해안 주변의 기지들과 남극점에 있는 스노 크루저를 이용하여 미국은 그들의 경쟁자들을 궁지에 몰아넣을 가능성이 있었다. 그러나 의회가 탐험 예산을 승인할 때까지는 아무것도 마무리지을 수 없었다.

5월 중순에 버드는 우표와 문구류 같은 일상 용품뿐 아니라 *베어 오브 오 클랜드호*에 디젤 엔진을 설치하는 자금을 대야 한다고 불평하였다.[23] 여러 부처에서 은밀하게 보급 물자와 인원을 도와주었으나 버드는 의회가 34만 달러를 승인해주기를 간절히 바라고 있었다. 오직 그때가 되어서만 그는 자신의 지출이 낭비되지 않았음을 확신할 것이다. 또한 그 당시 그는 뉴욕 만국 박람회 놀이공원 지역에 문을 연 그의 최근의 상업적 모험, '버드 제독의 펭귄 섬(Admiral Byrd's Penguin Island)'에 몰두해 있었다. 자신의 탐험에서 획득한 펭귄들을 비롯해 필요한 전시물이 완비된 가운데 버드는 가능한 자주 등장함으로써 신빙성을 추가하였다. 어느 작가는 *뉴요커지(New Yorker)*에 '수심에 찬 버드 제독이 똑같이 수심에 찬 몇 마리의 남극 펭귄 가운데 앉아 있다'고 기술하였다. 그러나 심지어 그의 존재조차도 펭귄 섬을 버드가 필요로 하는 성공작으로 만들어줄 수의 군중을 끌어들이지 못했다.[24]

5월 말 버드는 루스벨트에게 다가오는 남쪽의 여름 동안 탐험을 진행하려면 그 돈이 긴급히 승인되어야 할 필요가 있음을 상기시켰다. 루스벨트는 염두에 두고 있는 다른 일이 아주 많았다. 그는 의회를 설득하여 영국과 프랑스에 미국의 무기 판매를 금지하는 1937년의 중립 법안을 폐지하기 위해 애를 쓰고 있었으며, 나흘간의 영국 국왕 부처의 방문 행사를 막 주최하려는 참이었는데 그 행사의 모든 세세한 사항이 그의 세심한 주의를 끌고 있었다.[25] 이러한 산만함 때문에 의회는 남극 사업에 대한 루스벨트의 지원의 강도를 의심하게 되었다.

탐험에 찬성하는 주장은 국무부가 돌연히 그것의 의회 통과에 대한 책임을 내무부로 전가하면서 도움을 받을 수 없었다. 6월 2일 하원 세출 위원회가 관리들로부터 증언을 들었을 때, 버드는 제1차관보 에버트 버로우(Ebert Burlow)를 포함한 내무부 고위 관리들과 동행했으나 국무부에서는 1명의 하급 관리만 보냈을 뿐이었다. 이것은 그 소위원회에 그 해 탐험대를 파견해야 할 긴급한 필요성을 확신시키기 위해 계산된 것은 아니었다.

그 소위원회는 또한 내무부 장관 해럴드 이키즈(Harold Ickes)가 제공한 보도 자료에 마침내 루스벨트의 계획의 범위가 알려졌을 때 놀랐을 것인데, 해럴드는 그 계획이 '3, 4년의 기간에 걸쳐 계속되는 프로젝트'가 될 것임을 밝혔다.[26] 1,000만 명이 넘는 미국인들이 여전히 실직 상태이고 전쟁이 목전에 닥친 가운데 정부 지출은 하나의 민감한 문제였다. 그런데 지금 정부는 비평가들이 리처드 버드를 부유하게 만들어주고 그의 권력을 강화시키기 위한 것이라고 묘사하는 값비싼 탐험에 자금을 지원하라는 요청을 받고 있었다.

루스벨트는 그 위원회의 망설이는 결의안을 강화시킬 수 있었을 테지만 그는 6월 7일부터 6월 11일까지 방문하는 영국 왕족을 접대하느라 바빴다. 버드도 그 자리에 있었으며 영국 국왕과 대통령과 함께 '다가오는 탐험'에 관해 오랫동안 얘기를 나누었다. 버드는 나중에 자신의 형 해리에게 그들 '두 사람 모두 많은 관심이 있었다'고 보고하였다.[27]

위대하고 권력 있는 사람들이 백악관 잔디밭 위에서 화기애애한 시간을 보내고 루스벨트의 허드슨 강변의 별장에서 소풍을 하는 동안 베를린 주재 미 대사관으로부터 충격적인 새 보고가 도착하였다. 그들은 남극에 기지 하나를 설립하려는 독일의 의도를 확인했는데 그 기지로부터 독일인들은 자신들의 포경 활동을 조직하고 리처 탐험대가 탐사했던 영토에 대한 그들의 권리를 주장할 수 있을 것이다. 그 탐험대를 조직하는 책임을 맡았던 나치 고위 기술 관료의 1명인, 괴링의 보좌관 헬무트 볼트하트(Helmuth Wohlthat) 박사가 쓴 1편의 논문이 '남극에서 주권을 주장하는 나라들 가운데 권리가 주장된 영토에 관해 심지어 대략이라도 독일이 소유하고 있는 것만큼 완전한 지식이나 정확한 지도와 해도를 가지고 있는 나라는 하나도 없다'고 주장하였다. 볼트하트가 공식적인 독일의 권리는 리처의 탐험 결과에 관한 평가를 기다려야 할 것임을 시인했지만 그는 '권리가 주장되지 않은 영토의 획득'은 '그것을 점유하려는 의도, 즉 그 땅에 사람을 살게 하고 그것을 관리하고 지배하는 것'을 요한다고 지적하였다.[28] 그리고 대륙 자체 위에서 그렇게 한 나라는 아직 없었다.

내무부의 한 고위 관리인 에버트 버로우가 의회의 표결을 좌우하기 위해 그 논문을 붙잡았다. 6월 12일 그는 번역된 사본 1부를 하원 세출 위원회 클리포드 우드럼(Clifford Woodrum) 의원에게 보내 독일인들이 '미대륙에서 가장 가깝고 그리고 서반구에 있는 지역인 남극의 태평양 섹터로 공식적으로 진출할' '최초의 기회'를 잡을 가능성이 있다고 경고하였다.[29] 따라서 그들은 오랫동안 아메리카 대륙으로 유럽 세력이 들어오는 것을 금지해 왔던 미국의 먼로주의에 도전을 할 것이었다.

그 위원회는 그 경고를 대단치 않게 생각했으며 추가 자금 지원을 승인하는 것에 간신히 반대 투표를 하였다. 그 표결 바람에 모든 탐험 준비가 갑자기 혼란 속에 빠져버렸다. 버드는 의회에 먼로주의가 남극을 포함하는 것으로 간주하기를 요구했으며 자신은 어쨌든 개인 자격으로 남쪽으로 갈 것이라고 발표하였다. 국무부도 또한 그 탐험에 대한 관심을 새롭게 하여 다른 나라들이 태평양 사분할 지역에 자리 잡는 것을 미연에 방지하는 것이 '국가 정책'의 문제가 되었다고 주장하면서, 그 위원회가 자기들의 결정을 번복하도록 국무부 관리들이 그 위원회와 회합을 가졌다. 그 위원회가 자금 요청을 다시 거부했을 때 그루닝은 그해 탐험에 착수하기에는 때가 너무 늦었음을 걱정하였다. 한 예를 든다면 모피 의복과 침낭은 이누이트족 장인들에게 주문해야 하는데 만드는 데 여러 달이 걸릴 것이었다.[30]

그루닝이 탐험을 연기하기 전에 버드와 국무부 관리들은 올해의 자금 지원을 승인하도록 그 위원회를 압박하기 위한 막바지 시도에 착수하였다. 루스벨트가 그 탐험에 '매우 깊은 관심'을 가지고 있고 최근의 정보가 '독일이 올해 탐험대를 보내기 직전'임을 확인했으며 또한 오스트레일리아도 막 탐험대를 파견하려 한다는 징후가 있음을 그 위원회에 확신시켰다.[31] 1939년 6월 30일 의회가 독립기념일 주말 연휴 전에 서둘러 그 업무를 종결했을 때 그 자금 지원안이 마침내 상하 양원을 통과해 서명을 받기 위해 대통령에게 보내졌다.[32] 내무부가 탐험과 기지 관리에 대한 책임이 있었기 때문에 7월 5일 워싱턴에서 개최되는 회의에 버드와 관련 부처 대표들을 부르는 긴급 메시지를 발송한 사람은 그루닝이었다. 버드는 탐험의 지체를 탐험대에 대해 이랬다저랬다 변덕을 부리는 국무부 탓으로 돌렸으며, 한편 그루닝은 아직도 그해에 탐험대를 조직할 수 있을지 미심쩍어 하였다. 그는 일을 서두르면 자신에게 책임이 돌아올 재앙을 초래할까봐 걱정하였다.[33]

그래서 그루닝이 그 회의에서 제기한 첫 번째 문제는 특히 3척의 배와 4개의 기지가 포함된 탐험대를 그렇게 빠듯한 기간 내에 조직한다는 것의 어려움이었다. 그는 또한 그 프로젝트가 진행되는 변칙적인 방식에 화가 났으며 이키즈에게 자신은 '이 프로젝트와 관련된 권위 있는 지시를 받은 적이 한 번도 없으며' 그리고 루스벨트가 '이 탐험이 성사되기를 원한다'는 버드의 말뿐인 보장에 의존해야 한다고 불평하였다. 그루닝이 유감스럽게도 버드는 2시간 반 늦게 회의장에 뛰어 들어와서는 관리들에게 '이렇게 늦은 날짜에도 그 탐험을 성공적으로 수행할 수 있다는 것에 아무 의심의 여지가 없다'고 말했으나 비용을 절감하기 위해 기지 한두 개를 계획에서 빼야 한다는 것을 인정하였다.

국무부 대표가 '한 해 더 연기되지 않는 것이 매우 중요하다'고 선언한 뒤에도 여전히 그루닝은 그 탐험대가 적시에 조직될 수 있을지 확신이 서지 않았다. 그루닝이 탐험대의 추진을 반대하는 권고를 하려는 듯이 보였을 때 그는 백악관의 한 모임에 불려갔다. 거기서 그는 버드와 국무부와 미해군 대표들을 보고 놀랐는데 그들은 그에게 '대통령의 마음속에 그 탐험이 올해에 수행될 수 있다는 것은 의심의 여지가 없다'는 것을 분명하게 밝혔다.[34] 버드는 대통령 카드를 써서 자신의 생각대로 하였던 것이다.

언론은 확대된 탐험 범위에 관해 통지를 받았다. 7월 7일 *뉴욕 타임스지* 는 관리들이 '미국을 위해 섬과 대륙 덩어리로 구성된 광대한 지역에 대한 정식 권리를 압박하기 위한 하나의 근거로서 반영구적 식민지를 설립하는' 계획을 고려하고 있다고 보도하였다. 그 계획은 태평양의 캔턴과 엔더비 제도(Canton and Enderby Islands)에 대해 이전에 미국이 주장했던 권리의 논리적 확장이라고 묘사되었는데 리처드 블랙이 그 제도의 식민지화를 감독한 바 있었다. 같은 날 백악관에서 버드와 그루닝과 해안경비대의 해군 소장 러셀(Russell Waesche)과 모임을 가진 뒤 루스벨트는 자신이 버드를 탐험대장으로 임명했으며 관련된 모든 부처에 탐험대의 작업을 도와줄 것을 요청했다고 발표하였다. 그런 다음 그 세 방문객은 버드가 자신이 점유할 작정인 영토를 가리키는 동안 거대한 지구본과 함께 사진사를 위해 포즈를 취했다.[35] 그 모든 것은 이른바 서반구(Western Hemisphere) 내에 놓여 있는 남극의 그 지역 내로 독일이 자국의 권리를 확대하는 것을 막고 '먼로주의의 영향력 범위 내에 있는 영토에 대한 미국의 권리를 입증하기 위해' 행해지고 있다고 언론에 말했다. 버드는 자신이 3척의 배를 가져가 경도 180도 서쪽에 3개의 영구 기지를 설립할 것이라고 말했는데 그것이 이 나라의 이전의 권리를 국제법상 의문의 여지가 없는 지역에 둘 것이다.[36] 실제적인 점유가 국기와 지도와 지명들이 부분적으로만 할 수 있는 것을 해줄 것이었다.

미국의 탐험은 단지 역사적 권리를 강화하는 것에 관한 것만이 아니었다. 그것은 또한 그 권리들을 확장하고 아마도 훨씬 더 큰 권리에 대한 토대를 놓는 것과 매우 관련이 있었다. 그 비결은 스노 크루저의 능력에 있었다. 포울터가 의회 위원회에 말했듯이 크루저에 탑재하여 운반되는 항공기는 '300마일 간격의 단거리 비행'을 할 수 있으며 그로 인해 '한 해 남극의 여름철 동안 약 500만 평방마일의 미지의 영토를 탐사할' 수 있었다.[37] 그것은 놀라운 주장이었는데 왜냐하면 그 말은 크루저와 그 항공기가 대륙 전체에 걸쳐 이동할 수 있음을 의미하였기 때문이었다. 시속 48킬로미터라는 크루저의 최고 속도와 만년빙 위를 이동하는 것에 관한 많은 문제점들을 감안해보면 어떻게 그것을 달성할 수 있는지는 알기 어렵다. 그럼에도 불구하고 포울터는 분명하게 스노 크루저의 능력을 높이 평가했는데 그것은 '스노 크루저가 남극점에 도달하다(The Snow Cruiser Reaches the South Pole)'라는 말이 양각된, 우표를 붙인 수천 장의 봉투를 가지고 갈 것이었다. 대륙을 종횡으로 움직이는 스노 크루저와 남극점에 동계 기지를 제공하는 것의 조합과 해안선 주위에 설립되고 있는 영구 미국 기지와 버드의 최초의 남극대륙 횡단 비행의 조합이 대륙 전체에 대한 미국의 권리를 위해 지금까지 놓인 것 중 가장 굳건한 토대를 놓을 것이었다.

백악관 사진사들이 최고의 세 사람 사진을 찍으려고 서로 다투는 동안 버드는 기자들에게 그 탐험이 남극에서의 이전의 미국 권리를 강화하고 자국의 남극 신임장을 강화하려는 독일의 계속적인 움직임을 미연에 방지하기 위해 의도되었다고 말했다. 항공이 또한 하나의 고려 사항이었다. 버드는 미국이 그린란드의 전부 또는 일부에 대한 권리를 주장할 기회를 잃어버렸는데 그것이 유럽으로 가는 항공로를 위한 미국이 통제하는 착륙장을 제공했을 것이라고 말했다. 남극이 이와 비슷한 눈 덮인 착륙장을 가지고 있었으며 그것이 전쟁으로 다른 항공로가 차단되는 경우 아메리카 대륙과 아시아 사이의 전략적 항공로의 필수적 연결을 제공할 수 있을 것이다. 남극에 개발할 광물 자원이 있을 가능성은 낮았으나 버드는 기자들에게 남극에 4,50년 동안 계속 미국에 공급할 만큼 충분한 석탄이 있다고 장담하였다.[38]

그 소식에 대한 전반적으로 열정적인 언론의 반응으로 인해 자신의 계획에 관해 루스벨트가 마음속에 품었을지 모르는 망설임이 모두 사라져버렸다. *워싱턴 포스트지(Washington Post)*는 '영국, 독일, 노르웨이 및 다른 나라들이 남극 영토에 대한 권리를 확보하려는 욕구를 드러냈기' 때문에 미국이 '그 지역을 탐험하고 지도를 제작하는 데 있어 선도적 역할을 해야 한다'고 생각했다. *뉴욕 타임스지*도 미국의 움직임이 '독일을 막아줄' 것이라고 말하며 이에 동의했다. 리틀 아메리카에 기지 하나를 다시 설립하는 것이 로스 속령에 대한 영국의 권리를 침해할 것이지만 영국이 그 영토에 대한 강력한 권리가 없고 국제법이 '육지에 대한 권리를 주장하는 것만으로는 그것에 대한 권리를 확립할 수 없다'는 것을 천명했기 때문에 그것은 문제가 되지 않을 것이었다. 주권이 확립되기 위해서는 그 영토를 '영구적으로 식민지화'해야만 한다.[39] 그리고 버드는 그것을 할 사람이었다.

루스벨트가 국무부에 영구 기지 설립을 위한 계획을 작성하라는 지시를 내린 지 6개월 뒤, 그는 마침내 버드에게 자신이 그를 '남극대륙의 일부를 실제적으로 점유하기 위한 최초의 미국 탐험대를 지휘하도록' 임명하게 되어 '심히 기쁘다'고 말할 수 있었다. 그 탐험은 해안경비대 사령관 해군 소장 러셀, 미해군 대령 찰스 하티건(Charles Hartigan)과 국무부 남극 전문가 휴 커밍과 함께 그루닝이 지휘하는 부처간 위원회에 의해 운영될 것이었다. 그 목적은 '(a)겨울과 여름에 인간들이 대륙의 일부를 영구적으로 점유할 수 있다는 것과 (b)네 가지 목적─서반구의 국가 방위, 라디오 방송, 기상학, 광물─을 위한 영구 기지의 가치가 증가하고 있기 때문에 그런 영구 기지들을 유지하는 것은 소규모 연간 세출의 가치가 충분히 있음을 증명하기 위한 것'이라고 루스벨트는 적었다. 기지를 설립한 뒤 그것을 계속 운영하는 모든 이유를 의회와 대중에게 설명할 수 있도록 버드는 워싱턴으로 돌아올 예정이었다. 그러면 다음해와 그 후를 위한 자금을 확보할 수 있을 것이다.[40]

루스벨트는 버드를 임명한 후 그 탐험대를 위한 이름을 고안하는 데 주의를 돌렸다. 국무부 관리들은 그 이름이 그 둘 사이에 역사적 관련을 만들기 위해 한 세기 전의 윌크스의 탐험과 다소 관련이 있어야 한다고 제안해왔다. 그 이름은 점유에 근거한 새 탐험대의 영토관할권이 훨씬 더 이전의 월크스의 발견을 기반으로 하고 있음을 함축적으로 암시할 것이다. 이러한 제안을 받아들여 그루닝은 처음에 그것을 '미합중국 남극 탐험대(US Antarctic Expedition)', '미합중국 남극 탐사 탐험대(US Antarctic Exploring Expedition)', 또는 '미합중국 정부 남극 탐험대(US Government Antarctic Expedition)'라고 부를 생각을 하였다.[41] 그러나 나중에 백악관에 보내는 메모에서 그루닝은 '그 제목에 영속성을 암시하는 것이 들어가기를 희망하였다.' 루스벨트는 이에 동의했으며 그루닝이 제안한 이름들 중 또 다른 것이 마음에 들어서 그것을 '미합중국 남극청(The US Antarctic Service, 국세청을 National Tax Service라고 영역하는 것을 본받아 번역하였다. 그러나 실제 USAS는 버드의 1, 2차 남극 탐험에 뒤이은 1939-1941년까지의 미정부 주도의 대규모 탐험대의 명칭이므로 정부 기구 이름을 붙이기에 애매한 면이 있다. USAS는 한시적 명칭으로, 지금은 United States Antarctic Program으로 대체되었다—역자 주)'이라고 부를 것을 지시하였는데 왜냐하면 그 명칭이 '영속성에 관한 주석'이 있기 때문이었다.[42] 남극대륙의 미국 식민지화가 이제 시작될 수 있었다.

남극의 여름철이 앞으로 수개월밖에 남지 않았기 때문에 지체할 시간이 없었다. 신중함은 그 탐험을 다음해 여름까지 미루라고 지시했을지 모르지만 미국은 남극대륙에 기지를 설립하려는 다른 나라들의 시도를 미연에 방지하기를 원했다. 미국은 또한 남극의 주권에 관한 어떤 국제회의에 대해서도 채비를 갖추기를 원했다. 그러나 버드가 보스턴에서 10월 출발을 위해 탐험대를 준비시키느라 고투하고 있는 동안 그것을 파견하는 표면적인 이유들이 사라지기 시작하였다. 유럽이 전쟁을 향해 비틀거리며 가고 있었기 때문에 독일 정부가 남극에 또 다른 탐험대를 파견할 가능성은 날이 지남에 따라 더 적어졌다. 오스트레일리아 탐험대의 가능성 또한 감소되었다. 윌킨스는 뉴욕으로 돌아와 1939년 7월 오스트레일리아 정부에게 미국과 아르헨티나의 움직임을 감안하면 '오스트레일리아 연방이 과학 관찰자들에 의해

서뿐 아니라 거주자들 중 1명을 공식적인 정부 대표로 임명하는 것으로 영구 점유를 확립함으로써 남극에서 자국의 권리를 유지하는 것이 그전보다 훨씬 더 필요하다'라고 말했다.[43] 그러나 오스트레일리아인들은 유럽에서 어렴풋이 보이기 시작하는 전쟁에 점점 더 주의를 빼앗겼다. 1939년 8월 3일 오스트레일리아 정부는 남극 탐험 계획을 포기하기로 결정하였다.[44]

그러나 미국 탐험대에 관한 발표가 아르헨티나를 너무 놀라게 했기 때문에 아르헨티나는 자국의 영토관할권을 더 강력하게 주장하기로 결심하였다.[45] 버드의 골칫거리에 덧붙여 그 탐험은 미국 내에서 비난을 촉발하기 시작했는데 한 비난자는 버드를 '바넘을 포함하여 지금까지 가장 위대한 미국의 쇼맨'이라고 묘사하고 그 탐험을 '날개 달린 상상력을 초월하는 가장 터무니없는 어리석음의 위기'라고 혹평하였다. 또 다른 비난자는 '버드를 집에 두고 히틀러가 거기로 가서 진정할 것을 절실히 바라면서 그가 남극대륙을 갖도록 내버려둘 것'을 정부에 요구하였다.[46] 결국 버드는 불과 35만 달러의 예산으로 100만 달러짜리 탐험에 착수하지 않을 수 없으며 탐험 첫해가 끝났을 때 탐험대를 귀환시킬 충분한 자금이 없을지 모른다고 불평하였다.[47] 그루닝은 그 탐험대가 '재정난'에 직면하고 있다는 것에 동의했으며 버드에게 내무부는 그가 예산을 초과하는 것을 허용하지 않을 것이라고 경고하였다.[48]

자신의 재정적 위기를 해결하기 위해 버드는 루스벨트를 다시 방문하여 그로 하여금 관련 정부 부처에 다시 편지를 써서 그들에게 비용의 일부를 그들의 예산으로 전환할 수 있도록 탐험대와 협력할 것을 촉구하게 하였다. 버드는 해군이 이미 상품과 용역의 형태로 25만 달러 넘게 기부했으나, 아직도 부족액을 충당하기 위해 물자와 돈으로 약 20만 달러를 지불하거나 '애국적인 시민들'의 기부를 받지 않으면 안 된다고 추정하였다. 해군이 제공한 2대의 비행기를 제외하고 버드는 수상 비행기 1대를 간신히 그 제조회사로부터 빌렸다. 비용을 절감할 필요가 아주 컸기 때문에 버드는 탐험대화가에게 명예 자격으로 활동하여 자신의 물감과 캔버스를 기부 받을 것을 요청하였다.[49] 탐험대 촬영 기사에 관해 말하자면 그는 카메라와 필름을 직접 공급해야 했으며 형식적으로 1년에 1달러를 지급받았다.[50]

모든 것이 지체되었기 때문에 11월 22일에야 비로소 1874년에 영국산 오크로 건조되어 지금은 미해군 전함 *베어호(USS Bear)*로 지명된 버드의 이전 포경선이 마침내 보스턴을 떠났다. 처음에 그 배는 리틀 아메리카로 가기 전에 파나마로 향했는데 *뉴욕 타임스지*는 리틀 아메리카를 그들의 도착을 기다리고 있는 '완전한 마을'이라고 묘사했다. 며칠 후 내무부 소속의 쇄빙선 *노스 스타호(USMS North Star)*가 필라델피아를 떠나 멀리 파나마까지 *베어호*를 뒤따랐다. 그런 다음 그 배는 더니든 항으로 가서 로스 얼음 장벽 위의 적절한 서부 기지(West Base) 장소를 찾기 위해 남쪽으로 나아갔다.

*노스 스타호*의 선창에는 얼음 위에서 시험하기 위해 전쟁부에서 빌린 6대의 탱크가 있었으며, 한편 갑판을 가로질러 포울터의 거대한 스노 크루저를 사슬로 묶어 놓았는데 뒷부분의 일부가 물 위로 걸리지 않도록 그 부분을 제거해야 하였다. 크루저는 시카고의 풀먼 차체 제작소에서 급히 제작되었으며 그것을 보스턴 부둣가까지 1,000마일을 부랴부랴 운반해 센세이션을 불러일으켰다. 경찰은 육중한 덩치로 느릿느릿 움직이는 거인을 통과시키기 위해 자동차들을 강제로 도로에서 몰아냈다. 그렇게 했는데도 그것은 도로를 벗어나더니 개울에 처박혔고 빼내는 데 상당히 힘들었다. 그것은 남극대륙에서 크루저가 맞닥뜨리게 될 것에 대한 순조롭거나 충분한 시운전은 전혀 아니었으나 눈이나 얼음 위에서 그것을 시험해볼 시간이 없었다.[51]

크루저가 너무 거대했기 때문에 해군은 그 육중한 차량이 배의 안정성을 위협할지도 모른다는 우려 때문에 그것을 남겨두기를 원했다. 그러나 버드는 그것의 소유주인 무기 기술 연구소와 맺은 계약상 합의 내용을 인용하면서 그것이 반드시 포함되어야 한다고 고집했는데, 이번에 그 연구소는 어느 우표 수집 동아리와 크루저가 발행 당일 소인이 찍힌 우표가 붙은 봉투 수천 장을 남극점까지 운반한다는 수지맞는 계약을 맺었다. 이러한 계약이 2개의 기지에 우체국을 개설하여 그것에 의해 '점유의 증거'를 제공하려는 정부 계획을 복잡하게 만들 것이나 국무부는 그 문제에 압력을 행사하지 않는 것에 동의하였다.[52] 어쨌든 과거에 임시 우체국들에 의해 만들어졌던 점유의 증거는 이번에는 그렇게 필요하지 않을 것인데 설립될 예정인 영구 기지들로 인해 임시 우체국들의 중요성이 크게 감소할 것이기 때문이었다.

스노 크루저는 기지들 간의 연결을 제공하는 동시에 경쟁자들이 단지 그 상공을 비행하였거나 잠시 동안 썰매로 횡단했던 지역들에 미국의 권리를 확장할 수 있는 일종의 이동 가능한 자립형 기지 역할을 함으로써 기지들의 존재를 강화해줄 것으로 기대되었다. *뉴욕 타임스지*가 탐험대가 출발할 즈음하여 언급했듯이 그 신문의 독자들은 언젠가 '스노 크루저가 서부 기지와 동부 기지(East Base)를 연결했거나 아니면 지금까지 인간이 확실히 본 적이 없었던 해안을 따라 굴러갔거나… 아니면 아마도 남극점 자체에서 수개월의 기간 동안 제 스스로 실험 기지가 되었다'는 것을 알게 될 것이었다.[53]

영토관할권을 확립하는 것이 미국의 활동에서 가장 중요하였다. 7월 말에 워싱턴의 국립 과학원에서 탐험대의 과학 프로그램을 논의하기 위한 회의가 뒤늦게 열렸다. 지금은 존스 홉킨스대학교 총장이 된 이사야 바우먼이 의장을 맡았던 그 회의의 32명의 참석자 중에는 버드, 포울터, 블랙과 앨튼 웨이드 뿐 아니라 국무부 지리학자 새뮤얼 보그스, 미국 지리학회 대표 찰스 히치콕(Charles Hitchcock), 그리고 국립 보존 기록관(National Archives)의 지도 및 해도 부장인 요에르크가 포함되어 있었다. 그들은 기상학, 지질학, 지자기, 지진학 및 해양학을 위한 프로그램들에 관해 논의를 했지만 그 토의에서 가장 중요한 것은 지리학이었는데 그 회의에서 '면적이 약 500만 평방마일에 달하며 그중 300만 평방마일은 아직도 탐험해야 하는 지역의 지도 작성'을 위한 계획들이 쏟아져 나왔다.[54] 웨이드에게 두 기지 과학자들의 활동을 조정할 프로그램을 작성하는 임무가 주어졌으나 그는 결코 그것을 완수하지 못했다. 그 탐험대가 과학 프로그램의 협의를 보지 못한 채 떠난 것이 과학이 어떻게 영토 획득을 위한 눈가림이 되었는지에 관한 일종의 표시였다. 버드도 다른 누구도 그것이 없다는 것을 알아채지 못한 것 같았다.

그 탐험은 타국이 권리를 주장하지 않은 지역에 대해서만 관심이 있다는 버드의 주장에도 불구하고, 그 회의에서 남극대륙 전 지역의 지도 작성에 관한 토의가 미국의 영토 야심이 잠재적으로 대륙적 범위라는 것을 더 확인해주었다. 다른 나라들의 예민함을 염두에 두었던 루스벨트는 버드에게 훨씬 더 제한된 공식 지시 사항들을 발부하였다. 출발하려고 매우 서둘렀던 탓에 그 지시사항들은 버드가 노스 스타호에 승선하기 위해 비행기로 파나마로 갔을 때에야 그에게 도착하였다.

버드는 '동부 기지'라고 알려져 있는 두 기지 중 하나를 샤르코 섬(Charcot Island)이나 마거리트만의 해안에 설립하라는 명을 받았다. 그 두 장소 모두 영국의 포클랜드 제도 보호령 경계 바로 안에 있었으며 또한 칠레와 아르헨티나의 영토관할권이 중복되는 범위 내에 있었다. '서부 기지'라고 알려져 있는 두 번째 기지는 로스해 동쪽 해안에 설립될 예정이었는데 그것은 뉴질랜드의 로스 속령 경계 바로 바깥에 위치할 것이다. 만약 그가 그곳에 기지를 설립할 수 없다면 버드는 로스해 서쪽 해안에 있는 자신의 이전의 리틀 아메리카 근처에서 시도해보라는 명령을 받았는데 그곳은 로스 속령 내부 깊숙이 있었다.[55]

루스벨트의 말에 의하면 그 탐험의 '주목적'은 '서경 72도와 서경 148도 사이의 대륙 해안선의 상세한 기술과 허스트 랜드, 제임스 엘스워드 랜드 그리고 마리 버드 랜드의 지리학적 지형의 통합'이었다. 버드는 '이 지역들을 통합하기 위해 지도 제작용 카메라를 갖추고 장거리 비행'을 할 예정이었다. 두 번째 목적은 '아일슨곶(Cape Eielson)과 루이트폴트 해안(Luitpold Coast)사이의 웨델해의 미지의 서쪽 해안' 해도를 작성하고 '자남극 인근 지역과 웨델해와 남극점 사이의 미지의 지역들을 비행기로 조사하는 것'이었다.[56] 그 결과로서 제작되는 지도들이 미국이 다른 나라들보다 더 많은 모험을 하였고, 따라서 미국이 다른 나라들보다 대륙을 더 상세하게 그리고 더 정확하게 알고 있다는 것을 전 세계에 보여줄 것이다. 독일은 그 영토관할권의 토대를 자국의 남극 지식의 가상의 우월함에 두었는데 미국도 그와 똑같이 할 것이었다.

루스벨트는 버드에게 미국은 남극에서 다른 나라들의 영토관할권을 결코 인정한 적이 없다는 것을 상기시켰다. 그는 탐험대원들에게—예를 들면 로스 속령에 기지를 설립하기 위해 뉴질랜드 정부의 승인을 얻음으로써—그러한 정책을 위태롭게 할 수 있는 짓을 하지 말라고 지시하였다. 또한 미국은 남극에서 자국의 영토관할권을 공식적으로 주장한 적이 한 번도 없지만, 버드는 탐험대원들이 미국 정부에 의한 주권의 주장을 지지하는 것을 도울 수 있는 '비행기에서 영토관할권 문서를 떨어뜨리고 그런 서류들을 돌무더기 속에 묻는 등등의 행동을 함으로써 그렇게 하기 위한 토대를 놓아야 한다'는 명을 받았다. '각각의 그런 행위를 둘러싼 상황에 관한' 메모가 만들어지고 있는 가운데 국무부가 공개적으로 그리고 정식으로 권리를 주장하기로 결정할 때까지 그것은 모두 비밀리에 행해져야 했다.

그러한 주장은 탐험대장들과 과학자들이 '탐험의 진행에 관한 일지를 유지·관리하고 그것에 관한 사건들과 관찰 결과와 논평을 기입하도록' 한 루스벨트의 지시에 의해 지지를 받을 것이었다. 귀환하는 배들이 미국에서 도크에 들어가기 전에 개인 일기를 포함한 그들의 모든 자료를 버드에게 넘겨주라는 요구를 받은 탐험대원들에게 수지맞는 신문 계약이나 다른 계약은 없을 것이다. 더욱이 그 탐험에 관한 역사서는 한 권밖에 없을 것인데 '집행위원회의 감독하에' 버드가 그것을 기술할 것이다.[57]

버드는 또한 파나마에서 국무부로부터 영토관할권을 선포할 때 사용할 공식 용어를 명기한 전보 한 통을 받았다. 이러한 지시사항들로부터 블랙은 일정한 서식의 사본을 여러 부 만들어 그것을 탐험 기지와 스노 크루저 대장들에게 주었다. 그들에게 '비밀 유지의 필요성'에 관해 말해주고 '돌무더기 안에 서식을 저장하거나 비행기에서 떨어뜨릴 때마다 이중의 종이에 기록을 보관할 것'을 상기시켰다.[58] 예부터 전해오는 방식으로 탐험가들은 '미합중국의 이름으로 이 영토에 대한 권리를 선포하기' 위해 자신들이 언제 어디서 '미합중국 국기를 게양했는가'를 언급하게 되어 있었다. 콜럼버스가 요구되는 스페인 주권 선언을 하는 동안 카리브해의 섬 몇 개를 지나쳐 항해함으로써 그들에 대한 권리를 주장했던 것처럼, 버드와 그의 부하들은 시끄러운 비행기 조종실에 미국 국기를 상징적으로 전시하고, 때때로 남극을 가로질러 비행하며 적절한 명문이 새겨진 영토관할권을 저 아래의 눈 위로 떨어뜨릴 것이었다. 미국무부의 특별 허가 없이는 버드가 어떠한 권리도 발표하지 않기로 되어 있었다.[59]

웨이드는 7월에 개최된 회의에서 임명된 과학자들로 구성된 자문 위원회에 조언을 구한 적이 한 번도 없었다. 그 결과 1940년 1월 의회의 한 위원회가 과학 프로그램 사본 1부를 요구했을 때 그들에게 줄 것이 아무것도 없었다. 탐험 집행 위원회 간사인 로버트 잉글리시 중령(Commander Robert English)은 국립 과학원이 그 프로그램을 작성했겠지 하고 생각하였다. 그는 과학원의 참여가 첫 회의와 함께 끝났음을 알고 놀랐다. 버드와 웨이드는 지금 남극에 있었기 때문에 잉글리시는 버드에게 무전을 쳐 자신이 의회 위원회에 줄 수 있는 과학 프로그램 사본 1부가 탐험대 사무실에 있는지 여부를 미친 듯이 물었으나 버드로부터 서면으로 된 프로그램은 어디에도 없다는 말을 들었을 뿐이었다. 버드는 소홀히 한 책임을 웨이드의 탓으로 돌리고 자신이 그 지질학자에게 1부 적어놓으라고 지시했으나 웨이드는 '시카고에서 스노 크루저에 정신이 너무 팔려 있었다'고 주장하였다.

현재 남극대륙에 있는 과학자들의 활동을 조정할 전반적 프로그램이 전혀 없는 가운데, 잉글리시는 그 의회 위원회의 요구를 만족시키기 위해 급히 프로그램 하나를 작성하는 수밖에 없었다. 그는 그 프로그램의 근거를 자신의 7월 회의 메모와 '다른 남극 탐험대의 과학 기록에 관한 자신의 조사'에 두었다. 잉글리시는 이 프로그램 사본 1부를 탐험대원들에게 보냈으나 버드나 다른 과학자들이 그것을 받지 못했다.[60] 그럼에도 불구하고 그것으로 인해 정부는 그 탐험이 '과학의 다수 분야'를 망라하며 '국립 과학원의 협조로 작성된' 포괄적 과학 프로그램을 가지고 있다고 주장할 수 있었다.[61]

진지한 과학적 목적을 가졌다고 알려진 한 탐험대가 그 활동의 길라잡이가 될 프로그램이 없다는 것은 비상한 상황이었다. 어떤 면에서 그것은 버드를 진지한 탐험가라기보다는 흥행사에 더 가깝다고 생각했던 비평가들의 확증으로 간주할 수 있었는데 과학은 언제나 한 가지 목적에 대한 수단에 불과하였다. 또 다른 면에서 그것은 아마도 1934년 얼음 위에서 혼자 몹시 힘든 경험을 한 뒤 버드가 육체적 및 정신적으로 쇠약해진 것과 그의 알코올 남용의 과거력의 한 반영이었을지 모른다. 그러나 보다 근본적으로는 그것은 과학적 조사가 종종 영토 획득이라는 보다 단조로운 목표를 위한 눈가리개 역할을 한다는 것을 더 확증해준 셈이었다. 그것은 탐험 비용을 정당화하고 나중에 영토관할권을 강화하는 데 도움을 주기 위해 유용하였다.

그 탐험은 2척의 탐험선이 1940년 1월 그들의 최초 목적지인 고래만에 도착했을 때부터 방해를 받았다. 스노 크루저의 하역 작업은 그것이 노스 스타호가 계류되어 있는 빙붕으로 이어지는 목재 경사로를 뚫고 나가면서 거의 재난으로 끝나버렸다. 버드는 그 지붕 위에 타고 있었기에 하마터면 내동댕이쳐질 뻔했다. 포울터가 가속기를 쳐서 크루저가 전방의 얼음 위로 비틀거리며 나아갔을 때 그 상황은 겨우 수습되었다.[62] 훨씬 더 나쁜 상황이 올 것이었다. 그 차량은 최고 37도까지의 경사를 올라갈 수 있고 4명의 승무원을 현장에서 최고 1년까지 버틸 수 있게 해줄 충분한 보급 물자를 가지고 있게끔 되어 있었다. 그러나 버드는 그것이 실제로는 심지어 2개의 타이어를 추가로 끼운 뒤에도 얼음과 눈 위에서 움직일 수 없다는 것을 알았다.

'깡충 깡충 뛰는 베티(Bouncing Betty)'라는 별명의 그 볼품없는 차량은 짐을 싣지 않은 경우에도 그저 너무 무거웠으며, 혁신적인 엔진 시스템과 개별적으로 구동되는 바퀴들과 거대한 타이어는 눈 위에서는 견인력을 얻을 수가 없었다. 조금이라도 갈 수 있는 경우는 단지 역주행할 때뿐이었으며 그때에도 속도가 너무 느려 소용이 없었다. 많은 실험 끝에 웨이드는 크루저와 차내 실험실을 서부 기지에 정지된 존재로 두는 수밖에 없었으나 1940년 3월의 보도 자료는 여전히 그것의 능력과 그것이 이동할 것으로 기대되는 엄청난 거리를 칭찬하였다.[63]

　제한된 자금과 함께 3척 중 1척의 탐험선을 잃어버리고 크루저마저 아무 쓸모가 없는 가운데, 탐험대는 보다 전통적인 운송 수단—개 썰매—뿐 아니라 얼음 위에서 시험하기 위해 육군에서 빌렸던 2대의 탱크와 2대의 포병 트랙터에 의존하는 수밖에 없었다. 또한 태평양 섹터를 측량하고 지도를 작성하는 데 주된 역할을 할 스키를 장착한 2대의 커티스 콘도르(Curtiss Condor) 비행기가 있었는데, 그것들이 이제 탐험대의 유일한 주의의 초점이 될 것이었다. 폴 사이플이 서부 기지를 맡고 웨이드는 아직도 불운한 스노 크루저와 맞붙어 싸우고 있는 가운데 버드는 동부 기지를 설립하기 위한 적당한 장소를 찾아 총빙 속으로 *베어*호를 출항시켰다. 그는 2월 말의 날씨의 틈을 이용해 빌린 바클리 그로우(Barkley Grow) 수상 비행기를 타고 이전에 해도가 만들어지지 않았던 마리 버드 랜드의 해안선을 따라 세 차례 비행했는데 그동안 그는 자신이 '프랭클린 루스벨트해'라고 부른 바다를 명명하였다. 그는 나중에 자신이 근접 비행하여 발견한 것들을 떠벌리겠지만 그것들이 많지는 않았으며 지상기준점들이 없이는 그것들로 정확한 지도를 만들 수 없을 터인데, 자신이 이전에 주장했던 지역들에 대한 영토관할권이 강화되려면 지상기준점들이 하나의 전제 조건이었다.[64]

　1940년 3월 버드와 블랙은 마거리트만의 작은 섬 상공을 비행한 뒤 마침내 동부 기지를 설립하기 위한 장소 하나를 정했는데, 그곳에서 그들은

1936년 존 라이밀과 영국 그레이엄 랜드 탐험대가 세웠던 버려진 오두막과 기타 시설들을 보았다.[65] 라이밀이 그 섬을 '배리 섬(Barry Island)'이라고 명명하였고 그곳이 영국의 포클랜드 제도 보호령 내에 놓여 있었지만 블랙은 미국 바다표범잡이 너대니얼 파머의 모항 이름을 따 그곳을 '스토닝턴 섬(Stonington Island)'이라고 부를 것을 제안하였다. 블랙은 마틴 대령과 미국 지명위원회(Unites States Board of Geographical Names)의 제안에 따라 의식적으로 현재의 탐험대를 120년 전의 파머의 활동과 연결하고 있었다.

'스토닝턴 섬'이라는 이름이 일단 공식적 승인을 받자 블랙은 더 나아가 근처의 지리학적 지형에 파머의 선원들의 이름을 붙일 것을 제안하였다.[66] 미국 사람들이 보기에는 너대니얼 파머가 남극대륙의 발견자였다. 그레이엄 랜드와 영국인들의 관계처럼 파머 랜드도 미국인들에게 같은 존재였다. 뉴질랜드의 로스 속령 내에 서부 기지를 두고 영국의 포클랜드 제도 보호령 내에 동부 기지를 둔 가운데 그 탐험대는 그 둘 사이의 대부분 권리가 주장되지 않은 지역을 조사하는 데 주의를 집중하였다.

대륙을 횡단하고 아프리카 섹터에 기지 하나를 설립하고—뿐만 아니라 남극점에도 임시 기지 하나를—대륙 전체에 대한 권리를 주장하기 위한 토대를 놓는다는 미국의 희망은 모두 꺾이고 말았다. 이러한 차질들은 버드와 그의 동료들이 이러한 손실을 보상하기 위해 노력을 더 하도록 압박할 것으로 기대되었다. 그러나 그것은 정반대의 영향을 미쳤던 것처럼 보인다. 남극대륙에 머무르는 대신 버드는 1940년 5월 워싱턴으로 돌아와 그 탐험에 관한 보고를 하고 멀리서 그 탐험의 운영을 지시하였다.[67]

귀환했을 때 버드는 기자들에게 그 탐험대의 업적이 자신이 기대했던 것보다 훨씬 더 컸으며 '900마일에 이르는 미지의 해안선을 발견하고 해도를 작성'했다고 말했다. 그는 또한 그 발견에 대한 전략적 및 상업적 가치는 별로 없었음을 시인하였으나 '그것은 후일 아시아로 가는 항로에서 착륙장으로 사용될' 수 있을 것이다.[68] 버드는 집행 위원들에게 탐험대의 성과를 확신시키는 데 더 애를 먹었으며 그 위원회는 탐험대 활동의 부족과 분명하고 통합된 과학 프로그램의 지속적인 부재를 언급하였다.

잉글리시 중령은 '서부 기지에서 착수된 유일한 탐험은 몇 차례의 비행에 불과하였고 동부 기지에서는 한 차례의 짧은 물자 저장소 설치 비행과 한 차례의 정찰 비행'이었다고 불평했는데, 그것은 그 탐험대가 다가오는 봄을 위해 루스벨트가 탐험대에 설정해놓은 목표를 달성할 가능성이 없다는 것을 의미하였다. 과학 연구에 관해 말하자면 잉글리시는 '두 기지 모두에서 상세한 프로그램이 작성되고 실행된 적이 없었다'고 말했다. 실제로 그 위원회는 '동부 기지에서 어떤 과학 프로그램이 착수되고 있거나 또는 했을지 모르는 그런 연구가 서부 기지에서 추구하고 있는 연구와 일치할 것'이라는 확증이 전혀 없었다.[69]

버드는 그것은 위원회가 관여할 문제가 아니라고 주장함으로써 비난을 제한하려고 애를 썼으나, 결국에는 잉글리시가 그에게 그 위원회가 '미합중국 남극청의 지도와 조정'을 맡고 있기 때문에 그것이 바로 그들의 책임이라는 것을 상기시켰다. 기지 대장들이 '자신들의 목표를 망각했을' 뿐 아니라 몇 달간의 중요한 준비 기간도 잃어버렸다고 그는 주장하였다. 버드가 다시 얼버무리고 나서 자신이 블랙과 웨이드와 사이플과 상의할 것을 제안하자 잉글리시는 그렇게 하면 더 지체만 될 뿐이라고 경고하였다. 시간이 끝나가고 있었으며 '더 이상 지체하면 미합중국 남극청의 과학적 성과는 실질적으로 떨어질' 것이었다. 그 위원회는 잉글리시와 의견을 같이 하여 그에게 '두 기지에 적절한 조치를 지시하는 긴급 공문을 준비할 것'을 지시하였다.[70] 버드는 정부 탐험대가 민간 탐험대에게는 매우 다른 불쾌한 것임을 알았다.

버드는 집행 위원회뿐 아니라 의회도 고려해야 하였다. 상원은 탐험이 한 해 더 계속되도록 25만 달러를 승인했으나 하원은 그 금액을 삭제해버렸다. 실제로 현재의 탐험대를 교체하는 데 자금을 댈 돈조차 없었다. 버드는 기자들에게 그것은 '저 아래에 있는 불쌍한 녀석들에게는 힘든' 일이 될 것이라고 말했으며 한편 루스벨트는 의원들에게 '대륙 방위'에 관한 여러 가지 이유로 '우리가 미국이 아닌 다른 나라가 주장한 것보다 이 지역에 대한 더 분명한 권리를 유지하는 것이 불가피하게 되었다'라고 말했다.[71] 버드는 하원 세출 위원회에 호소하여 기지를 소개하는 것조차 약 17만 달러의 비용이 들 것이라고 말했다.[72] 그래도 그 위원회는 꿈쩍도 하지 않았다.

　내무부도 또한 남극 위원회에 진절머리가 났는데 그 위원회가 특히 알래스카에서의 내무부의 다른 책무를 간섭하고 있었다. 더욱이 내무부는 그 위원회가 미합중국 남극청의 예산에 대한 책임은 있으나 '프로젝트 관리에 대해서는 어떤 권한도 없다'는 것을 알았다. 내무부 장관인 해롤드 이키즈가 1940년 5월 루스벨트에게 불평한 것처럼 미합중국 남극청은 해군부에서 지배하고 있었다. 해군 소장 버드가 지휘관일 뿐 아니라 집행 위원회 위원장과 간사도 해군 장교였으며, 연락과 홍보도 해군이 관리하고 탐험대원의 절반이 군 출신이었으며, 탐험대의 민간 행정 업무는 워싱턴에 있는 해군 회관에서 운영되었다. 이키즈는 루스벨트에게 부담스러운 책임이 되어버린 것을 내무부에서 덜어줄 것을 촉구하였다.[73]

　버드도 역시 진절머리가 났다. 그는 의원 1명에게 개인적으로 공격을 받았는데 그는 정부 탐험에서 이익을 취한 혐의로 버드를 고발하였다. 그보다 더 중요한 것은 독일군이 파리에 입성하였고 런던이 함락될 것처럼 보이는 가운데, 버드는 남극청을 지휘하는 것보다는 독일에 대한 전투를 돕는 데 더 관심이 있었다. 비록 그가 탐험대의 성과에 관한 얘기로 기자들을 만족시켰으나 그는 여러 차례의 개인적 논의에서 루스벨트에게 유럽에서의 전쟁 때문에 미합중국 남극청을 접어야 한다고 조언하였다.

　그럼에도 불구하고 루스벨트는 여전히 대륙을 식민지화하는 자신의 비전에 몰두해 있었다. 버드의 말에 의하면 루스벨트는 그에게 '유럽에서 전쟁이 종식된 후 궁극적으로 평화 조약에 이르렀을 때 야기될 수 있는 외교적

'교환' 때문에 남극 프로젝트는 계속되어야 한다'고 말했다.[74] 루스벨트가 무엇을 염두에 두고 있었는지는 정확하게 알 수 없으나, 그는 영토를 교환함으로써 전략적으로 가장 중요한 남극대륙의 지역에 대한 미국의 영향력을 감소시키기보다는 강화할 작정이었던 것처럼 보인다.

남극에서 또 한 해를 허가하도록 의회를 설득시킬 수 없었고, 1940년 11월에 대통령 선거가 있는 데다 독일 육군이 걷잡을 수 없이 서유럽을 휩쓸고 있었기 때문에 루스벨트는 자신의 정치적 자산을 소비할 필요가 있는 더 절박한 정치적 문제들이 있었다.

게다가 탐험에 대한 대중의 지지나 관심조차 거의 없었다. 버드 개인이 운영하는 탐험들과는 크게 달리 이 탐험은 유럽에서의 극적인 사건들과 국내의 전쟁 준비에 집중된 언론에 의해 대부분 무시당했다. 버드가 대중의 관심을 더 크게 불러일으킬 수 있었을지 모르나 그 스스로도 흥미를 잃어버리고 루스벨트의 전쟁 수행에 대한 노력을 지원하는 데 전념하기를 원했을 뿐이었다.

독일군이 파리에 주둔해 있고 영국군이 덩케르크(Dunkirk)의 해변에 갇힌 가운데 남극은 어느 때보다 더 외진 것처럼 보였다. 바람이 몰아치는 만년빙보다는 포화가 난무하는 전쟁터가 남자다운 영웅시의 무대가 될 것이었다. 루스벨트가 남극을 식민지화하는 데 실패했으나 그는 그곳에서의 미국의 영토적 야심의 범위를 전 세계에 알렸다. 그리고 세계는 같은 식으로 대응할 것이다.

CHAPTER 16

1941-1945

대단히 중요한 문제

1939년 미합중국 남극청의 창설은 남극 역사에서 가장 중요한 이정표 중 하나를 보여주었다. 처음으로 그 대륙에 영구 정착지들이 생기게 되었다. 그러나 유럽에서 전개되고 있는 전쟁과 일본과의 전쟁 가능성으로 인해 미 의회는 2개의 미국 기지의 폐쇄를 강요하지 않을 수 없었다. 그로 인해 그 대륙을 식민지화하려는 루스벨트 대통령의 야심찬 시도는 돌연히 끝나버렸다.

전쟁으로 인해 포경선들도 적군의 행위에 의해 포획되거나 침몰하거나, 또는 장기간 항해하는 것이 너무 위험해졌기 때문에 대부분 남극해를 떠나버렸다. 탐험가들이나 포경선들이 없고 전쟁이 주로 북반구에 제한된 가운데 남극은 다시 한번 야생동물의 성역이 될 것으로 기대되었을 것이다. 그러나 루스벨트의 버드 탐험대 파견과 영구 기지 설립에 관한 얘기가 미국의 남극 경쟁국들 사이에서의 관심에 불을 붙였다. 영토를 차지하기 위한 경쟁은 누그러지기보다는 오히려 한층 격렬해지고 새로운 위험한 양상을 띠게 되었다.

2개의 미국 기지를 폐쇄하는 명령이 미합중국 남극청의 종말을 의미하지는 않았다. 워싱턴의 관리들 사이에서 그것은 단지 일종의 휴지기에 불과하며 그 후에 남극으로의 회귀와 기지의 재점거가 있을 것이라는 추정이 있었다.[1] 루스벨트는 여전히 미국이 대륙의 가능한 많은 지역에 대한 권리를 주장하는 데 몰두해 있었다. 그는 또한 개인적으로 탐험의 매력에 끌렸다. 그는 탐험가 클럽이 버드 탐험대에 대한 지원을 인정하여 자신을 종신 준회원으로 삼을 것을 제안하자 그러한 생각을 즐기면서 자신이 '과거에 "신사 모험가"라고 낭만적으로 불렸던 지칠 줄 모르는 여행자들'의 현대판의 하나로 '간주되어서 기쁘다'고 말했다.[2]

루스벨트의 생각을 알고 있던 버드는 식량과 장비의 대부분을 남극에 남겨두기를 원했으며 '현존하는 국가 비상사태가 지나면 탐험이 재개될' 것을 확신하였다. 그는 미해군을 설득하여 그들이 탐험대에 빌려주었던 2대의 항공기를 남겨두게 하였고, 무기 기술 연구소는 언제든 또 다른 탐험대가 남쪽에 파견되었을 때 그것을 돌려준다는 조건으로 불운한 스노 크루저를 남기는 데도 동의하였다. 탐험을 재개한다는 가정하에 물자를 남겨 둘 경우 의회가 그것을 재가하지 않으면 정치적 문제가 있을 수 있다는 것을 알고 난 후에야 가능한 많은 식량과 다른 보급 물자를 없애라는 지시가 발표되었다.[3]

남극에 있는 미국인들에게 1940년에서 1941년의 여름은 여전히 과학적 관찰을 마무리하고 가능한 많은 영토에 대한 권리를 주장할 수 있는 시기였다. 개 썰매와 항공기로 그들은 두 기지로부터 퍼져 나가 경치 사진을 찍고 자신들의 수고로 만들어질 지도들을 위한 지상기준점들을 계산하였다. 이 탐험 팀의 진지함은 내무부 국유지 관리국(Land Office) 지적기사 레너드 벌린(Leonard Berlin)의 존재로 증명되었다. 그는 버드의 이전 탐험에서 공중에서 목격되고 지금 지도 제작을 위해 정확한 위치를 정할 산봉우리인 그레이스 맥킨리산(Mt. Grace McKinly)의 경사면까지, 340킬로미터의 얼음과 눈을 가로질러 서부 기지의 한 팀을 인솔하였다.

벌린은 미국에서 경계와 위치를 표시하기 위해 국유지 관리국에서 사용하는 황동제 레귤레이션 캡을 이용하면서, 무선 전보로 감독관에게 자신이 '미국을 위해 미합중국 남극청을 대신하여 이 지역에 대한 권리를 선포할 정확한 시간에' 그 캡을 눈에 잘 띄는 위치에 둘 것이라고 통지하였다. 다른 현대적인 권리 선포 의식의 경우와 마찬가지로, 후손들과 가능한 법률상의 목적을 위해 사진으로써 그 행사가 기록되었다. 벌린은 자신이 역사를 만들고 있다는 것을 깨닫고 전 세계에 자신의 권리를 발표하는 보도 자료를 발송하였다. 그는 국무장관의 사전 승인이 없이는 어떠한 홍보도 발표되어서는 안 된다는 루스벨트의 지시를 재빨리 상기하였다.[4] 권리 주장은 은밀하게 행해져야 하는 것이었지만 그 권리는 블랙이 *노스 스타*호 선상에서 만들었던 등사된 서식에 꼼꼼하게 기록되어야 하였다.

탐험대의 권리 선포 활동 위에 드리워진 비밀의 장막은 남극 영토의 정식 합병을 계속해야 하는지에 대해 워싱턴 당국이 계속 반신반의했기 때문이었다. 잠재적인 석탄과 석유 매장량에 관한 모든 얘기에도 불구하고 남극의 가치는 여전히 논쟁의 대상이 되는 문제였다. 미국의 합병은 또한 영국과 아르헨티나와 같은 나라들과 워싱턴의 관계를 위협할 것이었다.

영국은 이미 1940년 8월 블랙이 동부 기지 위에 미국 국기를 게양한 것에 대한 우려를 표명하였다. 영국 대사는 국무부에 자신은 국기 게양이 '아무런 정치적 의미가 없기를' 바란다고 말했다.[5] 국무부는 답을 하지 않았으며 그 대사도 답을 강요하지 않았다. 영국은 그렇게 하는 것이 미국인들이 포클랜드 제도 보호령 내의 영토에 대한 권리를 주장하는 것을 어떻게든 막을 것이라고 기대하면서 소통을 기록으로 남겨두는 것에 만족하였다. 아르헨티나 정부는 자기네 고유의 영토관할권을 주장하고 로리 섬 위에 있는 오래된 기상 관측 기지에서 남극에서의 그들의 존재를 확대할 준비를 하는 것으로 미국의 활동에 대응하였다. 이것은 1941년 3월 미국이 남극으로부터 철수했음에도 불구하고 계속 추진되었다.

철수는 간단하지 않았다. 먼저 *베어*호와 *노스 스타*호가 1941년 1월 '리틀 아메리카 III'이라고 알려져 있는 서부 기지에서 대원들을 데려오기 위해 떠났다. 철수가 매우 서둘러 진행되었기 때문에 식량의 대부분이 해안에 남겨졌으며, 그로 인해 노스 스타호는 이제 증가된 승무원 정원을 위한 보급품이 위험할 정도로 부족하게 되었다. 배들은 아직 할 일이 많았다. 그러나 그들이 동부 기지로부터 리처드 블랙과 다른 25명의 대원들을 태우기 위해 2월 중순 마거리트만에서 떨어진 곳에 도착했을 때, 그들은 그 만이 아직도 얼음에 의해 봉쇄되어 있는 것을 알았다. 그들은 자신들이 헤치고 들어갈 수 있을 만큼 충분하게 얼음을 깨뜨려줄 동풍을 한 달 동안 기다렸다. 그러나 적절한 바람은 결코 오지 않았고, 대원들은 또 한 해 동안 동부 기지에 머물러야 할 것처럼 보였다. 설사 배들이 만 안으로 들어갈 수 있다 하더라도 배들이 얼음에 갇혀버릴지 모르는 진짜 위험이 있었다. 유일한 탈출의 가망은 커티스 콘도르 비행기에 있었는데 적어도 두 차례의 위험하고도 혼잡한 비행이 필요할 것이었다.[6]

1941년 3월 20일 남극의 겨울이 다가오고 있는 가운데 버드는 워싱턴의 해군 회관에서 집행위원들과 만났다. 그는 악화되고 있는 기상 상태에서 한 물간 콘도르기를 이용하는 것이 재난으로 끝날 것을 우려했으나, 그럼에도 불구하고 대원들을 철수시키기 위해 필사적이었다. 의회는 그들이 한 해 더 머무를 돈을 인가하지 않았으며 2척의 탐험선들은 전쟁 목적으로 각자의 부처에서 요구되고 있었다. 버드는 자신이 구조를 지휘할 결심을 하였다. 그는 파나마에서 온 2대의 미해군 수상 비행기가 자신을 맞을 칠레의 푼타 아레나스까지 팬암 항공편으로 날아가는 것이 '자신의 의무'라고 위원회에 말했다. 그다음 버드와 그 비행기들은 노스 스타호에 탑승하고 배는 얼음이 허락하는 한 남쪽으로 멀리 나아갈 것이다. 그리고 나서 기지를 구출하기 위해 수상 비행기들을 발진시킬 것이다.

이때는 버드의 한창 영웅적인 전성기였으며 그 위원회도 신문 머리기사 속의 또 다른 그의 순간들을 거절하지 않을 것이었다. 그러나 그 위원회는 또한 베어호의 선장 리처드 크루젠 해군 소령(Lieutenant Commander Richard Cruzen)을 버드가 도착하기 전에 그가 필요하다고 생각하는 어떤 방식으로든 자유롭게 행동할 수 있게 내버려두었는데 실제로 그는 그렇게 하였다. 크루젠은 동부 기지에서 약 180킬로미터 거리인 마이켈슨 섬 (Mikkelsen Isalnd)에서 떨어진 곳에 있는 한 정박지로 *베어호*를 몰고 갔다. 블랙과 남겨진 대원 절반은 콘도르기에 가득 탑승하여 그 섬으로 날아가 거기에서 포경선으로 그들을 기다리고 있던 *베어호*로 이동하였다. 나머지 일행도 그 과정을 되풀이하였다. 3월 25일 즈음에 그 작은 배는 *노스 스타호*와 만나기 위해 푼타아레나스를 향해 나아갔다.[7] 그렇게 하여 미국의 남극대륙 식민지화는 당분간 끝이 났다. 그것은 팡파레가 아니라 전쟁 중인 세계가 거의 알아차리지 못했던 한바탕 혼란스럽고 필사적인 활동과 함께 끝나버렸다.

미국 탐험대가 자기들의 두 기지에서 철수해버렸기 때문에 버려진 오두막들은 남극의 바람과 겨울철 눈의 무게의 처분에 맡겨졌다. 그러나 그것으로 남극에 대한 권리 주장을 계속하려는 미국의 노력이 끝난 것은 아니었다. 콘도르기 위로 기어 올라갔을 때 블랙은 자신의 개인 소지품 전부를 내버려두고 가야 하였다. 그러나 그는 조종사들과 육상 팀 대장들이 충실하게 기입했던 영토관할권 서식을 조심스레 가져갔는데, 그 서식에는 그들이 권리 선포 의식을 거행했던 장소와 그들이 권리를 주장했던 지역의 크기와 육상 팀의 경우 나중에 회수할 수 있도록 그들이 그 기록을 저장해두었던 장소가 기록되어 있었다.

1941년 4월 *노스 스타호*와 *베어호*가 미국으로 돌아가자 블랙은 자신의 내무부 상사에게 제출할 총 18장의 서류를 모았다. 그것들은 나중에 안전하게 보관하기 위해 국무부로 보내질 것이었다.[8] 만약 미국이 단기간의 미합중국 남극청의 작업에 근거하여 영토를 합병하기로 결정한다면 이러한 서식들은 미국 권리의 합법성을 확립하는 데 필수적일 것이다. 비록 버드가 기자들에게 미국이 이제 2백만 평방킬로미터가 넘는 대륙의 부분을 합병할 수 있다고 말했으나 그렇게 하려는 움직임은 없었다.[9] 얼마간 그 18장의 서식들은 국무부 문서 보관함 속에 머물러 있었으며, 한편 블랙과 그의 동료 여러 명은 미국의 영토관할권을 강화하는 다른 방법에 몰두하고 있었다.

탐험대의 업적을 홍보하는 것이 그들이 할 수 있던 한 가지 방법이었다. 그러나 세계가 전쟁으로 괴롭힘을 당하고 있는 때에 일개 평화적 탐험대에 대한 언론의 관심을 얻기는 어려운 일이었다. 그것은 자신의 이전 탐험에 대한 광범한 공개를 항상 보장하였던 버드나 그의 홍보적인 조수들 대신 정부 관료들이 발표하는 보도 자료에 의해서도 도움을 받지 못했다.[10] 그래서 그 탐험이 끝났을 때, 그것에 관해 출판된 대중적 보고서도 없었으며 버드와 그의 동료들에 의한 강연 여행도 없었다. 하나의 정부 탐험대로서 아무도 그것으로부터 개인적 이익을 볼 수 없었다.

탐험에 관한 공식 성명이 발표될 예정이었으나 그것은 시간적 지체와 참가자들 간의 논쟁으로 인해 어려움을 겪었다. 그동안 집행 위원회 간사인 로버트 잉글리시 중령은 워싱턴에서 청취된 무전 보고들을 근거로 하여 탐험대의 주요 활동에 관한 간략한 개요를 작성하였다. 1941년 7월 *지오그래피컬 리뷰지*에 발표되었던 그 보고는 드라마틱하거나 매력 있는 등장인물이 없는 사실적 보고서였으며, 그 탐험의 중심이었던 영토관할권 주장을 세계에 숨기기 위해 조심하였다.[11]

미국이 권리를 주장하는 경쟁국들보다 그 지역을 더 잘 알고 있다는 것을 보여줄 수 있다면 미국의 권리가 인정받을 가능성이 좀 더 많아질 것이다. 다른 나라들이 했던 것처럼 미국인들은 자기네들의 과학적 관찰 결과들을 편찬하여 그 결과를 출판할 필요가 있었다. 그러나 미합중국 남극청에 추가 자금을 제공하는 것을 의회가 거부했기 때문에 미합중국 남극청은 자신들의 결과에 대한 출판 준비를 위해 과학자들에게 비용을 지급할 수 없었다. 예산국은 미합중국 남극청의 현재의 자금이 만료가 되고 미지출 금액이 있는지 여부가 분명해질 1941년 6월 30일 이후까지는 새로운 자금을 투입하기를 거부하였다. 의회가 추가 자금을 승인할 가능성이 없는 가운데, 내무부는 '탐험대의 업적에 관한 영구 기록'을 보장하기 위해 탐험대원 7명을 고용하라는 요청을 받았다. 제안된 7명의 대원들 중 3명은 지도 제작자들이었으며 나머지는 과학자거나 탐험 이야기를 적을 기지 대장들이었다. 그러한 투입이 없이는, 내무부는 탐험에 소비된 52만 1천 달러가 '대부분 낭비되었을 것'이라는 경고를 받았다.[12]

폴 사이플 박사가 지휘하는 지도 제작자들의 수적인 우세는 그 탐험이 탐사와 지도 제작에 집중되어 있음을 반영하였다. 지도 제작자들은 모든 항공 촬영 사진을 이해하고 그것들을 미국의 영토적 이익에 도움이 되는 지도로 만들어야 했다. 그것은 얼어붙은 풍경에 미국식 명칭을 뿌리는 것을 의미하였다.

스토닝턴 섬과 같은 일부 이름들은 그 영토와 그곳에서 19세기 초의 수십 년 동안 미국의 바다표범잡이들이 항해를 떠났던 코네티컷주의 항구 사이의 연관성을 만들어냈다. 그 항구가 실제로 기존의 영국식 이름이 있는 그 섬의 이름으로 기념되는 반면, 덜 중요한 지리학적 지형들은 초기 바다표범잡이배들의 다양한 선원들 이름을 따서 명명되었다. 블랙이 1940년 12월 동부 기지에서 보낸 무선 전보에서 언급했듯이 그것은 모두 마틴 대령과 미국 지명위원회의 명령에 따라 행해졌다.[13]

다른 이름들은 특별한 탐험 후원자들을 인정하였는데 거기에는 운동을 벌이고 있는 지질학자 윌리엄 홉스가 포함돼 있었으며 그는 자신의 이름을 따서 명명된 리틀 아메리카 북동쪽의 광범한 해안선을 갖게 될 것이었다. 홉스에게 보낸 편지에서 버드는 홉스를 받아들이기 위해 최근에 서거한 관대한 후원자인 양조장 소유주 제이콥 루퍼트의 이름을 옮겼다고 설명하였다. 그 대신 루퍼트의 이름은 하나의 곳에 적용될 것이었다. 버드는 홉스에게 '당신의 해안선으로부터 아래로 내려오는 2개의 아름다운 빙하' 중 하나에 자신의 이름을 사용할 것을 생각하고 있었으나 '당신의 이름이 붙은 그 해안선을 갖는 것이 훨씬 더 큰 영광이라고 생각한다'고 말했다.[14]

미국은 1939년판 오스트레일리아의 남극대륙 지도를 능가할 것을 간절히 바랐는데 그 지도는 그 대륙에 관한 가장 최근의 것이자 가장 포괄적인 지도였으며 가장 최근의 발견을 포함하였고 영국식 이름에 특전을 주었다. 그 지도는 그것에 표시된 지명들이 국제적으로 인정받기 위해 전 세계에 배포되었다. 부수적인 편람과 색인과 함께 그 지도 사본 50부가 런던에 있는 오스트레일리아 하우스(Australia House)로 보내졌고, 거기에서 오스트레일리아 대표는 그 지도를 '영국 언론과 영국의 교사들에게 알리라'는 지시를 받았는데 그 이유는 '그 지도가 오스트레일리아 남극 영토에 대한 오스트레일리아의 권리를 크게 강화했기' 때문이었다. 사본은 또한 미국과 권리를 주장하는 다른 나라의 관련 연구소들에게도 배포되었다.[15]

이러한 사태의 정치적 위험성을 깨달았기 때문에 워싱턴에서는 남극 바다에서 항해가들의 실제적 필요와 미국을 위해 영토관할권을 주장하는 국무부의 정치적 필요에 도움이 될 미국판 지도를 제작하려는 쇄도가 있었다. 그것은 쉬운 일이 아닐 것이다. 버드의 조수 1명이 동부 기지에서 블랙의 감독하에 마련된 해도들은 지도를 편찬하기 위한 근거로는 '전적으로 부적절하다'고 판단한 반면 론이 만든 해도들은 '그중 최고'라고 간주했다.[16] 1942년 8월 즈음 미합중국 남극청에 아직도 10명의 직원들이 있었는데 사이플이 가장 선임이고 웨이드가 현장 부대표 역할을 하고 있었다. 3명의 지도 제작자들과 지도 제작 조수 1명이 있었다. 그러나 전쟁의 요구 사항으로 인해 그들에게 의지하기도 힘들어졌으며 지금은 미 육군 대위인 사이플조차도 미합중국 남극청의 지도 제작 작업을 계속할 것을 약속하는 한편 전쟁부를 위한 업무에 전용되고 있었다.[17]

미국이 무색하게 만들고 싶은 것은 오스트레일리아 지도만이 아니었다. 영국의 *앤탁틱 파일럿*도 있었는데 그것은 1930년에 처음 출판되었으며 남극 바다로 나아가는 항해가들을 위한 필독서였다. *베어호*와 *노스 스타호*에도 사본들이 있을 것이나 미국의 공식 탐험대가 자기네들의 주요 남극 경쟁국의 항해 지침서에 의존한다는 것은 굴욕적인 일이었다. 탐험대가 새로 발견된 해안의 해도와 함께 돌아오자마자 미국판을 하나 만들라는 긴급한 압박이 있었다.

잉글리시 중령이 홉스, 마틴, 보그스 및 요에르크의 조언의 안내를 받아 그 임무를 맡았다. 1943년판 *남극대륙 항해 지시서(Sailing Directions for Antarctica)*로 알려진 그 지침서는 1943년 5월 미해군 해도 제작처에 의해 발행되었다. 아직도, 남극 해안 위의 정박지로 향하는 안전한 통로를 찾기 위해 그 출판물에 의존하는 용감한 항해가가 있을 것이다. 그 책의 편찬자로서 잉글리시는 제대로 조사된 해안선이 거의 없었기 때문에 잠재적인 사용자들에게 '대단히 주의해야' 할 것이라고 조심스레 경고하였다. 항해상의 조언을 제공하는 것은 그 출판물의 목적의 일부에 불과하였다. *앤탁틱 파일럿*과 마찬가지로 그것은 남극 역사에 관한 특정 견해를 주장하는 데 관심이 있었다. 놀랄 것 없이 그것은 영국과 다른 나라 탐험가들의 활동에 비해 미국인의 활동에 호의적이었으며 파머와 윌크스가 대륙의 발견자들로서 칭송받고 있었다. 그것은 또한 그 지형에 미국식 이름들을 소중히 모시고 있었다.[18]

1930년 *앤탁틱 파일럿*은 그렇게 하는 것이 특히 미국인들과 노르웨이인들을 당황하게 할 것을 두려워하여 주권에 대한 분명한 언급을 삼갔다. 영국 정부는 1929년에서 1931년의 모슨의 항해로 오스트레일리아 섹터 해안선의 조사가 마무리될 때까지 기다리기를 원했으며, 그 후 영국과 그 자치령에 의해 권리가 주장된 세 군데 남극 섹터의 주권에 관한 성명과 함께 추가적 해안선이 표시된 최신판을 발간할 예정이었다. 그러나 이 신판은 *남극대륙 항해 지시서*가 출판된 시점까지 출현하지 않았다. 당연히 그 미국 출판물은 외무성에 도착했을 때 관리들의 화를 돋우었다.

전직 극지 과학자였으나 지금은 외무성 남극 연구부서의 장인 브라이언 로버츠는 그것이 '분명히 정치적 동기에 의해 고무된' 것이라고 일축하였으

며 그것이 '특히 발견과 탐험의 우선순위에 관한 문제에서 매우 부정확하다'
고 말했다. 그는 또한 어떻게 해서 미국인들이 '영국 영토 내의 지명을 수없
이 변경했는가'를 언급하였다. 로버츠는 영국식 지명을 미국식 지명으로 대
체하는 것이 장래의 미국 영토관할권을 위한 토대를 놓기 위해 의도되었음
을 우려했을 것이다. 그렇기 때문에 그는 '최신의 대규모 포클랜드 제도 보
호령의 지도'와 함께 *앤탁틱 파일럿* 신판'과 '영국 남극 영토 내의 공인된 지
명의 공식 목록의 출판'에 대한 긴급한 필요성이 있다고 경고하였다. 로버
트는 후자가 중요하다고 적었는데 그 이유는 '남극 지명의 다수는 정치적
의미가 있을 뿐 아니라 역사적 및 실제적 관심사'였기 때문이었다.[19] 그 세
가지 출판물은 모두 남극에서의 영국 주권에 대한 증거를 확립하는 데 큰
도움이 될 것이었다.

한편으로 미국인들은 1939년에서 1940년의 탐험에 관한 공식 성명을 만
들기 위해 애를 쓰고 있었다. 버드는 집행 위원회를 설득하여 기자인 로
저 호손(Roger Hawthorne)을 탐험대 역사가로 임명하도록 하였다. 호손은
한 차례 남극 비행에 버드와 동행한 적이 있었으며 자신의 이름을 따 명명
된 산을 하나 가지고 있었다. 그러나 블랙과 사이플은 각각 동부 기지와 서
부 기지 대장으로서 자신들이 그들 각자의 기지에 관한 이야기를 저술하도
록 허용해줄 것을 요구하였다. 버드는 결국 호손이 '두 기지 이야기들을 연
관시켜 항해와 다른 활동에 관한 이야기를 쓸 수 있는 한' 동의하였다. 버드
는 전체적인 이야기가 양 기지의 활동에 국한된다 하더라도 자신은 뭍에서
시간을 보낸 적이 거의 없었기 때문에 거의 출현하지 않을 것임을 알고 있
었다. 호손의 투입으로 그는 여느 때와 같이 자신을 위한 주역을 할 수 있을
것이다.

그러나 전쟁부 업무와 지도 제작에 관한 감독으로 인해 사이플은 자신의
이야기를 쓸 시간이 거의 없었고, 한편 블랙은 자신의 이야기를 시작하기도
전에 해군에 의해 호놀룰루로 파견되었다. 블랙이 비록 기지 기록 사본들을

가져갈 허락을 받았으나 일본의 진주만 공격이 곧 그의 좋은 의도를 망쳐버렸다. 설사 그 이야기들이 쓰였다 하더라도 그것을 출판하는 데 충당된 돈이 없었다.[20] 1945년 4월 어느 조사자는 '남극 탐험의 역사와 이야기가 전쟁 후 정부에 의해 마무리되고 출판될 것'이라는 통지를 받았다.[21] 그것은 여전히 미기록 상태로 남아 있다.

또한 탐험대원들에 의해 제작되기로 되어 있던 영화와 그림에 관한 문제들도 있었다. 화가인 리랜드 커티스(Leland Curtis)가 내무부를 위해 유화 2점을 제작할 것을 약속했으며 내무부 장관 하워드 이키즈가 그것들을 전시할 장소를 결정할 것이었다. 그러나 그 그림의 제작이 계속 지체됨에 따라 그것들의 정치적 영향력은 미미할 것이었다. 영화에 관해 말하자면, 자신의 카메라와 필름을 제공했던 사진작가 에니스 헬름(Ennis Helm)이 제작에 관한 소유권을 느꼈던 것은 놀랄 일이 아니었다. 집행 위원회는 1941년 3월까지 그 영화를 인도해줄 것을 지시했으나 헬름이 오하이오주 교도소에 수감되었고 필름은 빼돌려졌다는 것을 알았을 뿐이었다. 자신의 감방에서 헬름은 그 필름을 상당한 금액에 팔 것을 제안하였다. 버드는 협상을 거부하며 헬름이 마지못해 가격을 인하할 것이라고 확신하였다.[22] 그러나 지체는 흥행의 종말을 의미하였다. 어찌 되었든 간에 헬름이 만들었던 그 영화는 흥미진진한 이야기가 없었으며 극적인 전쟁 뉴스 영화 장면과 경쟁해야만 할 것이었다.

과학적 결과물의 출판도 비슷한 문제들에 직면하였다. 성미 급한 웨이드가 과학자들이 자신들의 보고서를 완성시키는 책임을 맡았으나 능력이 없음을 행동으로 보여주었다. 그는 탐험대가 남쪽으로 가기 전에 탐험대를 위한 과학 프로그램을 만들지 못했으며, 한편 그가 남극에 있을 때는 집행 위원회와 그의 관계가 곤란하게 되어버렸다. 탐험이 끝났을 때, 좌절한 위원회는 과학자들에게 보고서를 재촉했으나 그들 중 여러 명이 자신들의 결과를 완전히 기록하기도 전에 전쟁에 기울이는 노력에 끌려 들어갔음을 알았

을 뿐이었다.[23]

의회로부터 출판 자금을 얻지 못한 국립 과학원은 출판에 대한 책임을 남극 탐험과 오랜 관련이 있던 미국 철학학회로 전가해버렸다. 그 학회는 1941년 11월에 이미 그 탐험에 대한 심포지엄을 준비했는데 거기서 일부 예비 결과를 상세히 설명하는 12편의 과학 논문들이 제출되었다. 불과 2주 후의 일본의 진주만 공격으로 인해 학회 잡지의 출간이 지연되었다. 그 잡지도 또한 12편의 논문보다 훨씬 많은 것을 포함하는 그 탐험대의 결과물에 대한 부분적 기록이 되었을 것이다.

단편적 방식으로 논문들을 게재하는 대신 그 기회를 이용하여 15편의 또 다른 논문들과 추가 보고들을 모아 그것들을 한 권의 책으로 출판하기로 하였다. 이 작업이 1945년 7월 400페이지에 달하는 *미국 철학학회 회보 (Proceedings of the American Philosophical Society)* 특별판에서 마침내 이루어졌다.[24] 다른 탐험들과 비교해볼 때 이러한 결과물의 출판은 비교적 신속하게 이루어진 것이었다. 비록 탐험대의 지리학적 발견들에 관한 사이플과 블랙과 론의 중요한 논문들이 있었으나 그것들의 출판이 탐험대의 무명의 지위를 향상시키는 데 기여한 것은 거의 없었다. 그 탐험대는 남극대륙의 역사상 가장 중요한 탐험대이자 가장 덜 알려진 탐험대 중의 하나라는 특징을 계속 지니고 있다.

미합중국 남극청이 눈 위에 미국의 모피 부츠를 올려놓고 있는 동안, 국내에 있는 열광적인 남극 팬들은 계속해서 발견에 있어 미국의 우선권에 대한 주장을 법에 호소하였다. 미국의 발견의 우위에 찬성하는 주장을 하는 사람들 가운데 윌리엄 홉스가 여전히 가장 목소리가 크고 신랄하였다. 그리고 윌크스 탐험 100주년이 그에게 이상적인 발판을 제공하였다. 미국 철학학회는 1940년 2월 23일부터 24일까지 필라델피아에서 이틀간의 심포지엄을 개최했고, 홉스는 윌크스 랜드의 발견에 관한 논문 한 편을 제출하였다. 그는 윌크스가 남극대륙이 하나의 대륙임을 확인한 최초의 탐험가로 인정

받도록 하는 데 특히 관심이 있었다.[25]

이것은 하나의 상당한 과장이었다. 윌크스가 '남극대륙'이라는 이름을 제안한 것은 확실하지만 그가 남극 해안선의 작은 일부를 따라 짧게 항해한 것은 대륙의 존재를 거의 *입증하지* 못했던 것이다. 그가 대륙이 존재할 가능성이 있다고 주장하고 그것에 대한 이름을 제안할 수는 있었겠지만 그가 그것의 발견자라고 주장할 수는 없는 것이었다.

상관없지 않은가. 홉스가 윌크스가 남극을 최초로 발견한 사람이라고 주장하는 한편 마틴 대령은 파머를 비슷하게 인정받도록 하는 데 관심이 있었다. 그는 1940년 10월 *지오그래피컬 리뷰지*를 위한 한 논문에서 이제는 익숙한 파머에 관한 자신의 주장을 되풀이했는데, 그 논문에서 그는 파머가 1820년 11월 명기되지 않은 날에 '남극대륙의 최초의 목격을 기록했다'고 선언하였다. 마틴은 홉스의 논쟁적인 논문과 함께 의회 도서관에 있는 바다표범잡이들의 항해 일지와 기타 기록들에 의지하여 파머의 남극대륙 발견에 관한 외견상 결정적인 주장을 하였다.[26] 마틴과 홉스의 주장은 더 큰 도덕적 정당성과 함께 공존하는 미국의 압박을 남극대륙에 쏟아붓기 위해 고안되었던 것처럼 보인다.

홉스와 마틴은 낯익은 한패의 정치적 지리학자들과 손을 맞잡았다. 그들 가운데는 국무부 지리학자 새뮤얼 보그스, 국립 보존 기록관 지도 제작자 요에르크 박사와 존스 홉킨스대학교 총장 이사야 바우먼이 있었다. 이들 중 일부는 홉스가 잘 늘어놓는 보다 극단적인 발언에 주춤했을지 모르나, 그들은 일치단결하여 미국이 주장하려고 결심할지 모르는 영토관할권을 강화하기 위해 미국의 남극대륙 접촉에 관한 역사적 뿌리와 최근의 성과를 강조하기를 원했다.

또 다른 참여자는 미해군 대령 해럴드 손더스(Harold Saunders)였는데 그는 버드의 남극점 비행과 마리 버드 랜드 탐험에 관한 한 편의 논문을 제출하였다. 손더스는 버드의 최초의 두 차례 남극 탐험에서 지리학자였으며 그

후의 탐험 지도 제작에도 관여하였다. 그는 전쟁 후 미국의 영토관할권 주장과 지명 명명 활동에 훨씬 더 중요한 역할을 하게 될 것이었다.[27]

영국은 홉스와 마틴의 주장에 대답을 하지 않고 지나칠 형편이 못 되었다. 미국 논문들은 영국의 선두적 지리학자이자 오랫동안 왕립 지리 협회 간사였던 아서 힝크스로부터의 강한 응수를 야기했는데 그는 당시 해군성과 영국의 다른 부처와 긴밀하게 협력하고 있었다.[28] 홉스와 힝크스는 둘 다 화난 노인들이었다. 힝크스는 자신이 홉스와 마틴의 주장의 정확성을 확인할 수 있도록 파머의 항해 일지에 접근하지 못했기 때문에 자신의 대응에서 불리한 입장에 처해 있었다. 그는 또한 마틴이 여러 학회에 제출했던 자신의 논문들을 더디게 출판하는 것에 좌절감을 느꼈다. 예를 들면 힝크스가 1940년 10월호 영국 *지리학회지(Geographical Journal)*에 실린 논문을 인쇄하려고 할 때야 비로소 마틴은 파머의 항해 일지 몇 페이지의 사진을 그에게 보냈다.

비록 힝크스가 마틴의 결론 일부를 의심하고 파머의 항해 일지가 정말로 원본인지 어쩌면 후일의 필사본인지 여부를 궁금하게 여겼지만, 그는 그 책이 파머가 1820년 11월 18일 남극대륙을 목격했다는 '공정한 증거'라는 점은 인정하였다. 그러나 그것 때문에 파머가 그렇게 했던 최초가 되지는 않는다고 그는 주장했는데 왜냐하면 브랜스필드와 스미스가 '1820년 1월 30일 동일한 육지를 이미 목격했기' 때문이었다. 이러한 주장은 벌써 홉스에 의해 거부되었는데 그는 파머에 대한 브랜스필드의 우위를 제공하기 위해 지도를 위조한 혐의로 해군성을 고소한 바 있었다. 더욱 중요하게 마틴은 홉스의 선동적 고소를 암암리에 지지해왔다. 은퇴한 어느 교수가 그런 고소를 하는 것과 의회 도서관의 선임 관리가 그렇게 하는 것은 전혀 다른 일이었다. 힝크스는 너무나 화가 난 나머지 마틴에게 영국의 증거에 대한 그의 거부가 정당함을 증명할 것을 요구하였다.[29]

마틴이 영국 논문을 무시할 경우에 대비해 힝크스는 마틴이 객원 편집장으로 있는 미국의 *지오그래피컬 리뷰지*를 위해 비슷한 경향의 또 다른 논문을 썼다. 마틴의 주장을 혹평하면서 힝크스는 미국 청중을 위해 마틴의 증거에서 여러 가지 중대한 오류들과, 입증되지 않은 주장으로 마틴이 덮으려고 애를 썼던 역사적 기록 속의 결함들을 들추어내었다. 논문 말미에 힝크스가 제기한 문제점들에 답할 기회가 마틴에게 주어졌으나 그는 그렇게 할 공간이 불충분하다고 주장하였다.

그 대신 마틴은 자신이 마무리하고 있는 책 속에 완전한 답을 제공할 것을 약속하였다. 그렇게 길게 답을 하지 않는 것은 브랜스필드, 파머 또는 힝크스에게 공평하지 않을 것이라고 그는 주장했다.[30] 그러나 약속한 그 책은 마틴의 생애 중 남아 있던 11년 동안 결코 나오지 못했으며 그 후로도 마찬가지였다. 그 대신 1955년에 스토닝턴 바다표범잡이들에 관한 학자인 에두아르 스텍폴(Edouard Stackpole)에 의한 광범한 미국의 연구가 출현했는데, 그는 브랜스필드의 항해를 그 대륙에 대해 기록된 최초의 목격이라고 인정하였다. 그와 동시에 스텍폴은 존 데이비스가 선장이었던 배에 탔던 무명의 어느 미국 바다표범잡이 선원이 그 대륙에 상륙한 최초의 사람이라는 결론을 내렸다.[31]

힝크스의 명백한 승리에도 기가 죽지 않은 것이 분명했던 마틴은 미국의 남극 영토관할권의 도덕적 정당성을 제고하기 위한 한 가지 새로운 시도를 하였다. 1943년 그는 워싱턴의 미국 과학학회(American Scientific Congress)에 남극에 대한 미국의 과학적 참여가 1820년대까지 이어진다고 말했다. 그는 특히 1828년에서 1830년의 레이놀즈 탐험에서 대부분 잊힌 제임스 에이츠의 업적을 칭찬하였다. 마틴은 에이츠가 사우스셰틀랜드 제도 주위의 빙산에서 바위들을 발견했다고 말했는데, 에이츠는 그것들이 서쪽으로 더 멀리 있는 육지에서 기원한 것이 틀림없다고 주장했다. 비록 에이츠가 그 바위들이 아마도 일련의 미발견 제도에서 비롯되었다고 추리했지만 마틴은 그런 섬들이 존재하지 않는 것이 에이츠가 '남극 해안의 한 중요한 부분의 존재를 실제로 예측했음'을 의미한다고 주장하였다.

남극 역사에서 에이츠가 차지하는 위치를 강화하고, 에이츠가 결코 목격하지 못했던 전략적으로 중요한 대륙의 부분에 대한 미국의 권리를 강화하기 위해 1943년 미국 지명위원회는 남극 반도의 일부라고 생각되는 장소를 '에이츠 반도(Eights Peninsula)'라고 부르는 것에 동의하였다. 나중에 그곳이 버드에 의해 이미 '서스턴 반도(Thurston Peninsula)'라고 명명되었음이 밝혀졌다. 그 후 서스턴 반도가 섬이란 것이 알려지고 다시 개명되었을 때, 에이츠의 이름은 인접한 남극 반도의 일부분으로 이동되었고 그곳은 '에이츠 해안(Eights Coast)'이라고 불렸다.[32]

영국과 미국의 지리학자들이 그들의 논쟁을 계속하는 동안 다른 나라들도 자국의 권리를 법에 호소했으며, 급증하는 미국의 활동에 대해 영국인들만큼 우려하였다. 1930년대 말, 지난 30년에 걸쳐 자국의 남극 영토관할권을 별로 주장하지 않았던 아르헨티나인들과 칠레인들은 그렇게 할 것을 결심하게 되었다. 자국의 탐험을 정당화하기 위해 워싱턴 당국이 먼로주의를 인용한 것은 특히 남미인들을 놀라게 하였다. 그들은 먼로주의가 미국이 남극대륙으로부터 영국을 축출하는 것과 미국인들이 파머 반도라고 부르는 곳을 합병하는 것을 정당화하기 위해 사용될 수 있다는 것을 깨달았다. 또한 1940년 10월 노르웨이에서 개최될 예정인 국제 극지 회의가 남극의 권리를 주장하는 기존의 여러 나라 사이에 남극의 분할을 야기할 것이라는 예측도 있었다. 아르헨티나나 칠레, 미국 모두 권리 주장자로 널리 인정받지 못했다. 이것이 미합중국 남극청의 창설을 촉구하는 것을 도왔으며, 마찬가지로 아르헨티나인들과 칠레인들이 남극과 그 인근의 섬들에 대한 자국의 권리를 재주장하는 것을 고무하였다.

1939년 중반 버드 탐험대가 의회의 정식 승인을 받은 후, 아르헨티나 정부는 노르웨이 회의를 위해 증거를 준비하는 부처 간 위원회 하나를 설립하였다. 그 위원회의 임무는 서경 20도와 서경 68도 사이에 놓여 있는 남극 섹터에 대한 아르헨티나 권리의 강도를 증명하는 것이었다.[33] *부에노스아이레스 헤럴드지*(Buenos Aires Herald)는 미국의 탐험을 '남극 지역에서 영토에 대한 권리를 주장하는 모든 국가에 대한 일종의 정치적 도전'으로 묘사하였다.[34] 아르헨티나는 자신들이 강력한 증거를 가지고 있다고 확신했으며, 영토에 대한 법적 권리를 인정받기 전에 점유의 필요성을 요구한 국제적, 법적 견해를 지적하였다. 아르헨티나는 1904년 이래 사우스오크니 제도의 로리 섬에 영구 기상 관측 기지를 보유해왔기 때문에 남극 영토라고 말할 수 있는 것을 계속 점유해온 유일한 나라가 되었다.[35]

독일의 노르웨이 침공으로 극지 회의 계획은 무산되었지만, 아르헨티나는 자국의 영토관할권을 밀어붙이는 것에서 관심을 돌리지 않았다. 또한 1940년 미국 기지가 철수했음에도 부에노스아이레스 당국은 자신들의 입장을 재고하지 않았다. 실제로 부처 간 위원회의 활동과 남극에서의 사건들의 추세가 아르헨티나를 설득하여 미합중국 남극청과 유사한 영구적 남극 기구를 추진하게 했는데 그 기구는 '남극에서의 아르헨티나 이익의 방어와 개발과 관련된 모든 문제를 고려하고 다루는 책임'이 있을 것이었다. 그것은 국립 남극 위원회(National Antarctic Committee)라고 불렸으며 외무부의 통제를 받았다. 3인 위원회의 의장은 외무부의 이시도로 루이즈 모레노(Isidoro Ruiz Moreno)였으며 한편 다른 두 위원은 아르헨티나 해군과 아르헨티나 기상국을 대표하였다.[36]

아르헨티나 권리의 문제는 그것이 영국의 포클랜드 제도 보호령뿐 아니라 버드가 미국이 권리를 주장할 수 있다고 암시했던 영토와 중복된다는 것이었다. 아르헨티나가 영국과 미국에 대해 무력으로 자국의 권리를 주장할 방법은 없었으며, 그런 과정이 필요하다고 생각하지도 않았다. 자기네들이 점유와 근접성과 '아메리카 대륙의 연장'인 섹터에 근거한 강력한 법적 증거를 가지고 있다고 확신한 아르헨티나는 1940년 9월 상충되는 주장을 논의하기 위해 국제회의를 개최할 것을 영국 정부에 제안하였다. 이것은 영국이 기꺼이 고려할 제안이 아니었는데 그 이유는 아르헨티나의 권리에 비교해볼 때 영국 영토관할권의 일부는 법적으로 모호하다는 것이 잘 알려져 있기 때문이었다. 그러나 그 문제는 사라지지 않을 것이다. 실제로 1940년 11월 상황은 훨씬 더 복잡하게 되어서 칠레는 영국에 그들이 동경 53도와 서경 90도 사이의 '모든 남극 영토에 대해 권리를 주장하는 법령을 발표하였다'고 통고하였는데 그것이 또다시 포클랜드 제도 보호령뿐 아니라 아르헨티나의 권리와도 중복되었다. 영국은 자국의 권리를 방관하고 있었지만 칠레와 아르헨티나가 자기네들의 상충하는 권리를 조정하기 위해 자기들 나름의 회의를 계획하고 있다는 것을 알고는 우려를 나타내었다.[37]

영국은 칠레와 아르헨티나의 법률 고문들의 회의가 1941년 3월 '남극 지역에서의 의심의 여지가 없는 칠레와 아르헨티나의 주권'을 공동으로 추구하기 위한 양국 정부 간의 협정을 초래하자 훨씬 더 우려하였다. 그 협정으로 용기를 얻은 데다, 아르헨티나의 권리를 지지하는 것을 계속 거부하는 영국에게 틀림없이 괴롭힘을 당했기 때문에 부에노스아이레스 당국은 독일군이 폭풍처럼 러시아로 쳐들어갔던 7월 중순 그들이 로리 섬에 있는 자국 기상 관측 기지에 민간 과학자들 대신 해군 무선 통신사들을 배치하기 시작할 것이라고 발표하였다.

아르헨티나 주재 대사관의 영국 해군 무관은 이것이 사우스오크니 제도에 대한 아르헨티나의 권리를 강화하는 동시에 영국의 결의를 시험하기 위해 행해지고 있다고 런던 당국에 경고했는데, 왜냐하면 '정상적이라면 그런 행위는 또 다른 소유자에 의해 용인되지 않을 것'이기 때문이었다. 그러나 영국 해군은 독일과 이태리와의 전쟁에 몰두해 있었다.

몇 달 뒤 용기를 얻은 아르헨티나인들은 한 걸음 더 나아가 로리 섬에 기지의 무선 전신 기사가 직원으로 근무하는 아르헨티나 우체국 설립을 발표하였다. 그 우체국에서 보낸 편지에는 'Islas Orcadas del Sud: Argentina'라는 소인이 찍힌 아르헨티나 우표들이 붙어 있을 것이었다. 부에노스아이레스 주재 영국 대사는 외무상 앤서니 이든(Anthony Eden)에게 이것은 반관반민 신문인 *라프렌사지*에 의해 남극의 그 부분과 포클랜드 제도를 자기네들 것으로 간주하도록 고취되었던 젊은 민족주의자 성향의 아르헨티나인들에게 호소하기 위해 고안된 '일종의 명확한 주권 행사'로 의도된 것이라고 경고하였다.[38] 보다 정상적인 시대였다면 영국 정부는 강력한 항의나 심지어 전함의 파견으로 반응했을 것이다. 그러나 지금은 정상적 시대가 아니었다. 런던에서 대사의 파견이 받아들여진 것은 일본이 태평양에서 전쟁을 시작한 것과 대략 같은 시기였다.

영국은 아르헨티나의 도전에 어떻게 반응해야 할지 확신이 서지 않았다. 1900년대 초 영국 관리들은 사우스오크니 제도를 보유하는 것에 아무런 가치를 보지 못했으며 새 영국 대사관을 지을 부에노스아이레스에 있는 한 블록의 땅에 대한 보답으로 그 제도를 아르헨티나에 제공할 것을 제안한 적이 있었다. 그러나 그 제안은 무효가 되었으며 남극 포경업의 성장과 함께 그 제도는 소중해졌다. 1925년 즈음에 영국은 남극과 북쪽으로 포클랜드 제도까지 펼쳐져 있는 자국의 모든 섬의 영토를 계속 보유하기로 결정하였는데 왜냐하면 도련(Island chain)을 아르헨티나에 잃어버리면 남극에서의 영국의 전체적인 지위가 카드로 만들어진 집처럼 무너질 것이기 때문이었다. 1940년대 초, 관리들은 전략적 및 경제적 이유로 그 섬들을 보유하기를 원했으나 그것은 주로 그것들의 고유의 가치를 위해서라기보다는 주로 타국에 대해 그것들을 거부하기 위해서였다.

영국 관리들은 버드의 언급에 주목했는데 그는 대서양과 태평양 사이의 극히 중요한 해로를 지배하기 위해 남극 반도에 미국 해군 기지를 설립할 가능성을 칭찬한 적이 있었다. 이 해로는 오랫동안 영국이 지배해왔으며 영국은 그 지배권을 미국에 양도하기를 탐탁지 않아 했다. 영국은 또한 아르헨티나가 그곳에 발판을 확보하는 것도 원치 않았는데 왜냐하면 그것이 아르헨티나가 경쟁이 치열한 포클랜드 제도로부터 영국을 몰아내는 일종의 전조가 될 수 있기 때문이었다. 그와 동시에 영국은 아르헨티나와 불화를 일으키는 것을 원하지 않았는데 왜냐하면 아르헨티나 식료품이 영국의 전쟁 지원에 필수적이기 때문이었다. 게다가 사우스오크니 제도로 파견할 수 있는 여분의 영국 해군 함정도 없었다. 관리들은 그런 조치는 전쟁이 끝나기를 기다려야 할 것이라는 결정을 내렸다.[39]

영국의 반응이 없는 가운데 아르헨티나는 사우스오크니 제도에서 사우스셰틀랜드 제도로 눈길을 돌렸다. 1942년 1월 말 아르헨티나는 수송선 *프리메로 데 마요호(Primero de Mayo)*를 디셉션 섬으로 파견하였다. 1941년 초 영국 전함 1척이 사람이 살지 않는 포경 기지에 버려져 있는 연료유 저장소 하나를 파괴하기 위해 그 섬을 방문한 적이 있었다. 근 1년 동안 그 섬에는 회복하는 야생동물만 살고 있었다. 이제 아르헨티나 관리 1명이 상륙하여 '아르헨티나 국기를 게양하고 상자에 든 점유에 관한 법령을 그 섬에 저장하고 어떤 시설물의 벽과 지붕에 아르헨티나 공화국 국기를 그리는 것'으로 정식으로 그 섬에 대한 권리를 주장하였다. 고래잡이들이나 영국 관리들이 아무도 살지 않는 가운데 오직 펭귄과 바다표범들만이 아르헨티나 선원들이 고래기름 졸이는 공장의 바다쪽 벽들 위에 그들의 국기를 그리는 것을 지켜보았다. 그 후 *프리메로 데 마요호*가 인근의 멜키오르 제도(Melchior Islands)의 한 섬 위에 아르헨티나 국기와 등표를 세우기 위해 남서쪽으로 떠나면서 그 섬은 한 번 더 야생동물에 맡겨졌다.

3월이 될 때까지 영토관할권에 관한 소문은 부에노스아이레스 언론에 보도되지 않았으며 영국 정부에도 공식적 통지를 보내지 않았다. 동시에 남극 대륙에서의 아르헨티나 영토관할권에 관한 새 지도 1장이 부에노스아이레스에서 출판되었다.[40] 아르헨티나는 영국이 이러한 위반 행위를 알아채지 못하거나 전쟁에 너무 몰두하여 반응할 수 없기를 바랐을 것인데, 왜냐하면 독일군이 이집트에 있는 영국 수비대를 위협하고 일본군이 막 싱가포르를 점령한 가운데 영국군이 그때쯤 2개의 전선에서 심각하게 시달리고 있었기 때문이었다. 실제로 남극에서의 사태 발전에 대한 영국의 외교적 반응의 속도가 매우 느렸기 때문에 1942년 6월 말이 되어서야 비로소 외무상 앤서니 이든이 로리 섬 위에 아르헨티나 우체국이 설립된 것에 반응하였다. 그는 부에노스아이레스 당국에 영국은 그곳에서 오는 어떤 우편물도 인정하지 않을 것임을 알렸다. 그와 동시에 그는 그 해군 장교가 디셉션 섬에 대한 권리를 주장했을 때의 행동에 관한 신문 보도의 확인을 요청하였다.[41]

영국은 무력해졌다. 외무성에서는 맹렬히 비난했을지 모르지만 관리들은 아르헨티나와의 약속 위반을 무릅쓸 형편이 아니었으며, 또한 포클랜드 제도 보호령에 대한 영국의 주권이 점점 더 대담해지는 아르헨티나의 행동에 의해 조금씩 줄어드는 것을 좌시할 수도 없었다. 관리들은 항의 메모를 준비하였으나 그것은 결코 전달되지 않았다. 외교적 항의를 해도 아르헨티나가 부에노스아이레스 거리에서 인기 있는 시위 행동을 단념할 것 같지는 않았기 때문에 그것으로는 거의 불충분할 것임을 깨달았다.

또한 상징적 방문으로 해군 함정을 그 제도에 파견하는 것도 아르헨티나인들이 짐을 꾸려 떠나게 할 가능성은 거의 없기 때문에 필요한 효과를 거두지 못할 것이었다.

영국의 고문 변호사들은 영국의 주권이 계속해서 약해지고 있으며 보다 과단성 있는 조치를 취하지 않는 한 완전히 사라질지 모른다고 정부에 경고하였다. 사우스셰틀랜드 제도의 경우 외무성은 영국의 권리가 '극도로 약하다'는 것을 털어놓았다. 비록 관리들이 영국의 남극 영토의 잠재적인 경제적 및 전략적 가치에 대해 의견이 갈렸지만, '영국 권리를 차지하기 위해 경쟁을 벌이는 외국 정부 측의 어떠한 시도에 강력하게 저항하는 것의 중요성'에 대해서는 의견이 일치하였다.[42] 여전히 아무것도 실행되지 않았다. 1943년 1월, 런던 당국이 아르헨티나가 사우스오크니 제도와 사우스셰틀랜드 제도 위에서 계속적인 권리 선포 의식을 거행하기 위해 *프리메로 데 마요호*를 파견할 준비를 하고 있음을 알았을 때야 비로소 영국 정부는 마침내 아르헨티나의 야망을 좌절시킬 결정적 조치를 취하기로 결심하였다.

포클랜드 제도에 기지를 둔 무장한 가장 순양함 *카나본 캐슬호(HMS Carnavon Castle)*가 분쟁 지역인 섬들로 파견되었다. 1943년 1월 25일 스탠리항을 떠난 개조된 그 여객선은 처음에는 디셉션 섬으로 향했고, 그곳에서 선원들이 첨벙거리며 상륙하여 그 섬의 황폐해진 건물로부터 아르헨티나 소유권 표시들을 제거하는 데 몰두하였다. 유니언 잭 1장을 게양하고 배의 방문 기록을 남겨두었다. 그런 다음 아르헨티나 국기에 덧칠을 하고 아르헨티나의 다른 방문 흔적을 '말소하는' 한편, 소유주의 임차권이 소멸되었으며 따라서 그 건물들은 이제 영국 정부의 소유임을 나타내는 통지서를 한 건물의 눈에 띄는 장소에 핀으로 고정시켜놓았다. 그다음에 그 배는 멀리 떠나 사우스오크니 제도의 시그니 섬으로 가서 유니언 잭을 게양할 깃대를 세우고 방문 기록을 돌무더기 속에 저장하였다.

가까이에 아르헨티나 기상 관측 기지와 해군 장교들로 구성된 직원이 있는 로리 섬이 있었으며 이곳이 그 배가 다음 방문할 장소였다. 영국인들은 *카나본 캐슬호*의 도착에 대해 있을지 모르는 아르헨티나의 반응을 우려했으며 그래서 그 배의 선장은 '설사 아르헨티나인들이 상륙에 저항하려는 성향을 보일지라도 무력시위를 하지 말라'는 특별 지시를 받았다. 1943년 2월 9일 상륙했을 때 그 선장은 너무나 신중했기 때문에 짐작건대 영국 것으로 생각되는 섬의 기지 위로 휘날리는 그 아르헨티나 국기를 분명하게 무시해 버렸다. 그는 또한 아르헨티나인들에게 복잡한 영국 주권 문제에 관한 얘기는 일절 하지 않았다. 그 대신 그는 자신의 배가 나타난 것을 섬의 여러 정박지들이 독일 선박들에 의해 사용되고 있는지를 발견하기 위한 단순한 순찰이라고 설명하였다. 그렇게 해서 그 방문은 사방에 호감을 남기고 떠났다.[43]

*카나본 캐슬호*의 깃발 흔들기 항해로 인해 아르헨티나인들은 확실하게 로리 섬을 점유하게 되었으며 거리낌 없이 포클랜드 제도 보호령 전체에 걸

처 주권을 계속 주장하게 되었다. 영국은 단지 그들을 저지할 결심만 한 상태였다. *카나본 캐슬호*가 디셉션 섬을 향해 가고 있는 동안 영국 전시 내각이 그들의 다음 조치를 숙고하기 위해 모임을 가졌다. 그 내각 구성원들은 그들 나름의 점유를 시작할 것을 결정하였다. 처칠은 1943년에서 1944년 여름에 2개의 영구 기지를 설립함으로써 포클랜드 제도 보호령에 대한 영국 주권을 주장할 탐험대의 파견을 승인하였다. 디셉션 섬에는 약 4명으로 구성된 작은 기지를 지을 것이며, 남극 반도 바로 꼭대기에 있는 '그레이엄랜드'의 호프만에는 약 11명으로 구성된 주 기지를 세울 것이었다.[44]

이것은 영국 정책의 극적인 변화를 나타내었는데, 지금까지 영국의 정책은 극지방에서의 어떤 영토에 대한 정당한 권리 획득에는 실제적 점유가 필요하지 않다고 주장해왔다. 단지 발견 행위와 탐험이 필요하며 관리 행위가 그 뒤를 이어야 했다. 아르헨티나인들과 미국인들은 점유가 필요하다는 것을 반복적으로 주장하고 남극에서 영구 기지가 가능하다는 것을 보여줌으로써 영국의 주장을 실질적으로 반박해왔다. 영국이 하는 수 없이 그 현실을 인정하고 같은 방식으로 대응하는 것은 오직 시간의 문제일 따름이었다. 이제 그 시간이 다가왔다.

그것이 너무 이른 때는 아니었다. *카나본 캐슬호*의 디셉션 섬 방문의 뒤를 이어 영국 정부는 버려진 포경 정착지에 아르헨티나 국기를 게양한 것에 대해 부에노스아이레스에 항의하였으며 영국은 그 섬에 대한 자국의 권리를 방어할 결심이라고 선언하였다. 그러나 아르헨티나인들은 자신들의 주장을 유지하며 자기 국가의 상징들을 제거한 것에 항의하였다. 빙하 속도의 남극 외교는 *프리메로 데 마요호*가 2월 4일 2명의 칠레 해군 장교들을 참관인으로 태우고 남극을 향해 아르헨티나를 떠났다는 영국 정보부의 보고로 인해 광분한 앙갚음으로 대체되었다. *카나본 캐슬호*가 영국의 주권 주장을 위해 사우스셰틀랜드 제도와 사우스오크니 제도를 방문하고 있는 동안 *프리메로 데 마요호*는 아르헨티나 주권을 주장하기 위해 그 나름의 긴 항해를 하고 있었다. 칠레 장교들의 존재는 칠레에게 그들의 중복되는 영토관할권에도 불구하고 남극에서의 아르헨티나의 야망이 칠레에 아무런 위협을 제기하지 않는다는 점을 안심시키기 위한 것이었다.

그러나 아르헨티나인들은 그들이 방문했던 남극 반도와 사우스셰틀랜드 제도의 여러 장소에서 자신들이 행한 주권 행위들을 칠레인들에게 비밀로 하려고 애를 썼다. 이러한 장소들 가운데 마거리트만에 급하게 버려졌던 미합중국 남극청의 동부 기지에서 미국 보급 물자와 개인 소지품들이 약탈되었다. 칠레인들이 지켜보지 않을 때 아르헨티나 장교들은 서경 25도와 서경 68도 사이의 남극 지역 전체에 대한 권리를 주장하는 선언문이 담긴 원통들을 숨겨두었다. *프리메로 데 마요호*의 최종 기항지는 디셉션 섬이었고, 거기서 아르헨티나 선원들은 유니언 잭 위에 덧칠을 하였다. 그리고는 배가 출항하기 직전 칠레인들이 지켜보지 않는다고 생각한 때에 그들은 자신들의 국기를 다시 그렸다. 그러나 칠레인들은 그것을 알아채고 응당 산티아고에 있는 영국 정보부 사무실에 그것을 보고하였다.[45]

그러자 영국은 아르헨티나인들의 활동에 대항하여 포클랜드 제도 보호령에 영구 기지를 설립하는 것이 포함된 자신들의 전시 내각 결정인 '태버린 작전(Operation Tabarin)'을 실행했다. 그 조치는 1943년 1월에 전시 내각에 의해 승인을 받았지만 12월이 되어서야 비로소 수송선인 *하이랜드 모나크 호(Highland Monarch)*가 서비스 요원들과 과학자들이 섞인 일행과 함께 영국을 떠났다. 그 배는 처음에는 포클랜드 제도로 향해 거기서 1944년 2월 6일 4명의 대원들을 디셉션 섬에 상륙시켰으며, 한편 10명의 대원들은 남극 반도 서안에서 떨어진 윈케 섬(Wiencke Island)의 록로이항(Port Lockroy)을 향해 남서쪽으로 보내졌다. 남극 반도 끝의 호프만에 세 번째 기지를 보유하려는 계획은 육중한 얼음 때문에 포기해야 하였다.

섀클턴의 마지막 탐험대의 보이 스카우트 단원이었으며 모슨의 1929년 항해의 수리학자였던 영국 해군 상비군의 해군 소령 제임스 마르(James

Marr)가 두 기지를 지휘하게 되었다. 일종의 명백한 주권 행위로서 그는 선서를 하고 그레이엄 랜드, 사우스오크니 제도 및 사우스셰틀랜드 제도의 치안 판사로 취임하였다. 그는 또한 아르헨티나나 칠레 탐험대를 만나는 경우 '폭력 외의 모든 수단으로 영국의 주권을 주장해야 한다'는 지시를 받았다.

아르헨티나에 관한 한 비밀 작전에 대한 꾸며낸 이야기는 독일 특공대를 감시하기 위한 일행이 파견되고 있다는 것이었으며, 반면에 영국 대중에게는 1944년 4월 그것이 남극대륙에서의 전쟁 전의 영국의 과학적 및 조사 작업의 재개라고 말했다. 그 요원들은 또한 그들을 바쁘게 해줄 과학 프로그램을 가지고 있었는데, 그것이 영국에 아르헨티나인들의 것보다 우월한 그 영토에 대한 도덕적 권리를 제공할 것이었다. 측량과 기상 관측과 조류의 관찰은 그 지역에서 작전을 수행하는 영국군들을 위한 실제적 도움을 제공하는 한편 식물학, 생물학 그리고 지질학 연구가 영국에 그 지역의 잠재적 가치에 대한 적절한 평가를 제공할 것이다. 두 기지는 저출력 무전기를 갖추고 있었는데 그 무전기는 아르헨티나의 어떤 감청 기지에 의해서도 도청될 수 없었으나 포클랜드 제도의 주도인 스탠리항에서는 수신될 수 있었다. 그 일행들은 무전기를 사용할 때 신중하라는 지시를 받았는데 그 이유는 '우리들의 존재를 너무 많이 광고하는 것이… 우리의 적들뿐 아니라 아메리카 대륙에 있는 우리들의 반제국주의자 친구들로부터 주의를 끌게 될 것'이기 때문이었다.[46]

록로이항과 디셉션 섬 두 곳 모두에서 그해 아르헨티나인들이 방문했다는 증거가 목격되었는데 거기서 아르헨티나인들은 영국 소유권의 모든 흔적들을 없애버렸다. 마르와 그의 대원들이 재빨리 그것을 바로잡았다. 한 번 더 낡은 포경 기지 건물 위에 그려진 아르헨티나 국기에 덧칠을 했으며 그 자리에 유니언 잭이 그려졌다. 그러나 이번에는 영국인들이 머물기 위해 그곳에 있었으며, 재빨리 포경 기지를 점유하여 미국인들과 아르헨티나인들의 법적 주장에 답하였다.

다른 기지 장소인 록로이항이 선택된 이유는 영국인들이 그곳이 아르헨티나인들이 관심을 두고 있으며 *프리메로 데 마요호*가 방문했던 장소라는 것을 알았기 때문이다. 그곳은 비록 과학적 목적이나 탐험의 목적으로는 위치가 좋지 않았지만, 남극 반도를 따라 대략 중간 지점인 록로이항의 위치는 영국에 의해 '관리 행위 장소로 상당한 정치적 가치가 있다'고 판단되었다. 첫 번째 관리 행위는 아르헨티나인들이 그곳에 남겨둔 선언문과 깃발을 제거하는 것이었다. 아르헨티나 존재의 어떠한 흔적도 남겨두지 않을 것이며 그들의 선언문과 상징물 전부를 스탠리항으로 치우거나 그렇지 않으면 없애버렸다. 아르헨티나인들이 했던 것처럼 영국인들은 1944년 초 자신들 기지에 우체국을 설립하고 기지로부터 소인이 찍힌 우편물을 보낼 수 있도록 포클랜드 제도 보호령을 위한 새 우표들을 발행하였다. 첫해 말쯤 마르는 '순수하게 정치적인 견해'에서 본다면 포클랜드 제도 보호령에서 영국의 지위는 '한 번 더 부활되었다'라고 만족스럽게 보고할 수 있었다.[47] 그것은 확대된 영국 존재의 시작에 불과하였다.

영국 정부는 그 프로젝트를 매우 중요하게 생각했기 때문에 영국의 한 공장이 확대된 기지망을 위한 오두막 2채를 지을 수 있도록 스피트파이어 전투기를 위한 운송용 대형 나무 상자의 제작을 중단시켰다. 오두막에 우선권을 부여하는 데 있어 식민성 장관 올리버 스탠리(Oliver Stanley)는 그것이 '정치적으로 매우 중요한 문제이기 때문에 이 사업은 다음 해에도 계속되어야 한다'라고 말했다. 그러나 그것은 남극의 고립 속에서 더 이상 겨울을 맞이할 수 없었던 마르에게는 너무 벅찬 것이었다. 심한 우울증에 걸린 그는 병으로 귀가 조치되었다.

그가 떠나버리는 바람에 영국의 계획은 엉망이 돼버렸다. 비록 호프만에 새 기지가 설립되고 4명의 대원들이 미국인들이 마거리트만의 '스토닝턴 섬'이라고 불렀던 곳에 있는 버드의 버려진 동부 기지를 인수했지만, 사우스오크니 제도에 5번째 기지를 세우려는 계획은 연기되었다. 로리 섬에서 무력으로 아르헨티나인들을 쫓아내거나 아르헨티나 기지와 나란히 영국 기지를 설립하는 옵션은 부에노스아이레스와의 관계에 돌이킬 수 없는 와해를 야기할까 두려워 영국 관리들로부터 거부되어왔다. 그 대신 사우스오크니 제도에서 가장 큰 섬인 코로네이션 섬(Coronation Island)에 특별히 만들어진 오두막들 중 1채가 세워졌으나 거주자가 없는 상태로 내버려두었다.[48] 그것은 영국의 소유와 미래의 의도에 대한 일종의 상징으로 서 있을 것이었다.

그러나 그것도 역시 남극에서의 영국의 제한된 세력의 한 징후였는데 왜냐하면 아르헨티나가 여전히 사우스오크니 제도를 실제적으로 점유하고 있는 유일한 나라였기 때문이었다. 그 결과 사우스오크니 제도에 대한 아르헨티나의 주권의 주장이 영국의 주장보다 여전히 더 강했으며 로리 섬에 대한 아르헨티나의 권리는 논쟁의 여지가 없었다. 아르헨티나는 또한 칠레의 반대와 영국의 점유에도 불구하고 아마도 *프리메로 데 마요호*의 방문 동안 수행되었던 작업에 근거하여 그 섬의 지도를 발행함으로써 디셉션 섬에 대한 자국의 권리를 유지하였다. 영국 외무성은 그것을 두고 '계속적인 도발 조치'라고 말했다. 외무성은 그 지도가 영국의 해도에 근거를 두고 있다고 일축했는데 영국의 해도는 그보다 앞선 프랑스 해도에 근거해왔다.[49]

칠레는 자국의 영토관할권을 추진하는 데 있어 더 신중하였다. 아르헨티나와 공동 전선을 만들려는 시도는 두 나라 모두 대부분 같은 영토를 원했기 때문에 난관에 봉착했다. 칠레는 오랜 기간 국경 분쟁을 벌여온 그 이웃을 의심했고, 자기네 섬이라 생각했던 디셉션 섬에 대한 아르헨티나의 권리 주장에 관해 알고는 화가 났다. 그러나 칠레 대중은 아르헨티나인들이 남극에 관해서, 또는 당연히 아르헨티나 것인 땅을 점유하는 영국인들의 배신 행위에 관해 정기적으로 드러내 보이는 열정을 공유하지 않았다.

이것은 칠레에 있는 소수의 열광적인 남극 팬들에게는 좌절의 원인이었는데 왜냐하면 그들은 자신의 동포들이 그 대륙과 그것의 잠재력에 대한 열정을 공유하기를 열망하였기 때문이었다. 가장 열광적 팬들 중 1명이 오스카 피노체트 델라 바라(Oscar Pinochet de la Barra)였는데 그의 책 *라 안타르티카 칠레나(La Antartica Chilena)*는 1944년에 출판되었다. 산티아고 주재 영국 대사관은 그 책의 출판과 피노체트가 쓴 여러 신문 기사로 칠레인들의 관심이 고조되었다고 보고하였다.

1944년 11월에 쓰인 기사 1편은 마르 탐험대가 그해 초 칠레의 허가도 구하지 않고 칠레 지역에 영국 기지들을 설립했다고 불평하였다. 피노체트는 '[칠레인들 사이의] 남극과 관련된 모든 것, 그것의 현재의 가치, 그리고 미래를 위한 그것의 막대한 가능성에 대한 완전한 무지'를 아쉬워했다. 그는 전쟁이 끝나고 다른 나라들이 그리로 돌아오기 전에 남극에 포경 산업을 확립할 것을 칠레에 촉구하였다. 피노체트는 또한 과학 탐험대 하나를 파견할 것과 영구 기상 관측 기지 하나를 설립할 것을 요구하였다. 전쟁이 끝나고 영국과 미국 그리고 아르헨티나가 칠레 영토인 남극대륙 내에 그들의 권리를 재확립하기 위해 돌아왔을 때, 그들은 그때 칠레가 '우리들의 것을 완전히 그리고 실제로 소유하고' 있다는 것을 알게 될 것이라고 그는 적었다. 칠레는 '그 광대한 영토를 보다 효과적인 방법으로 국가 경제 속에' 통합하는 것을 가까운 장래에 달성할 것이다.[50]

1945년, 전쟁이 그 결말을 향해 치닫고 있었을 때 영국 정부는 남극에 대한 확대된 개입을 계속해야 하는지를 고려할 수밖에 없었다. 그것은 전쟁 전에는 더 쉬웠는데 그때는 법적 견해와 극지방의 통상적 관행이 점유 없이도 남극 영토에 대한 권리를 주장할 수 있음을 암시하였다. 점유가 주권의 인정을 위해 필요하다고 더 널리 용인되었기 때문에, 영국은 어떻게 하면 한 번의 펜 놀림에 지나지 않는 것으로 그들이 소유하게 되었던 영토에 대한 지배권을 유지할 수 있을 것인가를 생각해내어야 했다.

남극에서 영국의 과학 연구를 맡았던 연구선의 이름을 따서 명명된 전쟁 전의 디스커버리 위원회(Discovery Committee)는 일단 전쟁이 끝나면 태버린 작전 통제권을 인수할 것을 제안하였다. 전쟁 전의 연구가 포경업에 주로 관심을 두었던 *디스커버리 II호*에 의해 대부분 바다에서 수행되었던 반면, 그 부처 간 위원회는 1944년 11월 '영토적 지위를 실질적으로 강화하기 위해' 전후 연구의 일부를 육상 기지에 근거를 두어야 한다고 제안하였다. 그렇게 하는 것이 또한 '남극해와 남극에서의 연구와 사업에서 영국의 탁월함'을 유지하는 데 도움이 될 것이었다.[51] 영국이 정말로 그런 탁월함을 달성했는지 여부는 노르웨이와 미국에 의해 반박될 수 있을 것이다. 그러나 중요한 것은 영국이 자기네가 과학에서 탁월하다고 믿고 있으며, 그것이 영국이 권리를 주장하는 영토에 대해 다른 나라들보다 더 큰 권리를 영국에 제공했다고 확신하였다는 것이다. 간단히 말해서, 영국은 자기네가 경쟁국들보다 그 영토들을 더 자세히 '알고 있으며' 따라서 자기네들의 주권에 대한 더 우월한 권리를 갖고 있다고 생각하였다.

디스커버리 위원회의 자금은 주로 포경업자들이 포클랜드 제도 행정부에 지불하는 면허 수수료에 의해 조달되어왔다. 그러나 포경업자들이 더 좋은 수확을 얻기 위해 영국 바다로 들어갈 필요가 없다는 것을 알게 됨에 따라 이러한 수입은 꾸준히 줄어들고 있었다. 공해에서 벗어나지 않음으로써 포경 회사들은 번거로운 관세를 완전히 피할 수 있었다. 그 결과, 전쟁 후에 포경업은 그 중요성을 되찾을 공산이 있었던 반면 영국이 그 수익의 대부분을 거둬들이는 것은 가망 없는 것처럼 보였다. 남극에서 영국의 활동 비용을 정당화하려면 새로운 이유를 개발해야 할 것이었다.

디스커버리 위원회는 5년 연구 프로그램에 자금을 대기 위해 정부에 25만 파운드를 요청하였다. 물론 정치적 이유도 있었는데 어떻게 해서 '지난 20년에 걸쳐 확대된 디스커버리 위원회 활동의 결과로 포클랜드 제도 보호령에 대한 영국의 권리가 매우 혜택을 보았는가'를 정부에 상기시켰다. 또한 연구의 목표가 '남극 및 아남극 지역의 전반적인 개발로 가는 길을 트는' 것이었기 때문에 경제적인 측면도 있었다. 그러나 포경업이 영국의 손아귀에서 빠져나간 이상 그런 험악한 지역에서 무엇을 개발할 수 있겠는가?

석탄층이 탐험가들에 의해 그들의 국가가 관여하는 데 대한 하나의 구실로 종종 제안되어 왔으나, 석탄의 질과 남극에서의 채굴의 어려움으로 인해 그렇게 신경 쓸 가치가 없었다. 그 위원회는 고래 고기를 인간을 위한 식량으로 사용할 수 있으면 포경업의 중요성이 커질 것이라고 제안했으나 포경업자들은 여전히 공해에서 조업할 수 있었다. 그 위원회는 대신 포클랜드 제도 보호령 영해에서 즉시 이용될 수 있는 바다표범, 물고기 그리고 해조류 같은 자원과 거기서 귀중한 광물과 석유가 발견될 가능성을 지적하였다. 석유는 커다란 매력이었다.[52]

1945년에는 전쟁이 서서히 끝나가고 전후 복구 문제가 크게 느껴졌기 때문에 영국에게 남극은 아마도 최소의 관심사였을 것이다. 그러나 영국의 영토관할권의 미래에 관한 결정을 내려야만 하였다. 대륙에 대한 그런 권리들 중 가장 오래된 것도 포클랜드 제도 보호령이 합병되었던 불과 1908년까지밖에 거슬러 올라가지 않았다. 그 제도에 들인 것은 거의 없었으며 그에 대한 보답으로 얻은 것도 별로 없었다. 40년 미만의 단속적 지배가 끝나면 영국은 제국의 다른 지역에서 하듯이 그 관계를 끊어버리고 멀리 떠나기로 결정할 수 있을 것이다.

영국이 포클랜드 제도 보호령 내에 영토 경쟁국들의 어떤 도전에도 양보하지 않는 것을 기울어가는 제국의 위신 문제로 만들어준 4개의 기지를 설립하지 않았더라면 그런 일이 일어났을지 모른다. 석유와 다른 자원의 가능성이 또한 영국의 계산에 등장하였으며 그리하여 1945년 초 관리들과 장관들은 그들의 영구 점유를 계속하기로 결정하였다.

영국인들은 혼자가 아닐 것이다. 전쟁의 종식은 극지 영토를 차지하기 위한 미친 듯한 쟁탈전을 목격할 것이며 인간에 의해 점거되지 않은 마지막 대륙으로서의 남극의 종말을 보여줄 것이다.

CHAPTER 17

1945-1947

남극을 향한 경주

태평양 전쟁이 대격변의 종말을 향해 가고 있었을 때, 사우스 캐롤라이나주의 애국심이 투철한 한 주민이 해리 트루먼 대통령(President Harry Truman)에게 편지를 써 과학자들과 기술자들이 남극에 '작지만 고도로 과학적이고 현대적인 도시'를 건설할 것을 제안하였다. 그는 그것이 하나의 '정상적인 도시'가 되도록 그곳에 지원자 가족들이 사는 것을 상상하였다. 그 대륙은 '진실로 우리의 마지막 변경'이며 '가능한 한 빨리 그곳에 식민지를 건설하고 그곳을 개발하는 것이 우리의 엄숙한 의무'라고 이 애국적인 미국인은 적었다.[1]

지원자들은 전혀 부족하지 않았으며, 플로리다 출신의 한 남자는 자신이 '남극의 미국 영토를 점유하기 위해 보내질 식민지 이주자들' 중 1명이 되기 위해 요구되는 자격에 관해 문의하기도 했다. 실망스럽게도, 그 장래의 정착자는 정부 관리에게서 '이 시점에서 대륙의 식민지 건설은 없을 것'이라는 얘기를 들었을 것이다.[2] 그러나 그 관리의 말은 부분적으로만 옳았을 뿐이었다. 도시가 계획되고 있는 것은 아니었으나 여러 나라들이 자국 시민들이 사는 영구 기지를 설립하기 위해 경쟁하고 있었던 것이다.

루스벨트 대통령은 1939년 자신의 오랜 사슴 사냥 친구인 리처드 버드의 지휘 아래 단명한 미합중국 남극청과 함께 앞장선 바 있었다. 전쟁으로 인해 할 수 없이 미국인들이 서둘러 철수하기 전에, 해안에 2개의 기지가 설립되었으며 불운했던 스노 크루저를 보내 남극점에 기지 하나를 설립하려고 시도했으나 허사였다. 버드는 전쟁의 나머지를 대부분 대중의 시야에서 벗어나 해군을 위한 보고서에 노력을 들이며 보냈다. 태평양 전쟁이 끝났을 때, 버드는 도쿄만의 미전함 *미주리호(USS Missouri)* 갑판 위에 모여 더글러스 맥아더 장군이 일본의 항복을 받는 것을 지켜보았던 상급 장교들 무리 가운데 있었다.

버드는 도쿄에 있는 동안 영토관할권에 대한 하나의 선구 조치로 남극대륙에 기지를 설립할 것을 미국에 요구하는 논문 1편을 썼다. 그는 영국, 오스트레일리아, 뉴질랜드, 프랑스, 아르헨티나 및 칠레가 주장하는 기존의 영토관할권을 국제회의에 의해 해결해야 할 것이라고 상상했는데, 그 회의에서 대륙을 통제하기 위한 일종의 '세계공동관리기구'를 만들 수 있을 것이었다. 그런 회의 석상에서 눈에 띄는 자리와 장래의 공동관리기구 내에서 유력한 위치를 확보하기 위해, 미국은 현재의 군사력을 사용해 자국의 영토관할권을 주장할 필요가 있었다. 버드는 '지금이 우리가 행동할 시기이다'라고 선언하며 '그동안 우리는 인력과 여분의 장비를 훈련시켜왔다'고 말했다. 버드의 야망은 범위가 대륙적이었다. 그는 미국이 '항공모함과 장거리 비행기를 사용하여 대륙을 완전히 조사'하기를 원했으며 아마도 자신을 그 리더로 하여 미합중국 남극청이 회복되기를 원했다.[3]

미해군은 그곳으로 가는 다른 이유들이 있었다. 제2차 세계 대전의 종식으로 미국과 소련이 지구상에서 2개의 최강국이 되었다. 만약 그러한 경쟁이 전쟁으로 분출된다면 북극에서 그 충돌이 벌어질 것으로 예상되었는데, 북극이 미국과 러시아의 산업 중심부 사이의 최단 항로를 제공하기 때문이었다. 그러나 미국은 극지방의 조건에서 싸운 경험이 거의 없었다. 1946년 중반 미해군이 북극에서 함대 훈련을 시행한 것이 러시아의 격렬한 항의를 야기했으며 그것이 대안적인 시험 지역으로서 남극을 생각해보도록 해군을 고무하였다.

1946년 8월 해군은 소위 '남극 개발 프로젝트(Antarctic Developments Project)'를 시작하였으며 남극의 여름에 해군 기동 부대를 파견하기 위한 비밀 계획에 착수하였다. '하이점프 작전(Operation Highjump)'이라는 별칭으로 불리는 그 남극 함대는 항공모함 1척, 수상기모함 2척과 잠수함 1척을 포함한 12척의 해군 함정으로 구성될 것이었다. 강력한 해안경비대 쇄빙선인 *노스윈드호(Northwind)*와 해군의 신예 쇄빙선 *버튼 아일랜드호(Burton Island)*와 함께 17대의 항공기와 6대의 헬리콥터도 또한 남쪽으로 갈 것이었다. 버드는 그 작전의 전체 지휘를 맡도록 임명되었다.[4] 그 비밀 작전은 모두 여름의 짧은 비행 가능 시간대 동안 미국이 남극을 대부분 차지하도록 미국의 경쟁국들을 '뛰어넘는' 데 관계된 것이었다. 그러나 그 소식은 다른 나라들로부터 발표 소동을 야기했고, 그런 다음 그들은 자국 탐험대를 남쪽으로 보내기 위한 준비를 시작하였다.

항공모함 *필리핀 시호(Philippine Sea)*에 승선한 버드는 다시 자기의 본령으로 돌아왔다. 작전 통제는 해군 소장 리처드 크루젠에게 맡겨졌는데, 그는 1939년 *베어호*를 지휘한 바 있으며 지금은 고래만으로 향하는 각종 전함과 화물선을 책임지고 있었다. 그 탐험대는 버드가 자신의 이전 기지들을 세웠던 장소 가까이에 '리틀 아메리카 IV'를 설립할 것이다. 60세가 다 된 버드는 *필리핀 시호*를 타고 약간 뒤떨어져 크루젠의 배들뿐 아니라 대륙의 다른 지역들을 향해 나아가는 다른 두 무리의 해군 함정들의 동태에 관한 무선 메모를 받았다.

그 계획은 무비 카메라가 자신의 이전 승리의 현장으로 그가 돌아가는 것을 포착하는 가운데 버드가 6대 중 1대의 DC-4 수송기를 타고 리틀 아메리카까지 비행하는 것이었다. 따라서 그는 로스해의 얼음 상태를 우려해 1947년 2월 5일까지 탐험을 끝내기를 원했던 크루젠이 보낸 신호를 읽고 당황하였다. 그렇게 되면 탐험의 주목적 중 하나인 사진 촬영 및 영토관할권 선포 비행을 할 시간이 거의 없게 될 것이었다. 버드는 또한 그것이 '우리나라가 우리의 국가 안보에 매우 중요한 극지역의 요소들을 정복하는 것'을 지연시킬 것이라고 경고하였다. 버드가 얼음 상태가 호전될 것 같다고 조언하는 가운데 크루젠은 버드가 도착할 때까지 아무런 행동도 취하지 않기로 합의하였다.[5] 사실, 얼음 상태는 버드가 지금까지 보았던 것보다 더 나빴으며 그로 인해 그가 계획했던 공중 작전이 제한될 것이었다.

하이점프 작전이 과학에 의해 추진된다는 핑계는 없었다. 1946년 11월 그 탐험이 정식으로 발표되었을 때 해군은 그것의 주목적이 '혹한의 조건 하에서 해군의 대원들을 훈련시키고 함정과 항공기 및 기타 군사 장비를 시험하는 것'이라고 선언하였다. 그들은 소련에 대한 장래의 전쟁 연습을 하고 있었는데 그 전쟁에서는 남극대륙과 얼음 조건이 비슷한 그린란드가 일종의 전진 기지로서 중요 역할을 할 것이다.

남극에서의 미국 영토관할권에 대한 그 탐험의 관련성은 주로 사진 촬영 및 권리 선포 비행에 있었는데, 그 비행은 그 세부 사항과 범위에 있어 다른 나라들의 지도를 능가할 지도를 만들기 위한 토대를 제공할 예정이었다. 각 비행의 한계 지점에서 항공기 승무원이 얼음 위로 선언문을 떨어뜨리게 되어 있었고, 그러면서 성조기를 보여줄 것이었다. 공식 지시 사항들은 그 작전이 '남극대륙의 실행 가능한 최대 지역에 대한 미국의 주권을 강화하고 확장하는 것과 남극에 기지를 설립하고 유지하고 사용하는 것의 실행 가능성을 시험하는 것과 가능한 기지 장소들을 조사하는 것'에 관한 것임을 분명히 밝혔다.

지도 제작 목적을 위해 풍경의 수직 및 빗각 사진을 동시에 촬영하는 새로운 트리메트로곤(trimetrogon, 3각점 부감 촬영, 항공 사진 지도에서 3대의 카메라로 3면을 동시에 촬영하는 방법–역자 주) 카메라들을 사용하는 것 외에, 그 비행기에는 석유의 존재를 암시하는 지질 구조를 찾기 위해 얼음 표면 아래를 조사할 공중 자력계가 있을 것이었다. 버드는 우라늄을 찾기 위한 영국, 러시아와의 경쟁에 관여한 것을 부인했지만 우라늄을 발견할 가능성도 있었다. 그럼에도 불구하고 그가 계속해서 기자들에게 남극이 '세계 최대의 훼손되지 않은 천연자원의 보고'이며 자신의 탐험이 '남극 전 지역에 대한 가능한 완전한 조사를 할' 계획이라고 말했을 때 그의 언급이 그 나라들과 다른 나라들을 놀라게 할 것이었다.[6]

미국이 남극대륙에 지금까지 중 최대의 탐험대를 파견할 것이라는 소식이 남극에 대한 권리를 주장하는 기존의 모든 국가들 사이에 즉각적인 우려를 야기하였다. 뉴질랜드에서 특별한 우려가 있었는데 왜냐하면 버드가 또 다시 뉴질랜드의 로스 속령에 기지를 하나 설립할 계획을 하고 있었기 때문이었다. 뉴질랜드 언론은 미국인들이 도착하기 전에 뉴질랜드가 그곳을 점유하도록 자국 탐험대를 파견할 것을 정부에 요구하였다.[7] 오클랜드 트루스지(Auckland *Truth*)는 '아문센이 남극점까지 스콧과 경쟁한 것처럼 남쪽으로 버드와 경쟁하는 것'이 뉴질랜드의 의무라고 생각하였다. 만약 버드가 그곳에 제일 먼저 도착하여 영구 기지 하나를 설립한다면 뉴질랜드는 '남극의 엄청난 자원들로부터 단절될 것이며 그 뒷문은 강제로 영구히 열려있을' 것이라고 그 신문은 경고하였다.

*뉴질랜드 헤럴드지(New Zealand Herald)*는 '미국인들과 협력하는 것으로 얻을 것이 많다'고 생각하였지만 그 신문은 뉴질랜드가 유리한 입장에서 그렇게 하기를 원하였다. 그 신문은 만약 뉴질랜드가 로스 속령에 기상 관측 기지 하나를 가지고 있다면 '매일의 기상 방송이… 그 자치령이 점유된 상태라는 것을 의심의 여지가 없도록 만들어줄 것'이라는 의견을 밝혔다.[8] 일부 신문들이 뉴질랜드가 미국에 선수를 치려고 하는 것에 관한 실제적인 문제들을 지적하거나 또는 새로 설립된 국제연합(United Nations)이 남극을 관리하도록 함으로써 영토 경쟁이 끝날 수 있을 것이라고 제안하였으나, 뉴질랜드는 실제로 버드를 물리치고 뉴질랜드가 로스 속령을 실효적으로 지배하고 있다는 것을 전 세계에 보여주기 위해 소규모 탐험대 하나를 파견하는 것을 고려하였다.[9]

뉴질랜드의 과학 및 산업 연구부(Department of Scientific and Industrial Research) 책임자인 영국 태생 물리학자 에른스트 마르스덴 박사(Dr. Ernst Marsden)는 조간신문에서 버드 탐험대에 관한 기사를 읽고 즉시 뉴질랜드 해군 사령관에게 편지를 써 우주선(cosmic ray) 연구를 수행할 탐험대 하나를 보내는 것의 중요성을 강조하였다. 마르스덴은 그해 태양의 흑점 활동이 강화될 가능성이 있으며, 이 연구가 '원자력 연구와 관련된 큰 가치'가 있을 것이라고 말했다. 그의 제안은 다른 관리들로부터 긍정적 반응을 얻었으며 정부에 채택되었다.

마르스덴의 흥미를 끈 것은 우주선만이 아니었다. 그는 뉴질랜드가 '매우 위험한 지경에 처해' 있음을 인식하였고 아르헨티나와 칠레도 탐험대를 계획하고 있다는 보도에 대해 걱정하고 있었다. 그 모든 나라들이 남쪽을 향하는 가운데 마르스덴은 뉴질랜드가 그곳에 제일 먼저 도착하기를 열망했으며 우리가 '실제로 남쪽으로 가고 있을 때까지는 우리의 계획을 선전하지 말 것'을 제안하였다.[10] 그러나 1946년 12월 정부가 그 제안을 고려하게 되었을 때, 정부는 탐험대를 즉시 파견할 시간도 자원도 없다고 결정하였다. 그 대신 내각은 다음 해 여름을 위한 탐험을 계획하기로 결정했는데 그때 오스트레일리아도 탐험대 하나를 파견할 것이었다.[11]

버드 탐험대의 발표로 인해 캔버라 당국도 하는 수없이 오스트레일리아 남극 영토에 영구 기지들을 설립하는 전쟁 전 계획의 먼지를 떨기 위해 서둘러야 했다. 영국으로부터의 압박도 있었는데, 영국 정부는 그들의 권리와 관련하여 자치령들의 무대책으로 인해 자국의 권리가 위태롭게 될 수 있음을 두려워하였다. 1946년 10월 비밀스러운 부처 간 극지 위원회의 오스트레일리아 대표는 캔버라 당국에 영국의 법률적 조언이 현재 정당한 권리를 주장하기 위해 '실효적 지배를 계속할' 필요가 있음을 고려하고 있다고 보고하였다. 오스트레일리아가 자국의 영토를 '실효 지배'하지 않았음은 분명하였다. 18개월 이내에 남극 강국들의 회의가 개최될 가능성이 있는 가운데, 영국 정부는 오스트레일리아에 '그런 회의가 개최되기 전에 분쟁 영토에 대한 [자국의] 권리를 강화할 능동적 조치'를 취할 것을 촉구하였다.[12]

나이 들어가는 탐험가 더글러스 모슨이 오스트레일리아 정부에 대한 압박을 더하였다. 모슨은 오스트레일리아가 '그 지역의 탐험과 개발에 대한 관심'을 보여주는 조치를 취하지 않으면 오스트레일리아의 영토관할권이 위험에 처할 것이라고 1946년 10월 경고하였다. 탁월한 저널리스트 오스마르 화이트(Osmar White)도 오스트레일리아의 노력을 강력히 지지하였으며 '오스트레일리아 사분할 지역은 오스트레일리아 돈으로 오스트레일리아인들에 의해 탐험되고 해도가 작성되었다. 오스트레일리아인들이 아델리 랜드에 최초로 상륙했으며 거기에서 국기를 게양하였고 그곳에 오스트레일리아인들이 묻혀 있다'라고 말했다.[13] 그러므로 화이트는 그 영토에 대한 그들의 소유권이 그들의 경쟁국들의 소유권보다 더 합법적이라는 생각을 넌지시 비추었다.

그 당시 오스트레일리아 정부는 군인들의 본국 송환과 대규모 이민 계획의 개발을 포함해 여러 가지 전후 복구 문제에 시달리고 있었다. 이러한 과다한 문제들 가운데, 남극이 급속히 성장하고 있는 오스트레일리아 인구를 위한 일자리 창출의 가능성을 보여주지 않았더라면 남극은 무시되었을 것이다. 1946년 9월의 연방 선거에서 노동당 출신 수상 벤 치플리(Ben Chifley)는 오스트레일리아가 '역사상 가장 위대한 시대로 막 진입하려 하고 있다'고 예측하였다. 남극은 오스트레일리아의 새로운 '황금시대'에 기여할 것으로 기대되었다.[14]

자국의 영토를 확보하기 위한 다양한 방법들이 오스트레일리아 정부에 촉구되었다. 산티아고에서 오스트레일리아 외교관 존 컴프스턴으로부터 메모가 왔는데 그는 1939년 오스트레일리아의 남극 지도를 준비하는 데 중요한 역할을 했었다. 그는 버드 탐험대가 '적어도 퀸 메리 랜드의 동쪽까지 멀리 오스트레일리아 남극 영토의 항공 사진 측량을 틀림없이 완수할 것'이라고 경고했는데, 그곳은 '이전의 발견의 권리'에 의해 미국이 강력한 권리를 보유한 곳이었다.

버드가 헬리콥터로 상륙하여 오스트레일리아 영토를 점유하는 것을 미연에 방지하기 위해 컴프스턴은 '미국이 현재의 [버드] 탐험대 작업에 근거하여 권리를 제기할 수 있기 전'에 최신판 오스트레일리아 지도를 발행할 수 있도록 즉시 카타리나(Catalina) 비행정을 남쪽으로 파견하여 윌크스 랜드의 해안을 촬영할 것을 촉구하였다. 1939년에 발행된 지도가 쓸모가 없어지고 있는 가운데 신판의 발행은 '우리의 권리의 강도에 관해 우리가 가진 가장 강력한 증거'를 제공하고 그것이 대륙의 표준 지도로 널리 인정받는 것을 보장하는 데 도움이 될 것이었다. 컴프스턴은 미국 해도제작처에서 자기네들의 최신 지도를 제작할 수 있기 전에 오스트레일리아 지도가 출현하는 것이 중요하다고 주장하였다. 또한 개정된 오스트레일리아 지도는 '미국 지도보다 훨씬 더 우수할 것이며 적어도 또 다른 10년 동안 표준 지도가 되어야 한다'고 선언하였다.[15]

비록 그런 위험한 임무에 비행정을 파견하는 것은 불가능했으나 최신판 오스트레일리아 지도에 대한 컴프스턴의 요구는 외무부 장관인 허버트 에버트 박사(Dr. Herbert Evatt)에 의해 받아들여졌고, 그는 1947년 2월 자신은 '그 지역에 관한 가능한 최고의 지도가 준비될 것'을 원한다고 지시하였다. 비행정에 의한 사진 촬영 임무가 없었기 때문에 오스트레일리아는 다른 곳으로부터 최신의 지도 제작 정보를 모아야 했다. 그 임무는 외무부에 주어졌다. 외무부는 정보를 수집해 그 지도에 부수되는 새로운 안내서를 편찬할 것이며 한편 내무부 산하 국립 지도제작처(National Mapping Division)에서 그 지도를 작성할 것이었다. 컴프스턴과 모슨에게 그들이 제공할 수 있는 모든 정보를 요청하였으며 한편으로 최신 영국 지도와 해도를 얻기 위해 영국의 극지 위원회와 왕립 지리학회에 간청하였다. 컴프스턴은 아르헨티나와 칠레의 최신 지도를 캔버라에 보냈으며 노르웨이 포경 협회와 1939

년의 독일 *슈바벤란트호* 탐험대의 보고와 미국으로부터 추가 정보를 구했다.[16] 오스트레일리아 지도가 현존하는 지도들 중 가장 권위적이라야 하는 것이 가장 중요하였다. 그러나 남극에 대한 오스트레일리아의 영향력을 보장하기 위해서는 지도 이상의 것이 필요할 것이었다.

치플리의 재선에 뒤이어 9개 정부 부처 관리들이 1946년 12월 남극에서의 장래의 오스트레일리아 활동을 논의하기 위해 1946년 12월 멜버른에 있는 청색 사암으로 지은 오래된 빅토리아 병영(Victoria Barracks)에 모였다. 거기서 그들에게 조언한 사람은 30년 넘게 남극 자원의 개발을 주장해오고 있던 모슨이었다. 관리들이 '오스트레일리아 남극 영토의 개발과 사용 및 실효적 지배의 더 큰 영속성을 보장할' 권고 사항들을 마련하라는 지시를 받았던 가운데, 모슨은 그들에게 조언하기에 좋은 입장에 있었다.

의장인 외무부의 윌리엄 덩크(William Dunk)가 다른 나라들이 남극에 보여주고 있는 '강렬한 관심'과 이것이 오스트레일리아 주권에 제기하는 위협을 언급함으로써 회의를 시작하였다. 모슨에게 고개를 돌려 덩크는 '그것들을 사용할 실제적 수단을 고려할 수 있도록 그 영토의 자원에 관한 보다 실제적인 정보'를 요구하였다. 모슨은 기꺼이 도움을 베풀었다. 그는 우라늄을 포함한 대부분의 광물이 아마도 남극에 존재할 것이며, 석탄층은 구리 같은 다른 광물들을 제련하기 위해 *그 자리에서* 사용할 수 있을 것이라고 주장하였다. 고래의 멸종을 방지하기 위한 국제적 통제가 실행되는 한 포경업이 또한 오스트레일리아를 위한 영구 산업을 제공할 것이다.[17] 모슨은 정부가 통제하는 탐험에 반대하였으며 어느 기지든 그것이 '수산업의 발전과 (주로 포경업) 관련한… 과학적 탐험'에 전념할 일종의 대학교 주관 기지가 되기를 원했다.[18]

관리들은 가능한 한 빨리 영구 기지 하나를 설립해야 한다는 모슨의 제안을 승인하였다. 일부는 심지어 기상학 같은 목적을 위해 2개의 기지가 필요하다고 생각했으며, 한편 국방부 관리들은 잠재 적국이 그렇게 할 수 있기에 앞서 오스트레일리아 기지 하나를 설립해야 하는 전략적 이유들을 지적하였다. 그러나 기지가 설립될 수 있다거나 설립되어야 하는 장소에 관해서는 상당한 불확실성이 있었다.

모슨은 시드니에서 남쪽으로 멀리 동경 약 152도에 위치한 프레쉬필드곶(Cape Freshfield)를 선호하였는데, 그곳은 1913년 자신의 비극적 육상 탐험이 끝났던 곳이자 1940년 그가 기지를 세울 것을 주장했던 장소였다. 그러나 그는 여름에 배로 프레쉬필드곶에 접근할 수 있는지는 확신할 수 없었다. 그는 그 장소가 적절한지 여부를 알아보기 위해 4발 폭격기에 의한 저공 비행을 권하였다. 그 회의에서는 대신 비행기를 탑재한 오스트레일리아 해군 함정 1척이 단기간의 정찰 항해로 그해 여름 동안 그곳에 가는 한편, 관리들은 '남극에서 탐험과 관찰을 하기 위한 구체적 계획'을 마련하는 것을 추진하기로 결정하였다. 관리들의 긴박감이 매우 컸기 때문에 그 모임 후 3주 이내에 정부는 얼음이 없는 기지를 찾기 위해 해군 함정 1척을 파견하는 것을 허가하였다.[19] 그러나 해군 함정 파견의 허가와 적절한 함정을 찾는 것은 별개의 문제였다.

오스트레일리아 해군의 유일한 내빙선은 엘스워드의 낡은 배인 *와이어트 어프*호였는데 그 배는 오스트레일리아 군함 *왕갈라*호(HMAS *Wongala*)로 개명되어 폭약 수송을 위해 사용되었다. 전쟁 후 그 배는 퇴역하여 애덜레이드의 해양 소년단(Sea Scout)에 제공되었다.[20] 그 배가 남극해의 혹독함에 맞설 준비가 되려면 건선거에서 수개월의 작업을 필요로 할 것이었다.

1947년 1월 16일 치플리는 그해 여름 즉시 항해를 떠날 적절한 배가 오스트레일리아에는 없다는 것을 시인하지 않을 수 없었다. 그 대신 뉴질랜드가 했던 것처럼 그는 위원회 하나를 임명하여 1947년에서 1948년 여름을 위한 탐험 계획을 세우게 하였다.[21] 그 계획의 변경은 멜버른 *헤럴드지*(Malbourne *Herald*)에 의해 갈채를 받았는데 그 신문은 어떤 오스트레일리아 탐험대라도 그것은 '신중하게 고안된 과학 프로젝트'의 일부가 되어야지

'호화롭게 마련된 미국의 "태스크 포스"'에 대한 성급한 반응이 되어서는 안 된다고 말하였다. 그 신문은 '단지 만년빙에 덮인 극대륙의 조각 땅에 대한 이론적이고 논란의 여지가 많은 권리를 더 주장하기 위한' 탐험이 아니라 기상학, 포경업 및 광물 개발 같은 여러 분야에서 오스트레일리아에 소중한 실제적 결과를 보기를 원했다.[22]

오스트레일리아와 뉴질랜드가 적절한 선박과 숙련된 인원의 결핍으로 방해를 받고 노르웨이와 프랑스는 더 절박한 전후 문제들로 주의가 딴 데로 가있는 가운데, 미국의 압박에 대응하는 것은 남아 있는 3개의 남극 권리 주장국—아르헨티나, 칠레 그리고 영국—에 남겨졌다. 영국은 1945년에서 1946년 여름 동안 2개의 기지를 더 설립함으로써 포클랜드 제도 보호령에 대한 자국의 영향력을 이미 강화했는데, 그 기지들은 영국이 전쟁 동안 호프만, 디셉션 섬 및 록로이항에 설립했던 3개의 기지에 추가한 것이었다. 1945년 7월 그 기지들을 관리하였던 태버린 작전은 '포클랜드 제도 보호령 조사소(Falkland Island Dependencies Survey)'로 개명되었다. 새 이름이 평화로운 시기에는 더 적절했으며 그 목적은 여전히 같았지만 영국의 주장의 도덕적 타당성에 보탬이 될 것이었다. 영국 해군 정보부장이 뉴질랜드 정부 관계자에게 설명한 것처럼 '그 조사소의 일반적 목적은 그 지역 내에서 조사와 연구 프로그램을 수행하기 위해 그레이엄 랜드, 사우스세틀랜드 제도, 사우스오크니 제도의 요충지에 대한 실효적 지배를 유지하는 것이었다. 주요 기지들의 점거가 다른 모든 활동에 우선하기로 되어 있었다.'[23] 주권이 전부였다.

5개의 기지가 있었기 때문에 그 보호령들에 대한 영국의 점유는 더 완전하였다. 영국 법률 고문이 아르헨티나의 권리는 로리 섬 위의 기상 관측 기지를 40년 넘게 점거했기 때문에 논란의 여지가 없다고 제안했음에도 불구하고, 4명의 대원들이 로리 섬에 보내져 게디스곶(Cape Geddes)에 기지를 설립하였다. 런던은 로리 섬에서 아르헨티나에 양보한다면 사우스오크니 제도 전체가 아르헨티나 권리에 개방될지도 모른다는 두려움이 있었다. 10명의 대원들을 미국인들이 '스토닝턴 섬'이라고 부르는 네니 피오르(Neny Fjord)에 상륙시켜 거기서 1931년부터 1941년까지 미합중국 남극청이 기지 하나를 점거했는데, 미국인들이 머지않아 거기로 돌아올지 모른다는 두려움이 있었다. 그 5개의 기지는 전략적으로 남극 반도와 포클랜드 제도 보호령을 구성하는 2개의 도련 양자에 가로질러 흩어져 있었다. 각 기지에는 우체국이 있었으며 1946년 2월, 전 세계에 영국 소유권을 상기시키기 위해 포클랜드 제도 보호령의 새 우표들이 발행되었다. 또한 각 기지에는 무선 전신국이 있었는데, 거기에서 남대서양의 일기예보를 전송하여 영국 소유를 추가로 상기시키는 역할을 했다. 대륙 기지에는 또한 탐사 썰매 여행을 감안한 더 많은 개 썰매 팀이 있었다.[24]

이러한 조치들만으로도 영국의 권리를 방어하는 데 효과적일 것이라는 환상은 1946년 10월, 외무성 법률 고문이 정당한 권리를 확립하기 위한 법률 요건의 변화를 경고했을 때 떨쳐져버렸다. 영국은 오랫동안 주로 역사적 발견 행위에 의존해왔으나, 정부는 이제 '발견에 대해서는 이제 그다지 또는 전혀 비중을 두지 않을' 정도로 국제법이 발전했다는 통고를 받았다. 미국이 오랫동안 주장해왔던 지속적이고 실효적인 점유라는 요건이나 적어도 실효적 지배를 유지하는 요건이 현재 정당한 권리를 주장하기 위한 하나의 선행 조건으로 보다 일반적으로 인정받고 있었다.

이로 인해 포클랜드 제도 보호령, 로스 속령 및 오스트레일리아 남극 영토에 대한 권리에 관한 한 영국과 그 자치령들은 법적 토대가 매우 취약하게 되었다. 실제로 영국 정부는 포클랜드 제도 보호령에 대한 자국의 권리는 아마도 벌써 다른 권리 주장국으로 가버렸으며, 한편 다가오는 미국의 남극 탐험대가 그 장소에 미국 기지를 설립하고 이어서 워싱턴 당국이 영토 관할권을 주장하는 경우 로스 속령과 오스트레일리아 남극 영토도 취약하다는 조언을 받았다. 포클랜드 제도에 대한 영국의 권리만이 그들의 장기간

의 실효적 점유로 인하여 비난의 여지가 없었다.[25]

더 많은 영국 기지가 설립될 것이라는 발표와 버드의 해군 태스크 포스가 파견될 것이라는 발표가 결합되어 아르헨티나와 칠레가 같은 식으로 대응하게 만들었다. 아르헨티나 대통령 후안 페론(Juan Peron)은 1946년 9월 '아르헨티나령 남극(Argentine Antarctic)을 보여주지 않는' 아르헨티나 지도의 발행을 금지하는 법령을 발표함으로써 반응하였다.[26] 다음 달 그는 '남극의 잠수함 기지와 그것을 포함하는 바다에 대한 아르헨티나 주권을 선언하는' 또 다른 법령을 발표하였다. 부에노스아이레스 신문에 실린 1장의 지도는 그 권리가 '포클랜드 제도, 사우스조지아, 사우스샌드위치 제도, 사우스오크니 제도, 그레이엄 랜드와 남극 해안지방 전체'[27]—실제적으로 영국이 권리를 주장하는 모든 영토에 적용된다는 것을 보여주었다. 로리 섬의 기지를 위한 다가오는 여름철 보급 항해에서 그러한 영국 영토에 대한 아르헨티나 주권을 계속 주장할 것이었다.

한편 칠레는 1946년 12월 자국의 권리를 강화하기 위해 3척의 해군 함정을 파견할 것이라고 발표함으로써 대응하였다. 그와 동시에 칠레는 자국의 남극 영토에서 발견되는 모든 우라늄을 개발할 권리를 주장하는 법령을 발표하였다.[28] 칠레 해군 사령관으로부터 '우리의 영토를 확장하고 확대하라'는 지시를 받은 프리깃함 *이키케호(Iquique)*가 *소베라니아*(Soberania, Sovereignty)라고 부르는 기지와 함께 '프레지던트 아퀴레 섬(President Aquirre Island)'이라고 개명된 사우스셰틀랜드 제도의 그리니치 섬(Greenwich Island) 위에 수상 비행기 정박지를 세우기 위해 출항하였다. 6명의 해군 요원들이 해안 경비대 역할을 하고 우체국을 관리하기 위해 철제 오두막에 남겨졌다.[29]

디셉션 섬을 방문한 뒤 *이키케호*는 1947년 2월 6일 그리니치 섬으로 돌아왔는데, 그때 그 배의 지휘관이 적절한 의식과 함께 그 섬을 정식으로 점유하였다. 칠레 국기를 게양하고 국가를 합창한 다음 점유에 관한 문서에 서명을 하고 그 사본 1부를 건물의 기초 속에 묻었다. '평화와 정의의 상징'으로서 십자가를 세웠다. 그런 다음 칠레 스키 부대원들이 그 섬의 지형 측량을 완수하고 가장 높은 지점에 그들의 국기를 게양했으며, 한편 인근의 로버츠 섬(Roberts Island)에 항해등을 세웠다. 마침내 *이키케호*가 칠레를 향해 떠날 때 그 배는 '*칠레령 남극(Territorio Chileno Antartica)*'으로부터 라는 소인이 찍힌 수백 통의 편지를 가져갔다. 3월 26일 푼타아레나스에 도착하자 그 배는 '거의 모든 주민들'의 '연설과 열렬한 국가의 합창'과 함께 마중을 받았다. 축하할 것이 많이 있었는데 왜냐하면 가상의 영국 소유인 그리니치 섬과 아마도 사우스셰틀랜드 제도 전체에 대한 칠레의 권리가 이제 확립되었기 때문이었다. 서경 53도와 서경 90도 사이에 그 경계가 설정된 '안타르티다 칠레나(Antartida Chilena)'의 지도를 보여주는 특별 칠레 우표 2종이 발행되었다.[30]

남극 항해 동안 *이키케호*의 선원들은 나무판 위에 칠레 국기를 그려서 남극 반도 서안에서 떨어진 멜키오르 군도(Melchior Group)의 하나인 작은 감마 섬(Gamma Island) 해변에 그것을 세웠다. 1947년 1월 말 아르헨티나의 한 탐험대가 새 기상 관측 겸 무선 기지를 세우기 위한 장소를 선택하기 위해 도착했을 때, 갓 그려진 그 국기가 거기에 있었다. 페론 대통령은 이른바 '아르헨티나령 남극' 전체에 걸쳐 주권을 계속 주장하기 위해 *파타고니아호 (Patagonia)*가 이끄는 3척의 해군 함정을 파견하였다. 칠레 참관인들이 승선한 가운데 아르헨티나인들은 칠레 국기가 영국인들에 의해 제거되는 것을 보호할 것을 약속하며 자국 국기 하나를 칠레 국기에 나란히 꽂았다.

그런 다음 아르헨티나 배들은 영국의 주기지가 위치해 있는 록로이항 입구의 도우머 섬(Doumer Island) 위에 등대 하나를 세우기 위해 계속 나아갔다. 그 배들이 4월에 부에노스아이레스로 귀환했을 때, 그들은 국기를 흔드는 군중의 환영을 받았으며 승무원들은 꽃줄 장식을 한 가로를 따라 정부 청사까지 행진했는데 거기에서 페론 대통령은 '아르헨티나인들이 다시 한

번 자신들의 권리를 방어하기 위해 무엇을 할 수 있는지를 어떻게 보여주었는가'에 대한 감동적인 연설을 하였다.[31] 1947년 7월, 두 남미 공화국이 자기네들의 영토관할권이 더 이상 중복되지 않도록 그들 각자의 영토관할권을 조정하는 것에 합의하면서 영국 소유의 남극대륙에 대한 위협은 더욱더 커졌다.[32] 일단 그렇게 되면 그들은 영국과 그리고 미국에 대해 진정한 공동전선을 펼 수 있을 것이다.

1946년의 잠시 동안, 3개의 미국 탐험대가 남극에서 동시에 작전을 수행할 것 같이 생각되었다. 버드 탐험대 이외에 핀 론의 지휘하에 탐험대 하나가 또한 조직되고 있었고 또 다른 탐험대가 나이 들어가는 링컨 엘스워드에 의해 논의되고 있었다. 엘스워드 탐험대는 결코 성사되지 못했지만 론은 자신의 제안에 대한 지원을 얻기 위해 끈덕지게 밀어붙였다. 그 이래로 미국인이 되었던 노르웨이 태생의 그 탐험가는 남극과 오랜 관련이 있었다. 그의 부친은 1928년 버드와 함께 남쪽으로 갔었으며 그 자신은 1933년과 1939년에 다시 남극으로 갔다. 후자의 탐험에서 론은 동부 기지로부터 기념비적인 썰매 여행을 하였다. 이제 그는 자신의 옛 숙소를 다시 차지하여 1941년 서둘렀던 철수로 인해 중단되었던 작업을 계속하기를 원했다. 전쟁이 끝나기도 전에, 그리고 버드가 다른 일에 몰두해 있는 동안 론은 잠재적 기부자들과 후원자들에게 탐험에 대해 열변을 토하기 시작하였다. 탐험 안내서가 지리학과 지질학이 그의 예정표의 선두에 있음을 천명하였다. 버드 탐험대와 달리 그 탐험대는 단지 1척의 소형선과 2대의 항공기와 불과 16명의 대원들로 구성될 계획이었다.[33]

론은 전쟁이 끝날 때까지 미해군 함정국(US Navy's Bureau of Ships)에서 복무하였다. 따라서 그는 해군의 지원을 확신하고 있었다. 그러나 그는 탐험이 미국 지리학회의 후원으로 거행되고 있다고 선언할 수 있도록 먼저 그 단체의 지원을 구했다. 그런 다음에야 비로소 그는 버드에게 자신의 계획을 알릴 계획이었다.[34] 론은 버드와 '매우 사이가 좋다'고 주장했지만 그가 버드에게 상의하는 것을 거절한 것은 그 영향력 있는 탐험가가 자신의 계획의 싹을 잘라버리는 것을 막기 위한 하나의 계략이었음이 분명하였다.

1945년 10월 그 학회 위원회가 일단 지원을 제공하자, 론은 그 위원장 존 라이트(John Wright)를 시켜 해군 장관 제임스 포레스탈(James Forrestal)에게 자신이 이미 골라두었던 목재 선체 구조 예인선 1척을 빌려줄 것을 요청하였다. 포레스탈은 그 탐험대가 서경 35도와 서경 80도 사이의 남극을 탐험할 것이며, 이미 해군 함정국 전자과를 포함하여 다양한 과학 단체와 정부 기구의 관심을 얻었다는 통보를 받았다.**35** 포레스탈은 호의를 보였지만 해군은 그 함정을 한 개인에게 양도할 수 없었다. 그래서 론은 자신을 의장으로 하는 일종의 비영리 과학기구로서 미국 남극 협회(American Antarctic Association)를 설립하였다. 그 자문위원회에는 지리학자 이사야 바우먼, 새뮤얼 보그스 및 요에르크와 함께 지질학자 로렌스 굴드(그의 스승 윌리엄 홉스와 함께 1926년 남극에 최초로 갔던), 베른트 발첸 그리고 휴버트 윌킨스가 포함되어 있었다.**36**

심지어 이러한 후원자들이 있는데도, 론은 전쟁 전의 탐험대에게 그렇게 관대했던 단체들로부터 15만 달러의 변변찮은 예산도 모으기가 어렵다는 것을 알았다. *뉴욕 타임스지*는 그가 그들에게 접근하기 전에 대부분의 돈을 다른 곳에서 찾기를 원했으며, 허스트의 신문들은 4만 5천 달러 대신 고작 5천 달러를 제공했는데 그것도 그가 돌아온 후에야 지불할 것이었다. 반면에 미국 지리 협회는 한 푼도 내려고 하지 않았으며 대중의 관심이 '매우 미약할' 것 같다고 말했다.**37** 1946년 4월쯤 론은 거의 실패를 인정할 각오가 되어 있었으며 굴드에게 '이 나라의 과학계는 비영리적이고 대원 일부는 급여도 받지 않는 남극 탐험대를 지원하는 것을 정당화하기에는 과학에 대한 관심이 불충분하다'고 불평하였다.

6주 후, 자금의 약 절반이 들어왔기 때문에 론은 다시 다가오는 여름 동안 출발할 것을 확신하였다. 그는 신문 판매에서 2만 5천 달러를 받을 것을 예상했으며, 미국 철학 협회에 잔액을 충당하기 위한 4만 5천 달러의 보조금을 요청하면서 그 보답으로 그 학회가 지정하는 어떤 과학 연구도 다 수행할 것을 제안하였다. 그러나 그는 다시 실망하였다. 론은 그 대신 군대로부터 극지의 조건에서 장비를 시험하기 위한 계약을 얻는 것에 의존할 수밖에 없었다. 버드와 스미스소니언 협회 양자의 지원이 그에게 용기를 북돋아주었는데, 버드는 해군 함정을 빌리는 것에 대한 의회의 승인을 얻는 것을 도와주었으며 스미스소니언 협회는 버드의 1939년 탐험에 참여했던 그의 수석 과학자인 생물학자 칼 에클룬트 박사(Dr. Carl Eklund)의 급여를 지급하는 것에 동의하였다.[38] 1946년 9월 즈음 론의 탐험대는 12월에 출발할 준비가 되어가고 있었는데 강한 압박을 받은 미국 지리학회는 마지못해 론의 탐험대원 2명을 위해 그 본부에 자리를 제공하는 것에 동의하였다.[39]

론은 동부 기지의 버려진 건물로 돌아가 그곳에 남겨져 있었던 연료와 식품과 다른 물자를 사용할 계획을 세웠다. 그러나 1946년 9월 영국 정부는 국무부에 물자의 대부분이 그 곳에 방문한 아르헨티나 선박의 선원들에 의해 없어졌으며, 나머지는 지금 그 버려진 건물을 점유하고 있는 영국 탐험대에 의해 미국으로 돌려보낼 준비 중에 있다는 것을 알렸다.[40] 아르헨티나 정부가 장비의 일부를 미국으로 보냈지만 비축 물자의 상실은 론에게는 하나의 심각한 차질이었다. 그는 자신이 더 많은 물자를 가져감으로써 그것을 벌충해야 할 것이었다. 더 심각한 것은 영국인들이 버려진 미국 건물들을 점유하고 있다는 소식이었다.[41]

론이 1947년 3월 도착했을 때 국무부 관리들은 영국인들이 여전히 건물을 점유하고 있는지를 영국 대사관에 문의했고, 그 건물들에 양국 일행들을 수용하기에는 공간이 불충분하며 그 지역에는 그들과 개들의 식량으로 이용될 수 있는 바다표범이 불충분하다는 말을 들었다. 국무부는 그 소식을 별로 좋아하지 않았으며 그래서 영국인들에게 미국 건물들을 비워주고 론과 '그 지역에 오는 장래의 미국 탐험대들'을 위해 그것들을 남겨두라고 지

시하였다.[42]

론을 설득해 다른 곳에 기지를 세우도록 하기 위해 영국 사자 1명이 파견되었다. 그러나 그것은 선택할 수 있는 것이 아니었다. 론은 자신의 숙소로 그 건물을 필요로 하였다. 마지막 순간에 칠레도 또한 자기네들 것이라고 간주하는 영토 위에 론이 기지를 설립하는 것에 반대하였다. 칠레의 반대는 론이 스스로 칠레와 칠레령 남극에 유효한 비자를 발부받기로 하면서 누그러졌다.[43]

미해군으로부터 문제가 계속 발생했는데 해군은 버드의 지휘하에 훨씬 더 큰 탐험대를 보낼 것이기 때문에 그 계약을 철회하기를 원했다. 론의 얼마 안 되는 예산이 점점 더 줄어들었지만 그는 밀어붙이기로 결심하였다. 해군은 약속했던 선박을 그에게 여전히 제공하고 있었고 그 배의 연료는 한 석유 회사가 기증했으며 일부 대원들은 무급 지원자로 가거나 자신들의 원래 연구소에서 급료를 받고 있었다. 미 공군도 또한 그들이 시험하기를 원하는 장비를 그에게 제공해주었다.[44]

에클룬트가 수석 과학자를 그만두면서 또 다른 차질이 생겼으나 교체자를 찾을 시간이 없었다. 그럼에도 불구하고 론은 스미스소니언 협회에 '유용하고 흥미로운 약간의 정보'를 제공할 것을 약속하였다.[45] 텍사스주에서 해군이 소형 예인선 *포트 오브 뷰몬트호(Port of Beaumont)*의 개조를 지체시켜 1947년 1월 25일까지 그의 출발이 할 수 없이 연기되자 론의 다른 계획들이 훨씬 더 어렵게 되었는데, 그것은 그들이 여름이 끝날 무렵에 마거리트만에 도착한다는 것을 뜻하였다. 그는 그 배를 뉴욕에서 출발시켜 홍보를 최대화할 계획이었으나, 이제는 텍사스에서 파나마를 거쳐 칠레의 푼타아레나스로 가야 할 것이었다. 그럼에도 불구하고 론은 그 배가 3월 2일 남쪽을 향해 떠났을 때 미국 지리학회의 라이트에게 비교적 유쾌한 메시지를 보냈으며 '내가 가는 길에 많은 고의적 장애물이 놓여 있었지만 모든 것이 내가 2년 전에 예정했던 대로 잘 풀렸다'라고 보고하였다.[46]

론은 2명의 여자를 함께 데려감으로써 역사에 남을 일을 하였다. 1명은 그의 아내이자 국무부 직원인 재키(Jackie)였고 다른 1명은 그의 조종사 해리 달링턴(Harry Darlington)의 아내였다.[47] 또 다른 변화는 1명의 칠레 참관인을 포함시킨 것이었는데 그는 그 배가 푼타아레나스에 들렀을 때 칠레 정부의 요청으로 승선하였다. 론은 칠레인의 참석에 반대했으나 그 남자가 자신의 여행 비용을 지불하겠다고 하면서 누그러졌다. 론은 얻을 수 있는 돈이란 돈은 모조리 필요하였다.[48]

자기보다 앞섰던 수많은 민간 탐험대장들과 마찬가지로, 론은 빚과 미국 정부를 포함한 자신의 후원자들의 기대에 눌린 채 남극을 향해 떠났다. 버드의 해군 탐험대가 일단 발표되자 미해군의 일부는 그들의 지원에 미온적이게 되었지만, 해군연구실(Office of Naval Research)은 보다 간소한 론 탐험대의 잠재적 가치를 인정했으며 그것이 정부 탐험대가 되도록 압력을 가하였다. 론이 수행할 중요한 기상 관측과 우주선 관찰과 그가 발견할지 모르는 우라늄 광상 이외에도, 그 연구실은 미국이 영토관할권에 관한 어떤 국제회의에서도 더 나은 지위를 차지할 수 있도록 미국이 '공식적으로 대규모 남극 탐험을 착수할' 필요성을 지적하였다.[49] 그러나 그 탐험대가 주로 정부 자금에 의존하였고 론이 비밀리에 미국 우체국장의 1명으로 임명되었음에도 불구하고, 그 탐험은 여전히 민간 탐험대로 남아 있었다.[50] 그것이 압도적으로 개인적 과학 탐험대라는 인상을 주기 위해 론은 그 탐험대를 '론 남극 연구 탐험대(Ronne Antarctic Research Expedition)'라고 불렀다.

*포트 오브 뷰몬트호*가 천천히 스토닝턴 섬을 향해 나아갔을 때, 거주자들의 흔적이나 동부 기지의 버려진 건물 위에 휘날리는 국가의 상징이 전혀 없었다. 그러나 약 100미터 떨어진 곳에 1년 전에 세워져 현재 소수의 영국 과학자들과 병사들이 살고 있는 기지 위에 영국 국기 하나가 휘날리고 있었다. 그 영국 건물 위에는 그것이 '마거리트만 그레이엄 랜드 우체국(Graham Land Post Office, Marguerite Bay)'이라고 선언하는 큰 간판도 하나 있었다.

나중에 국무부에 보고한 것처럼, 론이 미국 건물에 다다랐을 때 그는 문들이 비바람에 활짝 열어젖혀져 있는 것을 보았으며 '전 장소에 이루 형언할 수 없는 식으로 쓰레기가 널려 있는' 가운데 '완전하고도 철저한 만행의 충격적인 증거'를 발견하였다. 그 건물들을 사람이 거주할 수 있게 만드는 데는 한 달이 걸릴 것이었다.

영국 기지 대장 케넘 피어스 버틀러 소령(Major Kenelm Pierce-Butler)은 그 손상은 2월에 그곳에 들렀던 한 칠레 배의 선원들과 불과 며칠 전 또 다른 칠레 배의 선원들에 의해 자행되었다고 주장하였다. 그 비난이 발표되었을 때 그것은 칠레에서 분노를 야기하였다. 정치적 폭풍을 의식하지 못한 피어스 버틀러는 자기 대원들이 그들의 기지에서 사용하려고 미국 장비와 건축 자재 일부를 가져갔다는 것을 시인하고 그것을 돌려주겠다고 약속하였다. 론은 또한 영국인들이 미국 화장실 사용을 중지하고 자기네 화장실을 지을 것을 주장하였다. 그것이 세상의 밑바닥에서 불과 몇 미터 떨어져 사는 두 집단 사이의 불편한 관계의 시작이었다. 국무부는 론에게 '양국의 최선의 전통 속에 우호적 관계를 확립하고 유지하라'고 조언하였다.[51]

그러나 그들 각자의 영토관할권으로 인해 좋은 관계를 만들기가 어려웠다. 1947년 3월 13일 론이 미국 기지의 낡은 깃대에 성조기를 게양했을 때 그는 피어스 버틀러로부터 즉각적인 도전을 받았다. 런던에서 받은 지시 하에 피어스 버틀러는 편지로 론에게 자신은 그것이 그 영토에 대한 미국의 권리를 나타내지 않는다는 조건이라면 미국 국기에 대해 반대하지 않는다고 충고하였다. 그러나 만약 그것이 정말 권리를 뜻한다면 그는 '항의하지 않을 수 없었다.' 론은 자신은 권리를 주장하지도 영국의 권리를 인정하지도 않는다고 대답하였다. 물론 론은 미국 권리에 관한 인쇄물이 1939년에서 1941년 사이에 자신을 포함한 미합중국 남극청의 대원들에 의해 마거리트만 주위의 눈에 띄는 여러 장소에 은닉되었다는 것을 알고 있었지만 그는 이 사실을 피어스 버틀러에게 시인하지 않을 것이었다. 대신 그는 기지를 점유하고 미국 국기를 게양할 권리를 주장하였다. '스토닝턴 섬 위에 있는 이 기지를 재점유하는 미국 탐험대의 하나로서, 우리는 미국 캠프에 있는 미국인이 세운 깃대 위에 미국 국기를 다시 게양하였다'라고 론은 말했다.

일단 주권에 관한 그들 각각의 입장이 확립되고 화장실 처리 방식에 합의를 보자, 론은 스토닝턴 섬에서의 남아 있는 몇 달 동안의 자신의 체류 기간을 피어스 버틀러와의 비교적 우호적인 관계를 즐기며 각자의 썰매 여행에 협조하면서 보냈다. 그 영국 지휘관은 미국 일행들과 따뜻한 관계를 유지하고 '모든 물질적 도움'을 제공하는 한편 영국의 주권을 지키라는 지시를 받았다. 그러나 칠레나 아르헨티나 탐험대가 거기에 도착하는 경우 그는 '공손하지만 더 격식을 차린 태도를 취하고' '도움은 제공하지 말라'는 명령을 받았다. 그는 또한 자신의 탐험의 과학적 측면을 강조하고 '어떤 것이든 상업적 중요성이 있는 광물의 증거와 표본'은 모두 숨길 의무가 있었다.[52]

론이 남극을 향해 텍사스를 떠나기도 전에 *노스윈드호*가 여느 때와 달리 두꺼운 얼음을 뚫고 고래만으로 가고 있었다. 그 뒤를 이어 리틀 아메리카 IV기지를 세우기 위해 수백 명의 대원들과 충분한 물자를 상륙시킬 준비가 되어 있는 수송선들과 하이점프 작전의 잠수함이 따라갔다. 그러나 얼음 상태가 매우 나빴기 때문에 선체에 손상을 입은 1척의 배가 철수해야 하였으며 잠수함도 마찬가지였다.

일단 상륙한 선원들과 해병대원들이 6대의 DC-4 수송기를 위한 가설 활주로를 준비하였다. 그 비행기의 크기 때문에 수송기들은 *필리핀 시호*의 갑판에서 간신히 이륙할 수 있었다. 비행기들은 이륙하기 위해 날개에 제트팩을 장착해야만 하였다. 버드는 리틀 아메리카에 착륙한 첫 비행기의 승객이었다. 비록 비행기들이 사진 촬영 비행 프로그램을 완수할 충분한 시간은 없었으나, 1947년 2월 16일 버드가 남극점으로 날아가 무비 카메라를 위해 자신의 1929년의 공중 정복을 되살릴 시간은 있었다. 미국 비행기들이 이제 남극의 여러 다른 지역에 선언문을 낙하하고 있었으나 버드는 상징적으로 국제연합 깃발과 함께 국제연합의 54개 회원국 모두의 국기를 담은 큰 상자를 떨어뜨렸다.[53] 그것은 미국이 자기네가 탐험하고 있는 영토를 정식으로 합병해야 하는지, 아니면 국제연합이나 어떤 '세계 공동체'를 대신해 그 영토에 대한 권리를 주장하는 것이 더 나은지 여부에 관한 미국 정책 입안자들 사이의 지속적인 갈등과 버드 자신의 우유부단함의 한 징후였다.

영토관할권을 주장하는 요원이 발표하는 선언문들조차 어떤 권리도 그것들이 관련된 개인에 의한 것이라기보다는 미국 정부 자체에 의해 주장되었음을 부인하는 옵션을 국무부에 허용하기 위해 단어의 사용을 신중하게 하였다. 각각의 선언문은 그것이 '미합중국 대통령의 지시에 의해 운영되고 해군 장관 지시에 따른 1947년의 미해군 남극 개발 프로젝트(United States Naval Antarctic Developments Project)의 일원'에 의해 발표되고 있음을 언급하였다. 그 선언문은 계속해서 다음과 같이 선언하였다:

… 우리는 다음과 같은 육지와 해역을 발견하고 조사하였으며… 따라서 미합중국의 이름으로 이 영토에 대한 권리를 선언하며, 이 주장을 지지하기 위해 본인은 즉시 미합중국 국기를 게양하고 그것에 관한 이 기록을 저장하였다(또는 비행기에서 낙하하였다).

그것은 훌륭한 법적 견해였으나 국무부 보고서는 나중에 그 선언문들이 비행기에서 낙하되었거나 '태스크 포스 개개의 대원들에 의해 저장되었으며' 따라서 그 영토관할권은 '태스크 포스 자체가 아닌 미국 시민으로서 개인들이 한 것'이라고 주장할 것이었다.[54] 비밀에 부치기로 되어 있었으나 선언문 낙하 소식이 1947년 4월 미국 신문에 보도되었다. 기자들의 질문을 받았을 때, 국무부의 한 대변인은 그것은 공식적인 영토관할권 서식이 아니었으며 아마도 '그것을 낙하시킨 비행기에 탑승한 한 개인의 서명이 되어 있을 것'이라고 단언하였다.[55]

선언문 이외에도 공중 사진 촬영과 그 결과 만들어질 향상된 대륙 지도에 의해 미국 권리의 강도를 강화하기로 되어 있었다. 그러나 부랴부랴 탐험을 서두른 탓에 조종사들이 항공 촬영 비행 훈련을 받지 못했고, '카메라가 들어 있는 칸막이가 돌풍에 대해 적절하게 밀폐되지 않았는데' 이는 사진사들이 두꺼운 장갑을 끼고 작업해야 함을 의미하였다. 크루젠은 이러한 제한들 때문에 대개의 경우 사진사들이 비행경로의 양쪽을 촬영하는 빗각 촬영 카메라를 작동할 충분한 시간이 없었다고 보고하였다. 비록 그 비행기가 약 4백만 평방킬로미터의 대륙 상공을—그중 약 절반은 과거에 탐험된 적이 없었다—비행했으나 그 지역 전부를 촬영한 것은 아니었다.

이러한 사진들로 지도를 제작하려고 애쓰는 사람들에게는 큰 문제점들이 있을 것이다. 적절한 지상기준점이 없으면 미해군 지도제작처의 지도 제작자들이 지도상에 새로 발견된 산들의 위치를 정할 방법이 없었다.[56] 지도 제작에 관한 한, 그 비행은 대부분 시간과 돈의 낭비였다. 그러나 그 비행에서 오스트레일리아 남극 영토의 베스트폴드 힐스 지역에 위치한 '외관상으로는 메마른 땅으로 이루어진 낮은 언덕들' 가운데 있는 얼음이 없는 호수들이 발견되었다. 신문들은 그 지역이 '일 년 내내 인간 정착지를 편안하게 지탱할 만큼 충분히 따뜻한' 오아시스와 유사하며 한편 그 호수들은 비행정이 사용하기에 충분히 크다고 기술하였다.[57]

3월 초 버드의 배들이 웰링턴에 돌아왔을 때 6대의 DC-4 수송기들은 그 다음 해에 다른 탐험대가 사용하리라는 기대와 함께 얼음 위에 남겨졌다. 그러나 미국인들은 돌아가지 못했고, 그 비행기들과 리틀 아메리카 IV기지는 무자비한 빙붕의 움직임에 패하여 멀리 남극해 안으로 떠내려갔다. 로스 속령에 대한 미국의 잠재적 권리는 여전히 제 자리에 머물러 있었지만 버드는 웰링턴에 돌아왔을 때 기자들에게 '미국은 남극에서 영토관할권 문제를 검토한 적이 없으며 영토관할권을 전혀 주장하지 않았음'을 확신시켰다. 그것은 일종의 겉과 속이 다른 상투어였다. 버드는 로스 속령을 왕래하는 도

중 뉴질랜드를 통과할 때마다 비슷한 언급을 하였다. 연이은 리틀 아메리카 기지의 설립과 더 많은 영토관할권 주장과 함께 그는 로스 속령에 대한 미국의 권리가 그만큼 더 훨씬 강해졌음을 잘 알고 있었다. 그럼에도 불구하고 버드는 '미국과 뉴질랜드 사이에 남극대륙에 관해 어떠한 논란도 생각할 수 없다'고 말했다.[58]

마찬가지로 지리학자 폴 사이플도 오클랜드의 한 신문 기자 회견에서 '국가 소유 문제 대신 거기서 수행할 수 있는 귀중한 연구에' 집중하는, 남극대륙에 대한 뉴질랜드의 자세에 감탄하였다.[59] 그것은 분명히 실용적인 뉴질랜드 수상 피터 프레이저(Peter Fraser)가 보여준 자세였는데, 그는 웰링턴에서 버드를 환영하는 만찬을 베풀었다. 그 만찬회 도중 프레이저는 '뉴질랜드와 미국 간의 남극을 향한 경주를 개최하려고 애쓰는' 신문 보도들을 비난하였다. 솔직히 뉴질랜드는 선박들도 없고 그래서 '최대한 협조하기를 원한다'고 프레이저는 말했다. 버드도 비슷한 식으로 답했으며 '남극에서 과학 연구를 공유하기 위한 일종의 국제기구'가 있어야 한다고 주장하였다.[60]

로스 속령에 대한 미국의 의도에 관한 뉴질랜드의 우려는 버드의 방문에 의해 부분적으로 누그러졌다. 그는 뉴질랜드인들에게 극지 의복 샘플을 제공했으며 만약 오스트레일리아와 뉴질랜드가 기지를 설립한다면 미국은 자국의 기지들뿐 아니라 그들을 위한 쇄빙선 1척도 제공할 것이라고 제안하였다.[61] 미국인들은 확실히 그들이 돌아올 것이라는 인상을 주었다. 크루젠은 기자들에게 '미국이 이러한 남극 조사 활동과 유사한, 하나가 아닌 많은 탐험대를 기꺼이 지원하지 않는다면 양극의 현명한 방어는 불가능하다'라고 말했다. 그는 기술의 발전으로 인해 '우리가 양극을 지배하게 되었다'라고 말했다. 또한 '우리가 만약 양극에 대한 영향력과 잠재적 정복을 포기한다면' 그것은 '불행한' 일이 될 것이라고 말했다.[62]

그러나 버드가 미국에 도착했을 때 어떠한 오해도 다 없어져버렸는데, 신문 보도들이 하이점프 작전은 '그 지역에 대한 항공 측량을 시행하고 주권을 나타내는 표지를 떨어뜨림으로써 권리를 차지하기 위한 토대를 놓는 공공연한 목적이 있음'을 폭로하였다. *뉴욕 헤럴드-트리뷴지(The New York Herald-Tribune)*는 워싱턴 당국이 버드 탐험대 비행기에서 낙하시킨 영토 관할권 서류와 미국 국기들에 근거하여 '남극대륙의 광대한 지역에 대한 정식 권리를 머지않아 주장할 것'이라고 예측하였다.[63] 그러나 버드는 '남극대륙 일부를 미국 영토로 확립하려는 공식적인 미국의 행동을 권할' 것인지에 대한 확신이 없었다.[64] 그리고 미국 관리들의 일부는 영국과 같은 가까운 동맹국과 그들의 관계에 대한 부차적 영향을 우려하면서 최선의 진행 방법에 대해 의견이 갈라져 있는 상태였다.

1947년, 미국이 영토를 합병하기 직전이라는 신문들의 예측이 되풀이되는 가운데 권리를 주장하던 기존 7개국들은 여러 차례 논의된 국제회의에 앞서 계속해서 자기네들의 지위를 강화하였다. 뉴질랜드는 특히 지위가 불안정하였다. 지금까지 그 지역에 갔던 뉴질랜드 탐험대도 없었던 데다 그곳 해안에 발을 디뎠던 뉴질랜드 관리도 없었기 때문에 로스 속령은 미국이 더 강력한 권리를 가진 법적으로 임자 없는 땅이라는 것이 비밀리에 인정되어 있었다.[65]

그러나 그것이 뉴질랜드가 자국의 지배권을 포기할 준비가 되어 있다는 뜻은 아니었다. 1947년 초 정부를 위해 준비된 일련의 논문들은 뉴질랜드가 자국의 주권을 주장하는 것에 대한 중요성을 강조하였다. 과학 및 산업 연구부는 포경업의 경제적 가치를 지적하고 가공선으로 사용하기 위해 선박 1척을 개조할 것을 촉구하였다. 그 부서는 전 세계적인 지방과 기름의 부족을 언급하고 마가린 제조를 위한 고래기름의 중요성과 단백질 원천으로서 고래 고기의 잠재성을 주장하였다. 그 부서는 또한 뉴질랜드가 크릴 수확을 개척할 것을 제안하였다.[66] 그리고 순수 과학을 위한 남극 기상 관측의 유용성도 있었으며-남극대륙의 기후와 뉴질랜드 기후 사이에 관련을 확립할 수 있을 것이다-로스 속령에 석탄, 금 및 우라늄 광상이 있을 가능성도 있었다.[67] 뉴질랜드 참모총장이 영국까지의 해수 연락의 안전을 보장하기 위해 포클랜드 제도 보호령을 보유해야 한다고 생각하는 한편, 석유나 우라늄이 거기서 발견되지 않으면 로스 속령은 '아무런 군사적 의미가 없다'고 생각하였다. 만약 석유나 우라늄이 발견된다면 그것이 '소유를 확립하기 위한 정력적인 조치들을 정당화시킬' 수 있을 것이다.[68] 그러나 뉴질랜드는 여전히 남극 기지를 설립할 입장이 아니었다.

오스트레일리아는 훨씬 더 나은 입장에 있었고 방어할 영토도 훨씬 더 많았다. 1948년 초쯤 *와이어트 어프*호와 보급선 1척이 오스트레일리아 남극 영토에 영구 기지 하나를 설립할 수 있을 것으로 기대되었다. 그러나 그 사이에 오스트레일리아 영토는 주장되고 있는 미국 권리에 취약하였다. 어쨌든 미국은 윌크스의 항해, 최근의 엘스워드의 항해와 비행 및 현재의 하이점프 작전 활동에 근거한 잠재적 권리를 소유하고 있었다. 미국의 합병 위험을 피하기 위해 오스트레일리아는 미국인들의 선박이나 항공기가 오스트레일리아 영토 내로 들어오기를 원하는 경우 허가를 구할 것을 제안함으로써 자국의 주권을 주장하는 통상적 절차를 밟았다. 미국의 방침은 어떠한 허가도 요구될 수 없다고 지시했지만, 오스트레일리아인들은 미국인들이 오스트레일리아 영토에 들어올 계획이 없다는 것을 알고는 안심하였다. 사실 하이점프 작전의 항공기가 오스트레일리아 영토 상공에서 사진 촬영 비행을 실제로 감행하였으나, 대륙 전체의 포괄적 지도를 만들려는 그들의 야심찬 시도는 궁극적으로 실패하였다.[69]

영국 외무성이 '점유의 증거'를 보여주기 위해 '정기적 항공 측량'을 시행해야 한다고 촉구하자, 오스트레일리아인들은 프레쉬필드곶의 적합성을 평가하기 위해 폭격기를 파견한다는 생각으로 돌아왔다.[70] 버드 탐험대가 더 동쪽을 탐험하고 있었고, 오스트레일리아 공군의 둔중한 리버레이터 (Liberator) 폭격기와 링컨(Lincoln) 폭격기들은 1947년 3월 남극행 비행 승무원들의 방한 피복을 시험하고 남극대륙으로 가는 장래의 비행에서 비행정들이 들를 수 있는 상륙 장소를 물색하기 위해 지금은 사람이 살지 않는 맥쿼리 섬 상공을 수차례 비행하였다. 또한 그 섬을 재점유하여 오스트레일리아를 위한 일기예보를 제공할 기상 관측 기지로 그것을 사용할 계획도 있었다. 지금까지는 순조로웠다. 그러나 공군은 남극대륙까지의 왕복 비행에 공군 항공기와 승무원들을 위태롭게 하는 것을 꺼려하였다. 그들이 맞닥뜨릴 날씨에 대해 전혀 알 수 없었기 때문에 비행기는 계기 비행을 할 것이며, 만약 불시착해야 하는 경우 극지방의 만년빙 이외에는 비상 착륙 장소가 전혀 없었다. 대기하고 있는 내빙선도 없어서 그런 만일의 사태가 발생하는 경우 구조될 가망도 거의 없을 것이다.[71] 맥쿼리 섬보다 더 남쪽으로는 결코 비행을 무릅쓰지 않았다.

남극 기지 하나를 설립하는 실제적 문제들이 지체를 더 야기하였다. 1947년 4월 정부가 젊은 외무부 장관 존 버튼 박사(Dr. John Burton)를 위원장으로 하는 기획 위원회를 설립했을 때, 모슨은 그 위원들에게 다가오는 여름 동안 남쪽으로 정찰 항해를 보내고 1948년에서 1949년 여름 동안 프레쉬필드곶에 영구 기지 하나를 설립하도록 설득하였다.

그 기획 위원회의 첫 모임에 뒤이어 베테랑 남극 항해가 존 킹 데이비스 선장이 자문 요청을 받았다. 정부의 항해 지도자이자 오랫동안 극지 선장으로서 데이비스는 자신의 선박들을 잘 알고 있었다. 그는 당시 애덜레이드의 건선거에서 점검 중이었던 *와이어트 어프호*를 개조한다는 생각에 반대했으며 새 선박 1척을 구매하는 것이 비용이 더 쌀 것이라고 주장하였다. 또한 *와이어트 어프호*에 대한 보조로서 강철 선체의 대형 상륙함을 파견하는 생각도 찬성하지 않았다. 마침 갖고 있는 적당한 배가 없었기 때문에 그는 올해 항해는 불가능하다고 조언하였다. 그는 또한 영구 기지 장소로서 프레쉬필드곶의 적합성에 관해서도 확신이 서지 않았으며, 오스트레일리아의 어떠한 탐험도 모두 미국, 영국 및 뉴질랜드와 협조하여 시행해야 한다는 오스트레일리아 국립 연구위원회의 제안을 경계하였다. 데이비스는 오스트레일리아가 무모하게 일에 뛰어들어 성급하고 무분별한 결정을 내릴 위험에 처할 것을 우려하였다. 1948년 11월을 '적절한 장비를 갖춘 계획된 탐험대'를 파견할 가장 이른 시기로 지명한 데이비스는 '이 문제는 서두를 필요가 전혀 없다'라고 주의를 주었다.[72]

그러나 모슨은 배 1척을 가능한 빨리 보내기를 원했다. 그는 자기 아내에게 탐험 자금의 표결에서 정부의 지지부진함으로 야기되고 있는 심각한 지체에 관해 불평하였다.[73] 1947년 5월 5일 위원회의 두 번째 모임에서 스튜어트 캠벨 공군 대령이 제안된 탐험대 지휘자로 선정되었다. 캠벨은 1929년에서 1931년 모슨의 두 차례 항해의 조종사였으며 영토관할권을 주장하기 위한 필요조건에 정통하였으나 그것들을 상당히 경멸해왔다. 해군 대표가 다가오는 여름철 동안 탐험의 실행가능성에 관해 의문을 제기하고 모슨이 프레쉬필드곶이 적절한 장소가 아닐지 모른다는 것을 시인했을 때에야 비로소 그 위원회는 *와이어트 어프호*를 사용한 최초의 탐험은 단지 정찰 목적을 위한 것이어야 한다는 결정을 내렸다. 외무부 장관 에버트 박사(Dr. Evatt)는 계획의 변경에 동의하는 한편 그와 동시에 '일의 성공에 대한 그의 열렬한 관심'과 '이 목적을 위해 가능한 모든 것을 행해야 한다'는 그의 바람을 나타내었다. 그는 심지어 일본 주둔 연합국 점령군의 미국 사령관 더글러스 맥아더 장군에게 일본 가공선의 이용을 요청할 것을 제안하였다.[74] 맥아더가 동의할 가능성이 있다는 것은 아니었다. 그는 굶주린 일본 주민들에게 고기를 제공하기 위해 고래를 얻는 것과 고래기름 판매로 수익을 얻는 것에 관심이 너무 많았다.

데이비스는 계속해서 너무 빨리 많은 것을 하려고 하는 오스트레일리아에 대한 우려를 제기하였다. 그와 국방부의 우려가 탐험대의 조직을 맡고 있었던 외무부의 재고를 야기한 것처럼 보였다. 7월 중순, 캠벨은 데이비스에게 지금 정부의 야심은 오직 '다가오는 5년 이내에 남극 해안에 가능하면 영구 과학 기지 하나를 설립하려고 노력하는 것'이라고 알려주었다. 먼저 오스트레일리아는 맥쿼리 섬과 허드 섬에 일행을 확립하는 데 집중할 것이며 한편 *와이어트 어프*호에서 이륙한 비행기가 데니슨곶에 있는 모슨의 옛 기지 주변 해안을 정찰할 것이었다. 그것이 '오스트레일리아 남극 영토의 체계적 해안 정찰'의 첫 단계가 될 것인데, 그 작업은 '남극대륙 자체의 영구 과학 기지' 하나를 세우기 위한 장소가 발견될 때까지 몇 년에 걸쳐 착수될 것이었다.[75] 데이비스의 보류에도 불구하고 오스트레일리아 정부는 1947년 11월 11일 대형 상륙함 1척이 서오스트레일리아 남서쪽에 있는 허드 섬의 점유를 위해 그달에 한 팀을 데려가고 1948년 1월에 맥쿼리 섬으로 또 다른 팀을 데려가기 위해 돌아오는 것을 결정하였다.

허드 섬을 성급히 점유하려는 것은 부분적으로는 미국인들이 먼저 그곳에 도착할지 모른다는 두려움 때문이었다. 그곳은 각자의 19세기 포경선과 바다표범잡이배들의 항해에 근거해 영국과 미국 사이에서 오랫동안 그 소유권에 관한 논쟁이 있었던 섬이었다. 버드는 1939년 남미에서 오스트레일리아까지의 남극 횡단 비행을 위한 착륙 장소로 그 섬을 원했지만 그곳에 비행정을 위한 착륙 장소나 비바람이 들이치지 않는 바다가 없다는 것을 깨달았다. 외무성 법률 고문은 1947년 3월 영국 극지 위원회에 영국의 한 탐험대가 그 외로운 점과 같은 섬을 방문한 이래 20년 남짓 동안 어떠한 영국의 권리도 아마 다 만료되었을 것이라고 털어놓았다.

비록 그 섬에 전략적 가치는 전혀 없었으나 영국은 오스트레일리아나 남아프리카 공화국이 일종의 기상 관측 기지로서 그 섬이 유용하다는 것을 알게 될 것이라고 생각하고 그들 중 한 나라가 그것을 합병할 것을 제안하였다. 며칠 후 오스트레일리아가 그렇게 하기로 합의했으며 한편 남아프리카 공화국은 더 서쪽에 있는 마리온 섬(Marion Island)과 프린스 에드워드 섬(Prince Edward Island)을 합병하고 점유하기 위한 은밀한 항해에 전함 1척을 파견하였다. 오스트레일리아는 허드 섬의 '소유권을 확보하는 것'이 자국의 이익에 도움이 된다고 확신했으며, 그렇게 하려면 '현장에서의 정식 합병

행위와 그 후의 실효적 지배의 유지'가 필요할 것이라는 것을 인정하였다.[76]

캔버라에서는 오스트레일리아가 그 섬에 대해서 미국 탐험대나 또는 남극에서 조업 중인 러시아 포경선들 중 1척에 질지도 모른다는 두려움이 있었다. 그래서 오스트레일리아 탐험대의 목표는 극비에 부쳐졌다.[77] 신문들이 1947년 11월 15일 멜버른에서 대형 상륙함이 출발할 것을 보도하였으나-'강인하고 탄탄한 몸매의 미혼남'이라고 묘사되는 캠벨의 지휘하에-그 탐험대의 목표는 캠벨이 요구되는 권리 선포 의식을 마무리한 며칠 뒤인 1948년 1월 5일까지 밝혀지지 않았다.[78]

개인적으로는 모슨이 거행했던 권리 선포 의식을 비웃었기 때문에, 캠벨 자신이 이제 똑같은 것을 해야 한다는 것은 아이로니컬하였다. 모슨이 했던 것처럼 통상적인 국기 게양과 선언문 낭독이 있었고 선언문 사본 1부를 적절한 절차에 따라 원통 속에 넣고 깃대 발치에 있는 돌무더기 밑에 저장하였다. 신중하게 용어가 선택된 그 서류는 기존 영국 권리의 취약함에 관한 어떠한 인정도 다 피하고 대신 오스트레일리아의 합병을 영국 군주가 '주장하고 행사했던' '주권'의 연속으로 묘사하였다. 또한 배의 항해 일지에 의식의 기술을 적었으며, 한편 보도 자료는 전 세계에 오스트레일리아의 업적에 관해 말하였다. 계속적인 보도 자료를 통해 탐험대의 업적에 관한 보도들이 출현하였는데 캠벨은 '그 탐험대가 오스트레일리아 영토를 실효적으로 점유하고 있음을 암시하는' 식으로 그 초안을 작성하라는 지시를 받았다. 텐트 1동이 그 섬의 우체국으로 지정되었으며 편지에는 그 장소가 이제 오스트레일리아 소유임을 보여주는 특별 소인이 찍혀있었다.[79]

대형 상륙함이 허드 섬에서 떨어진 곳에 배치되어 있었던 18일 동안 겨우 22시간의 온화한 날씨에도 불구하고 그 배는 간신히 허드 섬과 맥쿼리 섬에 일행을 상륙시키는 것을 완수하였다.[80] 그 배의 강철 선체는 더 이상 남쪽의 총빙 속에서는 신뢰할 수 없었다. 마침 더 나은 것이라고는 가진 것이 없었기 때문에, 데니슨곶 근처 해안을 정찰하는 임무는 강화된 목재 선체를 가진 엘스워드의 낡은 배에 맡겨졌다. 그러나 그것은 튼튼한 영국산 오크 대신 발트해 연안의 소나무였다. *왕갈라호(Wongala)*는 벌써 애덜레이드해 정찰에서 회수되어 오스트레일리아 해군의 감독하에 개조되었는데, 해군은 그 배가 대원들과 물자를 선적하기 위해 멜버른을 향해 떠나기 전인 1947년 11월에 그 배를 오스트레일리아 전함 *와이어트 어프호*라고 개명하였다.[81]

얼음 가운데서도 보일 수 있도록 화려한 오렌지색과 검은색으로 칠한 그 배는 거친 바다를 헤치고 멜버른까지 짧은 항해를 했는데, 그것은 다가올 좋지 않은 일들의 조짐이었다. 그 배에 행한 모든 수리 작업에도 불구하고 선원들은 좌우로 흔들리는 갑판 위로 그리고 아래로 '앞쪽으로는 하갑판들 속으로⋯ 그리고 고물 쪽으로는 선실과 상급사관실 안으로' 밀려들어오는 바닷물을 퍼내야 했다. 멜버른에서 더 많은 수리를 했는데 거기서 12월 19일 남극을 향해 떠나기 전 다양한 정부 고관들이 그 배를 방문하였다. 그러나 그 배는 포트 필립만(Port Phillip Bay)을 떠나기도 전에 엔진이 고장 나버렸다.

임시변통의 수리를 하여 *와이어트 어프호*는 베스 해협(Bass Strait)의 폭풍이 휩쓸고 간 바다를 헤치고 호바트까지 계속 나아갈 수 있었다. 그러나 크리스마스 날 그 배가 호바트를 떠날 준비가 되었을 때 엔진이 다시 고장 났고 그 배는 부두와 충돌하였다. '정말 김빠지는구나!' 라고 갑판사관 쿡(W. F. Cook)이 외쳤는데, 그는 선장이 '샴페인 칵테일을 처방하고 우리들이 새벽 3시까지 [수석 과학자] 필 로(Phil Law)의 아코디언 연주와 함께 노래 부르고 춤을 추고 법석을 떨었을 때야' 비로소 우울한 분위기가 깨진 경위를 기술하였다. 그들은 다음 날 아침에 출발하였는데—불과 3명의 남자와 2명의 소년들과 아기 1명의 작별을 받고—호바트를 벗어나자마자 거친 바다에 의해 다시 물에 잠겨버렸다. 걱정한 해군 당국은 그 배에 멜버른으로 돌아와 수리를 더 받으라는 명령을 내렸다.[82] 오스트레일리아는 계속해서 남극에 대한 야망을 달성하려는 의지는 있었으나 수단이 없었다.

이와 달리 미국은 수단은 있었으나 진행 방법에 대한 우유부단으로 계속 괴로워하고 있었다. 그 불확실한 상황을 끝내려고 애쓴 사람은 론이었다. 1947년 겨울의 어둠 동안 얼음으로 뒤덮인 *포트 오브 뷰몬트호*의 자신의 선실에서 론은 조지 마샬(George Marshall) 국무장관에게 미국이 남극대륙 해안 주위에 고리 모양으로 간격이 고르게 배치된 4개의 기지와 함께 추가로 매년 몇 달 동안 사람이 거주할 임시 기지들을 내륙에 설립해야 한다고 주장하는 편지를 썼다. 주목적 중의 하나는 대륙 전체의 항공 지도 제작이 될 것이었다.

론은 4개중 하나의 기지가 마거리트만에 있는 자신의 현재 기지 장소에 있기를 원했으며 4개의 기지 모두에 '자격을 갖춘 과학자들뿐 아니라 군사적 목적을 추구하는 특수 훈련을 받을 대원들'을 포함하여 적어도 30명의 요원들을 배치할 것을 제안하였다. 영국 기지에 있는 요원들과 얘기를 한 뒤 론은 영국이 자기네 기지 각각에서 그 활동을 증가시키고 심지어 기지 수를 늘일 계획이라고 경고하였다. 이것에 대응하고 워싱턴이 그들만의 기지를 갖도록 고무시키기 위해, 론은 옛 기지의 관리를 떠맡을 공식 탐험대를 돕는 취지로 대원 일부와 함께 자신의 장비를 두고 갈 것을 제안하였다. 미국이 만약 극지 전쟁에 휘말리게 되는 경우 '남극대륙보다 전쟁을 위한 더 완벽한 훈련 및 시험 장소는 찾을 수 없을 것'이라고 론은 적었다.[83]

론의 제안은 국무부의 진지한 관심을 받았으며 논평을 받기 위해 다른 정부 기관들에게 보내졌다. 군사 관리들의 대부분은 훈련 장소로서 남극대륙과 그 전략적 중요성을 무시한 반면, 지도 제작과 관련된 관리들은 적절한 지상기준점을 확립하는 문제 때문에 그 대륙의 항공 지도 제작이 '사실상 불가능하다'고 주장하였다. 버드에게 조언을 구했을 때 그도 그 제안에 대해 '논리적으로 옳지 않은 많은 측면'이 있다며 반대를 표명했다. 그는 미국이 그 대신 '남극대륙에 대한 과학적 관심이 있는 다른 나라들'과 그 활동을 조정할 것을 권했다.[84]

크루젠은 '정치적 어려움'으로 인해 '군사적 훈련과 연구를 위한 기회'가 제한되어 있는 북극에 대한 하나의 대체 훈련 장소로서 남극이 중요하다는 것에 론과 의견이 일치하는 군내부의 거의 유일한 외로운 목소리였다. 비록 크루젠이 여러 개의 기지를 설립하려는 론의 계획이 '탐험과 영토관할권'을 위해서는 중요하다는 것은 인정했지만, 그는 군사적인 하나 이상의 대규모 기지가 더 유용할 것이라고 생각하였다.[85] 과학자들로부터 론의 제안에 대한 훨씬 더 많은 지지가 있었는데, 그들은 기상학과 초고층 대기의 작동 방식뿐 아니라 자기와 우주선에 관한 데이터를 수집하기 위한 남극의 잠재력을 인정하였다.[86] 그것은 앞으로 다가올 일의 징조였다.

미 육군과 해군은 대부분 론의 제안을 무시했으나 그들은 미국의 영토관할권을 확보하기 위한 기지의 필요성을 결정하는 것은 국무부의 특권이라는 것을 인정하고 있었다. 론이 1947년 동안 항공기와 개 썰매로 자신의 남극 반도 탐험을 계속하고 있었을 때 국무부와 중앙정보부는 어떻게 하면 미국이 버드의 최근의 탐험 동안 주장된 권리를 포함하여 1800년대 초부터 자국 시민들이 발견했거나 탐험했거나 또는 권리를 주장했던 모든 영토에 대한 권리를 주장할 수 있을 것인가를 연구하고 있었다. 1947년 10월 CIA는 '미국이 영토관할권을 주장하려는 모든 지역'을 보여주는 남극대륙의 비밀 지도 1장을 완성하였다.[87] 마침내 자국의 영토관할권을 주장하는 것이 정당하다고 생각되는 모든 지역에 대한 공식적인 미국의 공개가 있었다.

해안선이 대부분 다른 나라들에 의해 발견되었기 때문에, 그것은 해안에서 남극점까지의 쐐기 모양의 영토라기보다는 종종 해안선과 연결이 거의 없는, 미국 비행기들이 그 상공을 비행한 내륙 지역들이었다. 미국이 만약 섹터주의를 받아들인다면 미국의 권리는 훨씬 더 제한될 것이다. 섹터주의를 거부함으로써 미국은 남극의 영토관할권을 주장하는 7개국 영토를 침범하고 있었는데, 소련과 점점 더 긴장된 교착 상태와 향후 전쟁 가능성에 직면해 있던 워싱턴 당국은 이들의 지지를 필요로 하였다.

CIA가 잠재적 미국 권리에 관한 지도를 준비하고 있는 동안, 국무부는 이러한 문제들을 남극에서 미국의 이익을 최대화하는 식으로 조정하려고 애를 쓰고 있었다. 1947년 11월의 한 비밀 보고서에서 국무부는 '실효적 점유의 증거'를 제공하기 위해 설립되었던 영국 기지들과, 영국이 전 세계에 그들이 권리를 주장하고 있는 영토를 지배하고 있음을 보여주기 위해 취했던 대부분 상징적인 관리 조치에 주목하였다.[88] 남미의 두 공화국이 똑같이 행동해 영국과의 충돌 코스를 부추기고, 미국이 남극의 대부분에서 제외될 가능성에 직면한 가운데, 대륙을 국제적 지배하에 둔다는 생각은 워싱턴 당국에 더 매력적으로 다가왔다.

또한 소련이 영토관할권을 주장할 가능성은 대륙 분할을 끝내고 경쟁보다는 협조가 두드러진 국제적 관리 체제로 그것을 대체하자는 호소에 보탬이 되었다. 그런 관리 체제는 타의 추종을 불허하는 물류 능력이 있는 미국에게 대륙에 대한 과학적 조사와 후일의 경제적 개발을 지배할 수 있다는 이점을 더해줄 것이다. 결과적으로, 미국의 영토관할권에 관한 CIA 비밀 지도와 영토관할권을 정당화하는 유사한 국무부 비밀 보고서는 둘 다 먼지를 뒤집어쓰도록 방치되었다.

CHAPTER 18

1948–1951

모든 민족들의 공익을 위해

1948년 2월 20일 핀 론과 그의 동료들이 목재 선체의 예인선 *포트 오브 뷰몬트호*를 타고 집으로 갈 수 있게 하는 데 2척의 미국 쇄빙선이 필요하였다.[1] 론의 출발은 대규모 민간 탐험대의 마지막을 나타내었다. 정부를 제외한 모든 이들에게 탐험 비용이 너무 커졌다. 민간 후원자들과 언론 기관들은 대중의 흥미를 거의 끌지 못하고 점점 더 복잡한 과학을 다루는 탐험에 더 이상 자금을 댈 준비가 되어 있지 않았다.

심지어 미국 지리학회의 후원을 받았던 론의 탐험대는 국무부를 대신하여 영토관할권을 주장하는 동안 국방부의 여러 부처로부터 압도적인 자금 지원을 받았다. 집을 향해 떠나기 전 론은 워싱턴에 무선 메시지를 보내 그가 탐험 동안 발견했던 모든 영토에 대해 어떻게 권리를 주장했는가를 보고하였다. 그는 자신이 인근의 영국 기지 대장과 함께 지리학적 발견과 과학적 조사로 구성된 공동 프로그램을 조직했음에도 불구하고 그 권리를 주장하였다. 그것은 '남극에서 국제적 탐사의 최초의 예'라고 그는 적었다.[2] 그리고 그로 인해 론은 남극에서 영토관할권을 주장하는 개념을 재고하지 않을 수 없었다.

론은 영국인들과 함께 일하는 동안 자신의 탐험에 관한 보고서를 쓰기 시작했으며 집으로 돌아오는 항해 동안 그것을 완성하였다. 1948년 3월 14일 칠레에서 그는 미국 지리학회 회장에게 편지를 써 그 탐험대의 '극히 풍부한 결과의 수확'을 알렸다.[3] 기상학적 관찰과 다른 관찰 결과, 엄청난 암석 수집 외에도, 그는 웨델해까지 남극 반도를 횡단했으며 남극 반도가 하나 이상의 해협에 의해 대륙으로부터 분리되어 있지 않다는 최종 증거를 제공하였다.

전체적으로, 그는 적어도 65만 평방킬로미터의 '새 영토'를 발견하고 탐험대의 3대의 비행기에서 총 16만 5천 평방킬로미터의 영토를 촬영했다고 주장하였다. 그가 비행에서 찍었던 14,000장의 사진들은 포클랜드 제도 보호령의 그 부분에 관한 지도를 향상시키기 위해 사용될 것이었다. 항공 촬영 사진들은 영국인과 미국인들로 구성된 4인 썰매 팀과 협력하여 비행이 이루어졌다는 점에서 특히 소중했는데, 이들은 웨델 해안을 따라 1,000마일 넘게 이동하여 지도 위에 산과 만과 다른 지형들의 위치를 정확하게 정할 수 있게 해줄 지상기준점들을 얻었다.[4] 이 사진들로 미국의 지도 제작자들이 '파머 랜드'라고 부르는 그 지역에 대해 미국이 잠재적으로 가진 권리를 강화할 수 있을 것이었다.

경계가 불분명한 파머 랜드는 여러 나라 탐험대에 의해 탐사되었고 그 주권은 영국인, 칠레인 그리고 아르헨티나인들 사이에 오랫동안 논쟁거리가 되어왔다. 비록 자신의 탐험이 파머 랜드에 대한 미국의 잠재적인 권리를 강화해주었으나 론은 자신의 보고서를 이용하여 미국이 '국제연합하의 남극의 국제화 정책을 지지해야' 한다고 주장하였다. 다른 대안은 미국이 자국 시민들에 의해 발견되었던 모든 지역에 대한 권리를 주장하는 것이었다. 그러나 이렇게 하는 것은 결국 '대륙의 탐험과 개발을 방해할 수 있는' '조각보 같은 것'이 될 것이라고 론은 썼다. 얼음 위에 국경이 그려지고 군인들에 의해 접근이 제한된다면 과학자들과 조사자들이 어떻게 남극에서 일할 수 있겠는가? 론은 남극이 '원주민과 뿌리 깊은 증오와 질투와 [그리고] 세계가 요구하는 경제적 자원이 전무하다는' 점에서 독특하다고 주장하였다. 그렇기 때문에 남극은 '국제연합이 모든 민족들의 공익을 위해 분쟁 지역의 국

제화를 실험하는' 탁월한 기회를 제공하였다.[5]

1948년 4월 포트 오브 뷰몬트호가 뉴욕에 다시 도착했을 때의 환영은 1920년대와 1930년대에 버드가 받았던 것보다 훨씬 더 차분하였다. 색종이 테이프가 뿌려지는 가두 행진도, 대통령과 의회와의 만남도 없었다. 또한 버드가 즐겼던 호화로운 뉴욕의 호텔에서의 훌륭한 만찬회나 수지맞는 강연 여행, 전국에 걸쳐 수십만 명의 미국인들에 대한 라디오 강연도 없었다. 오직 맨해튼의 미해군 부두에서의 환영회와 그 뒤를 이어 맥앨핀 호텔(Hotel McAlpin)의 콜로니얼 룸(Colonial room)에서 재정난에 처한 미국 지리학회가 주최한 환영회와 비공식 만찬이 있었을 뿐이었다. 그러고 나서 손님들은 인근의 공학 협회 회관(Engineering Society Building)으로 걸어가서 미국 지리학회가 마련한, 론의 탐험 장소와 경쟁국의 영토관할권을 보여주는 지도들과 함께 지금은 칼턴대학(Carleton College) 학장인 지질학자 로렌스 굴드와 휴버트 윌킨스 경과 론의 이야기를 들었다. 버드가 불참한 것이 눈에 띄었다. 자신들의 이야기에서 론과 굴드는 둘 다 영토를 차지하기 위한 경쟁을 비난하고 대륙을 다스릴 국제 체제의 창설을 촉구하였다.[6]

국제 체제의 바람직함에 관한 자신의 견해에도 불구하고, 론은 파머 랜드 위에 미국식 지명들이 기억되게 하는 것을 열망하였다. 비록 그가 영국인들과 협력하여 일했지만 론은 영국인들이 자기네들의 지명을 승인받고 발표하기 전에 자신이 붙인 지명들을 공표하고 지도들 위에 보존하고 싶었다. 영국인들이 개 썰매로 웨델해 서안을 측량하는 동안 론은 공중에서 그곳의 사진을 찍고 있었다. 그 두 집단은 각자가 지리학적 지형에 이름을 붙일 장소에 합의했으나, 논란 많은 그 영토의 지도 위에 적용할 수 있는 자기네 국가 지명의 수를 최대화하려는 각 집단의 더 강력한 욕구에 그러한 명백한 합의는 압도당해버렸다.

뉴욕으로 돌아온 지 얼마 지나지 않아 론은 미국 지리학회 지도 제작자의 1명인 윌리엄 브리제마이스터(William Briesemeister)와 함께 워싱턴으로 갔다. 거기서 그들은 론이 붙인 지명들이 가능한 한 빨리 공식적 승인을 받을 수 있도록 미국 지명위원회(US Board of Geographical Names)의 관련 위원들과 만났다. 그 지명들을 하나씩 살펴보면서 론은 차례대로 각각 지명의 타당성을 보여주었으나 중복을 피하기 위해 몇 개를 탈락시키는 데 동의하였다. 예를 들면 '이사야 바우먼 해안(Isaiah Bowman Coast)'은 '바우먼 해안(Bowman Coast)'이 이미 있기 때문에 버려졌다. 해롤드 손더스 선장, 메리디스 버릴 박사(Dr. Meredith Burrill), 요에르크와 케네스 버트란트 박사(Dr. Kenneth Bertrand)로 구성된 그 위원회는 대부분의 지명을 승인했으며, 그들 모두 남극에서 미국식 지명의 수를 최대화하는 것의 정치적 중요성을 인식하고 있었다. 요에르크는 론이 그를 기념하여 고원 하나를 명명한 것에 특히 기뻐했을 것이다. 그런 다음 그 지명들은 지명 위원회에 제출되었고, 위원회는 신속하게 승인 도장을 찍어주었다. 론은 그들의 '즉각적인 고려'에 감사하였다.[7]

론의 탐험 결과 미국 지리학회의 파머 랜드 지도에 아주 많은 변화가 있었기 때문에 브리제마이스터는 완전히 새로운 지도를 작성할 것을 촉구하였다.[8] 이것이 그 탐험대의 지리학적 성과의 한 가지 표시였는데, 특히 그 성과들은 론이 그들의 훈련된 썰매 개들을 빌려주며 영국인들과 즐겼던 협력에 의해 가능해졌던 것이다. 굴드 또한 론 탐험대의 업적에 대해 증언하며 그것들이 '탐험대의 규모에 전혀 비례하지 않는다'고 생각하였다. 굴드의 분야인 지질학에서 론은 '남극 탐험대가 가져왔던 것 중 가장 광범한 지질학적 수집물을 가져왔던' 것이다.[9]

그러나 론은 어떤 인정이든 받으려고 애를 썼다. 1939년에서 1941년의 버드의 탐험 결과물을 출판했던 미국 철학 협회는 버드의 출판물에 대한 수요의 결핍을 인용하면서 론의 과학적 성과를 출판하는 것을 거절하였다.[10] 론이 전국적인 잡지들을 위해 쓴 대중적 기사들도 편집자들에 의해 거부당했는데, 론은 그것이 버드의 영향력 때문이라고 의심하기 시작했다. 버드와 오랫동안 밀접한 관련이 있었고 그의 탐험에 관한 긴 보고서를 출판한 적이 있는 *내셔널 지오그래픽지*가 론에게 위임했던 강연과 기사를 모두 취소했을 때 그 의심은 더욱 굳어졌다.[11]

론은 또한 그 탐험에 관해 쓴 책을 출판할 출판사를 찾으려고 애를 썼다. 1948년 10월 그는 출판인 헨리 홀트(Henry Holt)가 원고를 고려하게 하는 데 도움을 얻기 위해 미국 지리학회 회장 존 라이트 박사에게 호소하였다. 론은 버드가 출판에 반대하는 조언을 할까 두려워 그 출판업자가 버드에게 원고의 평가를 부탁하는 것을 원하지 않았다. 론은 버드가 '평생을 남극을 독점하는 것을 즐겼으며 나는 계속해서 그것과 싸울 작정이다'라고 주장하였다. 홀트에게 실패하자 론은 굴드와 다른 사람들에게 출판업자를 찾는 것을 도와달라고 부탁하였다. 어느 공상 과학 소설 작가가 원고를 고쳐 쓰고 이사야 바우먼이 서문을 제공한 뒤에야 마침내 그의 원고는 받아들여졌다.[12] 그 책에는 웨델해 해안의 영국식 지명 위에 미국식 지명을 비밀리에 표시한 지도들이 포함돼 있었고, 그 책이 출간되자 그것들이 런던에서 상당한 놀람을 야기하였다. *남극의 정복(Antarctic Conquest)*이라는 이름으로 1949년 출판된 이 책의 판매량은 실망스러웠으며 그로 인해 론은 '세계는, 특히 미국인들은 남극에 관심이 없다'라는 결론을 내렸다.[13]

론이 잘 알고 있듯이 버드는 계속해서 남극에 흥미를 가진 미국인 중 1명이었다. 그의 탐험들은 그에게 대륙, 특히 리틀 아메리카 기지들이 잇달아 설립되었던 로스해 지역에 대한 개인적 연결을 제공해주었다. 자신의 인기 있는 하이점프 작전 보고서에서, 버드는 보이 스카우트 단원의 1명으로서 그와 함께 그곳에 처음 갔으며 그 후 선두적인 극지 과학자의 1명이 된 폴 사이플이 그의 최근 남극 상륙을 '집에 온 것'이라고 언급한 경위를 말하였다.[14] 버드도 자신에 대해 쓸 수 있었을 것이다. 그는 그 장소에 대해 주인의식을 갖고 있었고, 론과 달리 미국이 '모든 인류의 이익을 위해 자국의 물질적 혜택을 이용할' 것이기 때문에 '남극의 가능한 많은 지역을 지배'해야 한다고 믿었다. 그는 남극을 '손대지 않은 거대한 천연자원의 보고'라고 보았으며 '세상의 맨 밑바닥에서 그 아래에 파묻혀 있는 자원들을 획득하고 이용하는 것이 실행 가능'해질 시기를 상상하였다. 한편 미국은 자국 군대를 위한 훈련 장소로서 그 대륙을 지배할 필요가 있었다―'세상의 꼭대기를 가로질러 싸울' 전쟁에 그들을 준비시키기 위해.[15]

악화될 버드와 론 사이의 불화는 미국의 남극 지배에 도움을 줄 수 없었다. 나이 들어가는 버드가 비록 론에 대한 지지를 표명했으나 그는 론이 자기를 기념하여 중요한 지형에 이름을 붙이지 않은 것 때문에 속이 상했다. 그 건방진 탐험가는 그 대신 새로 발견된 지역을 자기 아내의 이름을 따 '에디트 론 랜드(Edith Ronne Land)'라고 명명하는 것을 택했는데 그곳은 현재 '론 빙붕(Ronne Ice Shelf)'이라고 알려져 있다. 론은 심지어 자신의 허스키를 위해 식량을 기부한 어떤 개 사료 회사의 이름을 따 한 지형에 이름을 붙였다.[16] 더 중요한 것은 그 두 사람이 또 다른 탐험을 성사시키기 위한 미해군과 의회의 지원을 차지하려는 경쟁자라는 것이었다. 버드는 자신의 호화로운 생활비를 대는 데 곤란을 겪고 있었다. 그는 미국 대중과 잠재적 후원자들의 주의를 되찾거나 또는 적어도 하이점프 작전에 대한 해군의 후속 탐험대를 지휘하려는 시도로 이제 한쪽 극에서 다른 극까지 비행하기를 원했다. 뉴욕에 돌아온 지 불과 4개월 만인 1948년 8월 즈음, 론은 자신의 또 다른 소규모 탐험대를 위해 관리들의 지원을 구하기 시작하였다.

론이 제안한 탐험대는 웨델해 남쪽 해안의 굴드만(Gould Bay)에 기지 하나를 두고 서경 45도와 동경 10도 사이의 섹터에 집중할 것이었다. 비록 이 지역이 영국과 노르웨이가 각자 권리를 주장한 바 있는 코우츠 랜드와 퀸 모드 랜드를 포함하고 있었지만 론은 그 섹터가 '지리학적으로, 지질학적으로 그리고 지구물리학적으로도 알려지지 않은' 상태라고 말했다. 그는 에디트 론 랜드 동쪽의 대륙을 촬영하고 광물의 발견으로 이어질지 모를 얼음 아래의 수심 측정을 하고 싶어 하였다. 론이 접근했던 최초의 관리들 가운데 워싱턴 근교의 셰비 체이즈(Chevy Chase)에 있는 론의 집에서 가까운 곳에 살았던 새뮤얼 보그스가 있었다. 그 국무부 지리학자는 확실한 의견을 말하지 않았다. 그것은 론이 이전에 국무장관 조지 마셜에게 제안했던, 고리 모양으로 배치된 미국 기지들과 대륙 전체의 사진 촬영을 상상했던 웅대한 계획이 아니었다.[17]

더욱이 론이 대륙의 다른 쪽으로 주의를 돌리는 것은 마거리트만에 있는 이전의 미국 기지를 비어 있게 만드는 것이었다. 1948년 6월 영국 정부는 '다음 남극 시즌 동안 그 건물들이 스토닝턴 섬을 방문할지 모르는 아르헨티나나 칠레 파견대의 수중에' 떨어지지 않도록 자기네들이 그것들을 구입하는 것을 허용해달라고 제안하였다. 비록 그것이 영국의 포클랜드 제도 보호령의 일부이긴 하지만 영국의 인수가 미국이 남극대륙의 그 부분에 대해 잠재적으로 주장했던 영토관할권을 실질적으로 끝낼 것이다.

국무부는 '장래의 미국 탐험대를 위한 유용성과 편의의 문제와 남극대륙에서의 미국의 이익에 관한 정치 문제' 때문에 그 판매에 결코 동의하지 않을 것이었다.[18] 그러한 이익을 보호하기 위해 1948년 12월 론은 국무장관 조지 마셜에게 미국이 그 기지를 영구적으로 재점유하여 7명의 대원으로 구성된 한 팀이 그 전해에 론이 시작했던 관찰을 계속할 것을 촉구하였다. 남극을 유엔의 지배하에 두는 것에 대한 자신의 지지에도 불구하고 론은 '남극을 포함하는 정치적 상황 때문에, 그리고 세계의 이 지역에서 우리나라의 국익이 추구되도록 배려하는 것에 대한 나의 관심 때문에' 그러한 예방 조치가 필요하다고 주장하였다.[19] 그때 즈음, 그의 권고는 자신의 탐험대를 위한 버드의 정치적 조작과 경쟁해야만 했다.

해군의 탁월한 극지 고문으로서 버드는 하이점프 작전의 과업을 계속하기 위해 항공모함 1척을 포함한 또 다른 함대를 지휘하고 싶어 하였다. 그러나 그는 이제 예순이 지났고 건강이 좋지 않아서 여러 차례 고생하였으며 워싱턴에서의 그의 정치적 지위도 서서히 약화되어왔다. 정치적으로 더욱

더 우경화한 버드는 트루먼 대통령의 정책을 강렬하게 비난했으며 그들이 미국을 '사회주의 국가'로 바꾸고 있다고 맹비난하였다. 그는 또한 해군의 군무를 국방부에 통합하려는 트루먼의 정책에 저항하는 해군의 노력의 선두에 서 있었다. 항공모함을 타고 다시 남극으로 가는 것이 이러한 관심사로부터 한숨 돌리게 할 것이며 다시 세간의 주목을 받을 기회를 제공할 것이었다. 그의 재정은 그 모든 매스컴의 관심이 가져다줄 지원을 확실히 이용할 수 있을 것이다.

그러나 그렇게 되지 않을 것이었다. 1949년 8월 중순, 그해 여름 탐험을 위해 계획하고 있던 모든 것이 준비가 된 것처럼 보였던 바로 그때 그 탐험이 취소되었다. 버드는 당황하여 트루먼 정부 내의 누구를 탓할 수 있을지 두루 찾아보았다.[20] 그러나 그것은 개인적인 것이 아니었다. 단지 또 다른 하이점프 작전의 비용 편익 분석이 타당하지 않았기 때문이었다. 수백 개의 지상기준점 없이 대륙을 촬영하는 것은 값비싼 시간 낭비라는 것이 판명되었다. 또한 지상기준점이나 성가신 해군 함대의 필요 없이 고공 비행기들이 한 해 여름 안에 대륙을 촬영하도록 허용해줄 새로운 공중 항법 시스템이 개발되고 있었다.[21]

론의 탐험 또한 워싱턴에서 강한 맞바람을 만났다. 굴드만에 기지를 세우려는 그의 계획은 쇄빙선 2척의 도움에 달려있었는데 그 배들이 웨델해의 수백 킬로미터의 얼음을 뚫고 길을 헤쳐 나갈 것이었다. 그러나 그 배들은 1949년에서 1950년의 여름 동안 다른 곳에 투입되었기 때문에 론은 적어도 1년 동안 자신의 탐험을 연기하지 않을 수 없었다.[22]

버드와 론 두 사람 모두 해군과 다른 정부 부처에서 열심히 노력했으며 의회에서 그들 각자의 후원자들을 구하려고 힘썼다. 버드가 자기 형 해리에게 지원을 기대할 수 있는 반면에 론은 프란시스 케이스(Francis Case) 상원의원의 지원을 받았는데, 그는 우라늄을 찾기 위한 남극 탐험에 관해 얘기하기 위해 론과 원자력 위원회(Atomic Energy Commission) 의장과의 만남을 주선해주었다. 남극의 얼음 밑에는 '아마도 다른 어느 곳보다 더 많은 원자력의 원료인 우라늄이 있을 것'이라는 대중의 견해가 있었다. 그러나 케이스가 론이 제안한 탐험을 성사시키기 위한 정부 지원을 얻으려고 애를 쓰는 동안 그는 '국무부 내 모 인사들'로부터의 반대에 직면했는데, 그들은 '우리가 영국이나 일부 다른 대륙 강국들의 기분을 상하게 하지 않도록 미국은 남극에서 어떠한 권리도 주장해서는 안 된다'고 믿고 있었다.[23] 그럼에도 불구하고 미국이 할 수 있는 한 대륙의 많은 지역에 대해 권리를 주장하기를 원하는 일부 미국 관리들이 있었으며 기술적 진보가 그들이 그렇게 하기 위한 새로운 방법들을 제공하고 있었다.

론은 남극의 65만 평방킬로미터를 촬영하기 위해 3대의 소형 비행기를 이용했지만, 지도 제작 목적으로 천문학적 위치를 얻기 위해서는 정기적인 착륙과 지상 팀의 지원을 받아야 했다. LORAN이라고 알려져 있는, 전시에 개발된 저주파 무선 항법 시스템(low-frequency radio navigation system)으로 인해 항공기와 선박의 위치를 정확하게 정할 수 있었다. 이는 이론적으로는 그 항공기가 대륙 전체 상공을 비행하면서 매우 높은 고도에서 그 표면을 촬영할 수 있음을 뜻하였다. 사진을 찍을 때마다 그 비행기의 위치를 상당히 정확하게 알 수 있기 때문에 지상기준점에 대한 필요성이 없을 것이었다. 그러나 실제로는 남극에서의 전자기 폭풍의 우세로 인해 무선 통신에 어려움이 있을 것이었다. 그럼에도 불구하고 남아메리카 남단과 뉴질랜드, 그리고 남극대륙 자체 위에 LORAN 기지국을 설립할 수 있다면 장거리 항공기가 뉴질랜드에서 남극대륙을 가로질러 남아메리카까지 4만 피트의 고도로 비행할 수 있으며, 그것에 장착된 카메라들이 론의 강도 높은 방법보다 훨씬 더 적은 비용과 훨씬 더 적은 횟수의 비행으로 대륙 전체를 포착할 수 있다는 흥미로운 가능성이 있었다. 론의 제안에 보그스는 1949년 8월 공군 대령 제임스 타이슨(James Tison)과 함께 이 문제를 탐구해보았다. 그들은 '최소한의 비용으로 남극대륙 전체의 정찰 지도를 제작하기 위한' 계

획을 준비해야 한다는 데 의견의 일치를 보았다.[24]

보그스는 그 아이디어에 열광하여 공군 및 해군 장교들과 그것을 더 추적하였다. 그 지리학자는 국립 과학 재단(National Science Foundation)의 전신인 국방부 연구개발 위원회(Defense Department's Research and Development Board)에 속해 있었는데 그 위원회는 남극 탐험의 성격과 목적을 결정하는 데 영향력 있는 역할을 수행하였다. 보그스는 론에게 공군과 그 위원회 둘 다 그의 계획에 호의적임을 장담했으나, 그들이 론이 굴드만 위의 과학 기지를 요구하고 있는지 아니면 그가 이전에 제안했던 대륙 전체의 항공 측량을 요구하고 있는지에 관해 다소 혼동이 된다고 말했다. 해군이 버드가 계획했던 해군 탐험대를 연기했기 때문에 그 위원회가 남극 탐험과 조사에서 주도권을 잡을 기회가 생겼다. 보그스는 그 위원회가 '남극대륙에서의 과학 연구 계획, 특히 남극 전 지역을 위한 어떠한 포괄적인 국제적 과학 계획보다도 지도 제작을 위한 계획을 먼저 세워야 한다'고 제안하였다.

국립 과학 아카데미는 아마도 다른 나라들과 협조하여 프로그램을 개발하는 것에 대한 선구자로서 국무부로부터 '남극에서의 과학 연구의 가능성과 중요성'에 관한 조언을 이미 요청받은 바 있었다. 그 아카데미의 위원회는 바우먼이 의장을 맡고 있었으며 '균일한 규모의 남극대륙의 전반적 지도의 제작'을 그 주요 권고 사항으로 가지고 있었다. 일단 그것이 이루어지면 탐험과 과학적 조사를 진지하게 계획할 수 있을 것이다. 대륙 전체의 지도를 제작하는 프로그램은 준비하는 데 1년 넘게 걸릴 것이기 때문에, 보그스는 론에게 1949년에서 1950년의 여름 동안 굴드만에 기지 하나를 설립하기 위한 제한된 탐험을 강행할 것을 촉구했으며, 포괄적 지도 제작 프로그램은 그 다음해 여름에 시작하기로 계획되었다.[25]

그해 여름에 해군 쇄빙선을 얻을 수 없었던 론에게는 모든 것이 너무 일렀다. 대신 그는 1950년에서 1951년의 여름에 굴드만으로 과학 탐사를 가기 위해 위원회와 논의를 시작했고, 자신이 '최고의 과학적 표준을 유지하기를 극히 열망하고 있음'을 강조하였다.[26] 이것은 종종 과학보다 모험과 홍보를 더 좋아한다고 비난받아온 버드에게는 갑작스러운 일격이 되었다. 그것은 또한 다가올 것들의 한 징후가 되었는데 왜냐하면 과학이 남극 탐험의 *존재이유(raison d'etre)*로서 주권과 더 강력하게 경쟁하게 되었기 때문이었다.

추진력이 과학이든지 주권이든지 간에 정확한 지도의 제작이 필수적이었으며, 론에게는 지도 제작이 중요한 안건이었다. *그가 사이언티픽 먼슬리지(Scientific Monthly)*의 한 기사에서 지적했듯이 1,000만 평방킬로미터 이상이 아직도 미탐험 상태로 남아 있었다. 탐사에 도움이 되는 '새로운 장치'와 함께 론은 육해공군에 '포괄적 지도 제작 프로그램에 착수'하기 위해 그들의 자원을 모아줄 것을 요청하였다.[27] 그러나 군대는 다른 것들을 염두에 두고 있었다. 1950년 6월 25일 한국 전쟁의 발발로 인해 남극은 미국의 중요 안건의 거의 맨 밑바닥으로 격하되어버렸다. 그 전쟁은 또한 남극의 국제화에 관한 논의를 보류시켰다.

1948년 초 국무부는 남극을 국제연합의 신탁 통치하에 둘 것을 제안하였다. 이는 영국, 아르헨티나 및 칠레 사이의 격렬해지는 경쟁을 종식시키는 한편 미국이 남극의 상이한 섹터들의 개념상의 주인과 상관없이 남극 전체를 다룰 수 있게 하기 위한 것이었다. 영토를 차지하기 위한 다툼이 무력 충돌로 확대될 조짐을 보이고 있었다. 아르헨티나와 칠레가 1947년 7월, 자기네 기지 수를 늘리고 각각의 남극 영토가 더 이상 중복되지 않을 것에 합의하면서 밑돈을 올린 셈이 되었다.

11월 말, 8척의 아르헨티나 해군 함정이 영국이 작은 기지 하나를 가지고 있는 디셉션 섬의 움푹 들어간 칼데라 속으로 항해해 들어가 뻔뻔스럽게 자기네 기지 하나를 세우기 시작하였다. 거주민 치안 판사 역할을 하는 영국 기지 대장의 항의에도 불구하고 아르헨티나인들은 꿈쩍도 하지 않았다. 그러자 부에노스아이레스 주재 영국 대사는 '계속되는 무단 침입 행위'에 대해 항의하고 아르헨티나인들에게 과학 기지를 보유하기 위한 허가를 신청하거나 아니면 당장 떠날 것을 요구하였다. 아르헨티나인들은 또다시 거부했으며 외무부 장관 후앙 브라물리아(Juan Bramuglia)는 '국기가 휘날리는 그 기지들을 점거한 파견 군인들은 자신들이 아르헨티나 영토에 주둔하고 있다는 것을 알고 있다'라고 말했다. 실제로 '전 국민이 이를 알고 있으며 따라서 정부는—전 주민의 감정을 이해하는—자국 국민들을 철수시키라는 요청을 거부하고 있다'라고 브라물리아는 계속하였다. 포클랜드 제도 보호령에서의 칠레인들의 행동에 관해 영국이 칠레 정부에 항의한 것도 비슷한 퇴짜를 맞았다.[28] 지역적으로 강력한 아르헨티나와 칠레의 군대에 직면한 영국이 할 수 있는 것은 아무것도 없었다. 더 좋지 않은 일이 다가올 것이었다.

1948년 2월 초 아르헨티나는 남극 바다에서 훈련하기 위해 2척의 순양함과 6척의 구축함으로 편성된 해군 기동 함대를 파견할 것이라고 발표하였다. 그와 동시에 칠레 대통령 가브리엘 곤잘레스 비델라(Gabriel Gonzales Videla)는 자신과 다른 상급 육군 장교들과 정치가들이 칠레 해군 소함대와 함께 남극대륙을 향해 가고 있는 무장한 수송선 *프레지덴테 핀토호 (Presidente Pinto)*에 승선했다고 발표하였다. 비델라는 칠레령 남극을 정식으로 점유하고 남극 반도 끝에 군사 기지 하나를 설립하는 것을 주재할 작정이었다. 그는 칠레의 조지 워싱턴에 해당하는 베르나르도 오이긴스(Bernardo O'Higgins)의 이름을 따 그 기지를 명명하고 남극 반도의 그 부분을 '페니솔라 오이긴스(Penisola O'Higgins)'라고 개명할 것이었다. 그 기지는 대륙 자체 위에 세워지는 최초의 영구 기지가 될 것이며, 영국의 강력한 반대에도 불구하고 설립되고 있었다.

칠레 대통령이 포클랜드 제도 보호령의 일부 지역에서 자신의 국기를 게양하고, 아르헨티나 소함대가 또 다른 곳을 향해 나아가고 있는 가운데, 영국 해군은 강력한 순양함 *나이제리아호(HMS Nigeria)*를 스탠리항으로 급파하였다. 호전적인 영국 외무상 에른스트 베빈(Ernst Bevin)은 하원에 영국은 이러한 '과시적인 해군 및 다른 시위'로 제기되는 '우리의 권위에 대한 도전'

을 모른 체하지 않을 것이라고 말했으며, 한편 오스트레일리아 수상 벤 치플리는 영국이 필요로 하는 어떠한 해군의 지원도 다 보내줄 것이라고 제안하였다. 칠레 대통령은 이에 굴하지 않고 계속해서 그리니치 섬에 있는 자국 기지를 방문했으며 그곳에서 '무장 폭력에 의해 칠레와 아르헨티나를 그들의 영토로부터 쫓아내려고 위협하는' '사악하고 진부한 제국주의'에 대해 불평을 하였다. 서인도 제도 영국 해군 사령관 윌리엄 테넌트 제독(Admiral William Tennant)은 아르헨티나와의 해군 충돌이 '정말 어리석은 짓'이 될 것이라고 생각하였고 칠레 대통령도 '정말 터무니없다'고 생각했지만 *나이제리아*호 함장은 포클랜드 제도 총독 마일스 클리포드 경(Sir Miles Clifford)과 함께 디셉션 섬으로부터 남미인들을 몰아내기 위한 최선의 수단에 관해 협의하였다.[29] 대결을 찾기보다는 오히려 그것이 어떻게든 남미인들이 짐을 꾸려 집으로 가게 해줄 것이라는 헛된 바램에서, 클리포드는 자신이 다스리는 속령의 국기 시위 순항을 하기 위해 *나이제리아*호에 승선하였다. 그러나 그들은 벌써부터 자신들이 집에 있다고 생각하였다.

1948년 2월 23일 비델라와 그의 해군 고급 장교 동료들과 함께 칠레 군함들이 푼타아레나스에 도착했을 때, 그 의기양양한 대통령은 현지 주지사 관저의 발코니에서 환호하는 군중에게 그가 어떻게 해서 용케 '남극에서의 칠레 주권을 방어하고 강화했는지'를 얘기하였다. 남극이 칠레의 일부라는 것을 보여주기 위해 비델라는 남극부(Department of the Antarctic)의 창설을 발표했는데 그 부서에서 칠레의 최남단 주를 남극 영토와 통합할 것이었다. 그 후 그는 산티아고로 날아가 거기서 무개차를 타고 칠레인들로 혼잡한 거리를 지나가며 훨씬 더 많은 흥분한 군중의 환영을 받았는데, 그들은 얼음이 들어찬 바다 가운데서 자기네 대통령이 허세를 부리는 항해를 한 후 남극에 대해 열정적으로 되었다.

비델라는 산티아고에 있는 베르나르도 오이긴스의 조각상에 헌화하러 감으로써 민족주의적 상징 행위를 계속했는데, 그 전날 대통령 궁에서 횃불과 국기를 흔드는 군중에게 연설을 하였다. 대중의 분노로부터 그들을 보호하기 위해 경찰이 영국 대사관과 오스트레일리아 공사관을 에워싼 가운데, 오스트레일리아 관리 존 컴프스턴(John Cumpston)은 그 대통령이 '남극에 대한 언급을 하는 동안 어떻게 미친 듯이 환호를 받았는가'를 캔버라에 보고하였다.[30] 남극에서의 열광적인 여름이 끝난 뒤 칠레와 아르헨티나 정부는 다시 한번 남극의 남미 영토에 대한 자신들의 '논의의 여지가 없는 권리'를 방어하고, '상호 협력의 정신에서' 자기네들의 영토관할권을 법에 호소하는 현재의 과정을 계속하기로 합의하였다.[31] 그들은 자신들이 자기네 국토라고 간주하는 것을 국제화하는 데는 전혀 관심이 없었다.

남극의 국제화 가능성에 대해 영국인들이 약간의 관심을 보였다. 식민성 고위 관리의 1명인 베넷(J. S. Bennett)은 심지어 농담조로 그 대륙을 국제연합 신탁 통치하에 둘 수 있도록 킹펭귄 1마리를 주민으로 지정할 수 있다고 주장했는데, 신탁 통치는 통치를 받는 영토 내에 사는 의존적인 국민에게 혜택을 주기 위한 것이었다. 더 진지하게 베넷은 '사람이 살지 않는 황무지를 식민 열강 가운데 분할하는 것은 어리석은 일이라고 생각했는데 왜냐하면 여러 가지 다른 색깔의 조각들로 잘린 케이크처럼 잘게 잘린 남극의 지도는 국제 문제에 대한 온전한 희망을 가진 누군가에게는 하나의 슬픈 광경'이기 때문이었다.[32]

마찬가지로 남극 해군에 대한 책임을 맡고 있던 테넌트 제독도 그 대륙에 대한 전략적 흥미를 거의 볼 수 없었으며, 포클랜드 제도와 사우스조지아만이 '전쟁으로 갈 정도까지' 방어할 가치가 있다고 생각하였다. 나머지에 대해서는 그는 그것들을 권리를 주장하는 다양한 나라들과 국제연합의 지배하에 국제화해야 한다고 주장하였다.[33] 그러나 영국 참모총장은 포클랜드 제도 보호령에 대한 지배력을 상실하는 것이 남대서양과 태평양으로 가는 해로를 통제하기에 필수적인 전략적 중요성이 있다고 간주되는 포클랜드 제도에 대한 영국의 지배를 약화시킬 것을 여전히 두려워하였다. 그들은 또한 우라늄 광상의 존재 여부와 항공로를 위한 그 대륙의 잠재적 가치가 확인될 때까지는 남극을 포기하는 것을 꺼려하였다. 따라서 영국의 국방 기획자들은 1948년 8월 남극의 전략적 가치가 분명해질 때까지 현 상태(status quo)를 유지할 것을 촉구하였다.[34]

1948년 초 남극을 국제연합 신탁통치하에 두는 것이 남극 포경업에 참여하기 시작한 소련에 대해 문호를 개방할 것이라는 두려움이 출현했다. 영국은 또한 신탁통치 제안이 산티아고와 부에노스아이레스에서는 환영받지 못할 것으로 추측했는데 왜냐하면 아르헨티나와 칠레가 자기네 국토의 필수적 부분이라고 간주하고 있는 남극 섹터에 대한 그들의 권리를 포기할 가능성이 없었기 때문이었다.

실제로 칠레는 재빨리 신탁통치 개념에 반대하였다. 국무부가 하나의 대안으로서 권리를 주장하는 미국을 합한 기존 7개국의 공동 관리에 의해 그 대륙을 관리할 수 있다고 제안했을 때, 영국은 그러한 협의에서 소련을 배제하는 것이 불가능할 것을 두려워하여 그 생각을 일축해버렸다.[35]

어떠한 합의도 없는 가운데 공개적 충돌의 위험을 차단하기 위해 영국 관리들은 남미 측과 남극에서 무력 경쟁을 확대하는 것을 저지하는 데 동의하였다. 그 세 나라는 자기네 기지가 재건되고 기지 인원을 교체할 예정인 다가오는 여름 시즌 동안 남위 60도 남쪽에 전함을 파견하지 않기로 합의하였다. 오직 '다년간 관례적이었던' 전함의 이동만 허용될 것이었다. 영국에 중요한 것은, 그 합의가 포클랜드 제도와 사우스조지아에서의 영국 전함의 이동은 제한하지 않는다는 것이었다. 이로 인해 칠레인들이나 아르헨티나인들에 의한 뜻밖의 행동에 대한 일종의 지속적인 억제책으로서 한두 척의 강력한 전함들이 바로 가까이에 주둔할 수 있을 것이었다.[36]

제국주의 강대국으로서 영국의 시대는 끝나고 있었다. 영국은 버마와 인도에서 물러났으며 러시아와의 가능한 전쟁의 맥락에서 세계 전략상 자국이 필요로 하는 것을 다시 생각하고 있었다. 포클랜드 제도의 지배권을 보유하는 것이 필수적이라고 간주되었으나, 런던에서는 영국의 권리는 더 약하고 전략적 및 경제적 잠재성이 더 문제가 있는 지역인 포클랜드 제도 보호령에 대한 훨씬 더 많은 불확실성이 있었다. 칠레와 아르헨티나가 포클랜드 제도 보호령 내로 전함을 파견하고 자기네들의 기지를 설립함으로써 영국의 권리에 도전하고 있는 가운데, 런던에서는 고조되는 분쟁이 통제할 수 없을 정도로 더 확대되기 전에 해결책을 찾아야 한다는 요구가 있었다.

영국은 그 문제를 국제 사법재판소(International Court of Justice)에 회부하는 것에 칠래와 아르헨티나가 동의하게 하려고 노력해왔으나 실패하였다. 그러자 영국은 1948년 포클랜드 제도 보호령에 대한 갈등을 해결하기 위해 미국, 영국, 아르헨티나 그리고 칠레 사이에 회담을 개최할 것을 제안하였다. 개인적으로는 영국은 자국의 권리가 '최상이고 우리의 전략적 및 상업적 이익이 가장 크다고' 생각하는 지역인 디셉션 섬과 사우스셰틀랜드 제도의 애드미럴티만(Admiralty Bay)과 사우스오크니 제도의 시그니 섬(Signy Island)을 제외한 모든 속령을 양보할 각오가 되어 있었다. 이러한 회담이 거부되었을 때에야 비로소 영국은 공동 관리에 대한 미국의 제안을 재고하였다.

그런 공동 관리는 영토관할권을 주장하는 7개국의 지지를 요할 것이었다. 그러나 영국은 자국의 동료 연방국들조차 동의하도록 설득할 수 없었다. 남아프리카 공화국은 공동 관리가 포클랜드 제도 보호령 내의 도서들에 대한 영국의 지배권을 침해하지 않는다면 그것을 기꺼이 지지할 것이었다.[37] 뉴질랜드는 공동 관리 제안을 '일종의 매우 불만족스러운 타협안'이라고 묘사하면서 다른 태도를 취했다. 뉴질랜드가 선호하는 옵션은 계속해서 광범한 거부를 받고 있는 유엔 신탁통치 계획이었다.[38] 그 대륙을 유엔 산하 기구의 지배하에 두고 뉴질랜드가 그 지배국들 중 하나가 되는 것이 유엔이 그 대륙에 대한 권리를 주장하는 경우 로스 속령을 완전히 잃어버리는 것보다 더 나은 것이었다.[39]

로스 속령이 1923년에 합병된 이래 그곳에 다녀온 적이 있는 뉴질랜드인이 1명도 없는 가운데, 뉴질랜드가 어떻게 그 영토에 대해 정당한 권리가 있다고 주장할 수 있었는지는 이해하기 어렵다. 버드의 연이은 탐험들이 미국이 만약 권리를 행사하기를 원한다면 훨씬 더 강한 권리를 미국에 제공했을 것이다. 미래에 대해 말하자면 뉴질랜드는 미국이 남극에 배치할 수 있는 자원의 규모와 경쟁할 수 있는 방법이 없었다. 워싱턴 당국이 로스 속령에 대한 권리를 주장하지 못한 것이 뉴질랜드가 그 영토를 소유하고 있다는 환상을 품을 수 있는 유일한 이유였다. 이것이 아마도 뉴질랜드가 국제 체제로 하여금 영토 경쟁을 종식시키고 전 세계가 아니더라도 적어도 권리를 주장하는 기존의 여러 나라들을 대신해서 남극을 개발하고 관리하도록 지지했던 이유일 것이다. 1948년 2월 웰링턴의 *도미니언지(Dominion)*가 주장했던 것처럼, 다양한 영토 분쟁을 해결하기 위한 국제회의에서 '새로 발견된 여러 가지 잠재력과 함께, 남극이 국제 평화와 안전의 증진을 위해 사용되도록' '남극 영토에 대해 권리를 주장하는 여러 국가의 권리와 책임이 명확하게 밝혀져야' 할 것이다.[40]

남아프리카 공화국과 뉴질랜드가 그 생각을 지지할 준비가 되어 있었던 반면 오스트레일리아는 공동 관리와 유엔 신탁통치 모두를 완강하게 반대하였다. 오스트레일리아는 이제 막 허드 섬과 맥쿼리 섬에 기지를 설립한 참이었으며 대륙 자체에 기지를 더 가지기를 희망하였다. 남극을 유엔 신탁통치국으로 만들거나 공동 관리의 통제하에 두는 것은 오스트레일리아의 권리를 없애고 오스트레일리아 남극 영토를 적대적인 강대국들에 개방시킬 것이다. 그것은 또한 오스트레일리아가 남극 자원을 개발하는 것을 복잡하게 만들 것이다.

따라서 오스트레일리아는 '어떤 식으로든 남극 영토에서 우리와 다른 나라들이 보유한 기존 권리에 관한 의심이 있다는 것을 암시하는' 워싱턴 당국과의 일체의 협상을 거절할 것을 영국에 촉구하였다. 물론 오스트레일리아 정부도 지난 20년에 걸쳐 오스트레일리아인의 방문이 전혀 없었기 때문에 자국의 권리가 더 약해졌음을 잘 알고 있었다. 그럼에도 불구하고 오스트레일리아는 자국의 권리가 '오스트레일리아 남극 영토에서의 연구 및 개발에 대한 자국의 지속적인 관심'에 기초를 두고 있다고 주장하였다.[41] 비록 그것이 국제 법정에서 인정할 수 있는 어떠한 권리에 대해서도 토대가 될 수 없겠지만 오스트레일리아가 단기간에 자국의 법적 지위를 강화하기 위해 달리 할 수 있는 것은 거의 없었다.

1948년 7월, 영국 정부는 7개국의 권리 주장국과 미국으로 구성된 위원회 산하로 모든 남극 영토의 통합을 달성하기 위해 미국과 다른 남극 강국과의 협상을 개최할 것을 제안하였음을 오스트레일리아에 알렸다. 영국은 사우스셰틀랜드 제도와 사우스오크니 제도를 보유하기를 원한다고 주장했지만, 영국은 오스트레일리아에게 그 제도의 지배권조차 위원회에 양도할 각오가 되어 있다고 말했다. 영국 정부는 이러한 제안이 오스트레일리아에서 반대에 부딪칠 것을 알고 있었으나 '어떤 형태의 국제적 해결이 조만간 불가피하다'고 주장하였다.[42]

오스트레일리아는 여전히 확신이 서지 않았다. 탐험과 과학 연구를 조정하기 위해 8개국 위원회가 유용할 것이라는 데는 동의했지만 오스트레일리아는 자국의 권리를 양도하는 것은 거부하였다. 그러한 위원회가 경쟁국들 간의 분쟁을 해결할 수 있는 지역인 포클랜드 제도 보호령과는 달리, 오스트레일리아는 '오스트레일리아 남극 영토에 대한 자국의 권리는 명백하고 광범위하게 인정받아왔으며' 엘스워드와 크리스텐센의 사적 권리 외에는 그것에 대해 주장된 경쟁적인 권리가 없었다고 주장하였다. 오스트레일리아는 하이점프 작전의 미국 비행기가 얼음으로 뒤덮인 오스트레일리아 남극 영토의 내륙 위에 영토관할권 서식을 낙하하였으며 미국이 오스트레일리아 영토 대부분의 소유주임을 보여주는 비밀 지도가 CIA에 의해 작성되었다는 것을 모르고 있었다.

오스트레일리아는 그 대신 어떠한 남극 위원회도 자문의 성격만 띠면서 연구와 개발을 자극하기 위해 이용되어야 한다고 제안하였다. 미국과 권리를 주장하는 기존 7개국과 결합함으로써, 오스트레일리아는 러시아가 권리를 주장하는 것을 저지하는 이점도 가질 수 있을 것이었다.[43] 오스트레일리아와 뉴질랜드는 1948년 11월 영국 정부가 미국과의 협상을 강행할 수 있다는 점에 동의했지만 그 협상은 수포로 돌아갔다. 미국은 여전히 영토관할권을 주장하는 데 주저하고 있었으며 오스트레일리아, 아르헨티나, 칠레 및 노르웨이로부터 부정적 반응에 봉착했던 제안을 강행하기를 꺼려하였다.[44]

뉴질랜드 탐험대가 없기 때문에 자국의 탐험을 제안하는 것은 영국에 맡겨졌으나 뉴질랜드는 대원 일부와 자금 일부를 제공해달라는 요청을 받았다. 지금은 케임브리지의 스콧 극지 연구소(Scott Polar Research Institute) 소장인 전직 남극 탐험가 프랭크 데벤헴이 그 제안을 내놓았다. 그는 1950년에서 1951년 사이의 여름에 유동적인 빙상의 기원과 움직임을 연구하기 위한 소규모 팀을 맥머도 지협(McMurdo Sound)으로 파견할 것을 제안하였다. 그 탐험대는 또한 '수산업과 풍력의 잠재력과 같은… 가능한 경제적 자산'도 조사할 것이었다.

그 제안은 부분적으로 그것이 '그 지역에서의 영국 탐험대에 관한 장기간의 기록'을 강화함으로써 로스 속령에 대한 뉴질랜드의 권리를 강화해주는 정치적 이득이 있을 것이라는 이유로 영국 극지 위원회의 지지를 받았다.[45] 뉴질랜드 수상 피터 프레이저는 남극을 통제하기 위한 국제 체제에 찬성했지만 그의 정부는 계속 양다리를 걸치고 영국의 제안 뒤에서 지지를 보냈으며 영국 탐험대의 방문이 '최근의 미국의 광범한 과학적 탐험'에 대응하고 '로스 속령에 대한 뉴질랜드 영토관할권'을 강화하는 데 도움이 될 것이라고 언급하였다. 그러나 뉴질랜드 남극 위원회(Antarctic Committee)는 1949년 6월, 그 탐험대가 1951년 이전에는 불가능할 것이며 뉴질랜드로부터 훨씬 더 많은 지원을 필요로 할 것임을 알고는 당황하였다. 흥미롭게도 관리들은 정부가 '정치적이나 전략적 이유만'으로는 그런 탐험대를 지원할 가능성이 없으며 '설득력 있는 과학적 이유'를 필요로 할 것이라고 예측하였다.[46] 이는 과학이 정치적으로 추진되는 탐험에 대한 일종의 은폐물이라기보다는 그 자체로 탐험을 착수하기 위한 충족 이유가 될 수 있다는 초기 징후의 하나였다. 그러나 이 경우에도 그 탐험이 결코 성사되지 못했다.

오스트레일리아는 그들이 자기네 소유라고 그렇게도 집요하게 주장하는 남극 영토의 어떤 부분도 점거할 수 있다는 점에서 뉴질랜드보다 조금은 나았다. 적절한 내빙 보급선이 없었기 때문에 오스트레일리아는 천천히 움직여야 했으며 허드 섬의 합병과 맥쿼리 섬의 재점유와 함께 출발하였다. 1948년 1월 대형 상륙함을 사용하여 이러한 작업을 완수했을 때에야 비로소 *와이어트 어프*호는 대륙 해안선 위에 최종적인 오스트레일리아 기지를 설립하기 위한 장소를 답사하기 위해 남쪽으로 파견되었다.

그 배는 그 일을 감당할 수 없었다. 아직도 엔진을 더 수리하기 위해 호바트로 돌아간 뒤 2월 8일, 그 배는 마침내 멜버른에서 출발하였다. 그러나 시작이 좋지 않았다. 탐험대장 스튜어트 캠벨은 출발 전날 밤에 '의심스러운 굴'을 먹은 뒤 심하게 구토를 하기 시작했고, 머지않아 그 배가 우세한 편서풍에 의한 남극해의 너울과 맞닥뜨렸을 때 그의 동료들 다수와 합류하였다. 좌우로 요동치는 그 배는 여전히 심하게 물이 샜고, 우현 선실과 상급사관실이 곧 물에 잠겼으며, 총빙에 다다를 때까지 그 상태로 있었다. 심지어 순류의 바다를 항해할 때에도 바닷물이 들어오지 않게 하기 위해 통로 쪽 문을 닫아 두어야 했는데 이는 엔진에서 나는 연기를 제대로 환기시킬 수 없음을 뜻했다.

그러한 불편들은 아무런 소용이 없었다. 지체된 출발과 총빙의 범위로 인해 그 배는 정찰하기로 되어 있던 해안선에 가까이 갈 수 없었다. 커먼웰스 만이 얼음으로 꽉 막혀 있었기 때문에 그 배는 오직 공중에서 보이는 해안선에 대한 '약간의 최초 측량'을 하기를 바라면서 동쪽으로 향했다. 그러나 가장 얇은 얼음 말고는 아무것도 헤치고 나갈 수 없는 배로는 어떤 것도 할 수가 없었으며, 거의 일정하게 덮여 있는 구름으로 인해 배의 위치를 정확하게 관측할 수도 없었다. 항공기는 너무 커서 쉽게 사용할 수 없었으며 두 차례의 짧은 비행만 할 수 있었다. 그 비행은 얼음을 뚫고 나갈 길이 없다는 것을 확인해주었을 뿐이었다.[47]

해군 함정으로서 *와이어트 어프*호는 규정 승무원으로 만원이어서 물리학자 필립 로와 기상학자 프리츠 로우(Fritz Loewe) 2명의 과학자만 데리고 갈 수 있었다. 그의 동료들이 매우 불쾌하게도, 캠벨은 몇 주일 동안 연달아 옷을 갈아입는 것을 거부했으며 의식적으로 초기 시대 탐험가 흉내를 내고 있었다. 그것은 그와 선실을 같이 쓰고 있는 로에게는 너무한 것이었고, 그것이 그 두 사람 사이의 관계를 악화시킨 것에는 의심할 나위가 없었다. 캠벨은 자신이 그 일부였던 전쟁 전 탐험에 대한 향수에도 불구하고 세월이 흘렀음을 시인하였다. *와이어트 어프*호와 같은 배들은 '요구사항이 단순하고 과학적 목표가 별로 복잡하지 않았던 남극 탐험의 과거 시대'에 속했던 반면 지금의 탐험은 '복잡한 장비와 전문 인력과 그들이 근무할 공간'을 필요로 하였다.

항해가 대실패로 끝난 가운데 캠벨과 승무원 다수는 그 배가 포트 필립만을 가로질러 멜버른으로 향하는 동안 밤새도록 술을 마셨다. 로는 잠에서 깼을 때 승무원들이 고주망태가 되었고 캠벨이 바다에 빠진 것을 알았다. 그 배는 '그를 되찾기 위해 뱃머리를 돌리지' 않을 수 없었다. 다행스럽게도 4월 1일 그 배가 정박했을 때 멜버른의 스테이션 부두(Station Pier)에는 구경꾼들이 거의 없었으며 승무원들은 비틀거리며 뭍에 올랐다.[48] 그것은 모든 남극 항해 중 가장 덜 성공적인 항해의 수치스러운 결말이었으며 그로 인해 오스트레일리아는 대륙에 영구 기반을 확립한다는 목표를 달성할 수 없었다.

멜버른 *헤럴드지*를 위한 기사에서 캠벨은 오스트레일리아의 남극 투입을 긍정적 관점에서 묘사하려고 애를 썼다. 그는 의미 있는 기상학 결과를 산출하기 위해서는 장기간의 관찰 결과가 요구되기 때문에 신속한 결과를 기대하는 것은 잘못된 것이라고 주장했다. 물개와 바다코끼리 산업의 재건 가능성에 대한 생물학적 연구를 위해서도 비슷한 인내심이 필요하였다. *와이어트 어프호*가 영구 기지를 설립하기 위한 적절한 장소를 찾기 위해 파견되었으나, 극지 작업에 인력을 훈련시키고 남극의 혹한 속에서 작동할 수 있는 장비를 개발하는 데 몇 년을 보내지 않고는 영구 기지를 설립할 수 없을 것이었다. 그런 극지 경험이 지금 허드 섬과 맥쿼리 섬 기지에 배치되어 있는 인력에 의해 얻어지고 있었고, 그들과 그들의 후임자들이 '남극대륙에 최초의 영구 오스트레일리아 정착지를 설립할' 것이다.[49] 캠벨의 억지스러운 낙관주의에도 불구하고, 데이비스는 1934년의 그레이엄 랜드 탐험 때 1만 파운드를 가지고 라이밀이 달성했던 것에 비해 30만 파운드의 정부 지출로 성취된 것이 얼마나 적었던가에 관해 생각하지 않을 수 없었다.[50] 데이비스는 *와이어트 어프호* 항해 실패에 관한 공식 논의에서 이러한 우려를 제기할 것이었다.

상륙 팀을 위한 프로그램을 고안하고 최종적인 남극 기지에 대비하기 위해 새로운 부처 간 기획 위원회가 창설되었다. 캠벨을 의장으로 한 그 위원회에는 기상국, 광물학국, 수산업국, 조달청, 오스트레일리아 해군, 과학 및 산업 연구 위원회 대표들이 있었다. 데이비스와 모슨은 고문으로 참석하였다. 1948년 5월의 그 위원회의 첫 모임은 허드 섬에서의 장래의 연구와 또 다른 정찰 항해를 위한 *와이어트 어프호*의 사용 가능성에 관한 논의에 주로 전념하였다.

첫 항해에 비용을 그렇게 많이 쓰고도 성과가 매우 적었기 때문에, 데이비스는 적절한 본토 기지를 선정하기 위한 또 다른 항해에 *와이어트 어프호*를 다시 파견하지 않는 것은 정치적으로 위험할 것이라고 경고하였다. 모슨은 배를 타고 항해해본 적이 없었으나 그럼에도 불구하고 남극 기지를 설립하는 데 내빙 대형 상륙함과 함께 그 배를 사용할 수 있다고 생각했다. 또한 그는 지금 그 기지가 서쪽으로 더 멀리 프린세스 엘리자베스 랜드나 맥 로버트슨 랜드에 위치해야 한다고 생각하였다.[51] 그러나 오스트레일리아 군함 *와이어트 어프호*에 의한 항해는 더 이상 없을 것이었다. 해군은 남극에서 또다시 그 배와 선원들을 위험에 내맡기는 것을 거부했으며, 남극 위원회는 1948년 9월 그 배를 매각하는 것에 동의하였다.[52]

대륙 위의 영구 기지에 보급을 하기 위해서는 쇄빙선이 필요하였다. 그러나 소위 '파운드화 통용 지역'에서는 매물을 찾을 수 없었으며, 오스트레일리아는 세계의 다른 곳에서 배를 구입하거나 특별히 1척을 건조할 충분한 미국 달러화가 없었다.[53] *와이어트 어프호*가 제외되었고 얼음을 다룰 수 있는 다른 대체 선박이 없었기 때문에, 그곳에 영구 기지를 설립하는 것은 고사하고 정부가 몇 년의 지체를 감수한 뒤에야 대륙으로 가는 또 다른 항해에 착수하는 것이 가능하게 될 것이다.

캠벨은 그러한 우유부단에 점점 더 좌절감을 느꼈다. 그는 1948년 9월 남극 위원회에 그가 생각하기로 정부는 '과학적뿐 아니라 정치적 관점에서' 오스트레일리아 남극 영토에서 진행되고 있는 일에 여전히 관심은 있으나, 누군가가 '결정을 내리거나 심지어 확고한 권고를 하는 것을 거부하는 것이 장기간 지속되어왔다'고 말했다. 그 위원회의 과학자들조차 과학적 근거들만으로는 과학 기지가 정당화될 수 없다고 생각했으나, 그들은 정부가 '국제적 및 정치적인 이유로 그 섹터의 실효적 점유'를 원하는 경우 기꺼이 과학 프로그램을 작성하였다.

정부가 이것을 원한 것은 분명했으나 결국 비용에 의해 저지되었는데, 캠벨은 그 비용을 첫해에 약 30만 파운드 그리고 그 후로 매년 최고 3만 파운드까지로 추정하였다. 비용의 대부분은 정부가 자금 투입을 꺼려하던 새 선박 구입에서 비롯될 것이다. 대륙 기지에 관한 확고한 결정이 없었기 때문에 오스트레일리아 남극 영토는 오스트레일리아의 경쟁국들 중 하나에 의해 인수되기에 여전히 취약한 상태로 남아 있었다. 그리고 그것에 관해 오스트레일리아가 할 수 있는 것은 거의 없었다. 오스트레일리아가 할 수 있는 것은 자기네들의 지속적인 소유권을 확보하기 위해, 그리고 미래의 남극 활동을 위한 훈련 장소로서의 역할을 하기 위해 허드 섬과 맥쿼리 섬에 자국의 존재를 유지하는 것이 전부였다.[54] 대륙 자체 위에 기지를 설립하는 것에 대한 모든 장애에도 불구하고, 자국의 남극 권리를 강화하기 위한 오스트레일리아의 전념은 줄어들지 않았다.

오스트레일리아의 노력은 남극에 거의 관심이 없는 과학 및 산업 연구위원회(Council for Scientific and Industrial Research)나 오스트레일리아 공군, 해군에 할당되는 것보다는 외무부 산하의 어떤 부서에 의해 체계화되어야 한다고 결정되었다. 이러한 결정은 오스트레일리아의 활동이 과학적 발견의 추구보다는 주로 오스트레일리아 주권을 강화하는 것에 계속 집중되는 것을 보장하는 데 도움이 되었다.[55] 그러나 당장은 본토 기지를 설립하는 데 걸릴 몇 년 동안 섬 기지들이 만족스러운 *존재 이유*를 가질 수 있도록, 그것들을 위한 과학 프로그램을 고안하는 것이 여전히 중요하였다. 캠벨은 그런 기지를 설립할 역사적 탐험대를 지휘하기를 바랐을지 모르지만, 그는 섬 기지들을 운영하는 일상적 업무에 마음이 끌리지는 않았다. 그는 그 대신 본토 기지를 설립할 때가 오면 통솔력을 되찾을 것을 기대하면서 민간 항공부(Department of Civil Aviation)의 자신의 이전의 지위로 돌아가는 것을 택하였다. 그는 실망할 것이었다.

섬 기지들이 과학에 중점을 두었기 때문에, 그 조직은 부감독으로 활동할 선임 과학 담당자를 필요로 하였다. 필립 로는 멜버른대학교에서 휴직하는 동안 과학 연락 담당자로 활동 중이었으며 보다 상급의 영구적 역할을 맡기를 열망하고 있었다. 하지만 캠벨은 로의 야망을 좌절시키기로 결심하였다. '난 내가 그를 싫어하는 것처럼 그가 날 싫어하는 걸 항상 알고 있었어. 우리는 완전히 맞지 않아. 모든 것에 대한 우리들의 생각이 서로 용납될 수 없어.'라고 로는 한 친구에게 털어놓았다. 더 적임자이고 더 과학적인 마인드를 가진 로가 캠벨의 보좌관으로 영구직에 임명되는 경우 그들의 깊은 적대감은 그 조직에 대해 나쁜 조짐이 될 것이다.

1948년 7월 캠벨은 로의 일시적 임명을 연장하는 데 반대하는 주장을 하였다. 로가 9월에 보좌관직에 지원했을 때 캠벨은 그 임명을 막기 위해 자신이 할 수 있는 모든 짓을 다 하였다. 선정 위원회장으로서 그는 그렇게 할 좋은 위치에 있었다. 먼저 그는 그 위원회에 같이 있었던 모슨에게 그 직군에 있어 과학적 자질은 '광범한 전반적 경험과 조직력'보다 덜 중요하다는 것을 설득시켰다.[56] 그러나 캠벨은 그 위원회를 좌우하지 못했으며, 외무부 장관 존 버튼은 섬 기지 활동을 감독하고 거기서 나오는 과학 자료들이 '가능한 가장 잘 이용되는' 것을 보장하기 위해 과학적 훈련을 받은 담당자가 필요하다고 주장하였다. 그와 동시에 그는 12월 초 캠벨에게 로가 반드시 남극 프로그램을 맡은 영구 담당자가 되거나 그 대륙으로 가는 장래의 탐험대를 지휘하지는 않을 것이라고 장담하였다.[57]

캠벨은 마음이 놓이지 않았다. 그는 로가 만약 그 일을 맡으면 자신이 미래의 남극 탐험대를 지휘할 기회가 훨씬 더 적어지며, 민간 항공부의 옛 직장에서 사태의 발전을 기다리게 될 것이라는 점을 알고 있었다. 상황을 만회하기 위한 막판 시도로, 캠벨은 남극 직장을 떠나기로 되어 있는 불과 2주 전에 버튼에게 긴급 전신 타자 메시지를 보내 '가장 강력하게' 로의 임명에 반대하는 조언을 하였다.[58] 그러나 그것은 모두 허사였다. 1949년 1월 1일 로는 자신의 자리를 차지했고 남극과 캠벨의 인연은 끝이 나버렸다.

작지만 탄탄한 몸을 가진 로는 모험에 대한 취미와 과학에 대한 강한 헌신, 오스트레일리아 남극 영토를 유지하기 위해 필요한 모든 것을 하겠다는 결의가 있었다. 임명 후 몇 달 안에 그는 극지 도서관 및 박물관과 함께 탐험대 사무실을 위한 남극 연구소(Antarctic Institute)의 건립을 제안했는데, 그것이 '남극대륙에 대한 공격을 계획하고 그것을 도와주기 위한 중심 센터'

가 될 수 있을 것이며 오스트레일리아인들과 국제 방문객들에게 '우리나라의 위대한 남극 탐험가들의 영웅적 업적들'을 보여줄 것이었다.[*][59]

로는 또한 오스트레일리아 대중에게 남극에서의 국가의 영토관할권을 지지해줄 것을 호소하는 일련의 연설을 하였다. 그는 자국의 근접성을 들어 오스트레일리아는 남극에서 과학 연구에 착수할 의무가 있으며 그러한 연구가 이번에는 '우리의 소유를 정당화'하는 것을 도와줄 것이라고 주장하였다. 그는 그런 과학 연구로부터 오스트레일리아의 날씨와 기후에 관한 예측을 제공하는 가상의 능력과 함께 특히 기상학 분야에서 얻어지는 이득이 있다고 주장하였다. 그리고 남극의 '미개발 자원', 특히 '석유와 우라늄'으로부터 남극에서 얻을 수익이 있었다. 로는 '캐리 온 클럽(Carry On Club)'에서 이러한 자원들이 개발될 수 있도록 '거대한 지역으로부터 얼음을 녹이기 위해' 남극에 원자력 발전소를 건립할 수 있다고 말했다. 그러나 그는 오스트레일리아가 그 영토의 지배권을 보유한 경우에만 개발의 혜택을 볼 수 있을 것이라고 경고하였다. 그리고 오스트레일리아는 그 영토를 점유하고 사람들을 '과학적 조사'에 착수시켜야만 지배권을 보유할 수 있을 것이었다.[60]

오스트레일리아는 얼음을 깨고 나아가 남극대륙 위의 기지에 물자를 보급할 수 있는 선박이 없어서 계속 힘을 못 쓰고 있었다. 오스트레일리아는 허드 섬과 맥쿼리 섬에 있는 자국 기지로 때우는 수밖에 없었으며, 오스트레일리아 남극 영토에 다른 나라가 기지를 세우지 않기를 바랐다. 그렇게 하는 것의 어려움은 한 프랑스 탐험대에 의해 증명되었는데, 그 탐험대는 1948년에서 1949년 사이의 여름에 아델리 랜드에 기지 하나를 설립할 시도를 했으나 그들의 탐험선 *커맨더 샤르코호(Commander Charcot)*가 얼음에 의해 봉쇄되었을 뿐이었다. 11명의 인원들과 30마리의 개들은 하는 수 없이

---

* 로(Law)는 그러한 연구소나 박물관에 찬성하는 주장을 계속하지만 성공하지는 못할 것이었다.

멜버른으로 물러갔으나, 거기서 개들을 허드 섬과 맥쿼리 섬에서 사용하도록 오스트레일리아에 주고 난 뒤에야 그 배는 프랑스로 귀환하였다.[61]

1949년 12월 로버트 멘치스(Robert Menzies)의 자유당 정부가 선출되었을 때, 그 정부는 남극 영토에 대한 오스트레일리아의 권리는 정부가 가능한 빠른 시일에 '어떤 탐사 작업을 착수하는 것이나 또는 그것보다 더 좋게는 실효적 점유'에 달려있다는 조언을 받았다. 어떠한 과학적 결과로도 이 비용을 벌충할 수 없다는 것은 쉽사리 인정되었으나 '정치적 이유들로 인해 오스트레일리아가 자국의 권리를 강화하는 것이 바람직'하였다. 남극 집행위원회가 조언했듯이 이러한 권리의 강화가 '대륙 기지를 설립하기 위한 중요하고도 긴급한 이유'였다.[62]

관리들은 오스트레일리아 영토권의 미약한 성격에 관한 환상이 전혀 없었다. 모슨이 1929년에서 1930년 사이의 두 차례 항해 동안 많은 국기 게양을 하는 동안 라스 크리스텐센은 오스트레일리아 영토를 더 많이 탐험하였다. 그 노르웨이인이 그곳 서해안의 약 1,600킬로미터를 따라 항공 사진 촬영을 한 반면 오스트레일리아는 한 장의 사진도 찍지 않았다. 심지어 미국의 하이점프 작전에서도 미심쩍은 가치에도 불구하고 측량 사진을 찍었고, 따라서 미해군 수로학자는 아마도 '오스트레일리아 연방 정부보다 그 영토에 대한 더 나은 정보'를 가지고 있었을 것이다.

미국이 급히 이 정보를 사용하여 새 남극 지도를 편찬할 것으로 생각되었는데, 그 지도는 미국 탐험가들이 붙이고 미국 지명위원회가 승인한 지명들이 빽빽이 들어차 있을 것이었다. 그 위원회는 지명들이 '정치적 주권의 문제'를 고려하지 않고 승인될 것이라고 선언한 바 있었다. 환언하면 미국식 지명들이 오스트레일리아와 영국식 지명들을 대신할 가능성이 있었으며 미국 지도가 먼저 출판되는 경우 현재 수정되고 있는 1939년판 오스트레일리아 남극 지도는 쓸모없게 될 위험에 처해 있었다. 자국의 지도가 활용 가능한 최상의 것이 되도록 보장하기 위해, 오스트레일리아 정부는 노르웨이인

들과 미국인들로부터 정보를 수집하라는 재촉을 받았다.[63]

오스트레일리아 재무부 관리들조차 대륙 기지의 필요성에 동의하고 후임 외무부 장관 퍼시 스펜서(Percy Spencer)도 로의 주장에 설득되었기 때문에 그것은 조속히 달성될 것처럼 보였다. 러시아가 벨링스하우젠의 역사적 발견과 러시아 포경선들의 최근의 활동에 근거하여 그들이 영토에 대한 야심이 있음을 천명하면서 그 기지에 대한 주장이 강화되었다.

1949년 2월 소비에트 지리학회(Soviet Geographical Society)는 벨링스하우젠의 항해를 논의하기 위해 레닌그라드에서 회합을 가졌는데, 그 학회 대표들은 벨링스하우젠이 부여했던 지명들이 대부분 영국식 지명들로 대체된 경위를 주목하였다. 그 학회 지도 제작위원회 의장은 이러한 사실이 '그 탐험대의 놀랄 만큼 정확한 지도 제작 업적과 탁월한 발견에 대한 전적인 무례'를 보여준다고 불평하였다. '파머 랜드'와 '그레이엄 랜드'에 대해 논쟁을 하고 있는 영국인들과 미국인들처럼 그 위원회는 벨링스하우젠의 발견의 우위를 증명하기 위해 본래의 러시아 문서로 거슬러 올라갔다. 이것이 이번에는 벨링스하우젠이 발견했던 영토에 '남극대륙 러시아 섹터'라는 명칭을 부여하라는 요구로 이어졌는데 그 영토는 주로 포클랜드 제도 영토 내에 놓여 있었다.[64] 그해 모스크바에서 발간된 1권의 서적은 러시아인들이 그 대륙을 최초로 발견했음을 증명하기 위해 그 본래의 항해 서류 일부를 번각하였다.[65]

러시아의 주장들은 남극대륙의 지배권을 차지하기 위한 전후 경쟁에 주목하지 않을 수 없는 새 요소를 추가하였다. 오스트레일리아 남극 영토의 경우, 이제는 오스트레일리아 정부의 보수적인 장관들에게 호소하도록 의도된 기지에 대한 냉전의 이유가 있었다. 국제 법정에서 오스트레일리아 주권이 시험을 받는 경우에도 기지의 존재는 필수적이었다. 법정에서 그 기지에 대한 주장을 강화하기 위해 정부는 '그 지역에서의 점유와 지속적인 활동의 증거'를 보여주어야 할 것이라는 조언을 받았다. 남극의 영토관할권을 주장하는 다른 나라들이 이미 그런 증거를 축적하고 있고 미국과 러시아 양국 모두 권리 주장국이 될 가능성이 있는 가운데 오스트레일리아가 조치를 취할 필요성이 '긴급'하였다.[66] 로는 1951년 12월까지 대륙 기지 하나를 설립할 수 있도록 선박의 건조를 기다리는 대신 배 1척을 전세 내라고 정부를 압박하였다. 그는 첫해 여름에 6명에서 8명의 대원들을 해안선 위의 적절한 장소에 상륙시키고 다음해에 약 16명의 일행을 보내 그 기지를 점유할 것을 제안하였다.[67] 로가 자신의 목표를 달성할 것이 확실해 보이는 바로 그때, 1950년 6월 25일 한국에서의 전쟁 발발로 인해 모든 것이 바뀌어버렸다.

서울이 일주일 이내에 북한군에 함락되고, 오스트레일리아가 신속하게 한국에 군대를 투입하는 가운데 남극 기지 설립은 더 이상 그렇게 긴급한 것처럼 보이지 않았다. 이번에는 그 충돌이 미국과 소련 사이의 또 다른 세계대전으로 확대될 것이라는 두려움이 있었다. 8월 즈음 모슨은 1951년에서 1952년의 시즌을 위해 배를 전세 내려는 로의 계획을 포기할 것을 제안하였다. 그는 세계가 머지않아 10년 넘게 지속될 전쟁에 휘말리게 될 것이라고 생각했는데 그렇게 되면 오스트레일리아 기지에 관한 어떠한 긴급성도 다 없어질 것이었다. 모슨은 심지어 전쟁에 승리할 때까지 두 섬에 있는 기지들이 버려질 수 있을 것이라고 주장하였다. 데이비스가 이에 동의하여 1950년 9월 로에게 배를 전세 내는 것이 더 이상 타당하다고 생각되지 않으며 오스트레일리아는 자기네 배를 건조할 때까지 기다려야 한다고 말했다.[68] 오스트레일리아 기지는 그 어느 때보다도 더 멀어진 것같이 보였다.

자국의 잠재적인 주권을 방어하기 위해, 오스트레일리아는 남극 바다에서 오스트레일리아 포경 산업의 근거지를 마련할 전망과 남극 해안에서 귀중한 광물들을 발견한다는 유혹에 마음이 끌려왔다. 여러 가지 전략적 이유도 또한 오스트레일리아의 계산에서 중요한 부분이었다. 러시아인들이 독일 가공선 1척과 그와 관련된 포경선들을 장악하여 1946년에서 1947년의 여름에 노르웨이 승무원들을 배치시켜 남극으로 파견하였다. 그들은 한 세기 넘게 남극의 최초의 러시아 선박들이었으며, 이것이 오스트레일리아 남극 영토 내에 러시아 기지의 설립을 야기할지도 모르는 훨씬 더 거대한 러시아의 존재에 대한 두려움을 불러일으켰다.

오스트레일리아인들과 뉴질랜드인들뿐 아니라 영국인들과 노르웨이인들에게 대단히 유감스럽게도, 더글러스 맥아더 장군이 표면적으로는 한 시즌을 위한 일시적 조치로 일본인들이 자기네들의 포경 사업을 재개하도록 선박을 제공한 뒤 일본은 남극으로 되돌아왔다. 일본 주둔 연합국 점령군 사령관으로서 맥아더는 고래들이 전 세계적인 지방 부족을 완화시키고 일본이 소비할 고기를 제공하여, 따라서 반쯤 굶주린 국민들을 위해 식량을 제공하는 미국의 부담을 일부 덜어줄 것이라고 생각하였다.

그해 첫 포경 시즌에 2척의 일본 가공선과 12척의 포경선, 그리고 7척의 운반선이 미국 장교들의 엄격한 감독하에 남쪽으로 항해하였다. 그 배들은 전쟁 전 일본의 거대한 포경 선단의 잔여였는데 오스트레일리아는 그것들이 자국의 배상금의 일부로서 포함될 것을 원하였다. 오스트레일리아는 '가장 이른 기회에 남극 포경 산업에 들어가기'를 갈망했으며 그 일본 선박들이 오스트레일리아가 그렇게 하도록 허용해줄 것이었다.[69] 그러나 그것은 맥아더에게 달려있을 것이었다. 그 미국 장군은 고래 고기가 일본에서 비축 식량과 사람들의 소비를 위해 사용되는 자신의 목적을 위해 그 배들을 원했으나, 주부들의 일부는 그들의 배급 식량 속에 고래 고기가 포함되면 줄 서기를 거부하기도 하였다. 한편 그 고래기름은 국제 시장에서 팔렸다. 남극의 첫 시즌에서 미국 정부는 1,000만 달러를 절감했다고 추정되었는데, 그 돈은 그렇지 않았다면 일본인들을 먹이는 데 소비되었을 것이다.[70] 일본의 포경업은 계속될 것이었다.

1950년에서 1951년 즈음에 일본인들은 34척의 배들로 편성된 2개의 포경 선단을 보냈으며 그 다음 해에 추가로 포경선단 하나를 더 보냈다. 일본 포경선들에 대한 엄격한 감독으로 인해 그들은 이전의 낭비적 방법을 개선해 마침내 '고래 사체의 완전한 이용과 가장 적은 수의 관례 위반'에 있어 모든 포경 국가 가운데 최고의 기록을 달성하였다.[71]

비록 미국의 통제를 받았고 오스트레일리아 참관인들이 승선하였지만, 일본 포경선들의 남극 복귀는 또한 영국의 참모총장들의 반대를 받았는데 그들은 일본인들이 '그 기회를 이용하여 남극과 자국 포경선들이 사용하는 모든 항구에 대한 정보를 수집할' 것을 우려하였다. 영국인들은 일본이 노부 시라세 중위 탐험대의 과거 업적에 근거하여 남극에서 영토관할권을 주장하기 위해 자국 포경업의 존재를 이용할 수 없게 하기를 바랐다. 영국 관리들 사이에서 일본이 시라세가 로스 얼음 장벽 위에 일본 국기를 게양한 것에 기인하는 기존 영토관할권이 있는지, 그리고 만약 일본이 실제로 권리를 가진 경우 연합국과의 평화 협정의 일부로 그것을 포기해야 하는지에 관한 많은 논의가 있었다. 비록 그 논의들이 결론에 이르지는 못했으나, 일본은 결국 평화 협정에 의해 남극대륙 일부에 대해 주장할 수 있는 어떠한 권리도 다 포기하지 않을 수 없었다.[72]

전쟁 동안 포경업의 감소로 인해 고래의 개체 수가 1930년대 동안 약탈되었던 수로부터 다소 회복되었다. 그러나 일단 전쟁이 끝나자 포경선들이 서둘러 돌아왔다. 그들은 1939년 이래 거의 5배나 값이 상승한 고래기름으로 수익을 거두기를 갈망하였다. 그러나 전쟁 동안 상실되었던 수백 척을 대체할 수 있는 새 선박들을 건조하는 데는 몇 년이 걸릴 것이었다.

그러한 쇄도가 규제받지 않는 것은 아니었다. 일본이 전쟁 전의 국제 포경 관례를 준수하기를 거부한 반면, 포경 산업은 이제 국제 포경 위원회(International Whaling Commission)에 의해 더 효과적으로 통제되고 있었다. 그 위원회는 남극 포경 시즌 기간과 잡을 수 있는 고래의 수와 크기를 결정하였다. 예를 들면 1946년에서 1947년 여름에 그 위원회는 흰긴수염고래 16,000마리에 해당하는 포경 할당량에 더 빨리 도달하는 경우 포경 시즌은 불과 4개월 동안만 지속될 것이라고 결정을 내린 바 있었다. 이러한 할

당량 체계하에서는 참고래 2마리, 혹등고래 2마리 반, 또는 긴수염고래 6마리가 더 큰 흰긴수염고래 1마리와 맞먹었다. 열대 지방에서 조업하면서 번식지로 모이려 움직이는 고래들을 잡는 포경선들은 이러한 규정을 다소 피할 수 있었다.

그 위원회는 또한 전쟁 전에 포경업에 종사했던 국가들만이 전후에 남극 포경업에 참여할 수 있다고 포고하였다. 러시아 포경선단을 제외하고 그 해 노르웨이, 영국, 일본 및 네덜란드가 14척의 가공선과 63척의 포경선들을 남쪽으로 보냈다. 실제로 전 세계 포경선단의 절반은 노르웨이가 소유하고 있었다.[73] 1951년 1월 즈음에는 고래기름 가격이 여전히 전쟁 전 수준의 4배인 가운데 19척의 가공선과 239척의 포경선들이 남극 고래 어장에서 조업하고 있었다.[74]

전쟁의 기간과 달리 포경업자들은 영토관할권을 주장하거나 대륙을 탐험하는 데는 거의 관심이 없었다. 가공선들은 단순히 해마다 남쪽으로 항해했으며 그들의 포경선들은 시즌이 끝나서 고래잡이를 중지하라는 신호를 받을 때까지 사체 처리를 위해 배 위로 끌어올려질 고래들을 찾아내었다.

영국인들과 아르헨티나인들 그리고 칠레인들이 서로 항의하며 섀도복싱을 이어간 남극 반도에서 멀리 떨어진 곳에는 포경선 이외의 배들은 거의 없었다. 대륙 위에 기지를 설립하려는 전후의 쇄도는 한국 전쟁이 발발하면서 흐지부지되었다. 한반도에서의 전쟁에 세계의 주의가 집중된 가운데, 남극 반도 위의 경쟁이 새롭고도 위험한 수준으로 막 확대되려고 하는 것을 알아차린 사람들은 거의 없었다.

CHAPTER 19

1952-1956

미국의 합법적 권리를 강화하기 위해

1952년 2월, 영국 보급선 *존 비스코호(John Biscoe)*가 남극 반도 끝에 있는 호프만 안으로 천천히 들어갔다. 전방에는 1948년 11월 그 속에서 2명의 대원이 사망했던 불타버린 영국 기지의 잔해가 놓여 있었다. 그것은 남극에 상존하는 화재의 위험성에 대한 하나의 증거로 서 있었다. 영국은 반환할 자원을 모으는 데 3년이 걸렸으나 그 결과는 정박해 있는 2척의 보급선과 육상 활동 현장만 발견했을 뿐이었다. 아르헨티나 해군이 슬그머니 다가와 자기네 기지를 짓고 있었다.

영국과 아르헨티나 양국은 호프만을 자기네 영토의 필수적 부분으로 간주했으며 각국은 상대방을 침입자로 생각하였다. 아르헨티나인들이 이제 그곳에 사는 거주민이었기 때문에 영국인들에게 접근하지 말라고 경고하는 것은 그들의 차례였다. 주권의 정식 주장으로서 10년 동안 그런 경고를 해왔으나 그것이 무력으로 뒷받침된 적은 한 번도 없었다. 그러나 이번에는 영국인들이 자신들의 저장 물자를 해안으로 수송하기 시작하자 의욕이 지나친 어느 아르헨티나 지휘관이 영국 상륙 팀 머리 위로 기관포를 발사하라고 지시하였다. *존 비스코호*는 효과적인 대응책이 없었기 때문에 그 대원들은 배로 철수하지 않을 수 없었다.[1] 정치 현장은 새롭고 위험한 양상을 띠게 되었다. 남극에서의 전쟁이 현실적 가능성이 되어버렸다.

아르헨티나의 행동에 관한 소식이 포클랜드 제도 총독 마일스 클리포드

경에게 급보되었는데 그는 대영 제국의 여러 부서에서 관리로 근무했던 전직 영국 해병대원이었다. 그 우락부락한 총독은 멀리 떨어진 장소들에서 영국 주권의 충실한 방어자였으며 남극 반도 위의 이 요충지에서 영국인들이 쫓겨나게 내버려두지는 않을 것이었다. 런던의 식민성에 그 소식을 타전한 뒤 클리포드와 영국 해병대 팀은 해군 경비정 역할을 하기 위해 최근에 스탠리항에 도착한 프리깃함 *버그헤드 베이호*(HMS *Burghead Bay*)에 서둘러 승선했다.

런던으로부터의 회답을 기다리지 않고 클리포드는 정남쪽으로 약 1,400 킬로미터 떨어진 호프만으로 나아갔다. 그리고 나서 프리깃함 함포의 위협적인 보호 아래 해병대원들은 뭍으로 올라가 상륙 지점을 확보하였으며 한편 아르헨티나인들은 철수하여 시야에서 사라졌다. 런던의 정부가 채 반응하기도 전에 상황이 모두 종료되었다. 그 후 영국이 부에노스아이레스 당국에 항의하여 후안 페론 정부가 사과하고 그 아르헨티나 장교를 철수시켰으나, 이것으로 두 나라 사이에 진행 중인 긴장이 끝난 것은 아니었다.[2]

다음해 여름 디셉션 섬에서 충돌이 발발했는데 영국은 1943년, 그리고 아르헨티나는 1947년 이래 그곳에 기지를 두고 있었으며 칠레는 그 섬을 자국 영토로 간주하였다. 1953년 1월 아르헨티나 기지에 재보급을 하는 동안 아르헨티나 해군이 표면상으로는 수비대가 식물을 재배하기 위해 아르헨티나로부터 10톤의 흙을 운반해 옴으로써 자국의 주권을 강화하였다. 실제로 그 흙은 디셉션 섬이 아르헨티나의 필수적 부분이라는 것을 보여주기 위한 일종의 상징적 제스처였다. 그다음에 더 도발적 행위로 아르헨티나 해군 팀이 1928년 탐험가 휴버트 윌킨스가 건설했던 비행장에 오두막과 텐트, 깃대를 세웠는데 그 비행장은 6명의 대원이 있는 영국 기지에서 이삼백 미터 이내에 있었다. 그와 동시에 칠레는 그 섬 위에 자기네 주 비행장을 건설하는 계획을 발표했으며, 칠레 팀 하나가 윌킨스의 비행장 위에 흰 글씨로 '칠레'라고 그려 넣고 영국 기지 근처에 오두막 1채를 세움으로써 아르헨티나인들에게 대항하였다.

이러한 도전들에 직면하여 영국은 아직 할 수 있을 때 행동해야 한다고 결정하였다. 2월 15일 프리깃함 *스나이프호*(HMS *Snipe*)가 포클랜드 제도 총독 보좌관 콜린 캠벨(Colin Campbell)과 2명의 경찰관, 15명의 영국 해병 대원을 싣고 도착했다. 그 만의 반대쪽에 있는 설립된 지 오래된 아르헨티나 기지를 무시한 그들은 재빨리 새 기지에서 2명의 아르헨티나인들과 맞서 그들의 오두막과 텐트를 부수고 그 2명을 체포하여 *스나이프호*에 태워 추방해버렸다. 사람이 살지 않는 칠레 오두막도 또한 부수어버렸다. 영국 외무성이 그 사건에 관한 소식을 발표했을 때 '우리 주권에 대한 야만적인 영국의 모욕'에 대한 부에노스아이레스 언론의 항의와 길거리에서의 시위가 있었다.[3]

대서양 건너편에서는 앤서니 이든 영국 외무상이 '영국 영토에 대한 이런 형태의 침입에 관한 [영국인들의] 태도에 대해 어떠한 의심도 다 일소하기 위해' 그러한 조치를 취했다고 선언했을 때 그는 자신의 하원 지지자들로부터 환호를 받았다. 웃음 속에서, 그는 그 2명의 아르헨티나인들이 '침입자가 아니라 불법 이민자로서 추방되었음'을 강조하였다.

영국의 행동은 아르헨티나인들의 주권 주장을 막지는 못하였다. 다음해 여름 후안 페론은 '아르헨티나가 남극 하늘 위에서 주권을 행사하는' 것을 보여주기 위해 공군기들을 파견해 디셉션 섬 상공을 매일 비행하게 하였다. 그는 또한 남극 반도 끝에서 떨어진 곳에 있는 던디 섬에 공군 기지를 설립하였다. 밑돈을 더 올리기 위해 아르헨티나 해군 장관 아니발 올리비에리(Anibal Olivieri) 해군 소장은 1954년 2월 '아르헨티나령 남극대륙'에 있는 모든 해군 기지에 대한 시찰 여행에 나섰다. 사전 경고를 받은 영국은 아르헨티나 배가 디셉션 섬에 도착했을 때 그 배를 저지하기 위해 *세인트 오스텔 베이호*(HMS *St Austell Bay*)를 파견했으나 그 결과는 아르헨티나인들로부터 '아르헨티나에 온 것을 환영합니다'라는 신호를 받았을 뿐이었다. 그 배들이 정박하여 영국 장교가 아르헨티나 배에 승선했을 때 그는 '그 프리깃함이 허가 없이 아르헨티나 영해에 들어왔다'는 말을 들었다. 올리비에리는 1952년 영국 해병대에 의해 패주되었던 아르헨티나 해군 인원을 증원하기 위해 호프만에 파견대를 상륙시킴으로써 자신의 여행을 마무리하였다.[4]

이든의 허장성세에도 불구하고 영국은 곤경에 처했다. 재정적으로 쪼들린 나머지 영국은 전 세계에 걸쳐 제국의 개입을 줄이고 자국의 군대 규모를 축소하고 있었다. 영국은 자국의 포클랜드 제도 소유권을 양도 불가능하다고 간주하였으나 포클랜드 제도 보호령의 전부는 아니더라도 대부분을 아르헨티나와 또는 칠레에 양도한다는 가능성을 기꺼이 생각해왔다. 그러나 런던에서는 포클랜드 제도 보호령을 양보하는 것이 부에노스아이레스에서는 나약함의 한 징후로 보여서 그로 인해 아르헨티나가 포클랜드 제도 또한 억지로 빼앗을지 모른다는 두려움이 있었다.

다루기 힘들어 보이는 문제를 해결하기 위해 한 것은 거의 없었다. 영국이 포클랜드 제도 보호령에 설립한 모든 기지는 아르헨티나인들과 칠레인들에 의해 더 많은 대항을 받았다. 1953년에서 1954년 여름 즈음 영국은 6개의 기지를 보유한 반면 아르헨티나인들은 8개, 칠레인들은 3개를 보유하고 있었다. 영국은 수중에 남미인들과 대항할 해군력이 없었다. 여름철 동안 영국 주권에 대한 형식적 지원을 위해 불과 1척의 프리깃함이 포클랜드 제도 보호령에 기지를 두고 있었는데, 그 배는 얼음이 두려워 디셉션 섬보다 훨씬 더 남쪽으로는 갈 수 없었다. 경쟁자들을 몰아낼 수 없었기 때문에 영국은 다른 수단으로 자국의 영토권을 방어해야 하였다. 영국은 더 많은 기지를 짓고 경쟁국들보다 더 나은 과학 연구를 하고, 포클랜드 제도 보호령을 위한 우표를 발행하고 주로 영국식 지명들로 덮인 자세한 지도들을 편찬할 것이다.

남극에서 영국의 명명 작업을 맡은 사람은 1934년 그레이엄 랜드 탐험대에 참가했던 안경 낀 조류학자 브라이언 로버츠였다. 그 후로 그는 외무성의 남극 전문가가 되었으며 케임브리지의 스콧 극지 연구소에도 근무하고 있었다. 전쟁 동안 그는 남극의 영토관할권에 관한 역사를 연구하는 데 전념하는 외무성의 한 작은 부서를 이끌었다. 그 부서는 '상이한 영토들의 특성과 상이한 목적들을 위한 그것들의 가치'에 관한 정보와 함께 '주권 주장 문제에 관련된' 모든 것을 포함하는 비밀 보고서를 편찬하였다. 영국과 자치령의 정책 입안자들에게 보내진 그 보고서는 남극대륙에 관해 논한 것들을 알리고 남극 주권에 관한 회의에 참석하는 사람들을 위한 역사적 배경을 제공하기 위한 것이었는데, 그 회의는 논의만 여러 번 되었을 뿐 결코 개최된 적은 없었다. 놀랄 것 없이 그 증거는 영국의 영토관할권에 대한 지지를 제공하기 위한 방식으로 조직되었다.[6] 1940년대 말 로버츠는 남극 지명에 관한 합의에 도달하기 위해 미국인들과 연락을 취했던 한 영국 위원회의 간사가 되었다. 파이프 담배를 피우는 통통한 로버츠는 남극에서의 영국의 지위를 보호하는 데 열심이었으며 영토권을 강화하기 위한 지명과 지도의 힘에 대한 강한 믿음을 가지고 있었다.

로버츠는 남극 지도 위에 영국식 지명들을 위치시키는 것이 영국의 소유권을 확보하는 데 결정적이라고 믿었으나, 그 지명들의 국제적 승인을 획득하는 것 또한 중요하다는 것을 깨달았다. 그런 다음에라야 비로소 영국식 지명들이 다른 나라들이 마련한 지도들 위에 출현할 가능성이 있을 것이다. 심지어 영국의 이익을 여전히 보호하는 동시에 일반적 승인을 받는 남극대륙의 표준 지도를 만드는 것도 가능할 것이다.

영국과 영연방 국가들은 영토에 대한 경쟁국이 아니기 때문에 그들은 그들 각자의 영토의 지명에 대해 쉽사리 합의에 도달할 수 있었다. 노르웨이 또한 자기네 영토가 다른 어떤 나라의 영토와도 중복되지 않았기 때문에 타협할 준비가 되어 있었다. 특히 포클랜드 제도 보호령과 남극 반도가 가장 문제 지역이었다. 아르헨티나와 칠레와 타협할 전망은 거의 없었는데, 양국 모두 자기네 소유권에 대해 완강한 데다 이미 다수의 영국 지명들을 대체해

버렸기 때문이었다. 그 대신 영국은 탐험가들이 그 지역에서 활동했던 나라들과 합의에 도달하는 데 집중했으며 발견의 우선권에 근거한 다수의 외국 지명들을 인정하였다. 러시아의 야망에 관한 우려에도 불구하고 심지어 벨링스하우젠이 사우스셰틀랜드에서 사용했던 지명의 일부도 인정되었다. 그러나 그와 동시에 벨링스하우젠의 지명들은 셰틀랜드 제도 내의 다른 곳으로 이동되지 않고 사라지도록 허용되었다. 그렇게 하지 않으면 셰틀랜드 제도의 소유권에 대한 영국의 주장을 약화시킬지 모른다는 두려움이 있었다.[7]

남극 반도에 대해 아르헨티나와 칠레와 합의에 도달할 가망이 거의 없는 가운데 영국은 미국과의 타협을 모색하였다. 미국은 영국 대신 자국을 그 지역의 진짜 발견자라고 간주했기 때문에 그것마저도 쉽지 않을 것이었다. 어쨌든 영국의 '그레이엄 랜드'는 미국의 '파머 랜드'였다. 그 반도의 일반적 명칭에 관한 곤란한 문제는 그것의 부차적 지형에 대한 이름 결정을 위해 따로 제쳐두었다. 1948년 로버츠는 그것들을 각자의 위원회에 제출하기 전에 비교적 중요하지 않은 지명들에 대한 잠정적 합의에 도달하기 위해 비공식적으로 미국 측 상대인 해럴드 손더스 선장과 서신 왕래를 할 권한을 영국 남극 지명 위원회(UK Antarctic Place-Names Committee)로부터 받았다. 그렇게 한 뒤에야 비로소 그 지명들이 영국과 미국 지도 둘 다에 출현할 것이고 그러면 그 지명들이 다른 나라들에 의해서도 또한 인정받을 것이다.

양측 모두 그 지도 위에 자기네들의 고유한 지명을 최대한 뿌려놓기를 원했으나 로버츠는 손더스와 생산적 관계를 발전시켰다. 그는 영국이 확고한 견해에 도달하고 나서야 비로소 논의를 원했던 일부 영국 관리들 때문에 더 큰 어려움을 겪었다. 1950년 손더스와 로버츠가 남극 반도 동쪽 해안 위의 다양한 지명에 대한 최종 합의에 도달하기 위해 그들 각자의 위원회 위원들 간의 모임을 주선하려고 애를 썼을 때, 영국 위원회는 미국인들에게 제압당하는 것을 너무 우려하여 그 모임의 공식 자격을 부인하고 모임 장소를 런던에서 케임브리지로 바꾸어버렸다. 그러한 모임에서 확실한 결과가 나오지 않을 것을 알고서 미국인들은 그것을 취소해버렸다. 영국 관리들은 마음이 놓였으며 포클랜드 제도 보호령의 지명 색인 편찬을 가속화해야 한다는데 동의하였다.[8]

로버츠는 그 모임의 취소로 좌절감을 느꼈으나, 위원회의 그의 동료 일부는 그 더딘 경과가 미국인들의 계략에 빠진 것을 두려워하였다. 성미 급한 식민성 대표 베넷은 로버츠의 전략에 대한 맹렬한 공격을 개시하였으며 그로 인해 야기되는 지도 제작의 지연과 영국이 일부 미국식 지명을 받아들이는 경우 영국의 권리 약화에 대해 불평하였다. 영국 영토 지도는 '영국에서 기원한 지명들만 지니고 있어야 한다'라고 베넷은 선언했으며 손더스와의 대화는 '중단되어야' 하며 '가능한 조속하게 출판되는 지도들 위에 지명이 삽입되어야 한다'는 것을 촉구하였다.

외무성 대표는 로버츠의 접근법이 아르헨티나와 칠레와의 다루기 힘든 분쟁을 해결하는 것을 돕고 '남극대륙을 위한 어떤 형태의 국제 체제'의 창설로 이어질 것을 기대하여 미국인들과 협력하는 더 큰 전략의 일부라고 설명하였다. 해군성 수로 측량부는 또한 영국의 *앤탁틱 파일럿*과 미국의 *남극대륙 항해지시서(Sailing Directions for Antartica)*가 그들의 지도 위에 동일한 지명을 가지는 것의 중요성을 지적하였다. 그러나 베넷을 달래지는 못할 것이며, 미국인들과의 협력은 중지되었다.[9]

결국 베넷은 압도당했으며 로버츠는 자신의 공들인 서신 왕래를 재개하는 권한을 받았다. 1953년 3월 즈음 그는 거의 150개의 발표된 지명들이 거부되었다고 보고했는데 그것들은 대부분 1948년 스토닝턴 섬에서 돌아온 후 론이 붙였던 이름들이었다. 또 다른 172개의 지명들이 인정되었는데 이는 남위 75도까지 모든 지명의 차이들이 해결되었음을 뜻하였다.[10]

로버츠와 손더스가 남극 지명들과 씨름하고 있는 동안 영국은 자국의 영토관할권을 강화하기 위한 탐험 계획을 밀어붙였다. 과거를 상기하면서 영국은 최후의 위대한 도전과 씨름할 탐험으로 경쟁국들을 무색하게 만들기 위한 제안을 하였다. 그 제안은 클리포드에 의해 주장되었는데 그는 아르헨티나인들과 칠레인들에게 창피를 당하는 것에 진절머리가 났다. 그는 1953년 3월 영국 정부 극지 위원회에 남극 횡단 탐험이 '이 지역에서의 정치적 위신을 얻기 위해 성공적으로 경쟁하는 유일한 방법'이라고 말했다. 여러 해 동안 그는 그러한 탐험에 관한 생각이 포클랜드 제도 보호령 조사소에 의해 체계화되도록 압박을 가해왔다.

그와 동시에 45세의 영국 포클랜드 제도 보호령 조사소의 과학 수장인 비비안 푹스 박사(Dr. Vivian Fuchs)가 자신의 극적인 남극대륙 횡단을 계획하고 있었다. 그것은 섀클턴이 시도했으나 이루지 못했던 위업이었다. 푹스는 영국의 남극 경쟁국들이 아직 '그것과 비길 만한 중요한 여행'을 할 좋은 입장이 못 되는 동안 영국이 빨리 그것을 할 '기회를 붙잡을' 것을 촉구하였다. 만약 성공한다면 '영연방이 권리를 주장하는 영토 내에서 전적으로 행해진 대륙 횡단 여행'이 '세계적인 위신을 가져다줄' 것이라고 푹스는 선언하였다.[11] 그것이 전 세계에 영국의 오랜 탐험 역사를 상기시킬 것이며 그렇게 함으로써 암암리에 남극에서 그들의 영토권을 강화할 것이었다. 한물 간 국가와 제국으로서는 하나의 성공적인 탐험이 또한 국민의 사기에 활력을 불어넣을 것이었다.

푹스는 1953년 9월 15일 자신의 제안을 극지위원회에 제출하였고 그 위원회에서 관리들은 그 제안을 '무자비하게 조사'하였다. 푹스는 그 제안이 과학적 가치가 높다고 주장하는 시도는 거의 하지 않았다. 그는 대신 그 제안의 '낭만적 매력'과 그것이 영국과 그 연방국들의 위신에 미치는 영향을 강조하였다. 그는 또한 코우츠 랜드와 로스 속령에 영국 기지들을 설립하는 것이 '영토관할권을 정당화하는 데 도움을 줄 것'이라고 주장하였다. 해군성도 민간항공부도 기꺼이 자금을 제공하려고 하지 않았고 심지어 외무성조차 그 탐험의 가치에 대해 반신반의하였다.

외무성에 관해 말하자면 푹스의 탐험이 '위신의 가치'가 있는 것은 당연하였으나 그것이 '영국의 지위를 강화시킬 만큼 영구적이지는 않을 것'이었다. 만약 외무성이 자금을 제공한다면 외무성은 그 돈이 '경쟁이 더 큰 대륙의 주변에서' 쓰이기를 원했다. 푹스는 그 탐험대가 '뉴질랜드의 활동 부족'으로 로스 속령에 대한 뉴질랜드의 권리가 약해진 로스해 위에 기지 하나를 설립할 것을 지적했지만, 영국 관리들은 뉴질랜드 관리하에 있는 영토에 대한 권리를 강화하기 위해 영국 돈을 쓰는 것에 대해 경계하였다.[12]

남극에 관해서 영국의 의견은 갈라져 있었다. 한편으로는 영국이 해마다 남미인들로부터 직면하는 굴욕으로 인해 1953년 8월 정부는 영국이 '영구적으로 충족시킬 수 있는' 규모에 달할 때까지 남극 개입을 '정연하게 감축할' 것을 제안하였다.[13] 다른 한편으로는 1953년 5월 영국 팀에 의한 에베레스트산의 정복이 젊은 엘리자베스 2세 여왕의 대관식과 일치하였는데, 그 두 사건이 영국인들에게 아직 국가의 쇠퇴를 막을 수 있다는 자신감을 불어넣었다. 스콧과 섀클턴이 걱정하는 국민에게 오랫동안 지속된 영국의 세계 지배가 확고하다는 것을 확신시키기 위해 대담한 행동을 했던 것처럼, 푹스는 지금 스콧과 섀클턴이 중단했던 곳에서 착수하기를 제안하고 있었다.

푹스는 자신이 그 이후 폐쇄된 영국 기지를 이끌었던 장소이며 지금은 아르헨티나 기지가 위치하고 있는 마거리트만의 스토닝턴 섬 또는 포클랜드 제도 보호령 동단의 웨델해의 바젤만에서 탐험을 시작할 것을 제안하였다. 출발점이 어디든 간에 그 탐험대가 포클랜드 제도 보호령 일부, 오스트레일리아 남극 영토 그리고 뉴질랜드의 로스 속령을 횡단한 뒤 로스해에 있는 맥머도 지협이 종료점이 될 것이었다. 스토닝턴 섬에서 시작하는 것은 아르헨티나 기지에 대항하고 미국인의 활동 역사를 약화시키는 장점이 있었으나 그것은 더 오래 걸리고 비용이 더 많이 드는 옵션이었다. 아르헨티나가 바젤만에 기지를 하나 설립했을 때 그에 따라 그 경로의 이점이 증가하였다. 그 경로가 돈이 덜 들고 더 짧았기 때문에 푹스는 결국 거기에서 시작하는 것을 택하였다.[14]

계획된 탐험과 그것이 유발한 대중의 논의는 영국 정부를 설득하여 남극 개입의 '정연한 감축'을 실행하려는 이전의 결정을 번복하게 한 것처럼 보인다. 1954년 8월 즈음 영국 정부는 그 대신 주둔지를 방어하고 병력을 증가시키기로 결정하였다.[15] 10년 동안 영국은 자국 영토에서 침입자들을 쫓아내는 데 충분한 자신감을 느끼지 못했으며 또한 남극의 이익이 그런 행동을 정당화하기에 충분한 가치가 있다고 생각지도 않았다. 1949년 이래 영국은 정례적 재보급 항해 이외에는 남위 60도 이남에 전함을 파견하지 않는다는 아르헨티나와 칠레와의 협정을 매년 갱신해왔다.[16] 그것이 때로 불안한 평화를 유지시켜왔으나 그로 인해 아르헨티나는 자신의 존재를 계속 강화하고 자기들이 심각한 도전을 받지 않을 것임을 알고 자신감을 가질 수 있었다. 영국은 너무나 필사적이어서 심지어 포클랜드 제도 보호령을 '원자력 연구를 위한 일종의 성능 시험장'으로 지정한다는 생각까지 탐구해보았다. '남극 지역을 수소 폭탄 시험을 위한 일종의 성능 시험장으로 사용하는 것에 관한 모든 기능적, 기술적 및 안전 측면에 관한' 연구가 시행되었다.[17] 결국 영국은 오스트레일리아의 사막들이 남극대륙의 얼음보다 더 나은 시험장이라고 결정하였다.

해군성은 이제 포클랜드 제도의 자국 프리깃함이 '영국 영토 내의 불법 침입자들을 공격받지 않는 상태로' 내버려두는 '국기 흔들기 항해'의 범위를 넘어설 것을 기대하였다. 1954년 11월 해군장관 짐 토머스(Jim Thomas)가 외무상 앤서니 이든에게 설명한 것처럼 그런 항해를 하는 것은 '우리의 위신만 깎아내릴' 뿐이며 '계속적인 무단 침입에 대한 일종의 긍정적 유인'의 역할을 할 것이다. 아르헨티나인들에게 그렇게 많은 경고를 한 뒤라서, 토머스는 영국이 '오두막을 몰수하고 그 거주자들을 추방하기 전에 그들에게 하등의 경고를 할 필요가 없다'라고 적었다. 토머스는 해롤드 맥밀런(Harold Macmillan) 국방상에게 해군성은 '아르헨티나 오두막의 문 아래에서 항의를 밀어붙이는 해군답지 않은 일을 언제나 싫어했으며' 해군의 프리깃함이 '일종의 감시 초소나 심지어 1명의 우편배달부 대신 1척의 전함 역할을 하기'를 원한다고 털어놓았다. 그러나 해군성은 프리깃함을 얼음에 뒤덮인 남쪽 바다로 파견하는 것을 우려하였는데 왜냐하면 그 배가 얼음에 갇혀 결국에는 독일에서 건조한 아르헨티나의 새 쇄빙선 *제너럴 산 마르틴호(General San Martin)*에 구조를 의존하는 치욕을 당할 수 있기 때문이었다.[18]

토머스는 프리깃함 함장이 그 문제를 런던에 알리지 않고도 아르헨티나 인들에게 대항하는 행동을 하도록 허용되어야 한다고 주장하였다. 이든은 프리깃함이 훨씬 더 적극적인 역할을 맡기를 원했지만, 그 함장이 일방적 조치를 취한 결과 초래된 외교적 난장판을 외무성이 치우기를 원치 않았다. 식민성은 훨씬 더 열광적이었다. 새로 임명된 포클랜드 제도 총독 레이너 아서(Raynor Arthur)는 새로운 아르헨티나 기지나 영구 기지로 개조된 하계 기지들도 다 영국 해병대가 강제로 철거할 것을 요구하였다. 식민성 장관 앨런 리녹스 보이드(Alan Lennox-Boyd)는 '그 프리깃함이 아르헨티나와 칠레의 공격을 저지하기 위해 가장 효과적으로 사용되어야 한다'는 것에 동의했으며 영국은 '매 시즌마다 규모가 증가하는 아르헨티나의 도전'에 직면해 있다고 언급하였다. 그는 해군성이 '현명한 항해술로 모든 기회를 이용하여 침입자들에게 우리의 프리깃함이 이 바다 주위에 있다는 것을 알리기를' 원했다.[19] 보다 공격적 방침을 시행한다면 또다시 무력 충돌이 현실적 가능성이 될 수 있을 것이었다. 그러나 그런 공격적인 정책은 외무성의 신랄한 반대에 직면하여 시행될 수 없었다.

이든의 우려와 관리들이 프리깃함의 행동 방침에 합의를 보지 못했기 때문에 그 결과 영국의 남극 정책을 재고하게 되었다. 남극에서 영국의 활동을 증가시키려는 내각의 결정은 내빙 전함이나 쇄빙선이 없다는 해군의 실제적 현실에 직면하였다. 해군성이 지적했듯이 내각은 '증가된 활동을 요구했으나 그 활동을 수행할 수 있도록 필요한 재원이나 시설에 대한 대비는 전혀 없었다.' 해군성은 그 정책이 시행되려면 영국은 아르헨티나가 건설한 개개의 정착지에 대해 하나의 정착지를 건설하고 적어도 2척의 쇄빙 보급선을 새로 건조할 필요가 있다고 주장하였다. 또한 영국은 그 '보급선이나 정착지에 정신적 지원 및 필요한 경우 다른 지원을' 제공할 충분한 전함을 투입해야 할 것이었다. 포클랜드 제도에 얼음 밖에 있어야 하는 단 1척의 프리깃함만 보유하고 있는 것은 아르헨티나에 자신들의 존재를 확장하도록 고무시키는, 영국이 약하다는 인상을 주기 때문에 무용지물이나 마찬가지였다. 자국의 권리를 보호하려면 영국은 '보다 적극적인 탐험 정책을 채택'해야 하는데 그것을 위해서는 증가된 해군의 지원이 필요할 것이었다.[20]

1955년 초 남극은 이든의 최저의 관심사였을 것이다. 10년 넘게 그는 보수당 지도자로서 처칠을 대신하기를 원했다. 그 전직 전시 지도자가 이제 80세가 되었기 때문에 이든은 처칠에 대한 압박을 강화하여 마침내 처칠은 1955년 4월 자신의 은퇴를 발표하였다. 영국의 오랜 지도자의 신체의 쇠약과 그의 대체를 야기한 정치적 음모로 인해 남극에 대한 런던의 우유부단함이 증가되었다. 보다 근본적으로, 영국은 제국을 유지하기 위한 경제력 및 군사력을 잃어버린 지 한참 되었는데도 제국주의 사고방식을 계속 지니고 있었다. 1940년대 말의 클레멘트 애틀리(Clement Attlee)의 노동당 정부는 포클랜드 제도 보호령의 대부분을 포기하는 것을 고려했던 반면 처칠 정부는 어떤 것도 양보하기를 훨씬 더 꺼려했다.

프리깃함의 사용에 대한 논쟁을 벌인 뒤 영국 내각은 마침내 1955년 2월 남극에 대한 자국의 야망을 그 수단과 일치시키려고 시도하였다. 이든은 자기 동료들에게 아르헨티나가 '서서히 선두에 나서고 있음'을 알렸다. 적어도 6채의 오두막이 더 세워지고 있었으며 바젤만에 기지가 설립되고 있었다. 영국이 항공기나 쇄빙선이 전혀 없는 반면 아르헨티나는 그 작전을 지원할 1척의 쇄빙선과 13대의 항공기를 보유하고 있었다. 더구나 아르헨티나인들은 '측량과 탐험 장비를 잘 갖추고 있고, 자신들의 기지에서 탐험되지 않은 대륙 내로 점점 더 진출하려는 것이 분명하다'고 이든은 경고하였다. 그는 영국이 더 많은 기지들을 지원할 수 있는 새 보급선 1척을 주문했으며 푹스의 남극 횡단 탐험대에 10만 파운드를 기부했다고 말했다. 그럼에도 불구하고 해야 할 것들이 많이 있었다.

한 예를 들자면 로버츠는 '무엇이 가장 보존할 가치가 있는지를 신속하게 찾아내기 위해… 영국은 보다 체계적인 탐사와 측량'을 할 필요가 있다고 오랫동안 주장해왔다. 그것은 더 많은 기지와 민간 항공사와, '광물 및 잠재력을 가진 다른 것들에 관해 더 많은 것을 발견할' 지상 탐사를 뜻하였다. 이것이 이번에는 '남극에서 이러한 활동을 지원할 수 있는 충분한 힘'을 보유하는 것을 의미할 것이었다. 쇄빙선과 내빙 프리깃함을 획득하는 것만이 '영국 기지들에 국기를 전시하거나 침입자들에 대한 무력 조치를 취하기 위해… 무장한 팀을 보낼 수 있는' 능력을 영국에 부여할 것이었다. 이든이 자기 동료들에게 아르헨티나 기지들에 대해 무력을 즉각 사용하지 말라고 충고했을 때 영국의 지위가 약하다는 것이 분명해졌다. 그는 이러한 무력 사용이 현재의 프리깃함의 보호 범위 밖에 있는 영국 기지들에 대한 보복을 유발할 것을 두려워하였다.[21]

1955년 말, 그 취약한 프리깃함은 마침내 얼음에 대비해 특별히 구조를 강화하고 2대의 헬리콥터를 탑재한 20년 된 그물을 치는 전함 *프로텍터호* (HMS *Protector*)로 대체되었다. 이러한 새 능력으로 무장한 외무성은 '2개의 기존 외국 기지 중 하나를 파괴하고 또는 새로운 기지들을 열려는 외국의 시도를 미연에 방지하기 위해' '모종의 공격적 행동'을 개시할 것을 제안하였다. 비록 *프로텍터호*가 '아르헨티나와 칠레 침입자들에게 대한' 더 큰 행동 범위를 허용하였지만, 해군성은 수중에 더 많은 전함을 보유하고 있지 않는 한 그렇게 하는 것에 대해 신중하였다. 추가된 하나의 문제가 있었는데 그것은 1957년에서 1958년으로 예정된 다가오는 국제 지구 관측년 (International Geophysical Year) 행사였으며 그것이 영국이 다른 나라들과 싸우는 것보다는 그들과 협력할 것을 요구하였다.

그래서 공격적 행동에 관한 문제는 가능한 정치적 영향에 관한 보고서를 작성하기 위해 외무성과 식민성에 넘겨진 반면, 참모총장들은 전략적 영향을 조사하였다. 외무성은 영국이 자국 영토를 외국이 점령하도록 하는 것을 '위엄이 없다'고 생각하였으나 참모총장들은 아르헨티나인들을 쫓아내는 것을 강력히 반대하였다. 영국은 다른 곳에서 자국의 무력을 심각하게 약화시키지 않고서는 그렇게 할 방법이 없었을 뿐 아니라, 영국이 포클랜드 제도에 대한 지배력을 계속 유지하고 있는 한 그렇게 하는 것에 대한 전략적 타당성이 없었다. 그래서 낡은 정책이 계속되었다. 영국은 포클랜드 제도 보호령에 2개의 새 기지를 설립했으며 그레이엄 랜드에 대한 민간 전세 항공 측량을 시작하고 남극 횡단 탐험을 위해 바젤만에 기지를 세웠다.[22] 영국의 권리를 보호하는 것이 바야흐로 훨씬 더 어려워지고 있었다.

　미국도 마침내 남극 영토에 대한 자국의 권리를 강화하기로 결정했는데 거기에는 영국이 권리를 주장한 영토가 포함돼 있었다. 워싱턴은 실제적 점유만이 남극 영토에 대한 확실한 권리를 제공한다고 되풀이하여 주장하였다. 미국은 1924년 이래 이러한 입장을 견지해왔으나 국무성은 자국의 잠재적 권리에 관해서는 행동이 느렸다. 미국의 공식 탐험대가 2번이나 남극에 갔으며 리틀 아메리카와 다른 곳에 정착지를 설립했고 2번이나 그것들을 버렸다. 그 후 영국과 아르헨티나와 칠레가 남극에 영구 기지를 설립했으며 1950년대 초 프랑스와 오스트레일리아가 그들과 합류하였다. 이러한 모든 기지들이 이들 국가의 영토관할권을 강화하기 위해 의도되었던 반면, 다른 많은 나라들이 국제 지구 관측년을 위한 국제 협의회(International Council of Scientific Unions for the IGY)가 계획한 활동의 일부로서 과학 기지를 설립할 작정을 하고 있었다. 권리를 주장하지 않은 국가들, 특히 러시아가 기지를 설립할 가능성은 권리 주장 국가들의 활동과 미국의 숙고에 새로운 절박감을 더해주었다. 그리고 다시 한번 그것은 핀 론과 리처드 버드 사이의 격렬한 경쟁으로 두드러졌다.

론은 남극 반도 동안으로 가는 탐험을 성사시키기 위한 정부 지원을 얻기 위해 4년 넘게 애를 쓰고 있었다. 많은 나라들이 지금 국제 지구 관측년 탐험을 조직하고 있는 가운데 론은 워싱턴이 그들의 경쟁자들을, 그리고 자신이 버드의 계획을 미리 막기 위한 한 가지 방법을 제안하였다. 1953년 2월 지리학자 새뮤얼 보그스가 론과 국무부 상급 관리들과의 모임을 주선하였다.

론은 그들에게 다가오는 여름 동안 남극점에 있는 1개를 포함한 외진 기상학 기지와 함께 웨델해의 굴드만에 기지 하나를 설립하려는 자신의 계획에 관해 말했다. 그것은 자신의 이전 탐험대와 흡사할 것인데 32명으로 구성된 한 팀이 14개월 동안 머물면서 대륙 내부를 탐사하고 국립 과학 아카데미가 승인한 과학 연구에 착수할 것이었다. 그들이 국제 지구 관측년에 앞서 자신들의 작업을 마칠 것이기 때문에 미국은 다른 나라들이 도착하기 전에 남극의 대부분을 정식으로 합병할 수 있을 것이다. 그 계획에 의하면 론이 영국과 아르헨티나 양국이 모두 권리를 주장하는 지역에서 일할 것이 예상되기 때문에, 그는 국무부로부터 그 탐험이 정치적 목적이 전혀 없다는 보장을 받기를 열망하였다.[23]

론의 계획은 큰 매력이 있었다. 국무부가 '어떤 탐험도 관심이 있는 다른 강국들과의 긴장을 증가시킬' 것임을 인정하였지만, 국무부 관리들은 '그 지역 전체에서 미국의 권리를 강화하고 다른 곳에서는 구할 수 없는 과학적 데이터를 획득함'에 있어 그 탐험이 가져다줄 여러 가지 이득 때문에 위험을 감수할 각오가 되어 있었다. 관리들은 특히 '거의 알려져 있지 않고 이전의 미국 탐험 지역에서 멀리 떨어져 있는' 그 탐험 지역에 끌렸는데 그것이 '미래의 미국 권리를 위해 기지를 확장해'줄 것이었다. 그로 인해 그 탐험이 '남극대륙의 더 큰 지역을 차지하게 될 궁극적인 미국 권리를 예견하는' 관리들을 만족시킬 것이었다. 그러나 워싱턴에서는 여전히 미국이 '우호적인 나라들'의 반대에도 불구하고 남극의 대부분에 대한 권리를 주장하려고 시도해야 하는지, 아니면 미국이 미국 시민들이 집중적으로 탐사했던 지역들에 자국의 권리를 제한해야 하는지에 관한 논쟁거리로 남아 있었다. 1952년 국무부가 정식 영토관할권을 주장해야 한다고 결정했으나, 국방부로부터의 반대는 아무것도 행해지지 않았음을 뜻하였다.[24]

국무부의 조심스러운 승인에 고무되어 론은 계속해서 의회 의원들과 국방부로부터 더 많은 지원을 얻으려고 하였다. 그러나 버드의 적극적인 반대와 함께 한국에서 계속되고 있는 전쟁으로 인해 해군은 1953년에서 1954년 여름의 론의 탐험에 함정을 투입하는 것을 거부하였다. 전쟁이 끝나자 론은 논쟁으로 되돌아왔다. 그는 1954년 2월 프랭크 케이스(Frank Case) 상원 의원과 함께 백악관으로 가서 행정부 관리들과 만났으며 자신이 드와이트 아이젠하워(Dwight Eisenhower) 대통령의 후원을 받을 것을 확신하고 백악관을 떠났다.[25]

결국 아무것도 성사되지 않자, 그는 1954년 4월 케이스와 토르 톨레프슨(Thor Tollefson) 의원으로 하여금 아이젠하워에게 론의 탐험을 위해 2척의 배와 4대의 항공기, 기계화된 수송과 용역 및 민간 인력의 사용을 포함하여 최고 20만 달러까지를 제공할 것을 요구하는 법안을 상원과 하원에 제출하게 함으로써 대통령을 압박하기로 결심했다.[26] 그 탐험대는 론의 미국 남극 협회에 의해 운영되었지만 실제적으로는 일종의 정부 탐험대였다. 그리고 론은 그 전면에 정부 목표들을 가지고 있었다. 남극의 국제화에 대한 그의 과거의 이상주의자적 집착은 사라져버렸다. 1954년 5월 상원 군사 위원회(Senate Armed Services Committee)에 증언할 때 론은 '미국의 정당한 권리를 강화하기 위해 여태까지 인간이 한 번도 본 적이 없는 지역을 탐사하는 것' 이상은 아무것도 원하지 않는다고 말했다.[27]

의회와 국무부의 지원에도 불구하고 론의 탐험은 재정적 이유와 버드의 국제 지구 관측년 탐험에서 비롯된 경쟁 때문에 국방부와 예산국의 반대에 직면하였다. 그가 과거에 자주 그렇게 했듯이 로렌스 굴드에게 지원을 요청했고, 그 영향력 있는 지질학자이자 전직 남극 탐험가가 미국의 국제 지구 관측년 기부금을 조성하는 책임을 맡은 남극 위원회 의장이 된 것을 알았다. 따라서 그는 자금을 얻기 위해 론과 경쟁하고 있었다. 반복되는 지연과 함께 론은 자신의 탐험을 국제 지구 관측년과 관련하여 선전하기 시작했으며, 굴드에게 자신이 제안한 기지가 어떻게 '국제 지구 관측년의 과학 활동을 위한 기반을 마련할 수 있는지'를 말했다.[28] 그러나 그의 참여는 자신과 버드 사이의 지극히 불쾌한 관계에 의해 복잡하게 되었다.

국무부 관리들도 또한 버드의 정치적 영향력을 경계하였다. 그들은 두 탐험가들 사이의 개인적 싸움 때문에 미국이 남극에서의 지분을 잃는 것을 보기를 원치 않았다. 가능한 타협안으로서 국무부 관리들은 론에게 기지를 설립하는 제안을 포기하고 그 대신 버드의 하이점프 작전 중에 찍었던 8만 장의 항공 촬영 사진들의 지상기준점을 얻을 수 있도록 노르웨이 포경선 1척을 전세 내어 대륙을 일주 항해할 것을 제안하였다.[29] 그러나 론은 특히 굴드만 기지에 대한 아이젠하워의 승인을 얻는 것을 여전히 확신하고 있을 때 버드의 일을 마무리 짓는 것에는 전혀 관심이 없었다. 워싱턴의 관리들은 다른 생각을 하고 있었다.

1954년 5월 즈음 국제 지구 관측년을 위한 미국의 계획은 리틀 아메리카, 마리 버드 랜드, 그리고 남극점에 각각 하나씩 도합 3개의 기지를 보유하는 것이었다. 그러나 어느 부처에서 그 프로그램에 자금을 댈 것인지 분명하지 않았다. 국방부는 자기네 예산에서 그 프로그램에 대한 비용을 지불할 충분한 군사적 이유를 찾을 수 없었고, 그로 인해 과학자들은 워싱턴의 다른 곳으로부터 지원을 얻기 위한 쟁탈전을 벌였다. 굴드와 국립 과학 재단과 국립 과학 아카데미 관리들은 국무부에 그들의 프로그램에 대한 자금 지원을 정당화하는 납득할 만한 과학적 및 정치적 이유가 있다는 것을 확인해줄 것을 요구하였다. 국무부의 한 상급 관리는 그 지출이 과학적 및 정치적 근거로 정당화된다는 것에 쉽게 동의하였다.

정치적 근거는 흥미로운 읽을거리가 된다. 영구 기지들을 설립하는 것은 '우리들의 잠재적 권리를 보존하기 위해서 필요하다'고 간주되었으며 국제 지구 관측년은 과학이 그렇게 하기 위한 일종의 구실로 사용되는 것을 허용하였다. 미국은 "제국주의"라는 비난을 야기할 수 있는 일방적인 기지 설립 대신 국제 지구 관측년의 일부로 그렇게 할 것이었다.[30] 실제로 미국은 권리를 주장하고 싶은 지역에 기지를 설립할 것이지만, 국제 과학계의 제안으로 그리고 표면적으로는 과학적 목적을 위해 그렇게 할 것이었다.

1954년 6월 미국의 남극 정책은 아이젠하워가 그것을 검토하기 전에 국가 안전 보장 회의(National Securuty Council)에서 논의되었다. 그 회의의 초안은 남극에 존재할지 모르는 경제적 자원을 강조하였으나 그것들은 추가 조사를 요할 것이라고 말했다. 이러한 자원을 확보하기 위해서는 미국이 영토관할권을 주장하는 한편 대륙의 일부는 여전히 권리가 주장되지 않은 상태로 남아 있는 것이 필수적이라고 생각되었다. 미국의 활동이 미국이 권리를 주장하는 영토에 제한되지는 않을 것이었다. 그 회의는 미국의 목적은 미국과 그 동맹국들을 위해 대륙 전체를 확보하고 '우리의 가장 유력한 적들을 배제'하고 미국과 그 동맹국들을 위해 남극 전역에 걸쳐 '탐험과 과학적 조사의 자유'를 보장하고 '유용하다고 판명될 수 있는 천연자원에 대한 접근'을 보장하는 것이 되어야 한다고 주장하였다.

미국이 제안하는 영토관할권은 소위 파머 반도로부터 멀리 서쪽으로 리틀 아메리카까지 연장될 것인데 이는 그것이 영국과 뉴질랜드 양국의 영토를 침입할 것임을 뜻하였다. 중앙정보부는 남미인들이 그 답례로 서경 90도에서 리틀 아메리카까지 미국의 권리를 인정한다면 미국도 아르헨티나와 칠레의 권리를 인정하는 것에 동의할 수 있다고 주장하였다. 이러한 제안하에서 영국은 대륙에서 완전히 차단될 것이었다. 미국의 국제 지구 관측년 프로그램은 이러한 목적을 달성하도록 구체화될 것으로 의도되었다.[31] 그러나 아이젠하워는 영토관할권 주장에 관해 확신이 서 있지 않았다.

수십 년 동안 미국은 자국 시민들이 발견하고 탐험했던 모든 지역에 대해 정식으로 권리를 주장하라는 요구가 있었다. 더 최근에는 중앙정보부와 국무부에서 만든 지도들이 그런 권리를 주장할 수 있는 장소를 보여주었다. 그러나 미국은 주로 가까운 동맹국들을 화나게 할까봐 두려워 실제로 권리를 주장하는 것을 항상 삼가왔다. 아이젠하워는 1954년 7월 15일 국가 안전 보장 회의 의장을 맡았을 때 이 전통을 존속시켰으며 미국은 '갑작스레 권리를 주장하지 말고' 대신 계속 자국의 권리를 유보해야 할 것이라고 지시를 내렸다. 중앙정보부장 앨런 덜레스(Allen Dulles)는 '러시아가 남극대륙에 관한 어떠한 논의나 협상에도 초대받지 못하게 손을 쓰는 것'이 중요하다고 말했다. 아이젠하워는 러시아의 배제에 동의하는 한편, '남극대륙에서 우리의 권리를 보호하기 위한 장래의 탐험에 대한 강력한 승인을 표시하였다.' 대통령은 이를 달성하는 방법을 '생각해내고' '상반된 주장들의 조기 해결책'을 지향하여 노력하는 것과 '국제적 마찰의 전체적 감소를 향상시키기 위한 국제적 처리 방식'을 고무하는 것을 국무부에 일임하였다.[32] 아이젠하워의 태도는 론의 탐험에는 좋은 조짐이 되지 못하였다.

의회는 재빨리 대통령의 정책에 동조하였다. 상원 군사 위원회는 2주 후 '미국의 영토관할권을 정당화할 목적으로… 가능한 가장 조속한 시일에' 탐험대를 파견하는 것에 동의하였다.[33] 그 동의는 케이스 상원 의원에 의해 제안되었으며 해리 버드의 지지를 받았다. 그러나 그 위원회는 대통령이 어느 탐험대를 지지하기를 원했는가? 론은 자신이 다가오는 여름의 탐험에 대한 아이젠하워의 지지를 받았다고 믿었지만, 국방부가 주도권을 잡고 있다는 것을 듣고 우려하였다. 그는 굴드에게 그 탐험이 '1947년의 하이점프 쇼의 반복이 되지 않고' 자신의 계획과 일치하기를 바란다고 말했다.

하지만 버드는 다른 생각이 있었다. 그는 론의 계획을 마지막 탐험대를 지휘하려는 자신의 희망에 대한 일종의 위협으로 간주하였다. 그가 텍사스 석유업계에 종사하는 한 조카에게 말한 것처럼 '저 아래에서 석유, 석탄,

우라늄 등을 얻으려고 애를 쓰고 있는 일부 다른 나라들의 활동' 때문에 그의 계획에는 '절박감'이 있었다. 그래서 그는 론이 자신의 계획을 방해하게 내버려 두지는 않을 것이었다. 버드는 상원 군사위원회 의장 존 스테니스 (John Stennis)와 해군 장교들을 포함한 자신의 모든 정치적 연줄에 의존하였다. 그는 또한 대통령과의 개인적 만남을 요청하기에 충분한 정치적 영향력이 있었다.[34] 1941년 동부 기지에서 론의 대장이었던 리처드 블랙은 론에게 '현명하게' 국제 지구 관측년이라는 '시류'에 영합하라고 조언하였다. 해군 연구실에서 일하는 블랙은 어느 방향으로 정치 바람이 부는지를 알고 있었다. 그는 군사위원회에 론을 지원하는 것에 반대 의견을 제시하였다. 그러나 론은 블랙의 충고를 일축하고 화가 나서 그를 '개인적 이익을 위해 자신의 어머니를 배신할 이기적인 "놈"'이라고 묘사하였다.[35]

이 경우에서 블랙의 충고는 예리하였다. 남극으로 떠나려는 론의 희망은 꺾여버렸다. 해군은 그 대신 국제 지구 관측년 기지를 설립 가능한 장소를 알아보려고 1954년에서 1955년 여름 정찰 항해에 쇄빙선 *아트카호(Atka)*를 파견하였다. 굴드가 국제 지구 관측년을 위한 미국 남극 위원회 의장이 된 가운데 과학과 정치 사이의 행복한 일치가 있었다. 리틀 아메리카에서 버드와 함께 했던 탐험가로서 굴드는 마리 버드 랜드에 대한 미국의 권리를 확립하는 것을 도왔으며, 미국의 국제 지구 관측년 활동이 잠재적 미국 권리를 강화시켜줄 지역에 집중되기를 열망하였다. 1954년 10월 그는 국제 지구 관측년 탐험대의 해군 지휘관이 될 조지 듀펙 함장(Captain George Dufek)에게 과학자들이 '본질적으로, 또 남극대륙의 국제적 네트워크에서의 역할에 있어 과학적 중요성이 있는 리틀 아메리카, 마리 버드 랜드, 그리고 남극 고원에서' 계획된 프로그램을 강력하게 지지했다고 말했다. 굴드는 이러한 장소들이 '최우선권이 있어야 한다'고 적었다.[36] 미국은 이미 첫 두 장소에 대한 강력한 권리를 가지고 있었으며 한편 남극 고원은 과학적 중요성과 더불어 대륙 전역에 걸쳐 다른 권리를 주장하는 것에 대한 실마리를 제공해줄 수 있을 것이었다.

뉴질랜드를 떠난 후 *아트카*호의 첫 기항지는 고래만이었는데 듀펙은 거기서 1955년 1월 리틀 아메리카 4호의 텐트 전부와 함께 버드가 남겨두었던 6대의 DC-3 항공기가 바다로 떠내려가버린 것을 발견하였다. 만의 서쪽에서 떨어진 곳에서 2개의 거대한 빙산이 갈라졌고, 자주 사용하던 장소는 장래의 탐험에 부적합하게 되어버렸다. 그러나 동쪽으로 약 50킬로미터 떨어진 곳에 시라세에 의해 처음 발견되었고 카이난만(Kainan Bay, 開南灣)이라는 이름이 붙은 또 다른 만이 있었다. 이제 그곳이 장래의 리틀 아메리카를 위한 하나의 대안적 장소가 되었다.

거기서부터 *아트카*호는 계속 동쪽으로 가서 마침내 남극 반도를 돌아 웨델해의 험악한 얼음을 통과하였다. 그 배는 그 바다의 북동 해안에서 적절한 장소를 찾고 있었으나 얼음을 헤쳐 나갈 수 없었다. 미국인들은 그 대신 불만스럽지만 더 동쪽의 퀸 모드 랜드 해안에 있는 한 장소를 받아들였는데 그곳에서 수백 킬로미터의 얼음 사이로 쉽게 지나갈 수 있는 통로 하나를 발견하였다. 퀸 모드 해안에 미국 기지가 있으면 탐험대의 과학적 목적에 도움이 될 수 있을 뿐 아니라 계획된 남극점 기지에 물자를 보급할 대체 가능한 공군 기지를 제공할 수 있을 것이었다.[37]

*아트카*호의 항해 동안 국제 지구 관측년(IGY)을 위한 미국의 계획들이 원래 예상하였던 3개의 기지 이상으로 확대되었다. 로마에서의 모임에서 국제 지구 관측년 대표들이 대륙에 관한 과학 연구 범위의 틈을 메우기 위해 추가로 5개의 IGY 기지들을 설립해야 한다고 결정한 뒤 더 큰 계획을 실행하기 위한 계획이 시작되었다. 러시아 대표 1명이 옵서버 자격으로 로마 모임에 참석하고 있었고, 국무부는 소련이 이러한 국제적 초청을 받아들여 남극에 자기네 발판을 확립할 것을 우려하게 되었다. 왜냐하면 그것이 러시아 영토관할권을 위한 토대를 제공할 수 있기 때문이었다. 미국은 노르웨이와 뉴질랜드에 각각 피터 1세 섬과 로스 섬에 기지를 설립할 것을 요청하고 소

련이 그렇게 하기 전에 남아 있는 틈을 메우도록 다른 '우호적인 국가들'에게 촉구했으나, 그러한 요청에 반응이 거의 없었다.[38] 그 결과 미국은 자국의 계획된 기지를 5개로 강화했는데 카이난만, 마리 버드 랜드 내륙, 남극점에 하나씩, 그리고 퀸 모드 랜드 해안에 2개였다.

이들 중 첫 3개의 기지가 워싱턴에 마리 버드 랜드가 위치한 섹터에 대한 권리를 주장할 수단을 제공하였고, 톨레프슨 의원은 미국이 바로 그렇게 해야 한다고 결정하였다. 1955년 1월 5일 *아트카*호가 항해를 계속하고 있었을 때 톨레프슨은 하원에서 서경 90도와 서경 150도 사이의 '남극대륙의 일부 지역뿐 아니라 미합중국 국민들에 의해 발견, 탐험 및 미국을 대신한 권리 선포가 행해졌던 남극의 다른 영토 전부에 대한 미국의 주권을 주장하는' 결의안을 제출하였다. 톨레프슨의 말에 의하면 미국은 '남극대륙의 가능한 이익과 부와 자원, 특히 그곳에 숨겨져 있을지 모르는 귀중한 광물들과 석유의 분배를 받아야 하였다.'[39]

의회가 톨레프슨의 동의를 외무 위원회에 회부하고 *아트카*호가 얼음을 부수며 길을 헤쳐 나가고 있을 동안, 론은 마침내 자신의 탐험을 IGY의 필수적인 부분으로 고쳐 만들었다. 그동안 그는 내내 강적의 악의적 영향을 느꼈다. 그런 까닭에 론은 바뀐 계획을 가능한 오랫동안 버드에게 비밀로 하려고 애를 썼다. IGY 담당자들이 여전히 굴드만에 기지를 설립하는 생각에 반대했을 때, 론은 정치적 이유로 그 기지를 원하는 국무부의 지원을 얻을 수 있었다. 영국과 아르헨티나 양국이 가까이에 기지를 설립하고 있는 가운데 미국은 자기네 기지 하나를 설립하기 위해 신속히 움직이지 않으면 그 지역에서 쫓겨날 가능성에 직면하였다.

버드가 해군의 상급 장교들을 설득하여 론이 그들의 배를 사용하는 것을 거절하게 했으나, 노르웨이의 베테랑 포경업자이자 탐험가인 라스 크리스텐센이 무료로 그 탐험대를 수송할 것을 제안하면서 론은 구원을 받았다. 그러나 그는 아직도 버드의 '영향력이 느껴진다'고 불평하였다.[40]

굴드만 기지는 이제 미국이 대륙의 추가 지역을 점거하도록 허용할 것이다. 종합하자면, 미국 기지들의 네트워크와 그것의 대규모 병참 활동이 미국을 탁월한 남극 강대국으로 만들어줄 것이었다. 그러나 그런 탁월함이 어떻게 영토의 우위로 전환될 것인가는 아직도 불분명하였다.

기존의 권리 주장국 대부분이 러시아인들을 막기 위해 남극에 미국의 존재를 원했지만, 그들은 미국을 권리가 주장되지 않은 대륙의 섹터에 제한하기를 갈망하였다. 특히 오스트레일리아 정부는 미국인들을 오스트레일리아 남극 영토에 들이지 않기를 원했는데 그곳은 아직도 기지가 없는 상태로 남아 있었다. 조기에 대륙 기지가 들어설 가망이 없는 가운데 오스트레일리아 국립 남극 연구 탐험대장 필립 로는 오스트레일리아의 미약한 권리를 강화하기 위해 자신이 할 수 있는 모든 것을 하고 있었다.

로는 1950년 영국-노르웨이-스웨덴 남극 탐험대에 동행했다가 영국을 거쳐 그곳 외무성의 브라이언 로버츠와 긴 토론을 하고 돌아온 뒤라서 남극의 정치학에 대해 훨씬 더 예리한 인식을 가지고 있었다. 로는 이러한 대화로 인해 자신이 '남극 탐험의 정치적 측면'을 인식하게 되었다고 상기하였다. 로버츠는 노르웨이인들이 오스트레일리아 영토 서부의 소유권에 도전하는 경우 오스트레일리아가 직면할 위험을 강조하였다.

로버츠와의 대화로 힘을 얻은 로는 오스트레일리아로 돌아와 '우리가 생각할 수 있는 모든 종류의 과학 연구를 수행하고' '이러한 종류의 야외 연구에 어울리는 지질학과 빙하학과 더불어 지도 제작을 발전시킴으로써' 노르웨이인들의 업적을 '무효화'할 결심을 하였다. 로버츠는 로에게 영토를 계속 보유하는 일종의 수단으로서 지명의 중요성을 강조하였다. 로가 후일 상기했듯이 '당신이 어떤 지형에 이름을 붙이면 당신은 "우리가 이곳에 제일 먼저 도착했다"라고 말하고 있는 것이다. 그러므로 당신이 남극대륙의 지형에 관한 이름을 더 많이 가질수록 당신의 주장은 그만큼 더 나아질 것이다.'[41]

오스트레일리아에서 로는 1952년 10월 한 위원회에 그 책임을 넘길 때까지 승인을 위해 지명을 제출받는 유일한 권위자가 되었다. 주권에 의해 승인된 지명을 받아들이는 것은 영국 결정에 따랐는데 그 말은 영국 영토 내의 프랑스와 노르웨이식 지명은 번역하지 않고 적용되는 반면, 프랑스와 노르웨이는 영국식 지명을 자기네 지도 위에 똑같이 적용함을 뜻하였다. 적어도 권리를 주장하는 이들 국가에 관한 한 그들의 남극 지도는 '사실상 동일'하게 될 것이었다.[42] 영국의 결정은 또한 오스트레일리아가 자국의 남극 영토 내에서는 가능한 많은 지리학적 지형에 지명을 적용해야 하며, 하이점프 작전 동안 오스트레일리아 영토 위에서 촬영한 지형들에 대해 미국이 제안한 지명들에 관한 결정을 내려야 함을 뜻하였다.

로가 의장을 맡은 오스트레일리아 남극 지명 위원회(Committee on Antarctic Names) 첫 모임이 1952년 10월 21일 캔버라에서 개최되었다. 그 위원회는 모슨과 국립 지도 제작국(National Mapping Section)장인 브루스 램버트(Bruce Lambert)를 포함하고 있었으며 1939년판 오스트레일리아 지도의 개정판이 가능한 한 빨리 출판될 수 있도록 그것을 마무리할 것을 재빨리 결정하였다. 램버트는 1939년 출판에 대한 대부분의 책임을 지고 있었으며 그래서 한 국가의 주권을 강화하기 위한 지도의 힘을 절실히 인식하고 있었다. 이제 미국식 지명이 오스트레일리아 영토에 대해 승인될 가능성이 있는 가운데, 램버트는 그 지명들이 반드시 오스트레일리아 지명에 압도되기를 간절히 바라고 있었다. 모슨은 그에게 '명명될 만큼 정확하게 위치를 결정할 수 있는 무명의 지형들의 항공 촬영 사진'은 어느 것이든지 다 보내주기로 합의했으며, 한편 그 위원회는 '지금까지 조사되었거나 명명되었던 모든 지형들이 1939년판 지도에 나타나 있었는지 여부를 고려하기 위해 그것들의 목록을 만들어야 한다고 결정하였다.[43]

오스트레일리아인들의 문제는 미국인들이 오스트레일리아 남극 영토의 해안 및 인접한 내륙 대부분의 상공을 비행했으며 실제로 그것의 지리학적 지형 모두를 매우 상세하게 보여주는 항공 사진을 제작했다는 것이었다. 그러나 그들이 천문학적 위치 결정을 하기 위해 헬리콥터로 측량 기사들을 상륙시킨 곳은 몇 군데에 불과하였다. 로는 미국인들이 공중에서 처음 목격했던 주요 지형들에 대해 미국식 지명을 받아들일 각오는 되어 있었으나, 미국인들이 비교적 단시간의 비행에 근거해 수백 킬로미터의 해안선을 자기네 지명들로 '가득 채우도록' 허용하는 것은 질색이었다. 그렇게 하면 천문학적 위치 결정을 하기 위해 나중에 '위험하고 힘든 지상 여행으로 동일한 지역을 이동할' 오스트레일리아 측량 기사들이 명명할 것은 하나도 남지 않을 것이었다.

또한 한 가지, 보다 더 심원한 이유가 있었다. 미국인들은 자기네 탐험가 찰스 윌크스와 그의 대원들 및 배들의 이름을 따서 다수의 지형을 명명하였다. 이것은 그 확실성이 없는 경우에도 지도를 보는 사람들에게 '그것들이 윌크스에 의해 발견되었으며' 따라서 미국이 그 영토에 대해 약간의 권리가 있다는 인상을 남길 것이라고 로는 말하였다. 실제로 그 후 미국에서 발행된 남극 지도에는 오스트레일리아 남극 영토 대부분에 걸쳐 큰 글자로 '윌크스 랜드'가 퍼져 있었으며 오스트레일리아와 영국 지명들은 작게 적혀 있었다. 이와는 달리 오스트레일리아 지도에는 윌크스 랜드가 작게 적혀 있었고 오스트레일리아와 영국 지명들은 크게 적혀 있었다.[44]

로는 1951년 말 국가의 주권을 강화하는 방법으로서 오스트레일리아에서 남극까지 한 차례 측량 비행을 할 것을 제안하였다. 이스터 섬(Easter Island)을 경유하여 칠레까지 가는 항공로의 가능성을 막 증명했던 선구자적 비행사 테일러 기장(Captain P. G. Taylor)이 똑같은 카타리나 비행정으로 남극까지 왕복 비행을 하기 위해 자원하였다. 자국의 영토권을 강화하는 것 외에도 로는 항공기가 기지에 물자를 경제적으로 보급할 수 있을 것이라고 생각하였다. 그 제안은 오랫동안 남극 탐험의 열렬한 지지자였던, 새로 취임한 외무장관 리처드 케이시에 의해 받아들여졌다. 1951년 10월 케이시는 자신의 내각 동료들에게 그런 비행이 '오스트레일리아의 주장을 주권으로 강화시키는 데' 큰 도움이 될 것이며 '본토에 오스트레일리아 기지가 설립된 후 오스트레일리아 섹터까지의 비행을 위한 길'을 마련해줄 것이라고 말했다. 블리자드가 갑자기 발생할 수 있는 장소로 2,600킬로미터를 비행해 빙산들 사이에 착륙한다는 것은 위험한 일이 될 것이었다. 그러나 케이시는 기상에 관한 조언을 제공하는 해군 함정 1척을 중간에 배치한다면 그러한 위험을 받아들일 수 있다고 주장하였다.[45] 게다가 아델리 랜드의 프랑스 기지가 추가적인 일기예보와 연료를 제공할 수 있을 것이었다.

그 비행은 머지않아 여러 가지 문제에 봉착하였다. 프랑스인들은 자신들의 배 위에 테일러의 연료를 적재할 공간이 없었으며, 미국은 그에게 최신 극지 비행술을 훈련시키는 것을 거절하였다. 이러한 차질에도 불구하고 테일러는 어떻게 해서든 기꺼이 시도하려고 하였으며, 그 섬의 바람이 불어가는 쪽 바다에 착륙한 다음 로켓 추진기로 이륙함으로써 맥쿼리 섬에서 연료를 실을 것을 제안하였다. 그 비행에 드는 비용은 3,400파운드에 불과할 것이며 그 비용은 우표 수집가들의 우편물을 운반함으로써 부분적으로 벌충될 수 있을 것인데 그것이 '우리들의 남극 영토를 위해 "국기를 보여주는 데" 있어 오스트레일리아에 대한 국제적 홍보 가치'를 더해줄 것이었다.

로는 '위신의 가치'만으로도 적은 비용을 들일 만한 가치가 있다고 주장하면서 그 비행을 추진할 것을 촉구하였다. 그러나 한국에 해군을 투입하는 것 때문에 해군에 기상 관측선으로 이용할 수 있는 순양함이 없었으며, 한편 멘지스 수상은 그 비행이 '지나치게 위험할'지 모른다고 걱정하였다. 케이시 역시 약간의 불안감이 있었고, 1953년 1월까지 그 비행을 연기할 것을 제안하였다.[46]

1952년 1월, 프랑스 기지에 화재가 발생하여 기지의 무선 장비와 기상 장비가 파괴되었을 때 테일러는 더 좌절감을 느꼈다. 그는 로에게 '자신은 대중들이 보기에 우스꽝스럽게 되었으며 일 전체에 대해 정부에 진저리가 난다'고 불평하였다. 테일러는 '기회가 오는 대로' 비행하고 싶었으며 자신이

'더 이상 괴롭힘을 당한다면' 언론에 가겠다고 협박하였다. 프랑스가 불타버린 자국 기지에 재보급할 때 테일러를 위한 연료를 가져가는 것에 동의하였지만 그 비행은 결코 추진되지 않았다.[47] 그것은 더 이상 필요가 없었다.

로는 덴마크의 한 해운 회사가 쇄빙선을 건조하고 있다는 것을 들었으며 용케 그 배를 전세 내었다. 다른 나라들이 IGY 동안 오스트레일리아 남극 영토 위에 기지를 설립할 가능성이 있는 가운데 그것은 시기적절한 발견이었다. 1953년 1월, 로가 케이시에게 허드 섬에 있는 인원수를 줄이면 가능할 것이라고 설득한 뒤 오스트레일리아 내각은 마침내 남극 기지 하나를 설립하는 데 동의하였다. 비용을 더 절감하고 필요한 과학자들을 찾는 방법의 일환으로 케이시는 남아프리카 공화국, 캐나다 그리고 뉴질랜드에 사람과 돈의 기부를 요청할 것을 제안하였다. 다른 영연방 국가들의 참여는 또한 후일 오스트레일리아의 권리가 도전을 받는 경우 그들이 오스트레일리아 편을 들 것을 보장할 것이다. 오스트레일리아 권리의 보호가 기지의 존재 이유였기 때문에 이것은 중요한 고려 사항이었다. 케이시 내각의 의견에서 천명했듯이 '다른 고려 사항들은 이것에 부수적'인데 왜냐하면 '그 지역이 우리가 개발하기 위한 곳이 아니라면 과학적이거나 물질적 부에 관해 얘기하는 것이 쓸모없기' 때문이었다.[48] 그 기지에 대한 대중의 정당화에서 주권이 가장 중요한 것은 아니었다.

3월에 케이시는 기지 설립을 발표하면서 오스트레일리아가 얻을 수 있는 실제적, 물질적 혜택에 집중하였다. 케이시의 과도한 상상에 의하면 그곳에는 우라늄에서 석탄에 이르기까지 모든 것이 풍부하게 있었다. 또한 남극 횡단 항공로를 개발할 가능성과 주위 바다의 '거대한 식량 자원'을 이용할 가능성도 있었다. 더욱이 기상학과 계절 예보의 가능성이 양모와 밀을 그 부의 기반으로 하는 국가에게는 큰 은혜가 될 것이었다. 전략적 요인들 또한 언급되었는데 케이시는 그 대륙이 '오스트레일리아의 뒷문에 가깝다'고 묘사하였다.[49]

오스트레일리아인들은 아르헨티나, 칠레 또는 심지어 미국 국민들과도 달랐다. 귀환하는 오스트레일리아 탐험가들을 위한 색종이를 뿌리는 가두 행진도 없었고, 어느 오스트레일리아 수상도 남극을 방문하여 소유권에 관한 상징적 성명을 발표함으로써 칠레인들을 모방하지는 않을 것이었다. 1952년 11월 시드니 길거리에서 행인들을 대상으로 비공식 여론 조사를 했을 때 어느 기자가 발견한 것처럼, 남극대륙에서의 오스트레일리아 이해관계에 대한 광범한 무지가 있었다. 로와 케이시는 대중의 관심과 오스트레일리아의 주인 의식을 불러일으키기 위해 계속 애를 썼다. 저널리스트인 오스마르 화이트는 그 말을 퍼뜨리도록 고무된 사람들 중 1명이었다. 케이시의 발표가 있은 지 불과 며칠 후 화이트는 멜버른 *헤럴드지*(Melbourne *Herald*)에 기사를 한 편 썼는데, 거기에서 그는 오스트레일리아 기지 요원들을 '다른 영구 초소의 전신'을 점유할 '최초의 식민지 주민들'이라고 묘사하였다.[51]

1954년 1월 4일 케이시는 멜버른 남 부두에서 덴마크의 소형 쇄빙선 *키스타 댄호*(Kista Dan)를 타고 오스트레일리아 최초의 영구 기지를 설립하러 갈 9명의 대원들에게 작별을 고했다. 그는 친척들과 성공을 비는 사람들로 구성된 군중에게 그 대원들이 '남극대륙의 거대한 지역에 대한 우리의 권리를 강화하는 것을 돕고 그곳에 과학 연구의 기초를 놓기 위해' 가는 것이라고 말했다. 기지를 맡을 사람은 측량 기사 봅 도버스(Bob Dovers)였는데, 그의 아버지는 오스트레일리아 남극 영토에 대한 권리의 법적 토대를 마련하였던 모슨의 1929년 탐험대에 참가했었다. 이제 도버스는 그의 아버지가 1929년에 사용했던 얼음 깨는 송곳을 들고 그 권리를 강화하기 위해 떠났다. 그것은 과거와 현재 사이의 일종의 상징적 연속성을 제공할 것이었다. 로는 상륙을 감독하고 그 경험을 촬영하기 위해 항해에 나섰다. 공식 출발 보고서는 *키스타 댄호*를 크리스토퍼 콜럼버스, 프란시스 드레이크 그리고 제임스 쿡의 배들에 비유하였다. 그 보고서는 남극대륙을 일종의 '보물 창고'로 기술하면서 20년 이내에 남극이 '세계의 상업과 대화에 현재 우라늄

이 그런 것과 꼭 같이 크게 두각을 나타낼 것'이라고 예측하였다.[52]

기지 장소를 선정함에 있어 로는 그 위원회에 그 영토의 서부가 자신이 하고 싶은 지구 물리 연구를 위한 최선의 장소가 될 것임을 확신시켰다. 그곳이 또한 노르웨이인들이 1930년대의 크리스텐센의 업적에 근거하여 그곳을 자기네 것이라고 주장할 가능성을 모두 없애줄 것이었다. 아이로니컬하게도, 로와 모슨은 기지를 세울 수 있는 맨 바위 조각들에 인접한 곳에 *키스타 댄*호의 안전한 정박지를 발견할 때 크리스텐센의 항공 촬영 사진을 사용하였다. 중요하게도 그 장소는 극고원에도 쉽게 접근할 수 있었는데 그것이 탐험과 담수를 얻기 위한 얼음 수집을 용이하게 할 것이었다. 로는 호스슈만(Horseshoe Bay)이 6,000킬로미터가 넘는 해안선에서 최고의 장소였다고 기억했는데, 오스트레일리아는 그것을 모두 노르웨이 탐험가들 덕분이라고 생각하였다.[53]

그러나 그 기지는 그 지역을 탐험하기 위해 그렇게 많은 일을 했던 노르웨이인들의 이름이 아니라, 1929년에서 1931년의 국기 게양 항해로 오스트레일리아가 그 영토를 합병할 수 있게 한 모슨의 이름을 따서 명명되었다. 로는 덴마크 선장에게 1930년대에 노르웨이 탐험가들과 모슨이 그들 각자의 국기를 게양했던 두 군데의 경쟁 장소를 향해 동쪽으로 가라고 압박하면서 계속 자기 나름의 국기 게양을 하였다. 한 군데는 스컬린 모노리스였으며 나머지는 베스트폴드 힐스였는데 거기서 로는 상륙하여 모슨이 했던 방식으로 오스트레일리아 국기를 게양하였다. 모슨의 의식과 마찬가지로 그것은 필름에 모두 포착되었다.

로는 그 탐험대의 대장이었을 뿐 아니라 탐험대 공식 사진사였다. 그는 시네마 카메라를 사용하여 배가 거친 바다를 헤쳐 나가는 극적인 장면들과 배 뒤를 쫓아 깡총거리는 펭귄들의 귀여운 장면들을 담은 필름과, 관중들을 그 영토의 소유권에 대해 의심의 여지가 없게 만들 권리 선포 의식을 섞은 30분짜리 천연색 다큐멘터리 영화를 만들었다. 그 결과로 만들어진 영화 블루 아이스(Blue Ice)는 남극의 노력에 대한 대중의 지지를 구축하고 전 세계에 오스트레일리아의 업적을 알리기 위해 고안된 기발한 정치 선전이었다. 그러나 정부는 영화의 한 부분을 세상 사람들이 보지 않기를 원했고, 로는 대원 2명이 방사능에 대해 암석들을 시험하기 위해 가이거 계수기(Geiger counter)를 사용하는 것을 보여주는 장면을 없애라는 지시를 받았다. 국방부는 그 계수기에 깜박이는 기미가 조금이라도 있으면 그것을 보여줄 수 없다고 포고하였다. 의심할 여지없이, 국방부는 우라늄의 얼마만큼의 가능성도 다른 나라들이 그것을 소유하기 위해 경쟁하도록 부추길 것을 두려워하였다.

로는 각국 수도에서 영향력 있는 시민들로 구성된 관중에게 그 영화를 보여주어야 한다고 주장하였다. 최초로 선정된 이러한 관중들 중 1명이 멜버른 시장의 접대를 받았으며 로는 케이시가 캔버라에서 의회 의원들을 위해 비슷한 행사를 주최할 것을 제안하였다. 자기들이 제작한 트랙터 1대가 주연을 했던 퍼거슨(Ferguson) 트랙터 회사가 뉴사우스웨일즈와 빅토리아주의 시골 전역에 걸쳐 그것을 보여주었을 때 일반 시민들도 또한 그 영화를 볼 수 있게 되었다. 해외에서 훨씬 더 많은 관중이 있었는데 영국과 유럽과 미국에서는 그 영화를 텔레비전에서 보여주었으며 이태리에서는 심지어 그 영화가 수상하기도 하였다.[54]

그 영화의 성공이 로를 설득하여 홍보에 훨씬 더 큰 노력을 기울이게 하였다. 그는 정부의 뉴스 및 정보국(News and Information Bureau)에 압력을 가해 남극 연구소(Antarctic Division)의 업적이 더 널리 알려지도록 해외 신문들에 기사를 발표하게 하였다. 그러나 1954년 8월 잡지 콜리어스지(Colliers)에서 키스타 댄호의 다음 항해에 기자 1명을 파견할 것을 요청했을 때, 로는 '그런 사람을 통제하는 어려움 때문에' 거절하였다. 로는 자신이 직접 스토리를 쓰는 것을 더 선호했으며 또 다른 영화를 만들 수 있도록 영화촬영 기사 1명을 데려갈 것을 제안하였다. 다음 해 그는 자신의 기사가 검열

받는 것에 반대하지 않고 자신이 남극 연구소의 '최선의 이익을 염두에 두고 있음'을 이미 증명한 바 있는 뉴스 및 정보국 기자 1명을 데려갔다.[55]

그러나 로를 만족시키기는 어려웠다. 그는 두 번째 영화 *남극 항해(An-tarctic Voyage)*의 해설 초고를 보았을 때 격분하였다. 비록 그 영화가 내무부에 의해 제작되었고 뉴스 및 정보국 출신 기자가 글을 썼지만 로와 그의 고급 선원들이나 남극 연구소에 관한 언급이 전혀 없었다. 로는 그것이 그 덴마크 배가 실질적인 주연인, 경치 좋은 관광 영화 같은 느낌을 준다고 불평하였다. 그는 즉시 원고를 다시 써 그 배에 대한 언급을 삭제하고 자신과 기지 대장들과 탐험대 작업의 진지한 특성에 관한 언급을 삽입하였다.[56] 마찬가지로 로는 남극대륙에 관한 공식 팸플릿의 발행에 대해서도 꼼꼼했으며, '남극대륙의 경제적 개발보다는 과학적 중요성을 중시함으로써' 그것이 '선전 면에서 훨씬 더 교묘할' 것을 요구하였다.[57]

케이시는 신문 기사 발행에 있어 로와 경쟁하였으며 자국의 남극 영토에 대한 오스트레일리아의 근접성에 관한 오해의 소지가 있는 견해를 제공하는 특별히 만든 지도들을 그 기사에 동반하였다. 그는 오스트레일리아 대사관을 통해 그 지도들을 전 세계의 편집장들에게 제출하였고, 그중 한 편이 널리 사용되자 기뻐서 어쩔 줄 몰랐다. 케이시의 말에 의하면 그 목적은 자국 영토에 대한 오스트레일리아의 소유권을 오스트레일리아 대중이 받아들이고 전 세계가 인정하도록 하는 것이었다.[58] 로의 목표는 다소 더 광범했기 때문에 자신의 장관 사무실에서 홍보를 통제하려는 케이시의 노력을 원망하였다.[59] 로는 자신의 기록과 성공을 지적하여 좋은 언론 보도를 받았으며 동정적인 편집자들이 비판적 기사들을 억누르게 만들었다. 더욱이 로는 홍보가 단지 정치에 관한 것만이 아니라 전 대원의 업적을 인정하는 것에 관한 것이며 그들은 공무원들이 아니라 '어떤 위험한 일에 자원한 모험가들'이라고 썼다.[60]

적어도 오스트레일리아는 자국의 해안으로 IGY 활동이 쇄도하기 전에 남극에 기지 하나를 설립하였다. 뉴질랜드도 그런 기지를 보유할 것인지 여부는 분명치 않았다. 그 작은 나라는 전쟁 이후 로스 속령에 대한 자국의 권리가 국제 법정에서는 결코 버티지 못할 것임을 알고 있었다. 로스 속령은 영국에 의해 합병되었다가 뉴질랜드 관리하에 놓인 특이한 상황에 있었는데, 뉴질랜드는 언젠가 그것의 주권국이 되기를 기대하고 있었다. 그러나 영국과 뉴질랜드 양국 모두 1923년 그 속령이 처음 합병된 이래 주권을 행사하기 위해 한 것이 별로 없었다. 피터 프레이저 정부는 남극대륙에 대한 전후 쟁탈전에 합류하기를 거부했으며 그 대신 최소한의 비용으로 그 대륙의 개발에 대한 일종의 통제 조치를 뉴질랜드에 제공할 국제 체제를 요구하였다.

국제 체제가 설립될 가망이 없고 다른 나라들이 탐험대를 파견할 준비를 하고 있는 가운데, 뉴질랜드는 자국의 입장을 재평가하기 시작했다. 1953년 7월, 정부는 그 비용에 기여할 필요가 없다는 조건으로 다가오는 오스트레일리아 남극 탐험대에 2명의 자국 과학자들이 동행할 수 있다는 데 합의하였다.[61] 그때 영국이 남극 횡단 탐험을 발표하자 로스 속령을 보유하는 데 대한 뉴질랜드의 관심이 흔들리기 시작하였다.[62]

1954년 10월 푹스는 영국의 지질학자 겸 등산가인 노엘 오델(Noel Odell)에게 자신의 탐험에 관한 한 통의 비밀 편지를 보냈는데, 오델은 1924년 조지 맬로리(George Mallory)와 함께 에베레스트 등정을 시도했으며 지금은 뉴질랜드에서 교수로 있었다. 푹스는 오델에게서 뉴질랜드로부터 어떤 도움을 기대할 수 있는지를 몹시 알고 싶어 하였다. 푹스의 탐험대는 맥머도 지협에 있는 로스 섬에서 그 여정을 끝낼 것이기 때문에 그는 맥머도 기지 대장으로 뉴질랜드인 1명을 뽑기를 바랐다. 푹스는 그 기지를 지휘하기 위해 1953년 5월 에베레스트산을 최초로 등정했던 뉴질랜드 등산가 에드먼드 힐러리(Edmund Hillary)를 뽑을 것을 제안하였다. 그런 임명이 대중과 정부의 지지를 확보하는 데 도움이 될 것이었다.[63] 뉴질랜드 정부는 이미 그 탐험의 중요성과 로스 섬 기지의 필요성에 동의했으나 여전히 자금을 투입하는 것을 꺼려하였다. 머지않아 급증하는 대중의 관심으로 인해 정부는 그 생각을 바꾸지 않을 수 없었다.

오랫동안 남극 탐험에 관심이 있던 소수의 뉴질랜드인 무리가 있었다. 이제 그들은 힐러리라는 강력한 지지자가 생겼는데 힐러리는 1954년 12월 오클랜드의 어느 가정에서 열린 한 모임에 참석했으며 그 모임에서 '남극 문제에 관한 논의를 위한 위원회'를 구성하기로 합의를 보았다. 16명의 위원들은 만장일치로 '뉴질랜드인들을 남극대륙으로 보내기를' 원하였다. 정부에 압력을 가하기 위한 국립 위원회 하나가 재빨리 구성되었다. 아마도 힐러리가 제안하던 최초의 계획은 '뉴질랜드인들에게 인기 거리'가 될 등산의 가능성과 함께, 애드미럴티 산맥 근처의 빅토리아 랜드 북부 지역에 기지를 설립하는 것이었다. 두 번째 팀이 로스 섬에 있는 스콧의 기지를 방문하여 스콧 일행의 얼어붙은 시신 위에 세워진 돌무더기를 수리함으로써 '대중의 상상력을 사로잡을' 것이라고 예상되었다.[64] 그것은 모두 과학보다는 정치적 상징에 관한 것이었다.

그 위원회는 곧 자기들이 1930년대에 결성되어 더니든과 웰링턴에 지부를 둔 기존의 남극 협회(Antarctic Society)와 얽힌 것을 알게 되었다. 그 협회의 '불변의 확고한 목표'는 '로스 속령에서의 영토에 관한 자국의 책임'을 뉴질랜드에 상기시키는 것이었다. 그 점에 관해서 그 협회는 성공을 거의 주장할 수 없었다. 그러나 힐러리의 인지도와 뉴질랜드 주권에 대한 위협에 주의를 집중시키는 미국 쇄빙선 *아트카호*의 도착과 함께 분위기가 바뀌고 있었다. *아트카호*에 승선해 있던 *뉴욕 타임스지* 과학 담당 기자 월터 설리번(Walter Sullivan)은 그 배의 방문으로 인해 다수의 뉴질랜드인들이 '부전패로' 로스 속령을 잃게 될까 두려워하게 된 경위를 언급하였다.

그것이 남극 협회 회원 대표단이 1955년 1월 14일 외무부 장관 톰 맥도널드(Tom Macdonald)의 집무실로 몰려갔을 때 사용한 주장이었다. 최근에 출발한 *아트카호*가 남쪽을 향해 나아가고 있었을 때 그 대표단은 정부에 뉴질랜드가 로스 속령을 계속 보유하는 것을 확신할 수 있도록 '소유권을 행사할' 것을 요구하였다. 이 여세를 유지하기 위해 힐러리의 오클랜드 일행이 남극 협회의 한 지부로 편성되면서 국립 탐험 기획 위원회(National Expedition Planning Committee)가 설립되었다.[65]

맥도널드는 이미 그의 관리들로부터 탐험대 파견의 필요성에 관해 들은 바 있었다. 그는 미국이 로스 속령 동부에 대해서 더 큰 권리를 가지고 있다는 경고를 받았다. 게다가 워싱턴 당국이 뉴질랜드가 먼저 기지를 설립하지 않을 경우 자기네들이 서쪽 지역에 기지 하나를 계획하고 있음을 넌지시 비추고 있었다. 미국이 로스 속령 전체에 대해 뉴질랜드보다 더 강력한 권리를 보유할 가능성을 막기 위해서는 정부가 '실질적인 물리적 소유권을 확립했다'는 것을 증명해야 하였다. 로스 섬에 기지를 보유함으로써 뉴질랜드는 미국인들을 로스 속령 동부에 제한하고 심지어 러시아를 완전히 배제할 수 있을 것이다.[66]

이것은 납득할 만한 주장들이었으며, 뉴질랜드 내각은 1955년 1월 18일 로스 섬 위에 남극 횡단 탐험과 IGY 모두를 지원할 기지 하나를 보유해야 한다는 결정을 내렸다. 그러나 그 결정은 당시 런던에 있었던 시드니 홀랜드(Sidney Holland) 수상이 없을 때 내려진 것이었다. 돌아오자마자 그는 대신 자신의 정부가 푹스 탐험대에 5만 파운드를 기부할 것이라고 발표하였다. 남극 협회는 그 결정이 '관심 있는 뉴질랜드인들 사이에 광범한 실망'을 야기할 것이라고 예측하였다.[67] 부정적 반응에 직면한 내각은 뉴질랜드의 권리를 유지하기 위해 요구되는 '최소한의 조치'에 관한 조언을 얻고자 그 문제를 외무부에 위임하였다. 정부는 외무부가 영국 정부에게 탐험대를 하나 파견할 것과, 뉴질랜드가 외무부와 '현저하게 그리고 실질적으로' 공감할 것을 요구했다는 말을 들었다. 그것은 하나의 낙관적인 생각이었는데 그 보고가 주권에 대한 전제 조건의 하나로서 영구 점유의 필요성도 언급했기 때문이었다.[68]

IGY 주최 측에서 뉴질랜드에 로스해 기지에 인원을 배치할 것을 요구했으나 과학 프로그램이 그 비용을 정당화할 만큼 충분하다고 생각되지 않았다. 기지 하나가 설립되려면 그 주목적이 '주권과 남극 횡단 여행의 요건을 충족시켜야' 했다. 1955년 4월 뉴질랜드 내각은 '그 영토에 대한 뉴질랜드의 권리를 강화'하고 '뉴질랜드가 남극에 적극적인 관심을 보여야 한다는 폭넓은 대중의 요구를 충족시키기' 위해 남극 횡단 탐험에 뉴질랜드의 독자적 참여를 지원하라는 재촉을 받았다. 내각은 뉴질랜드가 로스 속령을 위한 새 법을 만들고 '그곳에 들어가 상당 기간 동안 머무르기' 위해 '가끔' 탐험대를 파견함으로써 자국의 권위를 보여주어야 한다는 데 동의하였다. 그것은 '로스 섬 기지에 뉴질랜드 팀을 배치하고 명백하게 뉴질랜드식으로' 남극 횡단 탐험에 참여함으로써 시작될 것이었다. 그것이 뉴질랜드가 로스 속령을 정식으로 뉴질랜드의 일부로 만들기 위해 영국에 접근하는 동안 '뉴질랜드의 관심에 대한 적극적인 증거' 역할을 할 것이었다. 그 중간에 내각은 로스해 위원회의 구성을 지원하면서 그 위원회에 푹스에게 가기로 책정되었던 5만 파운드를 기부하였다. 정부는 그 위원회가 대중에게 호소함으로써 계속적인 부담을 덜 충분한 자금을 모을 수 있기를 바랐다.[69]

근 10년 동안의 발뺌은 뉴질랜드의 주장에 도움이 되지 않았다. 힐러리는 1955년 중반 IGY 회의에 참석하려고 파리에 갔을 때, 미국인들과 러시아인들이 IGY 동안 기지를 설립하려는 '야심찬 계획'을 가지고 있는 것을 알고는 당황하였다. 그는 미국 해군 제독 듀펙으로부터 뉴질랜드 정부가 자국의 기지를 계획했던 맥머도 지협에 큰 미국 기지를 설립하려는 제안을 승인했다는 말을 듣고 특히 충격을 받았다. 뉴질랜드인들은 너무 늦게 출발하였다. 힐러리는 '우리들의 가능한 기지 장소들을 혼란스럽게 만드는… 주요 미국 기지에 대한 생각으로 괴로워했을' 뿐 아니라 '주권의 관점에서 상당한 우려를 느꼈다.'

그럼에도 불구하고 그와 푹스는 듀펙과 만나 미국인들이 뉴질랜드인들의 장비 일부를 남극으로 수송함으로써 그들을 도울 수 있는 방법을 논의하였다.[70] 이것은 푹스가 자신의 탐험대를 위해 바라던 것이 아니었는데, 그는 자신의 탐험대를 미국인들로부터 떼어놓기로 결심하였다. 그는 긴급한 경우를 제외하고는 그들에게 의존하는 것을 원치 않았다. 푹스는 심지어 그들에게 지는 것이 두려워 미국인들에게 자기 탐험대의 '광범위한 프로그램과 시기' 이상의 것은 알려주지 않을 것이었다. 그는 또한 힐러리에 대한 두려움도 있었는데, 그의 명성이 푹스를 무색하게 만들 조짐을 보였다. 그는 힐러리에게 '책임 있는 부서'를 제공하는 것에 동의하였으나 '지휘권은 오직 하나'밖에 없을 것임을 분명히 하였다.[71]

미국인들이 자기네 맥머도 기지를 IGY 기지들을 위한 보급 물자 저장소로 사용할 계획을 가지고 있는 반면, 뉴질랜드의 작은 기지는 훨씬 더 거대한 미국의 존재로 인해 왜소하게 될 것이며 대륙을 왕래하는 수송을 미국인들에게 의존할 것이었다.[72] 그럼에도 불구하고 뉴질랜드는 이러한 활동이 어떻게든 로스 속령에 대한 자국의 권리를 확보해줄 것이라고 생각하였다. 로스해 위원회(Ross Sea Committee)가 정부가 그 위원회가 모금할 것으로 기대했던 10만 파운드의 1/5 이상을 모으는 것에 실패하자 그것마저도 의심스러워졌다. 대중은 그들이 국립 탐험대라고 생각하는 것을 위해 정부가 비용을 지불하기를 분명하게 원하고 있었다.

부족액을 벌충하기 위해 정부는 1956년 4월 마침내 탐험대에 선박 1척과 항공기 1대를 구입하고 기지에 무선 장비를 제공하기로 결정하였다. 그 배는 영국의 존 *비스코호*였는데 그것은 이제 막 동일한 이름의 새 배로 대체되었다. 그 낡은 배는 뉴질랜드 해군에 인도되어 뉴질랜드 군함 *엔데버호*(HMNZS *Endeavour*)로 개명되었다. 그 배의 구입은 로스 속령에 대한 미국의 장악이 더 강력해지고 있었기 때문에 영구 기지만이 충분할 것이라는 것을 때늦게 인정한 셈이 되었다. 미국은 거대한 맥머도 기지뿐 아니라 아데어곶의 할레 포인트(Point Hallet)에 더 작은 기지 하나도 가지고 있었는데,

그 기지는 기상 정보를 제공할 것이었다. 미국의 제안에 뉴질랜드는 아데어 곶에 있는 9명의 미국인들을 보충하기 위해 3명의 직원을 보내주는 데 동의하였다. 다시 한번 뉴질랜드는 이렇게 하는 것이 그 지역에서 자국의 주권을 유지하는 데 충분할 것이라고 상상하였다.[73]

뉴질랜드는 새로 발견된 미국과의 관계를—그것에 의해 미국은 뉴질랜드를 자국의 선박과 항공기를 위한 일종의 발진 기지로 사용하고 뉴질랜드는 로스 속령 주위로 자국 국민을 이동시키기 위해 동일한 수송 시설을 사용하는—'상호 이익' 관계라고 간주하였다. 맥도널드는 자신의 동료들에게 미국인들과의 협력이 뉴질랜드가 '로스 속령에 대한 우리의 권리를 강화하도록' 허용하는 한편 우리들은 '남극의 그 지역에 가깝고 강력한 동맹을 갖게 될' 것이라고 말했다.[74] 한편 뉴질랜드는 힐러리를 치안 판사 겸 우체국장으로, *엔데버호* 선장을 행정관 보좌관 및 치안 판사 보좌관으로 임명함으로써 자국의 주권을 주장하였다.

정부는 할레 포인트에도 우체국장을 두는 것은 '불필요하게 도발적'이라고 결정하였다. 그러나 로스 속령 행정관 해럴드 루에그 선장(Captain Harold Ruegg)은 1957년 1월 맥머도 기지를 형식적으로 방문하여 로스 섬 기지 우체국 개국을 감독하였다. 전 세계에 뉴질랜드가 실제로 그 영토를 소유하고 있음을 보여주는 4종의 로스 속령 우표가 발행되었으며, 우정장관은 그 목적이 '주권 측면을 강화하기 위한 것'이라는 말을 들었다. 따라서 그 우표들은 로스 속령 지도를 배경으로 로스의 탐험선 *에레버스호*와 월계관으로 장식된 섀클턴과 스콧을 묘사하였다. 또한 그 거리는 단축되었지만 경계가 북쪽으로 멀리 확장되어 뉴질랜드를 포함하는 로스 속령의 또 다른 지도와 엘리자베스 여왕의 우표도 있었는데 이들은 모두 로스 속령이 영연방 영토임을 보여주기 위한 것이었다.[75]

우표 발행은 IGY를 앞둔 여러 해 동안 남극 영토관할권을 주장하던 기존 7개국에 의한 부산한 움직임의 일부에 지나지 않았는데, 그들은 자기네들 각자의 영유권을 강화하려고 애를 썼다. 그 기간 동안 미국과 러시아도 남극에서의 자기들 권리를 강화하기 위하여 비슷한 활동에 참가하였다. 증가된 활동에도 불구하고, 이 나라들은 주위 바다로부터 자신들의 소름끼치는 수확물을 거두기 위해 대량으로 계속해서 돌아오던 포경선들에 의해 수적으로 무색해졌다. 1956년에서 1957년 여름 즈음에는 남극 바다에 20척의 가공선과 225척의 포경선들이 있었다.[76]

그러나 그 산업은 머지않아 급격한 감소 상태로 들어설 것이었다. 탐험가들과 고래잡이들이 지배하였던 남극의 옛 시절은 막을 내리고 있었다. 1957년 IGY의 시작으로 12개국에서 온 탐험대들이 해안 주위와 내륙에 걸쳐 과학 기지를 설립하기 위해 공동의 노력을 기울일 것이었다. 과학이 상승세를 타고 있었고, 경쟁보다는 협력이 얼음 위의 새로운 슬로건이 되었다.

CHAPTER 20

1957-1960

남극대륙이 다시 버림받는 일은 결코 없을 것이다

1957년 3월 11일 리처드 버드 제독은 마지막 숨을 거두었다. 양극으로 가는 위험한 탐험에 몇 번이고 자신의 목숨을 걸었던 68세의 그 탐험가는 보스턴의 자택 침실에서 자다가 사망하였다. 남극에서 버드의 일도 끝났다.

그의 마지막 방문은 1955년에서 1956년의 여름 동안이었는데 그때 그는 IGY에 대비한 미국의 준비 행사의 개념상 지도자로서 남쪽으로 항해를 하였다. 조지 듀펙 제독이 거대한 쇄빙선 *글래시어호*(USS *Glacier*)의 더 큰 선실을 차지하고 있었지만, 리틀 아메리카 V에 도착했을 때 뉴스 영화 촬영 기사들이 필름에 찍기를 원했던 사람은 바로 버드였다. 그의 존재는 미국의 노력에 정당성을 제공하고, 상당한 예산에 대한 대중과 의회의 지지 확보를 도왔다. 늙고 병든 버드는 1956년 1월 남극점 상공에서 자신의 마지막 상징적 비행을 하기 위해 얼음 활주로 위에 있는 비행기에 탑승하였다. 그의 노쇠함 때문에 노령의 그 탐험가가 자신의 마지막 탐험에서 사망하지 않게 하라는 엄한 지시를 받은 해군 군의관 1명이 어디에서나 그를 따라다녔다.

미국으로 돌아온 버드의 마지막 업적은 자신의 젊은 조수 폴 사이플이 남극점 기지 대장으로 임명되게 한 것이었는데, 버드는 그 기지를 '아문센 스콧 기지(Amundsen-Scott Station)'라고 부를 것을 제안하였다. 그는 또한 자신의 경쟁자 핀 론이 남극에 관한 의사 결정에서 확실하게 배제되도록 하였다. 그의 생명이 서서히 꺼져 가고 있는 가운데 연줄 좋은 버드의 친구들이 그가 자유 메달(Medal of Freedom)을 수여받도록 주선하였고, 그는 자택 2층 서재에서 군복 정장 차림으로 그 메달을 받았다.[1] 2주 후, 오랫동안 미국의 남극 역작의 연기 지도를 했던 서커스 무대 감독이 사망하였다. 그러나 그에 상관없이 서커스는 계속되었다.

1950년대 중반부터 여러 나라들이 IGY에 참여한 다른 나라들이 도착하기 전에 영토 분할에서 한 자리를 확보하려고 애를 쓰면서 탐험대들이 남극으로 쇄도하였다. 그 경쟁은 남극 반도와 그 인근 열도에서 가장 치열했는데, 그곳에 영국, 아르헨티나, 그리고 칠레가 모두 합쳐 21개의 기지를 갖고 있었으며 한편 오스트레일리아와 프랑스는 새로이 도착하는 나라들에게 선수를 치기 위해 오스트레일리아 섹터에서 그들의 노력을 강화하였다.

그들은 너무 늦었다. 1920년대의 영국의 야망과 마찬가지로 미국과 러시아의 영토에 대한 야망은 그 범위가 대륙적이었으며, 그 냉전 경쟁국들은 야망을 달성하기 위해 필요한 자원은 무엇이든지 바칠 것이었다. 그러나 영국인들과 달리 그들은 대륙에 대한 주권을 주장하는 것을 원하지 않았는데 그들은 그렇게 하면 친구들과 적들로부터 똑같이 반대의 울부짖음을 불러 일으킬 것임을 알고 있었다. 그들은 다른 수단으로 자신들의 야망을 달성하는 것에 만족하였다.

미국 관리들은 대부분 특정 영토에 대한 권리를 주장한다는 생각을 버렸으며 어떤 인정된 법적 권리 없이 대륙 전체를 탐험하고 개발하기 위한 자유로운 통제권을 확보하는 것에 찬성하였다. 그들은 전략적으로 위치한 3개의 기지를 설립함으로써 시작할 것이다. 지금은 배가 정박하기에 적절하지 않은 고래만의 버드의 옛 기지 장소와 함께 버드의 4개의 리틀 아메리카 정착지의 계승자가 로스해 동단의 카이난만에서 몇 킬로미터 떨어진 곳에 위치해 있었다. 리틀 아메리카 V가 최대의 기지는 아닐 것인데 그것은 그 대신 대륙 전역의 미국 기지에 서비스를 제공하는 일종의 물류 센터로서 맥머도 지협에 있는 로스 섬 위에 설립되었다. 세 번째 예비 기지는 남극점 자체 위에 있을 것이었다.

미국인들 생각에 대륙을 지배하는 열쇠는 남극점이었다. 그것을 점유하는 사람은 누구나 남극대륙 전체를 암묵적으로 소유하고 있다고 주장할 수 있을 것이다. 섀클턴에서 버드에 이르는 탐험가들이 보여준 바와 같이, 남극점은 대중의 마음속에 대륙 위의 어떤 다른 장소도 그와 맞먹을 수 없는 일종의 상징적 의미를 가지고 있었다. 이제 더 이상 그곳에 도달하기 위해 위험한 개 썰매 여행이나 차량화된 수송이 필요하지 않았다. 베를린 봉쇄 동안 항공기가 막대한 양의 물자를 이송할 수 있음을 증명하였으며, 최근에 그린란드에 만들어진 거대한 미국 공군기지가 눈 활주로에서 그들이 어떻게 작전을 수행할 수 있는가를 보여주었다. 남극의 만년빙도 희박한 대기 중에서 이륙하기 위해 제트 추진기가 추가되면서 마찬가지로 적절하다고 판명되었다.

그것은 듀펙 제독이 1956년 10월 31일 개량된 DC-3기를 타고 남극점으로 날아갔을 때 그가 사용한 항공기였다. 혹독한 추위 속에 착륙했을 때 그가 제일 먼저 한 일은 대나무 깃대를 꽂기 위해 얼음 속에 구멍을 파는 것이었다. 버드가 1947년 2월 하이점프 작전에서 남극점 상공을 비행했을 때 얼음 위로 UN 회원국 국기들을 투하했던 반면, 듀펙은 그의 비행기가 추위를 막기 위해 엔진을 웅웅거리면서 얼음 위에서 보낸 몇 분 동안 오직 성조기만 게양하였다. 그 제독은 깃대 속에 '그가 거기에 있었음을 증명하는' 1통의 편지를 넣을 만큼만 머물렀으며, 한편 사이플이 이끄는 18명의 과학자들과 해군 요원들을 위한 기지 하나를 설립하기 위해 그의 뒤를 이어 올 다수의 비행기들을 위한 일종의 길잡이로서 레이더 디플렉터를 설치하였다.[2]

근 1년의 준비가 걸린 후 듀펙은 비행을 할 수 있었다. 맥머도 지협과 리틀 아메리카 V와 지금은 남극점에 기지가 있는 가운데, 미국은 계속해서 대륙 전역에 걸쳐 또 다른 4개의 기지를 설립하였다. 하나는 웨델해의 굴드만에 있었는데 거기서 핀 론은 마지막 남극 탐험대를 이끈다는 자신의 소망을 마침내 달성할 수 있었다. 버드의 반대 때문에 론은 라스 크리스텐센이 제공하는 노르웨이 포경선을 사용하는 민간 탐험대를 이끌어야 할 것처럼 보였다. 그러나 국방부가 버드와 론 사이의 타협을 중개하여 론은 IGY 후원을 받는 공식 미국 탐험대를 지휘할 수 있었다.

1955년 5월 그레이브스 어스킨(Graves Erskin) 장군과 로버트 앤더슨(Robert Anderson) 국방차관과의 만남에서 론은 영국인들과 아르헨티나인들을 굴드만 속으로 쫓아내는 것의 중요성을 강조하였다. 전직 해병대 장성인 어스킨은 사안의 긴급성을 보지 못했으며 우리가 만약 '남극에 영구적 기반을 원한다면, 우리는 아마도 다른 나라들의 반대에 아랑곳하지 않고 어느 곳에서든지 그것을 주장할 것'이라고 말했다. 그는 론에게 크리스텐센의 도움을 받으려는 계획을 포기하고 대신 론이 다시 현역에 복귀하여 미해군 함정을 사용할 것을 제안하였다. 결국 영국인들과 아르헨티나인들은 론이 1957년 1월 굴드만 빙붕 위에 엘스워드 기지(Ellsworth Base)를 설립하기 위해 미국 쇄빙선을 타고 도착하기 전에 웨델해에 자기네 기지들을 설립하였다.[3]

엘스워드 기지가 대륙 전역에 걸친 미국 기지들의 양식을 마무리하였다. 미국인들이 들인 수고의 규모와 2억 5천만 달러의 예산이 결합된 결과, 미국은 발군의 남극 강국이 되었다. 미국인들이 남극에서의 권리를 마음에 품을 수 있다는 의심들은 미국의 탐험과 정착을 그들이 과거에 북아메리카를 가로질러 서쪽으로 뻗어나갔던 것과 연관시키는 뉴스 이야기들에 의해 모두 다 완화되었다. *뉴욕 타임스지* 기자 월터 설리번이 가장 명쾌한 역사적 관련을 만들었는데 그것이 미국의 소유라는 느낌을 낳는 데 도움을 줄 것이었다. 마리 버드 랜드에 버드 기지를 설립하기 위한 트랙터로 추진되는 11명의 탐험대에 관한 보도에서 그는 '이 대륙의 거대한 흰 대초원을 가로질러 움직이는' '새로운 타입의 개척자'에 관해 썼다. 설리번은 그것들을 '인디언으로부터가 아닌 크레바스라고 불리는 죽음의 덫으로부터 오는 갑작스러운 위험에 대해 끊임없이 경계하는' '현대판 포장마차 행렬'이라고 썼다.

이러한 크레바스들 중 하나가 트랙터를 삼켜 이상한 낌새를 못 느낀 운전수 막스 킬(Max Kiel)이 죽었고, 남극대륙을 차지하려는 전투의 사상자 중 1명이 되었다. 듀펙은 추도식에서 킬이 '과학을 위해 자신의 생명을 바쳤다'라고 말했다. 이 전투에서 미국인들은 정복자였고, 펭귄들은 때때로 정복당한 적으로 묘사되었다. 1957년 1월 설리번은 '일진일퇴의 오랜 싸움' 끝에 선원들이 어떻게 해서 '15만 마리 펭귄 군대로부터 할레곶(Cape Hallett)의 4에이커의 교두보'를 확보했는가를 기술하였다. 1959년 1월까지 17명의 미국인들이 대륙 정복 전쟁 중 그들의 생명을 잃었다. 듀펙은 '새로운 변경을 개척할 때는 언제나 그렇다'라는 생각으로 스스로를 위로하였다.

러시아인들은 미국인들에 지지 않으려고 오스트레일리아 남극 영토의 해안 위에 자기네들의 거대한 물류 기지를 설립하였는데, 거기에서 공로와 육로로 다른 기지들을 세울 수 있을 것이었다. 대중의 마음속에서 남극점에 있는 미국 기지에 대항하기 위해 러시아인들은 그들의 내륙 기지들 중 하나를 소위 '도달불능극(Pole of Inaccessibility)'에 위치시켰다. 이곳은 어느 해안으로부터도 가장 먼 대륙의 지점이었으며 따라서 대륙의 중심이라고 부를 수 있는 위치였다. 그러나 가차 없는 빙상의 움직임으로 인해 남극점에 있는 미국 기지에 일어났던 것처럼 러시아 기지는 세워지자마자 그 출발점으로부터 거침없이 움직이기 시작했다. 러시아인들이 그들의 과학 및 물류 노력의 규모에서 미국인들과 맞먹기를 열망할 수 있었던 반면, 몇 안 되는 인원을 가진 로스 섬의 뉴질랜드 기지는 가까운 맥머도 기지의 분주한 활동에 필적하기를 결코 바랄 수 없었다. 블리자드가 불기 쉬운 그곳은, 영화관과 예배당이 완비된 미국의 소읍을 모방한 곳에서 수백 명의 미국인들이 생활하고 일하고 있었다.

뉴질랜드는 오래전에 미국인들에게 잃어버렸던 영토권을 되찾기 위해 로스 섬 위에 자국의 작은 기지를 설립했으나 허사였다. 뉴질랜드인들이 발견했듯이 그것은 너무 작고 때가 너무 늦었다. 미국은 크라이스트처치를 거쳐 자국 기지에 물자를 보급하기 위해 뉴질랜드의 협력을 필요로 하였지만 로스 속령에 대한 뉴질랜드 주권을 결코 인정하지는 않을 것이었다. 이러한 생각은 듀펙과 굴드가 웰링턴을 방문했을 때 만의 얼음 위에 불도저로 밀어 만든 가설 활주로에 의존하는 대신 맥머도 기지 바로 맞은편의 마블 포인트(Marble Point)에 육상 활주로를 건설하는 가능성을 우연히 언급했을 때 뉴질랜드 관리들에게 절실히 느껴졌다. 주 비행장으로 개발될 수 있는 잠재력을 가진 그 전략적 장소를 인수하기 위해 뉴질랜드로부터 허가를 요청하는 것에는 의심의 여지가 없었다.

그 값비싼 개발이 미국인들이 로스 속령 서부에 영구히 남아 있을 작정을 하고 있다는 것을 암시하기 때문에 뉴질랜드 관리들은 당황했다. 뉴질랜드는 곤경에 처했다. 항의를 할 경우 미국은 그 지역을 합병하여 맥머도에 대한 투자를 보호하려고 할 것이다. 그러나 만약 뉴질랜드가 반대하지 못하면 그로 인해 속령 전체에 대한 자국의 권리가 약해질 것이다.[5] 무엇을 해야 할지 몰랐기 때문에 뉴질랜드는 아무것도 하지 않고 미국인들이 자기들의 계획을 진행할지 여부를 지켜보았다.

한편 미국 비행기 1대가 남극대륙으로 최초의 상업 비행을 하였다. 4발 프로펠러 추진 팬 아메리칸(Pan American) 항공사의 스트라토크루저기(Stratocruiser)는 샌프란시스코로부터 기술자들과 건설단 대원들을 데려가기 위해 미해군이 전세 내었다. 크라이스트처치에 들린 후 그 비행기는 1957년 10월 15일 눈발이 날리는 가운데 맥머도 기지의 얼음 활주로에 착륙하였다. 스콧과 섀클턴이 죽음과 맞서 싸웠던 얼음 위로 2명의 여승무원들이 발을 내딛는 광경은 참으로 현대적인 순간이었다. 그들은 즉시 개 썰매 경주로 맥머도 식당에 데려다졌으며 거기서 여성 동료에 굶주렸던 남자들과 커피 한 잔을 즐겼다.

그 비행은 일단 적절한 시설이 갖추어지는 경우 남극대륙의 관광 잠재성을 증명하였다. 실제로 2, 3주 후 굴드와 동행한 6명의 미하원 의원 일행이 맥머도에 착륙하여 5년 이내에 상업 제트기의 도착으로 맥머도 기지가 '노르웨이와 스위스와 비슷한 동계 스포츠 센터'가 될 것으로 예측하면서 남극대륙의 관광 잠재성을 칭찬하였다. 리틀 아메리카 V로 가는 비행 도중 듀펙과 굴드는 의원들이 마블 포인트를 내려다볼 수 있게 해주었는데 거기에 스릴을 찾는 관광객들을 위해 얼음이 없는 공항을 개발할 수 있을 것이었다. 굴드는 의원들에게 '활주로를 건설할 수 있는 지금까지 알려진 유일한 장소로서 마블 포인트'의 전략적 중요성을 이해시킬 것을 듀펙에게 촉구하였다. 나중에 굴드는 '의원들을 세뇌시키는 뛰어난 일'을 한 것에 대해 듀펙을 칭찬하였다. 그러나 의원들은 기자들에게 이러한 발전이 일어날 수 있으려면 그전에 '정치적 주권 문제가 해결되어야 한다'는 것을 인정하였다.[6]

팬암기의 비행과 그것이 미칠 수 있는 영향들이 뉴질랜드에 어려운 법적, 정치적 문제들을 제기하였다. 그 비행기가 로스 속령을 향해 크라이스트처치를 떠났을 때 속령의 형식상의 행정관인 해롤드 루에그 선장은 웰링턴에 그 비행이 '세심한 조사를 요하는 사법 문제를 제기한다'고 경고하였다. 뉴질랜드는 미국의 군사 비행에 대해서는 반대를 제기하지 않지만 상업 비행은 다른 문제라고 루에그는 썼다. 실제로 뉴질랜드 정부는 워싱턴에 자기들은 '그 비행기를 사실상 일종의 군용기라고 간주할' 것이라고 통보함으로써 그 문제를 이미 수습한 바 있었다.[7] 그러한 서투른 해결책이 즉각적 분규를 피하는 방법을 제공해주었다.

뉴질랜드는 그 문제에 대해 양면적 태도를 가지고 있었다. 그것이 그들의 주권을 침해하는 반면, 맥머도의 미국 관광 개발은 아마도 크라이스트처치를 일종의 환승지로 사용할 것이며 국제 관광객들이 또한 뉴질랜드를 관광하면서 돈을 쓸 가능성도 있었다. 한편 뉴질랜드 내각 각료 1명이 미 육군 글로브마스터기(Globemaster)를 타고 미국 남극점 기지 상공을 비행하였는데, 그 비행기는 아래에 있는 과학자들에게 연료와 식량으로 구성된 보급 물자를 투하하였다. 그 정치인은 그 기회를 이용해 낙하산으로 투하되는 물자들에 '남극점 최초의 뉴질랜드 국기'가 될 것이라고 믿었던 것을 추가해 떨어뜨렸다.[8] 실제로는 1947년 2월 버드가 투하했던 유엔 회원국 국기들 가운데 뉴질랜드 국기 한 장이 있었다. 그 최신 깃발은 사실상 더 이상 존재하지 않는 주권을 주장하기 위한 헛된 시도였다.

오스트레일리아도 똑같이 자국의 주권에 대한 심각한 도전에 직면했는데, IGY 행사를 위해 3개의 러시아 기지와 1개의 미국 기지가 오스트레일리아 영토 내에 설립될 예정이었다. 특히 러시아인들의 도착 가능성은 오스트레일리아 정부에 대륙 위에 자국의 존재를 확대할 것을 촉구하였다. 1954년 모슨 기지를 설립하는 데 거의 10년이 걸렸다. 그 기지는 그 지역에 대한 더 강력한 소유권을 주장했던 노르웨이인들을 막기 위해 동경 약 63도의 오스트레일리아 영토 서부에 위치해 있었다. 오스트레일리아의 남극 수장인 필립 로는 후일 어떻게 해서 '시대정신'이 '국기를 꽂고, 새로운 지역에 대한 주권을 선포하고, 러시아인들과 미국인들과 다른 나라 사람들보다 먼저 이런 일을 하는 데 온통 관심을 두고 있었는가'를 회상하였다.[9] 그는 그것이 IGY 기간 동안에만 존속한다는 조건하에 모슨 기지를 설립하도록 정부를 설득하였다. 그러나 러시아인들의 도착이 임박함에 따라, 모슨 기지는 오스트레일리아는 자기네 것이라고 생각하지만 미국이 '윌크스 랜드'라고 부르기를 고집하는 영토 위에 더 오래 머물 것이었다.

1956년 1월 러시아 배들이 자기들의 주 기지를 설립하기 위한 적절한 장소를 찾아서 남극 해안에 도착했을 때, 오스트레일리아인들은 동경 약 78도의 베스트폴드 힐스 근처 해안에 기지 하나를 설립함으로써 자신들의 존재를 확장하였다. 듀펙은 동일한 해안을 조사하는 데 *글래시어호*를 파견했고, 조사를 하는 동안 해안에 미국 국기를 게양할 수 있도록 여러 번 정지하였다. 1956년 3월 18일 미국인들이 여러 개의 바위투성이 작은 섬에 상륙했으나 러시아인들이 그들보다 9일 앞섰으며 자신들의 방문을 기록한 메모를 남겼음을 알았을 뿐이었다. 로는 근 두 달 전에 러시아인들을 앞섰으며 로는 그것을 읽는 사람 누구에게나 '오스트레일리아 남극 영토에 온 것을 환영합니다! *키스타 댄호*에서 이 장소에 최초로 상륙하였음을 알리는 바입니다'라고 선언하는 자신의 메모를 남겼다.[10] 그 영토에 대한 오스트레일리아의 권리를 강화함에 있어 로는 그 문제가 국제 법정에 회부될 경우 우선권이 결정적이 될 수 있음을 알고 있었다.

러시아인들은 마침내 동경 약 93도의 해안 위의 한 장소에 정착했으며 사람들과 물자를 하역하기 시작하였다. 그 기지는 벨링스하우젠의 탐험선 이름을 기념하고 그것에 의해 현재의 소련의 활동을 옛 러시아 제국의 발견들과 관련시키기 위해 '미르니(Mirny)'라고 명명되었다. 러시아어로 *미르니*는 '평화로움'을 뜻했는데 그것은 당시의 러시아 외교 정책과 잘 어울렸다. 미르니가 위치한 해안은 러시아인들에 의해 '진실'을 뜻하는 '프라우다 해안(Pravda Coast)'이라고 명명되었으며, 한편 그 '정착지'의 중심가는 레닌의 이름을 따 명명되었다. 그 거리에는 병원과 세탁소, 대중목욕탕, 매점과 심지어 축사와 함께 한 줄로 늘어선 집들이 있었다.

1956년 1월 30일 로가 *키스타 댄호*를 타고 도착했을 때 러시아인들은 아직도 그들의 뱃짐을 내리고 있었다. 그는 러시아 과학 지도자 미하일 소모프(Mikhail Somov)를 만나 그에게 최근에 발행된 오스트레일리아 섹터 지도 한 장을 선물하였다. 그것은 표면상으로는 협력 정신에서 행해졌으나 소모프에게 그가 오스트레일리아가 권리를 주장하는 영토 위에 있고, 그 영토의 주요한 지형은 이미 명명되었음을 천명하려는 무언의 의도와 함께였다. 나중에 러시아 주 탐험선이 러시아로 귀환 도중 애덜레이드에 들렀을 때 로는 멜버른에서 날아와 모슨 기지와 합류했으며 그 대원들에게 지금까지 발행되었던 모슨의 1921년에서 1931년까지의 항해 보고서를 선물로 주고 러시아인들에게 1911년 이후의 다양한 오스트레일리아 탐험대의 업적에 관해 강연을 하였다. 물론 이러한 정치극의 어떤 것도 소련이 오스트레일리아 섹터를 탐험하고 그 해안선을 조사하고 그 지형에 이름을 붙이는 것을 막지는 못하였다. 로는 개인적으로 그러한 작업이 러시아에게 그들이 그것을 행사하려고 원하는 경우 '영토의 어떤 지역에 대한 강력한 권리'를 제공한다는 것을 인정하였다.[11]

미국도 또한 러시아가 주장할 수 있을지 모르는 권리들을 제한하려고 애를 쓰고 있었다. 러시아인들이 미르니 기지를 설립하기 위해 도착했을 때 버드는 남극에 있었다. 신중하게 계산된 행동에서 그는 소모프에게 환영의 메시지를 보내 미국의 협력을 제안하였다. 동시에 버드는 그에게 미국 비행기가 러시아인들이 자기네 내륙 기지를 설립하기에 적당하다고 생각한 두 장소 근처에서 비행했다는 것을 알려주었다. 버드는 러시아인들에게 미국인들이 그 장소를 먼저 보았다는 것을 알려주고 싶어 했는데 그 장소들이 '언젠가는 남극에 대한 권리를 결정하는 복잡한 문제에서 한몫을 할 수 있을' 것이었다.

실제로 미국의 비행경로들은 장래의 러시아 기지들로부터 그들이 수백 킬로미터 떨어져 있다는 것을 암시하였다. 버드는 러시아인들에게 선수를 치기 위해 도달불능극 상공을 비행할 계획이었으나 악천후로 인해 하는 수 없이 대신 남극점 상공을 비행하였다. 그 비행들은 모두 러시아인들이 자기들의 항공지도 제작 계획과 함께 도착하기 전에 미국인들이 할 수 있는 한 대륙의 많은 부분에 대해 성급하게 행한 사진 정찰의 일부였다. 상황이 매우 긴급했기 때문에 듀펙은 얼음이 녹고 있는 기미에도 불구하고 미국 비행기가 계속 맥머도 기지의 얼음 활주로에서 비행할 것을 지시하였는데 그 활주로와 그 위의 항공기는 어느 것이라도 쉽사리 로스해 속으로 떠내려갈 가능성이 있었다.[12]

러시아와 미국 양국 모두 대륙 전체를 자유롭게 통제하기를 원했으며, 자기네 탐험가들을 남극대륙의 발견자로 간주하였다. 양국은 남극점과 도달불능극에 각각 기지를 설립함으로써 대륙을 상징적으로 소유하였다. 미국인들이 자기들의 내륙 기지들이 러시아에 앞섰다고 주장한 반면, 러시아인 들은 미르니 기지에서 약 800킬로미터 떨어진 동경 약 111도에 있는 윈드밀 제도 근처의 윌크스 기지(Wilkes Base)에 대해 똑같이 주장하였다. 1957년 1월 미해군 함정 3척이 기지를 건설하기 위해 도착했을 때 그들은 미르니에 서 온 러시아 탐험가들이 전해 11월에 남겨두었던 돌무더기를 발견하였다. 러시아인들은 비행기로 그곳에 상륙해 주위 지역을 탐사하고 지도를 만들 었으며 그 지역을 '발견했다'고 주장하는 메시지를 담은 보드카 병 하나를 남겨두었다. 지지 않으려고 결심한 미국인들은 그 병에 메모 하나를 추가했 는데, 그것은 그 만이 1947년 하이점프 작전 동안 미국 비행사들에 의해 발 견되었으며 다음 해에 미국 측량기사들이 지상기준점을 확립하기 위해 그 곳에 상륙했다는 것을 지적하였다. 그 결과 만들어진, 러시아인들이 도착하 기 직전에 발행되었던 지도 사본 1장이 그 보드카 병에 추가되어 때맞추어 돌무더기로 돌아갔다.[13] 그렇게 서커스는 IGY로 계속되었는데 영토 경쟁보 다는 과학적 협력이 IGY를 특징짓기로 되어 있었다.

각국이 자기들의 주권을 주장하기 위해 계속 우표를 사용하였기 때문에 기지 건설의 쇄도에 맞먹는 물밀듯한 우표 발행이 있었다. 많은 나라들이 또한 자기네들이 그 지역을 관리하고 있음을 보여주기 위해 새 기지에 우체 국을 설립하였다. 매우 큰 대중의 관심 속에 미해군은 1955년 말 우표 수집 가들을 위한 수십만 장의 편지 봉투를 남극대륙으로 가져갔으나, 여러 우체 국에 배치된 선원들이 배들이 집으로 떠나기 전 4톤이나 되는 우편물을 처 리할 수 없다는 것을 알았을 뿐이었다. 그 편지들은 겨울 동안 남극에 남아 있었으며 선원들은 시간이 허락하는 대로 그것들을 처리하였다.[14]

대부분의 남극 우표들은 그것이 퀸 모드 랜드가 두드러지게 표시된 남극 대륙 지도를 보여주는 노르웨이 우표든, 로스 속령 지도와 뉴질랜드 주권을 뒷받침한 영국 탐험가들을 보여주는 뉴질랜드 우표든 간에 모두 파렴치한 정치 선전의 본보기들이었다. 새로이 명명된 *Terres Australes et Antartiques*

Francaises'와 그곳의 풍부한 펭귄과 바다코끼리들을 보여주는 1956년에 발행된 프랑스 우표와 같은 다른 것들은 더 교묘하였다. 그것은 프랑스 주권의 주장과 그 영토의 지배가 멸종 위기에 처할 야생동물을 보존할 것이라는 묵시적 암시를 결합시킨 것이었다.[15]

오스트레일리아 외무부 장관 리처드 케이시는 그러한 주권 주장에 면밀한 관심을 가졌다. 1956년 6월 그는 오스트레일리아와 그 남극 영토 사이의 관련을 보여주는 지도를 그릴 수 있도록 지구의 관련 부분을 사진으로 찍었다. 원래는 신문 기사와 동반하기 위해 그려졌으나 케이시는 우표 위에 사용하기 위해 그 지도의 크기를 줄였다. 오스트레일리아와 남극대륙 사이의 공간이 단축되어 그 두 대륙 간 거리에 관한 그릇된 인상을 주었다. 케이시는 그것이 '오스트레일리아는 물론 해외에서도 약간의 교육적 가치가 있을 것'이라고 생각하였다. 우표로서의 그 지도의 적합성에 관한 우려가 제기되었을 때 케이시는 그것이 가진 '상당한 정치적 이점'을 강조했으며 '다가오는 몇 년 이내에 남극과 관련된 많은 정치적 문제들이 있을 것이며, 우리들은 그런 우표가 제공하는 종류의 홍보를 매우 필요로 할 것이다'라고 말했다.

그 압력이 효과가 있었다. 케이시의 사양대로 우표가 고안되었는데 그것은 지도와 1954년 베스트폴드 힐에서 로가 오스트레일리아 국기를 휘날리고 있는 장면을 둘 다 포함하였다. 그 우표는 1957년 초 해외 항공우편 편지를 위해 발행되었는데 왜냐하면 '다른 나라로 가는 편지들 위에 이 우표를 붙여 전하는 것이… 정치적으로 더 유익하기' 때문이었다. 케이시는 나중에 한 동료에게 그것은 모두 '소위 선전 목적이라고 부를 수 있는 것을 위해' 행해졌다고 털어놓았다. 오스트레일리아 내에서 유통되기 위해 그 우표는 더 싼 형태로 발행될 것이었다.[16]

소련의 존재에 관한 지속적인 불확실성과 IGY 활동의 영토적 영향이 있는 가운데 로는 오스트레일리아의 더 많은 활동을 촉구하였다. 그는 IGY

의 여파로 대륙의 신속한 분할이 있을 수 있으며 미국이 '섹터주의를 완전히 무너뜨릴 광범한 영토관할권을 주장할' 것이라고 예측하였다. 그렇게 되면 이것이 소련을 자극하여 대륙이 유엔의 지배하에 들어갈 것을 요구할 수 있을 것이었다. 로는 오스트레일리아의 최선의 희망은 미국이 영토관할권을 주장하고 그 뒤에 오스트레일리아와 거칠 '빈틈없는 교섭' 과정에 있으며, 그 교섭에서 오스트레일리아는 '우리의 반대자들에게는 중요한 이권처럼 보이지만 실제로는 별 가치가 없는 광대한 공간'을 양보할 수 있다고 주장하였다. 그런 상황에서 오스트레일리아는 어느 지역들이 가장 보유할 가치가 있는가를 알 필요가 있었다. 이를 위해 더 많은 연구가 신속하게 이루어져야 했다.[17]

모슨 기지 대원들은 인접한 지역을 탐험하기 위해 그들이 할 수 있는 것은 거의 다 하였다. 그들은 1대의 소형 비버기(Beaver)밖에 없었는데 그 비행기는 기지로부터 640킬로미터 항속거리의 한계까지 나아갔다. 더 멀리 탐험하려면 더 큰 비행기와 추가적 육상 수송을 요할 것이었다. 그러나 케이시는 베스트폴드 힐 근처의 작은 데이비스 기지의 활동을 증가시키는 것을 더 좋아하였으며, 동쪽으로 더 멀리 오스트레일리아의 바로 남쪽에 또 다른 기지를 설립하는 것을 고려하였는데 그렇지 않을 경우 거기서부터 러시아 잠수함이나 미사일 기지가 오스트레일리아를 위협할 수 있을 것이었다. 해안선을 따라 더 멀리 오스트레일리아의 존재를 확대하는 것이 또한 전체 영토에 대한 오스트레일리아의 주권을 강화하는 최선의 방법이 될 것이었다.[18]

케이시의 견해에도 불구하고 로는 모슨 기지 활동의 확대와 함께 모슨 기지로부터 수천 킬로미터 떨어져 있는 오스트레일리아 영토 동단에 있는 오우츠 랜드에 가능한 또 다른 기지의 설립을 계속 요구하였다. 이 지역은 '오스트레일리아 남극 영토에서 우리가 정보를 가지고 있지 않은 몇 안 되는 남아 있는 지역 중 하나'라고 로는 주장하였다. 그는 경쟁국들이 그렇게 하기 전에 오스트레일리아가 그것들을 확보할 수 있도록, 가장 적절한 기지 장소를 발견하기 위해 모슨과 함께 노르웨이와 미국의 항공 촬영 사진들을 자세히 조사해왔었다. 그는 이동하는 얼음 위에 쌓이는 눈 속에 기지를 건설하는 문제들을 피하기 위해 안전한 항구 근처의 바위투성이 노두에 특히 관심이 있었다.

로는 자신이 오우츠 랜드에 적절한 장소를 발견했다고 생각했으나 그곳에 물자를 보급하려면 두 번째 배가 필요할 것이며 그것은 예산에 심각한 영향을 미칠 것이었다. 그것은 다시 육지에서 할 수 있는 것을 제한할 것이었다. 미국이 일단 IGY가 끝난 뒤 퍼스에서 거의 정남쪽의 윈드밀 제도에 있는 자국의 작은 기지를 인도해준다면 경제적 해결이 가능할 것이었다. 케이시는 그의 관리들로부터 미국이 만약 오스트레일리아에 그 기지를 제공한다면 오스트레일리아는 그것을 받아들여야 한다는 조언을 받았다. 그 관리들은 '정치적 이유로' 오스트레일리아 영토의 해안선을 따라 매달려 있는 '여러 개의 작은 기지들'을 보유하는 것이 더 낫다고 주장하였다.[19] 그럼에도 불구하고 오스트레일리아의 소유를 보장하기 위해서는 여러 개 이상의 기지가 필요할 것이었다.

점유에 의해 한 장소의 실제적 소유권을 확보하는 것은 과정의 일부에 불과하였다. 로는 오스트레일리아가 전 세계에 영토를 정당하게 소유하고 있다는 것을 납득시킬 만큼 충분히 하지 못하고 있음을 우려하였다. 1957년 5월 그는 한 친구에게 '관계의 그 누구도 우리의 일을 실제로 홍보하는 데는 그다지 관심이 없다'고 불평하였으나, 그는 남극 우표의 발행과 '다른 나라에 우리의 노력을 알리는 데 도움이 될' 책 제작에서 다소 위안을 얻었다. 그러나 그것은 충분하지 않았다. 로는 미국의 *폴라 레코드지(Polar Record)*가 오스트레일리아의 활동을 더 많이 보도하도록 하기 위해 애를 썼으며 외무부에 '우리가 남극의 영토들을 오스트레일리아의 필수 요소로 간주하고 있음을 보다 효과적으로 증명하기 위해' 추가적 조치를 취할 것을 촉구하였다. 그중에서도 특히 그는 더 많은 우표, 학교를 위한 팸플릿, *연방 연감* *(Commonwealth Year Book)* 속의 영토에 관한 더 자세한 설명, 공식 역사 기록에 대한 의뢰, 영토를 관리하기 위한 행정관의 임명과 남극에서의 채굴 허가 규정의 발표 등을 원하였다.[20] 오스트레일리아가 자국 영토를 다른 나라들보다 더 잘 알고 있다고 주장할 수 있도록 여름 한철 사진 촬영 비행을 위해 항공모함 *멜버른호*(HMAS *Melbourne*)를 파견하는 것을 해군이 거절하자 로는 더 좌절감을 느꼈다.[21] 한 장소를 잘 아는 것은 그것의 정당한 소유자로 인정받는 데 필요한 부분이었다.

IGY는 각국이 자기네 지도와 지명을 남극으로 가는 다수의 과학 팀의 인정을 받게 할 이상적 기회를 제공하였다. 미국 지리학회는 1928년 버드의 첫 탐험을 위해 남극 지도를 제공한 바 있었다. 이제 그 학회의 지도 제작자인 윌리엄 브리제마이스터는 IGY 탐험대들이 사용하도록 구식 지도를 개정하였다. 브라이언 로버츠와 해롤드 손더스 사이의 그 모든 영미 간 논의가 가치가 있는 것으로 판명되었는데, 왜냐하면 브리제마이스터는 그 논의의 결과물인 1953년 영국에서 발행한 지명 색인과 미국 지명 위원회의 간행물을 인용할 수 있었기 때문이다. 지도 위에 특정 지명을 실제로 올리기 전에 브리제마이스터는 미국 지명 위원회가 그것들을 다시 확인하게 했으며, 미국의 권고사항들이 '전반적으로 채택되었다.'[22] 그런 다음 그 위원회는 1956년 남극 지명에 관한 자체 색인을 발행하여 남극대륙의 모든 지명을 열거했으며 누가 그 장소를 발견하고 명명했는지와 혹시 다른 이름들이 사용된 적이 있는지 여부를 언급하였다.[23] 브리제마이스터의 개정판 지도는 1958년에 발행되었다. 그는 가장 최근의 발견과 아르헨티나인들과 오스트레일리아인들의 지명을 포함시켜 자신의 지도가 IGY 팀이 활용 가능한 가장 최신 지도가 되도록 하였다.[24] 승인된 미국 지명들이 다른 나라들에 의해 받아들여지고 있는 가운데 그 지도가 표준 지도가 될 수 있을 것이었다.

오스트레일리아는 다른 생각을 하고 있었다. 오스트레일리아는 자국의

1939년도 지도가 표준 지도가 되기를 열망해왔으며 최근의 발견과 지명들로 그것을 개정하기를 원했다. 그러나 러시아인들의 도착과 IGY 동안 과학자들의 증가하는 영향력이 여러 가지 문제들을 복잡하게 만들었다. IGY 12개국 중 10개국에서 온 과학자들이 1958년 2월 국제 과학연맹 위원회 후원하에 헤이그에서 모임을 가졌는데, 그 모임에서 그들은 남극에서의 과학 연구를 제안하고 조정할 남극 연구에 관한 특별 위원회(Special Committee on Antarctic Research)—나중에 남극 연구에 관한 과학 위원회(Scientific Committee on Antarctic Research, SCAR)로 개명된—를 설립하기로 합의하였다. 그해 말 모스크바에서 개최된 SCAR 회의에서 러시아 대표 1명이 소련이 대륙 전체의 지도를 만들 계획을 세우고 있다고 발표하였다. 오스트레일리아 대표가 그 계획을 연기할 것을 요청하자 러시아인들은 자기들이 다가오는 2, 3년에 걸쳐 대륙의 1/3의 지도를 만들 것을 고집하였으며 그것은 '순수하게 과학적 문제이며 지도 위에 경계를 표시하려는 시도는 하지 않을 것'임을 그 모임에 장담하였다. 오스트레일리아와 권리를 주장하는 다른 나라들은 안심이 되지 않았다.[25]

SCAR가 남극에서의 지도 제작을 조정할 것을 제안하였으나 오스트레일리아는 자국의 영토관할권을 지지하기 위해 지도와 지명을 사용하기로 결심하였다. 1958년 12월 로는 케이시가 의장으로 있는 기획집행 위원회 모임에서 'SCAR가 지도 제작에 관여할 경우 발생할 문제와 어려움에 대해… 영국과 미국 당국에 경고한 바 있다'고 털어놓았다. 케이시는 그의 말에 동의하면서 '만약 다른 나라들이 우리 영토 내에서 지도 제작을 하도록 승인을 받는다면 우리는 그들에게 큰 이익을 준 셈이다'라고 말하였다. 그는 특히 러시아인들이 더 우수한 오스트레일리아 영토 지도를 만드는 것을 우려하였다. 오스트레일리아 자원으로는 경쟁이 불가능하였으며 그래서 케이시는 오스트레일리아가 단지 '해안선과 그것으로부터 어느 정도 떨어진 내륙'의 지도를 만들 수 있도록 미국인들로부터의 어떤 협력도 다 환영하였다.

호전적인 그의 동료 윌리엄 웬트워스(William Wentworth)는 그 지도 제작이 광활한 극지의 만년빙도 포함하기를 원했으며 '광대한 열린 공간'이 지도 위에 펼쳐져 있으면 '인상적'으로 보인다고 말했다. 그러나 오스트레일리아 지도 제작자 브루스 램버트는 해안선과 인접 내륙의 지도 제작을 완수하는 데만 7년에서 10년이 걸릴 것이라고 조언하였다. 오스트레일리아의 난제에 대한 가능한 해결책으로 웬트워스는 국제적 서비스의 일환으로 오스트레일리아가 남극 지도 제작 센터(Antarctic Mapping Center)를 설립할 수 있으며 그것에 의해 SCAR와 러시아의 주도를 앞지를 수 있다고 제안하였다.[26]

남극대륙의 국제 지도가 있다면, 케이시는 그 지도에 모슨이 탐험 동안 부여했던 모든 오스트레일리아 지명들이 붙어 있기를 원했다. 그렇지 않을 경우 그 지도는 같은 시대의 노르웨이인들과 더 최근의 미국과 러시아 탐험가들의 발견과 그들이 붙인 지명에 지배당할 것이다. 케이시는 이미 오스트레일리아의 발견에 대해 '가장 인색한' 최근의 미국 지도를 우려하였다. 모슨은 그 미국 지도가 단지 '광대한 내륙에 대한 피상적인 공중사찰'만 포함한, '미합중국의 기여를 크게 과장하기 위해… 교묘하게 꾸며졌다'는 데 동의하였다.[27]

1958년 9월 로는 여러 가지 지형들과 모슨이 그것들에 부여했던 이름들을 맞출 수 있도록 모슨에게 그의 1929년 항해에서 찍은 사진들과 작성한 해도를 요구하였다. 하지만 그 요청은 때가 너무 늦었다. 76세가 된 모슨은 1958년 10월 14일 뇌졸중으로 사망했고, 그의 항해에서 얻은 성과의 다수는 미발표 상태로 남겨졌으며 그의 논문들은 다소 혼란에 빠져 있었다. 그의 죽음이 케이시와 로가 급히 마지막 권, 특히 지리학에 관한 권을 출판하도록 촉구하였다.[28] 모슨의 미망인과 점심을 함께 한 후 로가 설명했던 것처럼, 오스트레일리아의 영토관할권은 대부분 모슨의 항해에 근거했고 그 항해는 지도들이 '가능한 정확하게 그려져야 한다'는 점을 '가장 중요하게' 만들었다. 케이시는 긴급성을 강조하여 모슨 부인에게 러시아가 '자기네 지도를 만들고 자기들이 발견했다고 주장하는 지형에 자기네 지명을 붙이고 있다'고 말했다. '우리가 우리 주권을 완전하게 보호하려면 오스트레일리아가 자국의 이전 발견에 관한 논란의 여지가 없는 증거를' 제공할 필요가 있었다.

오스트레일리아 지도 제작자들은 또한 오스트레일리아 탐험가들이 최근의 수확에서 그들의 발견으로 모슨의 발견을 덮어씌우지 않도록 그가 목격하고 이름을 붙였던 것을 명확하게 밝혀야 하였다. 쉬운 해결책이 없을 것이다. 그의 항해 기록은 이상적인 것이 아니었고 오스트레일리아 관리들과 정치가들 사이에 계속해서 망설임이 있었다. 로는 여러 대학교에 부총장으로 지원했으나 실패하면서 다른 곳에서 일자리를 찾을 수밖에 없었다. 그는 자신의 남극 부서가 장래성이 있을지를 확신하지 못했으며 자신과 자기 부서의 과학적 책임이 캔버라에 있는 관료들에게 인정받도록 하기 위한 오랜 싸움에 '극히 낙담하였다.'[30]

1959년 4월 즈음 오스트레일리아 집행기획 위원회가 케이시와 램버트와 심란해진 로가 복잡한 지도 제작 문제를 논의하는 것을 듣기 위해 멜버른에서 회합을 가졌다. 램버트는 어떠한 지도라도 '1959년과 1960년에 만들어져야 한다'고 촉구했으며 케이시는 '정치적으로도 지도 제작에 가능한 최선의 노력을 기울여야 할 것'이라는 데 동의하였다. 그것은 오스트레일리아가 기울일 수 있는 이상의 노력을 요할 것이었다. 내륙의 만년빙을 러시아인들에게 맡김으로써 오스트레일리아는 해안 지역의 소규모 지도 제작에 집중할 수 있었다. 그러나 크레바스 투성이 해안의 지도를 제작하는 측량기사들은 개와 썰매와 함께 상이한 지역들로 날아가야만 할 것이었다.[31]

한편 오스트레일리아는 캔버라에 국제 남극 지도 제작 센터(International Antarctic Mapping Center)를 설립한다는 생각에 대한 반대에 직면하였다. 영국과 미국 양국 모두 자기네 발견과 지명들을 위태롭게 할 수 있는 지도를 제작하는 국제 센터를 원하지 않았다. 그들이 할 최대한의 양보는 오스트레일리아가 지도 제작에 관한 SCAR 실무 작업 팀을 위한 사무국을 제공할 수 있다는 것이었는데, 그것은 다양한 SCAR 회원국들의 남극 지도 제작 센터들 간에 표준을 확립하고 정보를 교환하기 위한 것이었다. 남극 지도의 축척을 극소수의 지명만 포함될 수 있을 1:10,000,000으로 유지하는 것이 그 사무국의 임무의 일부가 될 것이었다. 오스트레일리아 남극 지도 제작 센터와 관련 사무국의 최초의 직원은 3명에 불과할 터인데 케이시는 언젠가 그것이 바라는 국제 센터로 발전할 것을 바랐으나 허사였다.[32]

오스트레일리아는 할 수 있는 한 자국 영토의 많은 지역의 지도를 제작하고 지명을 붙이기 위한 쇄도에서 결코 혼자가 아니었다. 브라이언 로버츠의 재촉으로 영국은 포클랜드 제도 보호령에 관한 2년간의 항공 측량에 착수하였다. 그것은 영국과 아르헨티나, 칠레가 권리를 주장하고 미국도 또한 지배하기를 바라는 영토에 대한 가장 정확하고 포괄적인 지도를 제작하기 위해 고안되었다.

지도 제작과 더 많은 기지의 설립과 더 많은 우표의 발행과 향상된 과학 프로그램을 후원하는 것 외에, 영국은 과학적 노력을 최초의 극적인 대륙 횡단과 결합한 탐험으로 전 세계의 주의를 사로잡으려고 하였다. 남극을 경유해 가는 그 탐험은 스콧과 섀클턴의 업적을 연상시킬 것이며 영국이 남극 무대에서 미국과 소련과 경쟁하는 일종의 경제적 방법을 제공해줄 것이다.

그 계획에는 1955년 말 웨델해의 바젤만에 기지 1개와 내륙에서 약 440킬로미터 떨어진 전진 기지 1개를 설립하고, 1957년 1월 로스 섬에 또 다른 기지 1개를 설립하는 것이 포함돼 있었다. 푹스가 7대의 각종 차량을 몰아 2개의 개 썰매 팀의 인도로 대륙을 횡단하는 한편 남극점으로 향한 루트를 따라 물자 저장소를 설립하기 위해 힐러리가 뉴질랜드의 로스 섬에서 출발하기로 계획되어 있었다. 푹스가 스콧 이래 육로로 남극점에 도달한 최초의 사람이 되는 영예를 가지도록 하기 위해 힐러리는 남극점 못 미쳐 정지하기로 되어 있었다. 그러나 그 계획은 힐러리의 야심이나 푹스가 자신의 궤도 차량과 함께 맞닥뜨릴 문제들을 고려하지 않았다.

1957년 10월 자신의 바젤만 기지를 떠난 후 푹스는 잇단 크레바스들과 얼음 능선들을 만나면서 차량 3대를 포기하지 않을 수 없었다. 로스 섬에서 출발한 힐러리는 극고원 위에 더 쉽사리 물자 저장소를 설치할 수 있었는데, 마지막 저장소는 남극점에서 약 800킬로미터였다. 푹스를 기다리는 대신 힐러리는 자신이 남극점에 도달하기 전에 그들이 만날 것을 기대하면서 계속 나아갔다.

멀리서 바라보던 언론은 그 탐험을 '세계의 밑바닥을 향한' 일종의 경주로 묘사하기 시작하였다. 런던의 *데일리 메일지*는 푹스의 도착을 기다리기 위해 기자 1명을 남극점으로 날려 보냄으로써 그 광란을 가중시켰다. 런던의 탐험 위원회는 선정주의를 개탄하고 세상 사람들에게 그 탐험은 '진지한 과학 프로그램을 착수하는' 것임을 상기시킨 반면 뉴질랜드 위원회는 '남극점을 향한 경주가 틀림없다'고 선언하였다. 그러나 에베레스트 정복자는 두 번째 승리를 거절당하지 않을 것이었다. 전 세계가 지켜보는 가운데 힐러리는 남극점까지 줄곧 밀어붙여 1958년 1월 4일 그곳에 도달하였다.[33] 다시 한 번 영국 탐험가 1명이 남극점까지의 경주에서 대대적으로 알려졌다.

푹스 일행의 지연을 우려한 힐러리는 조직 위원회에 푹스가 남극점에 도달하면 그를 비행기에 태워 내보낼 것을 제안하였는데, 그는 다음해 그 여행과 지진 탐사 프로그램을 마무리하기 위해 돌아올 수 있을 것이었다. 그러나 마침내 1월 19일 남극점에 도달한 푹스는 로스해까지 끝까지 지속할 것을 고집하였다. 그는 섀클턴의 불운했던 대륙 횡단 계획을 완수하기로 결심하였으며 런던 위원회는 그에게 전폭적인 지지를 보냈다. 결국 그 탐험의 전체적인 핵심은 영국이 세계의 주의를 사로잡고 대륙에 관여한 영국의 오랜 역사를 강조한 탐험으로 미국이 남극에 들인 노력의 비중에 대항하는 것이었다.

힐러리와 푹스의 해외 전보 내용을 언론에 흘리는 것이 확실하게 대중의 주의를 사로잡은 반면, 푹스가 마침내 로스 섬에 도착한 것은—99일의 여행 끝에—오히려 큰 기대 뒤의 실망이었다. 그럼에도 불구하고 그와 나머지 영국 팀은 런던에 돌아왔을 때 여전히 영웅의 환대를 받았다. 비교적 적은 액수의 돈으로 영국인들과 뉴질랜드인들은 과거의 영광에 귀를 기울이는 업적으로 그들의 미약한 영토관할권을 강화하였다.[34] 그러나 그것은 그렇게도 많은 다른 나라 탐험대들로 시달리고 있는 영토에 대한 그들의 권리를 확보하기에는 결코 충분하지 않았다.

미국과 권리를 주장하는 7개국을 자극하여 국제화 제안을 외교 테이블 위로 되돌리게 한 것은 이러한 탐험대들의 임박한 도착과 IGY가 끝난 후에도 남극대륙에 남아 있는 러시아 기지들에 대한 두려움이었다. 1956년 2월 철저한 반공주의자인 국무장관 존 포스터 덜레스(John Foster Dulles)는 남극에 대한 '소련의 침투에 대항하는' 방법을 논의하기 위해 영국, 오스트레일리아, 뉴질랜드 그리고 남아프리카 공화국 대사들과 워싱턴에서 회합을 가졌다. 미국이 그 영연방 4개국과 잠재적인 영토상의 갈등이 있다는 것을 인정하면서 덜레스는 남극을 '우방국의 수중에 유지시킬' 필요성에 관해 동의하였다. 그는 그들 사이의 어떠한 의견의 차이도 '소련에 관한 공동의 입장에 도달하는 것을… 막아서는 안 된다'는 것을 확신하고 있었다.[35]

그러한 낙관적 견해는 1955년 소련이 도착하여 미르니 기지를 설립했을 때 곧 사라져버렸다. 1956년 6월 즈음 오스트레일리아 외무부의 한 관리가 '이제 남극으로부터 소련을 완전히 배제하기에는 때가 너무 늦었으며' 소련이 과거의 자기네 발견과 '현재 그들이 하고 있는 매우 실질적인 과학 연구'에 근거해 영토관할권을 주장하는 것도 무리는 아니라는 것을 인정하였다. 앞으로 도착하는 어느 나라들이 권리를 주장하는 것을 막는 것과 오스트레일리아가 '소련을 포함해서 현재 권리를 주장하는 모든 나라에' 대륙의 일부분을 제공할 정착지를 지원해주는 것이 더 중요하였다.[36]

오스트레일리아 영토 위에 러시아 기지가 있고 인도가 남극 문제를 유엔

총회로 가져갈 조짐을 보이고 있는 가운데, 오스트레일리아는 과학적 목적을 위해 남극을 다른 나라들에 개방하면서 오스트레일리아의 주권은 보존해줄 국제 체제를 창설하기 위한 계획을 개발하려고 애를 썼다. 오스트레일리아 외교관들은 남극대륙에 대한 국제 관리 체계에 동의하는 '대가'로 오스트레일리아 주권에 대한 국제적 인정을 얻어내야 한다고 권고하였다. 다른 나라들에게 '탐험과 과학적 연구와 상업적 개발의 권리'를 제공하고 대륙을 비무장화하는 것이 그들이 그러한 체제에 동의할 충분한 유인을 제공할 수 있을 것이다. 얼음 위에서의 변화하는 현실로 인해 일부 오스트레일리아 관리들은 마침내 비록 나쁜 것 중에서는 가장 나은 옵션이지만 국제화라는 생각을 받아들이지 않을 수 없었다. 한 관리는 심지어 '우리의 안보와 과학 연구와 상업적 개발의 권리를 보장해줄 국제 관리 체계'가 있다면 오스트레일리아는 그 주권을 완전히 포기할 수도 있다고 주장하였다.[37] 그러나 오스트레일리아 정부는 여전히 소련의 존재를 전략적 위협의 하나로 간주하고 있었다.

1956년 11월 케이시는 국무부 관리들과 이야기하면서 남극해에서의 러시아의 연구 활동이 '오스트레일리아를 위협하고 남태평양과 인도양 전체를 지배할' 잠수함 기지를 건설하기 위한 정보를 수집하고 있다는 자신의 우려를 넌지시 경고하였다. 그러한 위협을 저지하기 위해서 미국은 마리 버드 랜드에 대한 권리를 선포하고 오스트레일리아가 자국 영토에서 하고 있듯이 '주로 관념적인' 활동에 전념해야 한다고 케이시는 주장하였다. 권리를 주장하지 않고 오스트레일리아의 권리를 인정하기를 거부함으로써, 미국은 러시아가 오스트레일리아의 권리를 거부하고 IGY가 끝난 후에도 오스트레일리아 영토 내에 자국의 기지들을 남겨두는 것을 더 쉽게 만들어주고 있었다. 그러나 미국인들은 오스트레일리아의 두려움을 믿지 않았으며 그래서 그들은 오스트레일리아인들을 달래기 위해 대륙에 대한 자기들의 열망을 제한하지 않을 것이었다.[38]

전쟁 이후로 줄곧 오스트레일리아는 자국의 주권에 대해 솔직하였으며 국제화에 완강하게 반대해왔다. 그럼에도 불구하고 오스트레일리아는 자국의 주권을 강화하기 위한 실제적 조치를 이행하는 데는 약했다. 1957년 중반 즈음이면 오스트레일리아는 자국의 영토적 야심을 육상의 물리적 현실에 맞추지 않을 수 없었다. 7월에 케이시가 영국과 미국에 갔을 때 그는 영국인들과 뉴질랜드인들과 미국인들이 모두 러시아인들을 배제하기 위한 '모종의 국제적 협의'를 향해 움직이고 있다는 것을 알았다. 오스트레일리아 외교관 제임스 플림솔(James Plimsoll)에 의하면, 오스트레일리아도 현재의 사태 진전의 결과에 영향을 미치기를 원한다면 그 방향으로 움직여야 했다.

프림솔은 일찍이 1953년에 러시아가 자국 기지를 비무장화하고 사찰 받도록 허용한다면 오스트레일리아는 소련을 포함하는 남극의 국제기관을 지지해야 한다고 주장한 바 있었다. 이제 그는 광물이 발견되어 중국, 일본, 인도 같은 나라들이 자기네 남극 권리를 주장하기 전에 협의에 도달하는 것의 중요성을 촉구하였다. 그의 조언은 외무부에서 시행한 오스트레일리아 정책의 중요한 재평가에 의해 지지를 받았는데, 외무부는 케이시에게 정부가 '가급적 우리의 주권이 보존된 가운데, 남극이 국제적 동의에 의해 일종의 비무장 지대로 간주되고 국제 사찰 체계의 지배를 받게 되는 어떤 국제 체제'를 고려할 것을 신중하게 제안하였다. 가장 중요하게도 외무부는 오스트레일리아의 '정치적 및 전략적 이익'의 보호를 위해 '주권의 보유가… 필수적이 아니라'고 주장하였다.[39]

케이시는 외무부의 조언을 받아들이기를 거절하였다. 근 30년의 자신의 공직 및 정치 인생을 탐험과 오스트레일리아 남극 영토의 권리를 지지하는 데 보냈기 때문에, 그 전직 1차 세계대전 참전 장교는 후퇴 신호를 보내는 것을 싫어하였다. 그러나 결정을 미룰 수 없었다. 영국 수상 해롤드 맥밀런과 국방상 캐링턴 경(Lord Carrington)이 캔버라에서 오스트레일리아 장관들과 만날 예정이었으며, 남극이 중요한 안건이었다.[40]

1958년 1월 31일 맥밀런과 멘지스가 캔버라에서 만났을 때 오스트레일리아와 영국 정부를 에워싸고 있는 혼동이 판연히 명백해졌다. 오스트레일리아가 자국의 주권을 보유하기를 갈망하고 그 어떤 국제 체제도 경계한 반면, 영국은 '남극에서 분쟁을 피하는 최선의 방법을 찾고 있었다.' 맥밀런은 멘지스와 케이시에게 영국은 아르헨티나와 칠레와의 '난제'에 대한 해결책을 원하고 있으며 '영국의 어느 누구도 그러한 목적을 위한 무력의 사용을 지지하지 않을 것이고 [포클랜드 제도 보호령에 대한] 권리를 유지하려고 애쓰는 것의… 불가능함'을 인정한다고 털어놓았다. 러시아인들에 관해서 맥밀런은 그들의 계속적인 존재를 감수하고 있었으며 최선의 해결책은 '그들이 말썽을 덜 부릴 협의체'를 고안하는 것이라고 생각하였다.

이와 달리 멘지스는 국제적 협의가 오스트레일리아 주권을 손상시키고 오스트레일리아 영토 일부에 대한 권리를 주장하도록 러시아인들을 자극할 것을 두려워하였다. 더욱이 비무장화는 '하나의 좋은 목표'이지만 그것이 충분히 '명확하고 현실적'인 것은 아니었다. 케이시는 일기예보와 국방 모두를 위해 오스트레일리아에 대한 남극의 중요성을 맥밀런의 마음에 깊이 새기려고 애를 썼다. 그는 국제 체제에 대한 하등의 서두를 필요성도, 또한 '오스트레일리아가 주권의 속성을 포기할 하등의 이유'도 보지 못하였다.[41]

워싱턴에서도 그만큼 많은 혼동이 있었다. 국무부는 러시아인들이 장래의 남극 회의에 참석하기를 바랐던 반면 국방부는 완강히 반대하였다. 권리를 주장하는 7개국 또한 각기 다른 방향으로 밀고 당기는 가운데, 일행 모두에게 용납될만한 협의를 구축하는 것은 엄청나게 힘든 일이 될 것이었다. 남극조약을 타결시키는 책임은 1953년 은퇴 전 여러 라틴 아메리카 국가에서 외교관으로 근무했던 국무부 관리 폴 대니얼스(Paul Daniels)에게 주어졌다. 이러한 경험으로 인해 그는 그 임무에 추천되었는데 왜냐하면 아르헨티나와 칠레가 그 조약의 장점을 납득시키기에 특히 어렵다고 판명될 가능성이 있었기 때문이었다. 미로와 같은 경쟁적 이해관계와 격렬한 경쟁을 헤쳐 나갈 길을 발견하는 것은 대니얼스에게 달려 있었다. 그의 첫 번째 임무는 다른 권리 주장국들을 놀라게 하지 않도록 의회 의원들이 미국의 잠재적 영토관할권에 관해 얘기하는 것을 막는 것이었다. 그는 또한 국무부와 국방부를 소련의 참여 문제에 대한 공동의 접근 방식에 동의하게 만들어야 했다.[42]

대니얼스와 국무부 법률 고문 로프투스 베커(Loftus Becker)는 그들의 의견 차이를 해결하기 위해 1958년 1월 30일 펜타곤으로 갔다. 미해군 법무관 체스터 워드 제독(Admiral Chester Ward)은 봉쇄를 통해 러시아인들을 남극 밖으로 쫓아내기를 원하고 '남극대륙 위에서 3차 세계대전을 일으키는 것을 별로 걱정하지' 않은 반면, 대니얼스는 러시아인들이 남아 있을 가능성이 있으며 '그들을 제거할 실제적인 방법이 없다'는 새로운 현실을 인식한 보다 신중한 접근법을 권하였다. 그는 이제 '그들의 지속적인 존재를 어떻게 하면 가장 잘 통제하는가'하는 것이 문제가 되어버렸다며 '러시아인들이 어떤 체제에서 제외된 경우보다 그들이 그 속에 속한 경우 그들을 통제하기가 더 쉬울 것'이라고 주장하였다.

미국이 남극 일부를 합병하는 문제에 관해 합동 참모본부는 '미국이 권리에 대한 근거가 있는 곳이면 어디든지 현재 [다른 나라들이] 권리를 주장하고 있는 지역을 포함해 남극의 모든 지역에 걸쳐' 미국이 권리를 주장하기를 원한 반면 국무부는 '대륙 전체에 걸쳐 권리를 유보하고 법적 현상(legal status quo)이 동결될 국제 체제를 제안하는 것'을 선호하였다. 국무부의 일보 후퇴한 입장은 권리가 주장되지 않은 지역에서만 권리를 주장하고 다른 곳에서는 권리를 유보하는 한편, 국제 체제를 요구하는 것이었다.[43]

펜타곤에서의 회합이 국방부의 후퇴 없이 끝났으나, 대니얼스는 IGY 12개국에 제한될 남극 회의에 대한 지지를 얻기 위한 자신의 노력을 밀어붙였다. 그 회의에는 권리를 주장하는 7개국-영국, 오스트레일리아, 뉴질랜드, 아르헨티나, 칠레, 노르웨이 그리고 프랑스-과 함께 미국, 소련, 일본, 남아프리카 공화국 및 벨기에가 참석할 것이었다. 워드와 만난 후 바로 6일

후에 대니얼스는 작전 협조 위원회(Operations Coordinating Board)의 승인을 구했는데, 그 위원회는 국가 안전 보장회의(National Security Council)의 결정사항들을 시행하기 위해 아이젠하워 대통령에 의해 설립된 것이었다. 그 위원회는 국무부, 국방부, 중앙정보부, 미국 문화정보국(United States Information Agency) 대표들과 백악관 안보담당 관리들을 포함하여 매주 국무부에서 모임을 가졌다. 국방부 대표가 합동 참모 본부는 '남극대륙의 관리에 소련을 포함시키는 데 동의하기를 꺼린다'고 말했지만 그 모임에서 대니얼스의 제안에 대한 전반적인 의견의 일치가 있었다. 냉전 게임에서 그 위원회는 '모든 국가의 이익을 위한 국제 관리 기구를 만들기 위한 주도권'을 잡음으로써 미국이 얻을 수 있는 '큰 가치'를 알아보았다. 대니얼스는 영국, 오스트레일리아 그리고 뉴질랜드와 대화를 계속하고 '다른 나라들과 광범한 논의'를 시작할 수 있었다.[44]

남극대륙의 미래에 대해 동의하도록 워싱턴의 다양한 부처들을 설득시키는 것은 매우 어려웠다. 권리를 주장하는 나라들을 설득시키는 것은 훨씬 더 어려웠다. 대니얼스가 영국과 오스트레일리아와 뉴질랜드가 권리를 주장하는 다른 네 강국에 대한 접근 조건에 동의하게 만들려고 시도했을 때, 오스트레일리아 정부가 특히 어려운 것으로 드러났다. 미국은 남극 전체에서 자기들이 발견하는 어떤 자원도 다 개발하기를 원한 반면, 오스트레일리아 정부는 자국 영토 내의 모든 자원을 개발할 독점적 권리를 보유하기를 원했고 그런 개발을 규제하는 국제기관의 개념에 반대하였다. 오스트레일리아는 또한 자국의 권리에 관한 한 조약의 '교착' 상태에 동의하기보다는 조약이 조인된 뒤에도 자국의 영토권을 강화할 수 있기를 원했다. 오스트레일리아는 자국 영토 내의 러시아의 존재에 대해 편집증적이었으며 어떻게든 러시아를 들어오지 못하게 할 조약을 원했다.

수 주일간의 논의와 4개국 각자의 수도를 오가는 끊임없이 계속된 전신으로도 그들의 의견 차이를 해결할 수 없었다. 영국은 통일된 접근에 도달하기를 원했으나 미국과 뉴질랜드는 개의치 않고 계속 나아가기를 원했고 권리를 주장하는 다른 나라들과 접촉하기를 원했다. 그들은 러시아가 아마 도 인도와 다른 비동맹 국가들과 손을 잡음으로써 그들 나름의 주도권을 잡 고 남극을 유엔의 권한 아래 가져오는 것을 우려하였다.[45]

1958년 3월 초 오스트레일리아 정부는 미국과 영국으로부터 합의에 도달 할 수 있도록 자국 입장을 수정하라는 압력을 받았다. 맥밀런은 멘지스를 설득하여 워싱턴에서 4자 회담이 재개되도록 하였으며, 멘지스는 오스트레 일리아 대표단이 '입장을 약간 수정하는 것을 고려하도록' 인가하였다. 그와 동시에 덜레스는 필리핀에서의 회의를 틈타 케이시와 만났다. 마닐라에서 점심을 들면서 그는 아직 시간이 있을 동안 조약의 타결을 촉구하였다. 덜 레스의 말에 의하면 남극은 다음 반세기 동안 '매우 중요하게' 될 가능성이 있으며, 이번이 '협의를 불가능하게 만들 기득권 집단이 성장하기 전에 모 종의 국제적 협의에 도달할 마지막 기회'가 될 수 있을 것이었다.

덜레스는 남극에서의 러시아인들의 존재를 감수하였으며 그들과의 협의 에 도달하는 것의 중요성을 파악하고 있었다. 첫째로 그는 오스트레일리아 인들의 저항을 타파하고 우격다짐으로 그들이 자기네 입장의 현실에 직면 하게 만들어야 했다. 덜레스는 미국과 러시아 양국 모두 오스트레일리아 영 토 내에서 자기들의 주권을 주장할 수 있는 입장에 있기 때문에 남극에서 국가의 주권에 관해 얘기하는 것은 아무런 의미가 없다고 주장했다. 계속해 서 그는 실제로 협의에 도달할 수 없는 경우 미국은 오스트레일리아 주권에 도전할 '무거운 주장을 할 것'이 분명하다고 하였다. 그는 또한 케이시에게 국제법은 오스트레일리아의 권리를 뒷받침했던 소위 '섹터주의'를 인정하지 않는다고 경고하였다. 국제법은 또한 오스트레일리아인들이 미국인들이나 러시아인들보다 몇 년 더 오래 영토를 점유해 왔다고 해서 단지 그것만으로 반드시 오스트레일리아의 권리를 지지하는 것도 아니었다.[46]

이제 오스트레일리아가 자국의 정치적 입장이 옹호 받을 수 없게 되었음을 통고 받았음에도 불구하고, 케이시는 새로운 남극의 현실을 인정하기를 거부하였다. 그는 여전히 IGY 이후의 어떠한 합의도 단지 과학적 협력과 비무장화만을 포함해야 한다고 주장하였다. 그러나 오스트레일리아의 반대는 워싱턴과 런던으로부터의 압력과 유엔에서의 비동맹국들의 참여로부터 비롯될 것이 틀림없는 오스트레일리아 주권에 대한 위협에 의해 조금씩 줄어들고 있었다. 케이시는 3월 말 남아프리카 공화국 고위 책임자에게 자신은 남극 문제가 '유엔에서 링 속에 던져질 경우' '일어날 일을 생각만 해도 몸이 떨린다'고 털어놓았다.[47]

그래서 오스트레일리아는 마지못해 미국무부가 4월에 다른 IGY 11개국에 보낸 각서를 지지하였는데, 그것은 조약의 일부로서 국제적 과학 협력, 비무장화 및 권리의 동결에 관한 그들의 견해를 요구하였다. 워싱턴에서 여러 달 동안 국무부와 영국, 오스트레일리아와 뉴질랜드 외교관들 사이에 개최되었던 회담은 엄격하게 비밀에 부쳐졌다. 세계는 단지 영연방 3개국이 자기네들끼리 회담을 가졌다는 사실만 알았을 뿐, 이것이 미국의 주도로 이루어졌다는 것은 알지 못했다.[48]

자국의 초청을 발표할 때 워싱턴은 미국이 '남극대륙에서 직접적이고 실질적인 권리와 이해관계를 가지고 있었으며… 앞으로도 계속 가질' 것임을 천명하였다. 실제로 지난 150년에 걸쳐서 남극의 많은 지역들이 '미합중국 국민들과 미합중국 국기를 지니고 있는 탐험대들에 의해 발견, 목격, 탐사되고 미국을 대신해 권리가 주장되었다.' 이러한 활동으로부터 실질적인 권리와 영토관할권이 비롯되었지만 미국은 '남극대륙에 직접적 관심이 있는 나라들이 조약의 체결에 함께 합류한다면… 인류의 이익에 가장 큰 도움이 될 것'이라고 믿었다. 환언하자면 미국은 신참내기가 아니었다. 미국은 권리를 주장하는 7개국만큼 잃을 주권이 많았다.

5월 3일 아이젠하워가 회의를 발표했을 때 그것은 모두 '사람이 살지 않는 광대한 남극대륙의 황무지가 오직 평화적 목적만을 위해 사용될' 것이며

'정치적 갈등의 목표가 되어서는 안 될' 것임을 보장하는 데 관한 것이었다. 미국의 목표는 그 대륙을 '거기서 과학적 활동이나 다른 평화적 활동을 수행할 모든 나라들에게 개방하는' 것이라고 그는 선언하였다.[49] 그것들은 칭찬할 만한 목표들이었으나 남극의 숨겨진 자원의 어느 것도 다 가상의 주권국들의 권리에 상관없이 개발할 수 있도록 대륙 전체에 자유로운 접근 수단을 가지려는 음흉한 미국의 야심을 감추고 있었다.

국무부는 초청국 중 10개국에서 긍정적 반응을 받을 것을 알기에 충분한 기초 작업을 해왔다. 그러나 국무부는 소련의 반응을 확신할 수 없었으며 워싱턴에서는 러시아가 참석을 거부할 경우 무엇을 해야 할 것인가에 대해 다소 혼동이 있었다.[50] 사실, 러시아는 회의에 참석하는 것과 이론의 여지가 있는 쟁점의 일부를 미리 결정할 비밀 예비회담에 참석하는 것에 선뜻 동의하였다. 그러나 러시아인들은 영토관할권 문제를 다룰 회담이나 회의를 원하지 않았는데, 모스크바 당국은 그것을 다른 나라들이 추가로 참석할 수 있는 또 다른 회의를 위해 남겨두기를 원했다. 소련은 그 회담이 본질적 문제들보다는 절차상의 문제들에 제한되기를 원했으며 그 회의가 과학적 협력과 평화적 개발의 문제에 제한되기를 원했다.

오스트레일리아인들이 자기네 영토관할권을 '동결시키는' 조약의 개념에 대해 계속 주저하고 '매우 분명한 이익'을 요구한 반면, 프랑스인들은 아델리 랜드에 대한 자기네 주권을 침해할 수 있다고 생각되는 그 어떤 것에도 전적으로 반대하였다. 파리 당국은 조약을 시행하는 동안 다른 나라들이 아델리 랜드 내에 기지를 설립하도록 허용되는 경우 그들이 프랑스의 권리에 대해 '돌이킬 수 없는 손상'을 야기할 수 있다는 점을 우려했는데, 그러한 손상이 미래의 어느 날 이전의 현상에 겹쳐지는 '새로운 현상'을 야기할 것이었다. 칠레도 또한 다른 나라들이 나중에 그 조약의 조인국이 되는 것이 '극히 위험하다'고 생각했는데 그로 인해 새로운 나라들이 일종의 다수가 되어 '영토관할권 조항을 삭제하기' 위해 조약을 변경시킬 수 있기 때문이었다.[51]

12개국 간의 깊은 의견의 차이로 인해 계획된 회의 날짜가 1958년 9월 8일에서 10월 23일로 미루어졌다. 8월 14일 소련 대표는 그 논의가 영토관할권 문제에 관여하지 않을 것과, IGY 12개국이 '남극의 과학 활동을 독점'하려 한다고 느끼지 않도록 장차 과학 연구를 하기를 원하는 다른 나라들을 회의에 초청할 것을 다시 주장하였다. 아마도 소련은 자국의 동유럽 맹방을 염두에 두고 있었는데, 그들은 회의에서 일종의 투표 방해 역할을 할 수 있을 것이었다. 다른 참가국들이 이것에 동의할 리가 없었다. 대니얼스는 '법적 현상의 동결'에 관한 한 편의 토론 논문으로 이 곤경을 헤쳐 나갈 길을 찾았는데, 그것이 '남극 문제를 복잡하게 만들지 않고 단순화하기 위해서' 그 문제를 실질적으로 제쳐놓았다. 이것은 '권리의 동결'이 소련이 반대하는 *법률상*의 승인(*de jure* recognition)을 의미할 것이라고 느낀 소련인들에게 문제를 야기했다.

회담이 해결책 없이 질질 끌자 대니얼스는 러시아, 프랑스, 노르웨이, 남아프리카 공화국 대표들 없이 오스트레일리아와 칠레 대사관에서 비밀 '타개' 회담을 열었다. 그 회의는 일부 의견 차이를 극복하고 합동 회의에서보다 단결한 공동 전선을 제시하기 위한 것이었다. 이러한 회의 중 하나에서 대니얼스는 그들이 더 이상 '권리의 동결'을 언급하지 않고 그 대신 기존 법적 현상을 실제로 규정하지는 않은 채 '그것을 보존하려는' 그들의 의도에 관해 얘기할 것을 제안하였다. 상이한 얘기들이 지속되는 동안 러시아인들은 모스크바에서 열린 SCAR 모임에서 자국 동맹국 일부가 남극 연구에 참여하여 조약 회의 석상에서 한 자리를 벌 수 있도록 IGY를 1년 더 연장할 것을 제안하였다.[52]

SCAR 모임에서 소련 대표단은 남극에 2개의 새 기지를 설립할 계획과 '대륙 횡단 탐험을 수행할' 의도를 발표하였다. 이는 국제 과학계가 정부 역할과 경쟁할 수 있는 독립적인 남극 참여자로 부상하고 있음을 나타낸다는 점에서 일종의 흥미 있는 발전이었다. 케이시는 오스트레일리아 SCAR 대표의 1명인 키스 불렌 교수(Professor Keith Bullen)에게 외무부와 접촉할 것을 제안했으나, 불렌은 오스트레일리아 정부 대표가 아닌 과학자의 한 사람으로서 SCAR 모임에 참석한다고 매우 단호하게 말했다.[53]

워싱턴에서 대니얼스는 모스크바 SCAR 모임에서 일어난 일에 대해 별로 알지 못해 좌절감을 느꼈으며 여러 외교관들에게 과학자들에게 문의해보라고 요구하였다. 그는 또한 IGY가 1년 더 연장될지 여부를 몰라서 화가 났으며 그의 동료 외교관들에게 자신은 '이러한 문제들이 과학자들에 의해 결정되고 있으며 그들이 무엇을 하고 있는지에 관해서 각국 정부들을 통해 걸러지는 정보가 거의 없는 것처럼 보이는 사실을 개탄한다'고 말했다. 1959년 캔버라에서 SCAR 모임이 개최되었을 때 대니얼스는 미국 대사에게 '어떤 것이든지 대사관이 적절하게 얻을 수 있는 정보와… 어떤 것이든 도달한 결론'을 보고할 것을 요구하였으며 'SCAR의 활동이 이 정부에게는 큰 관심거리이다'라고 말했다. 칠레인들도 마찬가지로 SCAR를 의심했으며 조약 참가국들이 '남극대륙에 대한 과학적 관심이 있는 모든 정부' 대표들로 구성된 대안적인 과학 단체를 창설하기를 원했다. 뉴질랜드 정부는 훨씬 더 낙관적이었으며 SCAR에 '어떤 조정 기능을 부여할' 것을 제안했는데 그것이 전 세계인들의 견해에 '남극조약 자체를 더 용납될 수 있게' 해주는 유익한 효과가 있을 것이었다.[54]

워싱턴의 카펫이 깔린 복도에서 외교적 속삭임이 지속되는 동안, 로는 조약의 최종적 체결로 '국제적 영토 경쟁이… 대부분 과학적 경쟁으로 대체되리라'고 예측했는데 왜냐하면 미국과 소련이 '국위와 선전 목적을 위해 자기네들 각자의 과학 및 기술의 우수성을 증명하기' 위해 경쟁하였기 때문이었다. 그는 러시아가 2개의 추가 기지를 발표한 것 때문에 미국이 고도의 과학 활동 수준을 유지하지 않을 수 없을 것이라고 주장하였는데, 아마도 그로 인해 프랑스, 일본, 노르웨이 그리고 벨기에도 또한 1959년 이후에도 남극에 남아 있어야 할 것이었다. 로는 '남극대륙이 다시 버림받는 일은 결코 없을 것이다'라고 선언하였다.

실제로 그는 남극에 '남녀가 합리적으로 정상 생활을 영위하는 주민 센터가 설립될' 때를 예측하였다. 로는 지금이 '우리가 여전히 남극 발전의 선두에 서 있음을 보장해줄 장기적 프로젝트와 씨름할 때'라고 주장하였다.[55] 이와 달리 다른 관리들은 조약의 체결로 오스트레일리아가 자국의 활동을 축소할 수 있을 것으로 기대했는데 왜냐하면 '법률적 의미로는 오스트레일리아 남극 영토를 "점유"할… 필요가 없을 것'이기 때문이었다.[56] 권리를 주장하는 다른 나라 관리들 사이에 비슷한 주장들이 있었는데, 그들은 조약의 명확한 성격이 알려질 때까지는 결심하지 않을 것이었다.

1958년 10월까지도 여전히 조약에 관한 회의가 눈에 띄지 않았다. 12개국의 정기적 회합에서 실질적 문제들에 대한 의견의 분열이 변함없이 깊었다. 심지어 불과 몇몇 대표들 사이에 비밀 회담을 개최했을 때에도 여전히 합의에 도달하기 어려웠다. 나중에 IGY 미참가국들에게 조약을 비준하도록 허용하는 문제에 관해서 미국은 새로운 회원국들로 인해 자국의 영향력이 감소될 수 있음을 두려워한 반면 다른 나라들은 어쨌든 미국인들이 대륙 위에 존재를 확립하는 것을 우려하였다. 비무장화 문제에 관해서 오스트레일리아는 남극에서 군대를 완전히 몰아내야 한다고 주장한 반면, 미국과 칠레와 아르헨티나는 자기네 군대가 계속 병참 업무를 체계화하기를 원했다. 칠레인들은 자기네 남극 영토를 해외 속령의 하나가 아니라 필수적인 '본국 영토의 일부분'으로 보았기 때문에 어떠한 비무장 조항이라도 그것을 자신들의 주권에 대한 일종의 공격으로 간주했다. 미국인들 또한 전시에 여전히 남극 반도에 군사 기지를 설립할 수 있도록 비무장 조항이 평화 시에만 작동하기를 원했다. 그 대표들은 조약이 다루는 지역에 관해서도 합의를 볼 수 없었다. 그들은 그 조약이 주위의 바다를 포함해야 하는지 여부와 어디에 경계를 설정할 것인지—남위 60도 또는 차가운 남극 바다가 더 북쪽의 따뜻한 바다와 만나는 지역인 '남극수렴대(Antarctic Convergence)'에 둘 것인지-에 관해 논의하였다.

유엔이 개입해 권리를 주장하는 나라들이 그들이 보호하려고 애쓰는 모든 것을 잃게 만들 두려움이 있었기 때문에, 합의에 도달하고 회의 날짜를 정해야 할 긴급한 상황이었다. 9월 말 인도가 유엔의 개입 요청을 철회한 뒤 그러한 위협이 줄어들자 긴박감은 없어졌다. 또다시 회의 날짜는 1959년의 미확정 시기로 연기되었다.[57]

40회의 공식 모임과 더 많은 비공식 모임을 가진 후인 1959년 3월 말까지도 회의가 소집될 전망은 여전히 없었다. 대표들은 실질적 문제들에 관한 합의에 도달하고 성공적인 회의 결과가 보장될 때까지 회의를 개최하는 것에 반대해왔다. 그러나 끝없이 계속되는 논의에 대한 좌절감이 매우 컸기 때문에, 오스트레일리아는 대니얼스에게 비록 그것이 실패로 끝날지라도 어쨌든 회의를 소집할 것을 제안하였다. 일단 결말이 나면 '소련을 배제한 후 실제적인 합의에 이를' 수 있을 것이었다.[58] 그러나 전체적인 핵심은 러시아를 조약에 조인하게 하는 것이었고, 그것이 갈등의 기회를 감소시킬 것이었다. 따라서 아직도 비공식적 이해에 도달할 수 있다는 기대하에 더 많은 모임이 개최되었다. 다루기 힘든 의견 차이 때문에 실패할 회의를 위해 모이기를 원하는 사람은 아무도 없었으나, 그럼에도 불구하고 1959년 10월 15일 워싱턴에서 마침내 회의가 시작되었을 때 그것이 일어나고 말았다.

예상했던 바와 같이 아르헨티나와 칠레 대표단은 주권 문제와 관련된 어떠한 조약 조항에 관해서도 특히 민감하였다. 둘 중 어느 한 나라 주권이 침해되기 쉬운 어떠한 제안도 모두 그 나라 국민들과 정치가들로부터 열렬한 반응을 불러일으켰다. 아르헨티나 청원서 하나에 쓰여 있듯이 아르헨티나의 '국토는 하나이자 분리할 수 없으며, 자기 조국 면적의 단 1센티미터라도 포기할, 그 이름에 걸맞는 아르헨티나인은 단 1명도 결코 없을 것이다.' 칠레인들도 마찬가지로 '조상 전래의 국가 유산은… 온전하게 유지되어야 한다'고 주장하였다.[59] 다른 나라들이 칠레 기지들을 사찰하고, 그 영토 내에서 과학 연구에 착수할 권리를 가질 수 있다는 두 가지 우려가 있었다. 프랑스인들도 마찬가지로 남극에서 자기네들의 주권에 조금이라도 영향을 미칠 수 있는 어떤 것에도 합의하기를 꺼려했다. 프랑스는 오랜 전쟁 끝에 베트남을 잃었으며 알제리에 대한 지배력을 유지하려고 애를 쓰고 있었다. 프랑스는 아델리 랜드 위의 펭귄들에 대한 자국의 지배를 가볍게 포기하지 않을 것이다.

이러한 난관들은 마침내 조약을 체결하기 위한 정확한 자구 선택에 대한 합의를 가져온 일련의 힘든 비공식 모임에 의해 비로소 극복되었다. 그 조약은 1959년 12월 1일 회의 대표들에 의해 조인되었지만 그들 각자의 정부에 의해 정식으로 비준될 때까지는 효력을 발생하지 않을 것이었다.[60]

주권과 영토관할권이라는 골치 아픈 문제에 관해서 남극조약(Antarctic Treaty)은 표면적으로는 현상을 '동결'하였다. 조인국들은 이미 주장되었던 권리와 영토관할권의 포기는 없을 것이며 더 이상 영토관할권을 주장하거나 기존의 권리를 확대할 수 없다는 데 합의하였다. 권리를 주장하는 국가들은 조약이 발효되는 동안 수행되었던 활동을 권리를 주장하거나 지지하기 위해 사용할 수 없다는 조항에 안심하였다. 다른 안심되는 조항들이 남극의 비무장화, 서로의 기지에 대한 사찰 및 과학적 지식의 공유를 보장하였다. 그 조약은 또한 다른 나라들이 그들이 남극에서 중요한 연구에 착수하는 경우 조인국이 되는 것을 허용하였다. 물론 회의 개최의 지연은 IGY 기간 동안의 각국의 모든 활동이 1961년 6월 23일 그 조약이 마침내 발효될 때까지 후속 활동들과 마찬가지로 그들의 권리에 지지를 더해주었음을 의미하였다.

오스트레일리아는 조약 규정에 안심하고 자국의 주권에 관해 안전하다고 느꼈을지 모르지만, 미국과 소련은 이제 오스트레일리아 영토 내에 기지를 보유하고 있었고 양국 모두 남극의 그 지역을 탐사하기 위해 오스트레일리아보다 더 많은 일을 해왔다. 두 나라는 남극에서 자기네들의 권리를 유보하는 한편 타국의 권리를 인정하지 않는 그들의 슬로건을 계속했다.

의미심장하게도 소련은 이전에는 자국의 권리가 벨링스하우젠의 발견에 근거한다고 주장했으나 지금은 그것들이 '러시아 항해가들과 과학자들의 발견과 탐험'에 근거한다고 선언하였다.[61] 러시아인들은 최근의 그들의 모든 활동이 벨링스하우젠이 대륙 일주 항해로 창출하고 러시아의 지속적 관심 부재로 오랫동안 사라져버렸던 권리를 헤아릴 수 없을 정도로 강화시켰다는 것을 똑똑히 알고 있었다.

19세기 초의 바다표범잡이들의 활동과 그 후의 찰스 윌크스의 공식 탐험에 근거한 미국의 권리들도 마찬가지로 약화되어버렸다. 이제 미국과 러시아 과학자들과 탐험가들은 그들의 IGY 활동에 근거한 새로운 권리들을 창출하였다. 일본과 벨기에 같은 더 최근에 합류한 나라들도 그들이 수십 년 전에 확립하였던 권리를 강화하기 위해 남극에 도착하였다. 조약에 대한 낙관적인 언급에도 불구하고 대륙의 미래는 많은 논란 속에 남아 있었다.

CHAPTER 21

1961-2012

누가 남극을 소유할 것인가?

배가 얼음에 둘러싸인 가운데 제임스 쿡 선장은 남극대륙에 감질나게 가까이 갔으나 결코 그것을 보지는 못하였다. 쿡의 생각으로는 블리자드에 시달리고 얼음으로 된 성벽으로 방어되는 대륙에는 사람의 관심을 끌게 하는 것이 아무것도 없었다. 그런 험악한 땅은 성장하는 대영 제국에게는 결코 재산이 될 수 없었다. 그 후 두 세기도 안 되어 남극대륙은 영구적으로 사람이 거주하게 되었으며 때로 그것을 소유하기 위한 격렬한 경쟁이 있었다. 1959년의 남극조약은 그러한 경쟁을 종식시키고 그 대륙을 평화적 협력의 장소로 전환시키기 위한 것이었다. 그 조약이 협력을 조성한 것은 분명하지만 그것이 영토 분쟁을 끝낼 수는 없었다. 더욱이 남극에 대한 자기네 권리를 주장하기를 원하는 새로운 참가국들이 있었다. 그 대륙의 지배는 그전 어느 때보다 더 경쟁적으로 되었다.

워싱턴에서 우여곡절 많았던 그 조약 회의가 끝나고 외교관들과 외무장관들이 악수와 등을 툭툭 치는 것을 마쳤다. 12개국 모두가 그 조약을 비준하기 전에 2년의 어색한 휴지기가 있었다. 영국이 제일 먼저 조약을 비준하였다. 영국은 그들의 조기 비준이 아르헨티나인들과 칠레인들을 불안하게 만들까봐 걱정하였는데, 왜냐하면 그들은 아마도 영국이 그 조약에서 얻은 것이 가장 많고 따라서 자신들이 잃은 것이 가장 많다고 생각할 수 있었기 때문이었다. 그러나 영국은 또한 그 남미인들이 소련의 신속한 비준을 훨씬 더 큰 불안의 원인으로 간주하여 그 조약에 대해 완전히 등을 돌릴까봐 걱정하였다.[1] 그래서 영국은 비준을 밀어붙여 미국 상원이 그 문제에 대한 청문회를 막 개최하려고 할 즈음인 1960년 5월 31일 그것을 비준하였다.

미국이 그 회의를 소집하는 데 주도권을 잡았지만 의회 내에는 그 조약의 결과를 두려워한 인사들도 있었다. 비준의 반대자들 가운데는 해리 버드 상원 의원과 토마스 도드(Thomas Dodd) 상원 의원이 포함돼 있었는데 후자는 그 조약이 '펭귄에게조차 공산주의라는 병을 퍼뜨릴' 것이라고 불평하였다.[2]

캘리포니아 출신 민주당 의원인 클레어 엥글(Clair Engle) 상원 의원은 신랄하게 반대하였다. 1960년 6월 14일 외교관계 위원회(Committee on Foreign Relations)에 대한 진술에서 그는 미국이 '남극대륙의 대부분에 걸쳐 영토 주권에 대한 법적 권리'가 있다는 사실에도 불구하고 영토관할권 주장을 소홀히 한 것에 대해 아이젠하워 행정부를 공격하였다. 엥글은 그의 동료 상원 의원들에게 미국은 '포커 게임에서 가장 좋은 패를 쥐고 그냥 앉아 있지만 말고 우리의 패를 던져야 한다'고 말했다. 그는 '일종의 장거리 미사일 기지'로서, 일종의 핵폐기물 저장소로서, 그리고 '항구를 개방하거나 만년빙을 녹일 수 있는' 핵폭발 시험장으로서 남극대륙의 잠재성을 칭찬하였다.

엥글은 1939년의 미합중국 남극청 탐험대에 관여했던 전직 내무부 관리 어니스트 그루닝(Ernest Gruening) 상원 의원의 지지를 받았다. 그루닝은 미국이 남극의 80퍼센트를 탐험했으며 '실제로 거기서 시행되었던 모든 지도 제작에' 책임이 있다고 주장하였다. 그는 비준이 이러한 '보물창고'에서 '우리가 갖고 있고 주장할 수 있는 권리의 주장을 배제할까봐' 걱정하였다. 뉴욕 출신 의회의원인 존 필리언(John Pillion)은 대화에 끼어들어 러시아인들에게 그들의 계속적인 존재는 '무단 침입에 해당된다'고 말해줄 것을 요구하였다. 그는 그들의 과학 활동은 '누가 남극을 소유할 것인가라는 전략적 문제로부터' 사람들의 주의를 딴 데로 돌리는 것이라고 주장하였다.

비준이 무산되지 않기를 간절히 바란 나머지 국무부는 조약의 이득을 칭찬하기 위해 전직 국무부 법률 고문이었던 남극조약 회의 의장 허먼 플레거(Herman Phleger)를 파견하였다. 플레거는 그 조약이 소련 기지의 사찰을 허용함으로써 '핵실험, 기습공격 그리고 전면적 군축'에 관해 진행 중인 러시아와의 회담을 위한 '실제 경험의 소중한 원천'을 제공해줄 것이라고 주장하였다. 그것은 또한 우주 공간의 주권을 다루는 것에 대한 일종의 선례를 제공하였다. 그 당시 소련은 달에서 미국을 앞지를 수 있는 것처럼 보였다. 플레거는 미국이 '단지 남극대륙을 발견했고… 그 상공을 비행했던' 것을 근거로 '남극대륙 전체에 대한 권리를 주장하려고' 시도한다면 러시아는 달에 관해 똑같이 할 수 있을 것이라고 말했다.

더욱이 남극 전체에 대한 권리를 주장하려고 시도하는 것은 미국의 친구들과 맹방들을 화나게 만들 것이다. 반면에 미국이 자신을 권리가 주장되지 않은 부분에 제한한다면 미국은 대륙의 불과 20퍼센트밖에 갖지 못할 것이다. 플레거는 미국이 아무것도 합병하지 않고 '우리가 지금까지 유지해왔던, 남극대륙 전체에 대한 권리'를 보유하는 것이 훨씬 더 나을 것이라고 주장하였다. 두 달 뒤 의회는 비준에 동의하였으며 그로 인해 미국은 그렇게 한 다섯 번째 나라가 되었다. 노르웨이, 프랑스, 뉴질랜드 그리고 러시아가 그 뒤를 바짝 따랐다. 최종적으로 1961년 6월 23일에 비준한 세 나라는 오스트레일리아, 아르헨티나 그리고 칠레였다.

미국으로서는 그 조약의 비준이 영토관할권을 주장할 것인지에 관한 우유부단을 끝내주었다. 이제 미국 관리들은 '남극대륙 전역으로' 확대된 자기네 권리를 보유하면서 타국의 권리는 인정하지 않는다는 그들의 오랜 입장을 유지할 수 있었다. 1962년 2월 국무부는 미국의 목표에 관한 비밀 성명서에서 과학적 지식이 남극에서 이용할 주요 자원이 되었다고 언급했는데, 이는 미국의 정책이 '과학적 관찰과 연구에 관한 장기적 계획'을 추구해야 함을 뜻하였다. 그리고 미국은 "'모든 것을 우리 마음대로' 할 수 있는 능력'을 향상시킬 수 있도록 '지도자의 위치'를 차지해야 했다. 이는 소련의 경쟁을 물리치는 것을 뜻하였다.

그것은 또한 맥머도 기지, 버드 기지 그리고 남극점 기지의 영구 점유를 유지하는 것을 의미했는데, 남극점 기지는 과학 연구와 '남극 문제에서 미국의 위신에 대한… 그 가치 때문에' 중요하였다. 국무부는 또한 엘스워드 랜드에 기지 한 개와 국무부가 '파머 반도'라고 부르는 곳에 또 다른 기지 한 개를 설립할 것을 제안했는데 두 장소 모두 역사적 발견에 근거하여 미국이 권리를 주장할 수 있는 곳이었다.[5] 엘스워드 기지는 1963년 1월에 설립되었는데 그 건물들은 맥머도에서 비행기로 운송되었으며 한편 파머 기지는 1968년에 설립되었다.

운이 더 좋은 나라들은 자기네 기지를 짓기 위해 바위 위에 위치를 확보할 수 있었던 반면, 다른 나라들은 얼음 위에 지었던 기지를 버리고 다시 짓지 않을 수 없었다. 웨델해로 흘러 들어가는 빙붕 위에 지어진 영국의 핼리 기지(Halley Base)는 특별한 도전에 직면하였다. 매년 1미터 넘는 눈이 쌓이기 때문에 최초의 핼리 기지는 곧 지표 아래로 사라져버렸다. 1956년에 설립된 그 기지는 지표에서 근 20미터 아래에 있었으며, 1967년에 버려질 때쯤에는 사정없이 바다를 향해 움직였다. 마지막 몇 해 동안에는 과학자들이 그들의 파묻힌 숙소동에 도달하려면 긴 사다리를 이용하여 얼음 통로를 내려가야만 했는데 그 건물은 얼음의 압력에 의해 서서히 으스러지고 있었다.

건물의 온기가 주위의 얼음을 녹이는 가운데 핼리 기지 21명의 거주자들의 생활 조건은 심히 끔찍하였는데 '벽은 뒤틀리고 무너졌으며 지붕을 통해 녹은 물이 쏟아져 들어왔다. 배수용 물받이 홈통이 벽의 측면에 있었다. 천정들 사이에 플라스틱 시트가 걸려 있고 물방울을 버킷으로 인도하기 위해 끈 쪼가리들이 여기저기 매달려 있었다.' 그것을 대체한 건물은 6년밖에 지탱하지 못했으며 한편 잇달아 대체된 2개의 건물은 각각 10년과 9년을 지탱하였다. 핼리 기지의 다섯 번째 화신은 1992년에 지어졌는데, 얼음에서 약 5미터 높이에 세워진 그 건물들은 쌓이는 눈을 피하기 위해 매년 잭으로 들어 올릴 수 있는 버팀대 위에 서 있었다.[7] 그것조차도 건물의 생존을 보장하기에는 충분치 않았다. 2011년에서 2012년 여름에 새 건물들이 세워졌는데 그것들은 눈을 피할 수 있고 필요한 대로 이동시킬 수 있도록 스키 위에 놓인 잭으로 들어 올릴 수 있는 버팀대가 있었다.

기지를 지속적으로 다시 짓는 비용은 그것의 전략적 위치에 의해 정당화되었는데, 그 위치는 영국 남극 영토 동단에 미국 기지와 아르헨티나 기지 사이에 있었다. 그 기지에서 얻은 과학적 결과도 또한 비용을 정당화하는 것 이상이었다. 1956년 그 기지가 설립되었을 때 시작된 관측들 가운데 상층 대기 중의 오존 측정이 있었다. 1970년대 말쯤 그 측정치가 매년 봄 오존치의 놀라운 변화를 보여주었다. 과학자들은 특히 공중에서 오존 측정을 하는 궤도 위성이 변화를 식별하지 못했을 때 그것이 잘못된 기구에 의한 것인지 또는 성층권의 우려되는 실제 변화를 반영하는지 여부를 확신할 수 없었다. 1982년에 핼리 기지에 설치된 새로운 기구는 과학자들의 최악의 두려움을 확인시켰는데, 그 측정치는 위성이 지나치게 극단적으로 보이는 측정치를 무시하도록 설정되었다는 뉴스에 의해 지지되고 있었다.

불행하게도 오존의 감소가 극심하였는데 매년 봄마다 오존층이 너무 얇아서 그것이 남극 크기만 한 지역을 포함하는 실제의 구멍을 만들었다. 전 세계의 냉장고와 에어컨에 사용되는 가스와 에어로졸이 상층 대기층으로 올라가 거기에서 태양이 그것을 염소(chlorine)로 전환시켜 오존을 파괴하였다. 때마침 그 '구멍'이 발견되었고, 각국 정부는 오존 감소가 멈추고 오존층이 회복될 수 있도록 가스 사용 철회를 조정하기 시작하였다. 그 대안은 너무 끔찍하여 생각할 수도 없었는데 왜냐하면 오존의 감소가 인간에게 위험하고 식물을 황폐화시키는 자외선의 진입을 허용하기 때문이었다.[8]

오스트레일리아의 두 기지는 위치가 더 좋았다. 오스트레일리아는 조약을 조인한 뒤 기지 1개를 폐쇄하는 것을 고려하였으나 머지않아 영토 경쟁이 끝나지 않을 것을 깨달았다.[9] 자국의 활동을 줄이는 대신, 오스트레일리아는 윈드밀 섬에 있는 미국의 윌크스 기지를 인수했는데, 그렇게 하지 않을 경우 러시아인들이 그렇게 할 것을 우려해서였다.[10] 1960년 11월 오스트레일리아 내각이 조언을 받은 것처럼 오스트레일리아 남극 영토는 '국제 분쟁지역으로 남아 있을' 것이며 오스트레일리아의 모든 활동은 '우리의 영토적 및 국제적 이해관계에 의해 좌우되어야' 할 것이었다.[11]

오스트레일리아가 윌크스 기지를 인수했던 것처럼 그것은 또한 다른 나라들에게도 사실이었다. 국무부는 오스트레일리아 관리들에게 자기들은 그 기지의 양도가 '미국이 철수하거나 "내어주는"' 것이 아니라 '협력, 우호 등'의 정신에서 행해지고 있다는 인상을 주기를 원한다고 말했다.[12] 그러나 오스트레일리아의 남극 책임자인 필립 로는 오스트레일리아가 자국 영토 내에서 지배 세력으로 간주되어야 한다고 결심하였다.

양도 후에도 몇 명의 미국인들이 설비가 잘 갖춰진 기지에 머물 것이고 미국인 1명이 두 번째 책임자가 될 것이었지만, 로는 그 기지가 공동 기지가 아니라 오스트레일리아 기지가 될 것이라는 데에 단호하였다. 1959년 1월 24일 전세 낸 덴마크 쇄빙선 *마가 단호(Magga Dan)*를 타고 윌크스 기지에 도착한 로는 그 배의 앞 돛대에 성조기 위에 오스트레일리아 국기를 잘못 게양했을 때 즉시 주권 문제에 휘말렸다. 배에 타고 있던 미국 과학자 1명이 미국 국기의 위치에 문제를 제기하여 그것을 완전히 내려버렸다.[13] 문제는 거기서부터 악화될 뿐이었다.

2월 2일 미국의 보급선 *스테이튼 아일랜드호(USS Staten Island)*가 도착했을 때, 로는 기지 위에 휘날리는 미국 국기를 전환 의식이 끝날 때 내려야 한다고 주장하였다. 그가 캔버라로부터 특별 지시를 받은 것은 없었지만 그 기지가 '앞으로 전적으로 오스트레일리아 기지가 될' 것이기 때문에 그것은 명백한 절차처럼 보였다. *스테이튼 아일랜드호* 선장이 이의를 제기했을 때

로는 '국기를 게양하고 내리는 문제가 발생하지 않도록 의식을 거행하기 전에 양국 국기를 준비하여 이 기간 동안 높이 게양해둘 수 있다'고 제안하였다.

마가 *단호*가 떠날 때가 되었을 때 로는 아직도 캔버라로부터 분명한 지시를 받은 것이 없었다. 좌절감을 느낀 그 지도자는 양국 국기가 다음 12개월 동안 계속 휘날려야 한다고 명령하였다. 영국의 베테랑 탐험가인 레이몬드 프리슬리 경(Sir Raymond Priestley)이 *스테이튼* *아일랜드호*에 손님으로 있었는데 그는 나중에 로의 '오만함'에 대한 불평을 하였다. 로는 자신의 항변에서 미국인들과의 관계가 시종일관 '극히 좋았으며' 특히 전환 파티 동안 오스트레일리아산 샴페인을 마시며 자신의 아코디언으로 미국인들을 즐겁게 해주었다고 주장하였다. 로는 나중에 그 국기 사건으로 '미국인들이 얼마나 무자비한가'를 깨달았다고 회상하였다. 그것을 전적으로 오스트레일리아 기지로 가지고 싶은 로의 소망에도 불구하고, 미국 지도 위에 그 기지는 일종의 공동 시설로 표시되어 있었으며 2년 후 그 소규모 미국 파견대가 철수할 때까지 두 나라 국기가 계속 휘날리고 있었다.[14]

1968년 미국 건물들을 대체하기 위해 3마일 떨어진 곳에 새 오스트레일리아 기지가 건설되면서 로는 원한을 갚았다. 그는 윌크스라는 이름이 영구히 남지 않게 했으며, 기지명을 짓는 것이 어떻게 사람들로 하여금 그 미국 탐험가가 남극대륙의 그 부분을 발견했다고 잘못 생각하게끔 만들었는가를 언급하였다. 미국인들은 '미국인들에 의해 탐험되었든 아니든' 모든 지리학적 지형이 미국식 이름을 갖는 것을 보장하기 위해 인근 지역을 '지명으로 포화시킴으로써' 그러한 인상을 강화하였다. 로는 이제 '미국인들의 활동에 관한… 짧은 장이 닫히고 전적으로 오스트레일리아인의 활동에 관한 깨끗한 페이지가… 시작될 수 있도록' 새 기지에 오스트레일리아식 이름을 붙이기를 원하였다. 오스트레일리아는 남아프리카 공화국 사람들이 노르웨이인들로부터 인수했던 기지를 개명했던 것과 같은 방식으로 '이 기회를 틈타 지도 위에 오스트레일리아 이름을 붙여야 한다고 로는 선언하였다. 그것이 전 세계에 '이 지역에서의 오스트레일리아인들의 활동이… 미국인들이 행한 어떤 것보다 훨씬 더 중요하다'는 것을 보여줄 것이었다.[15] 로는 결국 해냈으며 그 기지는 '케이시'로 개명되었다.

미국이 1959년 웨델해에 있는 엘스워드 기지를 넘겨주었을 때 아르헨티나인들도 마찬가지로 솔직하였다. 미국인들은 윌크스 기지와 마찬가지로 엘스워드 기지도 일종의 합동 시설로 간주되기를 원했다. 그러나 그 기지가 아르헨티나령 남극대륙에 위치해 있었기 때문에, 미국 과학자들은 자신들이 자기네 아마추어 무선 장비를 위해 아르헨티나 호출 신호를 사용하지 않을 수 없었으며 '아르헨티나 남극 연구소(Argentine Antarctic Institute)의 고용인 취급을 받았다'고 불평하였다. 이에 자극받은 국무부는 부에노스아이레스 당국에 국무부는 '엘스워드 기지의 과학 프로그램의 공동 성격이 의심의 여지가 없기를 기대한다'고 천명하였다. 그러나 아르헨티나는 자국의 주권을 손상시킬 어떤 것도 하기를 거부하였다.

양국은 곤경에 처했다. 미국은 대륙의 그 부분에 자국의 존재를 유지하는 일종의 경제적 방법으로 그 공동 시설을 원했던 반면, 아르헨티나는 러시아인들을 저지하고 아르헨티나 권리를 암묵적으로 인정하는 역할로서 형식적인 미국의 존재를 원했다. 결국 남극의 얼음이 서서히 그 건물들을 가라앉혀 그 문제를 해결했는데, 엘스워드 기지는 1962년 강제로 폐쇄되어 마침내 완전히 모습을 감추어버렸다.[16]

조약 논의 직전에 아르헨티나는 8개의 기지로 자신의 존재를 확대하였다. 아르헨티나는 또한 28개의 *대피소(refugios)*를 가지고 있었는데, 그것은 약 4명의 대원들을 일시적으로 수용할 수 있는 보통 한두 개의 오두막으로 구성되어 있었다. 연례적 보급 항해가 그 오두막들을 유지하고 식량과 연료와 같은 긴급보급품을 보충해주었다. 오두막들은 여름철에 과학자들을 위한 숙소를 제공하고, 탐험대를 위한 경유지나 남극의 돌발적인 블리자드를 피하고 싶어 하는 일행들을 위한 피난처 역할을 하기 위해 거기에 있었다. 그러나 그것들의 주목적은 한 미국인 참관인이 말했듯이 '소유와 "점유"와 "관리"의 증거를 제공하고, 주권의 주장에 관한 아르헨티나 입장을 강화하기 위한' 것이었다. 일부는 또한 서서히 확대되었는데, 추가 건물을 세우고 부두를 건설하고 설비를 제공하여 그 오두막들을 영구 점유에 적합하게 만들었다.[17] 이 모든 것은 영토에 대한 지배력을 서서히 증가시키려는 아르헨티나의 장기 전략의 일부로 행해졌다.

자국의 존재를 증가시키는 것뿐 아니라 아르헨티나는 계속해서 자국의 주권을 유지하기 위해 고안된 상징적 행동을 하였다. 1973년 8월 아르헨티나 신임 대통령 라울 라스티리(Raul Lastiri)는 자신의 각료와 군사령관 모두를 대통령 전용기에 태워 그들을 남극 반도 끝에서 떨어진 시모어 섬(Seymour Island) 위의 마람비오 기지(Marambio)로 데려갔다. 그는 대국민 방송을 하여 3시간 동안 그의 존재가 '이 남쪽 지역들에 대한 우리나라의 주권을 재확인한다'고 선언하였다.[18]

그것과 똑같이 강력한 것은 1978년 1월 호프만에 있는 인근의 에스페란자 기지(Esperanza Base)에서 에밀리오 팔마(Emillio Palma)가 태어난 것이었는데 그는 대륙 위에서 태어난 최초의 인물이 되었다. 그의 부친은 기지의 군 지휘관이었는데, 무겁게 임신한 그의 아내는 대륙에서 출산하기 위해 비행기를 타고 왔다. 호프만은 1952년 아르헨티나 군대가 영국 상륙 팀에게 사격을 가한 장소였으며 그 장소의 모토는 '*Permanencia, un acto de sacrifice*.(Permanence, an act of sacrifice.; 영속성, 그것은 일종의 희생 행위이다.)'였다. 그 출생은 아르헨티나가 취한 강력한 상징적 행위였으며 나중에 여러 명이 더 그 뒤를 이을 것이었다.

그것은 아르헨티나의 햄릿이 되도록 고안되어 에스페란자 기지에서 공연 중인 정치극의 일부에 불과했다. 대원들은 가족을 데려오도록 권장되었으며 에밀리오가 태어난 해에 학교 하나가 설립되었고 다음 해 라디오 방송국이 방송을 시작하였다. 1984년에야 비로소 칠레 아기 1명이 남극에서 태어났는데, 남극 본토 대신 킹 조지 섬에 있는 그들의 기지에서였다. 그것이 경쟁하는 기지들로 빽빽이 들어찬 그 섬에 대한 칠레의 권리 강화를 도와주었다. 칠레 정착지는 학교, 체육관 및 슈퍼마켓이 완비되어 있었으며 한편 러시아는 나중에 그 섬에 있는 자기네 기지의 일부로 러시아 정교회를 하나 세웠다.[19]

대륙의 거의 절반에 대한 권리를 가진 오스트레일리아인들은 노출된 암석이 있는 몇몇 지역을 확보함으로써 그들의 경쟁자들을 능가하려고 애를 썼으며, 다른 경쟁국 기지들이 바람에 휘몰린 눈에 파묻히도록 내버려두었다. 로는 특히 오스트레일리아 영토 동단에 있는 오우츠 랜드에서 바위투성이 지역을 발견하기를 간절히 바랐다. 그러나 1947년 이래 그 시도는 두꺼운 얼음과 궂은 날씨 때문에 번번이 좌절되어왔다. 로는 미국의 DC-3기들이 1946년에서 1947년 동안 해안선을 따라 비행한 것을 알고 있었으나, 그들이 지상기준점을 얻기 위해 상륙하지 않았기 때문에 그들의 사진은 지도 제작을 위해서는 쓸모가 없었다.[20]

그 대담한 오스트레일리아인은 마침내 1959년 *마가 단호* 항해 후반부에 오우츠 랜드에 도달했고, 그는 1대의 소형 오스터(Auster) 수상 비행기를 타고 두 차례 비행을 할 수 있었다. 그동안 그는 비행기의 열린 창문 밖으로 내민 무거운 카메라로 그 지역의 주요 해안선 지형들을 촬영하였다. 첫 비행이 끝났을 때, 로와 그의 조종사는 그 배를 볼 수 없었다. 그들은 얼음 위에 수상 비행기를 불시착시켜야 할 가망에 직면하였다. 다행히 그들은 쌍안경을 들고 갑판 위에 있던 선원들의 안내를 받았고, 그 조종사는 천천히 움직이는 배의 고물에 열려 있는 40미터의 얼음이 없는 바다로 착륙해야 했다.

로가 비행하는 동안, 지상 팀은 상륙하여 해안에 있는 봉우리 꼭대기로 올라가 오스트레일리아 국기와 자신들의 방문 보고서가 완비된 피클 힝아리를 돌무더기 속에 남겨두었다. 오스트레일리아 국기 하나가 그 봉우리에서 휘날리고 있었다. 그러나 로에게는 알려지지 않았으나 러시아인들은 지난해 그곳에 와서 헬리콥터로 항공 측량을 했으며 그로부터 최초의 오우츠랜드 지도가 만들어졌다.[21]

1960년대는 로에게 좌절감을 느끼게 하는 시기였다. 그는 오스트레일리아 정부 내의 영향력 있는 자신의 유일한 협향자를 잃었다. 리처드 케이시는 1960년 2월 외무부 장관을 사임하였으며 워싱턴에서 개최된 남극조약회의에서 돌아온 뒤 영국 상원 의원에 임명되었다. 1965년 2월 로는 외무부의 구속으로부터 그 부서를 해방시켜 일종의 준정부기관인 남극 연구소를 창설할 것을 제안하였다. 그의 제안은 되풀이하여 거절되었다. 수상인 멘지스는 남극에는 별로 관심이 없었으며, 그래서 로는 '남극대륙에서의 오스트레일리아의 노력의 근본적 목표에 관한 명확한 방향에 대한 요청에 결코 답을 주지 않는 것을 불평하였다.[22]

가는 곳마다 막히자 분격한 로는 1966년 3월 책임자 역을 사임하였다. 정부의 무관심을 확인해주듯이 1970년까지 영구 후임자가 임명되지 않았다. 로가 떠났음에도 불구하고, 외무부는 여전히 그 부서로 하여금 순수한 연구에 착수하라고 다그쳤으며 러시아인들이 '오스트레일리아 남극 영토에서 유일하게 가치 있는 일을 하고 있다'고 생각되면 오스트레일리아의 권리가 위험에 처할 것이라고 경고하였다.[23] 1968년 그 부서는 외무부에서 군수부(Department of Supply)로 이동되었다가 다시 1972년 과학부(Department of Science)로 옮겨졌다. 후자의 변화는 완전한 변화의 전조가 될 수 있었으나, 대신 그로 인해 전직 외교관인 과학부 장관 빌 모리슨(Bill Morrison)은 과학적 활동이 오스트레일리아 국민에게 실제적인 이득이 되어야 한다고 요구하였다. 그는 또한 그 부서를 멜버른에서 호바트로 이전시켰다.

로는 격분하였다. 그는 정부 지명 위원회 위원으로서 남극 문제에 계속 관여해왔으며, 이제 모리슨의 제의에 대한 대중 공격을 시작하여 오스트레일리아는 '과학적 이유' 때문이 아니라 '전 국민의 영토적 열망이 여전히 불확실하게 흐려져 있는… 지역에서 유리한 입장을 유지하기 위해' 남극대륙에 존재한다고 주장하였다.[24] 로에게 과학은 오스트레일리아 기지의 대원들을 계속 바쁘게 만드는 것에 불과하였으며, 과학자들이 거기로 이끌린 이유는 '대충 훑어봐주기를 기다리는 그 모든 쉬운 것들이 아직 거기에 있기 때문'이었다. 로는 '사방에 바다표범과 펭귄들이 누워 있는 가운데 분명히 당신이 무언가 해야 하기 때문에' 그가 생물학자들을 임명했던 경위를 회상하였다.[25]

남극조약이 주권 강화 수단으로서의 지도 제작을 무효화할 것으로 기대되어왔으나 그것은 새로운 모습으로 계속되었다. 각국은 더 이상 자국의 지명과 발견이 특혜를 받을 남극대륙의 표준 지도를 편찬하기 위해 경쟁하지 않았으나, 1958년 모스크바에서 열린 SCAR 회의에서 과학자들은 지도 제작에 관한 실무 작업 팀을 설립하기로 결정하였다. 오스트레일리아 지도 제작자 브루스 램버트를 의장으로 하는 그 실무 팀은 자기들만의 지도를 만들지 않을 것이었다. 그 대신 그 실무 팀은 회원국의 지도 제작 활동을 조정할 것이며 그렇게 되면 표준 지도가 출현할 수 있을 것이었다. SCAR 회원국 각각에는 남극 지도 제작 센터가 있었고, 이들은 SCAR 실무 팀을 이용하여 자기네 지도와 해도의 사본들을 교환하였다. 자기들의 발견과 지명들이 어떤 공동 지도상에 다 두드러지게 나타나는 것을 보장하기 위해, 각국은 다른 센터들에 의해 채택되기를 바라면서 자기네 남극 지도 제작 센터를 활용하여 개별적 지도 위에 각국의 지명을 흩뿌렸다. 여러 나라들이 똑같은 목표를 염두에 두고 또한 남극 지명사전을 발행하였다.[26]

뉴질랜드는 지도 제작이 로스 속령에 대한 자국의 권리를 보호하고 자국의 남극 프로그램에 대한 고도의 대중적 지지를 유지하는 비결이라고 생각하였다. 1960년 7월 한 관리가 주장했듯이 '영토의 지도 제작은 점유와 실질적인 국가 이익을 나타내는' 반면, 지도 제작 프로그램의 축소는 '공공연하게 그리고 정치적으로 남극대륙으로부터의 부분적 철수로 해석될’ 것이었다. 아이로니컬하게도, 미국이 로스 속령의 지배를 위한 뉴질랜드의 주요 경쟁 상대라는 사실에도 불구하고 그 프로그램은 맥머도 기지에 있는 미국인들과 협력하여 조직되었다. 미국은 뉴질랜드 지상 팀이 지도를 제작하고 있는 지역의 항공 측량에 착수하였다. 그런 다음 각국은 상대방의 데이터를 이용하여 자신들의 지도를 편찬하였다.[27] 그것은 남극조약이 추진하려는 종류의 협력인 것처럼 보였다.

그러나 그것은 동등한 국가 간의 협력이 아니었다. 뉴질랜드는 물류 지원을 위해 미국에 크게 의존하고 있었는데, 미국이 1965년 할레곶에 있는 뉴질랜드와의 공동 기지를 폐쇄하여 지원이 철수되면서 할레곶에서의 뉴질랜드의 활동은 돌연히 끝나버렸다. 뉴질랜드 과학자들은 곤경에 처하게 되었다. 다수의 영구 기지를 보유하는 대신 미국은 재건해야 하기 전에 버릴 수 있는 몇 개의 임시 기지들을 보유할 계획을 세웠다. 뉴질랜드 과학자들이 할레 기지의 폐쇄에 반대한다면, 그들은 다른 곳에서의 활동을 위한 미국의 물류 지원이 철회될 것이라는 위협을 받았다. 한 미국의 고위 관리는 뉴질랜드인들이 ‘너무 국수적이고’ 마치 남극이 지금까지 정치 해방 구역이었던 것처럼 ‘남극에 정치를 도입하는’ 경향이 있다고 묘사하였다.[28]

남극조약 이전에 오스트레일리아는 추후의 오스트레일리아 남극 영토의 합병에 대한 법률상의 토대가 되는 1929년에서 1931년의 모슨의 항해의 지리학적 결과를 모으려는 긴급한 노력을 하였다. 정부는 모슨이 다른 탐험가들을 앞질렀다는 것을 증명하기 위해 지도와 일지의 기재 내용을 원하였다. 그러나 오스트레일리아 관리들조차 모슨의 가상의 발견 일부, 특히 1929년 12월 말 프린세스 엘리자베스 랜드를 발견했다는 그의 주장에 대해 의심했는데, 당시 모슨의 배가 해안에서 너무 멀리 떨어져 있어 그가 그곳을 볼 수 없었음이 분명하였다.

모슨의 친구들 중 1명인 지리학자 그렌펠 프라이스(A. Grenfell Price)에게 지리학에 관한 책을 저술하는 임무가 주어졌다. 그는 모슨의 주장을 전부 받아들이는 반면 노르웨이인들의 업적은 폄하하였다. 남극부(Antarctic Division)의 지도 제작자 그래미 맥키넌(Graeme McKinnon)은 프라이스가 모슨이 그 해안을 보았다고 한 것은 사실 그가 신기루 같은 것에 오도되었던 것이라고 주장할 것을 제안하면서 그의 평가에 이의를 제기했다. 프라이스는 모슨이 '발견을 근거로 프린세스 엘리자베스 랜드를 확보하기를 원했으며 우리는 그의 주장을 보고해야' 함을 인정했으나, '우리가 신기루 속에서 탈출할 수 있어서' 안심이 되었다.[29]

한편 오스트레일리아 측량기사들은 서서히 6,000킬로미터가 넘는 오스트레일리아 남극 영토 해안선의 해도를 만들고 그곳의 산맥과 빙하의 지도를 만들었다. 로는 후일 그것은 '이 문제에 관해 러시아인들과 경쟁하고 있었기 때문에 시간에 대한 일종의 경쟁 같았다'고 회상했다. 러시아인들이 비록 프린스 찰스 산맥(Prince Charles Mountains) 지역에서 오스트레일리아가 한 일의 대부분을 다시 했으나, 가장 중요한 지형들에 대한 오스트레일리아 지명들이 제 자리에 확고하게 있었기 때문에 로는 염려하지 않았다. 그것들 가운데는 그 지역에서 가장 높은 3,355미터의 멘지스산(Mount Menzies)이 포함돼 있었다.[30]

소련은 미국인들을 따라잡는 데 더 조바심을 내고 있었다. 그들은 1956년 미르니 기지에 상륙하자마자 항공 측량 카메라를 사용하여 동남극대륙(East Antarctica)의 대부분을 촬영하기 시작했다. 그 첫해 동안 그들은 '186개의 새 지리학적 목표물을 발견하고 명명했다'고 주장하였다. 1978년쯤 소비에트 과학자들은 약 800개의 지형에 이름을 붙이고 그것들을 지도상에 위치시켰다고 선언할 수 있었다. 미국, 영국 그리고 오스트레일리아와 마찬가지로 러시아도 러시아 지명이 완비된 자국의 지도가 타국에 의해 특정 지역과 대륙 전체의 표준 지도로 인정받기를 열망하였다. 이러한 목적을 위해 모스크바는 1969년 세계 최초로 남극 지도책을 만들었다.

같은 해 미국은 남극 지명사전 1권을 발행했고 그것은 모스크바에서 따뜻한 환영을 받는데, 그 이유는 그 사전에 오른 총 1만 개의 지명 가운데 열거된 700개가 소비에트 지명이었기 때문이었다. 이것은 '소비에트 과학자들이… 얼음에 덮인 그 대륙과 남극해에 관한 연구에서 주도적 역할을 했으며', 그 지명들은 '우리의 모국 역사에서 중요한 사건들을 기념하거나, 얼음에 덮인 그 대륙에서 천수를 다하지 못하고 죽었던 우리들의 지도적인 과학자들, 작가들, 극지 탐험가들과 소비에트 남극 탐험대 대원들의 추억에 경의를 표하기 위해' 선정되고 있다는 증거로 인용되었다. 그 지명들 가운데는 '러시아 산맥(Russian Mountains)'과 '소비에트 고원(Soviet Plateau)' 같은 지명들이 있었다.[31]

그 지도와 지명들은 소비에트 과학자들이 특히 활동적이었던 남극의 그 지역에서 러시아 소유의 느낌을 주는 데 도움이 되었다. 그러한 소유의 느낌은 벨링스하우젠의 항해를 연구하여 그가 남극대륙의 발견자임을 보여주는 증거를 찾아내던 러시아 역사학자들의 연구에 의해 향상되었다. 이 문서들은 1951년 출판되었으며 대륙 위의 러시아 존재의 합법성을 지지하기 위해 사용되었다. 원본 문서들은 또한 런던과 파리에서의 소비에트 전시회를 포함해 번역되어 해외로 널리 전파되었다.

비록 그 증거 서류가 불완전하였지만 브랜스필드와 파머의 항해에 관한 영국과 미국의 증거는 훨씬 더 그러하였으며, 그래서 벨링스하우젠에 관한 러시아의 주장들은 다수의 남극 역사가들에 의해 서서히 받아들여졌다. 1962년 미해군은 남극대륙을 향한 초기 항해를 보여주는 지도들을 발행하였는데, 그것들이 벨링스하우젠에 대해 대륙을 최초로 목격한 인물로 간주하였다. 영국의 논문 1편이 또한 벨링스하우젠을 신임하였는데 그것이 블라디미르 레베데프(Vladimir Lebedev)를 자극하여 '남극대륙 역사의 여러 논쟁점의 해결에 있어서 협력과 우호의 새 정신'을 부르짖게 만들었다. SCAR는 서로 경쟁하는 주장들을 자세히 살펴 심사숙고한 판단에 도달하는 방법을

제공한 듯이 보였으며 또는 레베데프가 그렇게 기대한 듯이 보였다.[32]

사실 그 대륙의 발견사는 여전히 논쟁의 공간으로 남아 있다. 미국 작가 스티븐 파인(Stephen Pyne)은 1986년에 처음 출판된 자신의 남극대륙사에서 벨링스하우젠이 '아마 퀸 모드 랜드 근처에서 대륙을 목격'했으며 나중에 남극 반도 근처에서 '아마도 본토를 본' 것으로 이해하고 있다. 알려진 날짜도 없고 인정된 선례도 없다. 파머는 운이 조금 더 좋은 편이었다. 파인은 그 미국 바다표범잡이가 '사우스셰틀랜드에서 남극 반도로 가는 항해에' 파견된 것으로 알고 있었는데 또다시 알려진 날짜도 없고 그가 남극 반도를 목격했거나 그곳에 도달했던 확증도 없었다. 브랜스필드는 가장 운이 나쁜데, 파인은 그 영국 해군 장교가 '영국을 위해 그 섬들에 대한 권리를 주장하기 위해… 그리로 가는 탐험대를 서둘러 조직했다'고 언급하였을 뿐이다. 브랜스필드는 그가 탐험대를 이끌었거나 대륙을 목격한 표시가 전혀 없기 때문에 그 후에는 역사에서 탈락한다. 파인은 미국 바다표범잡이 존 데이비스가 '대륙 위에 문서로 기록된 최초의 상륙을 한' 것에 대해, 그리고 미국인 찰스 윌크스가 '최초로 "남극대륙"을 선포한' 것에 대해 더 많은 공로를 돌렸다.[33]

보다 최근에 출판된 책에서 영국 작가 데이비드 맥고니걸(David Mc-Gonigal)은 벨링스하우젠이 '아마 얼음에 덮인 남극대륙 가장자리를 목격'했을 것이며 '바위투성이 산들을 목격한' 사람은 영국 해군 장교 브랜스필드였음을 인정했는데, 벨링스하우젠은 단지 얼음을 일별했을 뿐이었다. 파머에 관해 말하자면 그가 목격한 어떤 것도 브랜스필드보다 10개월 후였다.[34] 미국 저널리스트 월터 설리번이 1957년 '남극대륙을 누가 발견했는가 하는 문제는 결코 해결되지 않을 것이다'라고 예측했을 때 그의 말이 옳았다. 그 문제에 대한 답은 중요하지 않다고 설리번은 주장했는데, 남극대륙의 '궁극적인 처분'은 그 대신 '점유'의 증거에 의해 결정될 것이기 때문이었다. 그리고 이 점에서는 미국이 뛰어난 것이 분명하였다.[35]

명명과 관련해 가장 경쟁이 심한 공간은 남극 반도였는데 그곳은 파머 반도, 그레이엄 랜드, 오이긴스 랜드(O'Higgins Land) 그리고 산마르틴 랜드(San martin Land)와 같이 다양하게 알려져 있었다. 소련은 '남극 반도'라는 중립적 이름이 채택되어야 한다고 주장했으나 그 주장은 영국과 미국에 의해 퇴짜 맞았다.[36] 로버츠와 손더스는 이 문제에 대한 논의를 근 20년 동안 미루어 왔으며 그보다 덜 중요한 지형의 명칭을 해결하는데 집중하였다. 1961년 8월 로버츠는 손더스와 남극 지명 자문 위원회(Advisory Committee on Anatarctic Names)와 합의에 도달하기 위해 워싱턴으로 갔다. 로버츠는 '트리니티 반도(Trinity Peninsula)'가 반도 전체에 대한 명칭이 되면서 '그레이엄 랜드'는 북부 지역, 그리고 '파머 랜드'는 남부 지역에 대한 명칭이 되어야 한다고 주장하였다. 미국인들은 '그레이엄 랜드'와 '파머 랜드'를 세분된 명칭으로 하고 '남극 반도'를 제안함으로써 반응하였다. 그러나 이는 영국인들에게 용납될 수 없었다. 1964년에야 비로소 양국은 마침내 원래의 미국 제안에 합의하였다.[37] 그것이 아르헨티나와 칠레를 만족시키지 못한 것은 물론이었으며 양국은 자기네들 이름을 계속 사용하였다.

지명 붙이기와 지도 제작이 각국이 남극과의 자국의 역사적 관련을 보존하는 유일한 방법은 아니었다. 또 다른 수단은 사적지의 복원과 보존을 통한 것이었는데, 그것이 전 세계에 그곳에서의 한 나라의 활동을 상기시켰다. 심지어 조약 회의가 막 워싱턴에서 소집될 무렵에도, 뉴질랜드인들은 로스 속령에 있는 초기 영국 탐험가들의 오두막들을 보호하고 그것들의 외부에 기념 명판을 붙이려고 움직이고 있었다. 아데어곶에 있는 보르크그레빙크의 오두막은 고립된 위치 때문에 인간의 간섭으로부터 비교적 보호되어왔으나, 로스 섬 위의 스콧과 섀클턴의 오두막들은 인근의 미국 맥머도 기지에서 온 기념품 사냥꾼들에게 취약하였다.[38] 실제로 인접한 미국 기지에서 볼 때 스콧의 오두막은 '창고와 박스와 운송용 대형 나무 상자들과 낡은 기계류 등에 둘러싸여' 있었으며 거기에서 1미터 이내에 연료 수송관이 지나가고 있었다. 뉴질랜드인들은 그 오두막과 인근의 기념 십자가를 확실

히 보호하기 위해 미국에 도움을 호소해야 하였다.[39]

대륙 전역에 걸친 야심을 가진 워싱턴 당국은 그것들의 주권과의 관련 때문에 그러한 역사적 연관성을 경시하고 싶었다. 1961년 캔버라에서 열린 최초의 조약협의당사국 자문회의에서 그 문제가 논의되었을 때 영국은 '오두막, 기념비, 기념 돌무더기 그리고 주권의 상징물' 같은 사적지의 보존에 관한 합의를 얻어내려고 애를 썼으나 실패하였다. 그런 유적들은 모두 탐험과 점유의 증거를 제공했는데, 그것은 이 문제가 여러 대표단들에 의해 활발하게 논의되었음을 보장하였다. 미국 대표들은 그것이 '주권의 주장과 관련된 민감한 요소들을 자극할까봐' 걱정하였다.[40]

1968년 파리에서 개최된 제5차 조약협의당사국 자문회의에서 마침내 그들이 모두 보호할 필요가 있는 역사적 기념물과 장소들의 목록을 작성하기로 합의하였다. 브라이언 로버츠는 그 결과 만들어진 칠레의 목록에 깜짝 놀랐는데, 로버츠의 말에 의하면 그 목록은 더 이상 존재하지도 않는 일부 장소들과 위치가 명시되지 않은 다른 것들을 포함하고 있었다. 거기에는 사람이 살고 있는 기지들과 피난 오두막들도 포함되어 있었는데 그로 인해 칠레 목록은 '명백한 정치적 향기'를 풍겼다. 그 '기념물' 중에는 '붉은 삼나무 십자가와 전등 설비'와 그리니치 섬 위의 칠레 기지 근처에 있는 한 개의 성모마리아상이 있었다. 그 목록에 화가 난 것은 영국인들뿐만이 아니었으며 아르헨티나는 훨씬 더 긴 자기네 목록을 제출할 조짐을 보였다. 논란의 여지를 감소시키기 위해 영국은 기념물로 제안된 품목들은 단지 제안국의 추천으로만 받아들여질 것을 주장하였다.[41]

이로 인해 각국은 그 품목들의 본질적인 역사적 중요성에는 관계없이 긴 목록을 만드는 데 경쟁하게 되었다. 일단 목록에 실리면 그런 기념물들은 그것들이 어디에 위치해 있든지 항상 보존되고 보호되어야 하였다. 아르헨티나인들이 1965년 육로로 남극점에 도달했던 최초의 아르헨티나 탐험대가 세운 깃대를 목록에 올렸을 때, 미국인들은 아르헨티나인들의 업적을 상기시키는 것의 하나로 그 깃대를 제자리에 두도록 요구되었다. *현장에(in situ)* 있는 것이 가장 중요한 것이었다. 그래서 오스트레일리아 정부는 1992년 커먼웰스만에 있는 모슨의 오두막을 오스트레일리아로 옮겨야 한다는 제안을 거절하고 그렇게 하는 것이 '우리의 남극의 과거와의 하나의 연결로서 그것의 상징성을 손상시킬' 것이라고 주장하였다.[42]

역사를 기념하는 또 다른 방법은 우표를 통하는 것이었는데 우표는 소유권을 주장하기 위해 계속 사용되었다. 1959년 오스트레일리아는 네 가지 우표를 발행할 계획을 세웠는데 그중 하나는 자남극에 도달한 최초의 인물이라는 점에서 모슨과 에지워스 데이비드의 가상의 업적을 축하할 것이었고, 한편 나머지 세 가지는 오스트레일리아 남극 영토 지도와 관련된 당대의 활동을 보여줄 것이었다. 우표 발행은 1959년 초 케이시가 워싱턴에서 조약 회담이 계속되는 동안 우표를 발행하는 것이 도발적이라고 간주될까 우려한 뒤 한동안 연기되었다.

회의 개최와 일치하는 바람에 10월에 우표 발행이 다시 연기되었다. 오스트레일리아는 각국이 주권 동결을 논의하고 있을 때 주권에 대한 그런 노골적인 주장을 하는 우표들로 다른 나라들을 화나게 만들고 싶지 않았다. 회의가 끝나자마자 케이시는 우체국에 12월에 다음 오스트레일리아 탐험대가 떠나기 전에 우표를 발행할 것을 요청하였다. 그는 그 디자인이 도발적이라는 것을 부인했으며 프랑스와 노르웨이가 최근 자기네들의 우표를 발행한 것을 언급하였다.[43] 그리하여 논쟁을 초래할 영토관할권을 지지하는 우표 사용을 피하고 대신 '국제 친선의 유대'를 강화하기 위해 우표를 사용하라는 만국 우편 연합(Universal Postal Union)의 요청에도 불구하고 우표 발행은 계속되었다.[44]

남극 기지에 우체국을 설립하는 것이 또한 영토관할권을 강화하기 위해 이용되었다. 오스트레일리아는 3개의 자국 남극 기지에서 계속 이렇게 했는데 그 기지에는 모두 우체국이 있었다. 그러나 러시아의 미르니 기지는 오스트레일리아 영토 내에 위치해 있고 우체국도 있었는데 그로부터 러시아 우표와 미르니 소인이 찍힌 우편물이 발송되었다. 그런 우편물이 송달을 위해 오스트레일리아 관리들에게 주어지면 그것은 '공해상에 있는 동안 배 위에서 발송된' 것으로 처리되었다. 그렇게 함으로써 오스트레일리아는 오스트레일리아 영토 내의 외국 우체국의 운영을 인정하는 것을 회피하였다.[45]

그런 비공식적 합의는 뉴질랜드의 로스 속령에서도 주효했는데, 그곳의 뉴질랜드 기지는 훨씬 더 큰 미국의 맥머도 기지와 인접해 있었다. 맥머도 기지의 미해군 우체국은 미국 직원들에게 뉴질랜드 우표와 편지 봉투를 판매하는 데 동의했으며, 한편 뉴질랜드인들은 미국 우표가 붙은 우편물을 받아들였다.

영국은 남극 반도를 차지하기 위해 칠레와 아르헨티나와 경쟁을 벌이면서 가장 곤란한 입장에 놓여 있었다. 영국은 1961년 캔버라에서 개최될 예정인 최초의 조약협의당사국 자문회의를 이용하여 어느 우체국을 '합법적으로 운영되는 것으로 인정해야' 할 것인가에 대해 합의하고 싶었다. 영국은 또한 각국이 '논란의 여지가 있는 우표나 슬로건'을 사용하지 않기를 원했다. 어느 우체국이 '합법적'인가를 결정하는 것은 미국에게는 질색이었는데 왜냐하면 미국은 '남극대륙에서 우리가 하고 싶은 곳이면 어디서든지 우체국을 운영할' 것이라고 선언했기 때문이었다. 영국은 거의 불평할 수 없었다. 영국은 자국의 주권을 강화하기 위해 우표와 우체국을 맨 처음 사용했었다. 그것들이 여전히 각국이 자국의 영토관할권을 홍보하는 인기 있는 방법이 될 것이다.[46]

우표가 각국이 자기들의 권리를 전 세계에 광고하도록 허용해준 반면, 관광객들이 방문하기 시작하면서 그들의 대중 관련 임무가 예기치 않은 방향으로 전개되었다. 1956년 12월 칠레 항공기는 칠레가 점거하고 있는 남극 반도 지역 상공으로 자연 경관 비행을 하기 위해 사상 최초로 66명의 관광객 일행을 태웠다. 2년 뒤, 동일한 반도에 대한 자국의 권리를 강화하기 위해 아르헨티나는 관광객들을 모집하였다. 1957년에서 1958년 여름 동안 아르헨티나 해군 수송선 *아라 레스 에클라이레우르스호(Ara Les Eclaireurs)*는 약 100명의 관광객과 함께 부에노스아이레스에서 출항하였다. 그 배는 남극 반도, 사우스셰틀랜드 제도 그리고 사우스오크니 제도에 있는 아르헨티나 기지에 재보급하기 위해 두 차례 항해를 할 것이었다.

펭귄과 바다표범과 빙산들 사이에서, 관광객들에게 아르헨티나가 점유하고 있는 지역의 범위를 관광객들에게 보여주었다. 영국 선박 1척이 정박하고 있던 디셉션 섬에서는 두 배의 선장들이 '통상적인 정식 메모를 주고받았고 각자는 자신들의 "남극 영해"로 들어온 상대방을 환영하였다.' 포클랜드 제도 보호령 내의 관광객의 존재와 아르헨티나가 그들을 선전용으로 이용한 것은 영국으로부터 강력한 반응을 유발했고, 그것이 전 세계에 디셉션 섬에 대한 영국 주권을 상기시켰다. 지지 않으려던 아르헨티나 정부는 그것이 '아르헨티나의 배타적 주권하에 있다고 간주하는 지역으로 가는… 일종의 관광 항해였다'고 응수하였다. 이에 굴하지 않고 칠레와 아르헨티나 양국 선박들이 1959년 초, 배 2척 분의 관광객들과 함께 돌아왔다.[47]

1966년 1월, 뉴욕에 기반을 둔 라스 에릭 린드블라드(Lars-Eric Lindblad)의 여행사가 아르헨티나 해군 함정 *라파타이아호(Lapataia)*를 전세 내어 우슈아이아(Ushuaia)에서 사우스셰틀랜드 제도와 호프만으로 가는 크루즈 여행에 58명의 미국 관광객들을 데려가면서 관광 개발은 새로운 형식을 취하기 시작했다. 그 일행에는 워싱턴에서 온 86세의 여성도 있었다. '남극이 그런 불운을 당하게 하다니!' 미국 탐험가 리처드 블랙은 불만을 표하였다. 린드블라드는 무전으로 그 배가 어떻게 해서 아르헨티나의 그루색 기지(Groussac Station)에서 떨어진 곳에 정박했는가를 보고했는데, 관광객들은 그곳에 상륙해 가까이에 있는 펭귄 군서지를 방문할 수 있었다. 그들은 '펭귄을 찾아서 사진을 찍고 눈 덮인 언덕에서 터보건 탑승 파티를 하며 정말 즐거운 시간을 보냈다'고 린드블라드는 말했다.

그 관광 계획의 결과 린드블라드는 탐험가들을 위한 회합 장소이자 후원단체로서 1900년대 초에 설립된 뉴욕 탐험가 클럽(New York Explorers' Club) 회원으로 추천을 받았다. 이제 '그 클럽의 미래는 어쩌면 전문가들뿐 아니라 비전문적 탐험가들과 그들의 아내들을 위한 과학 관광 또는 탐험 여행과 잘 들어맞을 수 있을 것'이라는 주장이 있었다. 탐험가 핀 론은 린드블라드 관광 여행 팀을 인솔했는데, 그것은 과학 프로그램에 참여할 준비가 되어 있는 사람들을 겨냥하고 있었으며 출발 전에 그들에게 읽을 책 목록을 주었다. 이 관광객들에게 따뜻한 내의와 커다란 양모 스카프를 가져올 것을 제안하는 한편 남자들은 또한 짙은 색 양복 1벌을 그리고 여자들은 '멋진 칵테일 드레스 2벌'을 챙겨오라고 권했다.[48] 그들이 펭귄들 사이에서 장난을 치고 나중에 배의 바에서 칵테일을 홀짝였을 때 워싱턴에서 온 그 나이든 여성과 그녀 친구들이 무심코 주권 문제를 환기시켰는데 그것은 남극조약에 의해 해결된 것으로 되어 있었다.

아르헨티나와 영국 두 나라가 권리를 주장하는 영토 내에 위치한 아르헨티나 기지로 미국 관광객들이 방문한 것이 불과 2, 3년 전 남극조약이 체결되었을 때는 예기되지 않았던 온갖 종류의 관할권 문제를 제기하였다. 뉴질랜드는 그런 방문이 '예민한 형태의 골치 아픈 주권 문제와… 형사재판권 문제'를 제기할까봐 걱정하였으나 웰링턴에서는 '비용과 실제적인 어려움이 매우 커서' '가까운 장래에 삼삼오오 소수의 관광객 외에는' 아무것도 없을 것이라는 약간의 자신감이 있었다.

관할권 문제에 정면으로 달려들려고 애쓰는 대신 조약국들은 관광객들과 관광 회사들을 위한 자발적 행동 수칙을 작성하였다.[49] 외교관들은 서둘러야 했다. 불과 2년 후 린드블라드는 자신의 사업을 남극 반도에서 맥머도 지협까지 확장하였다. 관광객들은 그 지역과 스콧, 아문센 그리고 섀클턴과의 연관성과 뇌리에서 떠나지 않는 그들의 역사적 오두막의 존재에 의해 그리로 끌렸다.

린드블라드는 이번에는 덴마크 선박 *마가 단*호를 전세 내어 남극해를 가로지르는 긴 항해를 위해 크라이스트처치 근처의 리틀턴항에서 떠났다.[50] 그 항해는 남아메리카에서 남극 반도까지 가는 것보다 훨씬 더 길었으며 바다도 드레이크 해협만큼 거칠어질 수 있었다. 관광객들이 맥머도까지 비행기로 날아가 수상 호텔 역할도 할 수 있는 대기 중인 선박과 만나게 한다면 더 빠를 것이었다. 1963년 콴타스(Qantas) 항공이 바로 그렇게 할 것을 제의했으나 수포로 돌아갔다. 그렇게 하려면 맥머도 기지 활주로를 통제하고 있는 미국 당국의 도움이 필요했으나 그러한 도움은 얻을 수 없었다.[51] 그 대신 에어 뉴질랜드(Air New Zealand) 항공사와 콴타스 항공사가 1977년 로스해와 맥머도 지협 상공으로 비행을 시작하였다. 그 비행은 1979년 11월 28일 에어 뉴질랜드 항공사의 DC-10기가 로스 섬에 있는 에레버스산에 충돌하여 탑승객 257명이 전원 사망하면서 돌연히 중단되었다. 콴타스 항공은 1994년까지 남극 비행을 재개하지 않을 것이었다.

에레버스산 위의 비극이 인접한 뉴질랜드와 미국 기지에서 수행되는 과학 프로그램에 심각한 혼란을 야기하였다. 다른 곳에서도 관광선이 승객들을 과학 기지에 쏟아낼 때마다 약간의 혼란이 발생하였다. 1987년쯤에는 미국 국립 과학 재단(National Science Foundation)은 다가오는 여름 시즌 동안 약 3천 명의 관광객이 예상되는 가운데 산하 기지들이 '전혀 통제할 수 없게' 된 '관광객 사태'에 직면하고 있는 것을 우려하였다. 소규모 과학 기지들은 배 1척분의 관광객들이 갑자기 도착하여 유약한 경관과 펭귄 군서지를 가로질러 떼 지어 몰려다니는 것을 볼 수 있었다.

국립 과학 재단 극지 프로그램 책임자인 피터 윌크니스 박사(Dr. Peter Wilkniss)는 남극조약이 남극에 대한 이러한 새로운 위협에 대처하지 못할까봐 걱정했는데, 남극에서 관광객의 수는 과학자들과 다른 공식 거주자들 수보다 더 많았다. 그는 한 뉴질랜드 기자에게 그것이 '남극대륙에서의 상업 시대의 여명'을 나타낸다고 말했다. 매년 여름 수천 명의 관광객들이 남극 반도를 방문하는 가운데 남극 반도는 '남극의 리비에라(Antarctic Riviera)'라고 알려지게 되었다. 1987년에서 1988년의 여름에 단 1척의 크루즈선이 약 1,000명의 사람들을 반도로 데려왔을 때, 미국은 아르헨티나에 관광객들의 미국 파머 기지 방문이 허용되지 않을 것이라고 통지하였다.[52] 물론 남극에서는 주권이 인정되지 않기 때문에 관광선들은 그들이 원하는 곳으로 갈 수 있었다. 과학자들은 관광 회사의 자발적 협조에 의존할 수밖에 없었는데 그들도 또한 2척의 배가 함께 도착하여 황무지의 느낌을 떨쳐버리지 않도록 서로 협력하였다.[53] 2011년에 유엔의 국제 해사 기구(International Maritime Organization, IMO)에 의해 남극 해역에서 최대 규모의 크루즈선 박 운항이 금지되었다.

한 관광 회사가 주권 부재를 시험해보기로 결심하였다. 1987년 11월 낡은 DC-4기 1대가 남극 최고봉인 4,897미터 높이의 장엄한 빈슨봉(Mount Vinson) 기슭 근처의 바람에 휩쓸리고 주름이 약간 진 빙원을 가로질러 육중하게 움직이며 시야에 들어왔다. 착륙 장소는 칠레와 영국이 서로 차지하려고 다투는 영토 내에 놓여 있었다. 프로펠러 추진기에 의한 역사적인 11시간의 비행 끝에, 영국 조종사 길스 커쇼(Giles Kershaw)는 용케 안전하게 착륙해 지금까지 남극에 설립된 최초의 상업 기지를 위한 보급품을 내렸다. 한 캐나다 회사가 운영하는 남극 항공(Antarctic Airways)의 그 비행은 그 영토를 소유한다고 주장하는 정부들뿐 아니라 추정상 그 대륙을 관리하는 다른 남극조약 조인국들에게는 일종의 직접적인 도전이었다.

사실상 조인국들의 허세가 도전을 받은 셈이 되었다. 남극에서는 어떤 주권도 인정되지 않기 때문에 어느 정부와도 상관없이 상업적 기업을 설립할 수 있었다. 이 경우에는 DC-4기가 멀리 아르헨티나로부터 승객들을 데려올 수 있도록 그 장소를 택했으며 그런 다음 남극점이나 다른 곳으로 계속 수송하기 위해 승객들을 스키가 장착된 8인승 비버(Beaver)기로 환승시켰다. 초기 승객들의 일부는 등산이나 스키 타기에 열중하는 모험가들이었으며 다른 사람들은 남극점을 방문하기를 갈망하는 관광객들이었고, 한편 나머지는 웨델해 해안의 가까운 기지들 중 한 곳으로 여행하고 싶어 하는 과학자들이었다. 그 벤처 사업 소유주들은 남극대륙을 민간 개인들이 '알맞은 비용으로 접근할 수 있게' 하기를 원한다고 말했다.[54]

남극 항공은 각 대륙 최고봉을 등정하거나, 지원 없이 남극점까지 스키를 타고 가거나, 단순히 남극점까지 최단기 체류 비행을 원하는 스릴을 찾는 모험가들의 안건 위에 그 대륙을 올려놓았다. 이것들은 주로 개인적 추구였다. 주권을 주장하려고 시도하는 대신 그들은 남극조약 국가들의 주권에 암묵적으로 도전하고 있었으며, 아마도 그 대륙이 모든 나라에 속하는 것이라고 주장하고 있었다. 1998년까지 400명 이상의 등산가들이 남극 항공의 호의로 빈슨봉을 등정하였다.[55]

2004년 1월 8명의 팔레스타인인들과 이스라엘인들로 구성된 팀이 남극반도의 산 하나를 등정했으며 그들은 즉시 그 산을 '팔레스타인-이스라엘 우정의 산(Mountain of Palesinian-Israeli Friendship)'이라고 명명하였다.[56] 1992년에는 4명의 미국 여성들이 남극점을 경유하여 대륙을 횡단할 계획을 세웠으나 남극점에서 자신들의 고된 여행을 끝내는 것에 만족해야 했다. 영국의 모험가 라눌프 파인즈(Ranulph Fiennes)와 동료 마이클 스트라우드(Michael Stroud)가 같은 해 더 멀리 나아가 남극점을 경유하여 맥머도까지 무지원 대륙 횡단 트레킹을 하였는데, 그들은 로스 섬 바로 못 미친 곳에서 쓰러져 대륙 밖으로 공수되었다. 파인즈는 1996년 재시도했으나 신장 결석으로 하는 수 없이 중도 포기했고, 한편 그의 노르웨이 경쟁자인 베르게 아우스란트(Borge Ousland)가 무지원 단독 횡단을 완수하였다. 영국의 한 부자 팀이 스키와 썰매로 남극점에 도달한 최초의 당뇨병 환자가 되는 별난 영예를 얻었는데 그 아버지는 또한 그렇게 했던 최고령 인물이 되었다. 2004년 12월 한 미국 여성이 자신의 두 자녀를 데리고, 그리고 한 영국 커플이 도보로 남극점에 도달하였다. 또 다른 일행이 칠레와 미국 정부의 반대를 무시하고 근 두 달 걸려 페이트리어트 힐즈(Patriot Hills)에서 남극점까지 스키를 타고 갔는데 그들은 스콧의 일기를 읽는 것으로 매일의 고된 여행을 시작하였다.[57]

일부 모험가들은 재난을 만나 구조되어야만 했다. 블리자드 속에서 펭귄 사진을 찍다가 동사한 자연 사진작가나 낙하산이 펼쳐지지 않아 남극점 위로 추락한 3명의 스카이다이버들처럼 일부는 구조할 수 없었다.[58] 또 다른 커플은 남극까지 항해를 해 겨울 동안 그들의 작은 보트가 갇히게 두었으며 자신들의 경험에 관한 책에서 '남극대륙은 그 누구의 것도 아니다'라고 선언하였다.[59] 1986년 일단의 모험가들이 또한 그런 정서를 표현했는데, 그들은 스콧의 발자취를 따라가려고 시도했을 때 맥머도 기지 과학자들의 적대 행위에 부닥쳤다. 그들은 '자기네들이 그 장소를 소유한다고 생각하는 누구에게나 엿 먹으라는 손짓을 해 보였다'고 1명이 응수하였다.[60]

일부 조약국은 모험 관광을 걱정스럽게 지켜보았고, 대부분의 과학자들은 대중 관광객 일행을 접대하는 부담이나 야외에서 그들을 구조해야 할 가능성을 환영하지 않았으나, 일부 국가들은 그것을 전 세계에 자기네들이 특정 영토의 주권국임을 보여주는 일종의 기회로 여겼다. 전세 낸 아르헨티나 선박 1척이 미국 관광객들을 남극 반도로 데려왔을 때, 그것이 아르헨티나가 자국의 기지들을 자랑하고 외부인들에게 자기들이 그 장소를 소유하고 있다고 말해줄 기회를 제공하였다.

또한 매우 실제적인 경제적 이득도 있었다. 1956년 이래로 죽 뉴질랜드는 미국 비행기와 배들이 맥머도 기지로 가는 도중 그곳에 기항하게 함으로써 이익을 보고 있었다. 이제 뉴질랜드는 3척의 크루즈선이 기지를 둔 오스트레일리아와 칠레가 남극 관광 계획을 개발하는 것을 부러운 눈으로 지켜보았다. 1988년 9월, 뉴질랜드 관광 홍보부(Tourist and Publicity Department) 책임자 닐 플리머(Neil Plimmer)는 뉴질랜드가 '남극의 관문(Antarctic gateway)이라는 크라이스트처치의 주장'을 강화함으로써 '남극 관광 사업의 혜택을 공유할' 것을 권하였다. 플리머는 관광 사업이 세계의 최대 산업이 되었음을 주목하였다. 게다가 광물보다는 관광 사업이 그가 '지구 최후의 주요 관광 미개척지'라고 묘사한 남극에서 최대의 부의 생산자가 될 가능성이 있는 것처럼 보였다. 로스 속령에서의 관광 사업을 권장함으로써 뉴질랜드는 경제적 이득을 즐기고 '그 영토에 대한 뉴질랜드의 권리에 관한 국제적 인지도'를 높일 것이었다.[61] 또 다른 뉴질랜드 관리는 관광 사업의 잠재성에 너무나 매혹되어 남극에서 우선순위를 결정할 때 관광 사업이 과학과 동등하게 간주되어야 한다고 주장하였다.[62]

뉴질랜드 주권을 강화하기 위해 관광 사업을 활용하는 한 가지 방법은 크라이스트처치에 있는 캔터베리 박물관(Canterbury Museum)의 남극 전시품들을 업데이트하는 것이었는데, 그것이 뉴질랜드인들과 크라이스트처치를 통해 환승하는 국제 관광객들에게 로스 속령과 뉴질랜드의 관련사를 보여줄 것이었다. 뉴질랜드 남극 연구소(New Zealand Antarctic Division)와 함께 미국 국립 과학 재단이 남극 본부를 그곳에 두고 있는 가운데 그것은 크라이스트처치를 '남극대륙의 수도'로 만드는 작업의 일부였다.

항공기가 크라이스트처치에서 맥머도의 활주로까지 직접 비행할 수 있는 가운데 로스 속령으로 떠나는 크루즈선들을 수용하기 위해 인근 리틀턴의 항만 시설이 개발될 것이었다. 플리머는 여름 동안 뉴질랜드 부수상과 동행하여 맥머도를 방문했는데, 그곳에는 뉴질랜드와 미국 기지가 서로 껄끄럽게 인접해 있었다. '국가의 활동 장소 주위에 지배력이 강화되고 있다'는 것이 플리머에게 명백하였다. 그는 관광객들이 맥머도 기지 위에 휘날리는 미국 국기를 보고 그릇된 인상을 받을까 걱정했는데, 그 국기는 '외견상 맥머도와 그 바로 인접지역에 대한… 실제적인 국가 지배의 인상'을 주었다. 미국인들은 또한 맥머도 기지 바로 맞은편의 대륙 해안에 있는 마블 포인트 위에 건물들과 깃대를 놓아두었는데 그들은 그것을 내륙 현지 기지로 가는 헬리콥터를 위한 재급유 기지로 사용하고 있었다.

마블 포인트는 밀폐된 활주로를 위한 이상적인 장소라고 확인된 바 있었으나 그들은 그것을 개발하지 않았다. 대신 그들은 '실질적으로 마블 포인트에 대한 권리를 "주장"'했으며 그렇게 함으로써 미국의 영토 경쟁국 어느 나라에 대해서도 기지와 비행장으로서 그곳을 허락하지 않았다고 플리머는 말했다. 미국인들은 또한 뉴질랜드에 대해서도 관광객들을 위한 비행장으로 그곳을 허락하지 않았다. 이러한 예를 염두에 두고 플리머는 그의 정부가 '고도의 관광 사업 잠재력'을 가진 위치에 미래의 과학 활동 장소를 정할 것을 촉구하였는데, 그렇게 함으로써 정부는 '미래의 잠재력' 때문에 그 장소들에 대한 '권리를 주장할' 수 있을 것이었다. 그는 로버츠곶(Cape Roberts)이 그런 장소 중의 하나가 될 수 있다고 주장했고, 그곳은 곧 뉴질랜드 검조기 설치 장소가 되었다. 플리머는 또한 '뉴질랜드의 관련성을 강화하고 뉴질랜드의 관광 사업이 남극 관광 사업에 대한 강력한 자연보호주의적 접근법을 채택하고 있음을 확립하기 위해' 스콧과 섀클턴 오두막에 대한 계속적인 복구 작업을 시행할 것을 원했다.[63]

그가 그것을 알든 모르든 간에, 플리머는 남극에서 주권을 바라보는 한 가지 새로운 방법을 제안하고 있었다. 뉴질랜드가 여전히 로스 속령에 대한 주권을 주장했지만 그는 미국이 맥머도 기지와 그 주변과 같은 장소들에 대한 주권을 실질적으로 떠맡고 있었다고 주장하고 있었다. 결과적으로, 뉴질랜드는 부두와 비행장 시설을 설립하기 위해 다른 곳을 찾아보아야 할 것이었다.

관광 홍보부 기획자의 1명인 제프 로버트슨(Jeff Robertson)은 플리머의 주장을 받아들여 관광 사업의 잠재력이 있는 장소들을 점유하여 그것으로 그 장소들에 대한 '실질적 주권'을 성취하는 것의 중요성을 언급하였다. 그러나 그는 '과학 단체들'과의 충돌이 있을 가능성을 경고했는데, 그들은 '30년 동안 남극을 독점적으로 소유해왔으며 기지 방문을 제한하고, 장소들이나 야

생동물 지역들을 폐쇄하고, 시설의 사용을 거부'함으로써 관광객들을 제한해왔다.[64]

남극에서 소유 감각을 발전시키고 있었던 것은 단지 과학계만이 아니었다. 환경 단체들이 남극에서 어떤 활동이 허용되어야 하는가에 대한 자기네들의 요구를 하고 있었다. 그들은 1989년 1월 28일 아르헨티나 해군 함정 *바이아 파라이소호(Bahia Paraiso)*가 침몰한 뒤 관광 사업이 제기하는 환경에 대한 위험의 가능성에 대해 경각심을 갖게 되었다. 국가 간뿐만 아니라 과학계와 환경 단체 사이에, 그리고 남극 관광 산업과 그들의 고객들 사이에 일종의 새로운 영토 경쟁이 출현하고 있는 듯이 보였다.

*바이아 파라이소호*는 81명의 관광객과 함께 앤버스 섬(Anvers Island)의 아서항(Arthur Harbor)으로 들어가는 중에 남극 반도에서 떨어진 곳에서 재난을 당했다. 그들은 미국 파머 기지를 방문할 계획이었으나 그들의 배는 암초에 걸려 마구 흔들리더니 멈추었고, 그 암초가 뱃전을 깊이 베어 구멍을 내었다. 약 60만 리터의 디젤 연료가 빙해 속으로 쏟아져 수 평방킬로미터의 바다에 걸쳐 기름막이 퍼졌으며, 그로 인해 그곳에 의지해 사는 많은 해양생물과 다수의 조류와 포유류가 말살될 것이었다. 그 배는 침몰하여 결코 찾을 수 없었지만 234명의 승객과 선원들은 간신히 탈출하여 파머 기지에서 피난처를 찾았다. 그곳의 과학자들은 다른 크루즈선들이 그들을 맞으러 올 때까지 그들을 접대해야 하는 부담을 안았다.

관광 회사들이 훨씬 더 많은 수의 관광객들을 대륙으로 데려오기 위한 더 독창적인 방법들을 계획하고 있던 바로 그때, 그 침몰은 환경 단체들로 하여금 남극 관광의 증가를 다룰 더 엄격한 규정을 요구하도록 재촉하였다. 남극 반도 위의 한 칠레 기지에는 벌써 40인용 호텔이 있었으며 한편 다른 관광객들은 남아메리카로부터 비행기로 활주로까지 와서 헬리콥터를 타고 인근 야생동물 서식지로 갔다. 관광객들은 또한 남아메리카에서 비행기로 와서 남극 반도에 있는 크루즈선에 승선했는데, 그렇게 함으로써 드레이크 해협을 횡단하는 난항을 종종 피했다. 환경론자들은 남극이 '야생의 가치가 가장 중요한 지역'으로 간주되기를 요구하였다.[65]

그 요청은 시의적절한 것이었다. 1989년 5월 한 오스트레일리아 사업가가 점보제트기가 착륙할 수 있는 활주로 바로 옆에 5층짜리 호텔 1채를 지을 계획을 하고 있었다. 승인되는 경우, 그러한 개발이 매년 16,000명의 관광객을 추가로 남극으로 끌어들일 것으로 추정되었다. 그러나 그 계획은 결코 추진되지 못했다.[66] 극지 지역에서의 인간 활동에 관한 특수한 환경적 위험에 대한 우려가 증가하고 있었다. 미국이 맥머도 기지에 핵발전소를 설립하였고 영국이 아르헨티나인들을 겁주어 쫓아버리기 위해 남극 반도 위에서 수소 폭탄을 터뜨리는 것을 고려하는 동안, 1980년대쯤에는 환경에 대한 감수성이 고조되어 있었다. *바이아 파라이소호*의 침몰이 그러한 감수성을 강화하는 데 도움을 주었다. 그러나 정말로 전 세계에 외딴 극지방에서의 기름 유출의 위험을 경고한 것은 두 달 뒤 알래스카 암초에 초대형 유조선 *엑손 발데즈호(Exxon Valdez)*가 좌초된 사건이었다. 수천 평방마일의 바다와 1,300마일의 해안선이 기름에 뒤덮여 전례 없는 환경 재해를 야기하였다. 그로 말미암은 정화 작업은 수십억 달러의 비용이 들었으며 그 자체로 여러 가지 문제들을 일으켰다. 더 고립되고 더 추운 남극이라는 점에서 환산해보면 그 손해와 비용은 훨씬 더 컸을 것이었다.

*엑손 발데즈호*의 재난은 남극에서 광물과 석유를 탐사하기를 원했던 사람들에게는 최악의 시기에 발생하였다. 남극에서는 어떠한 주권도 인정되지 않기 때문에 광물을 탐사하고 발견된 것을 채굴하는 것은 어느 광업 회사에게도 잠재적으로 개방되어 있었다. 그와 동시에 지질학적 조사에 착수하는 것은 각국 정부가 자기네 영토권을 보호하는 일종의 유용한 방법이었다.

1957년 뉴질랜드는 자국의 주권을 강화하고 발견되는 모든 광물 자원의 채굴권을 얻기 위해 로스 속령에 대한 지질학적 조사를 시행하였다. 그 정부는 그 나라 남극 협회의 재촉을 받았는데, 그 협회는 지질학적 조사가 '때가 되었을 때 광물을 채굴할 우리의 권리를 확고하게 확립해줄 것이다. 이는 시급한 일이다. 우리가 그것을 하지 않으면 다른 누군가가 할 것이다'라고 주장하였다.[67] 유용한 것은 아무것도 발견되지 않았지만 여러 회사들이 탐사에 합류하기를 원했다. 1969년 한 회사가 뉴질랜드 정부에 로스 속령 탐사에 어떤 '법적 장애물'이 있는지 물었으며, 한편 또 다른 회사는 '석유, 석탄 및 모든 다른 광물을 찾기 위해 로스 속령의 광대한 지역을 탐사하고 시굴하고 개발할 독점적 권리'를 얻으려고 하였다. 뉴질랜드는 1970년의 다음 조약협의당사국 자문회의에서 그 문제를 제기하기를 원했으나 까다로운 주권 문제들 때문에 오스트레일리아와 아르헨티나의 반대를 받았다.[68] 오직 일본만이 그 문제를 논의할 의욕을 나타내었다.[69]

그 채굴 문제는 1972년 웰링턴에서 토의 안건에 올려졌고, 석유나 광상의 발견이 조약의 종식을 가져올까 염려되었다. 한 대표가 관찰했듯이 '일단 엄청난 광물이 발견되면 각자 알아서 제 일을 해야 할 것이다.'[70] 합의에 도달하지는 않았으나 여러 조약국들이 탐사가 허용되기를 원했다. 1973년 10월의 석유 위기가 같은 해 남극대륙에서 떨어진 곳에서 미국의 심해 시추선 글로마 챌린저호(Glomar Challenger)에 의한 해저 매장 가스의 발견과 포클랜드 제도 남쪽에서 브리티시 페트롤륨사(British Petroleum)에 의한 잠재적 해저 매장 석유의 발견과 더불어 그들의 주장에 힘을 보태주었다.[71] 북극권에서 약 400킬로미터 북쪽의 북알래스카 해안에서 거대한 해저 매장 석유와 가스 광상이 개발되고 있는 가운데, 스리랑카가 이끄는 비조약국들은 모든 회원국들이 가능한 수확을 나누어 가질 수 있도록 유엔 관리하에 남극의 국제화를 요구하였다. 남극의 석유 매장량이 알래스카의 매장량보다 훨씬 더 클 것이라고 믿어지는 가운데 여러 개발도상국들이 세계의 대양이 그랬던 것처럼 남극은 인류의 공동 유산으로 간주되어야 한다고 주장하였다.[72]

오스트레일리아와 아르헨티나와 칠레가 오직 영토관할권을 주장한 나라들만 광물 자원에서 이익을 얻어야 한다고 주장한 반면, 미국과 러시아와 일본도 또한 남극을 개발하기를 원했다. 미국은 심해 석유 시추에서 기술적 이점을 누리고 있었기 때문에 조속히 합의에 이르기를 갈망하였다. 다른 나라들은 어떠한 경우 자기들에게 미국을 따라잡을 시간을 허용하기 위해 연기하기를 원했다.[73] 1975년 뉴질랜드 노동당 정부는 채굴과 세계 공원 창설에 대한 영구 유예를 제안했으나 다른 조약국으로부터 지지를 얻는 데 실패하였다. 그 뒤를 이은 국민당 정부가 1977년 집권하면서 그 입장을 바꾸었다.

뉴질랜드는 로스 속령에서 발견되는 모든 광물로부터 '최대한도로' 이익을 얻고 싶었지만 그 이익을 비조약국들과 함께 나눌 각오가 되어 있었다. 뉴질랜드는 그런 매장 광물에 대한 수색을 확대했으며 그것으로 자국의 권리가 더욱더 강력해질 것임을 알고 있었다. 그와 동시에 석유나 광물을 발견할 전망으로 인해 뉴질랜드 정부는 자국의 잠재적 주권 일부를 양보하는 것을 흔쾌히 받아들일 수 있었다.[74] 뉴질랜드 정부는 뉴질랜드가 경쟁 집단의 하위권에 있는 남극으로 석유 회사들이 쇄도하는 것을 피하고 싶었다.

그러나 석유 회사들이 이미 그곳에 와 있었다. 미국의 *글로마 챌린저호*가 로스해에서 석유의 징후를 발견한 바 있었고 일본 연구선 *하쿠레이 마루호(Hakurei Maru)*는 해저 자원을 조사하기 위해 맥머도에 기지를 두고 있었으며, 독일인들도 탐사 중에 있었다.[75] 국무부 남극 자문 위원회(Antarctic Advisory Committee)에 2개의 석유 회사가 있는 가운데 한 국무부 관리가 관찰한 바로는 '엄청난 상업적 보상의 가능성이… 병 밖으로 나온 지니(Genie, 아랍 신화에서 특히 병이나 램프 속에 사는 요정–역자 주)'였다. '남극대륙이 과학 연구를 위한 실험실로 남아 있을 것이지, 아니면 막대한 천연자원을 찾기 위해 경쟁국들에 의해 개발될 것인지'가 문제가 되었다.[76]

뉴질랜드는 탐사가 시작되기 전에 환경 제도가 시행되어야 한다고 주장하며 지연 전술을 쓰려고 애를 썼다. 뉴질랜드는 얻을 수 있는 부를 경시함으로써 탐사에 대한 열정을 억누르려고 애를 쓰는 한편 동시에 환경보호의 필요성을 강조하였다.[77] 지연 전술을 펴는 데 있어서 뉴질랜드는 그 부를 독차지할 자국의 기회를 호전시키기를 갈망하였다. 1982년 외교관 크리스 비비(Chris Beeby)가 언급한 것처럼 뉴질랜드는 '근 60년 동안 로스 속령에 대한 주권을 행사'했으며 25년 넘게 과학과 환경 보호에 기여해왔다. 따라서 '뉴질랜드는 대륙에서의 채굴에서 생길지 모르는 어떤 혜택이라도 그것의 공정한 몫을 기대할 권리가 있다'고 비비는 주장하였다.[78]

조약국들이 1982년 개발과 환경보호와 주권보존의 균형을 맞추기 위한 방법을 찾는 임무를 부여하고 비비를 조약협의당사국 자문회의 의장으로 삼게 되면서, 비비는 뉴질랜드의 이익을 증진시킬 좋은 입장에 있었다. 1983년 1월 웰링턴에서 열린 12일 동안의 회의와 함께 비공식 논의가 시작되었는데, 그 후 비비는 각국 대표들이 개발도상국들의 압력에 직면하여 합의에 도달하는 '정치적 긴급성'을 인식하고 있다고 낙관하였다.[79] 실제로 바로 두 달 뒤 델리에서 개최된 비동맹국 회의에서 남극 자원의 개발은 '전 인류의 이익을 위한 것'이어야 한다는 합의가 있었다.[80]

광물이나 석유를 발견할 수 있는 가능성에 의해 남극에 대한 관심이 촉발된 것은 개발도상국들만이 아니었다. 중국과 인도가 1983년 남극조약에 서명한 반면, 1980년대 초 서명한 선진국 가운데는 독일, 이탈리아, 스페인, 핀란드 그리고 스웨덴이 있었다. 스웨덴 외교관 보 존슨(Bo Johnson)은 '자원과, 더 많은 자원에 대한 필요성이 오늘날의 주제이다'라고 언급함으로써 자기 나라의 조약 가입을 설명하였는데, 스웨덴은 '가능한 미래의 남극 자원 개발'에 자국이 동참할 수 있도록 '남극 지역에서의 자국의 과학적 전통'을 '다시 연결할' 계획을 세웠다.[81] 이러한 다양한 움직임들이 조약국에 통고되었지만 합의에 도달하려면 6년간의 어려운 논의를 거쳐야 할 것이었다.

1988년 6월 마침내 남극 광물 자원 활동 규정에 관한 협약(Convention on the Regulation of Antarctic Mineral Resource Activities)이 채택되었다. 외견

상으로는 남극 환경을 보호하기 위해 고안되었지만 그것은 실제로는 석유와 광상의 탐사와 채굴을 위한 절차를 확립하기 위한 의도였다. 그러나 그 협약이 효력을 발휘할 수 있으려면 그전에 다양한 관련 정부들의 비준이 필요하였다. 수년간의 협상 끝에, 이것은 거의 자동적이라고 생각되었다.

그러나 환경 단체들과 그들의 지지자들은 이제 남극에 대한 주인 의식을 가지게 되었고, 그들은 자기들의 영향력을 사용하여 각자의 정부에 대해 비준에 반대하는 압력을 행사하였다. 사건은 그들에게 유리하게 움직였다. 영국 상원에 비준 조치가 소개된 지 불과 엿새 후 *엑손 발데즈호*가 알래스카의 암초와 충돌하여 *바이아 파라이소호*에 대한 이전의 우려를 더하였다. 광물 협약에 대한 반대가 유조선의 기름띠만큼 빨리 퍼져나갔다. 미국에서는 엘 고어(Al Gore) 상원 의원이 남극에서의 채굴 금지와 그 대륙을 '지구 생태 공원'으로 선언할 것을 요구하였다.

뉴질랜드는 가능한 한 빨리 입장을 바꾸어버렸다. 여전히 광물 협약을 지지하는 한편 뉴질랜드는 이른바 '남극 공원(Antarctic Park)'의 창설을 원했다. 그러더니 뉴질랜드는 입장을 더 바꾸어 협약을 비준하지 않을 것이며 대신 채굴 유예를 추진하는 한편 언젠가 그 협약을 지지하는 옵션은 개방시켜둘 것이라고 말했다. 밥 호크(Bob Hawke)의 오스트레일리아 정부는 더 나아가 1989년 5월 오스트레일리아는 광물 협약을 비준하지 않을 것이라고 발표하였다.[82] 호크는 파리로 가서 미셸 로카르(Michel Rocard) 프랑스 수상을 만났고, 양국 지도자는 그 협약에 반대하는 데 합의하였다. 이러한 사태에 직면하여 그 협약은 시행될 수 없었다.[83]

조약국들이 가차 없이 채굴의 합의를 지향해가는 동안, 환경 단체들은 그와 똑같이 확실하게 그들을 좌절시키기 위해 움직이고 있었다. 그린피스(Greenpeace)에서 세계 야생동물 기금(World Wildlife Fund)에 이르기까지 200개가 넘는 그러한 단체들이 함께 모여 남극 및 남극해 연합(Antarctic and Southern Ocean Coalition)을 결성하였다. 그 단체는 미국의 환경보호론자 짐 반스가 이끌었는데, 그는 광물 협약에 반대하는 캠페인을 벌였으며 남극대륙을 세계의 공원으로 만들 것을 요구하였다.[84]

그린피스는 1911년 스콧이 자신의 오두막을 세웠던 로스 섬의 에반스곶(Cape Evans)에 작은 기지 하나를 설립하면서 그 자체로 남극의 배우가 되었다. 그것은 남극을 일종의 세계 공원으로 선포되게 만들려는 캠페인의 일환이었는데, 그 공원은 '야생의 가치가 가장 중요한 국제적 과학 연구에 헌정될' 것이었다. 그 단체는 '가능한 광물 채굴에 반대하는 일종의 지속적인 존재를 제공하기 위해' 에반스곶에 남아 있을 작정이었다. 그린피스는 또한 다른 기지들을 조사하고 기지 요원들에게 환경에 대한 그들의 책임을 교육하기 위해 남극조약의 사찰 조항들을 이용하였다.

문제를 발견하기 위해서는 멀리 볼 필요가 없었는데 왜냐하면 미국인들과 뉴질랜드인들이 하수와 쓰레기를 바다에 내버리고 있었기 때문이었다. 미국인들은 또한 방사성 폐기물을 얼음 속에 버리고 있었다. 1989년 1월 그린피스 회원들은 아델리 랜드에 있는 프랑스 기지로 갔고, 그곳에 남극 야생동물 보호를 위한 합의 조치를 위반하여 펭귄 군서지 위에 국제 활주로가 건설되고 있었다. 그 활주로가 더 많은 수의 인원들을 여름 동안 더 장기간 머물 수 있게 해줄 것이었다. 그린피스는 반쯤 만들어진 활주로 위에 야영함으로써 프랑스의 위반 행위가 세계의 주목을 받게 했는데, 그것은 부분적으로 인근의 야생동물을 연구하기 위해서였으나 결국 그들의 서식지에 악영향을 미친 기지 확장의 아이러니를 강조하였다.[86] 몇 년 후 프랑스는 마침내 반쯤 완결된 프로젝트를 포기하였다. 1991년 10월 환경보호에 관한 마드리드 의정서(Madrid Protocol on Environmental Protection)의 비준이 남극대륙에 50년의 채굴 유예 기간을 제공했으며, 이것이 그린피스가 에반스곶에 있는 자기네 기지를 철수하도록 재촉하였다.

고래, 바다표범 그리고 펭귄에서 물고기와 오징어와 크릴새우에 이르는 모든 것을 포함하는 남극대륙의 생물자원 개발에도 비슷한 논쟁이 분출되었다. 일부는 다른 것들보다 더 잘 살고 있었다. 펭귄은 탐험가들과 그들의 개들을 위한 식량이나 멀리 떨어진 동물원이나 박물관을 위한 전시품의 경우를 제외하고는 남극대륙에서 별로 이용되지 않았다. 고래와 바다표범은 일부 종의 경우 거의 멸종될 정도로 심하게 도살되어왔다. 물고기와 오징어와 크릴새우는 최근까지 무시되어왔는데, 다른 대양의 과잉 개발로 인해 일부 국가들이 남극해의 풍부한 자원에 집중하게 되었다.

특히 크릴은 1961년 이래 소련의 목표가 되어왔다. 한 소련 작가는 남극대륙에 소련이 존재하는 주목적 중의 하나로 '생물학적 자원의 보다 효율적인 이용'을 들었다.[87] 일본과 몇몇 다른 나라들이 크릴 수확과 가공을 실험하는 데 소련과 합류하였다. 1970년대 중반까지, 총 어획량은 약 2만 톤밖에 되지 않았다.[88] 이 작은 생물은 고래와 바다표범과 펭귄을 위한 식량이 되었으며, 고래 수의 급격한 감소가 크릴 개체 수의 폭발을 야기했다고 생각되었다. 추정치는 큰 변이가 있으나 지속가능한 기준으로 본 잠재적 연간 크릴 어획량은 약 1억 톤으로, 그것은 전 세계 대양의 해양생물 연간 어획량의 두 배가 넘었다. 심해 남극 오징어의 경우도 비슷한 가능성이 존재한다고 생각되었다.[89]

1970년대 초 무렵 조약국들이 그런 '생물학적 자원'을 보존할 방법을 논의하기 시작했는데, 그것은 그들이 영향력이 점점 증가하는 환경 운동으로부터 받는 비난을 모면하려고 노력하면서도 지속가능한 방식으로 그것들을 이용하기 위한 규칙이었다. 1972년 2월 런던에서 남극에서의 바다표범 보존을 논의하기 위한 회의가 개최되었을 때, 미국 대표들의 다수는 환경보호론자들이었다. 그럼에도 불구하고 그 회의에서 여전히 남극 해빙에서 약 20만 마리의 바다표범 도살이 승인되었는데, 빙붕 위의 바다표범들은 이용당할 염려가 없었다. 바다표범을 수확하는 어느 당사국도 별로 큰 관심은 없었지만 그 계획은 환경보호론자들 사이에서 분노를 야기하였다.[90] 물고기의 크기와 크릴 비축량과 지속가능한 조업 수준이 어느 정도인지에 훨씬 더 많은 관심이 있었다. 그것들의 이용에 관한 합의에 도달하려면 그전에 먼저 계속적인 과학적 조사가 필요할 것인데, 그 말은 조약국들이 궁극적으로 수확에 동참할 수 있도록 그들의 주의를 더 많이 근해로 전환함을 뜻하였다. 또한 그들은 남극에서의 영향력을 유지하고 영토권과 주장을 강화하기 위해 그렇게 하지 않을 수 없었는데, 그것은 유엔 해양법 협약(UN Law of the Sea Convention)하에서는 근해 320킬로미터까지 확장될 수 있었다. 1982년쯤 조약국들은 남극 해역의 해양 자원을 보존하고 지속가능한 수준의 개발을 확인하는 협약에 합의하였다.[91]

50년 동안, 남극조약은 대륙 위의 평화를 유지하고 협력의 본보기 역할을 해왔다. 무력 충돌로 분출되는 영토 경쟁의 위험은 그 조약이 증진하는 우호 정신에 의해 방지되어왔다. 심지어 1982년 아르헨티나가 포클랜드 제도를 침공했을 때에도 그 충돌이 남극으로 확대되지 않았다. 그러나 표면 아래에서는 경쟁이 계속되어왔으며, 중국과 같은 새롭고 강력한 참가국이 추가됨으로써 그 경쟁은 점점 복잡해지고 있다. 석유와 광상이 발견될 가능성이 자원에 굶주린 많은 국가들의 주의를 끌어왔다.

동시에 과학자들은 자신들의 연구를 위해 그 대륙이 비교적 원래의 상태로 유지되도록 대륙을 통제하려고 애를 써왔다. 환경보호론자들이 과학자들과 합류했는데 그들은 남극이 '세계의 공원'이 되기를 원하고 있으며 자신들의 목표를 홍보하기 위해 기지를 설립할 준비를 해왔다. 모험가들은 주권 문제를 무시하고 얼음에 덮인 황무지에서 자신들의 한계를 시험하기 위해 비행기로 날아왔다. 지금까지 가장 큰 집단은 관광객들이었는데, 그들은 대륙의 마술과 신비를 함께 나누기를 원했지만 그들의 존재는 불가피하게 그것들을 감소시켰다.

여러 세기 동안 남극은 인간의 접근에 저항하였다. 현재 남극의 위험과 공포는 대부분 극복되었다. 그 미래만이 여전히 알려져 있지 않을 뿐이다.

고대로부터, 어느 영토 주민들의 패배는 일반적으로 승리자에게 그 영토를 지배할 권리를 부여하였다. 그러나 신분을 격하시키고 재산을 몰수할 주민이 없는 남극에서는 그것이 어떻게 작동할 수 있었을까? 탐험가들의 상상 속에서는 단지 토착민 역할을 할 펭귄들만 있었을 뿐이다. 개의 먹이가 되거나, 과학을 위해 목이 졸려 죽거나, 동물원들을 위해 수집되든지 간에, 그 불행한 생물의 운명은 인간 침입자들의 승리와 때로 펭귄 영토에 대한 그들의 소유권을 확인하기 위해 사용되었다.

그러한 소유권은 그 영토가 정복되었다는 느낌을 불러일으킴으로써 강화되었다. 탐험가들은 남극점에 대한 '공격'을 개시하고 펭귄들과 '전투'를 했을 때 자주 그들의 탐험을 정복이라는 관점에서 기술하였다. 자연 그 자체가 패배시켜야 할 적으로 간주되는 경우가 더 빈번하였지만, 펭귄을 내쫓는 것이 어떻게든 영토의 인수를 정당화한다는 일종의 묵시적 암시가 있었다.

정복된 영토를 방어할 수 있는 능력이 한 나라가 자국의 소유권을 인정받게 하기 위한 일종의 필요조건이었다. 이것이 남극에서 여러 가지 문제를 야기했는데 영국은 특히 아르헨티나와 칠레 양국의 침략으로부터 포클랜드 제도 보호령에 대한 자신들의 권리를 방어하려고 애를 썼다. 다양한 편에 의한 힘의 과시는 하나 또는 제2의 경쟁자를 쫓아내기에는 불충분하였다. 다른 권리 주장국들도 마찬가지로 그들의 암묵적 주권을 방어하는 데 실패하였다.

그 결과 1940년대부터 계속 영구 기지들이 설립되기 시작했을 때, 여러 국가들이 동일한 영토를 차지하기 위해 경쟁한 경우가 있었다. 일부 국가들은 영국이 아르헨티나와 칠레에게 했듯이 그들을 과학 연구에 불충분하게 전념한다고 기술하거나, 또는 미국인들과 오스트레일리아인들과 다른 나라 사람들이 러시아인들에게 했듯이 그들의 과학 활동이 단지 다른 것을 차지하기 위한 구실에 불과하다고 주장하거나, 또는 영국인들이 노르웨이인들, 일본인들 그리고 다른 나라 사람들에게 했듯이 자신의 경쟁자들이 야생동물을 제대로 보호하지 못한다고 주장함으로써 경쟁국에 대한 자국의 우월성을 주장하려고 애를 썼다. 그렇게 하는 것이 그들 자신의 존재와 그 영토에 대한 권리가 경쟁국의 권리보다 우월하다고 말하는 방법의 하나였다.

다른 시대와 장소에서, 특정 장소의 점유와 기존 주민의 이동을 정당화하기 위해 건국설화들이 발전되었다. 남극에는 기존 주민들이 없었으나 특정 장소의 점유를 정당화하기 위해 건국설화들이 이용되었다. 러시아는 벨링스하우젠을 남극을 처음 목격한 탐험가로 지적함으로써 자국의 때늦은 관여를 정당화하였고, 영국과 프랑스 같은 나라들은 자국 탐험가들의 발견을 지적하였다. 미국은 찰스 윌크스의 발견과 그가 대륙에 이름을 붙인 것과 함께 너대니얼 파머와 같은 초기 바다표범잡이들의 항해를 지적하였다.

그런 건국설화들은 자국 시민들과 전 세계인 모두에게 그들의 점유를 정당화하기 위해 각국이 필요로 하는 도덕적 권리를 창조하고 강화하기 위해 이용되었다.

역사적인 오두막과 기타 장소들의 보존은 건국설화들에 중요한 물리적 차원을 더해주었고, 그것이 다른 나라들이 대륙 위에 기지를 설립하기 시작할 때 권리 주장국들이 그 장소들의 보존을 강경히 주장한 이유이다. 예를 들면 러시아는 오스트레일리아 남극 영토에 더 많은 기지를 보유하고 거기에서 더 많은 과학 연구를 수행할 수 있었으나, 오스트레일리아는 커먼웰스만에 조심스럽게 보존된 모슨의 오두막의 존재로부터 다소 위안을 얻을 수 있었다. 러시아인들이 무슨 짓을 하든지 그 오두막은 그 영토에 대한 오스트레일리아의 관여가 러시아보다 수십 년 앞섰다는 것을 강력하게 상기시켰다.

세계의 다른 지역에서, 새 영토의 정복자들은 일반적으로 그 땅을 경작하거나 들판에 울타리를 치거나 건물을 짓거나 그렇지 않은 경우 그곳의 자원을 개발함으로써 그들의 권리를 강화할 것이었다. 일부 국가들이 그렇게 하려고 노력했지만 남극에서는 그것이 불가능하게 보였다. 포경 산업은 남극 바다에서 경영되었으나 대륙 위의 육상 기지를 결코 소유하지 못했다. 모피 동물 사육 회사를 위한 먹이로서 펭귄 수확에 관한 얘기가 있었으나 그것은 수포로 돌아갔다. 과학만이 대륙 자체에서 진행되고 있는 유일한 산업이었다.

남극 환경의 특성이 실질적인 소유권 주장에 관해서 훨씬 더 많은 것을 하지 못하게 가로막는 것처럼 보였다. 보르크그레빙크의 영국 탐험대가 1899년 아데어곶에서 겨울을 났고, 아르헨티나는 1904년 이래 로리 섬을 영구 점유해왔지만 수십 년 동안 남극의 영구 거주는 불가능하다고 생각되었다. 정착을 위한 남극대륙의 적합성에 관한 지배적인 견해는 버드가 리틀 아메리카와 그것을 계승한 '마을들'을 설립한 뒤부터 바뀌기 시작했고, 그것은 대륙 자체에 영구 정착이 가능할 수 있음을 암시하였다.

1970년대쯤에는 아르헨티나와 칠레가 여성들로 하여금 자기네 남극 기지에서 출산하도록 했으나 그 가족들은 남극대륙에 머무르지 않았다. 그들은 또한 자국 기지에 정상적인 마을이라는 겉모양을 제공하려고 애를 썼다. 아르헨티나인들과 칠레인들이 특히 이렇게 하는 것을 갈망했는데 왜냐하면 그들은 자기들의 남극 영토가 본국의 필수적인 부분이라고 주장했기 때문이었다. 따라서 그들의 기지는 정상적이라는 인상을 주었으며 때로는 은행, 우체국, 병원, 교회, 학교, 방송국과 심지어 바와 간단한 슈퍼마켓까지 완비한 모습이었다.

미국의 맥머도 기지는 남극대륙에서 가장 컸으며, 또한 계획된 도로와 영화관과 예배당이 있는 작은 마을과 비슷했다. 그러나 모든 기지의 주민들은 근무 기간이 끝나면 언제나 떠나버리는 일시 체류사들이었다.

어느 나라도 남극대륙에 그들의 영토관할권이 도전받는 일이 없도록 할 만큼 충분한 주민이 있을 수는 없는 것처럼 보인다. 권리를 주장하는 7개 국－영국, 노르웨이, 오스트레일리아, 뉴질랜드, 프랑스, 칠레 및 아르헨티나－은 1957년 국제지구관측년 시기까지 그렇게 할 수 없었던 것이 분명했는데, 그 당시 그들의 권리는 국제적으로 거의 인정받지 못했다. 그리고 그 후로도 그들은 그렇게 하지 않았다. 이제 그러한 권리는 더 많은 나라들뿐 아니라 그린피스와 같은 환경 단체, SCAR과 같은 과학 단체들과 관광객과 자원 회사들의 존재에 의해 도전을 받고 있다. 남극대륙의 소유권은 해결하기 어려울 것이다.

남극에서 독점적 영토 소유를 달성하고 싶은 욕망이 남극의 잠정적 정착과 그곳에 있는 대부분 텅 빈 황무지의 집중적 탐사를 야기하였다. 각국 정부가 남극에 대한 권리를 주장하려고 노력하는 동안, 지식과 전략적 이점이나 가능한 이익을 얻을 수 있는 한 대륙의 많은 비밀을 찾아내기 위한 과학자들의 연구는 계속될 것이다. 최근 수십 년 동안, 다가오는 세기에 예상되는 우리들의 기후에 관해 남극이 말해줄 수 있는 지식의 일부를 찾고 있다. 쿡 선장은 지구상의 생명의 미래에 대한 통찰력이 남극의 얼음 속에 갇혀 발견되거나 남극의 소유권이 자신의 획기적인 항해 후 200년 넘게 계속 국제 경쟁의 문제가 되리라고는 상상도 할 수 없었을 것이다.

나는 2013년 3월, 우연한 기회에 국토해양부 산하 극지 연구소 소속의 대한민국 쇄빙연구선(Ice Breaking Research Vessel, IBRV) 아라온호(ARAON) 선의로 승선하여 국내외 저명한 극지 및 해양과학자들과 함께 전인미답의 겨울 남극 웨델해를 항해하면서 상상을 초월하는 경이로운 얼음의 제국을 둘러보는 행운을 누렸다.

집에 돌아온 뒤에도 항해 동안 보았던 모든 것이 뇌리를 떠나지 않았다. 세상의 땅이 다 들어가도 남는다는 정말로 넓고 깊고 시리도록 푸른 태평양, 천변만화하는 파도와 파도골 사이로 우아한 비행의 정수를 보여주던 앨버트로스와 바다제비들, 눈길 가는 데까지 무한히 뻗어 있던 하얀 빙원과 무한한 상상력을 자극하는 갖가지 형상의 얼음 단애를 가진 빙하와 빙산들, 하얀 배를 뒤집으며 아라온 뱃전에 솟구쳐 올라 온몸으로 반가움을 보여주던 고래들의 군무, 먼발치에서, 혹 가까이서 보았던 위풍당당한 남극의 지니어스 로사이(Genius Loci, 터줏대감) 황제펭귄과 귀여운 젠투펭귄들, 서리에 젖은 긴 속눈썹 사이로 얼음 위에서 무심히 우리를 바라보던 물개들의 동그란 천진난만한 눈동자, 흰색과 푸른색으로 이루어진 단순한 이진법의 세계, 그 속에 포함되어 있는 무한한 생명들.

그 후로 '남극의 맛'에 흠뻑 빠져버린 나는 아마존에서 스콧의 『디스커버리호 항해기(The Voyage of The Discovery)』, 섀클턴의 『남극의 심장(The Heart of the Antarctic)』 등 여러 권의 남극 탐험기를 찾아 구입하여 탐독하였다. 그러던 중 스코틀랜드 출신의 젊은 영국 의사 게빈 프란시스(Gavin Francis)가 남극의 영국 핼리(Halley) 기지에서 1년간 월동한 경험을 서술한

『남극 제국(Empire Antarctica)』이라는 책을 읽고 매료된 나머지 한글로 번역 출간하며 남극대륙에서의 월동을 버킷리스트로 정해놓고 기회를 기다렸다.

마침내 2015년 11월 나는 제3차 남극 장보고 과학기지 월동연구대 의료대원으로 선발되어 상상 속에 그리던 남극대륙으로 가게 되었다. 남극에서 읽을 책을 정리하다가 다시 아마존에서 영국 옥스퍼드대학교 출판부에서 발간한 『남극대륙(Antarctica)』이라는 책을 발견하고는 즉시 구입하여 극야 기간 동안 읽고 번역하기로 마음먹었다.

장보고 기지에 도착했던 때는 백야 기간이었다. 하루 종일 지지 않고 머리 바로 위에서 강렬한 자외선을 쏘아 대는 태양 때문에 대낮같이 환한 저녁 일과 후 기상이 좋은 날에는 어김없이 기지 주변을 산책하면서 남극의 장엄한 자연을 즐겼다. 순백의 고고한 자태를 보여주던 멜버른 화산과 기지 앞 바다의 일망무제한 하얀 해빙과 멀리 보이는 워싱턴곶을 배경으로 시시각각 다른 모습을 보여주던 캠벨 아이스텅(ice tongue), 헬기로 날아가서 만나보았던 남극의 신사 황제펭귄 가족들, 눈 아래로 도도히 물결치듯 흘러가던 빙하의 장엄한 흐름, 얼음이 녹아 파도가 치는 미니 해변에서 한동안 좋은 친구가 되어주었던 천진난만한 웨델해표와 깜찍하고 귀여운 아델리펭귄, 눈높이로 막무가내로 돌진해 오던 남극도둑갈매기 스쿠아들. 그리고 짧은 가을 동안 여명 때마다 아이스텅 위를 주황색으로 은은하게 물들였던 '로도닥틸루스 에오스(Rhododactylus Eos)', 새벽의 여신 에오스의 장밋빛 긴 손가락과 해거름 때의 포도주빛 바다와 보랏빛 후광의 멜버른 화산 그리고 천지가 떠나가도록 불어대던 눈폭풍 블리자드. 이 모든 것들을 사랑하는 마음으로 즐기고 음미하며 자연의 조화를 실감하였다.

백야가 끝나고 5월 6일부터 93일간의 캄캄한 암흑의 세상인 극야가 시작되던 날 나는 가져온 『남극대륙』을 꺼내들었다. 매일 일정한 양을 정해 혹한과 어두움으로 활동이 제한된 시간 동안 진료실에서 차분히 읽고 번역을 계속하여 극야가 끝나는 날인 8월 7일 계획대로 번역을 마쳤다. 흥미진진한 이 책에서 호주의 사학자인 저자 데이비드 데이는 전 세계의 기록보관소에서 모은 자료를 토대로 1770년대의 전설적인 영국의 제임스 쿡 선장 이래 2세기에 걸친 이 광대한 미정복대륙의 탐험의 역사를 매력적으로 자세히 기술하고 있다.

이 책은 소위 '남극 탐험의 영웅시대(Heroic Age of Antarctic Expedition)'의 세 주인공인 로알 아문센과 로버트 스콧 및 어니스트 섀클턴을 비롯하여 그 대륙에 끌렸던 수많은 역동적인 인물들과 거대하게 펼쳐진 발견된 바 없는 땅 위로 비행을 했던 클레런스 엘스워드와 리처드 버드와 같은 비행사들을 포함한 탐험가들과 과학자들에 대한 일종의 집합적 전기를 제공한다. 데이는 또한 조심스럽게 빙산을 통과해 이동하는 총빙 가장자리로 밀어붙였던 용감무쌍한 바다의 선장들과 '펭귄들의 황금향(Penguin El Dorado)'을 개척하기 위해 미지의 남쪽으로 끌렸던 피비린내 나는 물개잡이들과 고래잡이들을 추적하고 있다.

한편 이 책은 남극대륙을 자기네 민족 서사에 통합시키고 얼어붙은 황무지에 대한 소유권을 주장하려고 애쓰는 각국의 이야기를 말해주고 있다. 저자가 보여주었듯이 땅에 대한 권리 주장은 단지 그 장소를 최초로 발견하거나 그 위에 국기를 게양하는 것이나 더 나아가 지리적 및 자연적 지형의 지도를 작성하고 명명하는 것만이 아니라 궁극적으로는 미국의 프랭클린 루스벨트 대통령이 결정했듯이 그 흰 대륙에 정규 기지를 확립하여 소위 실효적 점유를 달성하는 것을 의미하였다.

현재 남극조약에 가입한 국가는 53개국이며 40개국에서 남극대륙에 기지를 운영하고 있으나 그중 2개 이상의 상주 기지를 보유한 국가는 우리나라를 포함하여 10개국에 불과하다. 이 책을 읽는 동안 나는 우리 민족이 고통스러운 일제의 지배를 받기 시작한 1910년대에 이미 스콧과 섀클턴의 탐험대를 보냈던 제국의 번영이 몹시 부러웠으며 그로부터 약 두 세대 만에 남극대륙에 2개의 과학 기지를 보유한 극지 연구의 강국이 된 우리의 번영과 저력이 자랑스러웠다. 우리가 남극대륙에 진출한 지도 어언 30년이 넘었다. 이 시점에서 순수한 극지과학 연구 이외에도 이 책과 같은 남극대륙에 관한 포괄적인 역사서가 1권쯤 필요하다는 생각이 들며 그런 점에서 이 책은 남극대륙에 관심이 있는 독자들에게 좋은 읽을거리가 될 것임을 확신한다. 아울러 청소년들에게도 호연지기를 길러주고 미지에 대한 도전의 의지를 심어줄 좋은 원천이 될 것이다.

개인적으로도 이 책과 씨름한 시간은 생의 전환기에 들어선 나 자신이 '한물갔을지 모르나 아직 끝나지 않았고(I maybe over the hill, but am not yet through)' 내게 아직도 충족시켜야 할 지적 호기심이 남아 있음을 확인한 소중한 시간이었다. 진료실에서 이 책을 읽다가 장보고 기지 본관동 4층 통신실로 올라가 영하 40도에 이르는 혹한 속에 기지 앞 해빙 위 하늘을 배경으로 황홀하게 펼쳐지는 오로라의 춤과 고개를 들면 바로 지적에서 보이는 것 같은 찬란한 은하수를 바라보며 베토벤과 모차르트의 음악을 들었던 시간은 내 인생의 무엇과도 바꿀 수 없는 귀중한 경험이었다.

끝으로 남극에서 돌아온 후 5년 동안 이 책의 출간을 위한 아내의 조용한 기도를 들어주신 하나님의 은혜와 역사하심에 감사드립니다. 이 책의 출판을 권해주시고 미다스북스 류종렬 대표님과의 만남을 적극 주선해주신 한시강독 은사이신 부산대학교 한문학과 김승룡 교수님과 어려운 출판계 사정에도 불구하고 출판을 흔쾌히 결정해주신 류종렬 대표님의 따뜻한 격려와 배려에 감사드립니다. 저의 낡은 언어감각을 요즘 세대의 산뜻한 감각으로 바꾸어준 미다스북스 편집진의 정성어린 수고에 감사한 마음을 전합니다. 아울러 30여 년 세월 동안 남편과 아버지를 믿고 사랑해준 아내(김정희)와 아들딸(승환, 가윤)에게 '그대들이 나의 존재의 이유(raison d'etre)'라고 말해주고 싶습니다.

2021년 겨울의 초입,
역자 김용수

MANUSCRIPT SOURCES

AAD   Australian Antarctic Division, Hobart
ACL   Auckland Central Library
AGS   American Geographical Society, New York
ANZ   Archives New Zealand, Christchurch and Wellington
ASOC   Antarctic and Southern Ocean Coalition
ATL   Alexander Turnbull Library, Wellington AWMM Auckland War Memorial Museum
BPRC   Byrd Polar Research Center, Ohio State University, Columbus
CAC   Churchill Archives Centre, Cambridge
CCC   Christchurch Central Library
CM   Canterbury Museum, Christchurch
DCL   Dartmouth College Library, Hanover, New Hampshire
EC   Explorers' Club, New York
LoC   Library of Congress, Washington
ML   Mitchell Library, Sydney
NA   National Archives, London
NAA   National Archives of Australia, Canberra and Hobart
NARA   National Archives and Records Administration, Maryland
NAS   National Archives of Scotland, Edinburgh
NLA   National Library of Australia, Canberra
RGS   Royal Geographical Society, London
RL   Roosevelt Library, Hyde Park
SIA   Smithsonian Institution Archives, Washington
SLSA   State Library of South Australia, Adelaide
SLT   State Library of Tasmania, Hobart
SLV   State Library of Victoria, Melbourne
SPRI   Scott Polar Research Institute, Cambridge
WM   Whaling Museum, Sandefjord, Norway

CONTEMPORARY SOURCES

BOOKS

Roald Amundsen, *My Life as an Explorer*, William Heinemann, London, 1927.

Roald Amundsen, *The South Pole: An Account of the Norwegian Antarctic Expedition in the "Fram,"* *1910-1912*, [first published, 1912] C. Hurst, London, 1976.

Edwin Swift Balch, *Antarctica*, Allen, Lane & Scott, Philadelphia, 1902.

J. C. Beaglehole (ed.), *The Journals of Captain James Cook on His Voyages of Discovery*, vol. 2, Hakluyt Society, Cambridge, 1961

Louis Bernacchi, *To The South Polar Regions: Expedition of 1898-1900*, Hurst and Blackett, London, 1901

C. E. Borchgrevink, *First on the Antarctic Continent, Being an Account of the British Antarctic Expedition 1898-1900*, George Newnes Limited, London, 1901

R. N. Rudmose Brown, R. C. Mossman and J. H. Harvey Pirie, *The Voyage of the "Scotia", Being the Record of a Voyage of Exploration in Antarctic Seas*, William Blackwood and Sons, Edinburgh, 1906

William Bruce, *Polar Exploration*, Williams and Norgate, London, 1911

V. A. Bugaev, *Soviet Antarctic Research 1956-1966: Proceedings of the All-Union Conference on Antarctic Research 1966*, [Translated from Russian], Israeli Program for Scientific Translations, Jerusalem, 1970

H. J. Bull, *The Cruise of the 'Antarctic' to the South Polar Regions*, [Originally published 1896], Paradigm Press, Bungay, 1984

Richard E. Byrd, *Alone*, Queen Anne Press, London, 1987

Richard E. Byrd, *Antarctic Discovery: The Story of the Second Byrd Antarctic Expedition*, Putnam, London, 1936

Richard E. Byrd, *Little America: Aerial Exploration in the Antarctic, The Flight to the South Pole*, Putnam, New York, 1930

Richard E. Byrd, *Skyward*, Putnam, New York, 1928

R. J. Campbell(ed.), *The Discovery of the South Shetland Islands 1819-1820: The Voyages of the Brig Williams 1819-1820 as recorded in contemporary documents and the Journal of Midshipman C. W. Poynter*, Hakluyr Society, London, 2000

Jean Charcot, *The Voyage of the Pourquoi-Pas?': The Journal of the Second French South Polar Expedition, 1908-1910*, Australian National University Press, Canberra, 1978

Lars Christensen, *Such is the Antarctic*, Hodder and Stoughton, London, 1935

Frederick Cook, *Through the First Antarctic Night 1898-1899: A Narrative of the Voyage of the "Belgica" among newly discovered lands and over an unknown sea about the South Pole*, William Heinemann, London, 1900

John K. Davis, *With the "Aurora" in the Antarctic 1911-1914*, Andrew Melrose, London, 1919

Frank Debenham (ed.), *The Voyage of Captain Bellingshausen to the Antarctic Seas 1819-1821*, 2 vols, Hakluyt Society, London, 1945

Erich von Drygalski, *The Southern Ice-Continent: The German South Polar Expedition aboard the Gauss 1901-1903*, Translated by M. M. Raraty, Bluntisham Books, Bluntisham, 1989

Lincoln Ellsworth, *Beyond Horizons*, Doubleday, Doran & Company, New York, 1938

Captain Edmund Fanning, *Voyages and Discoveries in the South Seas 1792–1832*, Collins and Hannay, New York, 1833

Wilhelm Filchner, *To the Sixth Continent: The Second German South Polar Expedition*, Bluntisham Books, Bluntisham, 1994

Vivian Fuchs, *Antarctic Adventure*, Cassell, London, 1959

Adrien de Gerlache, *Voyage de la Belgica: Quinze Mois dans L'Antarctique*, Imprimerie Scientifique, Brussels, 1902

Laurence McKinley Gould, *Cold: The Record of an Antarctic Sledge Journey*, Brewer, Warren & Putnam, New York, 1931

Michael Hoare (ed.), *The Resolution Journal of Johann Reinhold Forster 1772-1775*, vol. IV, Hakluyt Society, London, 1982

Frank Hurley, *Argonauts of the South: Being a Narrative of Voyagings and Polar Seas and Adventures in the Antarctic with Sir Douglas Mawson and Sir Ernest Shackletom*, G. P. Putnam's Sons, New York, 1925

Leonard Huxley (ed.), *Scott's Last Expedition*, 2 vols, Smith, Elder & Co., London, 1913

Fred Jacka and Eleanor Jacka (eds.), *Mawson's Antarctic Diaries*, Unwin Hyman, London, 1988

W. L. G. Joerg, *The Work of the Byrd Antarctic Expedition 1928-1930*, American Geographical Society, New York, 1930

Max Jones (ed.), *Journals: Captain Scott's Last Expedition*, Oxford University Press, Oxford, 2005

Clements Markham, *Antarctic Obsession: A personal narrative of the origins of the British National Antarctic Expedition 1901-1904*, Bluntisham Books, Alburgh, 1986

J. W. S. Marr, *Into the Frozen South*, Funk and Wagnalls, New York, 1923

Douglas Mawson, *The Home of the Blizzard, Being the Story of the Australasian Antarctic Expedition, 1911-1914*, 2 vols, William Heinemann, London, 1915

Hugh Robert Mill, *The Life of Sir Ernest Shackleton*, William Heinemann, London, 1923

Hugh Robert Mill, *The Siege of the South Pole: The Story of Antarctic Exploration*, Alston Rivers, London, 1905

Otto G. Nordenskjöld and Johan Gunnar Andersson, *Antarctica: or, Two years Amongst the Ice of the South Pole*, Hurst and Blackett, London, 1905

A. V. Nudel'man, *Soviet Antarctic Expeditions 1955-1959*, [Translated from Russian], Israeli Program for Scientific Translations, Jerusalem, 1966

J. N. Reynolds, *Address on the Subject of a Surveying and Exploring Expedition to the Pacific Ocean and South Seas*, Harper and Brothers, New York, 1836

J. N. Reynolds, *Pacific and Indian Oceans: The South Sea Surveying and Exploring Expedition: Its Inception, Progress, and Objects*, Harper and Brothers, New York, 1841

Finn Ronne, *Antarctic Conquest: The Story of the Ronne Expedition 1946-1948*, G. P. Putnam's Sons, New York, 1949

Helen Rosenman (trans. & ed.), *An Account in Two Volumes of Two Voyages to the South Seas*, by Dumont d'Urville, Melbourne University Press, Melbourne, 1987

Captain Sir James Clark Ross, *A Voyage of Discovery and Research in the Southern and Antarctic Regions during the years 1839-43*, 2 vols, [first published 1847] David and Charles Reprints, Newton Abbot, 1969

John Rymill, *Southern Lights: The Official Account of the British Graham Land Expedition 1934-1937*, Chatto and Windus, London, 1938

Robert Scott, *The Voyage of the 'Discovery'*, 2 vols, Macmillan, London, 1905

Ernest Shackleton, *The Heart of the Antarctic*, William Heinemann, London, 1910

Ernest Shackleton, *South: The Story of Shackleton's Last Expedition 1914-1917*, Century Publishing, London, 1983

Shirase Expedition Supporters Association, *The Japanese South Polar Expedition 1910-12, A Record of Antarctica*, [Originally published in Japanese, 1913, translated by Lara Dagnell and Hilary Shibata], Erskine Press and Bluntisham Books, Norwich and Bluntisham, 2012

Peter Speak (ed.), *The Log of the Scotia Expedition, 1902-4*, Edinburgh University Press, Edinburgh, 1992

John Randolph Spears, *Captain Nathaniel Brown Palmer*, Macmillan, New York, 1922

Walter Sullivan, *Quest for a Continent*, McGraw-Hill, New York, 1957

Nicholas Thomas et al (eds.), *A Voyage Round the World*, by George Foster, 2 vols, University of

Hawai'i Press, Honolulu, 2000

W. H. B. Webster, *Narrative of a Voyage to the Southern Atlantic Ocean, in the Years 1828, 29, 30, performed in H.M. Sloop Chanticleer, under the Command of the Late Captain Henry Foster*, 2 vols, Richard Bentley, London, 1834

James Weddell, *A Voyage Towards the South Pole Performed in the Years 1822-24, Containing an Examination of the Antarctic Sea*, [first published 1825] David and Charles Reprints, Newton Abbot, 1970

Wallace West, *Paramount Newsreel Men with Admiral Byrd in Little America*, Whitman Publishing Company, Racine, 1934

Charles Wilkes, *Narrative of the United States Exploring Expedition*, 5 vols, [Originally published 1845] Gregg Press, New Jersey, 1970

BOOKLETS, PAMPHLETS, REPORTS, ETC.

[no author] *Captain Scott's Message to England*, St Catherine's Press, London, 1913

E. P. Bayliss and J. S. Cumpston, *Handbook and Index to accompany a Map of Antarctica*, Department of the Interior, Canberra, 1939

Lars Christensen, *My Last Expedition to the Antarctic 1936-1937: A Lecture delivered before the Norwegian Geographical Society, September 22nd, 1937*, Johan Grundt Tanum, Oslo, 1938

Expedition report: Greenpeace Antarctic Expedition 1989/90, Greenpeace International, Amsterdam, c. 1990

Anders Karlqvist (ed.), *Sweden and Antarctica*, Swedish Polar Research Secretariat, Stockholm, 1985

Reports on Scientific Results of the United States Antarctic Service Expedition 1939-1941, American Philosophical Society, Philadelphia, 1945

SECONDARY SOURCES

BOOKS

Susan Barr, *Norway - A Consistent Polar Nation?*, Kolofon, Oslo, 2003

Bjorn Basberg, Jan Erik Ringstad and Einar Wexelsen (eds), *Whaling and History: Perspectives on the Evolution of the Industry*, Whaling Museum, Sandefjord, 1993

T. H. Baughman, *Pilgrims on the Ice: Robert Falcon Scott's First Antarctic Expedition*, University of Nebraska Press, Lincoln, 1999

J. C. Beaglehole, *The Life of Captain James Cook*, Adam and Charles Black, London, 1974

Kenneth Bertrand, *Americans in Antarctica 1775-1948*, American Geographical Society, New York, 1971

David Crane, *Scott of the Antarctic*, HarperCollins, London, 2005

David Day, *Conquest: How societies overwhelm others*, Oxford University Press, New York, 2008

Frank Debenham, *Antarctica: The Story of a Continent*, Herbert Jenkins, London, 1959

Klaus Dodds, *Pink Ice: Britain and the South Atlantic Empire*, I. B. Tauris, London, 2002

Martin Dugard, *Farther than Any Man: The Rise and Fall of Captain James Cook*, Allen and Unwin, Sydney, 2001

Vivian Fuchs, *Of Ice and Men: The Story of the British Antarctic Survey 1943-73*, Anthony Nelson, Oswestry, 1982

Vivian Fuchs, *A Time to Speak: An autobiography*, Anthony Nelson, Oswestry, 1990

Tom Griffiths, *Slicing the Silence: Voyaging to Antarctica*, Harvard University Press, Cambridge, 2007

Alan Gurney, *The Race to the White Continent*, Norton, New York, 2000

David Harrowfield, *Call of the Ice: Fifty years of New Zealand in Antarctica*, David Bateman, Auckland, 2007

J. Gordon Hayes, *Antarctica: A Treatise on the Southern Continent*, Richards Press, London, 1928

William H. Hobbs, *Explorers of the Antarctic*, House of Field, New York, 1941

Roland Huntford, *Scott and Amundsen*, Hodder and Stoughton, London, 1979

Roland Huntford, *Shackleton*, Hodder and Stoughton, London, 1985

Tim Jarvis, *Mawson: Life and Death in Antarctica*, Miegunyah Press, Carlton, 2008

Max Jones, *The Last Great Quest: Captain Scott's Antarctic Sacrifice*, Oxford University Press, Oxford, 2003

Christopher C. Joyner and Ethel R. Theis, E*agle Over The Ice: The U.S. in the Antarctic*, University Press of New England, Hanover, 1997

Daniel McKinley, *James Eights 1798-1882: Antarctic Explorer, Albany Naturalist, His Life, His Times, His Works*, New York State Museum, Albany, 2005

Geoffrey Martin, *The Life and Thought of Isaiah Bowman*, Archon Books, Hamden, 1980

Philip Mitterling, *America in the Antarctic to 1840*, University of Illinois Press, Urbana, 1959

Simon Nasht, *The Last Explorer: Hubert Wilkins - Australia's Unknown Hero*, Second Edition, Hachette, Sydney, 2006

Stephen Pyne, *The Ice*, Phoenix, London, 2004

Kathleen Ralston, *Phillip Law: The Antarctic Exploration Years 1954-66*, AusInfo, Canberra, 1998

Beau Riffenburgh, *Racing with Death: Douglas Mawson - Antarctic Explorer*, Bloomsbury, London, 2008

Jan Erik Ringstad (ed.), *Whaling and History II: New Perspectives*, Whaling Museum, Sandefjord, 2006

Lisle A. Rose, *Explorer: The Life of Richard E. Byrd*, University of Missouri Press, Columbus, 2008

M. J. Ross, *Polar Pioneers: John Ross and James Clark Ross*, McGill-Queen's University Press, Montreal, 1994

Peter Speak, *William Speirs Bruce: Polar Explorer and Scottish Nationalist*, National Museums of Scotland Publishing, Edinburgh, 2003

Francis Spufford, *I May Be Some Time: Ice and the English Imagination*, Faber and Faber, London, 1996

Edouard Stackpole, *The Voyage of the Huron and the Huntress: The American Sealers and the Discovery of the Continent of Antarctica*, Marine Historical Association, Mystic, 1955

William Stanton, *The Great United States Exploring Expedition of 1838-1842*, University of California Press, Berkeley, 1975

J. N. Tønnessen and A. O. Johnsen, *The History of Modern Whaling*, [abridged and translated; first published in Norwegian in 4 vols, 1959-70] C. Hurst & Co., London, 1982

David E. Yelverton, *Antarctica Unveiled: Scott's First Expedition and the Quest for the Unknown Continent*, University Press of Colorado, Boulder, 2000

JOURNAL ARTICLES

Edwin Swift Balch, 'Antarctic Names', *Bulletin of the American Geographical Society*, vol. 44, 1912

Edwin Swift Balch, 'Why America Should Re-Explore Wilkes Land', *Proceedings of the American Philosophical Society*, vol. 48, no. 191, April 1909

John Biscoe and Messrs Enderby, 'Recent Discoveries in the Antarctic Ocean, from the Log-book of the Brig Tula, commanded by Mr. John Biscoe, R. N.', *Journal of the Royal Geographical Society of London*, vol. 3, 1833

Boleslaw Boczek, 'The Soviet Union and the Antarctic Regime', *American Journal of International Law*, vol. 78, no. 4, October 1984

R. N. Rudmose Brown, 'Antarctic History: A Reply to Professor W. H. Hobbs', *Scottish Geographical Magazine*, vol. 55, May 1939

Richard Byrd, 'The Conquest of Antarctica by Air', *National Geographic Magazine*, August 1930

Richard Byrd, 'Exploring the Ice Age in Antarctica', *National Geographic Magazine*, October 1935

Richard Byrd, 'Our Navy Explores Antarctica', *National Geographic Magazine*, October 1947

Jean Charcot, The Second French Antarctic Expedition', *Geographical Journal*, vol. 37, no. 3, March 1911

Jean Charcot, 'The French Antarctic Expedition', *Geographical Journal*, vol. 26, no. 5, November 1905

W. F. Cook, 'H.M.A.S. "Wyatt Earp", Australian National Antarctic Research Expedition 1947-1948', *Naval Historical Review*, December 1978

Mary E. Cooley, 'The Exploring Expedition in the Pacific', *Proceedings of the American Philosophical Society*, vol. 82, 1940

Erich Von Drygalski, 'The German Antarctic Expedition', *Geographical Journal*, vol. XVIII, no. 3, September 1901

Erich Von Drygalski, 'The German Antarctic Expedition', *Geographical Journal*, vol. XXIV, no. 2, August 1904

Lincoln Ellsworth, 'The First Crossing of Antarctica: A paper read at the Evening Meeting of the Society on 30 November 1936', *Geographical Journal*, vol. LXXXIX, no. 3, March 1937

Lincoln Ellsworth, 'My Four Antarctic Expeditions', *National Geographic Magazine*, July 1939

Laurence Gould, 'Strategy and Politics in the Polar Areas', *Annals of the American Academy of Political and Social Science*, vol. 255, January 1948

Arthur Hinks, 'Antarctica Discovered: A Reply', *Geographical Review*, vol. 31, no. 3, July 1941

Arthur Hinks, 'The Log of the Hero', *Geographical Journal*, vol. 96, no. 6, December 1940

Arthur Hinks, 'Review: On Some Misrepresentations of Antarctic History', *Geographical Journal*, vol. 94, no. 4, October 1939

William Herbert Hobbs, 'Antarctic Names', *Proceedings of the Sixth Pacific Science Congress*, 1939

William Herbert Hobbs, 'The Discoveries of Antarctica within the American Sector, as Revealed by Maps and Documents', *Transactions of the American Philosophical Society*, vol. XXXI, Part 1, January 1939

William Herbert Hobbs, 'The Discovery of Wilkes Land, Antarctica', *Proceedings of the American Philosophical Society*, vol. 82, 1940

William Herbert Hobbs, 'Early Maps of Antarctic Land, True and False', *Papers of the Michigan Academy of Science, Arts and Letters*, vol. 26, 1940

Gunnar Isachsen, 'Norwegian Explorations in the Antarctic, 1930-1931', *Geographical Review*, vol. XXII, no. 1, January 1932

Gunnar Isachsen, 'Modern Norwegian Whaling in the Antarctic', *Geographical Review*, vol. 19, no. 3, July 1929.

A. G. E. Jones, 'Captain William Smith and the Discovery of New South Shetland', *Geographical Journal*, vol. 141, no. 3, November 1975

Clements Markham, 'Address to the Royal Geographical Society, 1904', *Geographical Journal*, vol. XXIV, no. 1, July 1904

Clements Markham, 'Address to the Royal Geographical Society, 1905', *Geographical Journal*, vol. XXVI, no. 1, July 1905

Clements Markham, 'The Antarctic Expeditions', *Geographical Journal*, vol. XIV, no. 5, November 1899

Clements Markham, 'The First Year's Work of the National Antarctic Expeditions', *Geographical Journal*, vol. XXII, no. 1, July 1903

Lawrence Martin, 'Antarctica Discovered by a Connecticut Yankee, Captain Nathaniel Brown Palmer', *Geographical Review*, vol. XXX, no. 4, October 1940

Lawrence Martin, 'The Geography of the Monroe Doctrine and the Limits of the Western Hemisphere', *Geographical Review*, vol. 30, no. 3, July 1940

Hugh Robert Mill, 'Ten Years of Antarctic Exploration', *Geographical Journal*, vol. 39, no. 4, April 1912

Hugh Robert Mill, 'Bellingshausen's Antarctic Voyage', *Geographical Journal*, vol. 21, no. 2, February 1903

Dr. Otto Nordenskjöld, 'The Swedish Antarctic Expedition', *Geographical Journal*, vol. XXIV, no. 1, July 1904

F. I. Norman, J. A. E. Gibson and J. S. Burgess, 'Klarius Mikkelsen's 1935 landing in the Vestfold Hills, East Antarctica: some fiction and some facts', *Polar Record*, vol. 34, no. 191, 1998

Kathleen Ralston, 'The Wyatt Earp's Voyages of Reconnaissance of the Australian Antarctic Territory, 1947-48', *Journal of Australian Studies*, March 1995

Catherine Redgwell, 'Antarctica', *International and Comparative Law Quarterly*, vol. 39, no. 2, April 1990

Hjalmar Riiser-Larsen, 'The "Norvegia" Antarctic Expedition of 1929-1930', *Geographical Review*, vol. 20, no. 4, October 1930

Finn Ronne, 'Antarctic Mapping and Aerial Photography', *Scientific Monthly*, vol. LXXI, no. 5, November 1950

Finn Ronne, 'Ronne Antarctic Research Expedition 1946-1948', *Geographical Review*, vol. 38, no. 3, July 1948

Captain Harold E. Saunders, 'The Flight of Admiral Byrd to the South Pole and the Exploration of Marie Byrd Land', *Proceedings of the American Philosophical Society*, vol. 82, 1940

Commander Robert Scott, 'The National Antarctic Expedition', *Geographical Journal*, vol. XXIV, no. 1, July 1904

Mikhail M. Somov, Journey into the Inaccessible', *UNESCO Courier*, January 1962

THESES

Noel Barrett, *Was Australian Antarctic Won Fairly?*, Honours Thesis, Bachelor of Antarctic Studies, University of Tasmania, November 2007

Irina Gan, *Red Antarctic: Soviet Interests in the South Polar Region Prior to the Antarctic Treaty*, PhD, University of Tasmania, 2009

Adrian John Howkins, *Frozen Empires: A history of the Antarctic sovereignty dispute between Britain, Argentina and Chile, 1939-1959*, PhD thesis, University of Texas at Austin, 2008

남극대륙
ANTARCTICA a biography

초 판 1쇄 2021년 12월 21일

지은이 데이비드 데이
옮긴이 김용수
펴낸이 류종렬

펴낸곳 미다스북스
총괄실장 명상완
책임편집 이다경
책임진행 김가영, 신은서, 임종익, 박유진

등록 2001년 3월 21일 제2001-000040호
주소 서울시 마포구 양화로 133 서교타워 711호
전화 02) 322-7802~3
팩스 02) 6007-1845
블로그 http://blog.naver.com/midasbooks
전자주소 midasbooks@hanmail.net
페이스북 https://www.facebook.com/midasbooks425

한국어판 © 김용수, 미다스북스 2021, *Printed in Korea*.

ISBN 978-89-6637-997-2 03990

값 45,000원